T0194803

Chronik des europäischen Theaters

Von der Antike bis zur Gegenwart

Von Wolfgang Beck

Verlag J. B. Metzler
Stuttgart · Weimar

Bibliografische Information der Deutschen Nationalbibliothek
Die Deutsche Nationalbibliothek verzeichnet diese
Publikation in der Deutschen Nationalbibliografie;
detaillierte bibliografische Daten sind im Internet über
http://dnb.d-nb.de abrufbar.

ISBN 978-3-476-02295-0
ISBN 978-3-476-05024-3 (eBook)
DOI 10.1007//978-3-476-05024-3

© 2008 Springer-Verlag GmbH Deutschland
Ursprünglich erschienen bei J.B. Metzler'sche
Verlagsbuchhandlung und Carl Ernst Poeschel
Verlag GmbH in Stuttgart 2008

www.metzlerverlag.de
info@metzlerverlag.de

Vorwort

Die vorliegende **Chronik** des europäischen Theaters erfasst wichtige Persönlichkeiten und Bühnenereignisse des europäischen Theaters sowie historische und kulturhistorische Daten und solche zu Veränderungen des Theaterwesens und seiner Strukturen, der Theatertechnik und -theorie. Die Daten reichen von den Vorformen und Anfängen des Theaters in den griechischen Teilstaaten der Antike bis in die aktuelle Gegenwart (2007) und berücksichtigen dabei nach Möglichkeit die unterschiedlichen Entwicklungen in den verschiedenen Regionen Europas.

Rascher Überblick ist ebenso möglich wie tiefergehende vergleichende Analyse, die Zusammenhänge, Gleichzeitigkeiten und Ungleichzeitigkeiten der Theaterentwicklung in Europa erkennen will.

Die **Bibliographie** verzeichnet systematisch die wichtigsten Werke über alle Facetten der Theaterentwicklung in den verschiedenen Ländern Europas. Dabei liegt der Fokus auf der neueren Literatur zum Sprechtheater. Die Bibliographie beginnt mit grundsätzlichen Fragen des Theaters: Ausgehend von Bibliographien, Lexika, Überblicksdarstellungen zum Theater, seiner Ästhetik und Theorie, werden grundlegende Werke zum Theaterbetrieb und seiner Organisation, zur Bühnentechnik, Dramaturgie, Regie, Schauspielkunst ebenso verzeichnet wie zu Sonderformen des Theaters vom Ballett bis zum Zirkus.

Daran anschließend wird wesentliche Literatur zu historischen Zeitabschnitten von der Antike bis zur Gegenwart und zu einzelnen Ländern (geordnet nach größeren geographischen Einheiten) angeführt. Da Mehrfachnennungen vermieden wurden, sich aber nicht jedes Werk eindeutig zuordnen lässt, lohnt ein Blick in angrenzende Bereiche.

Chronik und Bibliographie sind in jahrelanger Arbeit im Zusammenhang mit Manfred Braunecks großer Theatergeschichte *Die Welt als Bühne. Geschichte des europäischen Theaters* entstanden, die 1993–2007 in sechs Bänden bei J.B. Metzler erschienen ist. Sie sind beide erstmals im 2007 erschienenen Registerband 6 des genannten Werkes abgedruckt. Die vorliegende Fassung der Chronik ist durchgeschaut und korrigiert worden. Weitere Daten bis zum Ende des Jahres 2007 wurden ergänzt.

Mein Dank gilt Barbara Spieß, deren Geduld und beständige Unterstützung die Arbeit erst ermöglicht hat, und Nina Grabe, mit der gemeinsam die Arbeit am Registerband 6 durchgeführt wurde. Stellvertretend für alle anderen seien genannt Professor Brauneck und die Mitarbeiter des Metzler Verlags, die mit kompetentem Rat, Vertrauen und großer Geduld diese Arbeit begleitet haben.

Hamburg, im Mai 2008   Wolfgang Beck

INHALT

Abkürzungen

alban.	=	albanisch	L.	=	Libretto
amerikan.	=	amerikanisch	lett.	=	lettisch
B.	=	Bühne	lit.	=	litauisch
bayer.	=	bayerisch	M.	=	Musik
Bearb.	=	Bearbeitung	niederländ.	=	niederländisch
belg.	=	belgisch	norweg.	=	norwegisch
brit.	=	britisch	österr.	=	österreichisch
bulgar.	=	bulgarisch	poln.	=	polnisch
Ch.	=	Choreographie	portug.	=	portugiesisch
chines.	=	chinesisch	preuß.	=	preußisch
dän.	=	dänisch	Pseud.	=	Pseudonym
DEA	=	deutsche Erstaufführung	rumän.	=	rumänisch
			russ.	=	russisch
Dek.	=	Dekoration	ruthen.	=	ruthenisch
dt.	=	deutsch	schott.	=	schottisch
EA	=	Erstaufführung	schwed.	=	schwedisch
eig.	=	eigentlich	schweizer.	=	schweizerisch
engl.	=	englisch	serb.	=	serbisch
estn.	=	estnisch	slovak.	=	slovakisch
finn.	=	finnisch	sloven.	=	slovenisch
franz.	=	französisch	span.	=	spanisch
gegr.	=	gegründet	T.	=	Text
gen.	=	genannt	TR	=	Titelrolle
germ.	=	germanisch	tschech.	=	tschechisch
griech.	=	griechisch	UA	=	Uraufführung
hess.	=	hessisch	Übers.	=	Übersetzung
Insz.	=	Inszenierung	ukrain.	=	ukrainisch
isländ.	=	isländisch	ungar.	=	ungarisch
ital.	=	italienisch	ursprüngl.	=	ursprünglich
jugoslaw.	=	jugoslawisch	versch.	=	verschiedene
kroat.	=	kroatisch			

Chronik

Personen des Theaters / Bühnenereignisse	Zeitgeschichte / Theaterwesen
776	Älteste überlieferte Olympische Spiele (finden bis 393 n. Chr. alle 4 Jahre statt)
753	Angebliches Datum der Gründung Roms
600 (um 600) Unter dem Tyrannen Periander soll der Dichter Arion die künstlerische Gestaltung offizieller Staatsfeste in Korinth reformiert haben (Umbildung des dionysischen Dithyrambos zur chorischen Liedform, thematische Erweiterungen, Einführung von satyrgestaltigen Maskentänzern) (um 600–570) U. a. durch Übernahme tragischer Chöre Veränderungen der Kultfeiern in Sikyon unter dem Tyrannen Kleisthenes	
594	(594/93) Reformen Solons (um 640–560) in Athen, Schaffung einer ersten »Verfassung« mit Festlegung politischer Rechte
566	Zusammenfassung älterer Feste zu Ehren der Göttin Pallas Athene zum alle 4 Jahre stattfindenden Staatsfest der Panathenäen
561	(–527) Peisistratos Tyrann in Athen; unter ihm Umgestaltung der Großen Dionysien zum repräsentativen politisch-religiösen Fest zur Selbstdarstellung Athens
560 (um 560) Nach einigen antiken Quellen erste Tragödienaufführungen in Athen – angeblich von Solon als »Täuschung« kritisiert	
550 Thespis (2. Hälfte 6. Jh. Ikaria), griech. Tragiker, soll nach Aristoteles durch Erweiterung des Chorgesangs durch Prolog und Rede die Tragödie »erfunden« haben	(genaue Daten unbekannt) Der Autor, Schauspieler, vielleicht auch Theaterunternehmer Thespis soll die Theatermaske eingeführt haben (zuerst wohl Bleiweiß-Maske)
540 Phrynichos (um 540–470 Sizilien), griech. Tragiker, dramatisierte u. a. zeitgeschichtliche Stoffe und soll weibliche Masken eingeführt haben	
536 (536–32) Aufführung einer Tragödie des Thespis (wohl Autor und erster Schauspieler)	
534	Möglicherweise erste Tragödienaufführung in Form eines Wettkampfs (*agón*) in Athen bei den Großen Dionysien (nach anderen Quellen 502/01)
530 Pratinas (um 530 Phleius – vor 467), griech. Tragiker, soll das Satyrspiel begründet haben	
525 Aischylos (525/24 Eleusis bei Athen – 456/55 Gela/Sizilien), griech. Tragiker, siegte 13mal im Agon (Wettkampf) der Tragiker; Schöpfer der inhaltlich zusammenhängenden Tetralogie; soll nach Aristoteles den zweiten	

Personen des Theaters / Bühnenereignisse	Zeitgeschichte / Theaterwesen
(525) Schauspieler eingeführt haben. Einmalig im 5. Jh. durften nach seinem Tode seine Stücke wiederaufgeführt werden.	
523 (523/20) Choirilos (?–?), griech. Tragiker, soll an den Großen Dionysien teilgenommen haben	
510	Sturz der Tyrannis in Athen Nach dem Sturz der Monarchie wird Rom Republik (–27 v. Chr.)
509	(–507) Reformen des Kleisthenes in Athen, Einführung der demokratischen Phylen- (Bezirks-) Verfassung, Anfänge der Demokratie
500 Epicharmos (um 500 Sizilien), einziger fassbarer Vertreter der »dorischen Komödie«, Verfasser wohl v. a. volkstümlicher Possen	(–445) Perserkriege, ausgelöst durch Aufstände griech. Kolonien Kleinasiens gegen die pers. Herrschaft und ihre Unterstützung u. a. durch Athen (um 500) Erstes steinernes Dionysos-Theater in Athen
499 Aischylos debütiert als Dramatiker	
497 Sophokles (497/96 Athen–406/05 Athen), griech. Tragiker, gewann 18mal den tragischen Agon	
492 UA der Tragödie des Phrynichos *Miletu halosis* (*Die Einnahme von Milet*); frühestes Beispiel eines Zeitgeschichte verarbeitenden Stücks	
490	Sieg Athens unter Miltiades im 1. Perserkrieg über pers. Truppen bei Marathon
486 Chionides (Daten unbekannt), erster Sieger eines Komödien-Agons bei den Großen Dionysien	
485 Euripides (485/484 o. 480 Attika o. Salamis–406 Pella/Makedonien), griech. Tragiker Kratinos (um 485 Athen–nach 421), griech. Komödiendichter, Schöpfer der klassischen Form der »Alten Komödie«	
484 (484/81–um 406) Achaios, griech. Dramatiker, galt als bester Autor von Satyrspielen nach Aischylos Aischylos erstmals Sieger beim Tragödien-Agon	
480	Unter Themistokles Sieg der athenischen über die persische Flotte bei Salamis; Sieg der Perser über 300 Spartaner unter König Leonidas bei den Thermopylen durch Verrat
476 UA der zeitgeschichtlichen Tragödie *Phoinissai* (*Die Phönikierinnen*) des Phrynichos, inszeniert durch den Feldherrn Themistokles.	

	Personen des Theaters / Bühnenereignisse	**Zeitgeschichte / Theaterwesen**

472   Magnes (?–?), griech. Komödiendichter, siegt bei den Großen Dionysien (insges. 11 Siege)

      UA von Aischylos' Tragödie *Persai* (*Die Perser*, Athen, Dionysos-Theater), inszeniert von Perikles

470   (nach 470) UA von Aischylos' Tragödie *Prometheus desmotes* (*Der gefesselte Prometheus*, Athen, Dionysos-Theater)

468   Erster Sieg des Sophokles im tragischen Agon mit der Triptolemos-Trilogie

467   UA von Aischylos' Tragödie *Hepta epi Thebas* (*Sieben gegen Theben*); Schlußstück der beim Tragikerwettkampf siegreichen Trilogie

463   (um 463) UA von Aischylos' Tragödie *Hiketides* (*Die Schutzflehenden*, Athen, Dionysos-Theater)

461   (–429) Unter Perikles höchste politische und kulturelle Blüte Athens (»Goldenes Zeitalter«)

460   Pherekrates (um 460 Athen–nach 420 Athen), griech. Komödiendichter   Agatharchos von Samos (460–420), wohl frühester bekannter Szenograph, Verfasser einer Schrift über die *skene*

458   UA von Aischylos' Tetralogie *Oresteia* (*Agamemnon – Choephoroi – Eumenides*) (*Orestie: Agamemnon – Die Opfernden am Grab – Die Eumeniden*, ergänzt durch das verlorene Satyrspiel *Proteus*, Athen, Dionysos-Theater)

457   (457/54) Ekphantides (?–?), griech. Komödiendichter, Sieger im Komödien-Agon

455   Agathon (um 455–401), griech. Tragiker, soll als erster Handlungen und Personen seiner Stücke frei erfunden haben
      Eupolis (um 455 Athen–nach 412), griech. Komödiendichter

      (2. H. 50er Jahre) Sophokles' Tragödie *Aias*, frühestes seiner erhaltenen Dramen

451   Kodifizierung des geltenden Rechts in Rom (Zwölftafelgesetz)

450   Aristophanes (um 450 Athen–nach 385 Athen), griech. Komödiendichter
      (Mitte 5. Jh.) Sophron, griech. Mimendichter (dramatische Darstellung von Alltagsszenen) aus Syrakus   (um 450) Erstmals Preise für den besten tragischen Schauspieler bei den Großen Dionysien

      (Ende 50er/Anf. 40er Jahre) Entstehungszeit der Tragödie *Trachiniai* (*Die Trachinierinnen*) des Sophokles
      (50er Jahre?) *Ichneutai* (*Spürhunde*), frühes Satyrdrama des Sophokles

Personen des Theaters / Bühnenereignisse	Zeitgeschichte / Theaterwesen
445 (um 445 – Anf. 20er Jahre) Telekleides, griech. Komödiendichter, mit je 5 Siegen bei den Dionysien und den Lenäen erfolgreichster Komödiendichter des 5. Jh.s	
442 (um 442) UA von Sophokles' Tragödie *Antigone* (Athen)	
	Erstmals Preisverleihung für den besten komischen Schauspieler bei den Lenäen
440 (440–437) *Odysses* (*Odysseuse*), Komödie (Mythentravestie) von Kratinos.	(440–437) Erster Versuch, die Freiheit auf der Bühne einzuschränken (um 440) Seither Komödien-Agon bei den Lenäen in Athen (um 440) Perikles läßt neben dem Athener Dionysos-Theater ein Odeion errichten, eine Art Konzerthalle, vielleicht auch für Theaterproben genutzt
438 UA von Euripides' Tragödie *Alkestis* (Athen, Dionysos-Theater)	
435 Der griech. Tragiker Iophon (Sophokles' Sohn) siegt im tragischen Agon	
431 Der griech. Tragiker Euphorion (Aischylos' Sohn) siegt im tragischen Agon UA von Euripides' Tragödie *Medea* (Athen, Dionysos-Theater)	(–404) Peloponnesischer Krieg zwischen dem demokratisch regierten Athen und dem aristokratisch regierten Sparta und den jeweiligen Verbündeten
430 (um 430) Tragödien-Agon bei den Lenäen in Athen eingeführt (430–427) Euripides' Tragödie *Herakleidai* (*Die Herakliden*)	
429 (429–425) Sophokles' Tragödie *Oidipus Tyrannos* (*König Oidipus*) Vermutetes Debüt des griech. Komödiendichters Eupolis im Komödien-Agon mit *Prospaltioi*	
428 Euripides' Tragödie *Hippolytos stephanephoros* (*Hippolytos*) siegreich im Tragödienwettkampf bei den Großen Dionysien; (428–18) Entstehungszeit seiner Tragödie *Hekabe*	
427 (–385) Aufführungszeit der Komödien des griech. Dichters Platon, der als erster die Namen der von ihm angegriffenen Personen zu Stücktiteln machte Aristophanes' erstes (nicht erhaltenes) Stück *Daitales* (*Die Schmausbrüder*) (427–24) Euripides' Tragödie *Andromache*	
426 Nach Aufführung seiner Komödie *Babylonioi* (*Die Babylonier*) muß sich Aristophanes wegen seiner Kritik an Politikern vor dem Athener Rat verantworten	

Personen des Theaters / Bühnenereignisse	Zeitgeschichte / Theaterwesen

425   UA von Aristophanes' Komödie *Acharnes* (*Die Acharner*), inszeniert von Kallistratos siegreich bei den Athener Lenäen

424   UA von Aristophanes' (mit Eupolis) Komödie *Hippes* (*Die Ritter*), bei den Athener Lenäen Athen erstmals in eigener Regie aufgeführt
(424–16) Euripides' Tragödie *Hiketides* (*Die Schutzflehenden*)

423   Bei den Großen Dionysien in Athen Kratinos' selbstironische Komödie *Pytine* (*Die Flasche*) siegreich u. a. gegen Aristophanes' Komödie *Nephelai* (*Die Wolken*)

422   Aristophanes' Komödie *Sphekes* (*Die Wespen*) bei den Lenäen von Philonides aufgeführt

421   Aristophanes' Komödie *Eirene* (*Der Frieden*) in eigener Regie bei den Athener Dionysien
Sieg des Komödiendichters Eupolis mit *Kolakes* (*Die Schmeichler*)
(421–15) Euripides' Tragödie *Herakles*

415   UA von Euripides' Tragödie *Troades* (*Die Troerinnen*, Athen, Dionysos-Theater)

414   Bei den Athener Großen Dionysien UA von Aristophanes' Komödie *Ornithes* (*Die Vögel*), Ameipsias' *Komastai* (*Die Schwärmer*) und Phrynichos' *Monotropos* (*Der Einsame*)

413   Wahrscheinliche Aufführung von Euripides' Tragödie *Elektra* und (um 413) mögliche Entstehungszeit von Sophokles' Tragödie *Elektra*

412   Euripides' Tragödien *Helene*, (um 412) *Iphigeneia he en Taurois* (*Iphigenie bei den Taurern*) und (412–08) *Ion*
Eupolis' Komödie *Demoi* (*Demen*)

411   Aufführungen von Aristophanes' Komödien *Lysistrate* (vermutlich bei den Großen Dionysien) und *Thesmophoriazusai* (*Die Frauen am Thesmophorienfest*, vermutlich bei den Lenäen)

410   (410/09) Euripides' Tragödie *Phoinissai* (*Die Phönikerinnen*)

409   Sophokles' Tragödie *Philoktetes* (*Philoktet*), Teil einer sonst unbekannten im Tragiker-Agon siegreichen Trilogie

408   Antiphanes (408/05 – um 335), griech. Komödiendichter, Hauptvertreter der »Mittleren Komödie«

Euripides' Tragödie *Orestes*

Personen des Theaters / Bühnenereignisse	Zeitgeschichte / Theaterwesen
406 (406/05) Euripides' Tragödien *Iphigeneia he en Aulidi* (*Iphigenie in Aulis*), *Bakchai* (*Die Bakchen*)	
405 Aristophanes' *Batrachoi* (*Die Frösche*) bei den Athener Lenäen	
404	Eroberung Athens durch die Spartaner unter Lysander; Ende der athenischen Demokratie
401 Sophokles' Tragödie *Oidipus epi Kolono* (*Oidipus auf Kolonos*) posthum von seinem gleichnamigen Enkel aufgeführt	
400 Anaxandrides (um 400–nach 347) und Eubulos (um 400–nach 335), griech. Komödiendichter, Vertreter der »Mittleren Komödie«	
392 v. Chr (um 392) Aristophanes' Komödie *Ekklesiazusai* (*Die Weibervolksversammlung*)	
399	Tod des Sokrates
388 Aristophanes' Komödie *Plutos* (*Der Reichtum*, Athen)	
387	Akademie Platons in Athen (besteht bis 529 n. Chr.)
386 Erstmals Wiederaufführung einer bereits aufgeführten Tragödie bei den Dionysien	
375 Alexis (um 375 Thurioi–um 275 Athen?), griech. Komödiendichter, sein Werk verbindet »Mittlere« und »Neue Komödie«; gilt als Lehrer Menanders	
372 Erster Sieg (von 11?) des griech. Dramatikers Karkinos bei den Großen Dionysien	
368 Philemon (um 368/60 Syrakus o. Soloi–267/263 Athen), griech. Komödiendichter, Vertreter der »Neuen Komödie«	
364	Seit dieser Zeit Auftritte von mimischen Tänzern in Rom bei den »Ludi Romani«
360 Diphilos (ca. 360/350 Sinope–nach 300 Smyrna), griech. Komödiendichter, Vertreter der »Neuen Komödie«	
359	(–336) Mit König Philipp II. (um 382–336) beginnt der Aufstieg Makedoniens und seine Hegemonie über Griechenland (337 Panhellenischer Bund – ohne Sparta)
342 Menandros (Menander, 342/41 Athen–293/290 Athen), griech. Komödiendichter, Hauptvertreter der »Neuen Komödie«	
339 Erstmals Wiederaufführung einer bereits aufgeführten Komödie bei den Dionysien	

Personen des Theaters / Bühnenereignisse	Zeitgeschichte / Theaterwesen
338	(um 338–326) Umbau des Dionysos-Theaters in Athen unter Lykurg für rd. 15 000 Zuschauer
336	(–323) Regierungszeit Alexanders des Großen, unter dem Makedonien zum Weltreich wird; Blütezeit des Hellenismus
335	Aristoteles (394–22) eröffnet in Athen das Lykeion als peripatetische Schule; (um 335) Entstehungszeit seiner *Poetik*
334	Beginn der Kriegszüge Alexanders des Großen mit Eroberung des Perserreiches (330) und des nordwestlichen Indiens (325/24)
331	Alexander der Große gründet Alexandria in Ägypten
329	(329–312) Erste Preisverleihung für den besten komischen Schauspieler bei den Großen Dionysien
322 (322/21) Menanders wohl erstes Stück *Orgē* (*Der Zorn*)	
317 (317/16) Entstehungszeit von Menanders *Dyskolos* (*Der Griesgram*)	
313 (313/312) Entstehungszeit von Menanders *Perikeiromene* (*Die Geschorene*)	
300 (um 300, Entstehungszeiten unbekannt) Menanders großenteils verlorene oder fragmentarisch erhaltene Komödien *Sikyonios* (*Der Sikyonier*), *Phasma* (*Das Gespenst*; Wiederaufführungen 250 und 167 v. Chr. belegt); *Kolax* (*Der Schmeichler*), *Aspis* (*Der Schild*), *Samia* (*Die Samierin*), *Georgos* (*Der Landmann*), *Heros* (*Der Heros*)	(um 300) Theater von Epidauros errichtet
(um 300, Entstehungszeiten unbekannt) Philemons Komödien *Thesauros* (*Der Schatz*; überliefert in Plautus' Bearbeitung *Trinummus*), *Emporos* (*Der Kaufmann*, überliefert in Plautus' Bearbeitung *Mercator*), *Phasma* (*Das Gespenst*)	
295 (um 295) *Epitrepontes* (*Das Schiedsgericht*), Komödie des Menander, vermutlich aus seinen letzten Jahren	
285 Livius Andronicus (um 285–nach 207), erster bekannter röm. Epiker und Dramatiker, führte 240 das erste lateinische Stück in Rom auf	
272	Nach dem Sieg über Tarent und der Aufnahme der griech. Städte in Italien als »socii navales« beherrscht Rom weitgehend Italien
264	(–241) 1. Punischer Krieg zwischen Rom und Karthago
254	Wettbewerbe der Schauspieler mit alten Dramen bei den Dionysien bezeugt

	Personen des Theaters / Bühnenereignisse	Zeitgeschichte / Theaterwesen
250	Gnaeus Naevius (2. Hälfte 3. Jh. Kampanien–? Utica), röm. Dramatiker, gilt als Begründer der »fabula praetextata« (Behandlung röm. Stoffe im Stil griech. Tragödien) Titus Maccius Plautus (um 250 Sarsina/Umbrien–184 Rom), röm. Komödiendichter Titinius (?–?, lebte wohl z.Zt. des Plautus), ältester der drei bekannten Verfasser national-röm. Komödien (fabula togata)	(um 250) Unter Ptolemaios II. Philadelphos (285–246) ist Alexandria Zentrum des (hellenistischen) Theaters; Wirkungsstätte der »Pleias« (Siebengestirn) vorbildhaft empfundener Tragiker (Namenslisten divergieren)
240	Erste Aufführung eines Dramas in Rom nach dem Sieg über Karthago durch Livius Andronicus (um 285–nach 207)	
239	Quintus Ennius (239 Rudiae–169 Rom?), röm. Epiker und Dramatiker	
220	Marcus Pacuvius (220 Brindisi–um 130 Tarent), röm. Tragiker und Maler	(um 220) Bau der Theater in Pompeji und Magnesia
218		(–201) 2. Punischer Krieg zwischen Rom und Karthago; Hannibal überquert mit seinem Heer die Alpen, steht nach mehreren Siegen über röm. Heere 211 vor Rom; mit dem Friedensschluß endet Karthagos Rolle als politische Großmacht
212		Beginn von Dramenaufführungen bei den im Juli gefeierten röm. »Ludi Apollinares«
211		Erste Erwähnung des Auftretens eines Mimen in Rom
204	(vor 204) Entstehungszeit von Plautus' *Miles Gloriosus* (*Der prahlerische Offizier*) nach der verlorenen griech. Komödie *Alazon* (*Der Prahler*)	
202	(um 202) *Cistellaria* (*Die Kästchenkomödie*), Komödie des Plautus nach Menander	
200	Plautus' Komödie *Stichus* bei den Ludi Plebei von Titus Publilius Pellios Truppe aufgeführt (um 200, Entstehungszeiten unbekannt) Plautus' Komödien *Rudens* (*Das Tau*, nach Diphilos), *Persa* (*Der Perser*), *Menaechmi* (*Menaechmi*, nach Poseidippos), *Vidularia* (*Das Kofferstück*), *Mercator* (*Der Kaufmann*, nach Philemons *Emporos*), *Mostellaria* (*Die Gespensterkomödie*), *Captivi* (*Die Gefangenen*), *Asinaria* (*Eselskomödie*, nach Demophilos' *Onagros, Der Wildesel*), *Amphitruo* (*Amphitryon*)	Beginn von Dramenaufführungen bei den im November gefeierten röm. »Ludi Plebei«
195	Publius Terentius Afer (Terenz, um 195 [185?] Karthago?–nach 159), röm. Komödiendichter Plautus' Komödie *Trinummus* (*Der's für einen Dreier tut*, nach Philemons *Thesauros, Der Schatz*), Aufführung nicht vor 195 v. Chr.	

Personen des Theaters / Bühnenereignisse	Zeitgeschichte / Theaterwesen
194 (um 194) Aufführung von Plautus' *Poenulus* (*Der junge Punier*) – einziges erhaltenes Zeugnis der punischen Sprache	Beginn von Dramenaufführungen bei den röm. »Ludi Megalensis« (im April)
191 Aufführung von Plautus' *Pseudolus*	
190 (um 190) Entstehungszeit von Plautus' Komödien *Truculentus, Epidicus, Curculio*	
189 (–187) Plautus' *Bacchides* (*Die Bacchiden*)	
186 Plautus' *Aulularia* (*Topfkomödie*) – möglicherweise 186 v. Chr. aufgeführt	
180 (um 180) Plautus' Komödie *Casina* (nach Diphilos' *Klerumenoi, Die Losenden*)	
179	Ältestes Theater (Holzbau) in Rom von M. Aemilius Lepidus in der Nähe des Apollo-Tempels errichtet
170 Lucius Accius (170 Pisaurum – um 80), bedeutendster Tragiker der röm. Republik	(–160) Hellenistischer Umbau des Theaters von Epidauros
168 Caecilus Statius gestorben (um 222 als Sklave nach Rom gekommen), röm. Komödiendichter	
166 UA von Terenz' erstem Stück *Andria* (*Das Mädchen von Andros*, nach Menander) im April bei den »Ludi Megalenses«	
165 Entstehungszeit von Terenz' Komödie *Hecyra* (*Die Schwiegermutter*), nach zweimaligem »Durchfall« (165 und 160 v. Chr.) erst bei der dritten Aufführung erfolgreich	
163 UA von Terenz' *Heautontimorumenos* (*Der Selbstquäler*) von Lucius Ambivius Turpios Truppe bei den Ludi Megalensis	
160 Lucius Afranius (lebte z. Zt. der Gracchen, Daten unbekannt), mittlerer der drei bekannten Verfasser national-röm. Komödien (fabula togata) Terenz' letzte Komödie *Adelphoe* (*Die Brüder*) aufgeführt bei den Feierlichkeiten für den verstorbenen Aemilius Paulus, Vater des Scipio Africanus Minor	
155	Cassius Longinus versucht, in Rom ein ständiges Theater zu errichten
149	(–146) Dritter Punischer Krieg zwischen Rom und Karthago endet mit dessen Zerstörung; Rom beherrscht das Mittelmeer

Personen des Theaters / Bühnenereignisse	Zeitgeschichte / Theaterwesen
133	Bürgerkriege in Rom von den Reformen der Gracchen bis zur Errichtung des Prinzipats durch Augustus (27 v. Chr.)
	Einführung des Bühnenvorhangs
120	(um 120) Bis zu dieser Zeit Komödien-Agon in Athen belegt
115	Durch Beschluß der Zensoren werden Schauspieler aus der Stadt Rom verwiesen
106 Decimus Laberius (106–43 Puteoli), Vertreter des literarischen lateinischen Mimus'.	
80	Im röm. Theater werden »Segel« eingeführt, um den Zuschauerraum vor Sonne zu schützen
79	M. und L. Licinius Lucullus führen Periakten und drehbare Hintergrunddekoration (*scaena versitalis*) ein
77 Titus Quinctius Atta gestorben, einer der drei bekannten Verfasser national-röm. Komödien (fabula togata)	
73	(–71) Sklavenaufstand unter Führung des Spartacus
60	Bei den Apollinarischen Spielen wird erstmals das Theater mit einem Zeltdach überspannt
	(–53) In Rom 1. Triumvirat (Pompeius – Caesar – Crassus)
55	Pompeius (106–48) läßt das erste steinerne Theater in Rom erbauen
49	(–45) Bürgerkrieg zwischen Caesar – Pompeius endet mit Sieg Caesars
46	Gaius Iulius Caesar (100–44) wird für 10 Jahre zum Diktator ernannt; Einführung des Julianischen Kalenders
45	Die Lex Iulia municipalis schließt »Histriones« von munizipalen Ehrenämtern aus
44	Caesar wird Diktator auf Lebenszeit; während einer Senatssitzung in Rom von Mitgliedern einer republikanischen Opposition ermordet
31	(–14 n. Chr.) Regierungszeit C. Julius Caesar Octavianus (seit 27 Ehrentitel Augustus)
29 Aufführung des als berühmteste röm. Tragödie geltenden *Thyestes* des röm. Tragikers Lucius Varius Rufus (um 70–15 v. Chr.) anläßlich des Seesiegs Octavians bei Actium	

Personen des Theaters / Bühnenereignisse	Zeitgeschichte / Theaterwesen
27	(–14 n. Chr.) Beginn der röm. Kaiserzeit mit dem Prinzipat des Augustus
22 Die Pantomimen Bathyllos aus Alexandria und Pylades aus Kikilien sollen in Rom den Pantomimus eingeführt haben	
14	(um 14) Veröffentlichung von M. Vitruvius Pollios (Vitruv) systematischer Darstellung antiker Baukunst (*De architectura libri decem*), u. a. mit einer Zusammenfassung röm. Theaterbaus
11	Marcellus-Theater in Rom, vollendet durch Kaiser Augustus
4 Lucius Annaeus Seneca d. J. (4? Corduba, heute Córdoba – 65 Umgebung von Rom), röm. Staatsmann, Philosoph, Dramatiker, Lehrer Kaiser Neros	
0	
30	(um 30) Kreuzigung Jesu; das spätere Christentum beginnt als jüd. Sekte
41 Senecas Tragödie *Agamemno* (*Agamemnon*), entstanden nach 41 n. Chr.	
50 (Mitte 1. Jh.) Wohl Entstehungszeit der Tragödien des Lucius Annaeus Seneca, v. a. *Hercules furens* (*Der rasende Herkules*), *Troades* (*Die Trojanerinnen*), *Phoenissae* (*Die Phönizierinnen*), *Medea*, *Phaedra*, *Oedipus*, *Thyestes*	
54	(–68) Claudius Drusus Germanicus Nero (37–68) röm. Kaiser
60	(60/61) Athener Dionysos-Theater wird in röm. Form umgebaut
64	(Juli) Brand Roms (Nero zugeschrieben); erste Christenverfolgungen
80	Bau des vor allem für Gladiatorenkämpfe genutzten Kolosseums in Rom beendet (rd. 50 000 Plätze)
98	(–117) Unter dem ersten Adoptivkaiser Trajan erreicht das Röm. Reich seine größte Ausdehnung
106	Die von Kaiser Trajan zeitweise verbotenen Pantomimen-Aufführungen werden wieder erlaubt
121	Das franz. Nîmes wird römisch (Nemausus) und erhält ein Amphitheater für rd. 24 000 Zuschauer

Personen des Theaters / Bühnenereignisse	Zeitgeschichte / Theaterwesen
160 Quintus Septimus Florens Tertullianus (um 160 Kathago? – nach 220 Karthago?), lateinisch-christl. Apologet, dessen theaterfeindliche Abhandlung *De spectaculis* eine wesentliche Quelle für das röm. Theaterleben ist	
161	Theater des Herodes Atticus in Athen erbaut (röm. Bautyp)
275	Märtyrertod des zum Christentum konvertierten Mimen Porphyrius
284	(–305) Unter Kaiser Diokletian tiefgreifende Reform des Röm. Reichs
290	Bau eines Amphitheaters in Verona
303	(–306/11) Letzte Christenverfolgungen im Röm. Reich
305	Das Konzil zu Elvira, Granada, verbietet v. a. span. Christen, als Pantomimen oder Komiker aufzutreten
313	Toleranzedikt von Mailand durch Kaiser Konstantin (um 288–337); Christentum wird dominierende Religion im Westen des Röm. Reichs; 325 wird er Alleinherrscher
330	Konstantinopel (Byzanz) wird als »Neues Rom« (Nova Roma/Nea Rhoma) neue Reichshauptstadt des Röm. Reichs
375	Mit der Vernichtung des Ostgotenreichs durch die Hunnen Beginn der »Völkerwanderung« (–568)
391	Christentum wird unter Kaiser Theodosius I. (347–95) Staatsreligion im Röm. Reich; heidnische Kulte werden verboten. Symbol des Kampfes gegen die »heidnische« griech. Kultur ist die Zerstörung der Bibliothek von Alexandria durch den Patriarchen Theophiles
393	Aufhebung der seit 776 v. Chr. bestehenden Olympischen Spiele durch Kaiser Theodosius I.
395	Teilung des Röm. Reichs in Westrom (–476) und Ostrom/Byzanz (–1453)
399	Viertes karthagisches Konzil droht allen mit Exkommunikation, die an Sonn- und Festtagen Theater besuchen
410	Plünderung Roms durch die Westgoten
413	(–36) Erstes Burgunderreich bei Worms
433	(–453) Unter König Attila sind weite Teile Europas den Hunnen tributpflichtig

Personen des Theaters / Bühnenereignisse	Zeitgeschichte / Theaterwesen
436	Burgunderreich von den Hunnen besiegt (»Nibelungenlied« als literarische Verarbeitung)
450	(um 450) Invasion der Angelsachsen in Britannien
451	Ende der Expansion der Hunnen mit der (unentschiedenen) Schlacht auf den Katalaunischen Feldern gegen eine Koalition röm.-gallischer Truppen
453	Nach dem Tod Attilas ziehen sich die Hunnen nach Osten zurück
455	Plünderung Roms durch die Vandalen
476	Mit dem Sturz des weström. Kaisers Romulus durch den im Auftrag des oström. Kaisers handelnden Heerführer Odoaker (433–93) endet das Weström. Reich
481	Franken unter Chlodwig erobern gallisch-röm. Reststaat des Syagrius in Gallien (–511) Chlodwig I. König der Franken (–751 Herrschaft der Merowinger)
493	Ostgoten erobern unter Theoderich dem Großen (um 456–526) Italien (Ostgotisches Reich –540/52)
499	Franken treten zum röm. Christentum über
527	(–65) Oström. Kaiser Justinian I.; unter ihm Kodifizierung des röm. Rechts im Codex Justinianus (*Corpus iuris civilis*)
529	(Zeitweilige) Schließung aller Theater durch Kaiser Justinian I. Mit der Schließung der athenischen Redner- und Philosophenschulen durch Justinian I. sichtbares Ende der klass. griech. Philosophie Benedikt von Nursia gründet Kloster Monte Cassino – Benediktinerorden
540	Eroberung Roms durch Byzanz
552	Eroberung des Ostgotischen Reichs und Italiens durch Byzanz beendet
567	Awarenreich in Pannonien (Ungarn)
622	Flucht (Hedschra) Mohammeds von Mekka nach Medina – Beginn des Islams und seiner Zeitrechnung
633	Kirchliches Verbot der sog. Narrenfeste um die Jahreswende (wirksam erst im 16. Jh.)
671	Kallinikos von Byzanz erfindet das »Griechische Feuer«, das auch auf dem Wasser brennt

Personen des Theaters / Bühnenereignisse	Zeitgeschichte / Theaterwesen
680	(–969) Erstes bulgarisches Reich
681	Das Concilium Trullianum verbietet Mimus und Pantomimus
687	(–751) Karolinger Hausmeier (Majordomus, Leiter der königl. Verwaltung und des Heers) der Merowinger; mit Pippin (dem Mittleren) erlangen die Karolinger die erbliche Majordomuswürde über das Frankenreich
711	Spanien nach dem Ende des Westgotenreichs durch Araber/Mauren erobert
714	(–741) Karl Martell, fränkischer Majordomus (Hausmeier), regiert seit 737 ohne (merowingischen) König
718	Bonifatius (um 673–754) missioniert auf Geheiß Papst Gregors II. in Thüringen, Hessen, Bayern und Friesland
732	Sieg der Franken unter dem Hausmeier Karl Martell über arabische Mauren zwischen Tours und Poitiers in einer siebentägigen Schlacht
751	Letzter Merowingerkönig Childerich III. vom ersten Karolingerkönig Pippin (der Kleine) abgesetzt (–768); Pippin III. wird mit päpstlicher Zustimmung König (751–68) des Fränkischen Reichs (Herrschaft der Karolinger –888)
756	Die sog. »Pippinsche Schenkung« an den Papst bildet die Grundlage für den bis 1870 bestehenden Kirchenstaat (–1031) Maurisches Emirat (seit 929 Kalifat) von Córdoba
768	(–814) Karl der Große (742–814) König der Franken, bis 771 mit seinem Bruder Karlmann
772	(–804) Blutige Unterwerfung und Bekehrung der Sachsen durch Karl den Großen
773	(773/74) Karl der Große erobert das Langobardenreich und läßt sich zum König krönen
791	Der Angelsachse Alkuin (735–804), Leiter der Hofschule Karls des Großen, protestiert gegen die übliche Aufnahme von Mimen, Histrionen und Tänzern ins Haus
800	Krönung Karls des Großen zum Kaiser durch Papst Leo III. in der Peterskirche in Rom – Restitution des »Imperium Romanum«
803	Awaren durch Karl den Großen vernichtet
804	Gründung Haithabus als zentraler Handelsplatz durch die Wikinger

Personen des Theaters / Bühnenereignisse	Zeitgeschichte / Theaterwesen
814	Ludwig I. der Fromme (778–840) Kaiser des Frankenreichs
816	Aachener Konzil befiehlt Geistlichen das Verlassen von Festlichkeiten, sobald Spielleute, Mimen u. ä. auftreten
830	(–907) Großmährisches Reich
831	(831/46) Erzbistum Hamburg-Bremen, zuständig für die Missionierung Skandinaviens
834	(– Ende des Jh.s) Regelmäßige Plünderungen der skandinavischen Wikinger/Normannen im karolingischen Frankenreich
843	Teilung des Frankenreichs unter den Söhnen Ludwig des Frommen im Vertrag von Verdun (Westfranken unter Karl dem Kahlen, Lotharingien, Italien mit Kaiserwürde unter Lothar I., Ostfranken unter Ludwig dem Deutschen)
860	Gründung Kievs unter Rurik und (862) Novgorods durch die aus Schweden stammenden Waräger
863	(um 863) Der oström. Mönch Cyrillos schafft das älteste slaw. Alphabet (Glagoliza); das »kyrillische« Alphabet entsteht später und ist nicht von ihm
864	Unter Zar Boris Annahme des orthodoxen Christentums in Bulgarien
866	Dänen erobern in England das Königreich Northumbria
871	(–99) Alfred der Große (849–901), engl. König, vom Papst zum König gesalbt, vereinigt die nicht von Dänen eroberten engl. Königreiche
872	Unter König Harald Schönhaar (860–933) erste norweg. Zentralmacht
875	(um 875) Anfänge der Besiedlung Islands durch Norweger
882	Anfänge des mittelalterlichen Rußland im Kiewer Rus (Zusammenschluß Kiews und Nowgorods unter Oleg)
885	(–88) Karl III. der Dicke vereinigt noch einmal das Reich Karls des Großen; 888 endgültiger Zerfall des karolingischen Reichs
896	(–900) Landnahme der aus dem Wolgagebiet vertriebenen Ungarn
900	Unter Gorm dem Alten (–940) Beginn der Zentralisierung Dänemarks

Personen des Theaters / Bühnenereignisse	Zeitgeschichte / Theaterwesen
907	Großmährisches Reich von Ungarn besiegt
911	Nach Aussterben der Karolinger wird der Frankenherzog Konrad I. erster dt. Wahlkönig (–918)
	Das von Normannen besiedelte Gebiet an der unteren Seine vom westfränk. Reich als Herzogtum Normandie anerkannt
919	Als erster sächsischer Herrscher wird Heinrich I. dt. König; er gilt als Gründer des Deutschen Reiches
920	Erste Erwähnung der Bezeichnung »regnum Teutonicum«
925	(–1102) Königreich Kroatien unter Tomislav I.
930 (um 930) Im Kloster Fleury in St. Benoît-sur-Loire vermutete Entstehung des vom Besuch der drei Marien am Grabe Christi handelnden Tropus *Quem quaeritis?* – mögliche Keimzelle szenischer Darstellung der Osterliturgie	
935 Hrotsvit (Roswitha) von Gandersheim (um 935 Herzogtum Sachsen – nach 973 Kloster Gandersheim), Dramatikerin, erste bekannte deutsche (mittellateinische) Dichterin	
936	Otto I. der Große (912–73) wird dt. König (962 Kaiserkrönung)
955	Nach der Niederlage der Ungarn gegen die Deutschen unter Otto I. auf dem Lechfeld bei Augsburg werden sie endgültig seßhaft
960 (um 960) Mögliche Entstehungszeit von Hrotsvit von Gandersheims Stücken *Gallicanus* und *Calimachus*	(–992) Unter Herzog Mieszko I. Anfänge poln. Staatsbildung unter den Piasten (–1370)
	(ab 960) Christianisierung Dänemarks
962	Otto I. zum Kaiser des bis 1806 bestehenden Heiligen Römischen Reichs Deutscher Nation gekrönt
(um 962) Mögliche Entstehungszeit von Hrotsvit von Gandersheims Stücken *Sapientia*, auch als *Passio sanctarum virginum Fidei, Spei et Karitatis* (*Die Weisheit*, auch: *Das Leiden der heiligen Jungfrauen Glaube, Hoffnung und Liebe*), *Pafnutius*, auch *Conversio Thaidis meretricis* (*Pafnutius*, auch: *Die Bekehrung der Buhlerin Thais*)	
966	Polen nimmt das röm. Christentum an
970 (um 970) *Abraham. Lapsus et conversio Mariae neptis Habrahae heremicolae* (*Abraham. Fehltritt und Bekehrung Marias, der Nichte des Eremiten Abraham*), bedeutendstes Drama von Hrotsvit von Gandersheim	

Personen des Theaters / Bühnenereignisse	Zeitgeschichte / Theaterwesen
987	(–96) Hugo Capet König von Frankreich (bis 996); Herrschaft der Capetinger in Frankreich bis 1328
988	Beginn der Christianisierung Rußlands von Byzanz aus
995	Christianisierung Norwegens
1000	Christianisierung Ungarns unter Stephan I. (dem Heiligen) (um 1000) Wikinger erreichen das nordamerikan. Labrador (»Vinland«) (–35) Unter König Sancho dem Großen von Navarra ist der christl. Norden Spaniens fast vereinigt
1008	Christianisierung Schwedens beginnt
1013	(–16) Dänen erobern große Teile Englands
1015	(–28) Olaf II. der Heilige von Norwegen; setzt das Christentum durch
1016	(–35) Knut der Große König von England, 1019 auch von Dänemark und 1028 von Norwegen
1021	Tanzwut-Epidemie in Europa als Ausdruck religiöser Besessenheit (erneut 1278, 1375)
1032	Königreich und Freigrafschaft Burgund (damit auch die Schweiz) werden Teil des Heiligen Römischen Reichs Deutscher Nation
1035	Königreiche Kastilien und Aragon in Spanien
1040	(–57) Macbeth König von Schottland
1042	(–66) Eduard der Bekenner (Edward the Confessor) König des von dän. Herrschaft befreiten Englands
1045	(um 1045–99) Rodrigo Diaz de Vivar, genannt »El Cid«, span. Nationalheld
1054	Endgültige Trennung der orthodoxen von der röm.-kath. Kirche
1064	Beginn der »Reconquista«, der Rückeroberung maurisch beherrschter Gebiete in Spanien
1066	Eroberung Englands durch Wilhelm den Eroberer (William the Conqueror) von der Normandie aus; Sieg über König Harald II. bei Hastings
1077	Eroberung Jerusalems durch die Seldschuken
1078	Wilhelm der Eroberer läßt den Tower in London bauen (bis ca. 1300)

Personen des Theaters / Bühnenereignisse	Zeitgeschichte / Theaterwesen
1096	(–99) 1. Kreuzzug; »Kreuzzug der Armen« führt zu ersten Judenprogromen am Rhein
1099	Eroberung Jerusalems durch die Kreuzfahrer unter Gottfried von Bouillon; Massaker an Muslimen und Juden
1100	(–87, 1229–44) Christl. Königreich Jerusalem Im 12. Jh. breitet sich das Turnier als ritterliches Kampfspiel ausgehend von Frankreich in Europa aus (um 1100) Ältester Beleg für die Einbeziehung des Wettlaufs der Apostel in ein Kirchenraumspiel (Augsburger Osterfeier)
1102	(–1918) Kroatien in Personalunion zu Ungarn (mit Autonomie)
1118	(um 1118–70) Thomas Becket, ab 1162 Erzbischof von Canterbury
1127	Graf Wilhelm VII. von Poitiers gestorben; gilt als erster Troubadour
1134	Beginn dt. Ostkolonisation
1139	(–1910) Königreich Portugal nach Sieg über die Mauren
1140	(um 1140–um 1215) Bertran de Born, Troubadour in England
1145	Erste Anklage gegen Juden wegen sog. »Ritualmords« im engl. Norwich
1152	(–1190) Friedrich I. Barbarossa (um 1122–90) Kaiser des Heiligen Römischen Reichs Deutscher Nation
1160	(um 1160) Entstehungszeit des *Ludus de Antichristo* (*Tegernseer Antichristspiel*), ältester überlieferter Spieltext im dt. Sprachraum	
1167	(1167–70) Wilhelm von Blois' [Guilelmus Blesensis] Komödie *Alda* in lat. Distichen, wahrscheinlich zwischen 1167 und 1170 entstanden	
1169		Beginn der anglo-normannischen Eroberung Irlands
1170	Jehan Bodel (um 1170–1209/10), franz. Dramatiker, fügte als erster eigene Erfindungen in religiöse Stoffe ein (St. Nikolaus-Spiel)	Ermordung des Erzbischofs von Canterbury, Thomas Becket
1180	(um 1180) Aufführungen religiöser Spiele (»spectacula«) in London belegt	(–1223) König Philipp II. August begründet franz. Großmachtstellung
1186		(–1346) 2. Bulgarisches Reich

Personen des Theaters / Bühnenereignisse	Zeitgeschichte / Theaterwesen
1187	Sultan Saladin erobert Jerusalem
1189	(–99) Richard I. Löwenherz König von England
1191	Richard I. Löwenherz erobert im 3. Kreuzzug Zypern; (–1489) fränk. Staat der Lusignans
1194 Aufführung eines Prophetenspiels in Regensburg	
1199	(–1216) Johann Ohneland (1167–1216) König von England
1200 (Ende 12./Anf. 13. Jh.) *Mystère d'Adam* (Adamspiel), fragmentarisch erhaltenes anglo-normannisches geistliches Spiel in altfranz./latein. Sprache überliefert (über Aufführungen ist nichts bekannt) – frühestes religiöses Spiel in einer Volkssprache	
1204	Errichtung des Lateinischen Kaisertums (–1261) nach der Eroberung Konstantinopels/Byzanz' während des 4. Kreuzzugs
1205 (vor 1205) Jehan Bodels *St. Nikolaus-Spiel* von einer Bruderschaft in Arras aufgeführt	
1207	Papst Innozenz verbietet »ludi theatrales« mit heiteren Elementen während der Weihnachtszeit
1212	(–50) Friedrich II. von Hohenstaufen (1194–1250) Kaiser des Heiligen Römischen Reichs Deutscher Nation Kinderkreuzzug
1215	Engl. Barone erzwingen von König Johann die »Magna Charta«, die die Macht der engl. Könige einschränkt 4. Laterankonzil verschärft Diskriminierung der Juden
1228 (vor 1228) *Courtois d'Arras*, dramatisierter Monolog eines Spielmanns	
1229	Mit dem Ende der als Kreuzzug gegen die Katharer geführten Albigenserkriege (seit 1209) gelangt die Provence an Frankreich
1230 (um 1230) *Großes Benediktbeurener Passionsspiel* im Codex Burana überliefert	(ab 1230) Beginn des Staatsgebildes des Deutschen Ordens um Thorn (Torún)
1232	Papst Gregor IX. fasst Ketzergerichte zur Inquisition zusammen; Dominikaner werden zu Inquisitoren bestellt
1235 Adam de la Halle (auch: Adam le Bossu) (um 1235 Arras – um 1285/88 Neapel), franz. Dramatiker	(um 1235) Eike von Repkows einflußreiches Rechtsbuch »Sachsenspiegel« entsteht; in ihm gelten Fahrende und Spielleute als rechtlos
1240	(–1480) Rußland den Mongolen tributpflichtig

	Personen des Theaters / Bühnenereignisse	Zeitgeschichte / Theaterwesen
1241		Mongolen besiegen Polen und Ritter des Deutschen Ordens bei Liegnitz, Ungarn bei Mohi
1242		Niederlage des Deutschen Ordens gegen Novgorod unter Aleksandr Nevski
1244	Aufführung des Passionsspiels *Repraesentatio Passionis et Resurrectionis Christi* in Padua	
1248		Mit der Eroberung der Algarve endet für Portugal die Reconquista
1249		Schweden erobern und christianisieren Finnland
1250	Rutebeuf (vor 1250 Champagne–um 1285), franz. Autor (Mitte 13. Jh.) Fragmentarisch erhaltenes *Osterspiel* von Muri in alemannischer Sprache	(–73) Interregnum im Reich Anfänge Stockholms als Gründung dt. Kaufleute
1251		(–1502) Tatarisches »Goldene Horde«-Khanat in Südrußland
1254		Hofkaplan Robert de Sorbon gründet in Paris Theologenschule (seit dem 14. Jh. »Sorbonne« genannt)
1260	Rutebeufs um 1260 entstandenes *Le Miracle de Théophile* (*Das Theophilwunder*), als eines der frühesten spielbaren Dialogstücke wichtig für die franz. Theatergeschichte. Ob dieser Text die Grundlage der belegten Aufführungen eines Theophil-Mirakels (Aunai 1384, Limoges 1533, Mans 1539) bildet, ist nicht sicher.	
1261		Restauration des Byzantinischen Reichs (Ostrom)
1264		Fronleichnam als Kirchenfest von Papst Urban IV. anerkannt
1265		Simon de Montfort, Anführer der engl. Barone, beruft ein erstes Parlament ein
1268		Mit der Hinrichtung des letzten Staufers Konradin nach der Niederlage bei Tagliacozzo gegen Karl von Anjou endet die dt. Kaiserherrschaft in Italien
1273		(–91) Rudolf I. dt. König – Anfänge der Habsburger im Reich (bis 1806/1918)
1275	(um 1275) Adam de la Halles satirisches Stück *Li jus Adan* (*Das Spiel von Adam*), häufig nach dem angeblichen Aufführungsort auch *Le jeu de la feuillée* (*Spiel unter dem Blätterdach*) genannt, und der dramatisierte Monolog *Dit de l'herberie* (*Kräutermonolog*) entstanden	(um 1275) »Schwabenspiegel« entsteht als süddt. Pendant zum »Sachsenspiegel«
1278		König Rudolf I. von Habsburg besiegt König Otakar II. von Böhmen auf dem Marchfeld

Personen des Theaters / Bühnenereignisse	Zeitgeschichte / Theaterwesen
1280	Erste Arbeiteraufstände gegen städtisches Patriziat (Wollarbeiter in Flandern)
1282	Formaler Beginn der Hanse (Vertrag zwischen Lübeck, Riga, Visby) Volksaufstand in Sizilien, Ermordung aller Franzosen in Palermo (»Sizilianische Vesper«)
1283	König Eduard I von England erobert Wales (seit 1301 »Prince of Wales« als Titel des engl. Thronerben)
1284	Großherzogtum Finnland unter schwedischer Souveränität bis 1809
1285	(um 1285) Adam de la Halles *Li jus de Robin et de Marion* (*Das Spiel von Robin und Marion*) entstanden und wohl kurz nach seinem Tod in Arras aufgeführt	(–1314) Philipp IV. der Schöne König von Frankreich – größte Entfaltung der franz. Königsmacht im Mittelalter
1288	(1288/90–1923) Osmanisches Reich
1290	(–1656) Vertreibung der Juden aus England
1291	Mit der Eroberung Akkons durch die Mamlucken Ende der Kreuzfahrerstaaten Anfänge der Eidgenossenschaft mit dem »Ewigen Bund« der drei Urkantone Uri, Schwyz, Unterwalden
1298	Aufführung des Passionsspiels *Ludus Christi* im ital. Cividale	
1300	(um 1300) Entstehungszeit des anonymen *Auto de los Reyes Magos* (*Spiel von den heiligen drei Königen*), des einzigen erhaltenen Beispiels für mittelalterliches span. Theater	
1303	Königl. Privileg für die Pariser Basoche (Vereinigung der Gerichtsschreiber)
1309	(–77) »Babylonische Gefangenschaft« der Kirche; Clemens V. und nachfolgende Päpste residieren in Avignon unter politischer Kontrolle Frankreichs
1313	(ab 1313) Nachweis sogenannter »Mystères mimés« (pantomimische Passionsdarstellungen) in Frankreich	
1314	Mit der von Dramen Senecas beeinflußten Tragödie *Ecerinis* (*Das Ezzelino-Drama*) greift Albertino Mussato als erster neulateinischer Autor auf das Vorbild antiker Tragödiendichter zurück. Dafür wurde er als erster zum Poeta laureatus gekrönt. Nur Rezitationen des Stücks sind belegt.	Robert Bruce (1274–1329), 1306–29 König von Schottland, erkämpft Unabhängigkeit von England Erste Dichterkrönung (Albertino Mussato in Padua)
1315	Schweizer Bauern besiegen habsburgisches Ritterheer bei Morgarten

Personen des Theaters / Bühnenereignisse	Zeitgeschichte / Theaterwesen
1320	Königreich Polen mit der Hauptstadt Kraków (Krakau, bis 1596)
1327 (um 1327) Vermutete Entstehungszeit des engl. Zyklus von Mysterienspielen aus Chester (*Chester-Cycle*), niedergeschrieben um 1462	
1328	Iwan I. (1304–41), seit 1325 Großfürst von Rußland, macht Moskau zur Hauptstadt
1330	(–1773) Zunft der Musikanten in Paris (Ménétriers)
1339	König Eduard III von England beansprucht den franz. Thron (Beginn des »Hundertjährigen Krieges« bis 1453)
1346	(–55) Großserb. Reich unter Stepan Dušan
1347	(–51) Große Pestepidemie in Europa
1348	(1348/52) Erste Belege für profane Spieltraditionen in England (Klagen des Bischofs von Exeter über kirchliche Riten parodierende Spieler)
1350 (um 1350) Entstehung des sog. *York Cycle* (*York-Zyklus*), des am vollständigsten erhaltenen engl. Mysterienzyklus' (48 Spiele, Niederschrift um 1430/40)	
1355	(–78) Karl IV. (1316–78) Kaiser des Heiligen Römischen Reichs Deutscher Nation
1356	Erster allgemeiner Hansetag in Lübeck Kaiser Karl IV. erläßt »Goldene Bulle«, die u. a. die Sonderstellung der Kurfürsten regelt
1364 Entstehungszeit der mittelniederländ. *Abele Spelen*, die frühe, wenn nicht die ersten Beispiele nichtgeistlicher mittelalterlicher Dramatik bilden. Die vier Stücke sind in der um 1412 entstandenen sog. Hulthemer Handschrift überliefert	
1370	Mit dem Sieg über den dän. König Waldemar IV. Atterdag Höhepunkt der Macht der Hanse
1371	Das Haus Stuart gelangt auf den schott. Thron (bis 1688) Bulgarien und Makedonien vom Osmanischen Reich erobert und annektiert (bis 1878 bzw. 1912)
1377	(–1399) Richard II. (1367–1400) König von England Erste Erwähnung von Mysterienspiel-Aufführungen auf »Pageants« (fahrbare Plattformbühnen) im engl. Beverley Filippo Brunelleschi (1377–1446), Architekt und Bühnenausstatter von »sacre rappresentazioni«

Personen des Theaters / Bühnenereignisse	Zeitgeschichte / Theaterwesen
1380 Frühester Beleg für die Aufführung eines Passionsmysteriums (*Passion de Sainte-Geneviève*) in Paris	Norwegen bis 1814 in Personalunion zu Dänemark
1381	Blutig unterdrückter Bauernaufstand unter Wat Tyler in England
	Fahrende Sänger und Berufsmusiker in fürstlichen Diensten (Minstrels) erhalten in England eigenen Gerichtshof (1579 wie Vagabunden unter Gemeindegerichtsbarkeit)
1386	Personalunion Polen-Litauen; Dynastie der Jagiellonen (–1572)
1389	Niederlage der vereinten serb. Fürsten gegen das Osmanische Reich auf dem Amselfeld im Kosovo
1390 Älteste bekannte Aufführung einer »moralité« im franz. Tours	
1391 (um 1391) Handschrift des Innsbrucker Fronleichnamspiels – ältester erhaltener Text eines solchen Spiels	
1392 Erster erhaltener Beleg für die Aufführung eines Dreikönigsspiels im niederländ. Geldern	
1393 (um 1393) Entstehungszeit der *Estoire de Griselidis* (*Geschichte der Griseldis*), des frühesten Beispiels eines ernsten weltlichen Stücks in Frankreich; über Aufführungen ist nichts bekannt	
1394	Vertreibung der Juden aus Frankreich
1395	(–1447) Herrschaft der Visconti im Herzogtum Mailand
1396 Im franz. Nevers Aufführung des vier Tage dauernden Spiels *Vengeance de Notre Seigneur* mit Auftritten antiker röm. Kaiser	(–1878) Bulgarien Provinz im Osmanischen Reich
1397	Dän. Königin Margarete vereinigt in der »Kalmarer Union« Dänemark, Norwegen und Schweden (bis 1523)
1400 (–70) Hans Rosenplüt, Nürnberger Autor u. a. von Fastnachtsspielen	Rederijker-Vereinigung (Camer van Rhetorica) in Antwerpen gegründet
1401	Rederijker-Vereinigung (Camer van Rhetorica) in Brüssel gegründet
1406 Matteo Palmieri (1406 Florenz–1475 Florenz), ital. Autor	
1410 (–84) Feo Belcari, erster und bedeutendster Autor von »sacre rappresentazioni«	Polen-Litauen besiegt den Deutschen Orden bei Tannenberg; allmähliches Ende der dt. Ostkolonisation
1411	Seit dieser Zeit Saaltheateraufführungen (mit Tribünenaufbau) von Mysterienspielen in Paris durch die Confrères de la Passion

Personen des Theaters / Bühnenereignisse	Zeitgeschichte / Theaterwesen
1412	(–1431) Jeanne d'Arc (Johanna von Orléans), franz. Nationalheldin
1414	2. Reformkonzil in Konstanz beendet das Schisma, verurteilt den tschech. Reformator Johann Hus wegen Ketzerei (1415 – trotz zugesicherten freien Geleits – verbrannt)
	Wiederauffindung einer aus dem 9. Jh. stammenden Handschrift von Vitruvs *De architectura libri decem* in St. Gallen (folgenreich für das Studium antiker Theater und die Entwicklung des Theaterbaus); 1486 Neudruck
1416 Erste Aufführung des zum Coventry-Zyklus gehörenden *Coventry Nativity Play of the Company of Shearmen and Tailors* (*Spiel der Schneidergilde in Coventry von der Geburt Christi*)	
1418	Heinrich der Seefahrer (1394–1460), Sohn König Johanns I. von Portugal, errichtet in Sagres die erste Seefahrtsschule der Welt; Beginn der systematischen Erforschung der westafrikanischen Küste durch Portugiesen
1419	(–33/36) Mit dem ersten Prager Fenstersturz beginnen in Böhmen die Hussitenkriege
	(–1467) Philipp der Gute, Herzog von Burgund; sein Hof bildet das Zentrum einer Spätblüte der Ritterkultur
1420	Engl. König Heinrich V. erhält nach der Heirat mit der Tochter König Karls VI. von Frankreich Anrecht auf die franz. Thronfolge, verbündet sich mit Burgund
1425 (um 1425) Entstehungszeit von Eustache Mercadés viertägigen *Passion et vengeance de Jhésu-Christ* (auch *Passion d'Arras* genannt)	
1426 Fastnachtsspiele in Hall und Sterzing (Tirol) belegt Früher franz. Beleg für die Aufführung einer »moralité« im Collège de Navarre in Paris	
1428	Rederijker-Vereinigung (Camer van Rhetorica) in Brügge gegründet
1429	Franz. Heer mit Jeanne d'Arc entsetzt das von den Engländern belagerte Orléans; Krönung Karls VII. zum franz. König in Reims
1430 (um 1430) Entstehungszeit der anonymen engl. Moralität *The Castell of Perseverance* (*Die Burg der Standhaftigkeit*) (um 1430/40) Hans Rosenplüts Fastnachtsspiel *Des künig von Engellant hochzeit* In Lübeck werden Fastnachtsspiele seither von der patrizischen Zirkelbruderschaft aufgeführt	(–60) Nach Eroberung wird Griechenland Provinz des Osmanischen Reich Gründung der Rederijker-Vereinigung in Middelburg

Personen des Theaters / Bühnenereignisse	Zeitgeschichte / Theaterwesen
1431	Jeanne d'Arc in engl. Gefangenschaft als Hexe verbrannt (1456 rehabilitiert, 1894 selig-, 1920 heiliggesprochen)
1434	(–1464) Cosimo de Medici (1389–1464) Herrscher von Florenz, stiftet 1459 die »Accademia Platonica«; Medici regieren bis 1494
1438	(–1439) Mit der Wahl Albrechts II. von Habsburg zum dt. König endet das Wahlkönigtum; bis 1806 nur Habsburger auf dem dt. Thron
1439 Aufführung der »moralité« *Bien-Avisé, Mal-Avisé* (*Wohlberaten, Übelberaten*) in Rennes	
1440 (vor 1440) Ältestes Stück über Jeanne d'Arc und die Befreiung Orléans entstanden	
1441	Portugiesen bringen erstmals gefangene Afrikaner als Sklaven nach Portugal – Beginn des Sklavenhandels
1442 Fastnachtsspiele im böhmischen Eger belegt	Mit Theateraufführungen verbundene Feste der Basoches (Zunft der Gerichts- und Parlamentsschreiber) in Paris erstmals belegt
1445	(um 1445) Erster Druck mit beweglichen, gegossenen Metall-Lettern durch Johann Gutenberg in Mainz
1448 Erster erhaltener Beleg über die Aufführung von »sacre rappresentazioni« in Italien	
1449 Aufführung eines Totentanzes im Schloß von Brügge	
1450 Jakob Wimpheling (1450 Schlettstadt–1528 Schlettstadt), Humanist, Dramatiker Hans Folz (um 1450–1515), Bader und Meistersinger in Nürnberg (Mitte 15. Jh.) Entstehungszeit von Simon und Arnoul Grébans umfangreicher (34575 Verse) *Passion Nostre Saulveur Jhesu Christ* (1450/52) Entstehungszeit von Jacques Millets (um 1425–66) *L'Histoire de la destruction de Troy la Grant* (*Spiel von der Zerstörung Trojas*) (um 1450/60) Niederschrift des engl. Towneley-Zyklus von Mysterien aus Wakefield	(–1500/15) Herrschaft der Sforza in Mailand
1453 Franziskaner führen einen Totentanz in der Kirche im franz. Besançon auf	Der türkische Emir (seit 1471 Sultan) Mohammed II. der Große erobert Konstantinopel/Byzanz, Ende des oström. (byzantinischen) Reiches; griech. Gelehrte fliehen nach Italien, verbreiten Kenntnis der griech. Antike und Wissenschaft, fördern Humanismus und Renaissance

Personen des Theaters / Bühnenereignisse	Zeitgeschichte / Theaterwesen
1454 Pieter van Diest (d. i. wahrscheinlich Petrus Dorlandus (1454 Walcourt–1507 Zelem), niederländ. Autor Angelo Poliziania (eig. A. Ambrogini) (1454 Montepulciano–1494 Florenz), ital. Humanist, Professor, Dramatiker	
1455 Johannes Reuchlin (1455 Pforzheim–1522 Bad Liebenzell bei Stuttgart), dt. Humanist, Professor, Dramatiker, Begründer des neueren dt. Dramas	(–85) »Rosenkriege« (War of Roses) zwischen den Häusern Lancaster (rote Wappenrose) und York (weiße Wappenrose) um den engl. Thron (um 1455) Gutenberg druckt 42zeilige Bibel
1458 Aufführung des ca. 45 000 Verse umfassenden *Mystère du Veil Testament* in Abbéville (1542 in Paris)	
1459	Osmanisches Reich annektiert Serbien (–1817)
1460 Giovan Giorgio Alione (1460–1521), ital. Autor von Farcen	
L'Histoire ou jeux de la ville de Constantinople (Geschichte der Stadt Konstantinopel) in Form »lebender Bilder« in Arles von Bürgern aufgeführt (um 1460) Entstehungszeit der engl. Moralität *Mind, Will and understanding (Geist, Wille und Verstand)*	
1462 Henry Medwall (um 1462–1502), erster urkundlich belegter engl. Dramatiker	Verbot aller ungehörigen Äußerungen über Fürsten in Farcen und Sotien durch die Pariser Universität
1463	Osmanisches Reich erobert und annektiert Bosnien (–1878)
1464 (um 1464) Entstehungszeit der anonymen franz. Farce *Maistre Pierre Pathelin (Advokat Pierre Pathelin)* Handschrift des Redentiner Osterspiels entstanden	
1465 Gil Vicente (um 1465 Guimarães?–zwischen 1536 und 1540 Lissabon), Dramatiker in span. und portug. Sprache, Hofdichter des portug. Königs	
(1465–70) Entstehungszeit der engl. anonymen Moralität *Mankind (Der Mensch)* (nach 1465) Entstehung des niederländ.-flämischen Spiels *Marieken van Nijmwegen*	
1466	Erster Nachweis eines (handschriftlichen) Theaterzettels zur Ankündigung eines Passionsspiels in Hamburg
1467 Nachgewiesene Aufführung des Frankfurter Passionsspiels (auch 1492, 1498, 1506) (–81) Entstehung der anonymen span. *Auto de la Pasión*	(–77) Karl der Kühne (1433–77), Herzog von Burgund
1468 Georges Chastellains »moralité« *La paix de Péronne* über den Frieden zwischen Ludwig XI. und Karl dem Kühnen in deren Anwesenheit auf Schloß Aire aufgeführt	

Personen des Theaters / Bühnenereignisse	Zeitgeschichte / Theaterwesen
(1468) Juan del Encina (1468–1529), span. Kleriker, Musiker und Dramatiker	
1469 Niccolò Machiavelli (1469 Florenz–1527 Florenz), ital. Schriftsteller und Staatsmann	Vereinigung der Königreiche Kastilien und Aragon durch Heirat Ferdinands V. von Aragon mit Isabella I. die Katholische von Kastilien – Beginn des span. National-staats Lorenzo di Medici il Magnifico (der Prächtige) Stadtherr von Florenz (–1492)
1470 Bernado Dovizi da Bibbiena (1470 Bibbiena–1520 Rom), ital. Autor, Kardinal (1470/95) *Großes Neidhartspiel* im oberdeutschen Raum entstanden (1470/80) Entstehungszeit der anonymen engl. Moralität *The Somonynge of Everyman* (*Jedermanns Vorladung*); möglicherweise Vorlage für Pieter van Diests Jedermann-Stück (s. 1496)	
1471 Jean Michels (um 1435–1501) *Mystère de la Résurrection* in Arras aufgeführt	
1474 Ludovico Ariosto (1474 Reggio Emilia–1533 Ferrara), ital. Jurist und Autor Lucas Fernández (um 1474–1542), span. Autor von geist-lichen Spielen und »farsas«, einer der Begründer der span. Komödie Aufführung des *Mystère de l'incarnation et de la nativité* an zwei Tagen in Rouen	
1475 Pierre Gringore (auch Gringoire) (um 1475 Thury-Harcourt/Normandie–1538 Lothringen), franz. Autor Georgius Macropedius (Joris van Lan(c)kveld o. Langhveld(t)) (1475 Gemert–1558 Herzogenbusch), niederländ. Humanist, Pädagoge, Dramatiker Fernando de Rojas (1475/76 Toledo–1541 Talavera), span. Jurist und Autor Ältester Beleg für ein Robin-Hood-Spiel in England	
1476	Sieg der Schweizer Eidgenossen bei Murten über Herzog Karl den Kühnen von Burgund Bauernaufstand des »Pfeifers von Niklashausen« durch den Bischof von Würzburg unterdrückt
1477	Großfürst Iwan III. von Moskau unterwirft die Fürsten-tümer Nowgorod und Twer – Beginn des russ. National-staats
1478 Gian Giorgio Trissino (1478 Vicenza–1550 Rom), ital. Humanist und Dramatiker	(–1535) Thomas Morus, engl. Staatsmann und Philosoph

Personen des Theaters / Bühnenereignisse	Zeitgeschichte / Theaterwesen
1480 Pamphilius Gengenbach (um 1480 Basel–1525 Basel), schweizer. Drucker, Gastwirt, Dramatiker Bartolomé de Torres Naharro (1480–85 Torre de Miguel Sesmero–1530?), span. Dramatiker (Begründer der »Comedia en capa y espada«) und Verfasser der ersten span. Dramentheorie Entstehungszeit des Versdramas *Ein schoen Spiel von Fraw Jutten* des Geistlichen Dietrich Schernberg, in dem die Legende der angeblichen Päpstin Johanna dramatisiert wird Aufführung von Jakob Wimphelings Stück *Stylpho* anläßlich einer Promotionsfeier an der Heidelberger Universität; erstes nach dem Vorbild der ital. neulateinischen Komödie in Deutschland entstandenes Stück	An der Wiener Universität hält Erasmus Parnagel Vorlesungen über Komödien des Terenz
1481	Einführung der Inquisition in Spanien; 1483 Thomas de Torquemada (1420–98) Generalinquisitor
1482 Mavro Cavcic Vetranovic (1482 Ragusa, heute Dubrovnik –1576 Ragusa), kroat. Benediktiner, Dramatiker	
1483	(–1485) Richard III. König von England Osmanisches Reich erobert und annektiert Herzegowina (–1878)
1484 Niklas Manuel, genannt Deutsch (um 1484 Bern–1530 Bern), schweizer. Maler, Verfasser von Fastnachtsspielen	Hexenbulle (*Summis desiderantes affectibus*) durch Papst Innozenz VIII. löst umfangreiche Hexenverfolgungen aus
1485 Hanibal Lucic (1485 Hvar–1553 Hvar), kroat. Autor	Heinrich VII. (König–1509) aus dem Hause Tudor besiegt König Richard III.; Ende der »Rosenkriege« in England
1486 Viertägige Aufführung von Jean Michels (um 1435–1501) *Passion de Jhesu Christ* in Angers Henry Medwalls »moral interlude« *A Goodly Interlude of Nature* (Aufführung vor dem Erzbischof von Canterbury) Aufführung von Plautus' *Menaechmi* in ital. Sprache im Schlosshof von Ferrara	Erster erhaltener Beleg für das Auftreten einer Frau in einem franz. Mysterienspiel: Titelrolle im *Jeu de Sainte Cathérine* in Metz An der Universität Leipzig hält Konrad Celtis Vorlesungen über Seneca
1487	Rederijker-Vereinigung in Delft gegründet Der Portugiese Bartolomeo Diaz erreicht das Kap der Guten Hoffnung Einführung der Inquisition in Kastilien und Aragon Die Inquisitoren Heinrich Institoris und Jakob Sprenger veröffentlichen *Malleus Maleficarum* (»Hexenhammer«), der bis ins 17. Jh. mit Denunziation, Folter und »Hexenprobe« die Grundlage der Hexenprozesse bildet Konrad Celtis (1459–1508), Dichter und Humanist, als erster Deutscher in Nürnberg zum Dichter gekrönt

Personen des Theaters / Bühnenereignisse	Zeitgeschichte / Theaterwesen

1488 Matthijs de Castelein (1488–1550), niederländ. Autor von »Sotternien« bzw. »Kluchten«

Seither Aufführung der Luzerner Passion durch die Bruderschaft der Bekrönung unseres lieben Herrn Jesu Christ

1489 Erste Aufführung von Passionsspielen durch die Compagnia del Gonfalone im Kolosseum in Rom
Der punete holdeneyn lant yn eyn gud bestant, also wol vorseen, undershet unde truwe – Lübecker Fastnachtsspiel in niederdt. Sprache

1490 Burkard Waldis (um 1490 Allendorf/Hessen–1556 Abterode/Hessen), dt. Fabeldichter und Verfasser von Fastnachtsspielen

1492 Pietro Aretino (1492 Arezzo–1556 Venedig), ital. Autor

Nach fünfjähriger Belagerung fällt mit Granada die letzte maurische Herrschaft in span. Hand (Abschluß der »Reconquista«) – Vertreibung der Juden aus Spanien
Christoph Columbus (um 1451–1506) sucht in span. Auftrag den Seeweg nach Indien und »entdeckt« Amerika

1493 Guilelmus Fullonius Gnaphaeus (d. i. Willem de Volder) (um 1493 Den Haag–1568 Norden), niederländ. Pädagoge, Dramatiker

(–1519) Maximilian I. (1459–1519) dt. Kaiser, König seit 1486
Bauernaufstand des Bundschuh im Elsaß

1494 Hans Sachs (1494 Nürnberg–1576 Nürnberg), Schumacher, Meistersinger, Autor
(vor 1494) *Kleines Nürnberger Neidhartspiel*

(7.6.) Im Vertrag von Tordesillas teilen Spanien und Portugal die Neue Welt nach einem Schiedsspruchs Papst Alexander VI.

Angelo Polizianos (eig. A. Ambrogini) um 1480 entstandenes Drama *Fabula di Orpheo* (*Die Tragödie des Orpheus*) erschienen. Eines der frühesten weltlichen Schauspiele in Italien, geschrieben wahrscheinlich zur Aufführung für ein höfisches Fest in Mantua.

1495 John Bale (1495 Cove bei Dunwich/Suffolk–1563 Canterbury), engl. Bischof, Dramatiker

Wormser Reichstag mit Reichsreform; Reichskammergericht begründet

1496 UA von Andrieu de La Vignes *Mystère de sainct Martin* und der »moralité« *Moralité de l'aveugle et du boiteux* (*Moralität vom Blinden und vom Lahmen*) im burgundischen Seurre während eines zweitägigen Theaterfests
Pieter van Diests allegorisches Stück *Den Spieghel der Salicheit van Elkherlijc* (*Der Spiegel von Jedermanns Seligkeit*) in Antwerpen aufgeführt

Rederijker-Vereinigung (Camer van Rhetorica) in Amsterdam gegründet

1497 (13.1.) UA von Johannes Reuchlins in Akte und Szenen eingeteilter Komödie *Scenica Progymnasmata* (*Schulung durch das Theater*; bekannt u. d. T. *Henno*) in Heidelberg durch Studenten; fand große Verbreitung
Jakob Lochers (1471–1528) *Tragedia de Thurcis et Suldano* – zeitgeschichtliches Drama über die Türkenkriege

Personen des Theaters / Bühnenereignisse	Zeitgeschichte / Theaterwesen

(1497) Entstehungszeit des ersten ausschließlich profanen engl.
Stücks *A Godely Interlude of Fulgens Cenatoure of
Rome. Lucres his Doughter. Gayus Flaminius and
Publius Cornelius of the Disputacyon of Noblenes (Ein
vortreffliches Interludium von Fulgentius, Senator von
Rom, Lucretia, seiner Tochter, Gayus Flaminius und
Publius Cornelius; ein Disput über den menschlichen
Adel)* des zwischen 1490 und 1501 nachgewiesenen
ersten belegten engl. Dramatikers Henry Medwall; auf-
geführt wahrscheinlich Weihnachten 1497 im Haus des
Erzbischofs von Canterbury John Morton

1498 Giambattista Gelli (1498 Florenz–1563 Florenz),
ital. Autor

Vasco da Gama erreicht nach Umfahrung Afrikas die
Südwestküste Indiens

Älteste bekannte franz. Sotie *Sotie nouvelle de l'astrologue*

Auf seiner dritten Reise betritt Columbus das
(süd-)amerikan. Festland am Orinoko

1499 Aufführung von Plautus' *Mostellaria* im Palast Kardinal
Colonnas in Rom
Erste Version des span. Monumentalwerks *La Celestina*
unter dem Titel *Comedia de Calisto y Melibea* erschie-
nen, bestehend aus 16 »autos«, verfaßt von Fernando de
Rojas
Entstehungszeit der ersten ital. in der ›Vulgär‹-Sprache
(= Ital.) geschriebenen Komödie, *Li sei contenti* von
Galeotto Del Caretto (um 1455–1530)

Im »Schwabenkrieg« löst sich die Schweiz vom Dt. Reich
(1648 Selbständigkeit endgültig anerkannt)

1500 Angelo Beolco, genannt Ruzzante (1500/02 Padua–1542
Padua), ital. Schauspieler und Dramatiker, »Vater des
modernen europ. Berufsschauspielertums« (Kindermann)
Johannes Aal (lat. Anguilla) (um 1500–51), schweizer.
(kath.) Prediger, Dramatiker

Rektor Laurentius Corvinus führt mit Schülern in Breslau
lat. Dramen auf – frühester Beleg für Aufführungen
antiker röm. Komödien in Deutschland

1501 Sixt(us) Birck (lat. Xystus Betuleius) (1501 Augsburg–
1554 Augsburg), dt. Pädagoge, Korrektor, Dramatiker

(März) UA von Konrad Celtis' Festspiel *Ludus Dianae* vor
Kaiser Maximilian in Linz
Aufführung von Smetzens *Spel van den Heiligen Sacra-
mente van der Nyenwervaart* im niederländ. Breda
In einer Fassung diesen Jahres liegt das *Alsfelder Passions-
spiel* vor

1502 Der »Erzhumanist« Konrad Celtis (1459–1508) führt mit
Studenten des Collegium poetarum et mathematicorum
der Universität Wien Stücke von Terenz, Plautus und
Seneca auf
Jakob Lochers *Spectaculum de Judicio Paridis* an der
Universität Ingolstadt aufgeführt
Erste Aufführung eines lat. Theaterstücks in Metz

Personen des Theaters / Bühnenereignisse	Zeitgeschichte / Theaterwesen

1503 Anton Francesco Grazzini (genannt Il Lasca) (1503 Florenz–1584 Florenz), ital. Autor der »Commedia erudita«

1504 Heinrich Bullinger (1504 Bremgarten/Aargau–1575 Zürich), Schweizer Reformator, Dramatiker
Nicholas Udall (1504? Southampton–1556 London), engl. Pädagoge, Verfasser der ersten überlieferten engl. Komödie
Giambattista Giraldi Cinzio (auch G. G. Cinthio) (1504 Ferrara–1573 Ferrara), ital. Autor

Konrad Celtis' den Sieg des Kaisers über das böhmische Heer feierndes Festspiel *Rhapsodia, laudes et Victoria de Boemannis* in Wien aufgeführt
Entstehungszeit des in kornischer Sprache geschriebenen Mysterienspiels *Beunans Meriasek* (*Das Leben Meriaseks*); mutmaßlicher Verfasser ist Dominus Hadton

1505 Paul Rebhu(h)n (um 1505 Waidhofen/Niederösterreich–1546 Oelsnitz/Vogtland), Pastor, Autor des protestantischen Schultheaters
Lope de Rueda (um 1505 Sevilla–1565 Córdoba), für die Professionalisierung des span. Berufstheaters wichtiger Schauspieler und Dramatiker, seit 1544 mit eigener Truppe

Zeitgeschichte: Beginn des transatlantischen Sklavenhandels europ. Mächte

1506 Lateinschüler im schwed. Söderköping führen des dortigen Pfarrers Hans Jacobi *Ludus resurrectionis* auf

Zeitgeschichte: Neubau der Peterskirche in Rom durch Bramante begonnen

1508 Marin Držic (um 1508 Dubrovnik–67 Venedig), kroat. Autor

(5.3.) UA von Lodovico Ariosts (1474–1533) *La Cassaria* (*Die Kästchenkomödie*) in Ferrara (Teatro Ducale). Erste »regelmäßige« ital. Komödie, Beginn des volkssprachlichen ital. Renaissancetheaters
(oder 1518) Gil Vicentes geistliches allegorisches Stück *Auto da alma* (*Spiel von der Seele*) am Karfreitag vor König Manuel in Lissabon aufgeführt

Zeitgeschichte: Andrea Palladio (1508–80), ital. Baumeister von europ. Einfluß

Verwendung von Perspektivdekorationen durch Girolamo Genga in Urbino und (Pellegrino da Udine zugeschrieben) bei der UA von Ariosts (1474–1533) *La Cassaria* (*Die Kästchenkomödie*) in Ferrara

1509 Als erste Auff. eines lat. Dramas an der Universität Löwen führt Martin Dorpius mit seinen Studenten Plautus' *Aulularia* auf (von ihm zu Ende gedichtet)
UA von Gil Vicentes Verskomödie *Auto da Índia* (*Spiel von Indien*)
UA von Ludovico Ariostos Komödie *I Suppositi* (*Die Untergeschobenen*) in Ferrara (1519 vor Papst Leo X. in Dekorationen Raffaels aufgeführt)

Zeitgeschichte: (–47) Heinrich VIII. (1491–1547) engl. König

1510 (1510–32) Der Sterzinger Maler Vigil Raber zeichnet 25 Tiroler Fastnachtsspiele auf

1511 Thomas Naogeorgius (eig. Th. Kirchmeir o. Kirchmeyer) (1511 Hubelschmeiss bei Straubing–1563 Wiesloch), Pastor, erfolgreichster Autor des Reformationszeitalters

Personen des Theaters / Bühnenereignisse	Zeitgeschichte / Theaterwesen
1512 (25.2.) Pierre Gringores (irrtümliche Namensform Gringoire) *Le jeu du prince des sotz et de mère sotte* (*Das Spiel vom Narrenfürsten und der Narrenmutter*), Satire (Sotie) über Papsttum und Kirche, in Paris aufgeführt Erste Aufführung des Urner Tellenspiels (*Ein hüpsch Spyl gehalten zu Ury in der Eydgnoschafft von dem frommen und ersten Eydgnossen Wilhelm Thell genannt*) in Altorf; ältestes bekanntes politisches deutschsprachiges Drama	
1513 (6.2.) UA von Bernardo Dovizi da Bibbienas (1470–1520) *La Calandria* (*Die [Komödie] des Calandro*) beim Karnveal in Urbino; einziges Bühnenwerk des späteren Kardinals Tommaso Inghirami setzt Plautus' *Poenulus* im Capitol-Theater in Rom in Szene (Rekonstruktion der antiken Bühne) Heidelberger Passion überliefert	Ende der Kalmarer Union; Schweden unabhängig
1514 Vigil Raber inszeniert Passionsspiel von 7 Tagen Dauer in Bozen (erste deutschsprachige Aufführung, an der Frauen mitwirken)	Bauernaufstand des »Armen Konrad« niedergeschlagen
1515 (10.3.) UA von Benedictus Chelidonius' (eig. Benedikt Schwalbe) allegorischem Drama *Voluptatis cum virtute disceptatio* durch Schüler der Wiener Schottenschule, u. a. vor dem späteren Kaiser Karl V. Des Brügger Rederijkers Cornelius Everart *Spel van Crjgh* (*Spiel vom Krieg*)	In sächsische Schulordnungen werden lateinische Aufführungen von Terenz- und Plautus- Stücken aufgenommen Rat der Stadt Frankfurt/Main verbietet Passionsspiele
1516 (1521?) Pamphilus Gengenbachs *Disz ist die Gouchmat, so gespilt ist worden durch etlich geschickt Burger einer loblichen stat Basel. Wider den Eebruch vnd die sünd der unküscheit* (–19) UA von Gil Vicentes portug.-span. Trilogie *Autos das barcas* (*Spiel von den Barken*); *Auto da barca do inferno* (*Spiel von der Höllenbarke*, UA 24. 12. 1516, Lissabon), *Auto da barca da purgatório* (*Spiel von der Barke des Fegefeuers*, UA 24. 12. 1518, Lissabon), *Auto da barca da gloria* (*Spiel von der Barke der Seligkeit*, UA 22. 4. 1519, Almeirim) Erscheinungsjahr der Farce *Trouvas a um alfaiate de D. Diogo* (*Gedicht auf einen Schneider des Dom Diogo*) des portug. Richters Henrique da Mota	
1517 UA von Hans Sachs' (1494–1576) erstem Fastnachtsspiel *Das Hofgesind Veneris* in Nürnberg In England Beginn regelmäßiger Aufführungen der Chorknaben unter Leitung des »Masters of children« Erscheinungsjahr der zu den ältesten span. comedias gehörenden Komödie *Himenea* von Bartolomé de Torres Naharro; das Vorwort seiner Textsammlung *Propalladia* enthält die erste span. Dramentheorie	Mit den 95 Thesen Martin Luthers (1483–1546) gegen Ablasshandel Beginn der Reformation Ulrich von Hutten von Kaiser Maximilian I. zum Poeta Laureatus gekrönt

Personen des Theaters / Bühnenereignisse	Zeitgeschichte / Theaterwesen
1518 UA von Niccolò Machiavellis Komödie *Mandragola* (*Die Alraune*) in Florenz, wohl beim Karneval	
1519	Erste Verwendung eines Bühnenvorhangs bei der Aufführung von Lodovico Ariosts *Il Suppositi* in Rom
1520 Erster Auftritt Ruzzantes und seiner Truppe beim Karneval in Venedig	
1521 Erste Theateraufführung in Dänemark: Studenten der Kopenhagener Universität zeigen eine lat. Komödie Cristoffer Ravenbergs	Cesare Cesarianos kommentierte Ausgabe von Vitruvs *De architectura libri decem* enthält u. a. Rekonstruktionsskizzen von Vitruvs Theaterentwürfen
1523 Als erste Stadt nimmt das protestantische Zwickau Aufführungen von Theaterstücken in die Schulordnung der Lateinschule auf UA von Ruzzantes im Dialekt Paduas geschriebener Komödie *La Betía* wahrscheinlich anläßlich der Hochzeit eines Neffen des Dogen von Venedig UA von Gil Vicentes Farce *Auto de Inês Pereira* (*Spiel von Inês Pereira*) vor dem portug. Hof im Kloster Tomar UA von Niklas Manuels (genannt Deutsch) protestantischem Kampfdrama *Ein Faßnachtspyl, so zu Bern uff der Hern Fassnacht, inn dem M.D.XII. Iare, von Burgerssönen offentlich gemacht ist, darinn die Warheit in Schimpffs Wyss vom Pabst, und siner Priesterschafft gemeldet würt*	
1524 Luís Vaz de Camões (1524/25 Lissabon/Coimbra – 1580 Lissabon), portug. Dramatiker	
1525 Erste Aufführung einer antiken griech. Tragödie (Euripides' *Hecabe*) auf dt. Boden durch Melanchthons Schüler in Wittenberg In Bern Aufführung des Fastnachtsspiel *Der Ablaßkrämer* von Niklas Manuel (genannt Deutsch), eine der schärfsten protestantischen Satiren der Reformationszeit (13.1.) UA von Niccolò Machiavelli Komödie *Clizia* in Florenz	Mit dem Sieg der Fürsten über die Bauernheere bei Mühlhausen endet der seit 1524 andauernde Bauernkrieg
1527 (17.2.) UA des niederdt. Fastnachtsspiels *De Parabell vam vorlorn Szohn* von Burkard Waldis (um 1490–1556) in Riga, mit ihm als Inszenator und Herold. Erste Dramatisierung eines biblischen Stoffs durch einen protestantischen Autor, wohl erstes deutschsprachiges Stück mit Akteinteilung Aufführung von Gil Vicentes *Auto da história de Deus* (*Spiel von der Geschichte Gottes*) vor dem portug. Königspaar in Almeirim Pietro Aretinos angeblich in zehn Tagen für ein Karnevalsfest in Mantua geschriebene Komödie *Il Marescalco* (*Der Stallmeister*) wohl aufgeführt	Einführung der Reformation in Schweden durch König Gustaf I.

Personen des Theaters / Bühnenereignisse	Zeitgeschichte / Theaterwesen
1528 UA von Niklas Manuels (genannt Deutsch) *Ein hüpsch Faßnacht Spyl, von dem Elszlin trag den Knaben, und von Uly Rechenzan, mit jrem eelichen Gerichtshandel* in Basel (Karneval) UA von Ruzzantes – formal klassisch antiken Stücken folgender – Komödie *La Moschetta* in Padua UA in Ferrara von Ludovico Ariostos Komödien *Il Negromante* (*Der Schwarzkünstler*) und *La Lena* (Teatro Ducale)	
1529 Erstdruck des überaus erfolgreichen Schuldramas *Acolastus. De filio prodigo comoedia* (*Acolastus. Komödie vom verschwenderischen Sohn*) des Rektors im niederländ. Haag Guilelmus Fullonius Gnaphaeus (eig. Willem de Volder)	Erster nachgewiesener gedruckter Theaterzettel im dt. Sprachraum in Rostock Beim Auftritt der Truppe Ruzzantes beim Karneval in Ferrara sind Schauspielerinnen belegt
1530 Entstehung von Hans Sachs' Schwank *Das Schlauraffen Landt*	Seit dieser Zeit Auftritte ital. Wandertruppen in Frankreich Nachgewiesene Auftritte der aus (männlichen und weiblichen) Familienmitgliedern bestehenden Truppe Johan de L'Espine in Frankreich
1532 Étienne Jodelle, Sieur du Limodin (1532 Paris–1573 Paris), franz. Dramatiker Thomas Norton (1532 London–1584 London), engl. Dramatiker UA von Sixt Bircks Stück *Die History von der fromen gottsförchtigen Frouwen Susanna* in Kleinbasel »durch die jungen Burger« UA von Jörg Wickrams Spiel *Der trew Eckart* im elsässischen Colmar (10.2.) UA von Ruzzantes Dialektkomödie *La Piovana* (*Das Mädchen aus Piove*) in Ferrara (möglich auch 17. 2. 1533 in Padua) Gil Vicentes Farce *Auto da Lusitania* (*Spiel von Lusitania*) vor dem portug. König aufgeführt	
1533 (2.3.) UA von Heinrich Bullingers *Ein schoen Spil von der Geschicht der edlen Römerin Lucretiae unnd wie der Tyrannisch küng Tarquinius Superbus von Rhom vertriben / und sunderlich von der standthafftigkeit Junij Bruti / des Ersten Consuls zu Rhom* in Basel (–39) Entstehungszeit der Tragödie *Kynge Johan* (*König Johann*) des Bischofs von Ossory (Irland) John Bale – erstes engl. Historienstück	(–84) Ivan IV. der Schreckliche (1530–84), Zar von Russland Amsterdamer Rederijker werden wegen einer antiklerikalen Satire mit einer Bußfahrt nach Rom bestraft
1534 Joachim Greffs (um 1510–52) frühes protestantisches *Spiel von dem Patriarchen Jacob und seinen zwelff Sönen* Aufführungen von Gil Vicentes *Auto da Cananeia* (*Spiel vom kanaanäischen Weib*) im Kloster Odivelas (28.2. oder 1.3.) und dem Weihnachtsstück *Auto de Mofina Mendes* (*Spiel von Mofina Mendes*) am 24.12. vor dem portug. König in Évora	Heinrich VIII. erklärt sich zum Oberhaupt der engl. Kirche; Einführung des Protestantismus Gründung des Jesuitenordens durch Ignatius von Loyola (1491–1556) Luthers Bibel-Übersetzung beendet

Personen des Theaters / Bühnenereignisse	Zeitgeschichte / Theaterwesen
1535 UA von Paul Rebhuns *Ein geistlich Spiel, von der got-furchtigen und keuschen Frawen Susannen* in Kahla unter seiner Leitung durch Bürger der Stadt – eines der ersten formal klassischen Mustern folgenden deutsch-sprachigen Stücke (9.5.) UA von Sixt Bircks *Beel. Ain herrliche Tragoedi wider die Abgötterey (auß dem Propheten Daniel)* in Basel	
1536 Thomas Sackville (1536? Buckhurst/Sussex – 1608 London), Rektor der Universität Oxford, Dramatiker	Anfänge des Calvinismus in Genf Reformation in Dänemark und Norwegen
(8.10.) Aufführung von Hans Sachs' Fastnachtsspiel *Das Narren Schneyden* in Nürnberg 40 Tage dauernde Aufführung des franz. Mysterienspiels *Le triumphant Mystère des Actes des Apôtres (Das den Sieg feiernde Mysterienspiel von den Taten der Apostel)* im röm. Amphitheater von Bourges (1541 in Paris), verfasst zwischen 1472 und 1478 entweder von Simon Gréban oder Jean Du Prier im Auftrag König Renés dem Guten von Anjou (1409–1480); mit 61 908 Versen und 494 Rollen eines der umfangreichsten Mysterienspiele	Bau eines Theaters im franz. Autun
1537 Johannes Agricolas (eig. J. Schnitter, 1494–1566) *Tragedia Johannis Hus* auf einer stilgerechten Terenzbühne auf-geführt UA von Jörg Wickrams Fastnachtsspiel *Das Narren Giessen* im elsässischen Colmar Des niederländ. Autors Georgius Macropedius' (eig. Joris van Lan(c)kveld o. Langhveld(t)) Dramatisierung des Gleichnis' vom verlorenen Sohn *Asotus* erschienen UA von Pietro Aretinos Komödie *La Cortigiana (Die höfi-sche Komödie)* in Bologna	Sebastiano Serlios (1475–1554) *L'Architettura* (ersch. 1537–51) enthält die erste systematische Beschreibung der Perspektivbühne. Wirkungsgeschichtlich bedeutsam die Festlegung unterschiedlicher Bühnentypen (tragische, komische, satyrische Bühne)
1538 Jacques Grévin (1538 Clermont-en-Beauvaisis – 1570 Turin), franz. Dramatiker	Im franz. Lyon Errichtung eines Holztheaters für Berufs-schauspieler
Thomas Naogeorgius' (eig. Th. Kirchmeir o. Kirchmeyer) international erfolgreiches protestantisches Tendenz-drama *Tragoedia nova Pammachius (Die neue Tragödie Pammachius)* erschienen	
1539 Hieronymus Justesen Ranch (1539 Vinkel ved Viborg – 1607 Viborg), dän. Pastor, Verfasser der ersten eigen-ständigen dän. Komödie Pomponio Torelli (1539 Parma – 1608 Parma), ital. Dramatiker	Papst Leo III. verbietet Aufführungen von Mysterien-spielen in Rom
Des niederländ. Autors Georgius Macropedius' (eig. Joris van Lan(c)kveld o. Langhveld(t)) Jedermann-Drama *Hecastus (Jedermann)* erschienen; eines der international erfolgreichsten neulat. Dramen des 16. Jh.s	

Personen des Theaters / Bühnenereignisse	Zeitgeschichte / Theaterwesen
1540 Johannes Stricker (um 1540 Grobe/Holstein–1598 Lübeck), niederdt. Dramatiker	
Thomas Naogeorgius' (eig. Th. Kirchmeir o. Kirchmeyer) bis ins 17. Jh. international erfolgreiche Dramatisierung des Jedermann-Stoffs *Mercator sive iudicium* (*Der Kaufmann oder Das Gericht*) erschienen	
(4.4.) Thiebold Garts *Joseph. Eine schöne und fruchtbare Comedia* im elsässischen Schlettstadt aufgeführt	
1541 In Ferrara als erste europ. Tragödien-Inszenierung nach fast 700 Jahren Giovanni Battista Cinthio Giraldis (1504–73) *Orbecche* im Haus des Verfassers mit großem Erfolg aufgeführt	
In Paris soll die Aufführung eines Apostelmysteriums fast ein Jahr gedauert haben	
1542	Papst Paul III. errichtet das »Heilige Offizium«, die Congregatio Romanae et universalis inquisitionis (Kongregation für röm. und weltweite Inquisition) als oberste Aufsichtbehörde aller Glaubensgerichte
1543 Juan de la Cueva (um 1543 Sevilla–um 1612 Sevilla), span. Dramatiker	Jodocus Willichs *Liber de pronunciatione rhetorica* (mit Vorschriften für Mimik und Gebärden)
Erscheinungsjahr der *Comoedia der Hochzeit Cana Galilee [...]* verfasst von Wolfgang Schmeltzl, Lehrer am Wiener Schattenstift. Mit seinen Stücken förderte er die Aufnahme der Volkssprache im dortigen Schultheater	
1544 Jakob Ayrer (um 1544 Nürnberg–1605 Nürnberg), Verfasser von Fastnachtsspielen	
Robert Garnier (1544/45 La Ferté-Bernard–1590 Le Mans), franz. Dramatiker	
Torquato Tasso (1544 Sorrent–1595 Rom), ital. Autor	
(25.11.) Erste belegte Aufführung von Hans Sachs' Fastnachtsspiel *Der schwanger Pawer* in Nürnberg	
1545 Marie Ferré (auch Fairet) wird in Bourges Mitglied der Truppe Antoine de L'Esperonnières – erste nachweisbare franz. Berufsschauspielerin	Ein notarieller Vertrag aus Padua ist der älteste Beleg für das Auftreten professioneller Schauspieler, deren Truppen zur Unterscheidung von den Laienschauspielern der Commedia erudita den Zusatz »dell'arte« erhielten
UA von Christoph Stymmelius' (eig. Ch. Stummel) sehr verbreitetem Schuldrama *Studentes* (auch *Comoedia de vita studiosorum*) in Frankfurt/Oder	Erster Beleg für Tourneen semi-professioneller Laienspieler mit Mysterienspielen durch Frankreich
UA von Jakob Rufs Drama *Ein hüpsch und lustig Spyl [...] von dem fromen und ersten Eydgnossen Wilhelm Thellen* in Zürich	
Erscheinungsjahr des Schuldramas *Ein schöne tröstliche Hystoria von dem Jüngling David vnd dem mutwilligen Goliath* von Wolfgang Schmeltzl, Lehrer am Wiener Schottenstift	
Aufführung von Pietro Aretinos Komödie *Lo Hipocrito* (*Der Heuchler*) in Arezzo durch eine Studententruppe	
(um 1545) Druck von John Heywoods Interludium *The Playe Called the Foure PP [...]* (*Das Spiel von den vier Ps.[...]*)	
1546	

Personen des Theaters / Bühnenereignisse

Zeitgeschichte / Theaterwesen

1546 Pietro Aretino: *L'Orazia* erschienen – ein Höhepunkt des Manierismus in der ital. Renaissance-Tragödie

Jörg Wickram gründet Meistersingerschule im elsässischen Colmar

1547 Philipp Nicodemus Frischlin (1547 Erzingen bei Balingen – 1590 Festung Hohenurach), dt. Autor

(–73) Span. Inquisition verbietet Aufführungen der Stücke

Miguel de Cervantes y Saavreda (1547 Alcalá de Henares – 1616 Madrid), span. Autor

von Bartolomé de Torres Nahárro

Über 25 Tage andauernde Aufführung der Passion von Valenciennes

1548 Giordano Bruno (eig. Filippo Bruno) (1584 Nola bei Neapel – 1600 Rom), ital. Philosoph, Dramatiker, als Ketzer in Rom verbrannt

Die das Pariser Theatermonopol besitzende Confrérie de la

EA von Marin Držic' (1508?–67) Pastoraldrama *Tirena* vor dem Rektorenpalast im kroat. Ragusa (Dubrovnik).

Passion erwirbt mit dem Hôtel de Bourgogne die wichtigste Spielstätte in Paris

Seine Komödien werden in dieser Zeit von drei von ihm geleiteten Gruppen gespielt

Pariser Parlament verbietet Mysterienaufführungen in Paris

Gastspiel ital. Schauspieler mit Bibbienas *Calandria* im franz. Lyon anläßlich des Einzugs Heinrich II. und Katharina de Medicis

1549 UA von Johannes Aals *Tragoedia Johannis des Heiligen Vorloeffers und Toeuffers Christi Jesu* in Solothurn

1550 Georgios Chortatsis (2. Hälfte 16. Jh. Kreta – 2. Hälfte 16. Jh.), griech. Dramatiker

(um 1550) Beginn der Meistersingeraufführungen in Nürnberg

(8.10.) Erste belegte Aufführung von Hans Sachs' Fast-

Personen des Theaters / Bühnenereignisse	Zeitgeschichte / Theaterwesen
1552 Étienne Jodelles *Eugène* in Paris (L'Hôtel de Reims?) als erste franz. Renaissancekomödie nach antikem Muster uraufgeführt (um 1552) Nicholas Udalls (1504/05–56) Komödie *Ralph Roister Doister (Ralph Prahlhans)* entstanden, aufgeführt wohl 1552/53 von den Children of the Chapel – erste engl. Komödie, die antike Vorbilder und lokale Traditionen verbindet (7.6.) UA des einzig erhaltenen schott. »morality play« *Ane Pleasant Satyre of the Thrie Estaitis in Commendatioun of Vertew and Vituperatioun of Vyce (Eine vergnügliche Satire der drei Stände zur Empfehlung der Tugend und zum Tadel des Lasters)* von Sir David Lyndsay [auch Lindsay] in Cupar (Fife). Eine nicht erhaltene kürzere Erstfassung wurde 1540 in Linlithgow vor dem schott. Königshof aufgeführt	
1553 John Lyly (1553/54 Weald/Kent–1606 London), engl. Autor, Mitglied der »University Wits« (9.2.) UA von Étienne Jodelles *Cléopâtre captive* im Hôtel de Reims vor König Heinrich II. als erste franz., nach klassischen Mustern geschriebene Tragödie	(–58) Blutige Verfolgung der engl. Protestanten unter Königin Maria (»Bloody Mary«)
1554 UA des Schauspiels *Adelphopolae. Drama comico-tragicum historiam Josephi Jacobi filii complectens (Die Bruderverkäufer. Tragikomisches Drama, die Geschichte Josephs, des Sohnes Jakobs, enthaltend)* des in München lehrenden Pädagogen Martinus Balticus durch seine Schüler	Die unter dem Patronat Lord Leicesters stehende Truppe erhält Auftrittserlaubnis für ganz England
1555 Levin Brechts *Euripus, sive de inanitate rerum omnium* als erste Theateraufführung der Jesuiten im dt. Sprachraum in Wien aufgeführt Wahrscheinliche Aufführung der Komödie *Filodemo* des portug. Dramatikers Luís Vaz de Camões im indischen Goa vor dem Gouverneur UA der Komödie *Skup(Der Geizige)* des kroat. Autors Marin Držić in Ragusa (Dubrovnik)	(–56) Abdankung Kaiser Karls V. im Reich und Spanien Augsburger Religionsfrieden gewährt Ständen (nicht Untertanen) Religionsfreiheit (»Cuius regio, eius religio«) Das puritanisch dominierte schottische Parlament verbietet Robin-Hood-Spiele
1556 George Peele (1556 London–1596 London), Mitglied der »University Wits«, Dramatiker (Karneval) In Vicenza ital. EA von Gian Giorgio Trissinos Verstragödie *Sofonisba* (entstanden 1514/15) unter der Leitung des Architekten Andrea Palladio; UA 1554 in der franz. Prosaübersetzung Mellin de Saint-Gelais' in Schloß Blois vor Caterina de Medici. Erste moderne volkssprachliche Tragödie, die den Regeln des Aristoteles folgt Als erstes profanes kroat. Drama erscheint Hanibal Lucić' *Robinja (Die Sklavin)*	(–98) Philipp II. (1527–98), König von Spanien

Personen des Theaters / Bühnenereignisse	Zeitgeschichte / Theaterwesen
1557 Hans Sachs' Tragödie *Der hörnen Sewfriedt, ein Son König Sigmunds im Niderlandt* – erste dt. Dramatisierung des Nibelungenstoffs Erscheinungsjahr der Moralität *Las cortes de la muerte* (*Das Gericht des Todes*) des span. Dramatikers Micael de Carvajal	Anerkennung der Buchhändlergilde (Stationers' Company) durch den engl. König. Einträge in ihr Register bilden für viele Stücke der elisabethanischen Zeit den einzigen Entstehungsnachweis
1558 Robert Greene (1558 Norwich? – 1592 London), engl. Autor, Mitglied der »University Wits« Thomas Kyd (1558? London? – 1594 London?), engl. Dramatiker, Mitglied der »University Wits« (um 1558) Als erste Bearbeitung des beliebten Stoffes Aufführung der *Tragedia muy sentida e elegante de Dona Ignez de Castro* (*Die sehr schmerzliche und erhabene Tragödie von Dona Ignez de Castro*) des portug. Autors António Ferreira in Coimbra	(–1603) Elisabeth I. Königin von England
1559 George Chapman (1559 Hitchin – 1634 London), engl. Dramatiker (1558?) EA der Komödie *La Trésorière* (*Die Frau des Steuerpächters*) von Jacques Grévin	Erlass Elisabeths I. gegen die Behandlung religiöser und Staatsangelegenheiten auf öffentlichen Bühnen Erster katholischer Index verbotener Bücher erscheint
1560 Jakob Gretser (auch Gretscher) (1560 Marckdorf? – 1625 Ingolstadt?), Philosophieprofessor, produktivster Autor des Jesuitentheaters Federigo Della Valle (um 1560 Asti – 1628 Mailand), ital. Dramatiker Als erste Großveranstaltung dieser Art wird Levin Brechts *Euripus* in Prag vor fast 10 000 Zuschauern aufgeführt *Vilhalpandos* erschienen, Komödie des portug. Autors Francisco de Sá de Miranda, dessen Werke den Beginn des klassischen Theaters in Portugal bilden	Den niederländ. Rederijkern wird die Behandlung zeitkritischer Themen verboten
1561 Landjuweel (d.i. ein städt. Wettkampf) der Rederijker in Antwerpen von bislang unbekannter Prachtentfaltung (1400 Reiter, 22 Karossen mit symbolischen Aufbauten, ca. 200 dekorierte Wagen mit 300 kostümierten Teilnehmern) UA der Komödie *Les Esbahis* (*Die Verblüfften*) von Jacques Grévin in Paris (Weihnachten) UA der ersten engl. Blankverstragödie *The Tragedie of Gorboduc* (*Die Tragödie Gorboducs*) von Thomas Norton (1532–84) und Thomas Sackville (1536?–1608) von den Juristen des »Inner Temple« in London (um 1561) Aufführung von Thomas Prestons *A Lamentable Tragedie, mixed ful of pleasant mirth, conteyning the life of Cambises king of Percia* [...] (*Eine jammervolle Tragödie, vermischt mit lustigen Begebenheiten, enthaltend das Leben des Cambyses, Königs von Persien* [...]) in London In Rom UA der Tragödie *Canace*, einziges Drama Sperone Speronis, des Vorstands der Accademia degli Infiammati	Andrea Palladio baut Holztheater in Vicenza Leone Hebreo di Somis' *Dialoge über die Bühnenkunst* (Kompendium der zeitgenössischen Schauspielkunst) Julius Caesar Scaligers (1484–1558) *Poetices libri septem* erschienen, der wirkungsgeschichtlich bedeutsamste Versuch, antike Dichtungstheorie in ein verbindliches Regelsystem zu fassen

Personen des Theaters / Bühnenereignisse	Zeitgeschichte / Theaterwesen
1562 Lope Félix de Vega Carpio (1562 Madrid–1635 Madrid), span. Autor von über 1500 Theaterstücken	(–98) Hugenottenkriege in Frankreich (mit Unterbrechungen)
1564 Heinrich Julius Herzog von Braunschweig-Wolfenbüttel (1564 Schloß Hessen/Braunschweig–1613 Prag), dt. Dramatiker Christopher Marlowe (1564 Canterbury–1693 Deptford bei London), engl. Dramatiker William Shakespeare (1564 Stratford–1616 Stratford), engl. Dramatiker (Weihnachten) Aufführung von Richard Edwards' *The Excellent Comedie of Two the moste Faithfullest Freendes, Damon and Pithias* (*Die ausgezeichnete Komödie über zwei der treuesten Freunde, Damon und Pythias*) vor Königin Elisabeth I.	
1565 Eröffnung des neugebauten Straßburger Theatergebäudes mit Jacob Schöppers *Ectrachelistis sive Joannes decollatus* Aufführung der Tragödie *La Marianna* (*Mariamne*) von Lodovico Dolce in Venedig	Im Auftrag der Compagnia della Calza baut Palladio in Venedig ein Holztheater nach dem Vorbild des röm. Kolosseums Errichtung eines Theaters in Straßburg
1566 Cornelius Everaert gestorben, produktiver niederländ. Autor von »Sotternien« bzw. »Kluchten« Edward Alleyn (1566–1626), engl. Schauspieler (Admiral's Men), Darsteller der Protagonisten Marlowes (9.2.) UA der Verskomödie *Il Granchio* von Lionardo Salviati [auch Leonardo Salviati] durch die Accademia Fiorentina in Florenz	Erster Nachweis von antikisierenden (griech.) Kostümen bei einer Schulaufführung in Straßburg Erste Erwähnung von Bürger- und Handwerkerspielen im Rathaus von Frankfurt
1567 Richard Burbage (1567?–1619), engl. Schauspieler (Chamberlain's Men), erster Darsteller zahlreicher Protagonisten Shakespeares Thomas Nashe (1567–um 1601), engl. Dramatiker, Mitglied der »University Wits« Erste engl. Bearbeitung der Sage von Orest in John Pickeryngs *A newe enterlude of vice conteyninge, the historye of horestes with the cruell reuengment of his fathers death, vpon his one naturill mother* (*Ein neues Schauspiel des Vice, enthaltend die Geschichte des Orest und der grausamen Rache, die er für seines Vaters Tod an der eigenen Mutter nahm*) erschienen und am Hof aufgeführt Erste Aufführung des Jesuitentheaters in tschech. Sprache in Prag.	
1568 Michelangelo Buonarotti il Giovane (1568 Florenz–1646 Florenz), ital. Dramatiker	In Madrid veranstaltet die Truppe des Dramatikers und Schauspieldirektors Alonso Velasquez erste Aufführungen auf einer Corralbühne, der Bühnenform des span. »Siglo de Oro« Lodovico Castelvetro (1505–71) fordert im ersten Aristoteles-Kommentar in ital. Sprache (*Poetica d'Aristotele vulgarizzata et sposta*) als erster die Befolgung der drei Einheiten

Personen des Theaters / Bühnenereignisse	Zeitgeschichte / Theaterwesen
1570 John Webster (um 1570/80–vor 1634), engl. Dramatiker. Alexandre Hardy (um 1570 Paris–1631/32 Paris), erster berufsmäßiger franz. Dramatiker, soll ca. 600 Stücke verfasst haben	Schulordnung in Breslau betont den Wert der Aufführungen von Stücken des Terenz
1571 Erste Erwähnung des Auftretens ital. Commedia dell'arte-Truppen in Frankreich	
1572 Thomas Dekker (um 1572 London–1632? London), engl. Dramatiker Ben Jonson (1572? London–1637 London), engl. Dramatiker	Gründung der Commedia-dell'arte-Truppe »Compagnia dei Confidenti« Erstmalige Überdachung der Feststraße bei der »Entrée Solenelle« Karls IX. in Paris
1573 Inigo Jones (1573 London–1652 London), engl. Architekt, Bühnengestalter und Kostümbildner UA von Torquato Tassos (1544–95) Hirtendrama (Favola pastorale) *Aminta* auf der Po-Insel Belvedere bei Ferrara. Exemplarisches Beispiel des pastoralen Schauspiels	
1574 Antonio Mira de Amescua (1574? Guadix–1644 Guadix), span. Autor	Der Londoner Stadtrat verbietet alle »innyard«-Aufführungen (im Innenhof von Gasthäusern) im Stadtgebiet
1575 Cyril Tourneur (um 1575 Kinsale/Irland–1626), irisch-engl. Dramatiker	
1576 John Marston (1576 Wardington/Oxfordshire–1634 London), engl. Autor (1.1.) Nicodemus Frischlins neulat. Komödie *Rebekka* am Hof in Tübingen aufgeführt	Der Schauspieler James Burbage (um 1530–97) eröffnet in London das »Theatre« Gründung des »Blackfriars-Theatre« in London in einem ehem. Dominikanerkloster (1655 geschlossen), anfangs bespielt durch die Knabentruppen der »Children of Windsor Chapel« und »Children of the Chapel Royal«
1577	Eröffnung des Theaters »The Curtain« in London Eröffnung eines Theaters im Hof des Prager Clementinums
1578 Jacob Bidermann (1578 Ehingen bei Ulm–1639 Rom), dt. Dramatiker des Jesuitentheaters UA des ersten Dramas in poln. Sprache, Jan Korwin Kochanowskis *Odprawa posłów greckich* (*Abfertigung der griech. Gesandten*) bei der Hochzeit des Humanisten, Staatsmanns und Feldherrn Jan Zamoyski	Hans Sachs' *Jüngstes Gericht* erstmals mit Versenkungen aufgeführt Die Confrérie de la Passion in Paris vermietet ihr Theater und Privileg an Berufsschauspieler Commedia-dell'arte-Truppe »Uniti« gegründet
1579 John Fletcher (1579 Rye?–1625 London), engl. Dramatiker. John Webster (1579/80 London?–1625–34), engl. Dramatiker (1.3.) Nicodemus Frischlins Schauspiel *Frau Wendelgard* am Stuttgarter Hof uraufgeführt. Pierre de Lariveys *Les Esprits* (*Die Geister*) erschienen – eine der erfolgreichsten franz. Renaissancekomödien	Die Corralbühne Teatro de la Cruz in Madrid errichtet

Personen des Theaters / Bühnenereignisse	Zeitgeschichte / Theaterwesen
1580 Thomas Middleton (1580 London–1627 Newington Butts), engl. Dramatiker Tirso de Molina (eig. Gabriel Téllez, 1580/81 Madrid–1648 Almazán), span. Dramatiker und Kleriker (Fastnacht) Aufführung am Tübinger Hof von Nicodemus Frischlins satirischer Komödie *Phasma* (*Die Erscheinung*) Ende der langen Aufführungstradition von Mysterienspielen im engl. Coventry (oder 1581) UA im Londoner Blackfriars Theatre von John Lylys *A Most Excellent Comedie of Alexander, Campaspe, and Diogenes* (*Eine vortreffliche Komödie von Alexander, Campaspe und Diogenes*) UA der Prosakomödie *Les Contens* (*Die Zufriedenen*) von Odet de Turnèbe (eig. Odet Tournebu), die als Meisterwerk der franz. Renaissancekomödie und Vorläufer der Charakterkomödien Molières gilt	Andrea Palladio baut im Auftrag der Humanistenvereinigung Accademia Olimpico das heute zum Weltkulturerbe zählende Teatro Olimpico in Vicenza, den ersten freistehenden überdachten Theaterbau nachantiker Zeit. Nach seinem Tod von Vicenzo Scamozzi (1552–1616) 1584 vollendet
1581 Pieter Corneliszoon Hooft (1581 Amsterdam–1647 Den Haag), niederländ. Politiker, Autor Juan Ruiz de Alarcón y Mendoza (um 1581 Mexiko–1639 San Sebastian), span. Dramatiker Stephan Broelmans *Laurentius* als erste kath. Schulaufführung in Köln gezeigt Am Hof von Versailles zur Hochzeit des Duc de Joyeuse mit Margarethe von Lohringen Aufführung des Balletts *Circé* (Höhepunkt der »Ballets comiques de la Reine«) (1581–83) Entstehungszeit der bedeutendsten klassischen span. Tragödie, Miguel de Cervantes Saavedras *El cerco de Numancia* (*Die Belagerung von Numantia*), erschienen erst 1784	Unabhängigkeitserklärung der Utrechter Union (nördl. Niederlande, »Generalstaaten«); 1648 anerkannt Einsetzung des »Master of Revels« (Leiter der Hoflustbarkeiten) zum Zensor aller Theaterstücke in England
1582 In München Aufführung von Mathäus Raders (1561–1634) Teufelsbündner-Drama *Theophilus* Giordano Brunos (1548–1600) *Il Candelaio* (*Der Kerzenmacher*) erschienen – letzter Höhepunkt der ital. Renaissancekomödie Robert Garniers Tragikomödie *Bradamante* erschienen, für die Entwicklung des franz. Theaters und der Tragikomödie von entscheidender Bedeutung (oder 1583) Nicodemus Frischlins Zeitkomödie *Iulius redivivus* (*Der auferstandene Julius*) in Tübingen uraufgeführt	Die Corralbühne Teatro del Príncipe in Madrid errichtet (ca. 2000 Zuschauer)
1583 Philip Massinger (1583 Salisbury–1640 London), engl. Dramatiker Robert Garniers Alexandrinertragödie *Sédecie ou Les Juives* (*Sedezias oder die Jüdinnen*) erschienen	Konzil von Reims verbietet Aufführungen geistlicher Spiele an Festtagen Giacomo Barozzi da Vignola (1507–73) entwickelt in *Le due regole della prospettiva pratica* eine bis in den Hintergrund bespielbare Perspektivbühne

Personen des Theaters / Bühnenereignisse	Zeitgeschichte / Theaterwesen
1584 Johann Strickers niederdt. Bearbeitung des Jedermann-Stoffes, das Bürgerspiel *De düdesche Schlömer* erschienen George Peeles Schäfer- und Maskenspiel *The Araygnement of Paris* (*Paris vor Gericht*) am Hof vor Königin Elizabeth I. aufgeführt Eröffnung des Teatro Olimpico in Vicenza mit Sophokles' *König Ödipus* in der Inszenierung Angelo Ingegneris	Errichtung des Teatro Mediceo an der Ostseite der Uffizien in Florenz durch Bernardo Buontalenti (1536–1608); 1585 mit Sophokles' *Oedipus* eröffnet. Schauplatz spektakulärer Inszenierungen, als deren Höhepunkte von Buontalenti gestaltete Intermezzi gelten können. – 1616 von seinem Schüler Giulio Parigi (gest. 1635) umgebaut
1585 Caspar Brülow (Brulovius) (1585 Falkenberg/Kr. Pyritz–1627 Straßburg), dt. Dramatiker des Schultheaters Francis Beaumont (1584 Grace-Dieu/Leicester–1616 London), engl. Dramatiker Gerbrand Adriaenszoon Bredero (1585 Amsterdam–1618 Amsterdam), niederländ. Autor Diego Jiménez de Enciso (1585 Sevilla–1634?), span. Dramatiker (–89) Aufführung der dreiteiligen dramatischen Allegorie *De regno Humanitatis* von Jakob Gretser in Ingolstadt	Die engl. Truppe der Lord Howard's Men nennt sich nach Ernennung ihres Patrons zum Lord Admiral Admiral's Men. 1594–1600 tritt sie im Rose Theatre, ab 1600 im Fortune-Theatre auf. Spätere Umbenennung in Prince Henry's Men bzw. Palsgrave's Men, 1631 aufgelöst. Wichtigste Konkurrenz der Shakespeare-Truppe Lord Chamberlain's Men Engl. Schauspieler halten sich am dän. Hof auf
1586 John Ford (1586 Ilsington–um 1640), engl. Dramatiker	Erster Auftritt engl. Komödianten in Deutschland am sächsischen Hof in Dresden
1587 Joost van den Vondel (1587 Köln–1679 Amsterdam), niederländ. Dramatiker UA des wichtigsten Stücks des Jesuiten Jakob Gretser (auch Gretscher), *Dialogus de Udone Archiepiscopo Magdeburgensi* (*Dialog über Erzbischof Udo von Magdeburg*), in Ingolstadt (Neufassung 1598) (1587/88) UA von Christopher Marlowes zweiteiliger Tragödie *Tamburlaine the Great. [...]* (*Tamerlan der Große, [...]*) im Londoner Rose Theatre durch die Admiral's Men Komödie *Anfitriões* (*Die Amphitryone*) des portug. Autors Luís Vaz de Camões erschienen	(8.2.) Hinrichtung Maria Stuarts in Schloss Fotheringay Das Volksbuch von Dr. Faust (*Historia von D. Johann Fausten, dem weitbeschreyten Zauberer und Schwartzkünstler*) bei Johann Spies in Frankfurt/Main erschienen Bau des ca. 2500 Zuschauer fassenden Rose-Theatre (oktogonaler Grundriß, Holzkonstruktion auf Steinfundament) in London durch Philip Henslowe
1588 Richard Tarleton gestorben, Schauspieler der Queen's Players, populärster Clown des elisabethanischen Theaters (1588–90) Aufführung der Tragödie *The Battell of Alcazar [...]* (*Die Schlacht von Alcazar [...]*) von George Peele in London In Sevilla Aufführung von Juan de la Cuevas *Comedia del infamador* (*Spiel vom Verleumder*)	(–89) Vicenzo Scamozzi (1552–1616) erbaut Theater in Sabbioneta für Vespasiano Gonzaga Thoinot Arbeaus *Orchésographie* als früher Versuch einer Tanznotation
1589 Ivan Gundulić, auch: Gundulic Dzivo (1589 Dubrovnik–1638 Dubrovnik), kroat. Dramatiker (1589/90) UA von Christopher Marlowes Tragödie *The famous tragedy of the rich Iew of Malta* (*Die berühmte Tragödie des reichen Juden von Malta*) in London durch die Admiral's Men Erscheinungsjahr der Verstragödie *Merope* von Pomponio Torelli, einem Anhänger der antiken klassischen Poetik	Berühmteste Naumachia (Seeschlacht) im Hof des Palazzo Pitti in Florenz während eines Maskenfestes, entworfen von Bernardo Buontalenti

Personen des Theaters / Bühnenereignisse	Zeitgeschichte / Theaterwesen
1590 (1590–92) UA der drei Teile von Shakespeares Historiendrama *King Henry VI* (*König Heinrich VI.*) Der zweite (wahrscheinlich) und dritte Teil 1590 von den Earl of Pembroke's Men, der erste am 3. 3. 1592 von der Truppe Philip Henslowes gespielt (um 1590) George Peeles Komödie *The Old Wives' Tale* (*Die Altweibergeschichte*) am Hof Elisabeths I. aufgeführt	Robert Brownes' Truppe engl. Komödianten spielt in den Niederlanden (ab 1592 auch in Deutschland) Gründung der Commedia-dell'arte-Truppe »Accesi«
1591 Josef Furt(t)enbach (1591 Leutkirch–1667 Ulm), dt. Baumeister, Ingenieur, Kunst- und Architekturschriftsteller UA in Straßburg von Georgius Calaminus' (eig. Georg Röhrig) »Tragœdia sacra« *Helis* (nlat.; *Helis*. Geistliche Tragödie) (um 1591) UA von Robert Greenes Komödie *The Honorable Historie of Frier Bacon, and Frier Bongay* (*Die rühmliche Geschichte von Bruder Bacon und Bruder Bongay*) und Greenes und Thomas Lodges Drama *A Looking Glasse for London and England* (*Ein Spiegel für London und England*) in London (2.2.) In Greenwich UA von John Lylys allegorischer Komödie *Endimion, the Man in the Moone* (*Endymion, der Mann im Mond*)	
1592 Robert Greene verunglimpft (vermutlich) Shakespeare in der Schrift *A Groatsworth of Wit* (*Ein Groschen Weisheit*) als »eine emporgekommene Krähe« (um 1592/93) Entstehungszeit von Christopher Marlowes Tragödie *The tragicall history of D. Faustus* (*Die tragische Geschichte von Doktor Faustus*) und seinem Historiendrama *The troublesome raigne and lamentable death of Edward the second, King of England, with the tragicall fall of proud Mortimer* (*Die unruhige Regierungszeit und der jammervolle Tod König Eduards II. von England; und der tragische Sturz des stolzen Mortimer*), Aufführung durch die Earl of Pembroke's Men wahrscheinlich zur gleichen Zeit (14.3.) UA von Thomas Kyds Tragödie *The Spanish tragedie [...]* (*Die Spanische Tragödie. [...]*) im Londoner Rose Theatre – Vorbild für die beliebten Rachetragödien des Elisabethanischen Theaters	Der engl. Theaterunternehmer Philip Henslowe (um 1550–1616) beginnt seine bis 1603 reichenden Aufzeichnungen, eine der wesentlichen Quellen für Theaterleben und Bühnenrepertoire des elisabethanischen Theaters Erstmaliger Auftritt einer Commedia dell'arte-Truppe im poln. Krakau
1593 (1.6.) Christopher Marlowe während eines Wirtshausstreits in Deptford bei London ermordet In Verbindung mit dem engl. Schauspieler Thomas Sackville schreibt Herzog Heinrich Julius von Braunschweig-Wolfenbüttel mehrere Stücke (1593/94 gedruckt), u. a. *Tragoedia von einem Buler und Bulerin [...]*, *Tragica Comoedia HIBELDEHA von der Susanna* (um 1593/94) UA von Shakespeares Tragödie *Titus Andronicus* (30.12.) Erste belegte Aufführung von Shakespeares Historiendrama The *Tragedy of King Richard the Third* (*König Richard III.*) in London	(–94) Schließung der Londoner Theater während einer Pestepidemie

Personen des Theaters / Bühnenereignisse	Zeitgeschichte / Theaterwesen
(1593) (um 1593) Entstehungszeit von Shakespeares Komödie *The Two Gentlemen of Verona* (*Die beiden Veroneser*), Erstdruck 1623 (First Folio), erste belegte Aufführung 1762 durch David Garrick	
1594 (13.6.) Wahrscheinlich UA von Shakespeares Komödie *The Taming of the Shrew* (*Der Widerspenstigen Zähmung*) durch die Lord Chamberlain's Men in London; (28.12.) erste belegte Aufführung seiner *Comedy of Errors* (*Komödie der Irrungen*) anläßlich der Weihnachtsfeiern der Juristen des Gray's Inn in London; (1594–97) Entstehungszeit seines Historiendramas *King John* (*König Johann*), Erstdruck 1623 (First Folio), keine nachgewiesene Aufführung vor 1757 (London)	Erste Erwähnung der neuformierten Truppe des Lord-Oberhofmeisters, The Lord Chamberlain's Men, vertreten durch Shakespeare, Will Kempe und Richard Burbage Jakob Pontanus (eig. Spanmüller. 1542–1626), einflußreichster Theoretiker des Jesuitentheaters, veröffentlicht *Poeticarum institutionum libri tres*
1595 (9.12.) Erste belegte Aufführung von Shakespeares Historiendrama *King Richard II* (*König Richard II.*) in London; (um 1595) wahrscheinliche Entstehungszeit seiner Komödie *A Midsummer Night's Dream* (*Ein Sommernachtstraum*), 1598 in Francis Meres' *Palladis Tamia* erwähnt, vor 1600 uraufgeführt (1595–1600) Entstehungszeit der Verskomödie *Katzurbos* (auch *Katzarapos*) von Georgios Chortatsis, wichtiger Autor der kretischen Renaissance und einer der Neubeleber des griech. Theaters. UA wahrscheinlich in dieser Zeit UA des Schäferdramas *Il Pastor fido* (*Der treue Schäfer*) von Giovanni Battista Guardini in Crema; eines der Hauptwerke des literarischen Manierismus, von größtem Einfluß auf europ. Schäferdichtung	(1595/96) Bau des Swan Theatre in London (ca. 3000 Plätze) Philip Sydneys (1554–86) *An Apology for Poetrie, or Defence of Poesie* (um 1580 entstanden) faßt die Regeln klassischer Kunsttheorie für England zusammen
1597 (April?) UA von Shakespeares Komödie *The Merry Wives of Windsor* (*Die lustigen Weiber von Windsor*); (Weihnachten) erste belegte Aufführung seiner Komödie *Love's Labour's Lost* (*Verlorene Liebesmüh'*) vor Königin Elisabeth I.; Erstdruck (wahrscheinlich Raubdruck) seiner Tragödie *Romeo and Juliet* (*Romeo und Julia*); UA seines zweiteiligen Historiendramas *King Henry IV* (*König Heinrich IV.*), erster Teil wohl Anf. des Jahres EA von Piotr Ciekłinškis *Potrójny*, einer Bearbeitung von Plautus' *Trinummus*, eine der besten poln. Renaissancekomödien UA von Bernardino Stefonios Tragödie *Crispus* in Rom (Collegium Romanum)	Erstes ausführliches Theaterprogramm (Perioche) bei einer Aufführung des Jesuitentheaters in München (*Triumph des Hl. Michael*) anläßlich der Einweihung der Michaelskirche
1598 Francis Metes nennt Shakespeare in *Wit's Treasury* (*Schatzkammer des Geistes*) den besten engl. Komödien- und Tragödiendichter Entstehungszeit von Shakespeares Komödie *Much Ado About Nothing* (*Viel Lärm um nichts*, UA vor 1600); sein Drama *The Merchant of Venice* (*Der Kaufmann von Venedig*, UA vor 1600) am 22.7.1598 im Register der Londoner Buchhändlergilde (Stationers' Company) angeführt UA von Ben Jonsons »comedy of humours« *Every Man in His Humour* (*Jedermann in seiner Laune*) im Londoner Curtain Theatre durch die Lord Chamberlain's Men; UA der Zweitfassung 1616 in London	Im Edikt von Nantes sichert König Heinrich IV. von Frankreich Protestanten freie Religionsausübung zu Abriß des Londoner »Theatre« Gesetzliche Ächtung des Schauspielerstandes in Spanien

Personen des Theaters / Bühnenereignisse	Zeitgeschichte / Theaterwesen
(1598) Entstehungszeit der dän. Schulkomödie *Karrig Niding. Det er: En lystig Leeg eller Comedie, om en sulten oc karrig Hoßbunde, oc hans Hustru* (*Der Geizhals. Das ist: Ein lustig Spiel oder eine Komödie, von einem hungrigen und geizigen Hausherrn und seiner Frau*) des Viborger Pfarrers Hieronymus Justesen Ranch (1539–1607), eine der frühesten und besten Komödien in dän. Sprache vor Holberg	

1599 (1599–1602) Londoner »Theaterkrieg« zwischen konkurrierenden Bühnen und ihren Dramatikern, Streit um die Durchsetzung der klassischen Regeln (21.9.) Erste belegte Auff. von Shakespeares Tragödie *Julius Caesar* im Londoner Globe Theatre durch die Lord Chamberlain's Men; wahrscheinliche Entstehungszeit seiner Komödie *As You Like It* (*Wie es euch gefällt*); UA seines Historiendramas *King Henry V* (*König Heinrich V.*) (27.12.) Erste belegte Aufführung von Thomas Dekkers Drama *The Pleasant Comedie of Old Fortunatus* (*Die unterhaltsame Komödie vom alten Fortunatus*) im Londoner Court Theatre	Eröffnung des für die Lord Chamberlain's Men aus dem Holz des 1598 abgerissenen »Theatre« erbauten Globe Theatre in London (ca. 2700 Zuschauerplätze). Shakespeare mit 10% an den Einnahmen beteiligt Nach seinem Vorbild Bau des Fortune Theatre von Philip Henslowe und Edward Alleyn für The Admiral's Men (ca. 2300 Zuschauerplätze). 1621 abgebrannt, aus Stein neu gebaut (bis 1669). Der erhaltene erste Bauvertrag bildet eines der wichtigsten Dokumente für elisabethanische Theaterbauten Knabentruppe der »Children of St. Paul's« in London

1600 Pedro Calderón de la Barca y Barreda Gonzáles de Blasco y Riaño (1600 Madrid-81 Madrid), span. Dramatiker	Guido Ubaldus' *Perspectivae libri sex* (letztes Buch: *De scenis*) in Pesaro erschienen
Beim Jubiläum der Rostocker Universität UA von Albert Wichgrevius' Komödie *Cornelius relegatus [...]* (*Der relegierte Cornelius [...]*) (um 1600) Entstehungszeit des 1844 erstmals gedruckten Dramas *The Booke of Sir Thomas More* (*Das Buch von Sir Thomas More*), dessen Manuskript von verschiedenen Personen stammt. Zu den vermuteten Mitarbeitern gehört Shakespeare; als gesichert gelten Anthony Munday (1553–1633), Henry Chettle (1560–1607?), Thomas Dekker (um 1572–1632?) UA von Bernardino Stefonios *Flavia* (*Die Flavier*) in Rom (Collegium Romanum) (1.1.) Erste belegte Aufführung von Thomas Dekkers *The Shomakers Holiday, or The Gentle Craft [...]* (*Das Fest der Schuster oder Die edle Zunft [...]*) Vermutliche UA von John Marstons Doppeldrama *The History of Antonio and Mellida* (*Die Geschichte von Antonio und Mellida*) und *Antonio's Revenge* (*Antonios Rache*) im Londoner Paul's Theatre	

1601 Tristan l'Hermite, eig. François l'Hermite, Seigneur du Solier (1601 Schloß Solier/Normandie – 1655 Paris), franz. Dramatiker	Gründung der ital. Commedia-dell'arte-Truppe »Fedeli«
(1601–04) Vermutete Entstehungszeit von Shakespeares Komödie *All's Well That Ends Well* (*Ende gut, alles gut*); Datum der UA ist unbekannt, Erstdruck 1623 (First Folio)	

Personen des Theaters / Bühnenereignisse	Zeitgeschichte / Theaterwesen

(1601) Giambattista Della Portas Prosakomödie *La Cintia* erschienen
UA von George Chapmans Tragikomödie *The Gentleman Usher* (*Der eingebildete Butler*) im Londoner Blackfriars Theatre
Ben Jonsons Komödie *The Poetaster, or his Arraignement* (*Der Poetaster oder Die Anklage*) erstmals aufgeführt

1602 UA von Jacob Bidermanns *Cenodoxus* im Jesuitenkolleg Augsburg – als wohl einziges Stück des dt. Jesuitentheaters noch im 20. Jh. gespielt
(2.2.) UA von Shakespeares Komödie *Twelfth Night, or What You Will* (*Dreikönigsabend, oder Was ihr wollt*) vor den Juristen des Middle Temple in London; (Juli) erste belegte Aufführung seiner Tragödie *Hamlet* in London
Thomas Heywoods Komödie in zwei Teilen *The Fair Maid of the West, or a Girle Worth Gold* (*Das schöne Mädchen aus dem Westen oder Ein Mädchen, das Gold wert ist*); UA des ersten Teils vermutlich vor 1603; 1607 anonym veröffentlicht

Im Londoner Swan-Theatre sollen »hangings« und »curtains« verwendet worden sein
Giovanni Battista Guarini: *Compendio della poesia tragicomica*

1603 Shakespeares Tragikomödie *Troilus And Cressida* (*Troilus und Cressida*) erstmals im Register der Buchhändlergilde (Stationers' Company) erwähnt; Erstdruck 1609
UA von Ben Jonsons Römertragödie *Seianus His Fall* (*Der Sturz des Sejanus*) im Londoner Globe Theatre führt zu seiner Anklage wegen Hochverrats. In diesem Stück letztes nachgewiesenes Auftreten Shakespeares als Schauspieler
Thomas Heywoods bürgerlich-puritanische Ehetragödie *A Woman Kilde with Kindnesse* (*Sie starb an ihres Gatten Güte*) entstanden und uraufgeführt
Erste nachgewiesene Aufführung von Heinrich Julius von Braunschweig-Wolfenbüttels *Comoedia Hidbelepihal von Vincentio Ladislao [...]* in Nördlingen (1606 Rothenburg); erschienen 1594
(um 1603) UA von John Marstons satirischer Komödie *The Malcontent* (*Der Mißvergnügte*) im Londoner Blackfriars Theatre

(24.3.) Mit dem Tod Königin Elisabeths I. von England endet die Herrschaft der Tudors. Mit ihrem Nachfolger Jakob VI. von Schottland als König Jakob I. von England beginnt die Herrschaft der Stuarts

(1603–04) Zeitweilige Schließung der Londoner Theater wegen der Pest
Shakespeares Truppe The Lord Chamberlain's Men wird als The King's Men unter königliches Patronat gestellt und erhält von Jakob I. den Status von Hofschauspielern; Shakespeare wird im Patent vom 19.5. an zweiter Stelle genannt

1604 Jean de Mairet (1604 Besançon – 1686 Besançon), franz. Dramatiker

(1.11.) Erste belegte Aufführungen von Shakespeares Tragödie *Othello* (1.11.) und (26.12.) der Komödie *Measure for Measure* (*Maß für Maß*), beide in der Londoner Whitehall vor dem königlichen Hof
Erscheinungsjahr des ersten Teils von Thomas Dekkers Drama *The Honest Whore* (*Die ehrbare Dirne*) mit dem Untertitel *With the Humours of the Patient Man, and the Longing Wife*; zweiter Teil mit dem Untertitel *With the Humours of the Patient Man, the Impatient Wife* erschienen 1630

Personen des Theaters / Bühnenereignisse	Zeitgeschichte / Theaterwesen
1605 (1605–08) Entstehungszeit von Shakespeares Tragödie *Timon of Athens* (*Timon von Athen*); Erstdruck 1623 (First Folio), keine belegbaren Aufführungen vor 1642 (März) UA von Ben Jonsons Komödie *Volpone, or The Fox* (*Volpone oder der Fuchs*) im Londoner Globe Theatre Ben Jonson schreibt als erste seiner zahlreichen »Masques« im Auftrag der Königin die aus den beiden Teilen The *Masque of Blackness* und *The Masque of Beauty* bestehende allegorische *The Queen's Masques*; Ausstattung durch Inigo Jones UA von George Chapmans mit Ben Jonson und John Marston (1575–1634) verfaßter Komödie *Eastward Hoe!* (*Nach Osten!*) im Londoner Blackfriars Theatre vor dem König. Chapman und Jonson wegen beleidigender Äußerungen gegen Schottland in diesem Stück vorübergehend inhaftiert UA von John Marstons Komödie *The Dutch Courtezan* (*Die niederländische Kurtisane*) im Londoner Blackfriars Theatre	In London vereitelter Attentatsversuch auf König und Parlament (Gunpowder Plot). Guy Fawkes und andere Mitverschwörer des für den 5.11. geplanten Anschlags später hingerichtet Erstes stehendes Hoftheater (Ottonium) von Landgraf Moritz von Hessen in Kassel errichtet (um 1605) Bau des Red Bull Theatre in London Nachweis franz. Wandertruppen in Den Haag (bis 1649)
1606 Pierre Corneille (1606 Rouen – 1684 Paris), franz. Dramatiker, »Vater der französischen Bühne« (Voltaire) Sir William Davenant, auch: D'Avenant (1606 Oxford – 1668 London), engl. Theaterunternehmer und Dramatiker, angeblich illegitimer Sohn Shakespeares Andrea Cicognini (1606–1660), ital. Dramatiker und Librettist Junije (Džono) Palmotic (1606 Ragusa (heute Dubrovnik) – 1657 Ragusa), kroat. Dramatiker Die niederdeutsche Schulkomödie *Comedia von dem frommen gottfürchtigen und gehorsamen Isaac* des Kaufmanns Jochim Schlue erschienen – Einziges literarisches Denkmal aus dem Hansekontor in Bergen (Sommer) vermutliche UA von Shakespeares Tragödie *Macbeth* am königlichen Hof. Erste belegte Aufführung am 20. 4. 1611 im Londoner Globe Theatre; (26.12.) erste belegte Aufführung seiner Tragödie *King Lear* (*König Lear*) in Whitehall (London) (um 1606) UA der anonym erschienenen Rachetragödie *The Revenger's Tragedie, or, The Loyal Brother* (*Die Tragödie des Rächers oder Der loyale Bruder*) im Londoner Globe Theatre. Das lange Cyril Tourneur zugeschriebene Stück stammt wahrscheinlich von Thomas Middleton Aufführung des Rossballetts *Ballet à cheval des quattre Elements* in Paris	Neues Kulissensystem im von Giovanni Battista Aleotti (1546/47–1636) für die Akademie der Intrepidi erbauten Theater in Ferrara *Ejemplar poético* – in Terzinen geschriebene Poetik des Spaniers Juan de la Cuevas (1550–1610)
1607 Johann Rist (1607 Ottensen – 1667 Wedel), dt. Pastor, Dramatiker Francisco de Rojas Zorrilla (1607 Toledo – 1648 Madrid), span. Dramatiker George Chapmans historische Tragödie *Bussy D'Ambois* erschienen	Erste dauerhafte engl. Siedlung in Nordamerika (Jamestown, Virginia) Ralph Reeves Truppe engl. Schauspieler wird als »Landgraeffisch Engellendische Comoedianten zu Caßel« verpflichtet

Personen des Theaters / Bühnenereignisse	Zeitgeschichte / Theaterwesen

(1607) (2.2.) UA von Barnabe Barnes' Tragödie *The Divils Charter. A Tragaedie Conteining the Life and Death of Pope Alexander the Sixt* (*Der Pakt mit dem Teufel. Eine Tragödie über das Leben und den Tod Papst Alexanders VI.*) vor König Jakob I. von England

(um 1607) UA von Francis Beaumonts und John Fletchers Komödie *The Knight of the Burning Pestle* (*Der Ritter vom brennenden Stößel*) im Londoner Blackfriars Theatre

(Februar) UA von Claudio Monteverdis »favola in musica« *Orfeo* (*Orpheus*), Libretto von Alessandro Striggio, in Mantua (Accademia degl'Invaghiti)

Guidobaldo Bonarelli della Roveres (1563–1608) mehrfach übersetztes Schäferdrama *Filli di Sciro* (*Phyllis aus Skyros*) erschienen

Philipp III. läßt in einem der Höfe des Madrider Schlosses eine Corralbühne errichten

---

1608 John Milton (1608 London – 1674 London), engl. Autor

(um 1608) Vermutliche Entstehungszeit von Shakespeares Tragödie *Coriolanus*; (Mai) seine Tragödie *Antony and Cleopatra* im Register der Londoner Buchhändlergilde (Stationers' Company) verzeichnet. Beide Stücke erstmals gedruckt 1623 (First Folio); Daten der UAen unbekannt

Erste belegte Aufführung von *A Yorkshire Tragedy. Not So New As Lamentable and True* (*Eine Tragödie in Yorkshire. Nicht eben neu, aber traurig und wahr*) im Londoner Globe Theatre. Im Register der Londoner Buchhändlergilde unter Shakespeares Namen verzeichnet. Als wahrscheinlicher gilt heute allenfalls, daß er u. U. das Werk eines anderen Autors über einen historischen Mordfall von 1605 überarbeitet hat

UA von George Chapmans zeitgeschichtlicher Tragödie *The Conspiracie and Tragedie of Charles Duke of Byron, Marshall of France* (*Die Verschwörung und Tragödie Karls, Herzog von Biron, Marschall von Frankreich*) im Londoner Blackfriars Theatre. Auf Intervention des franz. Gesandten verboten; der Autor entkam der Verhaftung

Giulio Parigi inszeniert anläßlich der Hochzeit Cosimo II. mit Maria Magdalena von Österreich in Florenz *Giudizio di Paride* (*Das Urteil des Paris*) mit Meeresdekoration und brennenden Ruinen

Claudio Monteverdis (1568–1643) Oper *Arianna* in Mantua uraufgeführt

Aufführung des Rossballetts *Ballo di persone a cavallo* in Florenz

Giacomo Torelli (1608–78), Architekt, Bühnenbildner und Inszenator, Schüler Giovanni Battista Aleottis, verbreitet und perfektioniert dessen Erfindung der Kulissenbühne an ital. Theatern und führt sie (nach 1645) in Frankreich ein

(9.8.) The King's Men übernehmen (zusätzlich zum Globe Theater) das Blackfriar's-Theater in London

Whitefriar's Theatre in London gegründet

Eröffnung des 1606 errichteten Neubaus des Whitehall Banqueting House (London), das u. a. zur Aufführung höfischer »Masques« genutzt wurde, mit *The Masque of Beauty*

1609 Jean de Rotrou (1609 Dreux – 1650 Dreux), franz. Dramatiker

UA von Ben Jonsons Komödie *Epicoene, or The Silent Woman* (*Epicoene oder Die schweigsame Frau*) im Whitefriars Theatre in London

UA von Robert Garniers 1582 erschienener Tragödie *Bradamante* am königl. Hof Frankreichs

(–11) Gewaltsame Vertreibung der maurischen Bevölkerung (»moriscos«) aus Spanien

Lope Félix de Vega Carpio: *Arte nuevo de hacer comedias en este tiempo* (*Neue Kunst der Komödiendichtung*) – für die Begründung eines eigenständigen span. Nationaltheaters wichtige dramentheoretische Schrift

Personen des Theaters / Bühnenereignisse	Zeitgeschichte / Theaterwesen
1610 Paul Scarron (1610 Paris–1660 Paris), franz. Autor	(–1643) Ludwig XIII. (1601–43) König von Frankreich
(2.2.) Erste belegte Aufführung der Tragikomödie *Pericles, Prince of Tyre* (*Perikles, Fürst von Tyrus*) von Shakespeare, dessen alleinige Verfasserschaft bis heute umstritten ist	Engl. Komödianten am Hof in Warschau
UA von Ben Jonsons Komödie *The Alchemist* (*Der Alchemist*) im Globe Theatre	Erstmals bemalte Vorhänge im span. Theater
(um 1610) UA von John Fletchers Pastorale *The Faithfull Shepheardesse* (*Die treue Schäferin*) in London und Francis Beaumont und John Fletchers *The Maides Tragedy* (*Die Tragödie der Jungfrau*) im Londoner Blackfriars Theatre	
Aufführung der ersten profanen, in schwed. Sprache geschriebenen Komödie *Lwstig comedia widh nampn Tisbe* von Magnus Olai Asteropherus	
1611 Nicolaus Avancini (1611–1686), erfolgreichster Dramatiker des Jesuitentheaters	(–1632) Gustav Adolf II. König von Schweden
UA von Ben Jonsons als Muster einer Tragödie im klassischen Stil verfaßte Tragödie *Catiline His Conspiracy* (*Die Verschwörung des Catilina*) durch The King's Men im Globe Theatre	*Theatro delle Favole rappresentative* (Sammlung von Szenarien der Commedia dell'arte) in Venedig erschienen
Erste belegte Aufführungen von Shakespeares *Cymbeline* (April), *The Winter's Tale* (*Das Wintermärchen*) am 15.5., beide von The King's Men im Globe Theatre, *The Tempest* (*Der Sturm*) am 1.11. vor dem königlichen Hof	Daniel Heinsius' (1580–1655) für die Entwicklung des Barocktheaters wichtige dramentheoretische Schrift *De tragoediae Constitutione* erschienen
Cyril Tourneurs *The Atheist's Tragedie, or The Honest Man's Revenge* (*Die Tragödie des Atheisten oder Die Rache des biederen Mannes*) erschienen	
UA von Thomas Middleton und Thomas Dekkers Komödie *The Roaring Girle, or, Moll Cutpurse* (*Das tolle Mädchen, oder Moll, die Taschendiebin*) im Londoner Fortune Theatre	
(25.5.) UA der Verskomödie *La Tancia* von Michelangelo Buonarroti il Giovane in Florenz	
Des schwed. Juristen Johannes Messenius' *Disa* erschienen, Teil eines geplanten Zyklus' von 50 Stücken über die Geschichte Schwedens	
1612 (11.6.) Als Zeuge in einem Prozeß in London gibt Shakespeare Stratford als seinen Wohnsitz an. Beleg für seinen Rückzug vom Theater zu Beginn der 1610er Jahre	Errichtung eines Theaters auf der kroat. Insel Hvar
Als Erwiderung auf theaterfeindliche Angriffe der Puritaner erscheint Thomas Heywoods *Apology for Actors* (*Plädoyer für Schauspieler*)	
(Anf.) Im Londoner Red Bull Theatre UA von John Websters Tragödie *The White Divel [...]* (*Der weiße Teufel [...]*) – mit einer der eindrücklichsten Gerichtsszenen des Renaissancetheaters	
De klucht van de koe (*Die Posse von der Kuh*) des niederländ. Autors Gerbrand Adriaenszoon Bredero erschienen	

Personen des Theaters / Bühnenereignisse	Zeitgeschichte / Theaterwesen
1613 UA von Caspar Brülows neulat. Schuldrama *Andromeda* in Straßburg (wahrscheinlich Herbst) EA der Tragikomödie *The Two Noble Kinsmen* (*Die beiden edlen Vettern*) von William Shakespeare und John Fletcher (1579–1625) im Londoner Blackfriars Theatre; UA des wohl mit John Fletcher geschriebenen Historiendramas *King Henry VIII* (*König Heinrich VIII.*) im Globe Theatre *The Revenge of Bussy D'ambois* (*Rache für Bussy d'Ambois*), Blankverstragödie von George Chapman erschienen UA von Thomas Middletons Komödie *A Chast Mayd in Cheape-Side* (*Ein keusches Mädchen in Cheapside*) im Londoner Swan Theatre Pieter Corneliszoon Hoofts (1581–1647) *Geeraerdt van Velsen* erschienen – erstes niederländ. Theaterstück, das die drei Einheiten beachtet EA von Luis Vélez de Guevara y Dueñas' *La serrana de la vera* (*Die Gebirglerin aus La Vera*) UA von Lope Félix de Vega Carpios klassischer Mantel- und Degenkomödie *La dama boba* (*Die kluge Närrin*) im Madrider Corral del Principe	(–1917) Dynastie der Romanovs in Rußland Erste Verurteilung Galileo Galileis durch das Heilige Offizium Inigo Jones führt Zwischenvorhänge im engl. Theater ein (29.6.) Das Londoner Globe-Theatre wird während einer der ersten Aufführungen von Shakespeares *King Henry VIII* durch Feuer vernichtet, ausgelöst durch Salutschüsse aus Theaterkanonen
1614 (31.10.) UA von Ben Jonsons Komödie *Bartholomew Fayre* (*Bartholomäusmarkt*) im neuen Hope Theatre in London UA der Tragödie *The Tragedy of The Dutchesse of Malfy* (*Die Tragödie der Herzogin von Amalfi*) von John Webster im Londoner Blackfriars Theatre Lope Félix de Vega Carpios *Peribáñez y el comendador de Ocaña* (*Peribáñez und der Komtur von Ocaña*) erschienen Jacobus Petri Rondeletius' *Judas Redivivus* – Beispiel des schwed. Schultheaters	Wiederaufbau des Globe-Theaters mit einem Ziegeldach (nach dem 1642 auf Betreiben der Puritaner erlassenen Theaterverbot 1644 zerstört) Bau des auch für Bären- und Stierhatzen genutzten Hope Theatre in London Berufung einer ital. Commedia dell'arte-Truppe an den Wiener Hof
1615 Jan Vos (1615 Amsterdam–1657 Amsterdam), niederländ. Barockdramatiker, seit 1647 einer der »Regenten« der Amsterdamse Schouwburg Erscheinungsjahr von Miguel de Cervantes Saavedras dramatischem Zwischenspiel *La cueva de Salamanca* (*Die Höhle von Salamanca*), der Schauspiele *Pedro de Urdemalas* (*Peter Tunichtgut*), *Los baños de Argel* (*Kerker von Algier*) Erste Aufführung der Verskomödie *Don Gil de las calzas verdes* (*Don Gil von den grünen Hosen*) von Tirso de Molina (eig. Gabriel Téllez) in Toledo, erschienen 1635 Pieter Corneliszoon Hoofts romantisches Schäferdrama *Granida* erschienen Alfonso Parigi inszeniert in Florenz das Rossballett *La guerra d'amore*	Inigo Jones wird königlicher Hofarchitekt in England (–1642)

Personen des Theaters / Bühnenereignisse	Zeitgeschichte / Theaterwesen
1616 Andreas Gryphius (eig. A. Greif o. Greiff) (1616 Glogau– 1664 Glogau), dt. Autor	Steintheater in Hellbrunn bei Salzbrunn fertiggestellt
(25.3.) Shakespeare überarbeitet sein Testament; (23.4.) wahrscheinlicher Todestag, (25.4.) Begräbnis in Strat-ford-upon Avon Johann Valentin Andreaes (1586–1654) lateinische Schul-komödie *Turbo* in Danzig aufgeführt Ben Jonson wird Hofdramatiker und »poeta laureatus«, ab 1618 ist er für das gesamte Festwesen am Hof zuständig Caspar Brülows neulat. Schuldrama *Iulius Caesar* erschie-nen UA von Ben Jonsons Komödie *The Divell is an Asse* (*Der Teufel ist ein Esel*) in London (Blackfriars Theatre) Lope Félix de Vega Carpios *El villano en su rincón* (*Der Landmann in seinem Winkel*) erschienen	
1617 (1617–19) Philip Massingers (mit Nathaniel Field) *The Fatall Dowry* (*Die verhängnisvolle Mitgift*) im Londoner Blackfriars Theatre uraufgeführt UA von William Rowleys/Thomas Middletons *A Faire Quarrell* (*Ein ehrlicher Streit*) in London durch die Prince's Servants Erscheinungsjahr von Lope Félix de Vega Carpios Komö-dien *Los melindres de Belisa* (*Die Launen der Doña Belisa*), *El anzuelo de Fenisa* (*Die Angel der Fenisa*); (um 1617) Entstehungszeit des ihm zugeschriebenen (umstritten) Stücks *La estrella de Sevilla* (*Der Stern von Sevilla*) – eine der wichtigsten Tragödien des span. »Siglo de Oro«	Gründung der »Fruchtbringenden Gesellschaft« in Weimar Der Schriftsteller Samuel Coster (1579–1665) u. a. grün-den die Nederduytsche Academie als dritte Rederijker-Gesellschaft in Amsterdam; eröffnet mit Gijsbrecht van Hoghendorps *De inkomste te Vlaardingen. Truer-spel van de moordt, begaen aen Wilhem by de gratie Gods Prince van Oraengien* und Suffridus Sixtinus' Vorspiel *Apollo* Errichtung eines Theaters in der Prager Hofburg
1618 Agustín Moreto y Cabaña (1618 Madrid– 1669 Toledo), span. Dramatiker Madeleine Béjart (1618 Paris– 1672 Paris), franz. Schau-spielerin, mit Molière Mitbegründerin des L'Illustre Théâtre	(–48) Dreißigjähriger Krieg, beginnend mit dem »Prager Fenstersturz« (13.5.) und folgendem böhmischem Auf-stand
Als früheste Opernaufführungen im dt. Sprachgebiet wer-den im 1616 fertiggestellten Steintheater in Hellbrunn *Orpheus*, *Andromeda* und *Il Perseo* aufgeführt Im Pariser Hôtel de Bourgogne Aufführung des Schäfer-dramas *Les Bergeries* (*Hirtenszenen*) von Honorat de Bueil, Seigneur de Racan, wichtig für die Entwicklung des klassischen Regeln folgenden franz. Dramas Erscheinen von Jakob Ayrers Komödien *Comedia von der schönen Sidea, wie es jhr biss zu jhrer Verheüratung gangen* und *Spiegel weiblicher Zucht vnd Ehr* Gerbrand Adriaenszoon Brederos beliebtes Lustspiel *De spaansche Brabander* (*Der spanische Brabanter*) erschie-nen Im Teatro Olimpico in Vicenza UA von Torquato Tassos Tragödie *Il Re Torrismondo* (*Der König Torrismondo*) EA von Juan Ruiz de Alarcón y Mendozas *Las paredes oyen* (*Die Wände haben Ohren*) in Madrid	(–19) Bau des Teatro Farnese in Parma durch Giovanni Battista Aleotti mit Einbau der von ihm erfundenen Dekorationstechnik mit Kulissen, die die Raum- und Tiefendimension der Bühne revolutionierte. – Einwei-hung 1628 mit Claudio Monteverdis *Mercurio e Marte*

Personen des Theaters / Bühnenereignisse	Zeitgeschichte / Theaterwesen

(1618) Erscheinen von Lope Félix de Vega Carpios Komödien *El perro del hortelano* (*Der Hund des Gärtners*), *El acero de Madrid* (*Das Eisenwasser von Madrid*)
Las mocedades del Cid (*Die Taten des Cid*), Schauspiel des span. Autors Guillén de Castro y Bellvís erschienen

1619 Cyrano de Bergerac (eig. Hector Savinien de Cyrano) (1619 Paris–1655 Paris), franz. Autor

(11.2.) Am Florentiner Hof UA der Verskomödie *La fiera* (*Der Jahrmarkt*) von Michelangelo Buonarroti il Giovane
Erscheinungsjahr von Prospero Bonarelli della Roveres *Il Solimano* (*Soliman*)
Erscheinungsjahr von *Fuenteovejuna* von Lope Félix de Vega Carpio

(1619/20) Engl. Komödianten unter Robert Browne gastieren am Prager Hof

1620 *Englische Comedien und Tragedien* als erste dt. Textsammlung der engl. Komödianten erschienen
(10.1.) Im Londoner Globe Theatre UA von Francis Beaumonts und John Fletchers *Phylaster, or, Love Lyes a Bleeding* (*Philaster, oder Die Liebe blutet*)
(Okt.) UA von Philip Massingers und Thomas Dekkers *The Virgin Martir* (*Die jungfräuliche Märtyrerin*) im Londoner Red Bull Theatre – als Legendendrama ein Unikum der engl. Literatur der Zeit
UA von Thomas Middletons Tragödie *Women Beware Women* (*Frauen, hütet euch vor Frauen*), wahrscheinlich in London durch die King's Men
Aufführung von Johann Prytz' *Olof Skottkonung* zur Hochzeit des schwed. Königs Gustav Adolf
Ivan Gundulić (1588–1638) schreibt mit *Proserpina ugrabljena* (*Die geraubte Proserpina*) das erste slawische Opernlibretto

1621 Caspar Brülows neulat. Schuldrama *Moyses* erschienen
(1621/22) Pariser EA der Tragödie *Les amours tragiques de Pyrame et Thisbé* (*Die tragische Liebesgeschichte von Pyramus und Thisbe*) von Théophile de Viau (1590–1626), einem der bedeutendsten franz. Dramatiker zwischen Garnier und Corneille
UA von John Fords, Thomas Dekkers, William Rowleys *The Witch of Edmonton* (*Die Hexe von Edmonton*), John Fletchers *The Wild-Goose Chase* (*Die Wildgansjagd*), Philip Massingers *The Duke of Millaine* (*Der Herzog von Mailand*) in London
Tirso de Molinas (eig. Gabriel Téllez) Verskomödie *El vergonzoso en palacio* (*Der Schüchterne bei Hofe*) erschienen
Lope Félix de Vega Carpios Musterbeispiel einer »comedia de capa y espada« (Mantel-und-Degen-Komödie) *El caballero del milagro* (*Der Ritter vom Mirakel*) und die »comedia de intrigas« *La malcasada* (*Die Schlechtverheiratete*) erschienen

(–65) Philipp IV. König von Spanien – Förderer des span. Theaters
Richard Burtons *Anatomy of Melancholy* beschreibt ein Grundgefühl der Menschen der nach-elisabethanischen Zeit
(9.12.) Fortune Theatre in London nach der Vorstellung abgebrannt; die Truppe der Admiral's Men verliert dabei alle Kostüme und Rollenbücher

Personen des Theaters / Bühnenereignisse	Zeitgeschichte / Theaterwesen

1622 Molière, eig. Jean-Baptiste Poquelin (1622 Paris–1673 Paris), franz. Autor, Schauspieler, Theaterleiter

UA der Tragödie *The Changeling* (*Der Wechselbalg*) von Thomas Middleton und William Rowley im Londoner Cockpit Theatre – eine der bedeutendsten engl. Tragödien ihrer Zeit
(um 1622) UA von Philip Massingers *The Maid of Honour* (*Die Dame von Ehre*) im Londoner Phoenix Theatre
Erscheinungsjahr von Lope Félix de Vega Carpios *Lo fingido verdadero* (*Spiel wird Wahrheit*), *Las famosas Asturianas* (*Die ruhmreichen Asturierinnen*)

1623 Erste Gesamtausgabe (First Folio) von Shakespeares dramatischen Werken durch John Heminge und Henry Condell. Auflage wohl um die 1000 Exemplare (238 erhalten)
Le due comedie in commedia (*Die zwei Schauspiele im Schauspiel*), Komödie des bedeutenden und dramaturgisch innovativen ital. Dramatikers Giovan Battista Andreini wohl in Venedig aufgeführt
UA von Juan Ruiz de Alarcón y Mendoza *La crueldad por el honor* (*Grausamkeit um der Ehre willen*) in Madrid

1624 (6.8.) UA der satirischen Komödie *A game at Chæss* (*Ein Schachspiel*) von Thomas Middleton im Londoner Globe Theatre. Die überaus erfolgreiche Allegorie der politischen Auseinandersetzungen zwischen Katholizismus und Protestantismus wurde aber nach der neunten Vorstellung auf Veranlassung des span. Botschafters verboten
UA von John Fletchers *Rule a Wife and Have a Wife* (*Zähme deine Frau und du behältst sie*)
(1624–26) Entstehungszeit der Pastorale *Le Triomphe d'amour* (*Der Triumph der Liebe*) Alexandre Hardys
(um 1624) UA des Schauspiels *El burlador de Sevilla y convidado de piedra* (*Der Spötter von Sevilla und der steinerne Gast*) von Tirso de Molina (eig. Gabriel Téllez) in Madrid durch die Compañia Roque de Figueroa; 1630 anonym erschienen. Diese erste Dramatisierung des Don-Juan-Stoffs wird neuerdings u. a. dem Theaterautor und -unternehmer Andrés de Claramonte (um 1580–1626) zugeschrieben

(–1642) Kardinal Richelieu (1585–1642) leitender Minister Frankreichs; Stärkung des franz. Absolutismus
Nach einem Brand Oslo als Kristiania (bis 1925) neugegründet

Theaterfeindliche Schrift des Züricher Pastors Jakob Breitinger: *Bedenken von Comoedien und Spielen*; führt letztlich zum bis 1754 bestehenden Verbot öffentl. Aufführungen durch Züricher Bürger

1625 Thomas Corneille (1625 Rouen–1709 Les Andelys), franz. Dramatiker

Erste Aufführung einer (ital.) Oper in Wien
UA (?) von Philip Massingers Londoner Sittenkomödie *A new way to pay old debts* (*Eine neue Art, alte Schulden zu bezahlen*) im Londoner Phoenix Theatre
(oder 1626) Teil-UA von John Fletchers *The Chances* (*Zufälle*) in London

(–49) Karl I., König von England

Personen des Theaters / Bühnenereignisse	Zeitgeschichte / Theaterwesen

(1625) Wahrscheinliche Aufführung von Juan Ruiz de Alarcón y Mendozas Komödie *Examen de maridos* (*Prüfung der Ehemänner*)

(–1630) Erscheinen von Lope Félix de Vega Carpios Drama *El caballero de Olmedo* (*Der Ritter aus Olmedo*)

1626 UA von Philip Massingers einzigem »Roman play« *The Roman Actor* (*Der römische Schauspieler*) im Londoner Blackfriars Theatre

Pieter Corneliszoon Hoofts Tragödie *Baeto, oft oorsprong der Hollanderen* (*Baeto oder Ursprung der Holländer*) erschienen

Die engl. Wandertruppe John Greens als »Cursächsisch bestallte Hofkomödianten« in Dresden verpflichtet. Sie spielen u. a. 5 Stücke Shakespeares

1627 UA der ersten dt. Oper (Heinrich Schütz' *Dafne*, Libretto: Martin Opitz) in Torgau während der Hochzeit des Landgrafen Georg von Hessen mit Sophie Eleonora von Sachsen

Erste Aufführung einer ital. Oper von G. B. Buonamente in der Prager Hofburg

Erscheinen der Tragödien *Iudit* und *Ester* des ital. Dramatikers Federigo Della Valle

(um 1627) Thomas Heywoods *The English Traveller* (*Der englische Reisende*) erschienen

La villana de Vallecas (*Das Dorfmädchen aus Vallecas*) von Tirso de Molina (eig. Gabriel Téllez) erschienen

EA von Pedro Calderón de la Barcas *La cisma de Inglaterra* (*Das Schisma Englands*)

1628 UA von *The City Wit, or the Woman Wears the Breeches* (*Der Klügste in der Stadt oder Die Frau hat die Hosen an*) von Richard Brome

La Reina di Scotia (*Die Königin von Schottland*) von Federigo Della Valle erschienen

UA des allegorischen Schäferdramas *Dubravka* des kroat. Autors Ivan Gundulić (auch Gundulic Dzivo) (1588–1638) in Dubrovnik

»Petition of Rights« – Anerkennung der Rechte der Untertanen durch Karl I. von England

1629 Simeon Polockij (eig. Samuil Emil'janovič (bzw. Gavrilovič) Petrovskij-Sitnianivic, 1629 Polock – 1680 Moskau), russ. Dramatiker

Mélite ou les fausses lettres, erstes Lustspiel Pierre Corneilles, in Paris durch die Truppe Mondorys aufgeführt

Vermutete EA der Pastorale *Silvanire ou la morte-vive* (*Silvanire oder Die Scheintote*) von Jean de Mairet mit dramentheoretischem Vorwort (*Préface en forme de discours poétique*)

(Nov.) UA von Pedro Calderón de la Barcas »Mantel- und Degenkomödie« *La dama duende* (*Dame Kobold*) in Madrid (Hoftheater)

Personen des Theaters / Bühnenereignisse	Zeitgeschichte / Theaterwesen
1630 Textsammlung der engl. Komödianten *Liebeskampff Oder Ander Theil Der Engelischen Comoedien und Tragoedien* erschienen Lope Félix de Vega Carpios *Amar sin saber a quién* (*Lieben, ohne zu wissen wen*) erschienen (um 1630) *La fénix de Salamanca* (*Der Phönix von Salamanca*) von Antonio Mira de Amescua aufgeführt	Das protestantische Schweden greift unter König Gustav Adolf II. in den 30jährigen Krieg ein Kaiser entläßt seinen Feldherrn Albrecht Wenzel von Wallenstein (1583–1634) – 1632 wieder berufen Anfang der 1630er Jahre Gründung der Cofradía de Nuestra Señora de la Novena, einer Standesvereinigung aller in lizensierten Truppen auftretenden span. Berufsschauspieler; wichtig für die gesellschaftliche und rechtliche Situation der Schauspieler, die besser war als in anderen europ. Ländern
1631 John Dryden (1631 Aldwinckle – 1700 London), engl. Autor (1. Hälfte) UA von Pierre Corneilles Tragikomödie *Clitandre ou l'innocence délivrée* (*Clitandre oder Die befreite Unschuld*) im Pariser Jeu de Paume de Berthault durch die Truppe Mondorys	Josef Furt(t)enbach Bauherr von Ulm
1632 UA von *The City Madam* (*Die Bürgersfrau als Dame*) von Philip Massinger im Londoner Blackfriars Theatre (Anf.) UA von Pierre Corneilles Komödie *La veuve ou Le traître trahi* (*Die Witwe oder Der verratene Verräter*) im Pariser Jeu de Paume de la Phère durch die Truppe Mondorys Im Pariser Théâtre du Marais UA von Georges de Scudérys *La comédie des comédiens* (*Die Komödie der Komödianten*) Benedetto Cinquantas *La peste del 1630* behandelt die Pestepidemie von 1630 in Mailand und ihre Folgen in einzelnen Episoden Entstehung von Pedro Calderón de la Barcas Auto sacramental *La cena del Rey Baltasar* (*Das Nachtmahl des Königs Balthasar*), Druck seines Versdramas *Casa con dos puertas, mala es de guardar* (*Ein Haus mit zwei Türen ist schwer zu bewachen*) UA des Dramas *Pavlimir* des kroat. Dramatikers Junije (Džono) Palmotić (1607–57) in Ragusa (Dubrovnik)	Gustav Adolf II. von Schweden fällt in der Schlacht bei Lützen, in der das schwed. Heer von Wallenstein besiegt wird Von den Stadtbehörden erzwungene Fusion der Amsterdamer Rederijker-Gesellschaften zur Amsterdamsche Kamer
1633 UA von John Fords Inzest-Tragödie *'Tis Pitty She's a Whore* (*Schade, daß sie eine Hure ist*) im Londoner Drury Lane Theatre, Druck seiner Tragödie *The Broken Heart* (*Das gebrochene Herz*) (1633/34) UA von Pierre Corneilles Komödien *La Place Royalle, ou l'amoureux extravagant* (*Die Place Royale oder Der exzentrische Liebhaber*), *La galerie du palais ou l'amie rivale* (*Die Galerie du Palais oder Die Freundin als Rivalin*)	Zweiter Inquisitionsprozeß gegen Galileo Galilei, der der kopernikanischen Lehre abschwört

Personen des Theaters / Bühnenereignisse	Zeitgeschichte / Theaterwesen
1634 Simon Rettenbacher (1634–1706), bedeutendster Dramatiker des Benediktinerordens	Wallenstein als kaiserlicher Feldherr abgesetzt und in Eger ermordet

1634 Simon Rettenbacher (1634–1706), bedeutendster Dramatiker des Benediktinerordens

Erste Aufführung des seither (fast) alle 10 Jahre stattfindenden Oberammergauer Passionsspiels
Johann Rists *Perseus* – erste deutsche Kunstragödie mit Zwischenspielen in Niederdeutsch
John Fords historisches Drama *The Chronicle Historie of Perkin Warbeck* (*Die Geschichte Perkin Warbecks*) erschienen
(Dezember) EA von Jean Mairets Tragödie *La Sophonisbe* (*Sophonisbe*), die als erste den aus der aristotelischen Poetik abgeleiteten Regeln folgte und die klassische franz. Tragödie prägte
UA von William D'Avenants Komödie *The Witts* (*Die Scharfsinnigen*) im Londoner Blackfriars Theatre
Tirso de Molinas (eig. Gabriel Téllez) *La prudencia en la mujer* (*Frauenklugheit*) erschienen
Pedro Calderón de la Barcas »comedia divina« *La devoción de la cruz* (*Die Andacht zum Kreuz*) erschienen
Diego Jiménez de Encisos *El Príncipe Don Carlos* (*Der Prinz Don Carlos*) als möglicherweise erste Behandlung des Stoffs erschienen
Zur Verlobung des dän. Kronprinzen Aufführung von Johann Laurembergs Singspielen mit Ballett *Wie Aquilo, der Regent Mitternächtlicher Länder, die edle Princessin Orithyiam heimführet* und *Wie die Harpyiae von zweyen Septentrionalischen Helden verjaget und König Phineus entlediget wird* im Rittersaal des Schlosses Amalienborg

Der engl. Jurist William Prynne wendet sich in seinem voluminösen zweiteiligen Werk *Histrio-mastix. The players scourge, or, actors tragædie* gegen Theater und Schauspieler
Eröffnung des Théâtre du Marais in Paris durch Montdory (eig. Gillaume de Gilbert) und seine Truppe

1635 Daniel Casper von Lohenstein (eig. Daniel Casper, geadelt 1670, 1635 Nimptsch/Schlesien–1683 Breslau), dt. Dramatiker
Thomas Betterton (um 1635–1710), bedeutender engl. Schauspieler seiner Zeit
Sir George Etherege (auch: Etheredge) (1635?–1691 Paris), engl. Dramatiker
Philippe Quinault (1635 Paris–1688 Paris), franz. Autor

UAen von Pierre Corneilles Tragödie *Médée* (*Medea*) und der Komödie *L'illusion comique* (*Komödie der Täuschungen, Spiel der Illusionen*) in Paris (Théâtre du Marais)
UA von Pedro Calderón de la Barcas *El mayor encanto amor* (*Über allen Zaubern Liebe*) auf einer künstlichen Insel im Park des Schlosses Buen Retiro; erster Einsatz der neuen ital. Bühnentechnik mit Verwandlungs- und Illusionsmaschinerie in Spanien, UA seines Versdramas *La vida es sueño* (*Das Leben ein Traum*) in Madrid (Hoftheater)
Calderón mit der Leitung des Hoftheaters im Palast von Buen Retiro betraut
Tirso de Molinas (eig. Gabriel Téllez) Versdrama *El condenado por desconfiado* (*Der wegen Mißtrauens Verurteilte*) erschienen

Gründung der Académie Française durch Kardinal Richelieu

Personen des Theaters / Bühnenereignisse	Zeitgeschichte / Theaterwesen
(1635) Erscheinungsjahr von Lope Félix de Vega Carpios *El castigo sin venganza* (*Strafe ohne Rache*), *La boba para los otros y discreta para sí* (*Die Dumme für andere und die Kluge für sich selbst*), *El mejor alcalde, el Rey* (*Der beste Richter, der König*)	
1636 UA von Jean de Routrous *La belle Alphrède* (*Die schöne Alfreda*) *Marta la piadosa o la beata enamorada* (*Die fromme Martha oder Die verliebte Betschwester*) von Tirso de Molina (eig. Gabriel Téllez) erschienen Pedro Calderón de la Barcas »comedia divina« *El Príncipe constante* (*Der standhafte Prinz*) erschienen, *A secreto agravio secreta venganza* (*Auf heimliche Kränkung heimliche Vergeltung*) erstaufgeführt	
1637 (4. o. 5.1.) UA der Tragikomödie Pierre Corneilles *Le Cid* (*Der Cid*) im Pariser Théâtre du Marais durch die Truppe Montdorys mit sensationellem Erfolg. Anschließend jahrelanger Streit zwischen Anhängern und Gegnern Corneilles, die ihm v. a. Abweichungen von den Regeln der klassischen Poetik vorwarfen (Januar) UA von Jean de Routrous (1609–50) Komödie *Les Sosies* (*Die Sosiasse*) in Paris; erste franz. Bearbeitung des Amphitryon-Stoffes UA von Tristan L'Hermites *La Mariane* (*Mariamne*) im Pariser Théâtre du Marais, gilt als eine der bedeutendsten franz. Tragödien vor Corneilles Dramen Erscheinen von Pedro Calderón de la Barcas »Ehrendrama« *El médico de su honra* (*Der Arzt seiner Ehre*), des Schauspiels *El mayor monstruo del mundo* (*Das größte Scheusal der Welt*), UA des zur Fronleichnamsfeier geschriebenen Schauspiels *El mágico prodigioso* (*Der wundertätige Magus*) in Yepes/Toledo *Las bizarrías de Belisa* (Die Keckheiten der Belisa) von Lope de Vega erschienen	New Theatre in Dublin eröffnet, 1641 von den Puritanern geschlossen Teatro di San Cassiano in Venedig, erstes öffentl. Opernhaus Europas, mit Manellis *Andromeda* (Libretto: Ferrari) eröffnet Im Warschauer Schloß wird durch den Theaterarchitekten Augustin Locci das erste stehende Theater Polens errichtet
1638 (15.2.–6.3.) UA von Jean Desmarets de Saint-Sorlins Komödie *Les visionnaires* (*Die Verrückten*) im Théâtre du Marais (Paris) Wahrscheinliche UA in Madrid der Verskomödie *Entre bobos anda el juego o Don Lucas del Cigarral* (*Zwischen Dummen läuft das Spiel ab oder Don Lucas del Cigarral*) von Francisco de Rojas Zorrilla (1607–48), der damit die »comedia de figurón« (Figurenkomödie) schuf *Obligar contra su sangre* (*Gegen sein Blut verpflichten*) von Antonio Mira de Amescua erschienen (4.1.) Mit der UA von Joost van Vondels erfolgreichstem historischem Trauerspiel *Gysbreght van Aemstel, d'Ondergang van zijn stad en zijn ballingschap* (*Gysbrecht van Aemstel, der Untergang seiner Stadt und seine Verbannung*) wird die neu erbaute Amsterdamer Schouwburg eröffnet	Abschaffung der Folter in England Die von Jacob van Kampen errichtete Amsterdamsche Schouwburg eröffnet Nicola Sabbatini: *Practica di fabricar scene e machine ne'teatri* (*Anleitung, Dekorationen und Theatermaschinen herzustellen*)

Personen des Theaters / Bühnenereignisse	Zeitgeschichte / Theaterwesen
1639 Jean Racine (1639 La Ferté-Milon/Soissons–1699 Paris), franz. Dramatiker	Alfonso Rivarolo (genannt Chenda) richtet innerhalb einer Palastanlage in Bologna mit dem Teatro della Sala das erste nachweisliche Logentheater ein
Francesco Cavalli verwendet für *Le nozze di Teti* erstmals die Bezeichnung »opera«	
1640 Johannes Velten (1640 Halle/Saale–1692/93 Hamburg?), dt. Schauspieler, Theaterprinzipal	(–1688) Friedrich Wilhelm (Der Große Kurfürst) Kurfürst von Brandenburg
William Wycherley (1640/41 Clive Hall bei Shrewsbury/Shropshire–1715/16 London), engl. Dramatiker	Josef Furt(t)enbach errichtet in Ulm in einem ehem. Stallgebäude eine Bühne für Waisenkinder; sein Werk *Architectura recreationis* erscheint
UA von Pierre Corneilles Tragödie *Horace* (*Horatius*) im Pariser Palais-Cardinal	Für die Inszenierung von William Davenants *Salmacida Spolia* benutzt Inigo Jones eine vollentwickelte Kulissenbühne
(1640–45) Erscheinen von Francisco de Rojas Zorrillas »comedia famosa« *Cada qual lo que le toca*, in der er den männlichen Ehrenkodex in Frage stellt und eine Frau zur Mittelpunktfigur macht	
Joost van den Vondels bis heute aufgeführtes Trauerspiel *Joseph in Dothan* (*Joseph in Dothan*) erschienen	
1641 Als letzte große Tragödie vor Schließung der engl. Theater durch die Puritaner wird im Londoner Blackfriars-Theatre James Shirleys *The Cardinal* (Der Kardinal) uraufgeführt	Königliches Edikt verbietet Benachteiligung von Schauspielern in Frankreich
Joost van den Vondels *Peter en Pauwels* (*Petrus und Paulus*) erschienen	Als erstes dt. Stadttheater wird das von Josef Furt(t)enbach 1640/41 in Ulm in einem ehemaligen Benediktinerkloster errichtete Theater im Binderhof mit einer *Tragico-Comödiam von dem Leben und Geschichten Moysis* eröffnet. Einführung des ital. Telarisystems in Deutschland. Das Theater wird 1650 vergrößert, 1702 in eine Kaserne umgewandelt
UA von *Aran en Titus of wraaken weerwraak* (*Aran und Titus oder Rache und Gegenrache*) des niederländ. Autors Jan Vos in Amsterdam	
1642 Christian Weise (1642 Zittau–1708 Zittau), dt. Pädagoge und Autor, Verfasser zahlreicher Schuldramen	(–61) Kardinal Mazarin leitender Minister Frankreichs
	Beginn des engl. Bürgerkriegs zwischen den Royalisten und den von Oliver Cromwell geführten Puritanern
(Sommer) UA von Pierre Corneilles Tragödie *Cinna ou la clémence d'Auguste* (*Cinna oder Die Gnade des Augustus*) in Paris, (Winter 1642/43) UA seiner Tragödie *Polyeucte Martyr* (*Der Märtyrer Polyeucte*) im Pariser Théâtre du Marais	Auf Druck der Puritaner schließt das Parlament alle engl. Theater und verbietet jede Form der Aufführung. Das bis 1658 bestehende, 1647/48 erneuerte bzw. erweiterte Verbot bildet eine markante Zäsur in der Theaterentwicklung Englands. Eine Reihe von Theatern und Bühneneinrichtungen wird demoliert, Schauspieler angegriffen
Jean de Routrous *Le Bélissaire* (*Belisar*) uraufgeführt	
(1642/43) *Amor, firmesa i porfia* (*Liebe, Standhaftigkeit und hartnäckiges Werben*), Tragikomödie des katalan. Dichters Francesc Fontanella uraufgeführt	
1643 Armande Béjart (1643 Paris–1700 Paris), franz. Schauspielerin, Ehefrau Molières	(–1715) Ludwig XIV. (1638–1715), der »Sonnenkönig«, König von Frankreich
UA von Pierre Corneilles *Le Menteur* (*Der Lügner*) im Pariser Théâtre du Marais, der Tragödie *La mort de Pompée* (*Der Tod des Pompeius*) 1643 o. 1644 durch die »Troupe du Marais« unter Molières Leitung	Molière, Madeleine Béjart u. a. gründen in Paris L'Illustre Théâtre, das nach kurzer Zeit zahlungsunfähig war und Molière wegen Schuldenmachens 1645 ins Gefängnis brachte
UA von Pedro Calderón de la Barcas *El alcalde de Zalamea* (*Der Richter von Zalamea*) in Madrid	

Personen des Theaters / Bühnenereignisse	Zeitgeschichte / Theaterwesen
1644 UA von Pierre Corneilles *Rodogune, Princesse des Parthes* (*Rodogune, Prinzessin der Parther*) im Pariser Hôtel de Bourgogne	(–48) Friedensverhandlungen in Münster und Osnabrück (–54) Königin Christina von Schweden (1626–89) macht aus ihrem Hof ein kulturelles Zentrum (–50) Verbot öffentl. Theateraufführungen wegen Staatstrauer in Spanien (Unterbrechung 1646)
1645 Paul Scarrons Verskomödie *Jodelet ou le maître-valet* (*Jodelet oder Der Herr als Diener*) im Pariser Hôtel de Bourgogne uraufgeführt Aufführung von Francesco Paolo Sacratis *La finta pazza* durch eine ital. Truppe als erste ital. Oper in Paris (15.6.?) Pedro Calderón de la Barcas *El gran teatro del mundo* (*Das große Welttheater*) uraufgeführt *El Rei Seleuco* (*König Seleukos*) des portug. Autors Luís Vaz de Camões erschienen	
1646 (Dez.) UA von Pierre Corneilles *Héraclius, Empereur d'orient* (*Heraklius, Kaiser des Orients*) im Pariser Hôtel de Bourgogne	
1647 UA von Johann Rists *Das Friedewünschende Teutschland* durch Studenten in Hamburg (1649 in Memmingen auf der Meistersingerbühne) UA von Jean de Routrous *Venceslas*, wohl im Pariser Hôtel de Bourgogne Francis Beaumont und John Fletchers Tragödie *Bonduca* erschienen Das politisch-allegorische Schäferspiel Joost van den Vondels *De Leeuwendalers* (*Die Löwentaler*) erschienen Des aus Böhmen emigrierten Pädagogen Jan Amos Comenius' Tragödie *Hercules monstrorum domitor* in der von ihm gegründeten (Schultheater-)Bühne im poln. Lissa aufgeführt	
1648 UA von Jean de Routrous *Cosroès* in Paris – Musterbeispiel einer klassischen Regeln folgenden Tragödie	Westfälischer Friede beendet 30jährigen Krieg. Völkerrechtliche Anerkennung der Unabhängigkeit der Schweiz und Hollands (–55) Ukrain. Kosakenaufstand unter Bodyan Chmielnicki gegen Polen – schwere Judenprogrome (ca. 100 000 Tote) (–53) Aufstand des franz. Hochadels gegen das absolutistische Königtum (»Fronde«), der mit der Niederlage und Entmachtung des Adels endet Verbot aller Theateraufführungen in Rußland (1657 erneuert)
1649 (Winter 1649/50) UA von Pierre Corneilles *Don Sanche d'Aragon* (*Don Sancho von Aragon*) in Paris	(30.1.) Karl I. von England hingerichtet; England wird Republik (Commonwealth) Des Spaniers Luis Crespi de Borjas theaterfeindliches Pamphlet *Sermón y Retractación* erschienen Gastspiel niederländ. Komödianten auf Schloß Gottorf bei Schleswig

Personen des Theaters / Bühnenereignisse	Zeitgeschichte / Theaterwesen
1650 Eleanor (»Nell«) Gwynn (1650–87), engl. Schauspielerin, berühmt für ihre Darstellung in komischen und Hosenrollen; Abgang vom Theater 1670, Mätresse König Karls II.	Der dt. Prinzipal Carl Andreas Paulsen gründet eigene Theatertruppe Errichtung zweier Bühnen im Wiener Jesuitenkolleg
Eröffnung des Theaters im Wiener Jesuitenkolleg mit Nicolaus Avancinis (1611–86) *Ansberta* Dramaturgisch durchgestaltetes Feuerwerk in Nürnberg zur Feier des Westfälischen Friedens, initiiert vom kaiserlichen Gesandten Octavio Piccolomini Pierre Corneilles *Andromède* im Pariser Théâtre de Bourbon uraufgeführt Pedro Calderón de la Barcas *El pintor de su deshonra* (*Der Maler seiner Schande*) erschienen	
1651 UA von Pierre Corneilles *Nicomède* im Pariser Hôtel de Bourgogne	Engl. Komödianten spielen als erste Berufsschauspieler im von Furttenbach erbauten Theater im Binderhof in Ulm Erstes öffentl. Opernhaus in Neapel mit Monteverdis Oper *L'incoronazione di Poppea* eröffnet
1652 Thomas Otway (1662 Trotton/Sussex–1685 London), engl. Dramatiker	Ältestes Heckentheater im ital. Collodi bei Lucca errichtet
La forza del fato ovvero il matrimonio nella morte (*Die Macht des Schicksals oder Die Hochzeit im Tode*) vom »toskanischen Terenz« Giacinto Andrea Cicognini erschienen Luis Vélez de Guevara y Dueñas' wirkungsvolles Versdrama *Reinar después de morir* (*Herrschen nach dem Tod*) erschienen. Versdrama in drei Akten von Luis Vélez de Guevara y Dueñas, erschienen	
1653 Nathaniel Lee (um 1653 Hatfield–1692 London), engl. Dramatiker	Oliver Cromwell Lord Protector von England
Am franz. Hof tritt Ludwig XIV. im Ballet de Cour *Ballet de la Nuit* als »Roi Soleil« auf Lope Félix de Vega Carpios *La discreta enamorada* (*Die kluge Verliebte*) posthum erschienen UA von Pedro Calderón de la Barcas *La hija del aire* (*Die Tochter der Luft*) in Madrid	
1654 UA von Cyrano de Bergeracs (eig. Hector Savinien de Cyrano) *Le pédant joué* (*Der getäuschte Pedant*) in Paris Agustín Moreto y Cabañas berühmteste Komödie *El desdén con el desdén* (*Verachtung wider Verachtung/Trotz wider Trotz/Donna Diana*) erschienen (2.2.) UA der zu Joost van den Vondels Meisterwerken zählender Tragödie *Lucifer* in der Amsterdamsche Stadsschouwburg	
1655 Jean-François Regnard (1655 Paris–1709 Schloß Grillon bei Dourdan/Essonne), franz. Dramatiker	
Mit Ariana Noozemann (1635?–1661) erster Auftritt einer Schauspielerin an der Stadsschouwburg in Amsterdam	

Personen des Theaters / Bühnenereignisse	Zeitgeschichte / Theaterwesen
(1655) Andreas Gryphius' (eig. Greiff o. Greif) *Catharina von Georgien. Oder bewehrete Beständigkeit* möglicherweise auf Schloß Ohlau aufgeführt; nachweisliche Aufführungen u. a. 1665 in Breslau und Halle Molières *L'éstourdy ou les contretemps* (*Der Unbesonnene oder zur Unzeit*) in Lyon uraufgeführt (Nov. 1658 im Pariser Petit-Bourbon)	
1656 Der Dramatiker und Theaterunternehmer William Davenant (D'Avenant, 1606–68) führt mit *The Siege of Rhodes, Made a Representation by the Art of Prospective in Scenes, and the Story sung in Recitative Musick* (in zwei Teilen) die erste engl. »Oper« auf; UA des ersten Teils in London (Rutland House Theatre), des zweiten Teils 1661 im Salisbury Court Theatre (6.12.) UA von Molières *Le dépit amoureux* (*Der Liebesverdruß*) in Béziers während der Versammlung der Stände des Languedoc (16.12.) UA von Thomas Corneilles Tragödie *Timocrate* im Pariser Théâtre du Marais	
1657 Erscheinungsjahr von Pedro Calderón de la Barcas *Guárdate del agua mansa* (*Hüte dich vor stillem Wasser*)	Ferdinando Bibiena (auch: Galli-Bibiena, 1657 Bologna – 1743 Bologna), ital. Theaterarchitekt, -techniker, Bühnenbildner Abbé d'Aubignac (1604–76): *La Pratique du théâtre* – Poetik der franz. Klassik
1658 Erlaubnis für William Davenant (1606–68), sein Stück *The Cruelty of the Spaniards in Peru. Exprest by Instrumentall and Vocall Musick, and by the Art of perspective in Scenes* [. . .] im Londoner Drury Lane Theatre öffentl. aufzuführen	Nach einem Jahrzehnt in der Provinz kehrt Molières Truppe nach Paris zurück und darf sich nach erfolgreichem Gastspiel vor Ludwig XIV. »Troupe de Monsieur le frère unique du Roi« nennen Mit dem 1651–58 zum Theater umgebauten »Kornkasten« erhält München die erste Hofoper in Deutschland
1659 Aufführung von Nicolaus Avancinis *Pietas victrix sive Flavius Constantinus Magnus de Maxentio tyranno victor* in Wien – Musterbeispiel der die Habsburger verherrlichenden »Ludi Caesarei« Aufführung von Robert Camberts und Pierre Perrins (Libretto) Oper *La Pastorale* in Paris als erster Versuch einer franz. Nationaloper (24.1.) UA von Pierre Corneilles *Œdipe* im Hôtel de Bourgogne (18.11.) UA von Molières *Les précieuses ridicules* (*Die lächerlichen Preziösen*) in Paris, Théâtre du Petit-Bourbon durch Molières »Troupe de Monsieur« Das Märtyrerdrama *Ermegildo* (*Hermengild*) mit musikalischem Vorspiel und Chorliedern von Emanuele Tesauro in Turin aufgeführt – ursprünglich in lateinischen Versen für das Mailänder Jesuitenkolleg der Brera geschrieben Mit Pedro Calderón de la Barcas *La púrpura de la rosa* beginnt die Zarzuela als typisch span. Form des Musiktheaters	Francesco Bibiena (auch: Galli-Bibiena, 1659 Bologna – 1739 Bologna), ital. Theaterarchitekt, -techniker, Bühnenbildner

Personen des Theaters / Bühnenereignisse	Zeitgeschichte / Theaterwesen
1660 Thomas Southerne (1660 Dublin – 1746 London), engl. Dramatiker	»Restoration« – Wiederherstellung der konstitutionellen Monarchie in England; Karl II. (Stuart) bis 1685 König Im Frieden von Oliva kommt Preußen an das Kurfürstentum Brandenburg
UA von Andreas Gryphius' (eig. Greif o. Greiff) Doppeldrama *Verlibtes Gespenste – Die gelibte Dornrose* in Glogau (10.10.); nachgewiesene Aufführung des Trauerspiels *Großmütiger Rechts-Gelehrter oder Sterbender Aemilius Paulus Papinianus* in Breslau (1660) (28.5.) UA von Molières *Sganarelle ou ou le Cocu imaginaire* (*Sganarelle oder Der vermeintliche Hahnrei*) im Pariser Théâtre de Bourbon (Aug.) UA von Pierre Corneilles *La toison d'or* (*Das Goldene Vlies*) im Schloß des Marquis de Sourdéac in Neubourg durch die Truppe des Théâtre du Marais; (Febr. 1661) im Pariser Théâtre du Marais (um 1660) Gastspiel eines venezianischen Opernensembles im slowenischen Ljubljana	Als Einleitungen seiner Werkausgabe erscheinen Pierre Corneilles poetologische Abhandlungen *Trois discours sur le poème dramatique*
1661 Florent Dancourt (eig. Florent Carton, Sieur d'Ancourt) (1661 Fontainebleau – 1725 Courcelles-le-Roi), franz. Autor	Ludwig XIV. (der »Sonnenkönig«) übernimmt absolute Alleinregierung (–84) Neubau des Schlosses von Versailles
Nachgewiesene Aufführung von Andreas Gryphius' (eig. Greif o. Greiff) unkonventionellem Trauerspiel *Cardenio und Celinde, oder unglücklich Verliebte* in Breslau (28.2.) UA von Daniel Casper von Lohensteins *Cleopatra* in Breslau von Schülern des Elisabethanums (24.6.) UA von Molières *L'éscole des maris* (*Die Schule der Ehemänner*), Paris, Théâtre du Palais Royal; (17.8.) der im Auftrag des Finanzministers Fouquet entstandenen Ballettkomödie *Les fâcheux* (*Die Plagegeister*) im Park des Schlosses Vaux-le-Vicomte	Gründung der Académie Royale de Danse in Paris, 1672 mit der Académie Royale de Musique verschmolzen
1662 (25.2.) UA von Pierre Corneilles Tragödie *Sertorius* im Théâtre du Marais in Paris (26.12.) UA von Molières *L'école des femmes* (*Die Schule der Frauen* im Pariser Théâtre du Palais Royal Aufführung eines Roßballetts (»Carrousel«) vor den Pariser Tuilerien unter Mitwirkung Ludwig XIV.	
1663 (Jan.) Aufführung von Pierre Corneilles *Sophonisbe* im Pariser Hôtel de Bourgogne (14. o. 18.10.) UA von Molières Komödie *L'impromptu de Versailles*, die sich polemisch gegen eifersüchtige Schauspielerkollegen etwa des Hôtel de Bourgogne richtet, in Versailles (4.11. Pariser EA im Palais Royal)	Erstes Drury Lane Theatre gegründet; mehrfach nach Bränden wiederaufgebaut (zuletzt 1812, 1922 umgebaut) – Londons ältestes noch existierendes Theater
1664 Im Rahmen des vom 7.–13.5. in Versailles stattfindenden Hoffestes *Les Plaisirs de l'Isle enchantée* UA von Molières »comédie-ballet« *La princesse d'Elide* und der Erstfassung des *Tartuffe* unter dem Titel *Tartuffe ou L'hypocrite* (EA der Neufassung am 5. 8. 1667 unter dem Titel *Panulphe ou L'imposteur*, der Endfassung *Tartuffe ou l'imposteur* am 5. 2. 1669, beide im Pariser Palais-Royal)	Neubau der Amsterdamse Stadsschouwburg, 1772 abgebrannt

Personen des Theaters / Bühnenereignisse	Zeitgeschichte / Theaterwesen
(1664) (20.6.) UA von Jean Racine erster erhaltener Tragödie *La Thébayde ou les frères ennemis* (*Die Thebais oder die feindlichen Brüder*) im Pariser Palais-Royal durch Molières Truppe (3.8.) UA von Pierre Corneilles *Othon* in Versailles Im Pariser Hôtel de Bourgogne UA von Montfleurys (eig. Montfleury le Jeune, d. i. Antoine Jacob) Verskomödie *L'école des jaloux ou le cocu volontaire* (*Die Schule der Eifersüchtigen oder Der freiwillige Hahnrei*) Joost van den Vondels Bibeldrama *Adam in ballingschap. Aller treurspeelen treurspeel* (*Adams Vertreibung. Das größte aller Trauerspiele*) erschienen	
1665 Christian Reuter (1665 Kütten bei Halle – um 1712 Berlin), dt. Autor Pier Iacopo Martello (1665 Bologna–1727 Bologna), ital. Dramatiker Nachgewiesene Aufführung von Andreas Gryphius' (eig. Greif o. Greiff) *Ermordete Majestät oder Carolus Stuardus König von Gross Brittannien* durch Schüler in Zittau Molières *Dom Juan ou Le festin de pierre* (*Don Juan oder Der steinerne Gast*) am 15.2. in Paris (Théâtre du Palais Royal) und *L'amour médecin* (*Die Liebe als Arzt*) im September in Versailles uraufgeführt (4.12.) UA von Jean Racines *Alexandre le Grand* (*Alexander der Große*) im Pariser Palais-Royal durch Molières Truppe. Nach der erfolgreichen UA entzog Racine Molière das Stück und ließ es im Hôtel de Bourgogne aufführen (15.8.) UA von Urban Hiärnes Tragödie *Rosimunda* im Schloß des schwed. Uppsala anläßlich des Besuchs König Karls XI.	»Große Pest« in London Fünfjähriges Verbot aller Theateraufführungen in Spanien wegen Staatstrauer Molières Truppe darf sich »La Troupe du Roy au Palais Royal« nennen
1666 Aufführung von Daniel Casper von Lohensteins *Agrippina* durch Schüler des Gymnasiums Elisabethanum in Breslau Dramaturgisch gestaltetes emblematisches Feuerwerk in Wien anläßlich der Hochzeit Kaiser Leopolds I. mit Margaretha von Spanien; bei dieser Gelegenheit auch Aufführung des wohl prächtigsten Rossballetts *La contessa dell' asia e dell' acqua* (4.6.) UA von Molières *Le misanthrope* (*Der Menschenfeind*) und (6.8.) *Le médecin malgré lui* (*Der Arzt wider Willen*), beide Paris, Théâtre du Palais Royal	Académie des Sciences (Akademie der Wissenschaften) in Paris gegründet Errichtung eines Theaterprachtbaus auf der Cortina in Wien durch Ludovico Ottavio Burnacini anläßlich der Hochzeit Kaiser Leopolds I. mit Margareta von Spanien
1667 Susannah Centlivre (1667? Irland–1723 London), irisch-engl. Schauspielerin, Dramatikerin (17.11.) UA von Jean Racines Tragödie *Andromaque* (*Andromache*) in Paris – theatergeschichtlicher Wendepunkt UA von Pierre Corneilles *Attile, Roy des Huns* (*Attila, König der Hunnen*) in Paris	Sturz des antiwestlich orientierten Moskauer Patriarchen Nikon (1605–81) Ragusa (Dubrovnik) durch ein Erdbeben großenteils zerstört Das von Wolf Kaspar von Klengel erbaute Opernhaus in Dresden mit *Il Tesco* eröffnet

Personen des Theaters / Bühnenereignisse	Zeitgeschichte / Theaterwesen
1668 Alain-René Lesage (1668 Sarzeau – 1747 Boulogne-sur-Mer), franz. Dramatiker	Spanien erkennt unter engl. Druck die Unabhängigkeit Portugals an
Nachgewiesene Aufführungen von Andreas Gryphius' (eig. Greif o. Greiff) *Absurda Comica. Oder Herr Peter Squentz* u. a. in Heidelberg (1668) und bei Wanderbühnen	John Drydens (1631–1700) klassizistische Poetik *An Essay of Dramatic Poesy* erschienen
Tellspiel im schweiz. Altdorf	
(Febr.) Im Londoner Lincoln's Inn Fields Theatre UA von George Etheregs Komödie *She Wou'd if She Cou'd* (*Sie würde, wenn sie könnte*)	
(13.1.) UA von Molières *Amphitryon* (Paris, Palais Royal), (18.7.) *George Dandin ou Le mari confondu* (*George Dandin oder Der betrogene Ehemann*) im Schloß Versailles, (9.9.) *L'avare* (*Der Geizige*) im Pariser Palais Royal)	
(Okt./Nov.) UA von Jean Racines Komödie *Les plaideurs* (*Die Prozeßsüchtigen*) im Pariser Hôtel de Bourgogne.	
1669 William Congreve (1669 Bardsley – 1729 London), engl. Dramatiker	Osmanen erobern Kreta
UA von Daniel Casper von Lohensteins *Sophonisbe* in Breslau (Magdalenäum)	
(6.10.) UA von Molières (eig. Jean-Baptiste Poquelin) *Monsieur de Pourceaugnac* auf Schloß Chambord vor Ludwig XIV. und dem Hof	
(15.12.) UA von Jean Racines *Britannicus* im Pariser Théâtre Français	
1670 John Drydens heroische Tragödie in zwei Teilen *The Conquest of Granada by the Spaniards* (*Die Eroberung Granadas durch die Spanier*) in London uraufgeführt (1. Teil Dez. 1670, 2. Teil unter dem Titel *Almanzor and Almahide* Jan. 1671, Royal Theatre)	
(4.2.) UA von Molières Ballettkomödien *Les amants magnifiques* (*Die großartigen Liebhaber*) auf Schloß Saint-Germain, und (14.10.) *Le bourgeois gentilhomme* (*Der Bürger als Edelmann*) auf Schloß Chambord	
(21.11.) UA von Jean Racines *Bérénice* in Paris	
(28.11.) UA von Pierre Corneilles *Tite et Bérénice* im Pariser Palais-Royal	
1671 Colley Cibber (1671 London – 1757 London), engl. Schauspieler, Theaterleiter, Dramatiker	Académie de l'Opéra in Paris gegründet
Gastspiel franz. Komödianten unter Philippe Millot in München	
(o. 1672) UA von John Drydens *Marriage à-la-mode* (*Ehe nach der Mode*) im Londoner Lincoln's Inn Fields Theatre	
(24.5.) UA von Molières *Les fourberies de Scapin* (*Scapins Schelmenstreiche*) im Pariser Palais Royal	
(7.12.) *The Rehearsal* (*Die Theaterprobe*) von George Villiers, Second Duke of Buckingham (mit anderen) im Londoner Theatre Royal uraufgeführt	

Personen des Theaters / Bühnenereignisse	Zeitgeschichte / Theaterwesen
1672 (6.2.) UA von William Wycherleys *The Gentleman Dancing-Master* (*Der vornehme Tanzlehrer*) in London (Dorset Garden Theatre) (Dez.) UA von Thomas Shadwells Komödie *Epsom-Wells* in London (Dorset Garden Theatre) (Jan.) UA von Jean Racines *Bajazet* im Hôtel de Bourgogne (Paris) (11.3.) UA von Molières *Les femmes savantes* (*Die gelehrten Frauen*) im Pariser Palais Royal (Okt.) Anläßlich der Geburt des späteren Zaren Peter des Großen UA des biblischen Dramas *Artakśerkovo dêjstvo* (*Artaxerxes*) des Pfarrers der dt. Moskauer Gemeinde, Johann Gottfried Gregorij (1631–75) am Hof durch Schüler der dt. Schule	(Januar) Das 1663 eröffnete Drury Lane Theatre Royal mit rd. 60 Nachbarhäusern abgebrannt Académie Royale de Musique in Paris gegründet
1673 Daniel Casper von Lohensteins *Ibrahim Sultan* anläßlich der Hochzeit Kaiser Leopolds mit Erzherzogin Claudia Felicitas aufgeführt (Jan.) UA von Jean Racines Tragödie *Mithridate* im Pariser Hôtel de Bourgogne (10.2.) UA von Molières Ballettkomödie *Le malade imaginaire* (*Der eingebildete Kranke*) im Pariser Théâtre du Palais Royal – nach der vierten Vorstellung stirbt Molière an den Folgen eines Blutsturzes	»Test Act« schließt Katholiken in England von allen Staatsämtern aus (1829 aufgehoben)
1674 Prosper Jolyot de Crébillon (1674 Dijon–1762 Paris), franz. Dramatiker pathetisch-sensationeller Stücke Nicholas Rowe (1674 Little Barford/Bedfordshire–1718 London), engl. Dramatiker (8.10.) Nachgewiesene Aufführung von Andreas Gryphius' (eig. Greif o. Greiff) *Horribilicribrifax. Teutsch* (entstanden 1647–50) am Altenburger Gymnasium (18.8.) UA von Jean Racines Tragödie *Iphigénie* in Versailles (11.12.) UA von Pierre Corneilles *Suréna, général des Parthes* (*Surena, General der Parther*) im Pariser Hôtel de Bourgogne UA des russ. Schauspiels *Komedija o Iudifi* (*Komödie von Judith*) des Pfarrers der deutschen Moskauer Gemeinde, Johann Gottfried Gregorii	(–1696) Johann III. Sobieski König von Polen, besiegt mehrfach die Türken Nicolas Boileau (1636–1711): *L'Art poétique* – einflußreiche klassische franz. Poetik
1675 Scipione Francesco Maffei (1675–1755), ital. Dramatiker Johann Gottfried Gregorii (?–1675), dt. Pastor, Verfasser russ. Schauspiele, gestorben (12.1.) UA von William Wycherleys Komödie *The Country Wife* (*Die Frau vom Lande*) im Drury Lane Theatre (London) (Nov.) UA der Verstragödie *Aureng-Zebe* von John Dryden im Drury Lane Theatre (London)	

Personen des Theaters / Bühnenereignisse	Zeitgeschichte / Theaterwesen
1676 Joseph Anton Stranitzky (1676–1726), österr. Wander-komödiant, Prinzipal eines Puppenspiel-Ensembles, Zahnarzt, führt die Figur des Hanswurst ins Alt-Wiener Volksstück ein Luigi Andreas Riccoboni, Künstlername Lélio (1676 Modena – 1753 Paris), ital. Schauspieler, Theater-theoretiker (März) UA der Komödie *The Man of Mode, or Sir Fopling Flutter* (*Der Mann à la mode oder Sir Fopling Flutter*) im Londoner Dorset Garden Theatre (8.6.) UA von Thomas Otways Tragödie *Don Carlos, Prince of Spain* im Londoner Dorset Garden Theatre (11.12.) William Wycherleys erfolgreiche Komödie *The Plain-Dealer* (*Der ehrliche Mann*) im Londoner Drury Lane Theatre uraufgeführt (10.1.) UA der lyrischen Tragödie *Atys* von Philippe Quinault mit Musik von Jean-Baptiste Lully in Saint Germain-en-Laye. – Das für den franz. Hof geschaffene Werk wurde von Ludwig XIV. zur »Opéra du Roi« erklärt	
1677 George Farquhar (1677/78 Londonderry/Nordirland – 1707 London), irisch-engl. Dramatiker Antonio Conti (1677 Padua–1749 Padua), ital. Autor (März) UA von Nathaniel Lees »heroic play« *The Rival Queens, or the Death of Alexander the Great* (*Die riva-lisierenden Königinnen oder Der Tod Alexanders des Großen*) im Londoner Theatre Royal (Dez.) UA von John Drydens Tragödie *All for Love, or the World Well Lost* (*Alles für die Liebe oder Eine Welt verloren*) im Londoner Drury Lane Theatre (1.1.) UA von Jean Racines *Phèdre et Hippolyte* (*Phädra*) im Pariser Hôtel de Bourgogne	Kirchen setzen ein Theaterverbot für die gesamten Nieder-lande durch
1678 Sechsaktiges »Herkules«-Feuerwerk in Dresden (7.1.) UA von Thomas Corneilles Tragödie *Le Comte d'Essex* (*Der Graf von Essex*) im Pariser Hôtel de Bourgogne	Eröffnung der ersten dt. »Bürgeroper« am Gänsemarkt in Hamburg mit Christian Richters Oper *Der erschaffene, gefallene und aufgerichtete Mensch* Magister Velten gründet mit seiner Frau eine eigene Truppe, die hauptsächlich im nord- und mitteldt. Raum spielt
1679 (15.2.) UA des für Schulaufführungen geschriebener Lust-spiels *Bäurischer Machiavellus* des Zittauer Rektors Christian Weise am Zittauer Gymnasium	Mit der »Habeas Corpus«-Akte schützt das engl. Parla-ment die persönliche Freiheit der Bürger
1680 Philipe Néricault Destouches (1680 Tours – 1754 Schloß Fortoiseau), franz. Dramatiker, Vertreter der »comédie sérieuse« (Febr./März) UA von Thomas Otways »domestic tragedy« *The Orphan, or The Unhappy Marriage* (*Die Waise oder Die unselige Heirat*) im Londoner Dorset Garden Theatre	Ludwig XIV. ordnet am 18.6. den Zusammenschluß der Truppen des Hôtel de Bourgogne und des aus dem Théâtre du Marais und den Resten der Truppe Molières entstandenen Théâtre Guénégaud zur Comédie Fran-çaise an (erste Aufführung am 25.8.) – ältestes Staats-theater überhaupt

Personen des Theaters / Bühnenereignisse	Zeitgeschichte / Theaterwesen
1681	Frankreich annektiert Straßburg und Teile des Elsaß
	Der Hamburger Pastor L. Anton Reiser veröffentlicht sein theaterfeindliches Werk *Theatromania oder die Werke der Finsternis in denen öffentlichen Schauspielen*
	Die erste franz. Primaballerina, Mlle La Fontaine, erhält eine offizielle Auftrittserlaubnis (*Le triomphe de l'amour*)
1682 (11.2.) *Trauer-Spiel von dem Neapolitanischen Haupt-Rebellen Masaniello* des Zittauer Rektors Christian Weise am Zittauer Gymnasium uraufgeführt	Gastspiel dt. Schauspieler in Stockholm
(9.2.) UA des als eines der bedeutenden engl. Tragödien geltenden *Venice Preserv'd, or A Plot Discovered* (*Das gerettete Venedig oder Eine aufgedeckte Verschwörung*) von Thomas Otway im Londoner Dorset Garden Theatre	
Erscheinungsjahr der Typenkomödie *Jan Klaaz of gewaande Dienstmaagt* (*Jan Klaaz oder Das vermeintliche Dienstmädchen*) des niederländ. Autors Thomas Asselijn	
1683 Pieter Langendijk (1683 Haarlem–1756 Haarlem), niederländ. Dramatiker	(Zweite) Belagerung Wiens durch osmanische Truppen im 5. Türkenkrieg (–1697) scheitert am Widerstand einer europ. Koalition unter Führung Jan III. Sobieski von Polen
1684 Ludvig Holberg (1864 Bergen/Norwegen–1754 Kopenhagen), dän. Professor, Autor, Begründer des dän. Lustspiels	(–91) Die Truppe des Magister Velten wird vom sächsischen Kurfürsten als Hofkomödianten angestellt
1685 John Gay (1685 Barnstaple/Devon–1732 London), engl. Dramatiker	Mit dem Edikt von Fontainebleau widerruft Ludwig XIV. von Frankreich das Edikt von Nantes von 1598; protestantische Hugenotten fliehen u. a. nach Brandenburg (»Potsdamer Edikt«)
	(–88) Unter König Jakob II. von England Versuche der Rekatholisierung
1686 (15.2.) UA der »tragédie lyrique« *Armide*, der letzten gemeinsamen Oper von Philippe Quinault mit Musik von Jean-Baptiste Lully (Académie Royale Paris)	(1686/87) Siebenbürgen und osmanischer Teil Ungarns fällt an Österreich
1687 (24.10.) UA der Komödie *Le chevalier à la mode* (*Der Kavalier à la mode*) von Florent Dancourt (eig. Florent Carton, Sieur d'Ancourt) in Fontainebleau	Beginn der Personalunion von Österreich und Ungarn (bis 1918)
	Erste deutschsprachige Universitätsvorlesung durch Christian Thomasius in Leipzig
1688 Pierre Carlet de Chamblain de Marivaux (1688 Paris–1763 Paris), franz. Autor	(–89) »Glorious Revolution« in England; Sturz Jakobs II., Personalunion England-Holland unter Wilhelm III. von Oranien (–1701)
(16.7.) UA der Komödie *La coupe enchantée* (*Der Zauberkelch*) von Jean de La Fontaine, großenteils wohl auf Champmeslé (eig. Charles Chevillet, 1645–1701) zurückgehend	

Personen des Theaters / Bühnenereignisse	Zeitgeschichte / Theaterwesen
1689 (Dez.) UA von John Drydens Tragödie *Don Sebastian, King of Portugal* (*Don Sebastian, König von Portugal*) im Londoner Drury Lane Theatre (26.1.) UA der biblischen Tragödie *Esther*, geschrieben von Jean Racine für die Schülerinnen des adligen Mädchenstifts Saint-Cyr auf Wunsch der Gründerin Marquise de Maintenon (1635–1719)	»Bill of Rights« begründet konstitutionelle Monarchie in England; »Toleration Act« sichert Glaubensfreiheit (außer für Katholiken) (–1725) Peter I., der Große, Zar von Rußland – öffnet Rußland westlichen Einflüssen Theaterfeindliches Pamphlet *Discurso teológico sobre los teatros* des span. Paters Ignacio de Camargo erschienen Wenige Tage nach Eröffnung brennt das Opernhaus auf Amalienborg in Kopenhagen ab (210 Tote)
1690 (Sept.) *Amphitryon, or the Two Sosias* (*Amphitryon oder Die beiden Sosias*) von John Dryden im Londoner Drury Lane Theatre uraufgeführt UA von Edme Boursaults Komödie *Les Fables d'Ésope*, auch *Ésope à la ville* genannt (*Die Fabeln des Aesop/Aesop in der Stadt*)	Das im Auftrag Herzog Anton Ulrichs von Braunschweig errichtete Opernhaus mit Sigismund Kussers Oper *Cleopatra* eröffnet
1691 (Mai) UA der dramatischen Oper *King Arthur, or The British Worthy* (*König Arthur oder Der britische Held*) von John Dryden und der Musik von Henry Purcell im Londoner Dorset Garden Theatre (5.1.) UA der von Jean Racine für Schülerinnen des adligen Mädchenstifts Saint-Cyr geschriebenen Tragödie *Athalie* (12.2.) Jean Galbert de Campistrons *Tiridate* in der Comédie Française (Paris) uraufgeführt	
1692 Adrienne Lecouvreur (1692–1730), wegen ihrer natürlichen Spielweise und Kostümgestaltung gefeierte franz. Tragödin Pierre-Claude Nivelle de la Chaussée (1692 Paris–1754 Paris), franz. Dramatiker, Vertreter der »comédie larmoyante«	
1693 George Lillo (1693 London–1739 London), engl. Dramatiker UA von William Congreves Komödien *The Old Batchelour* (*Der alte Hagestolz*) und *The Double-Dealer* (*Der Intrigant*), beide im Londoner Drury Lane Theatre Des ungar.-siebenbürgischen Theologen György Felvinczi Schultheaterstück *Comico Tragoedia, das heißt eine traurige Angelegenheit in lieblichen Versen ausgedrückt* entstanden	
1694 Voltaire, eig. François-Marie Arouet (1694 Paris–1778 Paris), franz. Autor, europaweit anerkannter Repräsentant der Aufklärung (Febr.) UA von Thomas Southernes Tragödie *The Fatal Marriage, or The Innocent Adultery* (*Die verhängnisvolle Heirat oder Der Ehebruch aus Unschuld*) im Londoner Drury Lane Theatre – In der späteren Bearbeitung David Garricks ein internat. Erfolg	(–1733) Friedrich August I. (der Starke) Kurfürst von Sachsen; nach Übertritt zum Katholizismus 1697 als August II. zum König von Polen gewählt

Personen des Theaters / Bühnenereignisse	Zeitgeschichte / Theaterwesen
1695 (30.4.) UA von William Congreves Komödie *Love for Love* (*Liebe für Liebe*) im Little Lincoln's Inn Fields Theatre (London) (Nov.) UA der überaus erfolgreichen Tragödie *Oroonoko* von Thomas Southerne im Londoner Drury Lane Theatre; nach einer Erzählung Aphra Behns geschrieben	
1696 (21.11.) *The Relapse, or Virtue in Danger* (*Der Rückfall oder Tugend in Gefahr*), Komödie Sir John Vanbrughs, im Londoner Drury Lane Theatre uraufgeführt (19.12.) UA von Jean-François Regnards auch international erfolgreicher Komödie *Le joueur* (*Der Spieler*) an der Comédie Française	Pierre Bayles (1647–1706) *Dictionnaire historique et critique* – europaweit einflußreiches aufklärerisches Lexikon Giuseppe Bibiena (auch: Galli-Bibiena, 1696 Parma–1757 Berlin), ital. Theaterarchitekt, -techniker, Bühnenbildner
1697 Friederike Caroline Neuber (geb. Weißenborn), die »Neuberin« (1697 Zwickau–1760 Laubegast bei Dresden), dt. Schauspielerin, Theaterleiterin und -reformerin Im Londoner Lincoln's Inn Fields Theatre UA (28.2.) von William Congreves Tragödie *The Mourning Bride* (*Die trauernde Braut*) und von Sir John Vanbrughs Komödie *The Provok'd Wife* (*Die gereizte Ehefrau*) (2.12.) UA von Jean-François Regnards Komödie *Le distrait* (*Der Zerstreute*) in Paris	(–1733) Der sächsische Kurfürst als August II. König von Polen (Personalunion Polen-Sachsen 1697–1763) (–1715/16) Verbannung der Comédie Italienne aus Frankreich aus nicht eindeutig geklärten Gründen
1698 Pietro Metastasio, eig. Pietro Antonio Domenico Bonaventura Trapassi (1698 Rom–1782 Wien), ital. Dramatiker, bedeutendster Librettist der Zeit Carlo Maria Maggis Komödie *Il falso filosofo* (*Der falsche Philosoph*) in Mailand	Antonio (Luigi) Bibiena (auch: Galli-Bibiena, 1698 [1697?] Parma–1774 Mailand), ital. Theaterarchitekt, -techniker, Bühnenbildner Theaterfeindliches Pamphlet *A Short View of Immorality and Profaneness of the English Stage* von Jeremy Collier
1699 Gottfried Prehauser (1699–1769), österr. Komödiant des Alt-Wiener Volkstheaters (Hanswurst) (Nov.) UA von George Farquhars *The Constant Couple, or A Trip to the Jubilee* (*Das beständige Paar oder Eine Reise zur Jubelfeier*) Londoner Drury Lane Theatre	(16.7.) Durch Unvorsichtigkeit von Handwerkern Feuer im Komödienhaus der Wiener Hofburg
1700 Johann Christoph Gottsched (1700 Judittenkirchen bei Königsberg–1766 Leipzig), dt. Professor, Theatertheoretiker und –reformer, Dramatiker Charles Macklin (1700 Culdaff/Irland–1797 London), engl. Schauspieler, Theaterleiter (März) UA von William Congreves *The Way of the World* (*Der Lauf der Welt*) im Londoner Lincoln's Inn Fields Theatre Aufführung der Oper *La Constanza d'Ulisse* im Garten der Wiener Favorita (14.6.) UA von Florent Dancourts (eig. Florent Carton, Sieur d'Ancourt) *La fête de village* (*Das Dorffest*) im franz. Lille (27.8.) UA von Charles Rivière Dufresnys (eig. Charles Du Fresny, Seigneur de la Rivière) *L'esprit de la contradiction* (*Der Geist des Widerspruchs*) im Théâtre Français (Paris)	Rußland führt Julianischen Kalender ein (–1721) Nordischer Krieg zwischen Schweden unter Karl XII. und Rußland, Polen-Sachsen, Dänemark Eröffnung des »Großen Hoftheaters« in der Wiener Hofburg

Personen des Theaters / Bühnenereignisse	Zeitgeschichte / Theaterwesen
1701 (Dez.) UA von Richard Steeles erster Komödie *The Funeral or Grief à-la-Mode* (*Die Beerdigung oder Trauer à la mode*) in London (Drury Lane Theatre)	Der Kurfürst von Brandenburg wird als Friedrich I. König in Preußen Mit dem Tod Karls II. von Spanien Ende der span. Habsburger (–1713) Span. Erbfolgekrieg; danach Herrschaft der Bourbonen in Spanien C. E. Velten, nach dem Tod ihres Mannes Theaterprinzipalin, veröffentlicht ihre Verteidigung des Theaters *Zeugnis der Warheit Vor die Schau-Spiele oder Comödien*
1702 Nicholas Rowes *Tamerlane*, bis 1815 jährlich am 5.11. im Londoner Drury Lane Theatre gespielt	Zar Peter I. der Große engagiert die dt. Truppe von Johann Christian Kunst aus Danzig nach Moskau
1703	Zar Peter I. der Große gründet St. Petersburg als Regierungssitz Gastspiel »hochteutscher Comoedianten« in Prag
1704 Johann Friedrich Schönemann (1704–1782), dt. Schauspieler und Prinzipal (7.12.) UA von Colley Cibbers Komödie *The Careless Husband* (*Der sorglose Ehemann*) im Londoner Drury Lane Theatre (15.1.) UA von Jean-François Regnards *Les folies amoureuses* (*Verliebter Wahnsinn*) in Paris	
1705 António José da Silva, genannt O Judeu (1705 Rio de Janeiro–1739 Lissabon), portug. Dramatiker (3.7.) *Vladímir Sv'atój*, Tragikomödie des russ. Autors und Erzbischofs von Novgorod Feofan Prokopovič (1681–1736) in Kiev (Mohyljanische Akademie) – erstmals in der russ. Dramatik mit nicht-biblischem Vorwurf	
1706 (8.4.) UA von George Farquhars *The Recruiting Officer* (*Der Werbeoffizier*) in London, Theatre Royal	Der preuß. König Friedrich I. nimmt in Berlin eine franz. Truppe in seinen Dienst
1707 Henry Fielding (1707 Sharpham Park/Glastonbury–1754 Lissabon), engl. Jurist, Autor Carlo Goldoni (1707 Venedig–1793 Paris), ital. Jurist, Dramatiker, Theaterreformer Antoine François Valentin Riccoboni, Künstlername Lélio fils (1707 Mantua–1772 Paris), ital. Schauspieler, Theatertheoretiker UA von George Farquhars Komödie *The Beaux' Stratagem* (*Des Stutzers Kriegslist*) in London (Haymarket Theatre) (15.3.) UA von Alain-René Lesages *Crispin, rival de son maître* (*Crispin als Nebenbuhler seines Herrn*) im Pariser Théâtre Français (?) Mögliche UA von Girolamo Giglis *Don Pilone ovvero il bacchettone falso* (*Don Pilone oder Der falsche Frömmler*) in Siena	Vereinigung von England und Schottland zum Vereinigten Königreich (United Kingdom)

Personen des Theaters / Bühnenereignisse	Zeitgeschichte / Theaterwesen
1708 (9.1.) UA von Jean-François Regnards *Le légataire universel* (*Der Universalerbe*) in Paris (14.12.) UA von Prosper Jolyot de Crébillons Tragödie *Électre* in Paris (Comédie Française)	Heutige russ. Schrift eingeführt
1709 (12.5.) *The Busie-Body* (*Der Wichtigtuer*), Komödie von Susannah Centlivre in London uraufgeführt (14.2.) UA von Alain-René Lesages bissiger Gesellschaftssatire *Turcaret* in der Pariser Comédie Française Des Professors der Beredsamkeit und Mitglied der röm. Dichtergesellschaft »Arcadia« Pier Iacopo Martello Tragödien *Ifigenia in Tauride* (*Iphigenie in Tauris*) und *Alceste* erschienen UA von Jacopo Angelo Nellis Komödie *La serva padrona* (*Die Magd als Herrin*) in Siena	
1710 Charles-Simon Favart (1710 Paris – 1792 Belleville), franz. Dramatiker Franz Hilverding van Weven (1710 Wien – 1768), in Wien geborener niederländ. Choreograph und Ballettreformer	Kärntnertortheater in Wien eröffnet von einer ital. Schauspieltruppe
1711 (23.1.) UA von *Rhadamiste und Zénobie*, Tragödie von Prosper Jolyot de Crébillon in der Comédie Française (Paris)	Ferdinando Bibiena (auch: Galli-Bibiena): *Architettura civile preparata sulla geometria e ridotta alle prospettive* erschienen; Karl VI. beruft ihn als Theaterarchitekten an den Wiener Hof
1712	St. Petersburg wird russ. Hauptstadt (mit Unterbrechungen bis 1922) Auflösung der von seiner Witwe geleiteten Veltenschen Truppe in Wien
1713 Luise Adelgunde Victorie Gottsched (1713 Danzig – 1762 Leipzig), dt. Dramatikerin Denis Diderot (1713 Langres – 84 Paris), franz. Aufklärer und Autor (14.4.) Joseph Addisons Tragödie *Cato* im Londoner Drury Lane Theatre uraufgeführt – Höhepunkt klassizistischer Tragödie in England (12.6.) Francesco Scipione Maffeis Verstragödie *Merope* in Modena uraufgeführt	»Pragmatische Sanktion« Karls VI. soll Unteilbarkeit des habsburgischen Besitzes durch Erbfolge auch in weiblicher Linie sichern
1714 Sebastian Sailer, eig. Johann Valentin Sailer (1714 Weißenhorn/Schwaben – 1777 Marchthal an der Donau), Schöpfer der schwäb. Mundartdichtung (2.2.) UA von Nicholas Rowes *The Tragedy of Jane Shore* (*Die Tragödie der Jane Shore*) im Londoner Drury Lane Theatre UA (Madrid) von Antonio de Zamoras populärem Don-Juan-Drama *No hay plazo que no se cumpla ni deuda que no se pague y convidado de piedra* (*Jede Frist läuft ab und jede Schuld wird bezahlt und Der steinerne Gast*), das bis Mitte des 19. Jh.s Allerseelen an span. Bühnen aufgeführt wurde	(–1727) George I. (aus dem Haus Hannover) engl. König; Personalunion mit dem Kurfürstentum Hannover bis 1837 Gründung der staatlichen Real Academia Española in Spanien durch Philipp V.

Personen des Theaters / Bühnenereignisse	Zeitgeschichte / Theaterwesen
(1714) Die bis heute populäre niederländ. Komödie *Het weder-zijds huwelijksbedrog* (*Der gegenseitige Heiratsschwin-del*) von Pieter Langendijk erschienen	
1715 Christian Fürchtegott Gellert (1715 Hainichen–1769 Leipzig), dt. Professor und Autor	(–23) Regentschaft des Herzogs Philippe von Orléans für den minderjährigen Ludwig XV. von Frankreich
1716	Erstes Gastspiel einer dt. Wandertruppe in Ungarn
1717 Joseph Felix Freiherr von Kurz, Künstlername Bernardon (1717 Kempten–1784 Wien), österr. Zahnarzt, Autor, Schauspieler, Theaterleiter, Schöpfer der komischen Figur »Bernardon« David Garrick (1717 Hereford–1779 London), engl. Schauspieler, Theaterleiter, Dramatiker Aleksandr Petrovič Sumarokov (1717 St. Petersburg–1777 Moskau), russ. Autor, Theaterleiter	
1718 (3.2.) In London UA von Susannah Centlivres Komödie *A Bold Stroke for a Wife* (*Handstreich eines Heirats-lustigen*) (18.11.) Bereits mit dem überwältigenden Erfolg der UA seines dramatischen Erstlingswerks *Œdipe* (*Ödipus*) in der Comédie-Française konnte sich Voltaire als bedeu-tender Dramatiker etablieren	(–23) Verbot der Pariser Jahrmarktaufführungen der Théâtres de la Foire (1718/19) Errichtung des Opernhauses im Dresdner Zwin-ger durch Matthias Daniel Pöppelmann Gastspiel einer »hochteutschen Compagnie« unter Leitung Spiegelbergs in Kopenhagen
1719 Johann Elias Schlegel (1719 Meißen–1749 Sorø/Däne-mark), Professor, Bibliotheksleiter, Dramatiker Michel-Jean Sedaine (1719 Paris–1797 Paris), franz. Dramatiker und Librettist	
1720 Carlo Gozzi (1720 Venedig–1806 Venedig), ital. konservativer Dramatiker, Gegner Goldonis Konrad Ekhof (1720–1778), dt. Schauspieler, Theaterleiter und -reformator, »Vater der deutschen Schauspielkunst«	Zusammenbruch der Finanzspekulationen John Laws (1671–1729) in Frankreich
1721 Passion von Škofja Loka des slowenischen Kapuziner-mönchs Lovrenc Marusič	
1722 (7.11.) UA von Richard Steeles *The Conscious Lovers* (*Die wahrhaft Liebenden*) im Londoner Drury Lane Theatre (3.5.) UA von Pierre Carlet de Chamblain de Marivaux' Komödie *La surprise de l'amour* (*Die Überraschung durch die Liebe*) im Théâtre-Italien (Paris) UA in Kopenhagens Lille Grønnegadeteatret von Ludvig Holbergs, das dän. Theater mitbegründenden, Komö-dien *Den Vægelsindede* (*Die Wankelmütige*), *Jeppe paa bierget eller den forvandlede bonde* (*Jeppe vom Berge oder Der verwandelte Bauer*), *Jean de France eller Hans Frandsen* (*Jean de France oder Hans Franzen*), (26.9.) *Den politiske kandstøber* (*Der politische Kannengießer*), (28.10.) *Mester Gert Westphaler eller den meget talende barbeer* (*Meister Gert Westphaler oder Der schwatz-hafte Barbier*)	Graf Nikolaus Ludwig von Zinzendorf (1700–60) gründet pietistische Herrnhuter Brüdergemeinde Étienne Capion und René Magnon de Montaigu eröffnen das Lille Grønnegadeteatret als erstes ständiges Theater für dänischsprachige Aufführungen in Kopenhagen (1728 aus finanziellen Gründen geschlossen) – für diese Bühne schrieb Ludvig Holberg viele seiner Komödien

Personen des Theaters / Bühnenereignisse	Zeitgeschichte / Theaterwesen
1723 Gasparo Angiolini (1723–96), ital. Choreograph, kaiserl. Hofballettmeister in Wien, Ballettreformer	(–1774) Ludwig XV. König von Frankreich
(Aug.) Monumentale Inszenierung von Johann Joseph Fux' Oper *La costanza e la fortezza* anläßlich der Krönung Kaiser Karls VI. als König von Böhmen auf dem Prager Hradschin in einem nur dafür errichteten Freilichttheater	
(6.4.) UA von Pierre Carlet de Chamblain de Marivaux' *La double inconstance* (*Unbeständigkeit auf beiden Seiten*) Paris, Théâtre Italien	
UA von Ludvig Holbergs *Barselstuen* (*Die Wochenstube*) in Kopenhagens Lille Grønnegadeteatret	
1724 Friedrich Gottlieb Klopstock (1724 Quedlinburg–1803 Hamburg), dt. Autor	
(6.1.) UA von Pietro Metastasios (eig. Pietro Antonio Domenico Bonaventura Trapassi) »Drama per musica« *Didone abbandonata* (*Die verlassene Dido*) in der Vertonung Domenico Sarris in Neapel (Teatro San Bartolomeo); Metastasios Durchbruch, insgesamt über 70mal vertont	
UA von Ludvig Holbergs *Diderich Menschen-skræk* (*Dietrich Menschenschreck*) in Kopenhagens Lille Grønnegadeteatret	
1725	Das Ehepaar Neuber übernimmt nach Sophie Haacks Tod die Leitung von deren Truppe und das sächsische Privileg
1726 UA von Ludvig Holbergs *Den Stundesløse* (*Der Mann, der keine Zeit hat*) in Kopenhagens Lille Grønnegadeteatret	
1727 Jean-Georges Noverre (1727–1810), franz. Choreograph und Ballettreformer	
1728 Oliver Goldsmith (1728 Pallasmore/Irland–1774 London), engl. Autor	Der Brand Kopenhagens bedeutet das Ende des Theaterlebens; der pietistisch eingestellte König Christian VI. (1730–46) erläßt ein de facto bis zu seinem Tode bestehendes Theaterverbot
Domingo dos Reis Quita (1728–1770), portug. Dramatiker	Luigi Riccoboni: *Histoire du Théâtre italien* und *Dell'arte Rappresentative*
(29.1.) Erfolgreiche UA (62 Aufführungen ensuite) von John Gays »ballad opera« *The Beggar's Opera* (*Die Bettleroper*) mit der Musik John Christopher Pepuschs (1667–1752) im Londoner Lincoln's Inn Fields Theatre – Vorlage für Brecht/Weills *Dreigroschenoper*	
1729 Gotthold Ephraim Lessing (1729 Kamenz–1781 Braunschweig), dt. Aufklärer, Kritiker, Journalist, Bibliothekar, Autor	
Henri Louis Le Kain (1729–1778), franz. Tragöde, berühmt wegen seiner realistischen Spielweise	
Fëdor Volkov (1729–1763), russ. Schauspieler und Theaterleiter	

Personen des Theaters / Bühnenereignisse

Zeitgeschichte / Theaterwesen

(1729) Zarin Katharina II. (Ekaterina II) (1729 Stettin–1796
Carskoe Selo), Kaiserin und Dramatikerin
(Karneval) UA von Pietro Metastasios (eig. Pietro Antonio
Domenico Bonaventura Trapassi) *Semiramide*, auch *La
Semiramide Riconosciuta* (*Semiramis*, auch *Die wieder-
erkannte Semiramis*), vertont von Leonardo Vinci, im
röm. Teatro delle Dame

1730 (23.1.) Pierre Carlet de Chamblain de Marivaux' *Le jeu de
l'amour et du hazard* (*Das Spiel von Liebe und Zufall* in
Paris (Théâtre Italien) uraufgeführt – bis Mitte des
20. Jh.s nach Aufführungszahlen erfolgreichstes Stück
der Comédie Française
(11.12.) UA von Voltaires *Brutus*, nach vierzehn Tagen
vom Autor zurückgezogen (ebenso wie 1729 kurz vor
der Aufführung)

1731 Philipp Hafner (1731 Wien–1764 Wien), Autor des Wie-
ner Volkstheaters
Ramón de la Cruz Cano y Olmedilla (1731 Madrid–94
Madrid), span. Dramatiker, bedeutendster Autor von
einaktigen »sainetes«
Gasparo Angiolini (1731–1803), Tänzer, Choreograph;
Neuerer der Ballettpantomime

(Januar) UA von Johann Christoph Gottscheds *Sterbender
Cato* in Leipzig durch die Neubersche Truppe
Henry Fieldings burleske Dramenparodie *The Tragedy of
Tragedies, or The Life and Death of Tom Thumb the
Great* (*Die tragischste aller Tragödien, oder Leben und
Tod Tom Thumbs des Großen*) erschienen – Erstfassung
am 24. 4. 1730 im Londoner Haymarket Theatre urauf-
geführt
(22.6.) UA von George Lillos *The London Merchant, or
The History of George Barnwell* (*Der Kaufmann von
London oder Die Geschichte George Barnwells*) im
Londoner Drury Lane Theatre – das für die Entwicklung
des europ. Bürgerlichen Trauerspiels wohl einflußreichs-
te Drama
Erste Aufführung einer Oper am russ. Hof in Moskau
durch eine aus Dresden engagierte Truppe unter Tommaso Ristori (Giovanni Alberto Ristoris *Calandra*)

Ferdinando Bibiena (auch: Galli-Bibiena): *Direzioni
a'giovani studenti del disegno dell'architettura civile*
(2 Bde, 1731–45)

1732 George Colman d. Ä. (1732 Florenz–1794 London), engl.
Dramatiker
Richard Cumberland (1732 Cambridge–1811 Turnbridge
Wells), engl. Dramatiker
Pierre-Augustin Caron de Beaumarchais (24. 1. 1732
Paris–18. 5. 1799 Paris), franz. Kaufmann, Waffen-
händler, Geheimagent und Autor

(18.1.) UA von Philippe Néricault Destouches' Verskomödie *Le Glorieux* (*Der Ruhmredige*) durch die Comédiens
français ordinaires du Roi

(7.12.) Das von John Rich gegründete Covent Garden
Theatre in London mit Congreves *The Way of the
World* eröffnet
Erstmalige Verwendung transparenter Dekorationen durch
Giuseppe Bibiena (auch: Galli-Bibiena) bei der Auffüh-
rung der Oper *L'asilo d'amore* in Linz
Errichtung des Manoel Theater in Valletta auf Malta

Personen des Theaters / Bühnenereignisse	Zeitgeschichte / Theaterwesen
(1732) (25.7.) UA von Pierre Carlet de Chamblain de Marivaux' *L'école des mères* (*Die Schule der Mütter*) in Paris (Comédie Italienne.) (13.8.) UA von Voltaires Tragödie *Zaïre* in der Comédie-Française mit überragendem Erfolg	
1733 UA von Voltaires *La mort de César* (*Der Tod Caesars*) in Paris (Hôtel de Sassenage) (28.8.) UA von Pietro Metastasios »dramma per musica« *L'Olimpiade* (Musik: Antonio Caldara) im Garten der Favorita in Wien	(–63) August III. König von Polen
1734 (4.11.) UA von Pietro Metastasios »dramma per musica« *La Clemenza di Tito* (*Die Güte des Titus*) (Musik: Antonio Caldara) im Wiener Hoftheater – ca. 60mal vertont	
1735 UA der Komödie *Le préjugé à la mode* (*Das modische Vorurteil*) von Pierre-Claude Nivelle de La Chaussée, dem Schöpfer der »comédie larmoyante«, in Paris	
1736 (5.3.) Henry Fieldings zweiteilige » Bühnensatire auf unsere Zeit« *Pasquin. A Dramatic Satire on the Times* im Londoner Little Theatre in the Haymarket uraufgeführt (27.2) UA von Voltaires *Alzire ou les Américains* (*Alzire oder Die Amerikaner*) in Paris (Théâtre Français) (11.6.) UA von Pierre Carlet de Chaimblain de Marivaux' Prosakomödie *Le legs* (*Das Legat*) in der Comédie Française	»Theatre Bill« in England, um das Theaterwesen wieder unter staatliche Kontrolle zu bringen
1737 Heinrich Wilhelm von Gerstenberg (1737 Tondern–1823 Altona), dt. Dramatiker Programmatische Verbannung des Hanswursts von der Bühne durch die Neuberin in Leipzig (16.3.) UA von Pierre Carlet de Chamblain de Marivaux' *Les fausses confidences* (*Die falschen Vertraulichkeiten*) in Paris (Théâtre Italien) UA der portug. Prosakomödie *Guerras do alecrim e da mangerona* (*Kriege zwischen Rosmarin und Majoran*) von António José da Silva (genannt O Judeu) in Lissabons Teatro do Bairro Alto	Der Hamburger Senat lehnt die Bitte der Neuberin ab, eine Art stehender Bühne einrichten zu dürfen »Licensing Act« verschärft die Bedingungen der Vergabe von Theaterlizenzen in England, stärkt die Stellung des Lord Chamberlain als (präventiver) Theaterzensor Der berühmte ital. Kastrat Farinelli (eig. Carlo Broschi, 1705–82) vom span. König Philipp V. zum Intendanten des Theaters in Buen Retiro berufen
1738	Das Opernhaus am Gänsemarkt in Hamburg endgültig geschlossen Luigi Andreas Riccoboni: *Les Réflexions historiques et critiques* und *Pensées sur la déclamation* Erste Tanzschule Rußlands unter der Leitung Jean-Baptiste Landés gegründet; aus ihr ging das St. Petersburger Mariinski-Ballett (Kirov-Ballett) hervor

Personen des Theaters / Bühnenereignisse	Zeitgeschichte / Theaterwesen
1740 Louis-Sébastien Mercier (1740–1814), franz. Dramatiker und Theoretiker (19.11.) UA von Pierre Carlet de Chamblain de Marivaux' letzter für die Comédie Italienne geschriebener Komödie *L'épreuve* (*Die Prüfung*) in Paris (Hôtel de Bourgogne)	(–80) Maria Theresia übernimmt auf der Grundlage der »Pragmatischen Sanktion« die Herrschaft in Österreich und Ungarn (–86) Friedrich II. (der Große) König von Preußen (–42) 1. Schlesischer Krieg Preußens gegen Österreich, weitet sich durch das Eingreifen Frankreichs und Bayerns zum Österr. Erbfolgekrieg (–48) Johann Christoph Gottsched veröffentlicht seine Sammlung vorbildlicher Theaterstücke *Deutsche Schaubühne* (6 Bde) Erste Aufführung einer dt. Tragödie im St. Petersburger Winterpalais durch die Neuberin und ihre Truppe Erste Aufführungen der neu gegründeten Schönemannschen Truppe in Lüneburg Wiener Burgtheater von Maria Theresia als »Königl. Theater nächst der Burg« im ehemaligen Ballhaus am Michaelerplatz gegründet
1741 David Garrick (1717–79) tritt erstmals auf einer professionellen Bühne auf; seine Darstellung der TR in Shakespeares *Richard III* im Goodman's Fields Theatre ist ein Sensationserfolg (14.2.) Charles Macklin (1700–97) interpretiert im Londoner Drury Lane Theatre Shylock in Shakespeares *The Merchant of Venice* mit überwältigendem Erfolg nicht mehr als komische, sondern als tragische komplexe Figur (20.2.) Charles-Simon Favarts »Posse mit Gesang und Tanz« *La chercheuse d'esprit* (*Die Sucherin nach Wissen*) im Pariser Théâtre de la Foire de Saint-Germain uraufgeführt (10.4.) UA von Voltaires *Mahomet* (*Mohammed*) in Lille – Die Inszenierung der Comédie Française 1742 endete nach drei Aufführungen; auf Betreiben des Kardinals Fleury mußte Voltaire das Stück zurückziehen	
1742	Eröffnung der Mannheimer Oper Das von Knobelsdorff erbaute Opernhaus in Berlin mit Grauns *Caesar und Cleopatra* eröffnet
1743 Johannes Ewald (1743 Kopenhagen – 1781 Kopenhagen), dän. Dramatiker Claire Léris, genannt Mlle Clairon (1743–66), wegen ihrer realistischen Spielweise und Kostümgestaltung berühmte franz. Tragödin (10.11.) UA der die Schöpfungsgeschichte nach Schwaben verlegenden Komödie *Die Schöpfung der ersten Menschen, der Sündenfall und dessen Strafe* des Mönchs und Predigers Sebastian Sailer (eig. Johann Valentin Sailer) im Kloster Schussenried (20.2.) Auch für die Schauspielerin Dumesnil (TR) überaus erfolgreiche UA von Voltaires *Mérope* in der Comédie-Française	Luigi Andreas Riccoboni: *De la réformation du théâtre*

Personen des Theaters / Bühnenereignisse	Zeitgeschichte / Theaterwesen
1744 Friedrich Ludwig Schröder (1744 Schwerin–1816 Rellingen bei Hamburg), dt. Tänzer, Schauspieler, Theaterleiter und -reformer, Dramatiker (19.10.) UA von Pierre Carlet de Chamblain de Marivaux' *La dispute* (*Der Streit*) in der Comédie Française (Frühjahr) UA von Carlo Goldonis *La donna di garbo* (*Liebe macht erfinderisch*) in Genua Antonio Contis Blankverstragödie *Marco Bruto* erschienen	(–45) 2. Schlesischer Krieg Preußens gegen Österreich bringt Preußen die Herrschaft in ganz Schlesien
1745 Johann La Roche (1745–1806), österr. Schauspieler, Schöpfer des ›Kasperl‹ Denis Ivanovič Fonvizin (von Wiesen, 1745 Moskau–1792 St. Petersburg), russ. Autor Christian Fürchtegott Gellerts Lustspiel *Die Betschwester* erschienen	(–1765) Der Gemahl Maria Theresias als Franz I. Kaiser des Heiligen Römischen Reichs Deutscher Nation
1746 Johann Elias Schlegels erfolgreiches Trauerspiel *Canut* erschienen (?) Mögliche UA von Carlo Goldonis berühmtesten Lustspiel *Il servitore di due padroni* (*Der Diener zweier Herren*) in Mailand durch die Compagnia Antonio Sacchi	
1747 Heinrich Leopold Wagner (1747 Straßburg–1779 Frankfurt/Main), dt. Dramatiker des »Sturm und Drang« (15.4.) UA von Jean-Baptiste-Louis Gressets *Le Méchant* (*Der Bösewicht*) im Pariser Théâtre Français Carlo Goldonis *I due gemelli veneziani* (*Die venezianischen Zwillinge*) in Venedig uraufgeführt Ludvig Holbergs *Erasmus Montanus eller Rasmus Berg* (*Erasmus Montanus oder Rasmus Berg*) in Kopenhagen uraufgeführt	Johann Elias Schlegel: *Gedanken zur Aufnahme des dänischen Theaters* (4.10.) Eröffnung des Schönbrunner Schlosstheaters bei Wien mit Destouches' *Le dissipateur* (–76) David Garrick Leiter des Londoner Drury Lane Theatre
1748 (Januar) Gotthold Ephraim Lessings *Der junge Gelehrte* in Leipzig von der Neuberschen Truppe uraufgeführt UA von Carlo Goldonis *La putta onorata* (*Bettina oder das ehrbare Mädchen*) in Venedig, *La vedova scaltra* (*Die schlaue Witwe*) im Sommer in Modena	Das vom Baron de Lopresti geleitete Wiener »Theater nächst der Burg« nach Renovierung mit Glucks Oper *Die erkannte Semiramis* wiedereröffnet Det Kongelige Teater in Kopenhagen von König Frederik V. als dän. Nationalbühne für Schauspiel, Oper und Ballett gegründet
1749 Johann Wolfgang (von) Goethe (1749 Frankfurt/Main–1832 Weimar), dt. Staatsmann, Autor, Regisseur, Theaterleiter Vittorio Alfieri (1749 Asti–1803 Florenz), bedeutendster ital. Tragödiendichter des 18. Jh.s Lorenzo da Ponte (eig. Emanuele Conegliano) (1749 Cenéda, heute Vittorio Veneto–1838 New York), ital. Librettist, Dramatiker Gotthold Ephraim Lessings *Die Juden* von der Neuberschen Truppe in Leipzig uraufgeführt	(1749/50) Umbau des Opernhauses am Dresdner Zwinger durch Guiseppe Bibiena (auch: Galli-Bibiena)

Personen des Theaters / Bühnenereignisse	Zeitgeschichte / Theaterwesen
(1749) Pietro Chiaris Komödie *La scuola delle vedove* (*Die Schule der Witwen*) in Venedigs Teatro Grimani di S. Samuele uraufgeführt Als erste klassizistisch-heroische russ. Tragödie Aleksandr Petrovič Sumarokovs *Chorëv* in St. Petersburg von einem Kadettenkorps uraufgeführt	
1750 Wolfgang Heribert Freiherr von und zu Dalberg (1750 Schloß Herrnsheim bei Worms – 1806 Mannheim), Staatsminister, Autor, Theaterleiter UA von Carlo Goldonis *La famiglia dell'antiquario ossia la suocera e la nuora* (*Die Familie des Antiquitätensammlers oder Schwiegermutter und Schwiegertochter*, UA Karneval, Venedig, Teatro Sant'Angelo), *La bottega del caffè* (*Das Kaffeehaus*, UA 2.5.), *Il bugiardo* (*Der Lügner*, UA 23.5., beide in Mantua durch die Compagnia Medebach), *Il teatro comico* (*Das Theater*, Mailand, September 1750) (1.12.) Michail V. Lomonosovs Verstragödie *Tamira i Selim* (*Tamira und Selim*) in St. Petersburg uraufgeführt	Eröffnung der Württembergischen Hofoper Francesco Riccobonis *Art du théâtre* erschienen, das u.a. Diderot beeinflußte und von Lessing ins Deutsche übersetzt wurde
1751 Jakob Michael Reinhold Lenz (1751 Seßwegen/Livland – 1792 Moskau), dt. Dramatiker des »Sturm und Drang« Johann Emanuel Schikaneder (1751–1812), österr. Schauspieler, Theaterleiter, Librettist Richard Brinsley Sheridan (1751 Dublin – 1816 London), engl. Dramatiker und Theaterleiter (Karneval) UA von Carlo Goldonis *Il giuocatore* (*Der Spieler*) in Venedigs Teatro Sant'Angelo	(–81) Französische *Encyclopédie ou Dictionnaire raisonné des sciences, des arts et des métiers* erscheint unter Leitung von Denis Diderot (1713–84) und Jean Le Rond d'Alembert (1717–83) in 35 Bänden Maria Theresia führt Theaterzensur ein (–56) Die Schönemannsche Gesellschaft von Herzog Christian II. von Mecklenburg-Schwerin als »Hofkomödianten« in Dienst genommen
1752 Friedrich Maximilian Klinger (1752 Frankfurt/Main – 1831 Dorpat), dt. Autor, Kurator der Universität Dorpat Carlo Goldonis *La moglie saggia* (*Die kluge Ehefrau*, UA 27.1., Venedig), *La locandiera* (*Mirandolina*, auch *Die Gastwirtin*, UA 26.12., Venedig, Teatro Sant'Angelo) (30.8.) UA von Ludvig Holbergs *Don Ranudo de Colibrados eller Fattigdom og Hoffærdighed* (*Don Ranudo de Colibrados oder Armut und Hoffart*) in Kopenhagen	
1753 UA von Carlo Goldonis *Le donne curiose* (*Die neugierigen Frauen*) in Venedig, *La sposa persiana* (*Die persische Braut*) im Herbst in Venedigs Teatro San Luca	Verbot von Stegreif-Improvisationen und »Bernardoniaden« durch Maria Theresia in Wien (–55) Erfolgloses Gastspiel der Neuberschen Truppe in Wien Gründung einer »Schauspiel-Akademie« durch Konrad Ekhof bei der Schönemannschen Gesellschaft
1754 (5.6.) UA von Johann Elias Schlegels Lustspiel *Die stumme Schönheit* in Hamburg durch die Schönemannsche Theatertruppe	

Personen des Theaters / Bühnenereignisse	Zeitgeschichte / Theaterwesen
1755 Otto Freiherr von Gemmingen-Hornberg (1755 Heilbronn–1836 Heidelberg), dt. Dramatiker Charles Kemble (1755–1854), engl. Schauspieler, berühmt als Shakespeare-Darsteller	Erdbeben zerstört Lissabon (über 30 000 Tote), erschüttert aufklärerischen Fortschrittsglauben
(10.7.) Erfolgreiche UA von Gotthold Ephraim Lessings *Miß Sara Sampson* in Frankfurt/Oder (Exerzierhaus) durch die Ackermannsche Truppe (20.8.) Überaus erfolgreiche UA von Voltaires *L'orphelin de la Chine* (*Das chinesische Waisenkind*) in der Comédie-Française; – eine der ersten Adaptionen chines. Thematik in Frankreich Aleksandr Petrovič Sumarokovs *Cefal i Prokris* (*Cephalus und Prokris*) – erstes russ. Opernlibretto	
1756 Anton Tomaz Linhart (1756 Radovljica–1795 Ljubljana), sloven. Autor	(–63) Siebenjähriger Krieg (= 3. Schlesischer Krieg) Preußens gegen Österreich, Rußland, Frankreich, Kursachsen um Schlesien; Aufstieg Preußens zur europ. Großmacht
Joseph Felix von Kurz' (Künstlername: Bernardon) »Bernardoniade« *Eine neue Tragoedia Betitult: Bernardon, die Getreue Prinzessin Pumphia, und Hanns-Wurst der tyrannische Tartar-Kulikan. [...]* im Theater am Kärntnertor (Wien) uraufgeführt (19.2.) Carlo Goldonis *Il campiello* (*Der Campiello*) in Venedig uraufgeführt	Gründung eines russ. Nationaltheaters (Rossijskij teatr) unter Zarin Elisabeth (Elizaveta Petrovna) in der Hauptstadt unter der Leitung Aleksandr Sumarokovs (1717–77), das heutige Aleksandrijnskij teatr
1757 Johann Friedrich Ferdinand Fleck (1757–1801), dt. Schauspieler, v.a. von Heldenrollen Wojciech Bogusławski (1757 Glinna bei Posen–1829 Warschau), poln. Schauspieler, Regisseur, Theaterleiter, Dramatiker	
Friedrich Gottlieb Klopstocks *Der Tod Adams* erschienen	
1758 Johann Friedrich von Cronegks *Codrus* und Joachim Wilhelm von Brawes *Der Freygeist* erschienen, beide Trauerspiele geschrieben für einen der ersten dt. Dramenwettbewerbe, veranstaltet von Friedrich Nicolai und Moses Mendelssohn	Jean-Jacques Rousseau (1712–78) lehnt im *Lettre à M. D'Alembert sur son article ›Genève‹ dans le VIIe volume de L'Encyclopédie* das Theater aus politischen und moralischen Gründen ab
1759 August Wilhelm Iffland (1759 Hannover–1814 Berlin), dt. Schauspieler, Regisseur, Theaterleiter, Dramatiker Friedrich (von) Schiller (1759 Marbach–1805 Weimar), dt. Autor, Professor für Geschichte Sigurður Pétursson (1759 Ketilstaðir–1827 Reykjavik), isländ. Autor	
(12.12.) UA von Charles Macklins Farce *Love à la mode* (*Liebe à la mode*) im Londoner Drury Lane Theatre mit überwältigendem Erfolg (26.12.) UA von Carlo Goldonis *L'impresario delle Smirne* (*Der Impresario aus Smyrna*) im Teatro San Luca (Venedig)	

Personen des Theaters / Bühnenereignisse	Zeitgeschichte / Theaterwesen
1760 Leandro Fernández de Moratín (1760 Madrid–1828 Madrid), span. Dramatiker	Jean Georges Noverre: *Lettres sur la danse*
UA von Samuel Footes Komödie *The Minor* (*Der Unmündige*) in Dublin (Crow Street Theatre) (2.5.) Skandalerfolg der gegen die Enzyklopädisten gerichteten Komödie *Les philosophes* (*Die Philosophen*) Charles Palissot de Montenoys im Théâtre Français (Nov.) UA von Denis Diderots *Le père de famille* (*Der Hausvater*) in Marseille (16.2.) UA von Carlo Goldonis *I rusteghi* (*Die vier Grobiane*) in Venedigs Teatro San Luca	
1761 August von Kotzebue (1761 Weimar–1819 Mannheim), dt. Autor, erfolgreichster und produktivster (230 Dramen) Dramatiker seiner Zeit	Kärntnertortheater in Wien kurz nach Vorstellungsende abgebrannt
(12.2.) UA von George Colman d. Ä. Komödie *The Jealous Wife* (*Die eifersüchtige Ehefrau*) in London (Drury Lane Theatre) (25.1.) Sensationeller Erfolg der UA von Carlo Gozzis Märchenspiel *L'Amore delle tre melarance* (*Die Liebe zu den drei Pomeranzen*) in Venedigs Teatro S. Samuele durch die Truppe Antonio Sacchis Carlo Goldonis *Trilogia della villeggiatura* (*Trilogie der Sommerfrische*, auch: *Trilogie der schönen Ferienzeit*, UA Okt./Nov., Venedig, Teatro San Luca), *Gli innamorati* (*Die Verliebten*, UA Venedig)	
1762 George Colman d. J. (1762 London–1836 London), engl. Dramatiker	(–1796) Katharina II. die Große (Ekaterina Alekseevna), Zarin von Rußland
(1762/63) *Mägera, die fürchterliche Hexe, oder das bezauberte Schloß des Herrn von Einhorn*, Zauberlustspiel von Philipp Hafner in Wien uraufgeführt (Jan.) UA von Carlo Goldonis *Le baruffe chiozzotta* (*Krach in Chioggia*, auch: *Viel Lärm in Chioggia*), *Sior Todero brontolon o sia il vecchio fastidioso* (*Herr Theodor oder Der alte Widerling*), beide in Venedig (Teatro San Luca) UA von Carlo Gozzis *Il re cervo* (*König Hirsch*, UA 5.1.), *Turandot* (UA 22.1.), beide Venedig, Teatro San Samuele; *La donna serpente* (*Die Schlangenfrau*, UA 29.10.) in Venedig, Teatro S. Angelo durch die Compagnia Sacchi	
1763 (8.12.) UA von Philipp Hafners *Die bürgerliche Dame, oder die bezämmten Ausschweiffungen eines zügellosen Eheweibes, Mit Hannswurst und Colombina, zweyen Mustern heutiger Dienstbothen* in Wien (20.6.) UA von Samuel Footes Farce *The Mayor of Garret* (*Der Bürgermeister von Garret*) im Londoner Haymarket Theatre	Grand Opéra im Pariser Palais Royal am 6.4. mit einem Teil des Palastes abgebrannt (1770 neu eröffnet, 1781 erneut abgebrannt)

Personen des Theaters / Bühnenereignisse	Zeitgeschichte / Theaterwesen
1764 Johanna Cornelia Wattier (1764–1827), berühmteste niederländ. Schauspielerin der Zeit	(–95) Stanislaus II. Poniatowski, letzter poln. König
	(3.7.) Eröffnung des von Konrad Ernst Ackermann für seine Truppe errichteten Theaters am Gänsemarkt in Hamburg mit einem Vorspiel, Belloys *Zelmire* und einem Ballett
(10.7.) Erfolgreiche UA von Charles Macklins zeitkritischer Satire *The True Born Scotchman* in Dublin; nach verweigerter Aufführungserlaubnis für London legte Macklin bis 1781 mehrere entschärfte Fassungen vor (s. 1781: *The Man of the World*)	
1765 (2.12.) UA von Michel-Jean Sedaines *Le philosophe sans le savoir* (*Der Philosoph, ohne es zu wissen*) an der Comédie Française nach Auseinandersetzungen mit der Zensur – bis Ende des 19. Jh. im Repertoire	(11.6) Verbot der Autos sacramentales in Spanien
	(–1790) Maria Theresias Sohn als Joseph II. dt. Kaiser, ab 1780 auch Herrscher von Österreich-Ungarn
(4.2.) UA von Carlo Goldonis *Il ventaglio* (*Der Fächer*) in Venedig (Teatro San Luca)	Bau des Londoner Lyceum Theatre durch James Payne für die Society of Artists; mehrfach abgebrannt bzw. abgerissen und neugebaut; seit 1966 Musicaltheater
(19.1.) UA von Carlo Gozzis Märchenspiel *L'augellino belverde* (*Vögelchen Schöngrün*) in Venedigs Teatro S. Angelo durch die Compagnia Antonio Sacchi	(19.11.) Eröffnung des Teatr Narodowy (Nationaltheater) in Warszawa im sog. Opernhaus als erstes poln. Berufstheater
(19.11.) erstes Auftreten einer poln. Amateurtruppe mit Józef Bielawskis *Natręci* (*Die Aufdringlichen*) im Warschauer Teatr Narodowy (Nationaltheater)	
1766 Anton Hasenhut (1766–1841), österr. Komiker, Schöpfer der dümmlich-komischen Figur des ›Thaddädl‹	Der Rat der Stadt Genf erlaubt öffentl. Theateraufführungen
	Claude-Joseph Dorat: *La déclamation théâtrale*
Domingos dos Reis Quitas (1728–70) *A Castro*, eine der am häufigsten aufgeführten portug. Tragödien der Zeit	Eröffnung des durch J. L. W. Faesch erbauten Leipziger Schauspielhauses mit Johann Elias Schlegels *Hermann*
	Eröffnung des noch heute bestehenden Theaters in Drottningholm, der Sommerresidenz der schwed. Könige; ursprüngliche Bühnentechnik und zahlreiche Bühnenbilder des späten 18. Jh.s sind erhalten
1767 Gotthold Ephraim Lessings *Der Freigeist* (UA Frankfurt/Main), *Der Schatz* (UA 27.4.), *Minna von Barnhelm oder Das Soldatenglück* (UA 30.9., beide Hamburg, Nationaltheater)	Ausweisung der Jesuiten aus Spanien
	Gründung des Hamburgischen Nationaltheaters mit Gotthold Ephraim Lessing als dramaturgischem Mitarbeiter; dessen *Hamburgische Dramaturgie* erscheint in Einzellieferungen bis 1769
(29.1.) UA von Pierre-Augustin Caron de Beaumarchais' *Eugenie* in der Comédie-Française	Der Ballettreformes Jean Georges Noverre Ballettchef des Wiener Theaters nächst der Burg
	(–69) »Hanswurst-Streit« in Wien – Volkskomödie kann nicht abgeschafft werden
1768 Joseph Schreyvogel (1768 Wien–1832 Wien) Journalist, Autor, Verleger, Dramaturg	Kaiserin Maria Theresia verbietet Jesuitentheater
Zacharias Werner (1768 Königsberg–1823 Wien), dt. Dramatiker	(5.2.) Beim Brand des Genfer Théâtre de la Place Neuve verweigern die Genfer jeden Löschversuch
	Garrick veranstaltet (verspätet) die erste große Shakespeare-Feier zu dessen 200. Geburtstag
(23.1.) UA von Oliver Goldsmith' *The Good-Natur'd Man* (*Der Gutmütige*) im Londoner Covent Garden Theatre	
(23.1.) UA von Hugh Kellys *False Delicacy* (*Falsche Scham*) im Londoner Drury Lane Theatre	

Personen des Theaters / Bühnenereignisse	Zeitgeschichte / Theaterwesen
1769 Juraj (Jirí) Palkovic (1769 Rimavská Bana – 1850 Preßburg), slovak. Autor	Während des Karnevals Eröffnung des nach Entwürfen Luigi Vanvitellis (1700–73) im Königspalast von Caserta errichteten Hoftheaters
Tragödie *Ugolino* von Heinrich Wilhelm von Gerstenberg in Berlin uraufgeführt	
Friedrich Gottlieb Klopstocks –auf dem Theater erfolgloses – »Bardiet« *Hermanns Schlacht* erschienen	
(2.12.) Richard Cumberlands Schauspiel *The Brothers* (*Die Brüder*) im Londoner Covent Garden Theatre uraufgeführt	
Louis-Sébastien Merciers *Jenneval ou Le Barnevelt français* erschienen	
Denis Fonvisins *Brigadir* (*Der Brigadier*), eine der populärsten russ. Sittenkomödien der Zeit, erschienen	
1770 (Johann Christian) Friedrich Hölderlin (1770 Laufen – 1843 Tübingen), dt. Autor	Joseph von Sonnenfels (1732–1817) wird kurze Zeit Zensor des dt. Theaters in Wien, veröffentlicht sein *Programm eines Nationaltheaters*
Joachim Wilhelm von Brawes Versdrama *Brutus* erschienen – 1770 einmal aufgeführt	
Louis-Sébastien Merciers *Le déserteur* (*Der Deserteur*) erschienen	
Des dän. Autors Johannes Ewald Trauerspiel *Rolf Krage* erschienen	
1771 UA von Denis Diderots *Le fils naturel ou les épreuves de la vertu* (*Der natürliche Sohn oder Die auf die Probe gestellte Tugend*)	(–1792) König Gustav III. von Schweden, entmachtet den schwed. Adel, fördert u. a. das Theater (»Theater-König«)
(9.11.) UA der ersten Märchenoper, *Zémire et Azor* (»comédie-ballet« von Jean-François Marmontel, Musik von André Erneste Modeste Grétry) in Fontainebleau	(–80) Friedrich Ludwig Schröder (1744–1816) übernimmt nach dem Tod seines Stiefvaters Konrad Ernst Ackermann die Leitung von dessen Theater in Hamburg
(4.11.) UA von Carlo Goldonis *Le bourru bienfaisant* (*Der Rappelkopf*) in der Comédie Française	Der Schauspieler Christian Gottlob Stephanie d. Ä. (1734–98) des Wiener Burgtheaters führt wohl als erster den Titel Regisseur
(1.2.) UA von Aleksandr Petrovič Sumarokovs Tragödie *Dimitrij Samozvanec* (*Der falsche Demetrius*) am Hoftheater in St. Petersburg	
1772 Joseph Alois Gleich (1772–1841), österr. Dramatiker, ein Hauptautor des Wiener Lokal- und Sittenstücks (ca. 230 Stücke)	Erste Teilung Polens zwischen Österreich, Rußland und Preußen
Joakim Vujić (1772–1847), Autor, Schauspieler, Regisseur, Theaterleiter, Begründer des serb. Theaters	Johann Michael Reinhold Lenz: *Anmerkungen über das Theater*
(13.3.) UA von Gotthold Ephraim Lessings Trauerspiel *Emilia Galotti* am Hoftheater Braunschweig durch die Döbbelinsche Truppe	(11.5.) Die 1638 eröffnete Amsterdamer Schouwburg brennt während der Vorstellung ab (18 Tote)
(Dez.) Des aus Norwegen stammenden Johan Herman Wessel dän. Tragödienparodie *Kierlighed uden Strømper* (*Liebe ohne Strümpfe*) privat in der Studentenvereinigung »Det Skiønnes muntre Dyrkere« uraufgeführt (öffentl. EA 26. 3. 1773 Det Kongelige Teater in Kopenhagen)	Philipp Astley eröffnet in London eine später überdachte »ridingschool«; sein »amphitheatre« gilt als das erste Zirkusgebäude der Welt
UA der satirischen Komödie *Imjaniny Gospozi Vorcalkinoj* (*Der Namenstag der Frau Griesgram*) der Zarin Katharina II. in St. Petersburg	

Personen des Theaters / Bühnenereignisse	Zeitgeschichte / Theaterwesen
1773 Ludwig Tieck (1773 Berlin–1853 Berlin), dt. Autor, Shakespeare-Vermittler, Dramaturg, Bühnenreformator René-Charles Guilbert de Pixérécourt (1773 Nancy – 1844 Nancy), franz. Dramatiker, Meister des Melodramas	Papst Clemens XIV. löst Jesuitenorden auf Der württembergische Herzog Karl Eugen richtet als Sonderklasse der »Hohen Karlsschule« eine »Theaterpflanzschule« ein, um billiges Theaterpersonal ausbilden zu lassen
(28.5.) UA des dt. Singspiels *Alceste* von Christoph Martin Wieland, Musik von Anton Schweitzer am Hoftheater Weimar – eines der ersten deutschen Opernlibretti; erster Schritt zu einer dt. Nationaloper (15.3.) UA von Oliver Goldsmiths *She Stoops to Conquer, or the Mistakes of a Night* (*Sie erniedrigt sich, um zu erobern, oder Die Irrtümer einer Nacht*) im Londoner Covent Garden Theatre (18.1.) UA der ersten schwed. Oper im renovierten Ballhaustheater in Stockholm	Louis-Sébastien Merciers dramentheoretische Abhandlung *Du Théâtre ou Nouvel essai sur l'art dramatique* in Amsterdam erschienen Mit einer Ballettklasse am Moskauer Waisenhaus, die Tänzer für das Theater ausbildet, Beginn der Moskauer Ballett-Tradition, die ihren Höhepunkt im Ballett des 1825 eröffneten Bol'šoj teatr findet
1774 Adolf Müllner (1774 Langendorf bei Weißenfels–1829 Weißenfels), dt. Autor	(–1792) Ludwig XVI. König von Frankreich Beim Brand des Weimarer Schlosses wird auch das Theater vernichtet
(24.1.) UA von Gotthold Ephraim Lessings *Philotas* (Berlin, Kochsche Truppe) Johann Wolfgang von Goethes *Götz von Berlichingen* (UA 14.4., Berlin, Kochsche Truppe), *Clavigo* (UA 23.8., Hamburg, Theater am Gänsemarkt, Regie F.L. Schröder) UA von Gaspar Melchor de Jovellanos' *El delincuente honrado* (*Der ehrbare Delinquent*) in Aranjuez	
1775 Karl Meisl (1775–1853), österr. Dramatiker, ein Hauptautor des Wiener Lokal- und Sittenstücks	(–83) Unabhängigkeitskrieg der 13 nordamerikan. Kolonien gegen das engl. »Mutterland«
(1.5.) UA von Friedrich Wilhelm Gotters *Medea* mit der Bühnenmusik Georg Bendas in Leipzig (13.9.) Öffentl. UA von Goethes *Erwin und Elmire* in Frankfurt/Main durch die Marchandsche Truppe (vorher Ende Mai private Aufführung durch ein Liebhabertheater) Friedrich Maximilian Klingers Trauerspiel *Das leidende Weib* erschienen (17.1.) UA von Richard Brinsley Sheridans Komödie *The Rivals* (*Die Nebenbuhler*) im Londoner Covent Garden Theatre Louis-Sébastien Merciers *La brouette du vinaigrier* (*Der Schubkarren des Essighändlers*) erschienen (23.2.) UA von Pierre-Augustin Caron de Beaumarchais' *Le barbier de Séville ou La précaution inutile* (*Der Barbier von Sevilla oder Die nutzlose Vorsicht*) in der Comédie Française – nach erfolgloser Premiere umgearbeitet und in der zweiten Aufführung ein triumphaler Erfolg	Christian Heinrich Schmid: *Chronologie des deutschen Theaters* Konrad Ekhof (1720–78) künstlerischer Leiter des ersten dt. durch einen Hof finanzierten Sprechtheaters in Gotha

Personen des Theaters / Bühnenereignisse	Zeitgeschichte / Theaterwesen
1776 UA von Goethes *Stella* (8.2., Hamburg, Theater am Gänsemarkt, Regie F. L. Schröder), *Die Geschwister* (21.11.), *Die Mitschuldigen* (30.11., beide Weimar, Liebhabertheater) (23.2.) UA von Friedrich Maximilian Klingers Trauerspiel *Die Zwillinge* im Hamburger Theater am Gänsemarkt (Regie F. L. Schröder) UA von Heinrich Leopold Wagners *Die Kindermörderinn* durch die Wahrische Gesellschaft in Pressburg (Bratislava); (4. 9. 1778) abgemilderte Fassung unter dem Titel *Evchen Humbrecht oder Ihr Mütter merkts Euch!* uraufgeführt in Frankfurt/Main (19.6.) UA von Johann Anton Leisewitz' *Julius von Tarent* in Berlin durch die Döbbelinsche Gesellschaft – Das im Dramenwettbewerb des Hamburger Theaters Klingers *Die Zwillinge* unterlegene Stück wurde eines der erfolgreichsten Repertoirestücke der folgenden Jahrzehnte	Unabhängigkeitserklärung der USA; Erklärung der Menschenrechte Kaiser Josef II. erhebt das Burgtheater zum K. K. National- und Hoftheater; Übernahme in direkte Hofregie (1.3.) Brand des 1600 eröffneten Teatro della Scala in Mailand
1777 August Klingemann (1777 Braunschweig–1831 Braunschweig), Schriftsteller, Regisseur, Theaterleiter und -reformer (Bernd) Heinrich (Wilhelm) von Kleist (1777 Frankfurt/Oder–1811 Wannsee bei Potsdam, heute Berlin), dt. Autor Johann Wolfgang von Goethes *Lila* (UA 30.1., Weimar, Liebhabertheater) (1.4.) UA von Friedrich Maximilian Klingers – der Epoche den Namen gebenden – Schauspiel *Sturm und Drang* (ursprünglicher Titel: *Wirr-Warr*) durch die Seylersche Truppe in Leipzig (8.5.) UA von Richard Brinsley Sheridans noch heute gespieltem Lustspiel *The School for Scandal* (*Die Lästerschule*) im von ihm geleiteten Londoner Drury Lane Theatre	
1778 UA von Goethes *Der Triumph der Empfindsamkeit* (30.1., Weimar, Liebhabertheater), darin als Einlage das Monodrama *Proserpina*; *Das Jahrmarktsfest zu Plundersweilern* (20.10., Ettersburg, Liebhabertheater) (22.4) UA von Jakob Michael Reinhold Lenz' *Der Hofmeister oder Vorteile der Privaterziehung* (Hamburg, Theater am Gänsemarkt, Regie F. L. Schröder) UA in Madrid von Vicente García de la Huertas Tragödie *La Raquel* – berühmtestes span. Stück des 18. Jh.s Maciej Kamińskis *Nedza uszczesliwiona* (*Beglückte Not*) als erstes Singspiel mit poln. Libretto am Teatr Narodowy (Nationaltheater) in Warszawa aufgeführt	Dän. König erläßt Verordnung, nach der nur noch original dän. Stücke aufgeführt werden dürfen Das von Josef Hilverding gegründete *Theatralische Wochenblatt* erscheint als erste dt. Theaterzeitschrift in Ungarn Errichtung einer National-Schaubühne (Schauspiel und Ballett) im Münchner Theater am Salvatorplatz durch Kurfürst Carl Theodor Friedrich II. löst das franz. Schauspiel im Berliner Theater am Gendarmenmarkt auf

Personen des Theaters / Bühnenereignisse	Zeitgeschichte / Theaterwesen
1779 Anne-Françoise-Hippolyte Boutet, genannt Mlle Mars (1779–1847), franz. Schauspielerin, erfolgreich in klassischen und romantischen Rollen Adam Gottlob Oehlenschläger (1779 Kopenhagen–1850 Kopenhagen), dän. Autor UA von Goethes *Iphigenie auf Tauris* (1. Fassung, 6.4., Ettersburg, Liebhabertheater – mit Goethe als Orest), *Die Laune des Verliebten* (20.5., Weimar, Liebhabertheater), *Claudine von Villa Bella* (Weimar, Liebhabertheater) Auftritt der Madame Abt in der TR von Shakespeares *Hamlet* am Hoftheater in Gotha – erste weibliche Hamlet-Darstellerin in Deutschland *The Critic, or A Tragedy Rehearsed* (*Der Kritiker oder Eine Tragödie wird geprobt*) von Richard Brinsley Sheridan im Londoner Drury Lane Theatre UA von Jakov Borisovič Knjažnins Oper *Nescastie ot karety* (*Unglück wegen einer Kutsche*) in St. Petersburg	Auflösung des Hoftheaters in Gotha (1.9.) Wolfgang Heribert von Dalberg erhält Aufsicht und Leitung des neugegründeten Mannheimer Nationaltheaters (–96) August Wilhelm Iffland (1759–1814) am Nationaltheater Mannheim engagiert
1780 Johann Georg Daniel Arnold (1780 Straßburg–1829 Straßburg), elsäss. Autor (11.7.) Goethes *Jery und Bätely* uraufgeführt im Weimarer Redoutenhaus Otto Freiherr von Gemmingen-Hornbergs populäres Stück *Der teutsche Hausvater* erschienen (1.2.) UA von Johan Hartmanns Singspiel *Fiskerne* (*Die Fischer*) mit Musik von Johan Hartmann uraufgeführt (27.12.) Denis I. Fonvizins satirische Komödie *Brigadir* (*Der Brigadier*) in St. Petersburg	In Madrid werden »entremeses« verboten
1781 Karl Friedrich Schinkel (1781 Neuruppin–1841 Berlin), Architekt, Maler, Bühnenbildner (10.5.) Charles Macklins *The Man of the World* (*Der Mann von Welt*) sehr erfolgreich in London uraufgeführt Vittorio Alfieris Tragödie *Oreste* uraufgeführt in Foligno 1781	Toleranzpatent Kaiser Joseph II. gewährt Glaubensfreiheit in Österreich Das durch Karl von Marinelli (1745–1803) gegründete Leopoldstädter Theater in Wien mit Marinellis *Aller Anfang ist schwer* eröffnet Stary Teatr (Altes Theater) im poln. Kraków gegründet; seit 1991: Narodowy Stary Teatr im. Heleny Modrzejewskiej
1782 (13.1.) Triumphale UA von Friedrich Schillers Schauspiel *Die Räuber* im Nationaltheater Mannheim (22.7.) UA von Goethes *Die Fischerin* im Schlosspark Tiefurt (24.9.) Private UA von Denis I. Fonvizins satirischer Komödie *Nedorosl'* (Der Landjunker) in St. Petersburg	Letzte Hexenhinrichtung in der Schweiz (Kanton Glarus) Erste Form eines Eisernen Vorhangs in Lyon Eröffnung des franz. Staatstheaters Théâtre National de l'Odéon in Paris als Théâtre Français
1783 (14.4.) UA von Gotthold Ephraim Lessings *Nathan der Weise* im Berliner Theater an der Behrenstrasse durch die Döbbelinsche Truppe (20.7.) UA von Friedrich Schillers *Die Verschwörung des Fiesco zu Genua* in Bonn von der kurkölnischen Schauspieltruppe unter G. F. W. Großmann	Gründung der Kaiserlichen Russ. Akademie (Imperatorskaja Rossijskaja Akademija) durch Zarin Katharina II. Errichtung eines Sommertheaters in Berlin durch Carl Theophil Döbbelin (1727–93) (–84) Friedrich Schiller Theaterdichter am Mannheimer Nationaltheater

Personen des Theaters / Bühnenereignisse	Zeitgeschichte / Theaterwesen
(1783) (4.10.) UA von Friedrich Ludwig Schröders Lustspiel *Der Ring* am Wiener Burgtheater (29.4.) Ua von Vittorio Alfieris Tragödie *SAUL* in Turin (Teatro Carignano)	(28.4.) Opéra Comique in Paris eingeweiht Gründung des Mariinski teatr in St. Petersburg (Peterburgski gosudarstvennyj akademičeski teatr opery i baleta), eines der ältesten russ. Musiktheater (–1814, mit Unterbrechungen) Wojciech Bogusławski (1755–1829) Leiter des Teatr Narodowy (Nationaltheater) in Warszawa
1784 Ludwig Devrient (1784 Berlin–1832 Berlin), dt. Schauspieler – Höhepunkt romantischer Schauspielkunst	In der Comédie Française wird die Beleuchtung durch Einführung von Öllampen durch Quinquet revolutioniert
(13.4.) UA von Schillers bürgerlichem Trauerspiel *Kabale und Liebe* in Frankfurt/Main durch die Großmannsche Schauspielergesellschaft (27.4.) Sensationeller Erfolg der öffentl. EA von Pierre-Augustin Caron de Beaumarchais' *La folle journée ou Le mariage de Figaro* (*Der tolle Tag oder Figaros Hochzeit*) an der Comédie Française; bis in die Gegenwart eines der erfolgreichsten Stücke des Staatstheaters – Nach wiederholten Verboten durch die Zensur war das Stück am 26. 9. 1783 in Schloß Vaudreuil bei Gennevilliers in einer privaten UA erstmals aufgeführt worden (21.10.) UA von Michel-Jean Sedaines (Musik von André Ernest Modeste Grétry) »opéra-comique« *Richard Cœur de Lion* (*Richard Löwenherz*) in Paris (Théâtre-Italien) UA von Vittorio Alfieris Tragödie *Virginia* im Turiner Teatro Carignano	
1785 Alessandro Manzoni (1785 Mailand–1873 Mailand), ital. Autor	Johann Jakob Engels *Ideen zu einer Mimik* und August Wilhelm Ifflands *Fragmente über Menschendarstellung auf den deutschen Bühnen* erschienen
(9.3.) UA von August Wilhelm Ifflands »ländlichem Sittengemälde« *Die Jäger* durch das Leiningische Gesellschaftstheater in Dürkheim Erste professionelle Theateraufführung in tschech. Sprache in Prag (Stephanies d. J. *Deserteur aus Kindesliebe* in der Übersetzung Carl Bullas) (19.6.) UA der satirischen Komödie *Sarmatyzm* (*Sarmatismus*) des poln. Autors Franciszek Zabłocki in Warschau	
1786 Adolf Bäuerle (1786–1859), österr. Dramatiker, einer der Hauptautoren des Wiener Lokal- und Sittenstücks, schuf mit dem »Parapluiemacher« Staberl eine Karikatur des Wiener Kleinbürgers Vincenzo Montis Tragödie *Aristodemo* in Parma Als erstes Originalstück in tschech. Sprache Aufführung von Václav Tháms *Břetislav a Jitka aneb Únos z kláštera* in Prag (Nostitz-Theater)	(–1797) König Friedrich Wilhelm II. von Preußen Das frühere franz. Schauspielhaus auf dem Berliner Gendarmenmarkt als Königl. Nationaltheater unter Leitung Carl Theophil Döbbelins eröffnet (–97) Zweite Direktionszeit Friedrich Ludwig Schröders im Hamburger Theater am Gänsemarkt Theater an der Wien in Wien eröffnet
1787 Edmund Kean (1787 London –1833 Richmond), bedeutendster engl. Schauspieler des 19. Jh.s Francisco Martinez de la Rosa (1787 Granada–1862 Madrid), span. Autor	

Personen des Theaters / Bühnenereignisse	Zeitgeschichte / Theaterwesen
(1787) (29.8.) UA von Friedrich Schillers *Dom Karlos. Infant von Spanien* am Hamburger Theater am Gänsemarkt unter Leitung Friedrich Ludwig Schröders (29.10.) UA von Wolfgang Amadeus Mozarts Oper *Don Giovanni* (Libretto: Lorenzo da Ponte) unter Mozarts Leitung am Nostizschen Nationaltheater in Prag (4.8.) UA von George Colman d. J. *Inkle and Yarico* mit Musik Samuel Arnolds in London (Haymarket Theatre)	
1788 George Gordon Noël, Lord Byron (1788 London–1824 Missolunghi/Griechenland), engl. Autor Károly Kisfaludy (1788 Tét–1830 Pest), ungar. Autor, gilt als Begründer des ungar. Lustspiels (23.11.) UA von August von Kotzebues international erfolgreichem Schauspiel *Menschenhaß und Reue* im von ihm gegründeten Revaler Liebhabertheater UA von Vincenzo Montis *Galeotto Manfredi* in Rom (Teatro Valle)	Aufhebung der Leibeigenschaft in Dänemark Verbot der »comedias de magia y santos« in Spanien Gründung des Wiener Theaters in der Josefstadt Eine Assoziation von Schauspielern des 1787/88 bestehenden Stockholmer Privattheaters A. F. Ristells darf sich mit königl. Patent Kongliga Svenska Dramatiska Teatern nennen (seit 1863 Kungliga Dramatiska Teatern)
1789 (9.1.) UA von Goethes *Egmont* in Mainz durch die Kochsche Truppe (26.3.) UA von August von Kotzebues *Die Indianer in England* im Revaler Liebhabertheater (30.8.) UA von Friedrich Ludwig Schröders Lustspiel *Der Ring, oder Die unglückliche Ehe durch Delikatesse* am Wiener Burgtheater (4.11.) Die UA von Marie Joseph Blaise de Chéniers Tragödie *Charles IX, ou l'école des Rois* (*Karl IX. oder Die Schule der Könige*) mit dem berühmten Schauspieler François-Joseph Talma in der TR wurde ein politisch bedeutungsvolles Ereignis – Talma und Chénier wurden zu Symbolfiguren der Revolution Vittorio Alfieris Tragödie *Mirra* (*Myrrha*) in Paris uraufgeführt (28.12.) Des slowen. Autors Anton Tomaz Linhart Komödie *Zupanova Micka* (*Marie, die Bürgermeisterstochter*) in Ljubljana uraufgeführt	Mit dem Sturm auf die Bastille (14.7.) Beginn der Französischen Revolution; Erklärung der Menschenrechte Vernichtung des Londoner Queen's Theatre vermutlich durch Brandstiftung Erste ständige Theaterkritiken in Schubarts Zeitschrift *Vaterländische Chronik*
1790 Ferdinand Raimund (eig. Ferdinand Jakob Raimann) (1790 Wien–1836 Pottenstein/Niederösterreich), österr. Schauspieler, Regisseur, Theaterleiter, Dramatiker	
1791 Franz Grillparzer (1791 Wien–1872 Wien), österr. Dramatiker Augustin Eugène Scribe (1791 Paris–1861 Paris), franz. Dramatiker, Librettist, Verfasser von mehr als 400 Stücken (häufig mit anderen) Johan Ludvig Heiberg (1791 Kopenhagen–1860 Bonderup), dän. Kritiker und Dramatiker József Katona (1791 Kecskemét–1830 Kecskemét), ungar. Dramatiker (17.12.) UA von Goethes *Der Groß-Cophta* am Weimarer Hoftheater	Frankreich wird konstitutionelle Monarchie; Juden erhalten volle Gleichberechtigung Die Assemblée Constituante hebt die Zensur in Frankreich auf (1793 wieder eingeführt) Zahlreiche Theaterneugründungen in Frankreich nach Verkündung der Theaterfreiheit durch die Nationalversammlung Goethe übernimmt die Leitung des Weimarer Hoftheaters (bis 1817)

Personen des Theaters / Bühnenereignisse

Zeitgeschichte / Theaterwesen

(1791) (30.9.) UA von Mozarts Oper *Die Zauberflöte* mit dem Libretto von Emanuel Schikaneder (eig. Johann Joseph Schickeneder) im Wiener Freihaustheater

Der berühmte Tragöde der Comédie Française François-Joseph Talma tritt erstmals statt mit Perücke mit eigenem Haar auf

(15.1.) Erfolgreiche UA der ersten originären poln. politischen Komödie *Powrót Posła* (*Rückkehr des Abgeordneten*) von Julian Ursyn Niemcewicz in Warschau

1792 (26.6.) Wenig erfolgreiche UA des 3. Teils der »Figaro-Trilogie« *La mère coupable ou l'autre Tartuffe* (*Die schuldige Mutter oder Der neue Tartuffe*) von Pierre-Augustin Caron de Beaumarchais im Pariser Théâtre du Marais

UA von Leandro Fernández de Moratíns *La comedia nueva o el café* (*Die neue Komödie oder Das Café*) in Madrid

(5.1.) Peter Andreas Heibergs Komödie *De Vonner og Vanner* (*Die Vons und Vans*) in Kopenhagen (Den Kongelige Danske Skueplads) uraufgeführt

1793 Charles Macready (1793–1873), engl. Schauspieler, Regisseur, Theaterleiter

Aleksander Fredro (1793 Surochów bei Przemysl–1876 Lemberg), poln. Dramatiker

(2.5.) UA von Goethes *Der Bürgergeneral* am Weimarer Hoftheater

1794 Karl (Ritter von) La Roche (1794 Berlin–1884 Wien), Schauspieler, Regisseur

UA von Vittorio Alfieris Tragödie *Filippo* (*Philipp*) in Florenz

UA von Jakov Borisovič Knjažnins Charakterkomödie *Čudaki* (*Die komischen Käuze*) – eine der letzten klassizistischen russ. Verskomödien

(1.3.) UA der musikalischen Komödie *Cud mniemany czyli Krakowiacy i górale* (*Das vermeintliche Wunder oder Die Krakauer und die Bergbauern*) von Wojciech Bogusławski in Warschau

1795 Aleksandr Sergeevič Griboedov (1795 Moskau–1829 Teheran), russ. Diplomat, Autor

(4.12.) UA von August Wilhelm Ifflands *Der Spieler* im Wiener Burgtheater

Entstehungszeit eines der ersten Schauspiele des neugriech. Theaters, Dimitrios Guzelis' *O chasis* (*Der Chasis*); zu Lebzeiten des Autors von Laien in Zakynthos aufgeführt (eig. Premiere umgearbeitet erst 1964 in Athen)

In Frankreich Abschaffung der Monarchie; Nationalversammlung erklärt Frankreich zur Republik; (–97) Koalitionskrieg Österreichs und seiner Verbündeten gegen Frankreich

(–1806) Franz II. letzter Kaiser des Heiligen Römischen Reichs Dt. Nation (als Franz I. 1804–35 Kaiser von Österreich)

Pierre Barré (1750–1832) gründet in Paris das erste Vaudevilletheater in der Rue de Chartres

(–94) Herrschaft der Jakobiner in Frankreich; Hinrichtung Ludwigs VXI. von Frankreich

Zweite Teilung Polens zwischen Preußen und Rußland

Letzte Hinrichtung einer Hexe in Europa im poln. Poznań (Posen)

Zeit des »Terror« in Frankreich endet mit dem Sturz Maximilien Robespierres und seiner Hinrichtung und der führender Jakobiner

Erfolgloser poln. Aufstand unter Tadeusz Kosciusko (1746–1817) in Kraków

Preuß. Allgemeines Landrecht tritt in Kraft

(–1807) Wiener Burgtheater vom Hof an den Bankier Baron Peter von Braun (1758–1819) vermietet

Erster Einbau eines Eisernen Vorhangs im Drury Lane Theatre in London

(–99) Herrschaft des Direktoriums in Frankreich

Die von franz. Truppen eroberten nördlichen Niederlande werden zur »Batavischen Republik« erklärt (1806 Königreich Holland unter Napoleons Bruder Louis)

Dritte (endgültige) Teilung Polens; Emigration poln. Patrioten nach Westeuropa (v. a. Frankreich)

Der Wiener Zensor Hägelin verfasst eine Denkschrift als Leitfaden für die Theaterzensur

Laurent Mourquet (1769–1844) gründet nach ital. Vorbild in Lyon ein bald landesweit bekanntes Marionettentheater

Personen des Theaters / Bühnenereignisse	Zeitgeschichte / Theaterwesen
1796 Karl Leberecht Immermann (1796 Magdeburg–1840 Düsseldorf), dt. Jurist, Theaterleiter, Regisseur, Autor Manuel Bretón de los Herreros (1796 Que/Logroño–1873 Madrid), span. Dramatiker Jean-Gaspard Debureau, eig. Jan Kaspar Djorjak (1796 Kolin, heute Tschech. Republik–1848 Paris), Pantomime	August Wilhelm Iffland Leiter des Königl. Nationaltheaters in Berlin
1797 Henrik Hertz (1797/98 Kopenhagen–1870 Kopenhagen), dän. Autor Ludwig Tiecks Tragödie *Karl von Berneck* erschienen (24.4.) UA von Louis-Jean Népomucène Lemerciers Revolutionsdrama *Agamemnon* im Pariser Théâtre de la République (»revolutionäre« Abspaltung der Comédie Française)	(–1840) Friedrich Wilhelm III. König von Preußen Friedrich Hildebrand Einsiedel: *Grundlinien zu einer Theorie der Schauspielkunst*
1798 Frédérick Lemaître (1798–1875), franz Schauspieler Adam Mickiewicz (1798 Zaosie bei Nowogródek – 1855 Konstantinopel (heute Istanbul), poln. Autor UA des erfolgreichen zweiteiligen »romantisch-komischen Volksmärchens mit Gesang« *Das Donauweibchen* von Karl Friedrich Hensler (Musik Ferdinand Kauer) im Wiener Theater in der Leopoldstadt (1. Teil: 11.1.; 2. Teil: 13.2.) (12.10.) UA von Friedrich Schillers *Wallensteins Lager*, erster Teil der *Wallenstein*-Trilogie; UA des zweiten Teils *Die Piccolomini* am 30. 1. 1799, des letzten Teils *Wallensteins Tod* am 20. 4. 1799 (alle im Weimarer Hoftheater)	Friedrich Ludwig Schröder erläßt ein »Theatergesetz« für das Hamburgische Theater
1799 Salomon Ettinger (1799 Warschau–1855 Umgebung von Zamosc), poln.-jidd. Dramatiker João Baptista da Silva Leitão de Almeida Garrett (1799–1854), portug. Autor und Theaterreformer Aleksandr Sergeevič Puškin (1799 Moskau–1837 St. Petersburg), russ. Autor Ludwig Tiecks »dt. Lustspiel« *Prinz Zerbino oder die Reise nach dem guten Geschmack* erschienen (7.3.) UA von August von Kotzebues Lustspiel *Die beiden Klingsberg* am Wiener Burgtheater (28.1.) Des isländ. Autors Sigurþur Pétursssons Komödie *Narfi eða Danska fíflið með frönsku ósidi* (*Narfi oder Der dänische Narr mit der französischen Unsitte*) in Hólar uraufgeführt, geschrieben für ein Schulfest der Lateinschule	(9.11. = 18. Brumaire) General Napoleon Bonaparte (1769–1821) stürzt das Direktorium und wird zunächst für 10 Jahre Erster Konsul Friedrich Schulz' *Berlinische Dramaturgie* als erste systematische Theaterkritik (16.5.) In Luzern wird ein Verbot jeder Theateraufführung in der Schweiz erlassen Neueröffnung der Comédie Française an ihrem heutigen Platz in der Rue Richelieu
1800 Charlotte Birch-Pfeiffer (1800 Stuttgart–1868 Berlin), dt. Schauspielerin, Theaterleiterin, Dramatikerin Mihály Vörösmarty (1800 Kápolnásnyék–1855 Pest, heute Budapest), ungar. Autor (14.6.) UA von Friedrich Schillers *Maria Stuart* am Weimarer Hoftheater Ludwig Tiecks *Die verkehrte Welt* und *Leben und Tod der Heiligen Genoveva* erschienen	Errichtung des Vereinigten Königreichs von Großbritannien und Irland Die 1794 gegründete Dramaturgische Gesellschaft im norweg. Bergen errichtet das bis 1909 als Theater genutzte Comoediehus

Personen des Theaters / Bühnenereignisse	Zeitgeschichte / Theaterwesen
1801 Christian Dietrich Grabbe (1801 Detmold – 1836 Detmold), dt. Dramatiker Johann Nepomuk Nestroy (1801 Wien – 1862 Graz), österr. Sänger, Schauspieler, Theaterleiter, Dramatiker Eduard Devrient (1801–77), dt. Schauspieler, Regisseur, Intendant, Theaterreformer (11.9.) UA von Friedrich von Schillers »romantischer« Tragödie *Die Jungfrau von Orleans* in Leipzig	
1802 Eduard von Bauernfeld (1802 Wien – 1890 Wien), österr. Autor Alexandre Dumas père, eig. Alexandre Davy de la Pailleterie (1802 Villers-Cotterêts – 1870 Puys bei Dieppe), franz. Autor Victor Hugo (1802 Besançon – 1885 Paris), franz. Autor, Hauptvertreter der franz. Romantik (2.1.) UA von August Wilhelm Schlegels Schauspiel *Ion* am Weimarer Hoftheater (22.3.) UA von August von Kotzebues Lustspiel *Die deutschen Kleinstädter* am Burgtheater Wien (29.5.) UA von Friedrich Schlegels Trauerspiel *Alarcos* am Weimarer Hoftheater UA von Heinrich Joseph von Collins Trauerspiel *Coriolan* am Wiener Burgtheater UA von Vincenzo Montis Tragödie *Caio Gracco* (*Gaius Gracchus*) am Mailänder Teatro Patriottico	Napoleon Bonaparte wird in Frankreich (alleiniger) Konsul auf Lebenszeit August Wilhelm Iffland erläßt »Gesetze und Anordnungen für das Kgl. Nationaltheater zu Berlin« Eröffnung des von Karl Gotthard Langhans erbauten Königl. Schauspielhauses in Berlin (2000 Plätze) Louis Catel: *Vorschläge zur Verbesserung der Schauspielhäuser* (26.6.) Eröffnung des heutigen Goethe-Theaters Bad Lauchstädt, an dessen Innenausstattung und Bühnentechnik Goethe wesentlich beteiligt war, mit Goethes *Vorspiel* und Mozarts *Titus* Der Kölner Schneidermeister Christoph Winter eröffnet das »Kreppchen«, ein Stabpuppentheater, das als »Kölner Hänneschen« bis heute existiert
1803 Emil Devrient (1803–1872), dt. Schauspieler Gottfried Semper (1803 Altona – 1879 Rom), Architekt (19.3.) UA von Schillers *Die Braut von Messina oder Die Feindlichen Brüder* am Weimarer Hoftheater (2.4.) UA von Goethes *Die natürliche Tochter* am Weimarer Hoftheater	»Reichsdeputationshauptschluß« (dt. Fürsten werden für Gebietsverluste im Frieden von Lunéville mit säkularisiertem geistlichem Besitz entschädigt) (1.9.) Astley's Amphitheatre in London mit 40 Nachbarhäusern verbrannt
1804 (9.1.) UA von Heinrich von Kleists *Die Familie Schroffenstein* (Graz, Nationaltheater) (17.3.) UA von Schillers *Wilhelm Tell* am Weimarer Hoftheater unter Goethes Leitung Ludwig Tiecks Lustspiel *Kaiser Octavianus* erschienen UA der Komödie *Mathias Grabantzias Diak* (*Matthias, der Teufelsschüler*) des kroat. Autors Tito Brezovacki in Zagreb	(–1814) Napoleon I. krönt sich selbst in Anwesenheit des Papstes zum (erblichen) franz. Kaiser Code Napoleon als Zivilgesetzbuch im franz. Machtbereich eingeführt Franz II. wird als Franz I. österreich. Kaiser (–35)
1805 Hans Christian Andersen (1805 Odense – 1875 Kopenhagen), dän. Autor August Bournonville (1805–79), Tänzer, Choreograph, Ballettdirektor, entwickelte eigene Technik, als dän. Stil in die Ballettgeschichte eingegangen	Napoleon schlägt Österreich und Rußland bei Austerlitz, läßt sich zum König von Italien krönen; engl. Admiral Horatio Nelson (1758–1805) besiegt franz.-span. Flotte bei Trafalgar Eröffnung des »Landständischen Theaters« im österr. Linz (1955–58 Umbau durch Clemens Holzmeister)

Personen des Theaters / Bühnenereignisse	Zeitgeschichte / Theaterwesen
1806 (24.1.) UA von Leandro Fernández de Moratíns Komödie *El sí de las niñas* (*Das Jawort der Mädchen*) am Teatro de la Cruz in Madrid	(–13) Napoleon verhängt zur hermetischen Absperrung aller Küsten Kontinentaleuropas »Kontinentalsperre« gegen Einfuhr engl. Waren
	(–13) 16 süd- und westdeutsche Reichsstände sagen sich von Kaiser und Reich los und schließen sich im »Rheinbund« Napoleon an
Heinrich Laube (1806 Sprottau/Schlesien–1884 Wien), dt. Autor, Regisseur, Theaterleiter	(6.4.) Kaiser Franz II. legt die Kaiserkrone nieder (6.4.); Ende des Heiligen Römischen Reichs Deutscher Nation
Jovan Sterija Popovic (1806 Vršac/Banat–1856 Vršac), serb. Autor, Verfasser der ersten serb. Komödie	Zusammenbruch Preußens im Kampf gegen Frankreich (Niederlagen bei Jena und Auerstedt)
	(Sept.) Das 1799 eröffnete Dt. Theater in St. Petersburg nach der Vorstellung abgebrannt
1807 (16.2.) UA von Goethes *Torquato Tasso* am Weimarer Hoftheater	Friede von Tilsit zwischen Frankreich, Rußland und Preußen
Adam Gottlob Oehlenschlägers dän. »mythologisches Trauerspiel« *Baldur hin gode* (*Baldur der Gute*) erschienen	In den folgenden Jahren Stein-Hardenbergsche Reformen in Preußen
	(–13) Großherzogtum Warschau von Napoleon geschaffen
	Sklavenhandel im Britischen Empire verboten
	(28.12.) Der Artist Antoine Franconi eröffnet in Paris den »Cirque olympique«
1808 Josef Kajetán Tyl (1808 Kutná Hora–1856 Pilsen), tschech. Autor	Napoleon hebt Inquisition in Frankreich auf (1814 wieder eingeführt)
(2.3.) Erfolglose UA von Heinrich von Kleists *Der zerbrochne Krug* am Weimarer Hoftheater unter Goethes Leitung	(–13) Napoleons Bruder Joseph Bonaparte König von Spanien
Der Marquis de Sade (1740–1814) inszeniert im Hospiz von Charenton, in dem er selbst interniert ist, Tanz- und Theaterfeste mit Beteiligung von Anstaltsinsassen und Mitgliedern der kleinen Pariser Theater; 1813 von der Regierung verboten	Konversationslexikon von Friedrich Arnold Brockhaus (1772–1823)
	August Wilhelm Schlegels (1767–1845) Wiener *Vorlesungen über dramatische Kunst und Literatur* erlangen europ. Berühmtheit
(30.1.) UA des Trauerspiels *Hakon Jarl hin Rige* (*Hakon Jarl der Mächtige*) des dän. Autors Adam Gottlob Oehlenschläger in Kopenhagen	(8.4.) Von Johann Wolfgang von Goethe verfaßte »Hausordnung« für das Weimarer Theater
	(20.9.) Das 1732 eröffnete Londoner Theatre Royal Covent Garden nach der Vorstellung mit vielen Nachbarhäusern abgebrannt
1809 Nikolaj Vasil'evič Gogol' (1809 Velikie Sorocincy–1852 Moskau), russ. Autor	(–48) Klemens Wenzel Fürst Metternich (1773–1859) österreich. Außenminister
Juliusz Słowacki (1809 Krzemieniec–1849 Paris), poln. Autor	Finnland unter der Herrschaft Rußlands
(13.10.) UA der Tragödie *Der vierundzwanzigste Februar* von Zacharias Werner, mit der er das Genre der dt. Schicksalstragödie begründete, auf dem Privattheater der Madame de Staël in Coppet	Friedrich Weinbrenner: *Über Theater in architectonischer Hinsicht mit Beziehung auf Plan und Ausführung des neuen Hof-Theaters zu Carlsruhe*
1810 Fanny Elßler (1810–1884), österr. Tänzerin von europaweitem Ruf	
Alfred de Musset (1810 Paris–1857 Paris), franz. Autor	

Personen des Theaters / Bühnenereignisse	Zeitgeschichte / Theaterwesen
(1810) (17.3.) UA von Heinrich von Kleists *Das Käthchen von Heilbronn* im Wiener Theater an der Wien UA von Adam Gottlob Oehlenschlägers Trauerspiel *Axel og Valborg (Axel und Walburg)*	
1811 Karl Ferdinand Gutzkow (1811 Berlin–1878 Sachsenhausen bei Frankfurt/Main), dt. Autor Charles Kean (1811 Waterford/Irland–1868 London), Sohn Edmund Keans, engl. Schauspieler, Regisseur, Theaterleiter (28.1.) UA der Tragödie *Correggio* von Adam Gottlob Oehlenschläger, der sein in Deutsch geschriebenes Stück selbst ins Dän. übersetzte, in Kopenhagen	Einführung der Gewerbefreiheit in Preußen August Wilhelm Iffland Generaldirektor der Königl. Theater in Berlin; erhält als erster Schauspieler den preuß. Roten Adlerorden (–12) Friedrich Ludwig Schröder übernimmt ein drittes Mal die Direktion des Hamburger Theaters
1812 (7.8.) UA von Adolf Müllners Schicksalstragödie *Der neunundzwanzigste Februar* in Leipzig (29.3.) Private UA der Marionettenkomödie *Don Juan* des dän. Autors Johan Ludvig Heiberg, geschrieben für sein Puppentheater, auf dem es erstmals aufgeführt wurde	Judenemanzipation in Preußen Gescheiterter Feldzug Napoleons nach Rußland (Brand Moskaus); Napoleon flieht nach Paris Napoleon bestätigt während des Rußlandfeldzuges das Statut der Comédie Française Im Londoner Drury Lane Theatre wird Gasbeleuchtung eingeführt
1813 Georg Büchner (1813 Goddelau bei Darmstadt–1837 Zürich), dt. Autor Christian Friedrich Hebbel (1813 Wesselburen–1863 Wien), dt. Autor Otto Ludwig (1813 Eisfeld/Werra–1865 Dresden), dt. Autor Richard Wagner (1813 Leipzig–1883 Venedig), dt. Autor und Komponist Antonio García Gutiérrez (1813 Chiclana/Cádiz–1884 Madrid), span. Dramatiker (27.4.) UA von Adolf Müllners Schicksalsdrama *Die Schuld* am Wiener Burgtheater (22.10.) UA von Adolf Bäuerles *Die Bürger in Wien*	(–15) »Befreiungskriege« gegen Napoleon; (16.–19.10.) in der »Völkerschlacht« bei Leipzig siegen Preußen, Österreich, Rußland über Frankreich
1814 Franz (von) Dingelstedt (1814–1881), dt. Autor, Kritiker, Regisseur, Intendant Clemens Brentanos Lustspiel *Ponce de Leon* erschienen; erfolglose UA unter dem Titel *Valeria oder Vaterlist* im Wiener Burgtheater (26.1.) Sensationeller Erfolg für Edmund Kean mit seiner Neuinterpretation des Shylock in Shakespeares *Der Kaufmann von Venedig*, den er im Londoner Drury Lane Theatre nicht mehr als Schreckgestalt, sondern differenziert und facettenreich gestaltet	Alliierte Truppen erreichen Paris; Abdankung Napoleons, der das selbständige Fürstentum Elba erhält; Restitution der franz. Monarchie unter Ludwig XVIII. (–15) Wiener Kongreß zur Neuordnung Europas (1814/15–30) Vereinigtes Königreich der Niederlande Dänemark muß Norwegen an Schweden abtreten Anerkennung der »ewigen Neutralität« der Schweiz auf dem Wiener Kongreß Wiederherstellung des Jesuitenordens und der Inquisition im Kirchenstaat durch Papst Pius VII. (–32) Der »artistische Sekretär« Joseph Schreyvogel (1768–1832) unter häufig inkompetenter Oberleitung de facto künstlerischer Leiter des Wiener Burgtheaters, das zur führenden deutschsprachigen Bühne wird

Personen des Theaters / Bühnenereignisse	Zeitgeschichte / Theaterwesen
1815 Ernst Elias Niebergall (1815 Darmstadt–1843 Darmstadt), dt. Autor, Verfasser hess. Lokalkomödien Eugène Labiche (1815 Paris–1888 Paris), franz. Dramatiker (30.3.) UA von Goethes *Des Epimenides Erwachen* (Berlin, Königl. Schauspielhaus) (18.8.) UA der Tragödie *Francesca da Rimini* des ital. Dramatikers Silvio Pellico in Mailand (28.3.) Durchbruch des Schauspielers Ferdinand Raimund mit der für ihn geschriebenen Rolle des Adam Kratzerl in Josef Alois Gleichs Wiener Posse *Die Musikanten am Hohenmarkt*, der wegen des Erfolgs mehrere Fortsetzungen folgen	Rückkehr Napoleons nach Frankreich (Herrschaft der 100 Tage); nach entscheidender Niederlage bei Waterloo (Belle-Alliance) gegen engl. (Wellington) und preuß. Truppen (Blücher) Verbannung Napoleons nach St. Helena Antiliberale »Heilige Allianz« zwischen Österreich, Rußland und Preußen (–1915) Veränderte Dreiteilung Polens (›Kongreßpolen‹ zu Rußland, Galizien zu Österreich, Großherzogtum Posen zu Preußen); (–46) Republik Krakau unter Souveränität der Teilungsmächte
1816 Gustav Freytag (1816 Kreuzburg–1895 Wiesbaden), dt. Autor, Dramentheoretiker Paolo Giacometti (1816 Novi Ligure–1882 Gazzuolo), ital. Autor Ludwig Tiecks Märchenlustspiel in zwei Teilen *Fortunat* erschienen (19.1.) UA der Tragödie *Hagbarth og Signe* (*Hagbarth und Signe*) des dän. Autors Adam Gottlob Oehlenschläger in Kopenhagen (Det Kongelige Teater)	»Deutscher Bund« unter österreich. Führung mit Bundestag in Frankfurt/Main Karl Friedrich Schinkels berühmte frühe Bühnenbildentwürfe zu Mozarts *Die Zauberflöte* und zur UA von E. T. A. Hoffmanns *Undine*
1817 Aleksandr Vasil'evič Suchovo-Kobylin (1817 Moskau–1903 Beaulieu/Frankreich), russ. Autor Aleksej Konstantinovič Tolstoj (1817 St. Petersburg–1875 Krasnyj Rog), russ. Autor (31.1.) UA von Franz Grillparzers *Die Ahnfrau* in Wien (Theater an der Wien) (5.5.) UA von Ludwig Uhlands Trauerspiel *Ernst, Herzog von Schwaben* in Hamburg Aufführung des ersten Theaterstücks in rumän. Sprache am Nationaltheater in Iaşi (Jassy)	Wartburgfest der dt. Burschenschaften; Forderung nach dt. Einheit (–78) Autonomie Serbiens (29.7.) Das 1802 eröffnete Königl. Schauspielhaus in Berlin während einer Probe abgebrannt (7.4.) Das als großherzogliches Hoftheater in Florenz von Luigi Gargani erbaute Teatro Goldoni mit *Il Burbero benefico* und *La Figlia mal custodita* von Carlo Goldoni eröffnet
1818 Ivan Sergeevič Turgenev (1818 Orel–1883 Bougival bei Paris), russ. Autor (21.4.) UA von Franz Grillparzers *Sappho* am Wiener Burgtheater (26.8.) UA von Ernst von Houwalds Tragödie *Die Heimkehr* in Dresden	(–1844) Der vom schwed. König Karl XIII. adoptierte franz. Marschall Jean-Baptiste Bernadotte als Karl XIV. König von Schweden Aus der Waltherschen Theatertruppe geht das Braunschweiger Nationaltheater unter Leitung August Klingemanns hervor; (28.5.) Eröffnung mit Schillers *Die Braut von Messina*; 1827 Umwandlung zum Hoftheater In London Eröffnung des Old Vic Theatre als Royal Coburg, seit 1833 Royal Victoria, bald »Old Vic« genannt
1819 (18.4.) UA des erfolgreichen Schauspiels *A tatárok Magyarországbon* (*Die Tartaren in Ungarn*) des ungar. Autors Károly Kisfaludy (1788–1830) in Székesfehérvár Die UA des Singspiels *Natalka Poltavka* (*Natalka aus Poltava*) in Poltava bildet einen Markstein für die Wiedergeburt des ukrain. Theaters	Die Ermordung des Erfolgsautors August von Kotzebue (1761–1819) durch den Studenten Karl Ludwig Sand dient als Vorwand für die »Karlsbader Beschlüsse« des Dt. Bundes mit »Demagogenverfolgungen« und verschärfter Zensur

Personen des Theaters / Bühnenereignisse

Zeitgeschichte / Theaterwesen

1820 Guillaume Victor Émile Augier (1820 Valence–1889 Croissy), franz. Dramatiker

Regelung der präventiven Theaterzensur in Preußen
Systematische Organisation und »offizielles« Büro (Assurance des succès dramatiques, gegründet von M. Sauton und Jean-Baptiste Porcher) bezahlter Claqueure in Paris

1821 Rachel, eig. Elisabeth Rachel Félix (1821–1858), größte franz. Tragödin ihrer Zeit, bewundert in Europa wie den USA
Vasile Alecsandri (1821 oder 1818 Bacau–1890 Mircesti), rum. Dramatiker

(–29) Griech. Unabhängigkeitskrieg gegen türk. Herrschaft

Karl Friedrich Schinkel erbaut Berliner Schauspielhaus
Pariser Oper erhält Gasbeleuchtung

(26./27.3.) UA von Franz Grillparzers *Das goldene Vließ* am Wiener Burgtheater
(28.6.) Die UA von Carl Maria von Webers Oper *Der Freischütz* im Schauspielhaus auf dem Berliner Gendarmenmarkt wird ein (internationaler) Sensationserfolg
(3.10.) UA von Heinrich von Kleists *Prinz Friedrich von Homburg* (unter dem Titel *Die Schlacht bei Fehrbellin*) am Wiener Burgtheater
UA von George Gordon Lord Byrons Tragödie *Marino Faliero, Doge of Venice* im Londoner Drury Lane Theatre; sein »Mysterium« *Cain* erschienen
UA der Tragödie *Iréne* des ungar. Autors Károly Kisfaludy

1822 Dion Boucicault (1822 Dublin–1890 New York) irischer Schauspieler, Dramatiker
Adelaide Ristori (1822 Cividale–1906 Turin), ital. Schauspielerin von europ. Bedeutung
Paolo Ferrari (1822 Modena–1889 Mailand), ital. Autor

Griechenland erklärt sich unabhängig von der Türkei

Konzession für das Königstädtische Theater als privates Volkstheater in Berlin für Karl Friedrich Cerf (1771–1845)
Gründung des heutigen Théâtre de l'Atelier unter dem Namen Théâtre Montmartre als erstes Pariser Vororttheater für Vaudevilles

UA der Komödie *Maz i Zona* (*Mann und Frau*) des poln. Autors Aleksander Fredro in Lemberg (Lwów)

1823 Imre Madách (1823 Alsósztregova–1864 Alsósztregova), ungar. Autor
Aleksandr Nikolaevič Ostrovskij (1823 Moskau–1886 Scel'kovo/Gouv. Kostroma), russ. Autor

(14.1.) Das 1818 eröffnete Königl. Hof- und Nationaltheater in München (2500 Plätze) während der Vorstellung abgebrannt (1825 wieder eröffnet)

(20.8.) UA von Heinrich Heines Tragödie *Almansor* in der Bearbeitung August Klingemanns in Braunschweig
(18.12.) UA von Ferdinand Raimunds Zauberposse *Der Barometermacher auf der Zauberinsel* im Wiener Theater in der Leopoldstadt
(22.12.) UA von Michael Beers Tragödie *Der Paria* am Berliner Königl. Theater

1824 Alexandre Dumas fils (1824 Paris–1895 Marly-le Roi), franz. Autor

Gründung des ältesten russ. Schauspieltheaters, des Malyj teatr (Gosudarstvennyj akademičeskij Malyj teatr) in Moskau, das seinen heutigen Namen 1924 zur Unterscheidung vom benachbarten Bol'šoj teatr (Großes Theater) erhielt

(17.12.) UA von Ferdinand Raimunds Zauberposse *Der Diamant des Geisterkönigs* im Wiener Theater in der Leopoldstadt

Personen des Theaters / Bühnenereignisse	Zeitgeschichte / Theaterwesen
1825 (19.2.) UA von Franz Grillparzers *König Ottokars Glück und Ende* (Wien, Burgtheater)	(14.12.) Sog. »Dekabristenaufstand« russ. Offiziere für eine Verfassung in Rußland; nach seiner raschen Niederschlagung verstärktes System staatlicher Repression unter Zar Nikolaus I. (–55, »der Gendarm Europas«); Einführung der Präventivzensur
	(22.3.) Das 1798 eröffnete Weimarer Hoftheater nach der Vorstellung abgebrannt
	Bol'šoj teatr Rossii in Moskau mit dem Ballett *Cinderella* eröffnet; nach einem vernichtenden Brand 1853 vom Architekten Alberto Cavos rekonstruiert und mit verbesserter Akustik 1856 wiedereröffnet
1826 Georg II., Herzog von Sachsen-Meiningen (1826 Meiningen–1914 Bad Wildungen), (inoffizieller) Regisseur, Theaterleiter und –reformer	(30.4.) Johann Nepomuk Nestroys Engagement im Nationaltheater Brünn (Brno) von der Polizei wegen »verbotenen Extemporierens« beendet
(10.11.) UA von Ferdinand Raimunds romantischem »Original-Zaubermärchen« *Das Mädchen aus der Feenwelt oder Der Bauer als Millionär* im Wiener Theater in der Leopoldstadt	
(17.6.) Großer Bühnenerfolg der UA der Prosakomödie *La Fiera* (*Der Jahrmarkt*) des ital. Autors Alberto Nota in Turin	
Erste bekannte Aufführung der Tragödie *Bánk Bán* des ungar. Autors József Katona in Košice (Kaschau); offizielle EA am 23. 3. 1839 in Pest (heute Budapest)	
1827 (25.9.) UA von Ferdinand Raimunds *Moisasurs Zauberfluch* (Wien, Theater an der Wien)	Goethe prägt den Begriff »Weltliteratur«
UA von Johann Nepomuk Nestroys *Sieben Mädchen in Uniform*, auch: *Zwölf Mädchen in Uniform* (5.12.), *Der Zettelträger Papp* (15.12., beide Graz)	
1828 Henrik Ibsen (1828 Skien–1906 Oslo), norweg. Dramatiker	(–30) Ferdinand Raimund (1790–1836) künstlerischer Direktor des Wiener Theaters in der Leopoldstadt
Adelardo López de Ayala y Herrera (1828 Guadalcanal/Badajoz–1879 Madrid), span. Dramatiker	
Lev Nikolaevič Tolstoj (1828 Jasnaja Poljana–1910 Astopov), russ. Autor	
UA von Ferdinand Raimunds »Original-Zauberspielen« *Die gefesselte Phantasie* (8.1.), *Der Alpenkönig und der Menschenfeind* (17.10., beide Wien, Theater in der Leopoldstadt)	
(28.2.) UA von Franz Grillparzers *Ein treuer Diener seines Herrn* (Wien, Burgtheater)	
(6.11.) UA von Johan Ludvig Heibergs romantischem Schauspiel *Elverhøj* (*Der Elfenhügel*) in Kopenhagen (Det Kongelige Teater)	
UA von Alessandro Manzonis *Il Conte di Carmagnola* (*Der Graf von Carmagnola*)	

Personen des Theaters / Bühnenereignisse	Zeitgeschichte / Theaterwesen
1829 Marie Seebach (1829 Riga – 1897 Sankt Moritz), dt. Schauspielerin	Unabhängigkeit Griechenlands

(19.1.) UA von Goethes 1808 erschienenem *Faust I* am Braunschweiger Nationaltheater in der Regie August Klingemanns mit Eduard Schütz (Faust) und Heinrich Marr (Mephisto); Aufführung einzelner Szenen schon am 24. 5. 1819 auf Schloß Monbijou

(29.3.) UA von Christian Dietrich Grabbes *Don Juan und Faust* (Detmold, Hoftheater)

(18.8.) UA von Johann Nepomuk Nestroys *Der Tod am Hochzeitstage oder Mann, Frau, Kind* (Wien, Theater in der Josefstadt)

(4.12.) UA von Ferdinand Raimunds *Die unheilbringende Zauberkrone* (Wien, Theater in der Leopoldstadt)

Die UA des Schauspiels *Henri III et sa cour* (*Heinrich III. und sein Hof*) von Alexandre Dumas père in Paris markiert den Durchbruch des romant. Dramas auf dem franz. Theater

(30.12.) UA des Lustspiels *Csalódások* (*Enttäuschungen*) des ungar. Autors Károly Kisfaludy in Kaschau (Košice)

1830 (4.2.) UA des Schicksalsdramas *Der Müller und sein Kind* von Ernst Benjamin Raupach (Berlin, Königl. Schauspielhaus)

(25.2.) Erfolgreiche UA von Victor Hugos Versdrama *Hernani ou l'honneur castillan* (*Hernani oder Die kastilische Ehre*) in der Comédie Française– Saalschlacht zwischen Traditionalisten und den Anhängern der Romantik (»bataille d'Hernani«)

(25.8.) Während der Aufführung von Aubers *La Muette de Portici* (*Die Stumme von Portici*) in Brüssel Ausbruch revolutionärer Stimmung – Initialzündung für die Revolution

Das historische Drama *Abén Humeya o la rebelión de los Moriscos en tiempo de Felipe II* (*Abén Humeya oder Die Verschwörung der Morisken zur Zeit Philipps II.*) des im franz. Exil lebenden span. Autors Francisco Martínez de la Rosa im Pariser Théâtre Porte St.-Martin unter dem Titel *La révolte des maures sous Philippe II* uraufgeführt – erstes romantisches span. Schauspiel

Die Komödie *Kocourkovo anebo: Jen abychom v hanbe nezustali* (*Krähwinkel oder Daß wir nur nicht in der Schmach verbleiben*) des slovak. Autors Ján Chalupka erschienen

Wahrscheinliche UA des neugriech. Schauspiels *O Vasilikos* (*Das Basilienkraut*) von Antonios Matesis durch eine Amateurtruppe in Zakynthos

1830 Julirevolution in Paris; (–48) der »Bürgerkönig« Louis Philippe ersetzt Karl X.

(–44) Frankreich erobert Algerien

Gescheiterter poln. Aufstand in Warszawa (Warschau) gegen russ. Besatzungsmacht

Personen des Theaters / Bühnenereignisse	Zeitgeschichte / Theaterwesen

1831 Victorien Sardou (1831 Paris – 1908 Marly bei Valenciennes), franz. Dramatiker

(3.4.) UA von Franz Grillparzers *Des Meeres und der Liebe Wellen* (Wien, Burgtheater)

(3.5.) UA von Alexandre Dumas' (père) Schauspiel *Antony* (Paris, Théâtre de la Porte-Saint-Martin) – sensationeller Erfolg

(11.8.) Durch die Zensur verzögerte UA von Victor Hugos Versdrama *Marion de Lorme* (Paris, Théâtre de la Porte Saint-Martin)

(30.12) UA von Manuel Bretón de los Herreros Verskomödie *Marcela ó ¿Á cual de los tres?* (*Marcella oder Wen von den dreien?*) in Madrid (Teatro del Príncipe)

(26.1.) UA von Aleksandr Sergeevič Griboedovs berühmtesten Stück *Gore ot uma* (*Verstand schafft Leiden*) im St. Petersburger Bol'šoj Teatr

(23.4.) Das 1788 eröffnete Schweriner Hoftheater nach der Vorstellung wegen eines Feuerwerks abgebrannt

1832 Bjørnstjerne Bjørnson (1832 Kvikne/Østerdal – 1910 Paris), norweg. Dramatiker

José Echegaray y Eizaguirre (1832 Madrid – 1916 Madrid), span. Dramatiker

UA von Johann Nepomuk Nestroys *Der gefühlvolle Kerkermeister oder Adelheid, die verfolgte Wittib* (7.2.), *Nagerl und Handschuh oder Die Schicksale der Familie Maxenpfutsch* (23.3.), *Der konfuse Zauberer oder Treue und Flatterhaftigkeit* (26.9. alle Wien, Theater an der Wien)

Letzter Erfolg Edmund Keans im Londoner Drury Lane Theatre als Shakespeares Othello (mit seinem Sohn als Jago)

(22.11.) UA von Victor Hugos Versdrama *Le Roi s'amuse* (*Der König amüsiert sich*) in der Comédie-Française

UA des Balletts *La Sylphide* an der Pariser Oper (Choreographie: Filippo Taglioni) mit Marie Taglioni (1804–84) als Primaballerina – Beginn des »ballet blanc«

(27.1.) UA von Aleksandr Sergeevič Puškin *Mocart i Sal'eri* (*Mozart und Salieri*) in St. Petersburg (Bol'šoj Teatr)

Unabhängigkeit Belgiens

Karl Leberecht Immermann (1796–1840) gründet in Düsseldorf einen Theaterverein und beginnt »Mustervorstellungen«

1833 Dimitrios Vernardakis (1833 Mytilene – 1907 Mytilene), griech. Autor

UA von Johann Nepomuk Nestroys *Der böse Geist Lumpacivagabundus oder Das liederliche Kleeblatt* (11.4.), *Robert der Teuxel* (9.10.), *Der Tritschtratsch* (20.11., alle Wien, Theater an der Wien)

(15.2.) UA der Komödie *Sluby Panienskie czyli Magnetyzm serca* (*Mädchenschwüre oder Magnetismus des Herzens*) des poln. Autors Aleksander Fredro in Lemberg (Lwów)

Personen des Theaters / Bühnenereignisse	Zeitgeschichte / Theaterwesen

1834 Adolf von Sonnenthal, eig. Neckwadel (1834 Pest, heute Budapest – 1909 Prag), Schauspieler, Regisseur, Theaterleiter
Charlotte Wolter (1834 Köln – 1897 Wien), Schauspielerin
Aleksis Kivi, eig. Alexis Stenvall (1834 Nurmijärvi – 1872 Tuusula), finn. Dramatiker und »Nationaldichter«

(4.10.) UA von Franz Grillparzers »dramatischem Märchen« *Der Traum ein Leben* (Wien, Burgtheater) – Grillparzers letzter großer Theatererfolg
UA von Johann Nepomuk Nestroys *Müller, Kohlenbrenner und Sesseltrager oder Die Träume von Schale und Kern* (4.4.), *Die Familien Zwirn, Knieriem und Leim oder Der Weltuntergangstag* (5.11., beide Wien, Theater an der Wien)
(20.2.) UA von Ferdinand Raimunds »Original-Zaubermärchen« *Der Verschwender* in Wiens Theater in der Josefstadt
UA von Lord Byrons *Sardanapalus* am 13.1. in Brüssel (Théâtre Royal), des »dramatischen Gedichts« *Manfred* am 29.10. im Londoner Covent Garden Theatre
(23.4.) UA von Francisco Martínez de la Rosas *La conjuración de venecia, año 1310* (*Die Verschwörung von Venedig im Jahr 1310*) in Madrid
(21.12.) UA von Josef Kajetán Tyls Posse *Fidlovacka aneb zádní hnev a zádná rvacka* (*Fidlovacka oder Kein Ärger und keine Rauferei*) in Prags Stavovské divadlo – wichtig für die Entwicklung der tschech. Dramenliteratur
(17.2.) UA der Komödie *Zemsta* (*Die Rache*) des poln. Autors Alexsander Fredro in Lemberg (Lwów)

(1.1.) Gründung des Dt. Zollvereins
Aufhebung der Inquisition in Spanien

(–37) Karl Leberecht Immermann Leiter des von ihm zu einer Musterbühne umgestalteten Düsseldorfer Theaters; eröffnet mit Kleists *Prinz Friedrich von Homburg*
(17.12.) Durch Eduard Devrient (1801–77) und Louis Schneider (1805–76) Gründung des bis Ende 1839 bestehenden Berliner Schauspielervereins zur Fortbildung der Teilnehmer

1835 UA von Johann Nepomuk Nestroys *Weder Lorbeerbaum noch Bettelstab* (13.2.), *Eulenspiegel oder Schabernack über Schabernack* (22.4.), *Zu ebener Erde und erster Stock oder Die Launen des Glücks* (24.9., alle Wien, Theater an der Wien)
(7.9.) UA von Eduard von Bauernfelds Lustspiel *Bürgerlich und Romantisch* in Wien
UA von Johann Georg Daniel Arnolds elsässischem Lokallustspiel *Der Pfingstmontag* in Straßburg
(12.2.) UA von Alfred de Vignys Schauspiel *Chatterton* im Pariser Théâtre Français
(22.3.) UA des Dramas *Don Álvaro o la fuerza del sino* (*Don Álvaro oder Die Macht des Schicksals*) von Ángel de Saavedra y Ramírez de Baquedano, Duque de Rivas (Madrid, Teatro del Príncipe), mit dem sich die Romantik im span. Theater endgültig durchsetzt

(10.12.) Verbot der Bücher des »Jungen Deutschland« (u. a. Heine, Börne, Gutzkow, Laube) als staatsgefährdend durch die Bundesversammlung des Dt. Bundes

1836 UA von Johann Nepomuk Nestroys *Der Treulose oder Saat und Erndte* (5.3.), *Die beiden Nachtwandler oder Das Notwendige und das Überflüssige* (6.5.), *Der Affe und der Bräutigam* (UA 23.7., alle Wien, Theater an der Wien)
(31.8.) UA des Lustspiels *Kean ou Désordre et génie* (*Kean, oder Unordnung und Genie*) von Alexandre Dumas père im Pariser Théâtre des Variétés

Restauriertes Bol'šoj teatr in St. Petersburg mit Michail I. Glinkas *Ivan Susanin* eröffnet
(14.12.) Brand des Teatro la Fenice in Venedig

Personen des Theaters / Bühnenereignisse	**Zeitgeschichte / Theaterwesen**

(1836) (1.3.) UA von Antonio García Gutiérrez' Drama *El Trova-*
dor (*Der Troubadour*) im Madrider Teatro del Príncipe
–populärstes romantisches Stück in Spanien
(26.5.) Des dän. Autors Henrik Hertz' Lustspiel *Sparekas-*
sen. Eller Naar Enden er god, er Alting godt (*Die Spar-*
kasse. Oder Ende gut, alles gut) in Kopenhagen (Det
Kongelige Teater) uraufgeführt
(29.4.) Nikolaj Gogol's berühmtes Lustspiel *Revizor* (*Der
Revisor*) im St. Petersburger Aleksandrinskij-Theater
uraufgeführt
Konstantinos Ikonomos' bis heute erfolgreiche Komödie
O Filarjiros (*Der Geizkragen*) kann erst nach Griechen-
lands Selbständigkeit aufgeführt werden
Dimitrios Vizantios' (eig. Dimitrios Chatzi-Konstanti Asla-
nis) Komödie *I Vavilonia* (*Babylonien*), die Elemente des
traditionellen griech. Schattentheaters auf das Theater
überträgt, erschienen

1837 Henri Becque (1837–1899), franz. Dramatiker des Natura-   (–1901) Victoria Königin von Großbritannien – »Victorian
lismus   Age«

Johann Nepomuk Nestroys brillante Satire auf das Wiener   Gründung des ungar. Nationaltheaters Nemzeti Szinház in
Kleinbürgertum *Eine Wohnung ist zu vermiethen in der*   Budapest
Stadt, eine Wohnung ist zu verlassen in der Vorstadt,
eine Wohnung mit Garten ist zu haben in Hietzing
erlebte bei der UA (17.1., Theater an der Wien) einen
grandiosen Mißerfolg; UA seiner Posse *Das Haus der*
Temperamente (16.11., Wien, Theater an der Wien) mit
viergeteilter Simultanbühne
(8.11.) UA von Victor Hugos Versdrama *Ruy Blas* im
Pariser Théâtre de la Renaissance, für dessen Einweihung es geschrieben wurde
(Dez.) UA von Alfred de Mussets Einakter *Un caprice*
(*Eine Laune*) in russ. Übersetzung in St. Petersburg; mit
der franz. EA 1847 an der Comédie Française beginnt
Mussets Theaterlaufbahn
Am Madrider Teatro del Principe (19.1) UA von Juan
Eugenio Hartzenbuschs romantischem Schauspiel *Los*
amantes de Teruel (*Die Liebenden von Teruel*) und
(27.4.) von Manuel Bréton de los Herreros' Komödie
¡*Muérete y verás!* (*Stirb, und du wirst sehen!*)
(15.3.) UA von Henrik Hertz' Tragödie *Svend Dyrings*
Huus (*Svend Dyrings Haus*) in Kopenhagen (Det Kongelige Teater)
(4.10.) UA von Andreas Munchs Schauspiel *Kong Sverres*
ungdom (*König Sverres Jugend*) am Christiania Theater
in Christiania (heute Oslo), das den vom Theater ausge-
lobten Preis für das beste nationale Schauspiel gewon-
nen hatte
Tyrdica (*Der Geizhals*), Komödie des serb. Autors Jovan
Sterija Popovic erschienen – gilt als erste serb. Komödie

Personen des Theaters / Bühnenereignisse	Zeitgeschichte / Theaterwesen

1838   Henry Irving, eig. John Henry Brodribb (1839 Keinton Mandeville–1905 Bradford), engl. Schauspieler, Regisseur, Theaterleiter und -reformer

    (6.3.) Nach dem völligen Misserfolg der UA seines Lustspiels *Weh dem, der lügt!* (Wien, Burgtheater) zieht sich Franz Grillparzer vom Theater zurück

    (9.11.) UA von Juan Eugenio Hartzenbuschs Versdrama *Doña Mencía o boda bajo la inquisición* (*Doña Mencía oder Hochzeit unter der Inquisition*) in Madrids Teatro del Principe

    (15.8.) *Um auto de Gil Vicente* (*Ein Spiel von Gil Vicente*) des portug. Autors João Baptista da Silva Leitão de Almeida Garrett in Lissabon (Teatro da Rua dos Condes) uraufgeführt – Epoche machendes Stück

    Verbot der Sklaverei im Britischen Empire

1839   Ludwig Anzengruber (29. 11. 1839 Wien–10. 12. 1889 Wien), österr. Autor und Redakteur

    (13.4.) UA von Johann Nepomuk Nestroys *Die verhängnißvolle Faschings-Nacht* (Wien, Theater an der Wien)

1840   Helena Modrzejewska, eig. Jadwiga Helena Misel, im angelsächs. Raum Helena Modjeska (1840 Kraków–1909 Newport/Kalifornien). Schauspielerin
Abraham (Avrom) Goldfaden (1840–1908), »Vater des jidd. Theaters«

    Johann Nepomuk Nestroys meisterhafte Possen *Der Färber und sein Zwillingsbruder* (15.1.) und *Der Talisman* (16.12.) am Wiener Theater an der Wien uraufgeführt

    (6.7.) UA von Friedrich Hebbels *Judith* (Berlin, Hoftheater)

    (17.11.) UA von Eugène Scribes international erfolgreichem Lustspiel *Le verre d'eau ou Les effets et les causes* (*Das Glas Wasser oder Ursachen und Wirkung*) im Pariser Théâtre Français

    (1.7.) UA der zur Krönung des dän. Königs Christians VII. verfassten Komödie *Syvsoverdag* (*Siebenschläfertag*) von Johan Ludvig Heiberg (Kopenhagen, Det Kongelige Teater)

    (–1858) Friedrich Wilhelm IV. König von Preußen

1841   Constant Coquelin aîné (1841–1909), Schauspieler, berühmtester franz. Komiker seiner Zeit
Vasil Nikolov Drumev (d. i. Metropolit Kliment von Tarnovo) (um 1841 Šumen–1901 Sofia), bulgar. Autor

    (24.11.) Großer Erfolg der UA von Johann Nepomuk Nestroys *Das Mädl aus der Vorstadt oder Ehrlich währt am längsten* (Wien, Theater an der Wien)

    UA des romantischen Balletts *Giselle* (Choreographie: Jean Coralli/Jules Perrot) in Paris mit der Primaballerina Carlotta Grisi (1819–99) in der TR

    UA der Tragödie *Smrt Stefana Decanskoga* (*Der Tod des Stefan Decanski*) von Jovan Sterija Popovic in Belgrads Pozorište na Úpumruku zur Eröffnung des Theaters

    Eröffnung des von Gottfried Semper erbauten Königl. Hoftheaters in Dresden (1869 durch Unvorsichtigkeit von Arbeitern abgebrannt)

Personen des Theaters / Bühnenereignisse	Zeitgeschichte / Theaterwesen

1842 Arrigo Boito (1842 Padua–1918 Mailand), ital. Dramatiker
Ludwig Barnay, eig. L. Weiß (11. 2. 1842 Pest–31. 1.
1924 Hannover), Schauspieler, Theaterleiter, Mitbegründer der Genossenschaft Deutscher Bühnenangehöriger

(10.3.) UA von Johann Nepomuk Nestroys *Einen Jux will
er sich machen* im Wiener Theater an der Wien
(9.3.) UA des historischen Schauspiels *O Alfageme de San-
tarém* (*Der Waffenschmied von Santarem*) von João
Baptista da Silva Leitão de Almeida Garrett in Lissabon
(9.12.) UA von Nikolaj Gogol's *Ženit'ba* (*Die Heirat*) in
St. Petersburg (Aleksandrinskij-Teatr)
In Prag UA der wohl ersten neueren slovak. satirischen
Komödie *Dva buchy a tri šuchy* (*Zwei Knüffe und drei
Püffe*) von Juraj (Jirí) Palkovic

1843 Karloo Bergbom (1843–1906), finn. Regisseur und
Theaterleiter

(2.1.) UA von Richard Wagners Oper *Der Fliegende
Holländer* (Dresden, Hoftheater)
(17.11.) UA von Johann Nepomuk Nestroys Posse *Nur
Ruhe!* (Wien, Theater an der Wien)
(7.3.) UA von Victor Hugos *Les Burgraves* (*Die Burg-
grafen*) an der Comédie Française
UA von Alessandro Manzonis Tragödie *Adelchi* (*Adelgis*)
in Turin
(4.7.) João Baptista da Silva Leitão de Almeida Garretts
Schicksalsdrama *Frei Luís de Sousa* (*Bruder Luís de
Sousa*) in Sete Rios auf dem Privattheater von Duarte de
Sá uraufgeführt
UA von Nikolaj Gogol's *Igroki* (*Die Spieler*)
(5.8.) UA des erfolgreichen satirisch-politischen Lustspiels
Tisztújítás (*Komitatswahlen*) von Ignác Nagy im Nem-
zeti Színház (Nationaltheater) von Pest (heute Budapest)

»Theatre Regulation Act« in Großbritannien beendet die
Lizenzierung von Theatern und die Monopolstellung des
Drury Lane und des Covent Garden Theatre in London
Für Ludwig Tiecks Inszenierung von Shakespeares *Ein
Sommernachtstraum* am Königl. Theater Berlin wird
eine dreigeschossige Simultanbühne errichtet
(18.8.) Brand des Königl. Opernhauses in Berlin nach der
Vorstellung
Thalia Theater Hamburg von Chéri Maurice (eig. Charles
Schwartzenberger, 1805–96) gegründet

1844 Friedrich Mitterwurzer (1844–1897), bedeutender Charak-
ter- und Heldendarsteller
Sarah Bernhardt, eig. Henriette Rosine Bernhardt (22. 10.
1844 Paris–28. 3. 1923 Paris), eine der führenden
europ. Schauspielerinnen ihrer Zeit
Minna Canth (1844 Tampere–1897 Kuopio), finn. sozialkritische Dramatikerin
Ede Tóth (1844 Putnok–1876 Budapest), ungar. Autor

UA von Karl Gutzkows Lustspielen *Zopf und Schwert*
(1.1., Dresden, Hoftheater) und *Das Urbild des Tartüffe*
(15.12., Oldenburg)
(9.4.) UA von Johann Nepomuk Nestroys *Der Zerrissene*
im Wiener Theater an der Wien
(20.4.) UA von Ludwig Tiecks 1797 erschienenem »Kin-
dermärchen« *Der gestiefelte Kater* im Berliner Königl.
Schauspielhaus

Weberaufstand in Schlesien

Personen des Theaters / Bühnenereignisse	Zeitgeschichte / Theaterwesen

(1844) (23.4.) UA von José Zorrilla y Morals bis heute an Allerseelen von span. Theatern gespieltem, populärem Versdrama *Don Juan Tenorio* in Madrids Teatro de la Cruz
(18.1.) UA des Lustspiels *Iorgu de sa Sadagura sau Nepotu-i salba dracului* (*Iorgu aus Sadagura oder Der Neffe ist des Teufels Halsschmuck*) des rumän. Autors Vasile Alecsandri am Nationaltheater in Iaşi
(20.2.) Jens Christian Hostrups Studentenkomödie *Gjenboerne* (*Die Nachbarn*) in Kopenhagen (Hofteatret) uraufgeführt

1845 Àngel Guimerà (1845 Santa Cruz de Tenerife–1924 Barcelona), span.-katalan. Autor
Ivan Karpenko-Karyj (eig. Ivan Karpovyc Tobilevyc (1845 Arsenivka/Südukraine–1907 Berlin), ukrain. Autor

UA von Johann Nepomuk Nestroys *Das Gewürzkrämerkleeblatt* (26.2.), *Unverhofft* (23.4., beide Wien, Theater an der Wien)
(19.10.) UA von Richard Wagners *Tannhäuser und der Sängerkrieg auf Wartburg* in Dresden (Hoftheater)
(26.3.) UA von Hans Christian Andersens Lustspiel *Den nye Barselstue* (*Die neue Wochenstube*) in Kopenhagen (Det Kongelige Teater)

1846 Holger Drachmann (1846 Kopenhagen–1908 Hornbaek), dän. Autor

Deutscher Bühnenverein (DBV) auf Initiative des Berliner Hoftheaterintendanten Karl Theodor von Küstner (1784–1864) und des Oldenburger Hoftheaterintendanten von Gall (1809–72) zur Abwehr des Vertragsbruchs(un)wesens gegründet

(13.3.) Friedrich Hebbels *Maria Magdalena* im Königsberger Stadttheater uraufgeführt
(2.5.) Mit 92 Aufführungen erfolgreiche UA von Johann Nepomuk Nestroys *Der Unbedeutende* im Wiener Theater an der Wien
(11.11.) Ring-UA von Heinrich Laubes *Die Karlsschüler* in Dresden, München und Schwerin
(13.12.) UA von Karl Gutzkows Trauerspiel *Uriel Acosta* im Dresdener Hoftheater
UA von Francesco Dall'Ongaros *Il Fornaretto* (*Der Bäckerjunge*) in Turins Teatro Carignano

1847 Dame Ellen Terry (1847 Coventry–1928 Small Hythe), engl. Schauspielerin
Giuseppe Giacosa (1847 Ivrea–1906 Ivrea), ital. Autor

Bund der Kommunisten in London gegründet

(28.2.) Brand des Hoftheaters in Karlsruhe durch mangelnde Vorsicht beim Anzünden der Gasbeleuchtung nach Einlaß des Publikums (65 Tote)

Sensationeller Erfolg der UA von Alfred de Mussets *Un caprice* (*Eine Laune*) an der Comédie Française
Aleksandr Sergeevič Puškins *Kamennyj gost'* (*Der steinerne Gast*) in St. Petersburgs Aleksandrinskij teatr uraufgeführt
(23.1.) UA von Ede Szigligetis (eig. József Szathmáry) *Csikós* im Nemzeti Színház (Nationaltheater) in Pest (heute Budapest) – wegen seiner gesellschaftskritischen Tendenz wurde das Volksstück – vor der Revolution von 1848 – ein Politikum

Personen des Theaters / Bühnenereignisse	Zeitgeschichte / Theaterwesen

(1847) In Prag UA des Dramas *Prazská devecka a venkovskí tovaryš aneb palicova dcera* (*Das Prager Dienstmädchen und der Geselle vom Lande oder Die Tochter des Brandstifters*) und des Märchenspiels *Strakonickí dudák aneb Hody divích zen* (*Der Dudelsackpfeifer von Strakonice oder Das Fest der Hexen*; 21.11., Stavovské divadlo) des tschech. Klassikers Josef Kajetán Tyl

1848 (1.7.) UA von Johann Nepomuk Nestroys Posse *Freiheit in Krähwinkel* im Wiener Carl-Theater – bis zur Einnahme des revolutionären Wien durch Regierungstruppen (4.10.) sechsunddreißigmal aufgeführt
UA des nach seinem Erfolgsroman geschriebenen Schauspiels *Le Comte de Monte-Christo* (*Der Graf von Monte Christo*) von Alexandre Dumas père (Paris, Théâtre historique)
(23.3.) UA von Émile Augiers Versdrama *L'aventurière* (*Die Abenteurerin*) in der Comédie Française
(10.8.) Alfred de Mussets Komödie *Le chandelier* (*Der Leuchter*) am Théâtre Historique in Paris uraufgeführt
(15.5.) UA von Jens Christian Hostrups Singspiel *Eventyr paa fodreisen* (*Abenteuer auf der Fußreise*) in Kopenhagen (Det Kongelige Teater)
(13.8.) UA der dramatischen Dichtung in vier Teilen *Dziady* (*Totenfeier*) des wichtigsten Vertreters der poln. Romantik Adam Mickiewicz im Teatr Narodowy in Kraków
(6.1.) Als eines der ersten profanen Dramen der sloven. Literatur Anton Tomaz Linharts *Ta veseli dan ali Maticek se zeni* (*Der frohe Tag oder Maticek heiratet*) in Novo mesto uraufgeführt – bedeutend für die Entwicklung von Literatur und Theater Sloveniens

1849 Emanuel Reicher (1849 Bochnia, heute Polen–1924 Berlin), dt. Schauspieler
August Strindberg (1849 Stockholm–1912 Stockholm), schwed. Autor
František Adolf Šubert (1849–1915), tschech. Regisseur, Theaterleiter (1883–1900 Narodní Divadlo, Prag)

UA von Johann Nepomuk Nestroys Hebbel-Travestie *Judith und Holofernes* (13.3.) und der pessimistischen Posse *Höllenangst* (17.11., beide Wien, Carl-Theater)
UA von Friedrich Hebbels *Genoveva* (13.5., Prag, in tschech. Sprache), *Herodes und Mariamne* (14.9.), *Der Rubin* (22.11., beide Burgtheater Wien)
(27.8.) Karl Gutzkows populäres Lustspiel *Der Königsleutnant* am Stadttheater in Frankfurt/Main uraufgeführt
Alexandre Dumas' (père) Bühnenadaption seines Romans *Les trois mousquetaires* (*Die drei Musketiere*) im Pariser Théâtre historique uraufgeführt
(3.3.) José Zorrilla y Morals Versdrama *Traidor, inconfeso y mártir* (*Verräter, Ungeständiger und Märtyrer*) uraufgeführt in Madrid (Teatro de la Cruz)
(18.3.) UA von Josef Kajetán Tyls *Tvrdohlavá zena a zamilovaní školní mládenec* (*Das hartköpfige Weib und der verliebte Schulgehilfe*) in Prag (Stavovské divadlo)

(–49) Revolution in Europa; Februar-Revolution in Paris, März-Revolution in Deutschland und Österreich
Dt. Nationalverfassung in der Frankfurter Paulskirche arbeitet Verfassung aus (»kleindeutsche« Reichsverfassung, 27. 3. 1849)
(–1916) Franz Joseph I. Kaiser von Österreich
Das Kommunistische Manifest von Karl Marx und Friedrich Engels
(–52) Louis Bonaparte Präsident der 2. Republik in Frankreich
»Goldrausch« in Kalifornien

Eduard Devrient: *Das Nationaltheater des neuen Deutschlands* (1848)

(6.5.) Brand des Alten Opernhauses mit dem Zwinger in Dresden durch Brandstiftung
(–67) Heinrich Laube (1806–84) künstlerischer Leiter und Regisseur des Wiener Burgtheaters

Personen des Theaters / Bühnenereignisse	Zeitgeschichte / Theaterwesen
1850 Ivan Minčov Vazov (1850 Sopot–1921 Sofia), wichtigster bulgar. Theaterautor, »Goethe Bulgariens« Alexander Girardi (1850–1918), österr. Schauspieler, populärster Operettenkomiker seiner Zeit	In Österreich Trennung der Zensur für Hoftheater und Privatbühnen

1850

Ivan Minčov Vazov (1850 Sopot–1921 Sofia), wichtigster bulgar. Theaterautor, »Goethe Bulgariens«
Alexander Girardi (1850–1918), österr. Schauspieler, populärster Operettenkomiker seiner Zeit

(4.3.) UA von Otto Ludwigs Trauerspiel *Der Erbförster* (Dresden, Hoftheater)
(28.8.) UA von Richard Wagners Oper *Lohengrin* (Weimar, Hoftheater)
(–59) Charles Kean und Frau übernehmen das Londoner Princess's Theatre, wo sie u. a. Shakespeare-Dramen in so aufwendiger, historisch genauer Szenerie inszenieren, daß jedes Stück möglichst lange en suite gespielt werden muss – wesentlich für die Entwicklung des »long-run-systems«
(23.3.) UA von François Ponsards Versdrama *Charlotte Corday* (Paris, Théâtre Français)
(26.9.) UA von Henrik Ibsens *Kjæmpehøjen* (*Das Hünengrab*) Christiania Theater in Christiania (heute Oslo)
(Jan.) UA des Schauspiels mit Gesang *Fjeldstuen* (*Die Berghütte*) des norweg. Autors Henrik Wergeland in Bergen (Den Nationale Scene)

In Österreich Trennung der Zensur für Hoftheater und Privatbühnen

1851

Isaac Leib Perez (1851 Zamosc/Polen–1915 Warschau), poln.-jidd. Autor

(14.6.) UA von Alfred de Mussets *Les caprices de Marianne* (*Die Launen Mariannes*) in der Comédie Française
(14.8.) Triumphaler Erfolg der UA der Komödie *Un chapeau de paille d'Italie* (*Ein Florentinerhut*) von Eugène Labiche und Marc Michel (Paris, Théâtre de la Montansier)

(2.12.) Staatsstreich Louis Bonapartes in Frankreich

Preuß. Polizeiverordnung räumt der Polizei Kontrollkompetenz über die Theater und Zensurrechte ein

1852

Ion Luca Caragiale (1852 Haimanalele, heute Caragiale–1912 Berlin), rumän. Dramatiker

Friedrich Hebbels *Agnes Bernauer* (UA 25.3., München, Hoftheater), *Der Diamant* (UA 1852, Kremsier)
(29.3.) Johann Nepomuk Nestroys Posse *Kampl* uraufgeführt (Wien, Carl-Theater)
(1.11.) Otto Ludwigs Tragödie *Die Makkabäer* am Wiener Burgtheater uraufgeführt
(8.12.) UA von Gustav Freytags Lustspiel *Die Journalisten* in Breslau
(2.2.) Aufsehenerregender Erfolg des Schauspiels *La dame aux camélias* (*Die Kameliendame*) von Alexandre Dumas fils (Paris, Théâtre Vaudeville) nach seinem erfolgreichen Roman
(7.8.) UA der Komödie *Goldoni e le sue sedici commedie nuove* (*Goldoni und seine sechzehn neuen Komödien*) von Paolo Ferrari (Florenz, Ginnasio drammatico)
Aleksandr Sergeevič Puškins *Skupoj rycar'* (*Der geizige Ritter*) uraufgeführt

(–70) Louis Bonaparte als Napoleon III. franz. Kaiser

(11.10.) Die Christiania norske dramatiske Skole eröffnet ein Theater in der Møllergade in Christiania (heute Oslo), um mit einer von norweg. Bühnensprache und Dramatik geprägten Bühne den dän. Einfluß auf das Theaterleben zurückzudrängen
Teatrul Național (Nationaltheater) in Bukarest (heute: Teatrul Național »Ion Luca Caragiale« București) gegründet (1944 durch Bomben zerstört, 1973 Neubau)

Personen des Theaters / Bühnenereignisse	Zeitgeschichte / Theaterwesen
1853 Alfred Freiherr von Berger (1853 Wien–1912 Wien), Theaterleiter, Regisseur, Dramaturg, Autor Oskar Panizza (1853 Bad Kissingen–1921 Bayreuth), dt. Autor Herbert Beerbohm Tree (1853–1917), brit. »actor-manager«, Schauspieler, Regisseur, Theatermanager August Arppe (1854–1924), schwed.-finn. Regisseur, Theaterleiter Jakob Gordin (1853 Mirgorod/Ukraine–1909 New York), jidd. Autor (2.5.) UA von Paolo Giacomettis *Elisabetta Regina d'Inghilterra* (*Elisabeth, Königin von England*) in Venedig (Teatro Apollo) (20.8.) UA von Aleksandr Nikolaevič Ostrovskijs *Bednaja nevesta* (*Die arme Braut*) in Moskau	
1854 Hugo Thimig (1854 Dresden–1944 Wien), (Burg-)Schauspieler, Regisseur, Theaterleiter Oscar (Fingal O'Flahertie Wills) Wilde (1854 Dublin–1900 Paris), irisch-engl. Autor (4.4.) UA von Goethes 1833 publizierten Schauspiel *Faust II* (Hamburg, Stadttheater) – erste Gesamtaufführung beider Teile am 6. und 7. 5. 1876 am Großherzoglichen Hoftheater in Weimar (18.10.) UA des Trauerspiels *Der Fechter von Ravenna* von Friedrich Halm (eig. Eligius Freiherr von Münch-Bellinghausen) am Wiener Burgtheater Der Intendant des Münchner Hoftheaters Franz von Dingelstedt initiiert mit überragendem Erfolg sog. »Gesamtgastspielvorstellungen« – Musteraufführungen klassischer Dramen mit den herausragendsten dt. Schauspielern (25.1.) Aleksandr Nikolaevič Ostrovskijs *Bednost' ne porok* (*Armut ist kein Laster*) in Moskau uraufgeführt	(–1856) Krimkrieg Rußlands gegen Türkei, Frankreich, Großbritannien
1855 Arthur Wing Pinero (1855 London–1934 London), engl. Dramatiker, Theaterleiter Aspazija, eig. Elza Rozenberga-Pliekšane (1855 Zalenieki–1943 Riga), lett. Autorin (20.3.) Die UA von Alexandre Dumas' fils *Le demi-monde* (*Die Halbwelt*) am Pariser Gymnase dramatique wurde ein sensationeller Bühnenerfolg, der Titelbegriff ging in den allgemeinen Sprachschatz ein (5.5.) »Geburtsstunde« der Offenbachiaden – UA von Jacques Offenbachs musikalischen Einaktern *La nuit blanche* und *Les deux aveugles* im Pariser Theater Les Bouffes Parisiens mit grandiosem Erfolg UA von Henrik Ibsens *Fru Inger til Østråt* (*Die Herrin von Oestrot*) in Bergen (26.4.) Andreas Munchs historisches Drama *En aften paa Giske* (*Ein Abend auf Giske*) im Christiania Theater in Christinaia (heute Oslo) uraufgeführt	(–63) Jacques Offenbach (1819–80) eröffnet und leitet die Bouffes Parisiens als Aufführungsstätte seiner musikalischen Werke

Personen des Theaters / Bühnenereignisse	Zeitgeschichte / Theaterwesen

(1855) (28.11.) UA der Komödie *Svad'ba Krečinskogo* (*Krecins-kijs Hochzeit*) des russ. Autors Aleksandr Vasil'evič Suchovo-Kobylin (Moskau, Malyj teatr) – Erster Teil einer Dramentrilogie, die Suchovo-Kobylin während seiner siebenjähriger Untersuchungshaft wegen (fälschlichen) Mordverdachts verfaßte
Vasile Alecsandris Lustspiel *Coana Chirita în Jasi* (*Frau Chirita in Jassy*) im rumän. Iași (Jassy) uraufgeführt

1856 Otto Brahm, eig. O. Abrahamsohn (1856 Hamburg–1912 Berlin), Theaterleiter, Regisseur, Kritiker
Oscar Sauer (1856–1918), dt. Schauspieler
George Bernard Shaw (1856 Dublin–1950 Ayot Saint Lawrence/Hertford), irisch-engl. Autor

(22.12.) Charlotte Birch-Pfeiffers »ländliches Charakterbild« *Die Grille* uraufgeführt (Berlin, Königl. Schauspielhaus)
UA von Henrik Ibsens *Gildet på Solhaug* (*Das Fest auf Solhaug*) in Bergen

1857 Hermann Sudermann (1857 Matzicken/Ostpreußen–1928 Berlin), dt. Autor
Gunnar Heiberg (1857 Kristiania/heute Oslo–1929 Oslo), norweg. Autor
Ida Aalberg (1857–1915), finn. Schauspielerin (»Duse des Nordens«), Theaterleiterin
Ivo Graf Vojnovic (1857 Ragusa, heute Dubrovnik–1929 Belgrad), kroat. Autor

(15.2.) UA von Friedrich von Schillers 1815 posthum erschienenen Dramenfragment *Demetrius* am Großherzogl. Hoftheater Weimar
(7.3.) Johann Nepomuk Nestroys Posse *Umsonst* uraufgeführt (Wien, Carl-Theater)
UA von Eugène Labiches bis heute populärem Lustspiel *L'affaire rue de Lourcine* (*Die Affäre Rue de Lourcine*)

1858 Josef Kainz (1858 Wieselburg–1910 Wien), österr. Schauspieler
André Antoine (1858 Limoges–1943 Le Pouligneu), franz. Schauspieler, Regisseur, Theaterleiter und -kritiker
Georges Courteline (1858 Tours–1929 Paris), franz. Dramatiker
Harald Molander (1858–1900), schwed.-finn. Regisseur, Theaterleiter
Eleanora Duse (1858 Vigevano–1924 Pittsburgh/USA), ital. Schauspielerin von internat. Bedeutung
Vladimir Ivanovič Nemirovič-Dančenko (1858 Osurgety, heute Macharadse/Georgien–1943 Moskau), Schauspieler, Regisseur, Theaterleiter

(11.9.) UA von Johann Nepomuk Nestroys *Ein gebildeter Hausknecht oder Verfehlte Prüfungen* (Wien, Carl-Theater)

Friedrich Wilhelm IV. von Preußen dankt ab; Regentschaft durch Prinz Wilhelm, 1861 als Wilhelm I. preuß. König

Begründung des modernen Marionetten-Theaters durch J. L. Schmid, der in München ein Marionetten-Theater gründet, für das Franz Graf Pocci über 50 Stücke schreibt

Personen des Theaters / Bühnenereignisse	Zeitgeschichte / Theaterwesen
(1858) Riccardo di Castelvecchios (eig. Giulio Pullè) Verskomödie *La donna romantica ed il medico omeopatico* (*Die romantische Dame und der homöopathische Arzt*) in Venedig uraufgeführt (24.11.) Henrik Ibsens *Hærmændene på Helgeland* (*Die Helden auf Helgeland* oder *Nordische Heerfahrt*) in Christiania (heute Oslo) in Det norske Theater uraufgeführt	
1859 Bjørn Bjørnson (1859 Christiania, heute Oslo–1942 Oslo), norweg. Schauspieler, Regisseur, Theaterleiter. Knut Hamsun (eig. Knut Pedersen) (1859 Lom/Gudbrandsdal–1952 Nerholm), norweg. Autor (16.11.) UA von Aleksandr Nikolaevič Ostrovskijs *Groza* (*Das Gewitter*) im Moskauer Malyj teatr	Krieg Frankreich/Piemonts gegen Österreich: Sieg des »Risorgimento« in Italien Inquisition in Italien aufgehoben Vereinigung der Fürstentümer Moldau und Walachei zu Rumänien Charles Darwin: *Origins of Species by Natural Selection* (*Die Entstehung der Arten durch natürliche Zuchtwahl*)
1860 Lucien Guitry (1860–1925), franz. Schauspieler, Regisseur, Theaterleiter Sir James Matthew Barrie (1860 Kirriemuir–1937 London), engl. Autor Anton Pavlovič Čechov (1860 Taganrog–1904 Badenweiler), russ. Autor Gustav Esmann (1860 Kopenhagen–1904 Kopenhagen), dän. Autor (18.10.) UA von Heinrich von Kleists *Die Hermannsschlacht* (Breslau, Stadttheater) (10.9.) UA des Schwanks *Le voyage de Monsieur Perrichon* (*M. Perrichons Reise*) von Eugène Labiche und Édouard Martin (Paris, Théâtre du Gymnase) – bis heute andauernder Erfolg (18.4.) UA von Aleksandr Nikolaevič Ostrovskijs *Svoi ljudi – soctёmsja!* (*Unter Verwandten wird man sich schon einig*) in Voronez (Kadettenkorps)	Kroat. Nationaltheater in Zagreb eröffnet
1861 UA von Friedrich Hebbels *Die Nibelungen* (31.1. und 18.5., Hoftheater Weimar, Regie Franz von Dingelstedt), *Michel Angelo* (UA 1.4., Wien, Quai-Theater) (13.3.) Die vom franz. Kaiser befohlene Aufführung von Richard Wagners *Tannhäuser* an der Pariser Oper führt zu einem vom Pariser Jockey-Club initiierten Skandal und langen Auseinandersetzungen zwischen »Wagnerianern« und »Anti-Wagnerianern« (18.11.) Posthume UA von Alfred de Mussets (von seinem Bruder bearbeitetem) Lustspiel *On ne badine pas avec l'amour* (*Man spielt nicht mit der Liebe*) in der Comédie Française (6.9.) UA von Paolo Giacomettis Drama *La morte civile* (*Der bürgerliche Tod*) in Fermo durch die Compagnia Dondini-Maieroni	(–78) Victor Emanuel II. König von Italien (außer Rom und Venedig) Aufhebung der Leibeigenschaft in Rußland (9.4.) Brand des Gran Teatre del Liceu in Barcelona Serb. Nationaltheater in Novi Sad gegründet

Personen des Theaters / Bühnenereignisse	Zeitgeschichte / Theaterwesen
1862 Louise Dumont, eig. Hubertine Maria Louise Heynen (1862 Köln – 1932 Düsseldorf), Schauspielerin, Theaterleiterin und -pädagogin, Regisseurin Gerhart Hauptmann (1862 Ober-Salzbrunn – 1946 Agnetendorf), dt. Autor Johannes Schlaf (1862 Querfurt – 1941 Querfurt), dt. Autor Arthur Schnitzler (1862 Wien – 1931 Wien), österr. Arzt, Autor Georges Feydeau (1862 Paris – 1921 Rueil), franz. Dramatiker Maurice Maeterlinck (1862 Gent – 1949 Nizza), belg. Autor Adolphe Appia (1862 Genf – 1928 Glérolles bei Nyon), schweiz. Bühnenbildner, Theatertheoretiker, Regisseur	Gründung des rund 20 Jahre bestehenden Interimstheaters (Prozatímní Divadlo) in Prag als Übergang zum Nationaltheater (Národní Divadlo)

UA von Johann Nepomuk Nestroys Posse *Frühere Verhältnisse* (7.1.) und seinem letzten Stück, der sozialkritischen Satire *Häuptling Abendwind oder Das gräuliche Festmahl* (1.2., beide Wien, Quai-Theater)

In Darmstadt erste nachweisbare Aufführung eines der wenigen bedeutenden dt. Dialektstücke des 19. Jh.s, der Darmstädter Lokalposse *Datterich* von Ernst Elias Niebergall, erschienen 1841

(1.12.) UA von Émile Augiers *Le fils de Giboyer* (*Der Sohn Giboyers*) in Paris (Comédie Française)

(26.11.) UA des in schwed. Sprache geschriebenen Trauerspiels *Daniel Hjort* des finn. Autors Josef Julius Wecksell (Helsinki, Nya Teatern); herausragendes schwed. Drama, Klassiker finn. Dramatik

(7.3.) UA von Juliusz Słowackis – im schweiz. Exil entstandener – Tragödie *Balladyna* in Lemberg (Lwów)

Aleksandr Sergeevič Puškins *Pir vo vremja čumy* (*Das Gelage während der Pest*) uraufgeführt

(24.9.) UA des Versdramas *Maskarad* (*Maskerade*) von Michail Jur'evič Lermontov (Moskau, Malyj teatr) – zwei frühere Fassungen von der Zensur abgelehnt

1863 Arno Holz (1863 Rastenburg/Ostpreußen – 1929 Berlin), dt. Autor Hermann Bahr (19. 7. 1863 Linz – 15. 1. 1934 München), österr. Autor Adele Sandrock (1863 Rotterdam – 1937 Berlin), dt. Schauspielerin Gabriele D'Annunzio (1863 Pescara – 1938 Gardone), ital. Autor Konstantin Sergeevič Stanislavskij, eig. K. S. Alekseev (1863 Moskau – 1938 Moskau), Regisseur, Theaterleiter, Dramaturg, Schauspieler, Theatertheoretiker, -pädagoge Rudolfs Blaumanis (1863 Ergli/Livland – 1908 Takaharju/Finnland), lett. Autor An-Ski, S., eig. Salomon Seinwil Rappoport (1863 Vitebsk – 1920 Warschau), hebr. Autor	Gründung des »Allgemeinen deutschen Arbeitervereins« (ADAV) in Leipzig durch Ferdinand Lasalle (1825–64) Poln. Aufstand in Warszawa (Warschau) niedergeschlagen

Personen des Theaters / Bühnenereignisse	Zeitgeschichte / Theaterwesen

(1863) (9.12.) UA von Jakob Michael Reinhold Lenz' 1776
erschienenen Drama *Die Soldaten* (unter dem Titel *Das
Soldatenliebchen*) im Burgtheater Wien
(4.4.) Des ital. Autors Vittorio Bersezio (Pseudonym Carlo
Nugelli) Dialektkomödie *Le Miserie 'd Monssù Travet*
(*Die Leiden des Herrn Travetti*) in Turin uraufgeführt
(24.6.) UA der 1840 erschienenen Tragödie *Lilla Weneda*
des poln. Autors Juliusz Słowacki in Lemberg (Lwów)
(27.9.) UA des lange von der Zensur unterdrückten Stücks
Dochodnoe mesto (*Ein einträglicher Posten*) von Aleksandr Nikolaevič Ostrovskij in St. Petersburg
UA der ersten Bauerntragödie des russ. Theaters, *Gor'kaja
sud'bina* (*Ein bitteres Los/Das bittere Schicksal*) von
Aleksej Feofilaktovič Pisemskij (1821–81) in St. Petersburg
(4.10.) UA der Komödie *Drotár* (*Der Rastelbinder*) des
slovak. Autors Ján Palárik in Agram – eines der klassischen Werke des slovak. Theaters

1864   Otto Erich Hartleben (1864 Clausthal/Harz–1905 Salò/   Deutsch-dänischer Krieg (Teilung Schleswig-Holsteins)
Gardasee), dt. Autor   Internationale Arbeiterassoziation (1. Internationale) in
Alfred Roller (1864 Brünn/Brno–1935 Wien), Bühnen-   London gegründet (Leitung: Marx/Engels)
bildner, Maler
Frank (eig. Benjamin Franklin) Wedekind (1864 Hanno-   (23.4.) Anläßlich des 300. Geburtstages Shakespeares
ver–1918 München), dt. Dramatiker   Gründung der Dt. Shakespeare-Gesellschaft in Weimar
Herman Heijermans (1864 Rotterdam–1924 Zandvoort),
niederländ. Autor, Theaterleiter
Vera Fëdorovna Komissarshevskaja (1864–1910), russ.
Schauspielerin (»russ. Duse«), Regisseurin, Theaterlei-
terin
Branislav Nušic (1864 Belgrad–1938 Belgrad), serb. Autor

(22.2.) UA des »Comédie-Vaudeville« *La cagnotte* (*Das
Sparschwein*) von Eugène Labiche und Alfred Delacour
(1817–1883) in Paris (Théâtre du Palais-Royal)
(17.12.) UA von Jacques Offenbachs »Opéra bouffe« *La
belle Hélène* (*Die schöne Helena*), Libretto Henri Meilhac und Ludovic Halévy, in Paris (Théâtre des Variétés)
(17.1.) UA von Henrik Ibsens *Kongs-Emnerne* (*Die Kronprätendenten*) im Christiania Theater in Kristiania
UA der Tragödie *Teuta* des kroat. Autors Dimitrija Deme-
ter in Zagreb

1865   Émile Jaques-Dalcroze (1865 Wien–1950 Genf), Kompo-   Abschaffung der Sklaverei in den USA
nist, Musik- und Tanzpädagoge   Allgemeiner Deutscher Frauenverein in Leipzig gegründet
Max Halbe (1865 Güttland bei Danzig–1944 Burg bei
Neuötting), dt. Dramatiker
Sophus Michaelis (1865 Odense–1932 Kopenhagen), dän.
Autor
William Butler Yeats (1865 Dublin–1939 Cap Martin/
Frankreich), irischer Autor
Jānis Pliekšāns, genannt Rainis (1865–1926), lett. Journa-
list, Autor

(10.6.) UA von Richard Wagners *Tristan und Isolde*
(München, Hof- und Nationaltheater)

Personen des Theaters / Bühnenereignisse

Zeitgeschichte / Theaterwesen

(1865) (7.11.) UA von Alfred de Mussets Komödie *Carmosine* (Paris, Théâtre de l'Odéon)
(18.12.) UA des Versdramas *Juan Lorenzo* von Antonio García Gutiérrez (Madrid, Teatro del Principe)
(10.12.) UA des frühen Erfolgsstücks des neugriech. Theaters *Maria Doxapatrì* von Dimitrios Vernardakis in Athen

1866 Richard Beer-Hofmann (1866 Rodaun bei Wien – 1945 New York), österr. Autor
Else Lehmann (1866 Berlin – 1940 Prag), dt. Schauspielerin
Léon Bakst (1866–1924), aus Rußland stammender Maler und Bühnenbildner
Carlos Arniches y Barrera (1866 Alicante – 1943 Madrid), span. Autor
Jacinto Benavente y Martinez (1866 Madrid – 1954 Madrid), span. Autor
Ramón Maria de Valle-Inclán (1866 Villanueva de Arosa – 1936 Santiago de Compostela), span. Autor, Erfinder des »esperpento«

(18.8.) UA von Alfred de Mussets 1834 erschienener Komödie *Fantasio* in der Comédie Française
(6.4.) UA von Frederic Solers Versdrama *Les joies de la Roser* (*Der Schmuck der Roser*) in Barcelona (Teatre Odeon) – wichtig für die Entwicklung des katalan. Theaters
(12.3.) UA der Verstragödie *Meropi* (*Merope*) des griech. Autors Dimitrios Vernardakis in Athen
UA der Tragödie *Rajna Knjaginja* (*Prinzessin Rajna*) des für die Entwicklung des bulgar. Theaters wichtigen Autors Dobri P. Vojnikov in Braila
Entstehungszeit der ersten weißruthen. Komödie *Pinskaja Šljachta* (*Der Pinsker Adel*) von Vincuk Dunin-Marcinkievic in der verbotenen weißruthen. Sprache. Unter der Herrschaft der russ. Zaren konnten seine Stücke nur illegal aufgeführt werden

Ende des Dt. Bundes nach erfolgreichem Krieg Preußens gegen Österreich
Gründung des Norddeutschen Bundes unter Vorherrschaft Preußens

1866 Bau des Royal Opera House in Valletta auf Malta

1867 Albert Bassermann (1867 Mannheim – 1952), dt. Schauspieler
Karl Schönherr (1867 Axams/Tirol – 1943 Wien), österr. Dramatiker
John Galsworthy (1867 Kingston Hill/Surrey – 1933 London), engl. Autor
Luigi Pirandello (1867 Agrigent – 1936 Rom), ital. Autor
Grigoris Xenopulos (1867 Konstantinopel – 1951 Athen), griech. Autor

(27.11.) UA des Schauspiels *I Mariti* (*Die Ehemänner*) von Achille Torelli in Florenz (Teatro Niccolini)
(30.1.) UA von Aleksandr Nikolaevič Ostrovskijs *Dmitrij Samozvanec i Vasilij Šujskij* (*Der falsche Dmitrij und Vasilij Šujskij*) in Moskau

Kaiser Franz Joseph I. wird König von Ungarn; Österreich-Ungarn nach dem sog. »Ausgleich« Doppelmonarchie (bis 1918)
Erster Band von Karl Marx' *Das Kapital* erschienen

Slowenisches Nationaltheater in Ljubljana gegründet

Personen des Theaters / Bühnenereignisse	Zeitgeschichte / Theaterwesen
(1867) Aleksej Konstantinovič Graf Tolstojs historische Tragödie *Smert' Ioanna Groznog* (*Der Tod Ivans des Schrecklichen*) im St. Petersburger Mariinskij teatr uraufgeführt Erscheinungsjahr des für die Entwicklung der Dramatik einflußreichen ersten rumän. Geschichtsdramas *Razvan si Vidra* (*Razvan und Vidra*) von Bogdan Petriceicu Hasdeu Abraham (Avrom) Goldfaden beginnt im rumän. Iaşi (Jassy) einfache jidd. Stücke mit Musik zu schreiben – Beginn jidd. Theaters	
1868 Paul Claudel (1868 Villeneuve-sur-Fère–1955 Paris), franz. Autor Edmond Rostand (1868 Marseille–1918 Paris), franz. Autor Ol'ga Leonardovna Knipper-Čechova (1868 Glasov–1959 Moskau), russ. Schauspielerin Maksim Gor'kij, eig. Aleksej Maksimovič Peškov (1868 Niznij Novgorod–1936 Umgebung Moskaus), russ. Autor Esther Rahel Kamińska (1868 [1870?] Porosowo bei Grodno–1925 Warschau), poln.-jidd. Schauspielerin, Regisseurin, Theaterleiterin – »Mutter des jidd. Theaters« Stanisław Przybyszewski (1868 Lojewo–1927 Jaronty), poln. Autor Vydunas (eig. Vilius Storosta) (1868 Jonaiciai/Kreis Šilute–1953 Detmold), lit. Autor (29.3.) Franz Grillparzers 1829–40 entstandenes Dramenfragment *Esther* im Wiener Burgtheater uraufgeführt (21.6.) UA von Richard Wagners Musikdrama *Die Meistersinger von Nürnberg* am Hof- und Nationaltheater München UA von Paolo Ferraris Schauspiel *Il duello* (*Das Duell*) in Florenz (Teatro Niccolini) UA von Aleksandr Nikolaevič Ostrovskijs *Vasilisa Melent'eva* (3.1., Moskau, Malyj teatr), *Na vsjakogo mudreca dovol'no prostoty* (*Eine Dummheit macht auch der Gescheiteste*, 1.11. St. Petersburg, Aleksandrinskij teatr)	»Septemberrevolution« in Spanien führt zum Sturz der Monarchie und der Errichtung der Ersten Republik (1875 Restauration der Monarchie) Großherzogtum Luxemburg konstitutionelle Erbmonarchie
1869 Else Lasker-Schüler (1869 Wuppertal-Elberfeld–1945 Jerusalem), dt. Autorin Firmin Gémier, eig. F. Tonnerre, (1869 Aubervilliers–1933 Paris), Schauspieler, Regisseur Aurélien Lugné-Poë (1869 Paris–1940 Villeneuve-lès-Avignon), franz. Schauspieler, Regisseur, Theaterleiter Eugénio de Castro (e Almeida) (1869 Coimbra–1944 Coimbra), portug. Dramatiker Hjalmar Söderberg (1869 Stockholm–1941 Kopenhagen), schwed. Autor Stanisław Wyspiański (1869 Krakau–1907 Krakau), poln. Maler, Architekt, Bühnenbildner, Autor, Theatertheoretiker	Sozialdemokratische Arbeiterpartei (SDAP) in Eisenach durch August Bebel (1840–1913) und Wilhelm Liebknecht (1826–1900) gegründet Einführung der Gewerbefreiheit im Bereich des Norddeutschen Bunds (später vom Reich übernommen) – stellt Theater allen Gewerbebetrieben gleich (Gründung zahlreicher neuer – häufig kurzlebiger – Bühnen) Gründung des Pariser Kabarett- und Revuetheaters Folies-Bergère

Personen des Theaters / Bühnenereignisse

Zeitgeschichte / Theaterwesen

(1869) UA von Friedrich Hebbels Dramenfragment (Bearbeitung Ludwig Goldhanns) *Demetrius* in Berlin
(30.10.) UA von Henri Meilhacs und Ludovic Halévys Sittenstück *Frou-Frou* in Paris (Théâtre Porte-Saint-Martin)
(10.12.) UA von Jacques Offenbachs Opéra bouffe (Libretto Henri Meilhac und Ludovic Halévy) *Les Brigands* (*Die Banditen*) in Paris (Théâtre des Variétés)
(18.10.) Theaterskandal bei der UA von Henrik Ibsens *De unges forbund* (*Der Bund der Jugend*) im Christiania Theater in Christiania (heute Oslo)
UA von Bjørnstjerne Bjørnsons *Sigurd Slembe* im Hoftheater Meiningen; norweg. EA (TR Bjørn Bjørnson, der Sohn des Dichters) 1885 im Christiania Theater in Christiania (heute Oslo)

1870 Ernst Barlach (1870 Wedel–1938 Rostock), dt. Künstler, Dramatiker
Gertrud Eysoldt (1870 Pirna–1955 Ohlstadt bei Murnau), dt. Schauspielerin, Theaterleiterin und -pädagogin

(5.11.) UA von Ludwig Anzengrubers *Der Pfarrer von Kirchfeld* (Wien, Theater an der Wien)
(16.4.) UA von Aleksandr Nikolaevič Ostrovskijs *Bešenye den'gi* (*Tolles Geld*) in St. Petersburg
(17.9.) UA von Aleksandr Sergeevič Puškins 1831 erschienenen *Boris Godunov* in St. Petersburg (Mariinskij Teatr) – 1833 Auff. von der Zensur verboten, 1870 gekürzt
Aufführung von Lydia Koidulas *Saaremaa Onupoeg* (*Der Vetter aus Saaremaa*) durch eine Amateurtruppe des 1865 gegründeten Vereins »Vanemuine« in Tartu – gilt als Initialzündung für das estn. professionelle Theater

1871 Paul Valéry (1871 Sète–1945 Paris), franz. Autor
John Millington Synge (1871 Rathfarnham bei Dublin–1909 Dublin), irischer Dramatiker
Leonid Nikolaevič Andreev (1871 Orel–1919 Nejvala), russ. Dramatiker

(9.12.) UA von Ludwig Anzengrubers Volksstück *Der Meineidbauer* (Wien, Theater an der Wien)
(Okt.) UA des Schauspiels *Cause ed Effetti* (*Ursachen und Wirkungen*) des ital. Autors Paolo Ferrari in Mailand (Teatro Re)
(1.11.) UA von Aleksandr Nikolaevič Ostrovskijs *Les* (*Der Wald*) in Petersburg (Aleksandrinskij teatr)

(–71) Niederlage Frankreichs im Dt.-Franz. Krieg; Sturz Napoleons III.; 3. Republik in Frankreich (–1940)
Ende des Kirchenstaates nach Besetzung Roms durch Italien
Dogma von der Unfehlbarkeit des Papstes

(–81) Franz von Dingelstedt (1814–81) Leiter des Wiener Burgtheaters
(9.9.) Beim Bombardement der Stadt während des Dt.-Franz. Krieges verbrennt das Grand Théâtre in Straßburg
Gründung der Dramatischen Gesellschaft im norweg. Christiania (heute Oslo), die künstlerisch ambitioniertes Laientheater betreibt

(18.1.) Gründung des Dt. Reichs in Schloß Versailles; Kaiser wird der preuß. König Wilhelm I.; Annexion Elsaß-Lothringens; (–90) Otto von Bismarck (1815–98) Reichskanzler
Frankreich wird Republik; Aufstand der Pariser Commune blutig niedergeschlagen
Carles Darwin: *The descent of man, and selection in relation to sex* (*Die Abstammung des Menschen*)

(Juli) Auf Initiative des Schauspielers Ludwig Barnay u. a. wird die Genossenschaft Deutscher Bühnenangehöriger (GDBA) als gewerkschaftsähnliche Interessenvertretung der Schauspieler und anderer künstlerischer und nicht-künstlerischer Theaterangestellten in Weimar gegründet
Gründung des Royal Court Theatre in London (Neubau 1888)

Personen des Theaters / Bühnenereignisse	Zeitgeschichte / Theaterwesen
1872 Gustav Lindemann (1872 Danzig–1960 Sonnenholz/ Rosenheim), dt. Regisseur, Theaterleiter, Schauspieler Albert Steinrück (1872 Wetterburg/Waldeck–1929 Berlin), dt. Schauspieler, Regisseur, Theaterleiter Serge Diaghilev (1872–1929), aus Rußland stammender Kunst- und Ballettmanager, Initiator und Leiter der »Ballets Russes« Edward Gordon Craig (1872 Stevenage/Großbritannien– 1966 Vence/Frankreich), Schauspieler, Regisseur, Büh- nenbildner, Theatertheoretiker David Pinski (1872 Mohilew/Rußland–1959 Haifa), jidd. Autor	Aufhebung der Zensur in Schweden Gründung und (–79) Leitung des Wiener Stadttheaters durch Heinrich Laube Gründung der Nationale Scene i Bergen, seit 1993 eines der drei Nationaltheater Norwegens (22.5.) Gründung eines finn. Nationaltheaters (Suomen Kansallisteatteri)

1872 (continued)

UA von Franz Grillparzers *Ein Bruderzwist in Habsburg*
(24.9., Wien, Burgtheater), *Die Jüdin von Toledo*
(21.11., Prag, Landestheater)
(12.10.) UA von Ludwig Anzengrubers (unter dem Pseudonym L. Gruber) *Die Kreuzlschreiber* in Wien (Theater
an der Wien)
(1.10.) UA des Dramas *L'Arlésienne* (*Die Arlesierin*) von
Alphonse Daudet nach seiner gleichnamigen Erzählung
in Paris (Théâtre de Vaudeville)
UA der Volkskomödie *Kihlaus* (*Die Verlobung*) des finn.
Autors Aleksis Kivi in Helsinki
UA des einflußreichen Trauerspiels *Pskovitjanka* (*Das
Mädchen von Pskov*) von Lev Aleksandrovič Mej in
Moskau
(13.1.) UA von Ivan Sergeevič Turgenevs *Mesjac v derevne*
(*Ein Monat auf dem Lande*) in Moskau (Malyj teatr)
(18.2) UA des romantischen Dramas *Galatia* von Spiridon
Vasiliadis in Athen
UA des Lustspiels *Boieri si Ciocoi* (*Bojaren und Parvenüs*)
des rumän. Autors Vasile Alecsandri in Iaşi (Jassy)
Das wohl bedeutendste Stück der bulgar. Dramatik vor
1900, *Ivanko ubiecat na Asenja I* (*Ivanko, der Mörder
Asens I.*) von Vasil Drumev in Rumänien erschienen
Erscheinungsjahr der die estn. Dramatik begründenden
Komödie *Särane Mulk, ehk sada wakka tangusoola* (*So
ein Mulk oder Hundert Scheffel Salz*) von Lydia Koidula
(eig. Lydia Emilie Florentine Jannsen)

Personen des Theaters / Bühnenereignisse	Zeitgeschichte / Theaterwesen
1873 Max Reinhardt, eig. M. Goldmann (1873 Baden/Österr.– 1943 New York), Schauspieler, Regisseur, Theaterleiter Alfred Jarry (1873 Laval–1907 Paris), franz. Autor Betty Nansen (1873 Kopenhagen–1943 Kopenhagen), Schauspielerin, Theaterleiterin, Regisseurin Otto Falckenberg (1873 Koblenz–1947 Starnberg), Regisseur, Theaterleiter, Autor	Die Architekten Ferdinand Fellner (1847–1916) und Her- mann Gottfried Helmer (1849–1919) gründen in Wien die gemeinsame – auf Theaterbauten spezialisierte – Firma Fellner & Helmer, die bis 1914 rd. 50 Theater und Konzerthäuser in Mittel- und Osteuropa baute

(30.4.) UA der »dramatischen Legende« *Una partita a
scacchi* (*Eine Schachpartie*) von Giuseppe Giacosa in
Neapel (Accademia Filarmonica)
(24.11.) Henrik Ibsens *Kjærlighedens komedie* (*Komödie
der Liebe*) im Christiania Theater in Christiania (heute
Oslo) uraufgeführt

Personen des Theaters / Bühnenereignisse

Zeitgeschichte / Theaterwesen

(1873) (5.2.) UA der in schwed. Sprache verfaßten Tragödie *Kungarne på Salamis* (*Die Könige auf Salamis*) des finn. Autors Johan Ludvig Runeberg in Helsinki
(11.5.) Aleksandr Nikolaevič Ostrovskijs *Snegurocka. Vesennaja skazka* (*Schneeflöckchen. Ein Frühlingsmärchen*) im Moskauer Malyj teatr uraufgeführt

1874 Hugo von Hofmannsthal (1874 Wien–1929 Rodaun bei Wien), österr. Autor
Friedrich Kayßler (1874–1945), dt. Schauspieler, Regisseur, Theaterleiter
Karl Kraus (1874 Jičín/Ostböhmen–1936 Wien), österr. Autor
Paul Wegener (1874 Bischdorf–1948 Berlin), dt. Schauspieler
William Somerset Maugham (1874 Paris–1965 Nizza), engl. Autor
Dario Niccodemi (1874 Livorno–1934 Rom), ital. Autor
Vsevolod Ėmil'evič Mejerchol'd, eig. Karl Theodor Kasimir Meiergold (1874 Penza–1940 Moskau), russ. Schauspieler, Regisseur, Theaterleiter, -pädagoge und -theoretiker

(21.1.) UA von Franz Grillparzers 1872 posthum erschienener Tragödie *Libussa* (Wien, Burgtheater; dort am 29. 11. 1840 Aufführung des ersten Aktes)
(19.9.) UA von Ludwig Anzengrubers Bauernkomödie *Der G'wissenswurm* (Wien, Theater an der Wien)

Gründung der Koninklijke Nederlandse Schouwburg in Antwerpen
(–90) Internationale Tourneen der »Meininger«, des Ensembles des Hoftheaters Meiningen, die die Theaterentwicklung in ganz Europa beeinflußten; bei 81 Gastspielen gaben sie 2591 Vorstellungen in 38 Städten
Gründung des bis heute bestehenden Pantomimeteatret im Kopenhagener Vergnügungspark Tivoli

1875 Hermann Röbbeling (1875 Stolberg–1949 Wien), Theaterleiter, Regisseur, Schauspieler

Am Schweriner Hoftheater UA von Christian Dietrich Grabbes *Kaiser Friedrich Barbarossa* (8.12., entstanden um 1829) und *Kaiser Heinrich VI.* (10.12., entstanden 1830)
(18.1.) UA von Bjørnstjerne Bjørnsons *En Fallit* (*Ein Bankrott*) in Stockholm
(24.9.) UA von Aleksis Kivis Komödie *Nummisuutarit* (*Die Heideschuster*) in Helsinki
(8.12.) UA von Aleksandr Nikolaevič Ostrovskijs *Volki i ovcy* (*Wölfe und Schafe*) im St. Petersburger Aleksandrinskij teatr
(15.1.) Großer und andauernder Erfolg der UA des operettenhaften Volksstück *A falu rossza* (*Der Dorflump*) des ungar. Dramatikers Ede Tóth im Nemzeti Színház (Nationaltheater) in Budapest

Sozialistische Arbeiterpartei Deutschlands in Gotha gegründet (Fusion von Allgemeinem Dt. Arbeiterverein und Sozialdemokratischer Arbeiterpartei)

Einbau einer Sprinkleranlage als Hilfsmittel bei Bränden im Nationaltheater München

1876 Ernst Stern (1876 Bukarest–1954 London), Bühnen- und Kostümbildner, Maler,
Erich Ziegel (1876 Schwerin a. d. Warthe –1950 München), dt. Schauspieler, Regisseur, Theaterleiter
Júlio Dantas (1876 Lagos–1962 Lissabon), portug. Autor
Ivan Cankar (1876 Vrhnika–1918 Ljubljana), sloven. Autor

Königin Victoria von Großbritannien wird Kaiserin von Indien

Personen des Theaters / Bühnenereignisse	Zeitgeschichte / Theaterwesen

(1876) (1.2.) UA von Ludwig Anzengrubers *Der Doppelselbst-mord* (Wien, Theater an der Wien)

(25.4.) UA von Heinrich von Kleists 1808 erschienener *Penthesilea* (Berlin, Königl. Schauspielhaus); Rezitation und pantomimische Darstellung einzelner Teilstücke am 23. 4. 1876 im Konzertsaal des Nationaltheaters in Berlin

(13.–17.8.) UA des gesamten Bühnenfestspiels *Der Ring des Nibelungen* von Richard Wagner im Festspielhaus Bayreuth

(7.12.) UA von Christian Dietrich Grabbes 1822 entstandenen Lustspiels *Scherz, Satire, Ironie und tiefere Bedeutung* (Privatvorstellung im Wiener Akademietheater)

(24.2.) UA von Henrik Ibsens *Peer Gynt* im Christiania-Theater in Christiania (heute Oslo)

UA des auf Verlangen der Zensur mehrfach umgearbeiteten und umbenannten Dramas *Ne sudylos'* (*Es hat nicht sein sollen*) des ukrain. Autors Mychajlo Staryc'kyj in Kiev

1877 Harley Granville-Barker (1877 London – 1946 Paris), engl. Schauspieler, Regisseur, Theaterleiter

Isadora Duncan (1877 San Francisco – 1927 Nizza), Tänzerin, Tanzpädagogin

Max Pallenberg (1877 Wien – 1934 bei Karlsbad/Karlovy Vary), Schauspieler

Sem Benelli (1877 Prato – 1949 Zoagli), ital. Dramatiker

Jacinto Grau Delgado (1877 Barcelona – 1958 Buenos Aires), span. Dramatiker

Vojdan Černodrinski (1877–1951), Dramatiker, gilt als Begründer des mazedonischen Theaters

(29.12.) UA von Ludwig Anzengrubers *Das vierte Gebot* (Wien, Theater in der Josefstadt)

UA von Henrik Ibsens *Samfundets støtter* (*Die Stützen der Gesellschaft*) im dän. Odense (Theatret i Odense); norweg. EA am 30. 11. 1877 in Bergen (Det norske Theater)

(22.1.) UA des Dramas *O locura o santidad* (*Wahnsinn oder Heiligkeit*) von José Echegaray y Eizaguirre in Madrid (Teatro del Príncipe)

1878 Leopold Jeßner (1878 Königsberg – 1945 Los Angeles), Schauspieler, Regisseur, Theaterleiter

Georg Kaiser (1878 Magdeburg – 1945 Ascona), dt. Dramatiker

Carl Sternheim (1878 Leipzig – 1942 Brüssel), dt. Dramatiker

Ferenc (Franz) Molnár, eig. F. Neumann, (1878 Budapest – 1952 New York), ungar. Dramatiker

(–90) »Sozialistengesetze« zur Unterdrückung der Sozialdemokratie in Deutschland

Abschluß der Orientkrise (1875–78) auf dem »Berliner Kongreß«: Serbien, Montenegro, Rumänien werden unabhängig, Bulgarien autonom (1908 unabhängig); Österreich-Ungarn okkupiert und verwaltet (–1908) Bosnien und Herzegowina

Weltpostverein in Paris gegründet

(28.5.) UA des in Okzitanisch geschriebenen Versdramas *Lou pan dóu pecat* (*Das Brot der Sünde*) von Théodore Aubanel im südfranz. Montpellier

(2.2.) Eröffnung des wiederum von Gottfried Semper entworfenen Neubaus des Kgl. Hoftheaters in Dresden (»Semper-Oper«)

Personen des Theaters / Bühnenereignisse

Zeitgeschichte / Theaterwesen

(1878) Erscheinungsjahr der in Kraków preisgekrönten Komödie *Pan Damazy* (*Herr Damazy*) des poln. Autors Józef Blizinski

Gründung der ältesten und bedeutendsten Theaterhochschule Rußlands GITIS (Gosudarstvennyj institut teatral'nogo iskusstva); seit 1991 Teatral'naja akademija GITIS

(–1902) Der Schauspieler Henry Irving (1838–1905) übernimmt das Londoner Lyceum Theatre und feiert mit seinem Ensemble Erfolge mit Melodramen und v.a. mit effektvollen Inszenierungen der Stücke Shakespeares

1879   Rudolf von Laban (1879 Preßburg/Bratislava–1958 bei Weybridge/Großbritannien), dt. Tänzer, Choreograph, Tanzreformer und -theoretiker

Alexander Moissi, alban. Aleksander Moisiu (1879 Triest–1935 Wien), Schauspieler

Oskar Strnad (1879 Wien–1935 Bad Aussee), Bühnenbildner, Architekt, Designer

Jacques Copeau (1879 Paris–1949 Beaune), franz. Regisseur, Schauspieler, Theaterleiter und -reformer

Erstes Theatergebäude in Stratford-upon-Avon (1926 abgebrannt, 1932 neu gebaut) für das Shakespeare Memorial Theatre, das ohne festes Ensemble während der Sommermonate in Stratford spielt

(22.4.) UA des Schauspiels *Leonarda* von Bjørnstjerne Bjørnson im Christiania-Theater in Christiania (heute Oslo)

(21.12.) UA von Henrik Ibsens *Et dukkehjem* (*Nora oder Ein Puppenheim*) in Kopenhagen (Det Kongelige Teater)

(1.12.) UA von Mihály Vörösmartys »Märchendrama« *Csongor és Tünde* (*Csongor und Tünde*) im Budapester Nationaltheater (Nemzeti Színház)

(18.1.) UA der Komödie *O noapte furtunoasa* (*Eine stürmische Nacht*) von Ion Luca Caragiale in Bukarest

(30.9.) UA des historischen Dramas *Despot Voda* (*Fürst Despot*) von Vasile Alecsandri in Bukarest

1880   Tilla Durieux, eig. Ottilie Godeffroy (1880 Wien–1971 Berlin), dt. Schauspielerin

Robert (Edler von) Musil (1880 Klagenfurt–1942 Genf), österr. Autor

Sean O'Casey (eig. John Casey) (1880 Dublin–1964 Torquay/Devon), irischer Autor

Guillaume Apollinaire, eig. Wilhelm Apollinaris de Kostrowsky (1880 Rom–1918 Paris), franz. Autor

Aleksandr Aleksandrovič Blok (1880 St. Petersburg–1921 Petrograd), russ. Autor

Michail Fokin (1880–1942), aus Rußland stammender Choreograph und Ballettreformer

Jóhann Sigurjónsson (1880 Laxamíri/Island–1919 Kopenhagen), isländ. Autor

UA von Victorien Sardous Lustspiel *Divorçons* (*Cyprienne oder Lassen wir uns scheiden*) in Paris

Erscheinungsjahr der Posse *Conul Leonida fata cu reactiunea* (*Herr Leonida und die Reaktion*) des rumän. Autors Ion Luca Caragiale

(9.2.) Brand des Theatre Royal in Dublin

Personen des Theaters / Bühnenereignisse	Zeitgeschichte / Theaterwesen
1881 Heinrich Lautensack (1881 Vilshofen–1919 München), dt. Autor Alfons Paquet (1881 Wiesbaden–1944 Frankfurt/Main), dt. Autor Elsa Wagner (1881 Reval/Tallinn, Estland–1975 Berlin), dt. Schauspielerin Anton Wildgans (1881 Wien–1932 Mödling bei Wien), österr. Autor, Theaterleiter Anna Pavlova (1881–1931), weltberühmte russ. Tänzerin	Ermordung Zar Alexander II. in Rußland Russ. Geheimpolizei Ochrana gegründet (–1947) Königreich Rumänien
(19.3.) UA von José Echegaray y Eizaguirres Versdrama *El gran galeoto* (*Der große Kuppler*) in Madrid (3.12.) UA von Henrik Ibsens *Catilina* in Stockholms Nya Teatern (30.12.) UA der Prosafassung von August Strindbergs *Mäster Olof* (*Meister Olof*) im Nya Teatern, der Versfassung am 15. 3. 1890 im Kungliga Dramatiska Teatern (Dramaten), beide Stockholm	(23.3.) Brand des Theaters in Nizza wegen einer defekten Gasleitung zu Beginn der Vorstellung (150–200 Tote). (8.12.) 384 Tote beim Brand des Wiener Ringtheaters durch unvorsichtigen Umgang mit der Beleuchtung der Soffitten (18.11.) Die Eröffnung des als Künstlerkneipe geplanten »Chat Noir« durch den Maler Rodolphe Salis in Paris gilt als Geburtsstunde des Kabaretts Eröffnung des Národní Divadlo (Nationaltheater) in Prag mit der UA von Smetanas *Libuše*; kurz danach abgebrannt und neu aufgebaut; 1883 wiedereröffnet Als ältestes Theater Bulgariens wird das Dramatische Theater in Plovdiv eröffnet
1882 Jean Giraudoux (1882 Bellac–1944 Paris), franz. Autor James Joyce (1882 Dublin–1941 Zürich), irischer Autor Theodore Komisarjevsky, eig. Fëdor Fëdorovič Komissarshevskij (1882 Venedig–1954 Darien, Ct/USA), Regisseur, Bühnenbildner, Designer, Theaterleiter, -pädagoge	Das Londoner Savoy Theatre wird als erstes Theater mit elektrischer Beleuchtung ausgestattet
(26.7.) UA von Richard Wagners »Bühnenweihfestspiel« *Parsifal* im Bayreuther Festspielhaus (14.9.) UA von Henry François Becques *Les corbeaux* (*Die Raben*) in der Comédie-Française (20.5.) UA von Henrik Ibsens *Gengangere* (*Gespenster*) in der Chicagoer Aurora Turner Hall (4.4.) UA des Schauspiels *Delo* (*Der Prozeß*) von Aleksandr Vasil'evič Suchovo-Kobylin in St. Petersburg – nach von der Zensur verlangter Umarbeitung mit neuem Titel *Otzitoe vremja* (*Überlebte Zeit*); zweiter Teil einer Trilogie, die der (unschuldige) Verfasser während seiner siebenjährigen Untersuchungshaft geschrieben hatte (21.9.) UA der dramatischen Dichtung *Az ember tragédiája* (*Die Tragödie des Menschen*) von Imre Madách in Budapest; für die ungar. Literatur von großer Bedeutung. Bei dieser Inszenierung wurde in Ungarn erstmals elektrisches Licht als Bühnenbeleuchtung verwendet UA der Tragödie *Pera Segedinac* des serb. Autors Laza Kostic (der »serb. Shakespeare«) in Novi Sad. Nach der UA wurde das antihabsburgische und antiklerikale Stück verboten	
1883 Saladin Josef Schmitt (1883 Bingen–1951 Bochum), dt. Schauspieler, Dramaturg, Regisseur, Intendant Hjalmar Bergman (1883 Örebro–1931 Berlin), schwed. Autor Poul (Hagen) Reumert (1883 Kopenhagen–1968 Kopenhagen), Schauspieler – bedeutendster dän. Charakterdarsteller Nikos Kazantzakis (1883 Heraklion/Kreta–1957 Freiburg i. Br.), griech. Autor	(4.4.) Brand des Berliner National-Theaters Elektrische Beleuchtungsanlage im Stadttheater Brünn (Brno) installiert Das Residenztheater in München erhält als erste dt. Bühne elektrische Beleuchtung Gründung des Dt. Theaters Berlin durch Adolf L'Arronge (1838–1908) im umgebauten ehemaligen Friedrich-Wilhelmstädtischen Theater

Personen des Theaters / Bühnenereignisse	Zeitgeschichte / Theaterwesen
(1883) Spiros Melàs (1883 Nafpaktos–1966 Athen), griech. Autor	František Adolf Šubert (1849–1915) Leiter des Narodní Divadlo in Prag
Evgenij Bogrationovič Vachtangov (1883 Vladikavkas/ Nordossetien, Russland–1922 Moskau), Schauspieler, Regisseur, Theaterleiter	Gründung des Russ. Theaters (Krievu drāmas teātris) im lett. Riga

Einige Jahre spielt Jacob Adlers Russian Jewish Operatic Company jidd. Theaterstücke in London
UA von Victorien Sardous *Fédora* in Paris
(13.1.) UA von Henrik Ibsens *En folkefiende* (*Ein Volksfeind*) im Christiania-Theater in Christiania (heute Oslo)
Bjørnstjerne Bjørnsons *En Hanske* (*Ein Handschuh*) erschienen; erfolglos bei der UA 1883 in Hamburg, erfolgreich eine umgearbeitete Fassung 1886 in Christiania (heute Oslo)
UA der Komödie *Podvala* des serb. Autors Milovan D. Glišic in Belgrad (Narodno pozorište)
(11.1.) UA des Dramas *Hlytaj abo z pavuk* (*Der Schmarotzer oder Die Spinne*) des ukrain. Dramatikers Marko Kropyvnyc'kyj in Cernihiv durch seine eigene Truppe – eines der wichtigsten Dramen des ukrain. Realismus; nach der Premiere sofort verboten

1884 Werner Krauß (1884 Gestungshausen–1959 Wien), Schauspieler	(–1908) König Leopold II. von Belgien gründet den Freistaat Kongo als Privatunternehmen
Emil Pirchan (1884 Brünn/Brno–1957 Wien), Bühnenbildner	
Georges Pitoëff, eig. Georgij Pitojew (1884 Tiflis/Tbilissi–1939 Genf), Regisseur, Theaterleiter	(30.8.) Erstes dt. Programmheft im damaligen Schiller-Theater Berlin ausgegeben
František Langer (1884 Prag–1965 Prag), tschech. Autor	

(21.9.) UA des Schwanks *Der Raub der Sabinerinnen* von Franz und Paul von Schönthan in Stettin
UA von Victorien Sardous *Théodora* in Paris
(25.9.) UA von Henry Arthur Jones' *Saints and Sinners* in London (Vaudeville Theatre)
(15.1.) UA von Aleksandr Nikolaevič Ostrovskijs *Bez viny vinovatye* (*Schuldlos schuldig*) in Moskau
Erscheinungsjahr des überaus erfolgreichen Trauerspiels *Fântâna blanduziei* (*Die blandusische Quelle*) des rumän. Autors Vasile Alecsandri
(18.11.) UA der Komödie *O scrisoare pierduta* (*Der verlorene Brief*) I. L. Caragiales im Bukarester Nationaltheater

1885 Franz Theodor Csokor (1885 Wien–1969 Wien), österr. Autor	Gründung der Oxford University Dramatic Society (OUDS), aus der zahlreiche bedeutende Schauspieler und Regisseure hervorgegangen sind
Jürgen Fehling (1885 Lübeck–1968 Hamburg), Regisseur, Schauspieler	Der Chansonnier Aristide Bruant gründet das Kabarett Le Mirliton (Die Rohrflöte) für den Vortrag seiner sozialanklägerischen, im Pariser Argot geschriebenen »chansons réalistes«
Berthold Viertel (1885 Wien–1953 Wien), Regisseur, Theaterleiter, Autor	
Gaston Baty (1885 Pélussin–1952 Pélussin), franz. Regisseur, Theaterleiter	
Charles Dullin (1885 Yenne/Savoyen–1949 Paris), franz. Schauspieler, Regisseur, Theaterleiter	

Personen des Theaters / Bühnenereignisse	Zeitgeschichte / Theaterwesen

(1885) Aleksandr Jakovlevič Tairov, eig. Kornblit (1885 Romny–1950 Moskau), russ. Schauspieler, Regisseur, Theaterleiter
Vladimir Naumovič Bill'-Beločerkovskij (1885 Aleksandrija/Ukraine–1970 Moskau), ukrain. Autor
Stanisław Ignacy Witkiewicz, genannt Witkacy (1885 Warschau–1939 Jeziory bei Dabrowica), poln. Autor
Alfrēds Amtmanis-Briedītis (1885–1966), lett. Regisseur

(7.2.) UA von Henry François Becques *La Parisienne* (*Die Pariserin*) in Paris (Théâtre de la Renaissance)
UA von Henrik Ibsens *Vildanden* (*Die Wildente*, 9.1., Bergen, Den nationale Scene), *Brand* (24.3., Stockholm, Nya Teatern)
Als erstes sozialkritisches – auch politisch wirkungsvolles – Schauspiel in finn. Sprache UA von Minna Canths *Työmiehen vaimo* (*Das Weib des Arbeiters*), uraufgeführt von Kaarlo Bergbom (1843–1906) und dem ersten finnischsprachigen Berufstheater »Suomalainen teatteri«
(9.3.) UA des Versdramas *Ovidiu* (*Ovid*) von Vasile Alecsandri in Bukarest

1886 Raoul Aslan (1886 Saloniki, heute Thessaloniki, Griechenland–1958 Litzlberg/Österreich), Schauspieler, Regisseur, Theaterleiter
Oskar Kokoschka (1886 Pöchlarn/Donau–1980 Villeneuve bei Montreux), Maler, Bühnenbildner, Dramatiker
Karl Heinz Martin (1886 Freiburg i. Br.–1948 Berlin), Regisseur, Theaterleiter, Bühnenbildner
Mary Wigman, eig. Karoline Sofie Marie Wiegmann (1886 Hannover–1973 Berlin), Tänzerin, Choreographin, Tanzpädagogin
Hella Wuolijoki (1886 Helme–1954 Helsinki), finn. Autorin

(7.5.) UA von Percy Bysshe Shelleys 1819 erschienenen Versdrama *The Cenci* (*Die Cenci*) in London (Islington Grand Theatre)
Bei Gastspielen in London treten in Hermann Sudermanns *Heimat* mit Sarah Bernhardt und Eleonore Duse die wohl bedeutendsten Schauspielerinnen gemeinsam auf
(2.1.) UA von Bjørnstjerne Bjørnsons *Over Ævne I* (*Über die Kraft*) in Stockholm (Nya Teatern); norweg. EA am 21. 10. 1899 im Nationaltheatret in Christiania (heute Oslo)

1887 Reinhard Goering (1887 Schloß Bieberstein bei Fulda–1936 Jena), dt. Dramatiker
Louis Jouvet (1887 Crozon/Finistère–1951 Paris), Schauspieler, Bühnenbildner, Regisseur, Theaterleiter
Leon Schiller, eig. L. S. de Schildenfeld (1887 Kraków–1954 Warszawa), Regisseur, Theaterleiter, -theoretiker, -pädagoge

(6.11.) UA von Ludwig Anzengrubers Schauspiel *Stahl und Stein* (Wien, Verein »Schröder«)

Gründung des (ursprünglich: Dt.) Volkstheaters in Wien, mit dem Ziel, einem breiten Publikum anspruchsvolle Theaterkunst zu erschwinglichen Preisen zu bieten
(10.9.) Wahrscheinlich erste Varietévorstellung im Berliner Wintergarten

(–94) Der Schauspieler und Regisseur Ludwig Barnay (1842–1924) leitet das von ihm gegründete Berliner Theater
(25.5.) 131 Tote beim Brand der Pariser Opéra Comique (Salle Favart)
André Antoine (1858–1943) gründet und leitet eine Amateurtheatergruppe, die als Théâtre-Libre bis 1894 in der Passage de l'Elysée-Montmartre spielt und die Theaterentwicklung in Deutschland (Freie Bühne) und Großbritannien (Independent Theatre) beeinflußt

Personen des Theaters / Bühnenereignisse

Zeitgeschichte / Theaterwesen

(1887) (17.1.) UA des Schauspiels *Francillon* von Alexandre
Dumas fils in der Comédie-Française
UA von Victorien Sardous *La Tosca* in Paris – in der TR
die berühmteste franz. Tragödin Sarah Bernhardt
(24.3.) UA von Giuseppe Giacosas Schauspiel *Tristi amori*
(*Freudlose Liebschaften*) in Rom (Teatro Valle)
(17.1.) UA von Henrik Ibsens *Rosmersholm* (Bergen, Den
nationale Scene)
(14.11.) UA von August Strindbergs Trauerspiel *Fadren*
(*Der Vater*) im Kopenhagener Casinoteatret; schwed.
EA am 12. 1. 1888 in Stockholm (Nya Teatern)
(10.11.) UA von Anton Pavlovič Čechovs Schauspiel
Ivanov in Saratov
UA der Komödie *Martyn Borulja* des ukrain. Dramatikers
Ivan Karpenko-Karyj (eig. Ivan Karpovyc Tobilevyc)

1888 Curt Goetz (1888 Mainz – 1960 Grabs/Schweiz), dt.
Dramatiker, Schauspieler, Regissseur
Friedrich Wolf (1888 Neuwied – 1953 Lehnitz/Berlin),
dt. Dramatiker
Oskar Schlemmer (1888 Stuttgart – 1943 Baden-Baden),
dt. Maler, Bühnenbildner, Theatertheoretiker
Fernand Crommelynck (1888 Paris – 1970 Saint-Germain-
en-Laye), franz. Autor
Thomas Stearns Eliot (1888 Saint Louis/Missouri – 1965
London), amerik.-engl. Autor
Dame Edith Evans (1888 London – 1976 Cranbrook), brit.
Schauspielerin
Margarida Xirgu (1888 – 1969), span. Schauspielerin,
Regisseurin, Theaterleiterin
Guðmundur Kamban (Litli-Bær – 1945 Kopenhagen),
isländ. Autor
Ivan Stodola (1888 Liptovski Mikuláš – 1977 Piešt'any),
slovak. Autor

(7.1.) Eduardo Scarpettas neapolitanische Dialektkomödie
Miseria e Nobiltà (*Elend und Adel*) in Neapel (Teatro
Mercadante) uraufgeführt
(7.2.) UA der katalan. Tragödie *Mar i cel* (*Meer und
Himmel*) des span.-katalan. Dramatikers Àngel Guimerà
in Barcelona (Teatre Català) uraufgeführt
(28.10.) UA von Anton Pavlovič Čechovs Einakter
Medved' (*Der Bär*) im Moskauer Teatr Korsa

1889 Paul Kornfeld (1889 Prag – 1942 KZ Lodz), dt. Autor
Helene Thimig (1889 Wien – 1974 Wien), Schauspielerin,
Regisseurin, Theaterpädagogin
Jean Cocteau (1889 Maisons-Laffitte – 1963 Milly-la-
Forêt), franz. Autor, Regisseur, Maler
Gabriel Marcel (1889 Paris – 1973 Paris), franz. Philosoph,
Autor
Bodil Ipsen (1889 Kopenhagen – 1964 Kopenhagen),
Schauspielerin, Regisseurin
Václav Nijinski (1889 – 1950), legendärer russ. Tänzer,
Choreograph

»Dreikaiserjahr« im Deutschen Reich: Wilhelm I. folgt für
99 Tage Friedrich III., dann Wilhelm II. (–1918)

Eröffnung des nach Plänen Gottfried Sempers und C. von
Hasenauers errichteten Neubaus des Wiener Burgtheaters (1897 wegen schlechter Akustik umgebaut)

(–1914) 2. Internationale in Paris

In Preußen werden Eiserner Vorhang und Sprinkleranlage
für Theater obligatorisch
Gründung des Theatervereins Freie Bühne, um unter
Umgehung der Theaterzensur in geschlossenen Mitglie-
derveranstaltungen Stücke zeitgenössischer Autoren auf-
führen zu können; für jede Aufführung werden Regisseur und Ensemble engagiert, ein Theater gemietet
Dän. Theatergesetz hebt die Privilegien des Königl. Theaters auf, erleichtert die Lage der Privattheater

Personen des Theaters / Bühnenereignisse	Zeitgeschichte / Theaterwesen

(1889) Hanna Rovina, auch: Chana Rowina (1889 Bjaresina/
        Beresino–1980 Tel Aviv), Schauspielerin

(20.2.) UA von Adolf von Wilbrandts *Der Meister von
        Palmyra* (München, Hoftheater)
(25.4.) UA von Friedrich Hebbels 1856 erschienenen
        Schauspiel *Gyges und sein Ring* (Burgtheater Wien)
(20.10.) UA von Gerhart Hauptmanns *Vor Sonnenaufgang*
        in Berlin durch die Freie Bühne im Lessing-Theater –
        einer der größten Theaterskandale des dt. Theaters
(27.11.) UA von Hermann Sudermanns Schauspiel *Die
        Ehre* im Berliner Lessing-Theater
(3.10.) Erster großer Erfolg des portug. Autors Marcelino
        Mesquita (eig. Marcelino António da Silva Mesquita)
        mit der UA des historischen Dramas *Leonor Teles* in
        Lissabon (Teatro D. Maria II.)
(12.2.) UA von Henrik Ibsens *Fruen fra havet* (*Die Frau
        vom Meer*) im Christiania-Theater in Christiania (heute
        Oslo)
UA am 9.3. in Kopenhagens Dagmarteatret von August
        Strindbergs naturalistischen Einaktern *Den Starkare*
        (*Die Stärkere*) und *Paria*, der Tragikomödie *Fordrings-
        sägare* (*Gläubiger*), schwed. EA 25. 3. 1890 in Stock-
        holm (Svenska Teatern); (14.3.) des naturalistischen
        Trauerspiels *Fröken Julie* (*Fräulein Julie*) in Kopenhagen
        (Studentersamfundet), schwed. EA als geschlossene Ver-
        anstaltung 1904 in Uppsala (Stora Gillessalen)
UA von Anton Pavlovič Čechovs Posse *Predloženie* (*Der
        Heiratsantrag*) in Moskau (Privattheater von I. L. Šce-
        glov)

1890   Richard Billinger (1890 St. Marienkirchen–1965 Linz),   Kaiser Wilhelm II. entläßt Bismarck
        österr. Dramatiker   Nach dem Ende des »Sozialistengesetzes« Neugründung
        Ernst Deutsch (1890 Prag–1969 Berlin), Schauspieler   der Sozialdemokratischen Partei Deutschlands (SPD)
        Heinz Hilpert (1890 Berlin–1967 Göttingen), Regisseur,
        Theaterleiter, Schauspieler
        Friedrich Kiesler (1890–1965), österr. Architekt, Theater-   Theater am Schiffbauerdamm in Berlin erbaut
        experimentator   (20.2.) Brand der Amsterdamer Schouwburg
        Ernst Lothar, eig. Müller (1890 Brünn/Brno–1974 Wien),
        Regisseur, Theaterleiter, Autor
        Otto Reigbert (1890 Kiel–1957 München), Bühnenbildner
        Fritz Wisten (1890 Wien–1962 Berlin), Schauspieler,
        Regisseur, Theaterleiter
        Anton Giulio Bragaglia (1890 Frosinone/Latium–1960
        Rom), Regisseur, Theaterleiter
        Karel Čapek (1890 Malé Svatonovice bei Trutnov/Böh-
        men–1938 Prag), tschech. Autor
        Fotos Politis (1890 Athen–1934 Athen), griech. Autor

        (7.4.) UA des naturalistischen Dramas *Die Familie Selicke*
        von Arno Holz und Johannes Schlaf in Berlin durch die
        Freie Bühne
        (1.6.) UA von Gerhart Hauptmanns *Das Friedensfest* in
        Berlin (Freie Bühne im Ostendtheater)

Personen des Theaters / Bühnenereignisse   Zeitgeschichte / Theaterwesen

(1890) (24.10.) UA einer Bearbeitung von Johann Nepomuk
Nestroys 1849 entstandenem Volksstück *Der alte Mann
mit der jungen Frau* in Wien unter dem Titel *Der Flüchtling in Wien* – eines der bedeutenden deutschsprachigen
politischen Dramen des 19. Jh.s, zu Nestroys Lebzeiten
von der Zensur verboten

(24.11.) UA des Dramas *Maria Rosa* des span.-katalan.
Dramatikers Àngel Guimerà (Barcelona, Teatro Nove-
dades)

(25.3.) August Strindbergs naturalistischer Einakter
Samum in Stockholm (Svenska Teatern) uraufgeführt

(17.1.) UA von Gunnar Heibergs *Kong Midas* (*König
Midas*) in Kopenhagen (Det Kongelige Teater)

(3.2.) Ion Luca Caragiales Schauspiel *Napasta* (*Die falsche
Beschuldigung*) im Bukarester Nationaltheater uraufgeführt

UA der (erfolgreichsten) Komödie *Sto tysjac* (*Hunderttau-
send*) des ukrain. Dramatikers Ivan Karpenko-Karyj
(eig. Ivan Karpovyc Tobilevyc) in St. Petersburg

1891   Ferdinand Bruckner (eig. Theodor Tagger) (1891 Wien–
1958 Berlin), österr.-dt. Dramatiker

Erich Engel (1891 Hamburg–1966 Berlin), dt. Schauspieler, Regisseur, Theaterleiter

Yvan Goll (eig. Isaac Lang) (1891 Saint Dié–1950 Paris),
dt.-franz. Autor

Michail Afanas'evič Bulgakov (1891 Kiev–1940 Moskau),
russ. Autor

Michail Aleksandrovič Čechov, in USA: Michael Chekhov
(1891 St. Petersburg–1955 Beverly Hills), Schauspieler,
Regisseur, Theaterleiter und -pädagoge

Pär Lagerkvist (1891 Växjö–1974 Stockholm), schwed.
Autor

(11.1.) UA von Gerhart Hauptmanns *Einsame Menschen*
(Berlin, Freie Bühne im Residenztheater)

UA von Maurice Maeterlincks *L'Intruse* (*Der Eindring-
ling*) am 21.5., des Dramas *Les Aveugles* (*Die Blinden*)
am 7.12., beide in Paris (Théâtre d'Art)

(31.1.) Henrik Ibsens *Hedda Gabler* in München (Hoftheater) uraufgeführt; norweg. EA am 28. 8. 1891 in
Christiania (Christiania Theater)

Erscheinungsjahr des Dramas *Alcácer-Kibir* (*Alkazar*) des
portug. Dramatikers João Gonçalves Zarco da Câmara

(19.12.) UA der dramatischen Idylle *O agapitikòs tis
voskopulas* (*Der Schäferin Liebhaber*) des griech. Autors
Dimitrios Koromilàs in Konstantinopel – meistgespieltes
Stück des neueren griech. Theaters

1892   Fritz Kortner, urspr. F. Nathan Kohn (12. 5. 1892 Wien–
1970 München), Schauspieler, Regisseur, Autor

Reinhard Johannes Sorge (1892 Rixdorf bei Berlin–1916
Ablaincourt/Somme), dt. Dramatiker

Ugo Betti (1892 Camerino–1953 Rom), ital. Dramatiker

Olof Molander (1892 Helsinki–1966 Stockholm), Regisseur, Theaterleiter, Schauspieler

(27.8.) Der heutige (seit 1971) »Bund Dt. Amateurtheater
e. V.« (BDAT) in Berlin als »Verband der Privat-Theater-
Vereine Deutschland e. V.« gegründet

Das Theater am Pfauen in Zürich als Varietétheater mit
Biergarten und Kegelbahn errichtet; 1901 vermietet und
als Schauspielhaus eröffnet

Personen des Theaters / Bühnenereignisse	Zeitgeschichte / Theaterwesen
(1892) Sergej Michailovič Tret'jakov (1892 Goldingen/Kurland – 1939 in Haft), russ. Autor Mykola Kuliš (1892 Caplynci/Südukraine – 1942 Sibirien), ukrain. Autor (16.1.) UA von Gerhart Hauptmanns *Kollege Crampton* (Berlin, Dt. Theater) (9.2.) UA von Christian Dietrich Grabbes 1819–22 entstandenen *Herzog Theodor von Gothland* (Wien, Dt. Volkstheater) (9.2.) Geschlossene UA von George Bernard Shaws *Widowers' Houses* (*Die Häuser des Herrn Sartorius*) von der Independent Theatre Society im Royalty Theatre (20.2.) Erster Bühnenerfolg Oscar Wildes mit der UA der Komödie *Lady Windermere's Fan* (*Lady Windermeres Fächer*) in London (St. James's Theatre) (3.11.) UA der venezianischen Dialektkomödie *La famegia del santolo* (*Die Familie des Patenonkels*) von Giacinto Gallina in Venedig (7.12.) UA von Henrik Ibsens *Bygmester Solness* (*Baumeister Solness*) im Londoner Haymarket Theatre (1.5.) UA von Gustav Esmanns Komödie *Den kære familie* (*Die liebe Familie*) in Kopenhagen (Det Kongelige Teater)	Gründung und Leitung des Théâtre de l'Œuvre in Paris durch den Schauspieler und Regisseur Aurélien Lugné-Poë (1869–1940); 1899 geschlossen, 1912–29 von Lugné-Poë weitergeführt
1893 Erwin Piscator (1893 Ulm/Kreis Wetzlar – 1966 Starnberg), Regisseur, Theaterleiter, Theaterpädagoge Heinrich George, eig. Georg August Friedrich Hermann Schulz (9. 10. 1893 Stettin/Szczecin – 1946 Lager Sachsenhausen bei Berlin), Schauspieler, Regisseur, Theaterleiter Ernst Toller (1893 Samotschin/Kreis Bromberg – 1939 New York), dt. Autor Saunders Lewis (1893 Wallasey – 1985 Cardiff), walisisch-engl. Autor Vladimir Vladimirovič Majakovskij (1893 Bagdadi bei Kutaissi/Georgien – 1930 Moskau), russ. Autor (7.1.) UA von Hermann Sudermanns *Heimat* (Berlin, Lessing-Theater) (4.2.) UA von Ludwig Fuldas dramatischem Märchen *Der Talisman* (Berlin, Dt. Theater) (26.2.) Geschlossene UA von Gerhart Hauptmanns *Die Weber* durch die Freie Bühne im Berliner Neuen Theater; nach der öffentl. EA am 25. 9. 1894 im Berliner Dt. Theater kündigte Kaiser Wilhelm II. die Hofloge und verbot Offizieren den Besuch dieses Theaters; (21.9.) UA der Komödie *Der Biberpelz* (Berlin, Dt. Theater), (14.11.) UA von *Hanneles Himmelfahrt* (Berlin, Schauspielhaus) (23.4.) Max Halbes »Liebesdrama« *Jugend* in Berlin (Residenztheater) uraufgeführt (27.4.) UA von Georges Courtelines Komödie *Boubouroche* (Paris, Théâtre libre)	Gründung des bis 2001 bestehenden Varietés Hansa-Theater in Hamburg Eröffnung des (seit 1909) Teatr im. Juliusza Słowackiego (Juliusz-Słowacki-Theater) in Kraków als Teatr Miejski (Stadttheater) im damals modernsten Theatergebäude Polens

Personen des Theaters / Bühnenereignisse

Zeitgeschichte / Theaterwesen

(1893) (27.10) UA von Victorien Sardou/ Émile Moreaus
Madame Sans-Gêne (Paris, Théâtre du Vaudeville) –
geschrieben für die berühmte Schauspielerin Réjane
(27.5.) UA von Arthur Wing Pineros realistischem Schauspiel *The Second Mrs. Tanqueray* (*Die zweite Mrs. Tanqueray*) in London (St. James's Theatre)
(16.5.) UA von Maurice Maeterlincks bekanntestem Stück
Pelléas et Mélisande in Paris (Théâtre de Bouffes-Pari-
siens); mit Musik Claude Debussys als Oper (27. 4.
1902) in der Pariser Opéra Comique
(18.5.) UA von Herman Heijermans' *Ahasverus* in der
Amsterdamsche Schouwburg
(3.12.) UA von August Strindbergs *Mit dem Feuer spielen*
(*Leka med elden*) in Berlin (Lessing-Theater)
(11.3.) UA des Schauspiels *Os velhos* (*Die Alten*) des portug. Autors João Gonçalves Zarco da Câmara in Lissabon (Teatro Dona Maria II.)
UA des Versdramas *Favsta* des griech. Autors Dimitrios
Vernardakis

1894 Hans Henny Jahnn (1894 Hamburg-Stellingen–1959
Hamburg), dt. Autor, Orgelbauer
Peter Martin Lampel (1894 Schönborn/Schlesien–1965
Hamburg), dt. Autor
John Boynton Priestley (1894 Bradford–1984 Stratford-
upon-Avon), engl. Autor
Enrico Prampolini (1894 Modena–1956 Rom), ital.
Maler, Bühnenbildner, Regisseur
Isaak Emmanuilovič Babel' (13. 7. 1894 Odessa–27. 1.
1940 in Haft, Ort unbekannt), russ. Autor
Jaroslaw Iwaskiewicz (1894 Kalnik bei Kiev–1980 War-
schau), poln. Autor

UA von Georges Feydeaus *Un fil à la patte* (*Ein Klotz am
Bein*) in Paris
(Febr.) UA von Philippe-Auguste Villiers de L'Isle-Adams
posthum erschienenen Drama *Axël* in Paris
(14.4.) UA von George Bernard Shaws seinen Ruhm
begründender Komödie *Arms and the Man* (*Helden*) in
London (Avenue Theatre)
(29.4.) UA des Versdramas *The Land of Heart's Desire*
(*Das bessere Land*) des irischen Autors William Butler
Yeats in London (Avenue Theatre)
Des portug. Autors Eugénio de Castro Schauspiel *Belkiss,
Rainha de Sabá, d'Axum e do Hymiar* (*Belkiss, Königin
von Saba, Axum und Himjar*) erschienen
(3.12.) UA von Henrik Ibsens *Lille Eyolf* (*Klein Eyolf*) im
Londoner Haymarket Theatre; norweg. EA am 15. 1.
1895 im Christiania-Theater in Christiania (heute Oslo)
(9.5.) UA des Dramas *Maryša* der Brüder Alois und Vilém
Mrštík im Prager Národní divadlo (Nationaltheater) –
wichtiges Beispiel tschech. realistischer Dramatik
Des ukrain. Autors Ivan Frankos Drama *Ukradene ščastja*
(*Das gestohlene Glück*) erschienen

Der franz. Offizier (jüd. Herkunft) Alfred Dreyfus wegen
angeblichen Landesverrats verurteilt und deportiert
(1906 rehabilitiert)

(–1904) Otto Brahm (1856–1912) leitet das Dt. Theater in
Berlin, wechselt 1904/05 mit seinem Ensemble ans
Lessing-Theater
Neubau der bis heute genutzten Amsterdamse
Stadsschouwburg

Personen des Theaters / Bühnenereignisse	Zeitgeschichte / Theaterwesen
1895 Arnolt Bronnen (1895 Wien–1959 Berlin), dt. Autor	(–98) Spanien verliert im span.-amerik. Krieg seine letzten
Laszlo Moholy-Nagy (1895 Bácsbarsod–1946 Chicago), Bühnenbildner, Maler, Fotograf	überseeischen Kolonien
Traugott Müller (1895 Düren–1944 Kleinmachnow bei Berlin), Bühnenbildner	Erste Filmvorführung der Welt im Berliner Varieté »Wintergarten«
Hans Schweikart (1895 Berlin–1975 München), Schauspieler, Regisseur, Theaterleiter, Autor	Gründung des Volkstheaters Rostock
Oskar Wälterlin (1895 Basel–1961 Hamburg), Schauspieler, Regisseur, Theaterleiter	Marie Seebach (1829–97) gründet nach einem schweren Unfall ein Altersheim für in Not geratene Schauspieler,
Gustav von Wangenheim (1895 Wiesbaden–1975 Berlin), Schauspieler, Regisseur, Theaterleiter, Autor	das Marie-Seebach-Stift in Weimar
Marcel Pagnol (1895 Aubagne–1974 Paris), franz. Autor und Filmemacher	Adolphe Appia: *La Mise en scène du drame wagnérien*

1895 Arnolt Bronnen (1895 Wien–1959 Berlin), dt. Autor
Laszlo Moholy-Nagy (1895 Bácsbarsod–1946 Chicago), Bühnenbildner, Maler, Fotograf
Traugott Müller (1895 Düren–1944 Kleinmachnow bei Berlin), Bühnenbildner
Hans Schweikart (1895 Berlin–1975 München), Schauspieler, Regisseur, Theaterleiter, Autor
Oskar Wälterlin (1895 Basel–1961 Hamburg), Schauspieler, Regisseur, Theaterleiter
Gustav von Wangenheim (1895 Wiesbaden–1975 Berlin), Schauspieler, Regisseur, Theaterleiter, Autor
Marcel Pagnol (1895 Aubagne–1974 Paris), franz. Autor und Filmemacher
Lucian Blaga (1895 Lancram/Sebes–1961 Cluj), rumän. Autor
Victor Ion Popa (1895 Bîrlad–1946 Bukarest), rumän. Autor

(31.1.) UA von Georg Büchners 1836 entstandener Komödie *Leonce und Lena* (München, Intimes Theater, Regie Ernst von Wolzogen)
(12.8.) UA einer Bearbeitung von Christian Dietrich Grabbes 1831 entstandenem Dramas *Napoleon oder Die hundert Tage* (Wien, Theater an der Wien); des Originaltexts am 2.9. in Frankfurt/Main (Opernhaus)
(9.10.) Erster Theatererfolg Arthur Schnitzlers mit der UA seines Schauspiels *Liebelei* (Wien, Burgtheater)
(15.5.) UA von Maurice Maeterlincks *L'intérieur* im Pariser Théâtre de l'Œuvre
UA von Oscar Wildes Komödien *An Ideal Husband* (*Ein idealer Gatte*) am 3.1. im Londoner Haymarket Theatre, *The Importance of Being Earnest* (*Ernst sein ist alles*, auch: *Bunbury*) am 14.2. im Londoner St. James' Theatre
(2.10.) UA des Schauspiels *Anna Liisa* der finn. Autorin Minna Canth in Helsinki (Kansallisteatteri)
(Okt.) UA von Lev Nikolaevič Tolstojs *Vlast' t'my, ili kogotok uvjaz, vsej pticke propast'* (*Macht der Finsternis oder Ist die Kralle hängengeblieben, muß das ganze Vögelchen zugrunde gehen*) im St. Petersburger Aleksandrinskij teatr
UA von *I Nyfi tis Kuburis* (*Die Braut von Salamis*) des griech. Komödianten und Autors Evangelos Pantopulos (1860–1913); Beispiel eines Komeidyllions, einer für das griech. Theater Ende des 19. Jh.s wichtigen Form sittenbeschreibender Musikkomödie
(30.10.) UA des Dramas *Ekvinocij* (*Äquinoktien*) des kroat. Autors Ivo Graf Vojnovic in Agram (Zagreb)

1896 Attila Hörbiger (1896 Budapest–1987 Wien), Schauspieler
Moriz Seeler (1896 Greifenberg/Pommern–1942 Ghetto Riga?), Theaterleiter, Regisseur, Filmproduzent, Autor
Carl Zuckmayer (1896 Nackenheim–1977 Visp/Kanton Wallis), dt. Autor

Gründung der satirischen Wochenschrift *Simplizissimus* in München
Der technische Direktor Karl Lautenschläger (1843–1906) baut im Münchener Residenztheater die erste Drehbühne und revolutioniert damit die Bühnentechnik

Personen des Theaters / Bühnenereignisse

Zeitgeschichte / Theaterwesen

(1896) Antonin Artaud (1896 Marseille – 1948 Ivry-sur-Seine), franz. Schauspieler, Regisseur, Theaterleiter und -reformer
Henry (Marie-Joseph Millon) de Montherlant (1896 Neuilly – 1972 Paris), franz. Autor
Michel de Ghelderode, eig. Adémar Adolphe Louis Martens (1896 Ixelles–1962 Brüssel), belg. Autor
Evgenij L'vovič Švarc (1896 Kazan' – 1958 Leningrad), russ. Dramatiker
Balys Sruoga (1896 Baibokai – 1947 Vilna), lit. Autor

UA von Gerhart Hauptmanns *Florian Geyer* (4.1.), *Die versunkene Glocke* (2.12., beide Berlin, Dt. Theater)
(3.11.) UA von Arthur Schnitzlers *Freiwild* (Berlin, Dt. Theater)
(29.11.) Geschlossene UA von Josef Ruederers Komödie *Die Fahnenweihe* (Berlin, Dramatische Gesellschaft)
(3.12.) UA von Alfred de Mussets bedeutendstem Drama *Lorenzaccio* in gekürzter Fassung im Pariser Théâtre de la Renaissance, mit Sarah Bernhardt in der TR – die Aufführung des 1833 entstandenen Historiendramas wurde lange von der Zensur verhindert
(10.12.) UA von Alfred Jarrys *Ubu roi* (*König Ubu*) im Pariser Théâtre de l'Œuvre (Regie Lugné-Poë) – einer der größten Theaterskandale der neueren Theatergeschichte
(11.2.) UA von Oscar Wildes in Franz. geschriebener Tragödie *Salomé* im Pariser Théâtre de l'Œuvre (TR Sarah Bernhardt); die 1892 geplante Londoner Aufführung wurde verboten
(30.11.) UA des Dramas *Terra Baixa* (*Tiefland*) des span.-katalanischen Autors Àngel Guimerà in span. Sprache (Madrid, Teatro de la Princesa); EA in katalan. Sprache am 8. 2. 1897 in Tortosa (Teatre Principal)
(28.10.) UA von Knut Hamsuns Schauspiel *Ved rigets port* (*An des Reiches Pforten*) im Christiania-Theater in Christiania (heute Oslo)
UA von Henrik Ibsens *Kejser og Galilæer* (*Kaiser und Galiläer*) am 5.12. im Leipziger Stadttheater (norweg. EA 20. 3. 1903, Nationaltheatret) und *John Gabriel Borkman* am 14.12. im Londoner Avenue Theatre (norweg,. EA am 19. 1. 1897, Drammens Theater)
UA von Anton Pavlovič Čechovs *Čajka* (Die Möwe) im St. Petersburger Aleksandrinskij Teatr – Mißerfolg
Lange von der Zensur verhinderte UA der Komödie *Narodni poslanik* (*Der Abgeordnete*) des serb. Autors Branislav Nušic in Belgrad (erschienen erst 1924)

1897 Kurt Horwitz (1897 Neuruppin – 1974 München), Regisseur, Schauspieler, Theaterleiter
Caspar Neher (1897 Augsburg – 1962 Wien), Bühnenbildner
Valentin Petrovič Kataev (1897 Odessa – 1986 Moskau), russ. Autor
Ivan Mykytenko (1897 Rivne/Südukraine – 1937 in Haft), ukrain. Autor

(–1906) Das Pariser Théâtre Antoine Spielstätte für André Antoine (1858–1943) und sein Théâtre-Libre
Gründung des Budapester Lustspieltheaters Vígszínház

1. Zionistenkongreß in Basel; Forderung einer »nationalen Heimstatt« für Juden

Gründung der aus Amateuren und Berufsschauspielern gemischten isländ. Theatergruppe Leikfélag Reykiavíkur, aus der das Reykjavíker Stadttheater hervorgeht

Personen des Theaters / Bühnenereignisse	Zeitgeschichte / Theaterwesen

(1897) (27.2.) UA von Hermann Bahrs Komödie *Das Tschaperl* (Wien, Carltheater)

(18.9.) UA von Max Halbes *Mutter Erde* (Berlin, Dt. Theater)

(9.10.) UA von Georg Hirschfelds *Agnes Jordan* (Berlin, Dt. Theater)

(11.12.) UA des Dramas *Bartel Turaser* des österr. Naturalisten Philipp Langmann (Wien, Dt. Volkstheater)

UA von Jules Renards Einakter *Le plaisir de rompre* (*Die schmerzlose Trennung*)in Paris, wo er seit 1902 zum Repertoire der Comédie-Française gehört

(28.12.) UA der zu den meistgespielten franz. Stücken gehörenden Komödie *Cyrano de Bergerac* von Edmond Rostand im Pariser Théâtre de la Porte-St-Martin

UA von George Bernard Shaws Melodrama *The Devil's Disciple* (Der Teufelsschüler) im amerikan. Albany (Hermanus Bleecker Hall) und dem »Mysterium« *Candida* in Abderdeen

(4.12.) UA des Schauspiels *Kongesønner* (*Königssöhne*) des dän. Autors Helge Rode in Kopenhagen (Dagmarteatret)

UA des zweiten Teils von Bjørnstjerne Bjørnsons *Over Ævne* (*Über unsere Kraft*) in Paris (Théâtre de l'Œuvre); norweg. EA am 23. 11. 1899 im Nationalteatret in Christiania (heute Oslo)

Erscheinungsjahr des ältesten zu datierenden Stücks in baskischer Sprache, des Weihnachtsspiels *Acto para la noche buena* des 1711–52 als Gemeindeschreiber in Mondragón nachgewiesenen Pedro Ignacio de Barrutia; Aufführungen zu seinen Lebzeiten sind wahrscheinlich

1898 Ernst Josef Aufricht (Beuthen/Bytom–1971 Cannes), Theaterdirektor, Produzent, Schauspieler

Bertolt Brecht, eig. Eugen Berthold Friedrich B. (1898 Augsburg–1956 Berlin), dt. Autor, Regisseur

Therese Giehse, eig. Th. Gift (1898 München–1975 München), dt. Schauspielerin, Regisseurin

Etienne Decroux (1898 Paris–1991 Paris), Pantomime, Pädagoge

Federico García Lorca (1898 Fuente Vaqueros/Granada–1936 Víznar/Granada), span. Autor, Regisseur

Kaj (Harald Leininger) Munk (1898 Maribo–1944 Silkeborg), dän. Autor

UA von Wilhelm Meyer-Försters international erfolgreichem Rührstück *Alt-Heidelberg* (Berlin, Wallner-Theater)

UA von Hugo von Hofmannsthals *Der Tor und der Tod* (13.11., München, Gärtnerplatztheater)

(8.10) UA von Arthur Schnitzlers *Das Vermächtnis* (Berlin, Dt. Theater)

(5.11.) UA von Gerhart Hauptmanns *Fuhrmann Henschel* (Berlin, Dt. Theater)

(20.1.) UA der Komödie *Trelawny of the »Wells«* von Arthur Wing Pinero in London (Royal Court Theatre)

Gründung der russ. Sozialdemokratischen Arbeiterpartei (Rossijskaja social-demokratičeskaja rabočaja partija – RSDRP)

Theodor Siebs (1862–1941) veröffentlicht sein bis heute grundlegendes Werk *Deutsche Bühnenaussprache*

Der Fabrikdirektor, Schauspieler und Regisseur Konstantin Sergeevič Stanislavskij (eig. Alekseev) und der Schauspieler und Regisseur Vladimir Ivanovič Nemirovič-Dančenko gründen das Moskauer Künstlertheater (Moskovskij chudožestvennyj teatr, MChT) als »Theater der Wahrheit und der Kunst«

Personen des Theaters / Bühnenereignisse	Zeitgeschichte / Theaterwesen

(1898) (21.1.) UA von Gabriele D'Annunzios Tragödie *La città morta* (*Die tote Stadt*) in franz. Sprache im Pariser Théâtre de la Renaissance (mit Sarah Bernhardt); ital. EA am 20. 3. 1901 im Mailänder Teatro lirico (mit Eleonora Duse)

(15.1.) UA des Schauspiels *Silenci* (*Schweigen*) des span.-katalan. Autors Adrià Gual (Barcelona, Teatre Íntim)

(10.10.) UA von Knut Hamsuns *Aftenrøde* (*Abendröte*) im Christiania-Theater in Christiania (heute Oslo)

(13.3.) UA von Holger Drachmanns *Vølund Smed* (*Völund der Schmied*) in Kopenhagen (Det Kongelige Teater)

Erscheinungsjahr des erfolgreichen Schauspiels *Skugga-Sveinn* des isländ. Autors Matthías Jochumsson; Erstfassung unter dem Titel *Útilegumennirnir* (*Die Verbannten*) 1864

(14.10.) UA von Aleksej Konstantinovič Tolstojs historischer Tragödie *Car' Fëdor Ioannovič* (*Zar Fëdor Ioannovic*) als Eröffnungspremiere des von Konstantin Sergevič Stanislavskij und Vasilij Ivanovič Nemirovič-Dančenko gegründeten Moskauer Künstlertheaters (Chudožestvennyj teatr, MChT)

(17.12.) Sensationeller Erfolg des Moskauer Künstlertheaters mit der Inszenierung von Anton P. Čechovs Schauspiel *Cajka* (*Die Möwe*), das bei der UA 1896 in St. Petersburg durchgefallen war – die Möwe wird zum Signet des Theaters

(29.11.) UA von Stanisław Wyspiańskis Einakter *Warszawianka* (*Die Warschauerin*) in Kraków (Teatr Miejski)

1899 Gustaf Gründgens (1899 Düsseldorf–1963 Manila), dt. Schauspieler, Regisseur, Theaterleiter

Lucie Mannheim (1899 Berlin–1976 Braunlage), Schauspielerin, Regisseurin

Noël Coward (1899 Teddington–1973 Port Maria/Jamaika), engl. Autor

Charles Laughton (1899 Scarborough–1962 Hollywood), engl.-amerik. Schauspieler

Marcel Achard (1899–1974), franz. Dramatiker

Jacques Séraphin Marie Audiberti (1899 Antibes–1965 Paris), franz. Autor

Armand Salacrou (1899 Rouen–1989 Le Havre), franz. Autor

Roger Vitrac (1899 Pinsac/Lot–1952 Paris), franz. Autor

Ida Kamińska (1899 Odes'ka Oblast/Odessa–1980 New York), jidd. Schauspielerin, Regisseurin, Theaterleiterin, Autorin

(4.2.) Private UA von Johannes Schlafs Drama *Meister Oelze* (München, Literarische Gesellschaft); öffentl. UA Ostersonntag 1900 in Magdeburg

(1.3.) UA von Arthur Schnitzlers Einakter *Der grüne Kakadu* (Wien, Burgtheater)

(–1902) »Burenkrieg« in Südafrika zwischen Großbritannien und Buren

Louise Dumont (1862–1932) gründet zur Verbesserung der sozialen Lage der Schauspielerinnen einen Kostümfundus, die »Zentralstelle für die weiblichen Bühnenangehörigen Deutschlands«

Adolphe Appia: *Musik und Inszenierung*

William Butler Yeats, George Moore, Edward Martyn und Lady Augusta Gregory gründen das Irish Literary Theatre in Dublin

Christianiatheatret im norweg. Christiania (heute Oslo) in Nationaltheatret umbenannt

Personen des Theaters / Bühnenereignisse	Zeitgeschichte / Theaterwesen

(1899) (18.3.) UA von Hugo von Hofmannsthals *Der Abenteurer und die Sängerin*, *Die Hochzeit der Sobeide* (Berlin, Dt. Theater, Burgtheater Wien)

(8.4.) UA von Heinrich von Kleists 1806/07 entstandener Komödie *Amphitryon* (Berlin, Neues Theater)

(10.12.) UA von Frank Wedekinds *Der Kammersänger* (Berlin, Sezessionsbühne)

(17.1.) UA von Georges Feydeaus *La dame de chez Maxim* (*Die Dame vom Maxim*) in Paris (Théâtre des Nouveautés)

Maurice Maeterlincks Märchendrama *Ariane et Barbe-Bleue* (*Ariane und Blaubart*) erschienen

UA von George Bernard Shaws *Caesar and Cleopatra* (15.3., Newcastle-on-Tyne, Theatre Royal) und *You Never Can Tell* (*Man kann nie wissen*) als geschlossene Veranstaltung (26.11., London, Stage Society im Royalty Theatre)

Mit der – von Protesten des kath. Publikums begleiteten – UA von William Butler Yeats' *The Countess Cathleen* (*Die Gräfin Cathleen*) am 8.5. und der UA von Edward Martyns *The Heather Field* (*Ein Stück Heideland*) am 9.5. wird das Irish Literary Theatre eröffnet, das am Beginn der irischen Theaterrenaissance steht

(15.4) UA von Gabriele D'Annunzios *La Gioconda* in Palermo (Teatro Bellini)

(11.2.) UA der portug. Gesellschaftskomödie *Peraltas e sécias* (*Gecken und Zierpuppen*) von Marcelino Mesquita in Lissabons Teatro de D. Maria II.

(16.12.) UA von Henrik Ibsens *Når vi døde vågner* (*Wenn wir Toten erwachen*) im Londoner Haymarket Theatre

UA in Stockholm von August Strindbergs *Gustaf Vasa* (17.10., Svenska Teatern) und *Erik XIV*

(26.10.) UA von Anton Pavlovič Čechovs *Djadja Vanja* (*Onkel Vanja*) im Moskauer Künstlertheater (MChT)

(29.11.) UA von Juliusz Słowackis 1834 erschienenem Schauspiel *Kordian* in Kraków

1900   Karl von Appen (1900 Düsseldorf–1981 Berlin), Bühnenbildner, Maler, Theaterleiter

Helene Weigel, eig. H. Weigl (1900 Wien–1971 Berlin), Schauspielerin, Intendantin

Sir Tyrone Guthrie (1900 Tunbridge Wells, Großbritannien–1971 Newbliss, Irland), Regisseur, Theaterleiter, Schauspieler

Madeleine Renaud (1900 Paris–1994 Neuilly), Schauspielerin, Theaterleiterin, Regisseurin

Eduardo De Filippo (1900 Neapel–1984 Rom), ital. Schauspieler, Regisseur, Theaterleiter, Dramatiker

Nikolaj Fëdorovič Pogodin, eig. Štukalov (1900 Gundurovskaja–1962 Moskau), russ. Autor

Vsevolod Vital'evič Višnevskij (1900 St. Petersburg–1951 Moskau), russ. Autor

(6.1.) UA von Carl Hauptmanns Schauspiel *Ephraims Breite* (Breslau, Lobe-Theater)

(15.9.) Dt. Schauspielhaus Hamburg mit Goethes *Iphigenie auf Tauris* eröffnet; (–09) erster Intendant Alfred Freiherr von Berger (1853–1912)

(8.3.) Brand des Théâtre Français (Salle Richelieu) in Paris

Personen des Theaters / Bühnenereignisse

Zeitgeschichte / Theaterwesen

(1900) UA von Gerhart Hauptmanns *Schluck und Jau* (3.2.),
Michael Kramer (21.12., beide Berlin, Dt. Theater)

(28.9.) UA von Frank Wedekinds *Der Liebestrank*
(Zürich, Pfauentheater)

(3.10.) UA von Otto Erich Hartlebens »Offizierstragödie«
Rosenmontag (Berlin, Dt. Theater; München, Schauspielhaus).

(1.12.) UA von Arthur Schnitzlers *Der Schleier der
Beatrice* (Breslau, Lobe-Theater)

Edward Gordon Craig inszeniert Henry Purcells *Dido und
Aeneas* in London für die Purcell Operatic Societ

(16.2.) Private UA von George Bernard Shaws *Captain
Brassbound's Conversion* (*Kapitän Brassbounds Bekehrung*) in London (Strand Theatre)

(15.3.) UA von Edmond Rostands Drama *L'Aiglon* (*Der
junge Adler*) im Pariser Théâtre de la Porte-St-Martin –
mit der 56jährigen Sarah Bernhardt als Herzog von
Reichstadt

(31.1.) UA von Giuseppe Giacosas *Come le foglie* (*Wie die
Blätter*) in Mailand (Teatro Manzoni)

(11.12.) Enrico Annibale Buttis *Lucifero* in Mailand
(Teatro Manzoni.) uraufgeführt

UA von Bjørnstjerne Bjørnsons *Paul Lange og Tora Parsberg* (*Paul Lange und Tora Parsberg*) am Hoftheater
Stuttgart; norweg. EA 1901

UA von August Strindbergs *Brott och Brott* (*Verbrechen
und Verbrechen*, auch: *Rausch*) am 26.2. in Stockholm
(Kungliga Dramatiska Teatern) und (19.11.) des ersten
Teils der Trilogie *Till Damaskus* (*Nach Damaskus*); UA
des zweiten und dritten Teils am 9. 6. 1916 in den
Münchner Kammerspielen – norweg. EA am 9. 12.
1924 bzw. 16. 11. 1922 in Göteborg (Lorensberg-Thea-
ter)

(24.12.) UA des »Seestücks« des niederländ. Autors Herman Heijermans *Op Hoop Van Zegen* (*Die Hoffnung
auf Segen*) in Amsterdam

(15.9.) Zensurbedingt in entstellter Form und mit dem in
Raspljuevskie vesëlye dni (*Raspljuevs fröhliche Tage*)
veränderten Titel UA der Komödie *Smert' Tarelkina*
(*Tarelkins Tod*) von Aleksandr V. Suchovo-Kobylin, letzter Teil der während seiner siebenjährigen Untersuchungshaft geschriebenen Trilogie

(20.11.) UA der Tragödie *Makedonska krvava svadba*
(*Makedonische Bluthochzeit*) des makedon. Autors Vojdan Cernodrinski im bulgar. Sofia (Slavjanska Beseda)

UA der historischen Tragödie *Sava Calyj* des ukrain.
Autors Ivan Karpenko-Karyj (eig. Ivan Karpovyc
Tobilevyc in Kiev

1901 Walter Felsenstein (1901 Wien–1975 Berlin), Schauspieler,
Regisseur, Theaterleiter

Marieluise Fleisser, eig. Haindl (1901 Ingolstadt–1974
Ingolstadt), dt. Autorin

Ödön von Horváth (1901 Fiume, heute Rijeka–1938
Paris), österr. Autor

(–1910) Eduard VII. König von Großbritannien – »Edwardian Age«

(18.1.) Ernst von Wolzogen (1855–1934) gründet mit dem
»Überbrettl« in Berlin das erste dt. Kabarett

Personen des Theaters / Bühnenereignisse	Zeitgeschichte / Theaterwesen

(1901) Kurt Jooss (1901 Wasseralfingen – 1979 Heilbronn), dt. Tänzer, Choreograph, Tanzpädagoge, Leiter einer Kompanie

Wolfgang Langhoff (1901 Berlin – 1966 Berlin), Schauspieler, Regisseur, Theaterleiter

Leonard Steckel (1901 Knihinin, Ungarn – 1971 bei Aitrang), Schauspieler, Regisseur

Paul Verhoeven (1901 Unna – 1975 München), Schauspieler, Regisseur, Theaterleiter

Enrique Jardiel Poncela (1901–1952), span. Dramatiker

Kjeld Abell (1901–61), dän. Autor

László Németh (1901 Nagybánya – 1975 Budapest), ungar. Autor

Juozas Grušas (1901 Zadziunai/Bez. Šiauliai – 1986 Kaunas), lit. Autor

Georg Fuchs' Festspiel *Das Zeichen* zur Eröffnung der Ausstellung »Dokument dt. Kunst« in Darmstadt aufgeführt. – Inszenierung Peter Behrens

(14.2.) Hugo von Hofmannsthals *Der Tod des Tizian* (München, Künstlerhaus) anläßlich einer Totenfeier für den Maler Arnold Böcklin uraufgeführt

(6.4.) UA von Heinrich von Kleists 1802/03 entstandenem Schauspiel *Robert Guiskard, Herzog der Normänner* (Berlin, Berliner Theater)

(11.10.) UA von Frank Wedekinds *Der Marquis von Keith* (Berlin, Residenztheater)

(27.11.) UA von Gerhart Hauptmanns *Der rote Hahn* (Berlin, Dt. Theater)

(21.10.) UA der Komödie *Casadh an t-súgáin* (*Das Seilflechten*) des irischen Autors Douglas Hyde (unter Pseudonym An Craoibhín Aoibhín erschienen) in Dublin (Gaiety Theatre)

(8.1.) UA des Einakters *L'Alegria que passa* (*Die Freude geht vorbei*) des katalan. Autors Santiago Rusiñol (i Prats) in Barcelona Teatre Tivoli

(19.1.) UA von Jacinto Benavente y Martínez' *Lo cursi* (*Das Spießbürgerliche*) am 19.1., *La Gobernadora* (*Die Frau des Gouverneurs*) am 8.10., beide in Madrid (Teatro de la Comedia)

UA des Dramas *A Severa* des portug. Autors Júlio Dantas (Lissabon, Teatro D. Amélia)

(9.12.) UA von Gabriele D'Annunzios *Francesca da Rimini* in Rom (Teatro Costanzi)

(10.12.) UA des historischen Dramas *Romanticismo* (*Romantik*) von Gerolamo Rovetta in Turins Teatro Alfieri

UA von August Strindbergs Schauspielen *Folkungasagan* (*Die Folkungersage*) in Stockholm (25.1., Svenska Teatern), (9.3.) *Påsk* (*Ostern*) in Frankfurt/Main (Schauspielhaus); schwed. EA Stockholm, 4. 4. 1901, Kungliga Dramatiska Teatern

UA von Gunnar Heibergs *Tante Ulrikke* (Bergen, Den nationale Scene)

(13.4.) Eröffnung des Kabaretts »Die Elf Scharfrichter« in München (–1904), das künstlerisch wohl bedeutendste Kabarett der Jahrhundertwende

(9.10.) Max Reinhardt eröffnet das Kabarett »Schall und Rauch« in Berlin, 1902 Umwandlung ins »Kleine Theater« (eröffnet 11.3. mit Strindbergs *Rausch*, Wildes *Salome*)

(27.9.) Gründung des seit 1906 professionell arbeitenden Arbeitertheaters im finn. Tampere (Tampereen Työväen Teatteri, TTT)

Königl. Theater in Athen eröffnet (1908 aus finanziellen Gründen geschlossen, 1930 als Nationaltheater wiedereröffnet)

Personen des Theaters / Bühnenereignisse

Zeitgeschichte / Theaterwesen

(1901) (31.1.) UA von Anton Pavlovič Čechovs *Tri sestry* (*Drei Schwestern*) am Moskauer Künstlertheater (Regie: Stanislavskij)

(16.3.) Überaus erfolgreiche UA von Stanisław Wyspiańskis Versdrama *Wesele* (*Die Hochzeit*) in Kraków (Teatr Miejski) – Dieser Versuch eines Gesamtkunstwerks trug wesentlich bei zum Ruf des Verfassers als eines großen nationalen Dichters

UA des Dramas *Koštana* des serb. Autors Borisav Stankovic in Belgrad

(29.3.) UA des Volksstücks *A bor* (*Der Wein*) des ungar. Autors Géza Gárdonyi (eig. Géza Ziegler) in Budapest

1902 Ernst Ginsberg (1902 Berlin–1964 Zürich), Schauspieler, Regisseur, Autor

Kurt Hirschfeld (1902 Lehrte–1964 Tegernsee), Regisseur, Theaterleiter, Dramaturg

Leopold Lindtberg, urspr. L. Lemberger (1902 Wien–1984 Sils-Maria), Schauspieler, Regisseur, Theaterleiter

Sir Ralph Richardson (1902 Cheltenham–1983 London), Schauspieler, Regisseur, Theaterleiter

Marcel Aymé (1902 Joigny–1967 Paris), franz. Autor

Rafael Alberti (1902–1999), span. Dramatiker

Nikolaj Robertovič Erdman (1902 Moskau–1970 Moskau), russ. Dramatiker

(Johan) Nordahl (Brun) Grieg (1902 Bergen–1943 Berlin), norweg. Autor

Gyula Illyés (1902 Rácegrepuszta–1983 Budapest), ungar. Autor

(5.1.) UA von Georg Büchners 1835 erschienenem Schauspiel *Dantons Tod* in Berlin (Freie Volksbühne im Belle-Alliance-Theater)

(2.2.) UA von Frank Wedekinds *So ist das Leben* (später als *König Nicolo oder So ist das Leben*) im Münchener Schauspielhaus

(2.8.) UA von Emil Rosenows Komödie *Kater Lampe* (Breslau, Neues Sommertheater)

(29.11.) UA von Gerhart Hauptmanns *Der arme Heinrich* (Burgtheater Wien)

(5.1.) Private UA von George Bernard Shaws *Mrs Warren's Profession* (*Frau Warrens Gewerbe*) in London (New Lyric Theatre)

(2.4.) Begeistert aufgenommene UA des politisch wie theatergeschichtlich wichtigen Einakters *Cathleen ni Houlihan* von William Butler Yeats in Dublin (St. Teresa's Hall)

(4.11.) UA von James Matthew Barries *The Admirable Crichton* (*Zurück zur Natur*) in Londons Duke of York's Theatre

(17.3.) UA von *La fille sauvage* (*Die Wilde*) von François de Curel in Paris (Théâtre Libre)

(7.5.) UA von Maurice Maeterlincks *Monna Vanna* (Paris)

(4.1.) UA des als Musikdramas aufgeführten historischen Dramas *Els Pirineus* (*Die Pyrenäen*) des span.-katalan. Autors Víctor Balaguer in Barcelonas Teatre del Liceu

(1.1) Deutsches Urheberrecht tritt in Kraft (*Gesetz betreffend das Urheberrecht an Werken der Literatur und der Tonkunst*)

Richard Ohnsorg (1876–1947) gründet in Hamburg ein Laientheater, 1921 in Niederdeutsche Bühne Hamburg umbenannt

Gründung der Irish National Dramatic Society der Brüder Fay u.a. in Dublin

Gründung des lett. Nationaltheaters in Riga, des Jaunais Latviešu teātris (Neues Lettisches Theater), 1905 geschlossen, 1908–15 als Jaunais Rīgas teātris (Neues Rigaer Theater) wiedereröffnet

Vsevolod Emil'evič Mejerchol'd (1874–1940) gründet sein eigenes Ensemble Tovariščestvo novoj dramy (Gesellschaft des Neuen Dramas), mit dem er bis 1905 durch die russ. Provinz zog und in dem er selber spielte (ca. 100 Rollen) und inszenierte (ca. 200 Aufführungen)

Personen des Theaters / Bühnenereignisse	Zeitgeschichte / Theaterwesen

(1902) (24.3.) UA des Einakters *A ceia dos cardeais* (*Das Nacht-mahl der Kardinäle*) von Júlio Dantas (Lissabon, Teatro D. Amélia)

(11.3.) UA von August Strindbergs *Bandet* (*Das Band*) in dt. Sprache in Berlin (Kleines Theater); schwed. EA am 6. 2. 1908 in Stockholms Intima teatern

UA von Maksim Gor'kijs (eig. Aleksej Maksimovič Peš-kov) Dramen *Meščane* (*Die Kleinbürger*, 7.4., St. Petersburg, Gastspiel des Moskauer Künstlertheaters), *Na dne* (*Nachtasyl*, 31.12, Moskau, Künstlertheater), beide in der Regie K. S. Stanislavskijs

UA von Zygmunt Krasińskis *Nieboska Komedia* (*Die ungöttliche Komödie*) in Kraków

(12.2.) UA des historischen Schauspiels *Vlaicu Voda* (*Fürst Vlaicu*) des rumän. Autors Alexandru Davila in Bukarest

(19.1.) UA des Dramas *A Dada* (*Die Amme*) des ungar. Autors Sándor Bródy (Budapest, Vigszínház)

1903 Werner Hinz (1903 Berlin – 1985 Hamburg), Schauspieler
Jean Tardieu (1903 Saint-Germain-de-Joux – 1995 Paris), franz. Autor
Alejandro Casona, eig. Alejandro Rodríguez Alvarez (1903 Besullo/Asturien – 1965 Madrid), span. Dramatiker
Alf Sjöberg (1903 Stockholm – 1980 Stockholm), schwed. Regisseur, Schauspieler
Tudor Musatescu (1903 Cîmpulung-Muscel – 1970 Bukarest), rumän. Autor
Mārtiņš Zīverts (1903 Mezmuiza/Semgallen – 1990 Stockholm), emigrierter lett. Autor

(23.1.) Triumphaler Erfolg für Gertrud Eysoldt als Nastja bei der DEA von Gor'kijs *Nachtasyl* (Berlin, Kleines Theater)

(19.10.) UA von Max Halbes *Der Strom* (Wien, Burgtheater)

(31.10.) Gerhart Hauptmanns *Rose Bernd* uraufgeführt (Berlin, Dt. Theater)

(31.10.) UA von Hugo von Hofmannsthals *Elektra* (nach Sophokles, Berlin, Kleines Theater), deren TR für Gertrud Eysoldt geschrieben war; als Oper (Musik von Richard Strauss) am 25. 1. 1909 an der Dresdener Hofoper

(8.10.) UA von John Millington Synges erstem Drama *In the Shadow of the Glen* (*Die Nebelschlucht*) durch die Irish National Theatre Society in Dublin (Molesworth Hall)

(14.3.) UA der Prosafassung von William Butler Yeats' *The Hour-Glass* (*Die Sanduhr*) in Dublin (Molesworth Hall)

(20.4.) UA von Octave Mirbeaus *Les affaires sont les affaires* (*Geschäft ist Geschäft*) in Paris

(4.12.) UA von August Strindbergs *Gustav Adolf* in Berlin (Berliner Theater); schwed. EA am 4. 6. 1912 in Stockholm (Djurgårdscirkus)

Spaltung der Sozialdemokratischen Arbeiterpartei Rußlands in Bol'ševiki (unter Lenin) und Men'ševiki (unter Martov)

Gründung der »Women's Social and Political Union« in Großbritannien

Max Reinhardt trennt sich von Otto Brahm, wird Direktor des Kleinen Theaters und mietet (–06) das Neue Theater am Schiffbauerdamm

(–14) »Jahres-Revuen« im Berliner Metropoltheater nach franz. Vorbild (»Revue de fin d'année«) als unterhaltsamer Jahresrückblick

(1.5.) Eröffnung des Kabaretts Simplicissimus in München, in dem – ohne regelmäßigen Spielbetrieb – jeder Gast etwas vortragen konnte

Isadora Duncan: *Der Tanz der Zukunft*

Gründung des Verbands österr. Theaterdirektoren

Personen des Theaters / Bühnenereignisse

Zeitgeschichte / Theaterwesen

(1903) (25.1.) UA des sozialkritischen Schauspiels *Het gezin van Paemel* (*Die Familie van Paemel*) von Cyriel Buysse durch den Genter Multatuli-Kring

(17.3.) UA von Jacinto Benavente y Martínez' *A noche del sábado* (*Die Nacht des Samstags*) in Madrids Teatro Español

UA des von Stanisław Przybyszewski gleichzeitig in einer poln. und dt. Fassung geschriebenen Dramas *Snieg* (*Schnee*) in Łódź

(28.2.) UA des für dies Theater geschriebenen Dramas *Wyzwolenie* (*Die Befreiung*) von Stanisław Wyspiański im Teatr Miejski (Kraków)

Erscheinungsjahr der erfolgreichen Komödie *Sluzbogonci* (*Postenjäger*) des bulgar. Autors Ivan M. Vazov

1904 Harry Buckwitz (1904 München – 1987 Zürich), dt. Regisseur, Theaterleiter, Schauspieler

Teo Otto (1904 Remscheid – 1968 Frankfurt/Main), Bühnenbildner, Maler

Hans Schalla, eig. Szalla (1904 Hamburg – 1983 Hamburg), Schauspieler, Regisseur, Theaterleiter

Oscar Fritz Schuh (1904 München – 1984 Großgmain b. Salzburg), Regisseur, Theaterleiter, Übersetzer

Sir John Gielgud (1904 London – 2000 Aylesbury), brit. Schauspieler, Regisseur, Theaterleiter

Emil František Burian (1904 Plzeň – 1959 Prag), tschech. Regisseur, Theaterleiter, Schauspieler, Komponist, Autor

Witold Gombrowicz (1904 Maloszyce bei Opatów – 1969 Vence/Frankr.), poln. Autor

(1.2.) UA von Frank Wedekinds *Die Büchse der Pandora* in Nürnberg (Intimes Theater)

(13.2.) UA von Arthur Schnitzlers *Der einsame Weg* in Berlin (Deutsches Theater)

(24.9.) UA der »tragischen Komödie« *Traumulus* von Arno Holz und Oskar Jerschke in Berlin (Lessingtheater)

(14.1.) William Butler Yeats' *The Shadowy Waters* (*Die schattigen Wasser*) in Dublin uraufgeführt

(25.2.) UA der Tragödie *Riders to the Sea* (*Reiter ans Meer*) von John Millington Synge durch die Irish National Theatre Society in Dublin (Molesworth Hall)

(27.12.) *Peter Pan, Or the Boy Who Would Not Grow Up* (*Peter Pan oder Das Märchen vom Jungen, der nicht groß werden wollte*) von James Matthew Barrie uraufgeführt in London (Duke of York's Theatre)

(2.3.) UA der »ländlichen Tragödie« *La figlia di Iorio* (*Die Tochter des Iorio*) von Gabriele D'Annunzio in Mailand

UA des Schauspiels *Dronning Tamara* (*Königin Tamara*) von Knut Hamsun (eig. Knut Pedersen) im Nationaltheatret in Christiania (heute Oslo)

(17.1.) UA von Anton Pavlovič Čechovs *Višnëvyj sad* (*Der Kirschgarten*) im Moskauer Künstlertheater (Regie K. S. Stanislavskij)

(10.11.) UA von Maksim Gor'kijs *Dačniki* (*Sommergäste*) in St. Petersburg im Komissarshevskaja-Theater

Russ.-Japan. Krieg um die Mandschurei und Korea

Otto Brahm übernimmt die Leitung des Lessing-Theaters in Berlin

Rudolf Nelson (1878–1960) gründet mit Paul Schneider-Duncker das Kabarett Roland von Berlin

Die aus USA stammende Tänzerin Isadora Duncan (1877–1927) gründet mit ihrer Schwester Elisabeth die »Duncan-Schule« in Berlin ausschließlich für Mädchen

(–15) Leopold Jeßner als Regisseur ans Thalia Theater Hamburg verpflichtet (seit 1908 Oberregisseur); Inszenierungen v. a. von Werken der gesellschaftskritischen Moderne

Gründung der (seit 1920: Royal) Academy of Dramatic Art (RADA) durch den Schauspieler und Theatermanager Sir Herbert Beerbohm Tree (1853–1917)

(–07) J. E. Vedrenne und Harley Granville Barker leiten das Londoner Royal Court Theatre und setzen u. a. George Bernard Shaw als Dramatiker durch

William Butler Yeats, Lady Gregory und Annie Horniman gründen das Abbey Theatre in Dublin als ständige Spielstätte der Irish National Dramatic Society

Gründung des Teatro Livre (Freies Theater) in Lissabon

Vera F. Komissarshevskaja (1864–1910) gründet und leitet (–09) in St. Petersburg das Dramatische Theater

(3.1.) In Sofia Eröffnung des Bǎldgarski Naroden Teatǎr (Bulgarisches Nationaltheater, heute Narodnija teatar »Ivan Vazov«), hervorgegangen aus der 1881 in Plovdiv gegründeten Gruppe Salza i Smyah (Tränen und Lachen)

Personen des Theaters / Bühnenereignisse	Zeitgeschichte / Theaterwesen

(1904) UA des Dramas *W małym domku* (*Das kleine Heim*) von
Tadeusz Rittner in Kraków
(22.4.) UA des historischen Trauerspiels *Bizánc* (*Byzanz*)
des ungar. Autors Ferenc Herczeg (eig. Herzog) in Budapest (Nemzeti Shínház)
(30.6.) UA des Schauspiels *To mistikò tis Kontessas Vale-
renas* (*Das Geheimnis der Gräfin Valerena*) des griech.
Dramatikers Grigorios Xenopulos in Athen
UA des sozialkritischen Schauspiels *Kralj na Betajnovi*
(*König in Betajnova*) des sloven. Autors Ivan Cankar in
Ljubljana
(2.5.) UA des Dramas *Indrani* (*Die Indrans. Drama aus
dem lettischen Volksleben*) des lett. Regisseurs und Dramatikers Rūdolfs Blaumanis in Riga (Latviešu teātris)

1905   Leon Epp (1905 Wien–1968 Eisenstadt), Regisseur,
Theaterleiter, Schauspieler
Bernhard Minetti (1905 Kiel–1998 Berlin), Schauspieler,
Regisseur, Theaterleiter
Karl Paryla (1905 Wien–1996 Wien), Schauspieler,
Regisseur
Gustav Rudolf Sellner (1905 Traunstein–1990 Königsfeld-
Burgberg), Schauspieler, Regisseur, Theaterleiter
Jean-Paul Sartre (1905 Paris–1980 Paris), franz. Philosoph
und Autor
Pierre Brasseur, eig. Espinasse (1905 Paris–1972 Bruneck/
Südtirol), Schauspieler, Autor
Vašek Kána, eig. Stanislav Ráda (1905 Kralupy nad
Vltavou–1985 Prag), tschech. Autor
Jiří Voskovec, eig. Wachsmann (1905 Sázava-Budy/
Böhmen–1981 Pear Blossom/Kalifornien), tschech.
Schauspieler, Regisseur, Theaterleiter
Jan Werich (1905 Prag–1980 Prag), tschech. Schauspieler,
Regisseur, Theaterleiter
Oleksandr Jevdokymovyc Kornijcuk, russ. Aleksandr
Evdokimovič Kornejcuk (1905 Chrystynivka/Gouv.
Kiev–1972 Kiev), ukrain. Autor

(21.1.) UA von Hugo von Hofmannsthals *Das gerettete
Venedig* (nach Thomas Otway, Berlin, Lessing-Theater)
(31.1.) Max Reinhardt inszeniert am Berliner Neuen Theater erstmals mit sensationellem Erfolg Shakespeares *Ein
Sommernachtstraum* (31.1.); Gertrud Eysoldt feierte als
Puck (in fünf Inszenierungen Reinhardts bis 1921)
Triumphe
(18.2.) UA von Frank Wedekinds Schauspiel *Hidalla oder
Sein und Haben* (später als *Karl Hetmann, der Zwerg-
Riese*) in München (Schauspielhaus)
(4.3.) UA von Gerhart Hauptmanns *Elga* (Berlin, Lessing-
Theater)
(12.10.) UA von Arthur Schnitzlers *Zwischenspiel* (Burgtheater Wien)
(9.12.) UA von Richard Strauss' *Salome* am Königl.
Opernhaus Dresden
(10.12.) UA von Fritz Stavenhagens niederdt. Drama
Mudder Mews (Hamburg, Stadttheater)

Revolution in Rußland; als am 9.1. eine Demonstration
von über 100 000 Arbeitern dem Zaren eine Petition zu
überreichen versucht, erschießen die Truppen über 100
Menschen (»Blutsonntag«); in der Folge Einberufung
der Duma als beratendes Parlament und Gewährung
einiger Grundfreiheiten (u. a. Pressefreiheit)
Irische nationalistische »Sinn-Féin«-Bewegung (»Wir für
uns«) gegründet
Ende der seit 1814 bestehenden Union Norwegens mit
Schweden; Prinz Karl von Dänemark als Haakon VII.
zum norweg. König gewählt (regiert ab 1907)

Georg Fuchs: *Die Schaubühne der Zukunft*
Eröffnung des von Louise Dumont (1862–1932) und
Gustav Lindemann (1872–1960) gegründeten Düssel-
dorfer Schauspielhauses mit Friedrich Hebbels *Judith* –
angegliedert die Hochschule für Bühnenkunst; Heraus-
gabe der ersten Programmzeitschrift eines dt. Theaters
(*Die Masken*)
Theaterverein Wiener Freie Volksbühne gegründet, 1912
Eröffnung eines eigenen Theaters
Bei der Inszenierung von Mozarts *Don Giovanni* an der
Wiener Hofoper unter Leitung Gustav Mahlers setzt der
Bühnenbildner Alfred Roller zur Strukturierung des
Bühnenraums vierseitige turmähnliche und bewegliche
Gebilde ein, bekannt geworden als »Roller-Türme«
Abschaffung der Theaterzensur in Frankreich
Gründung der irischen National Theatre Company
Gründung des Teatro Moderno in Lissabon
Vsevolod Emil'evič Mejerchol'd gründet auf Einladung
Konstantin S. Stanislavskijs ein experimentelles Theater-
studio am MChT (bald wieder aufgelöst)

Personen des Theaters / Bühnenereignisse

Zeitgeschichte / Theaterwesen

(1905) (23.12.) UA von Richard Beer-Hofmanns *Der Graf von Charolais* (Berlin, Neues Theater)

(4.2.) UA von John Millington Synges *The Well of the Saints* (*Die Quelle der Heiligen*) in Dublins Abbey Theatre

UA von George Bernard Shaws *Man and Superman* (*Mensch und Übermensch*) (23.5. – ohne Zwischenspiel) und *Major Barbara* (28.11., beide London, Royal Court Theatre)

(7.11.) UA von Harley Granville-Barkers *The Voysey Inheritance* (*Das Voysey-Vermächtnis*) in London (Royal Court Theatre)

(16.1.) UA von Gunnar Heibergs *Kjærlighedens tragedie* (*Tragödie der Liebe*) im Nationaltheatret in Christiania (heute Oslo)

UA von August Strindbergs zweiteiligem Drama *Dödsdansen* (*Totentanz*) in dt. Sprache in Köln (29./30.9., Altes Stadttheater); schwed. EA am 8.9. und 1. 10. 1909 in Stockholms Intima teatern; (23.10.) der Komödie *Kamraterna* (*Die Kameraden*) in dt. Sprache in Wien (Lustspieltheater); schwed. EA am 17. 5. 1910 in Stockholms Intima teatern

(12.10.) UA von Maksim Gor'kijs *Deti solnca* (*Kinder der Sonne*) in St. Petersburg (Komissarshevskaja -Theater)

UA der Komödie *Za narodov blagor* (*Um das Wohl der Nation*) des sloven. Autors Ivan Cankar in Prag; sloven. EA Ljubljana 1906

(27.1.) UA des Schauspiels *Sidraba škidrauts* (*Der silberne Schleier*) der lett. Autorin Aspazija (d.i. Elza Rozenberga-Pliekšane) in Riga (Neues Theater)

Uguns un nakts (*Feuer und Nacht*), bekanntestes Drama des lett. Autors Janis Rainis (eig. Janis Pliekšans), erschienen; (1913–19 von J. Mediņš vertont)

1906 Boleslaw Barlog (1906 Breslau–1999 Berlin) dt. Regisseur, Theaterleiter

Peter Lühr (1906 Hamburg–1988 München), dt. Schauspieler, Regisseur

Samuel Beckett (1906 Foxrock/Dublin–1989 Paris), irischer Autor

Anšlavs Eglītis (1906–93), lett. Dramatiker

(19.1.) UA von Gerhart Hauptmanns *Und Pippa tanzt* (Berlin, Lessing-Theater)

(2.2.) UA von Hugo von Hofmannsthals *Ödipus und die Sphinx* (Berlin, Dt. Theater)

(24.2.) UA von Arthur Schnitzlers *Der Ruf des Lebens* (Berlin, Lessing-Theater)

UA von Frank Wedekinds (2.5.) *Totentanz* in Nürnberg (Intimes Theater); (20.11.) sensationeller Erfolg der »Kindertragödie« *Frühlings Erwachen* (Berlin, Kammerspiele, Regie Max Reinhardt)

(14.7.) UA von George Bernard Shaws *The Doctor's Dilemma* (*Der Arzt am Scheideweg*) in London

(24.11.) UA von William Butler Yeats' Verstragödie *Deirdre* in Dublin (Molewsworth Hall)

Niederschlagung des anti-europ. »Boxer-Aufstands« in China durch europ. Interventionstruppen

Brit. Arbeiterpartei entstanden (seit 1906 »Labour Party«)

(–1946) Viktor Emanuel III. ital. König

Gründung der Reformkolonie »Monte Verità« bei Ascona durch Lebensreformer und Avantgardekünstler

Zusammenschluß von Berliner Arbeiterlaienspielvereinigungen – nach überregionalen Erweiterungen ab 1913 Deutscher Arbeiter-Theater-Bund

Eröffnung des ersten Wiener Kabaretts »Nachtlicht« (später »Cabaret Fledermaus«)

Max Reinhardt erwirbt das Dt. Theater in Berlin und eröffnet die Kammerspiele (8.11.) mit Henrik Ibsens *Gespenster* im Bühnenbild von Edvard Munch

(–20) Ernst Stern (1876–1954) Chefbühnenbildner und Ausstattungsleiter der Bühnen Max Reinhardts, für dessen Inszenierungen er rund 90 Szenographien entwarf

(–09) Der aus dem George-Kreis stammende Alexander von Bernus versucht mit den von ihm initiierten »Schwabinger Schattenspielen« vergeblich die Durchsetzung des künstlerischen Schattenspiels

Personen des Theaters / Bühnenereignisse	Zeitgeschichte / Theaterwesen

(1906) (24.4.) UA von August Strindbergs Märchenspiel *Kronbruden* (*Die Kronbraut*) in Helsinki (Svenska Teatern)

Stanislavskij gastiert mit seinem Ensemble in Berlin

UA von Maksim Gor'kijs *Varvary* (*Barbaren*) in Kursk, *Vragi* (*Feinde*, 24.11., Berlin, Kleines Theater)

(30.12.) Vsevolod E. Mejerchol'd inszeniert die UA von Aleksandr A. Bloks *Balagancik* (*Die Schaubude*) in St. Petersburg (Komissarshevskaja-Theater)

UA der » Spießertragikomödie« *Moralnosc pani Dulskiej* (*Die Moral der Frau Dulska*) der poln. Dramatikerin Gabriela Zapolska in Kraków

UA von Isaac Leib Perez' jidd. Drama *Di goldene kejt* (*Die goldene Kette*) in Warschau

(3.8.) UA des Schauspiels *Tuulte pöörises* (*Im Wirbel der Winde*) des estn. Autors August Kitzberg in Dorpat (Vanemuine)

(–14) André Antoine alleiniger Schauspieldirektor des Pariser Théâtre de l'Odéon

Théâtre des Mathurins vom Dramatiker, Schauspieler, Theaterleiter Sacha Guitry (1885–1957) als Boulevardtheater in Paris gegründet

Beginn estn. Berufstheaters und fester Theatergebäude mit dem vom Regisseur Karl Menning (1874–1941) initiierten Vanemuine in Tartu und dem Estonia in Tallinn (Reval)

1907 Paula Wessely (1907 Wien–2000 Wien), österr. Schauspielerin

Dame Peggy Ashcroft (1907 Croydon/London–1991 London), brit. Schauspielerin

Christopher Fry (eig. Christopher Hammond Harris) (1907 Bristol–2005 Chichester), brit. Autor

Sir Laurence (Kerr) Olivier, Lord Olivier of Brighton (1907 Dorking–1989 Steyning), brit. Schauspieler, Regisseur, Theaterleiter

Roger Blin (1907 Neuilly–1984 Evecquemont b. Paris), franz. Regisseur, Schauspieler

Edwige Feuillère, eig. Cunati (1907 Vesoul bei Besançon–1998 Paris), Schauspielerin

(2.2.) UA von Gerhart Hauptmanns *Die Jungfern von Bischofsberg* (Berlin, Lessing-Theater)

(11.5.) *Fiorenza*, einziges Schauspiel Thomas Manns im Schauspielhaus Frankfurt/Main uraufgeführt

(28.10.) UA von Friedrich Hebbels *Ein Trauerspiel in Sizilien* (Hamburg, Dt. Schauspielhaus)

(26.1.) UA von John Millington Synges *The Playboy of the Western World* (*Der Held der westlichen Welt*, auch *Ein wahrer Held*) in Dublins Abbey Theatre. – Das bekannteste Stück Synges führte zu tumultartigen Auseinandersetzungen (»Playboy-Riots«); ähnliches spielte sich bei Gastspielen des Abbey Theatre in den USA ab

(26.10.) UA von William Somerset Maughams *Lady Frederick* in London (Royal Court Theatre)

(21.11.) UA des Prosadramas *The Unicorn from the Stars* (*Das Einhorn von den Sternen*) von William Butler Yeats und Augusta Lady Gregory in Dublin (Abbey Theatre); die dt. EA an den Münchner Kammerspielen nach der Premiere (9. 3. 1940) verboten

(2.3.) UA von Georges Feydeaus *La puce à l'oreille* (*Der Floh im Ohr*) in Paris (Théâtre des Nouveautés)

(9.12.) Jacinto Benavente y Martínez' »comedia para polichinelas« *Los intereses creados* (*Der tugendhafte Glücksritter oder Crispin als Meister seines Herrn*) in Madrids Teatro de Lara uraufgeführt – ein überwältigender, vielfach übersetzter Erfolg

Gleichberechtigung der norweg. Sprachen »Riksmål« und »Landsmål« (Nynorsk)

Gründung des »Vereins Münchner Künstler-Theater« (1909 aufgelöst)

(1.1.) Eröffnung des Schiller-Theaters in Berlin

Edward Gordon Craig entwickelt die »Screens«; Zusammenfassung seiner theaterreformerischen Gedanken in *The Actor and the Über-Marionette* (*Der Schauspieler und die Über-Marionette*)

Das von Annie Horniman (1860–1937) erworbene Gaiety Theatre in Manchester wird das erste brit. Repertory Theatre nach kontinentaleurop. Vorbild

(–10) August Strindberg (1849–1912) und August Falck (1882–1938) eröffnen das Intime Theater in Stockholm mit der UA von Strindbergs *Pelikanen* (*Der Pelikan*)

Eröffnung des Prager Divadlo na Vinohradech (Stadttheater in den Weinbergen) mit Vrchlickýs *Godiva*

Das von Eduard Verkade (1878–1961) und Willem Royaards (1867–1929) im Künstlerdorf Laren organisierte Sommerfestival gilt als Beginn modernen Theaters in den Niederlanden

Personen des Theaters / Bühnenereignisse

Zeitgeschichte / Theaterwesen

(1907) UA von August Strindbergs Schauspielen *Ett Drömspel* (*Ein Traumspiel*) am 17.4. in Stockholms Svenska Teatern; *Pelikanen* (*Der Pelikan*, auch: *Der Scheiterhaufen*) am 26.11.; *Brända Tomten* (*Die Brandstätte*) am 5.12.; *Oväder* (*Wetterleuchten*) am 30.12., alle drei in Stockholms Intima teatern

(22.2.) UA von Leonid Nikolaevič Andreevs *Žizn' čeloveka* (*Das Leben des Menschen*) in St. Petersburg (Komissarshevskaja –Theater)

Shalom Aschs jidd. Schauspiel *Got fun nekome* (*Der Gott der Rache*) in St. Petersburg (Komissarshevskaja-Theater) uraufgeführt

(10.4.) *Az Ördög* (*Der Teufel*) von Ferenc Molnár in Budapest (Vigszinház) uraufgeführt

(29.3) UA des sozialkritischen Schauspiels *Parvite* (*Die Ersten*) des bulg. Autors Petko J. Todorov (Narodnija teatar)

(24.2.) UA der erfolgreichsten Komödie des bulgar. Autors Anton T. Strašimirov *Svekarva* (*Die Schwiegermutter*) in Varna

1908 Karl Heinz Stroux (1908 Hamborn – 1985 Düsseldorf), Schauspieler, Regisseur, Theaterleiter

Sir Michael (Scudamore)Redgrave (1908 Bristol – 1985 London), Schauspieler, Regisseur, Autor

Arthur Adamov (1908 Kislovotsk, Rußland – 1970 Paris), franz. Dramatiker

Aleksej Nikolaevič Arbuzov (1908 Moskau – 1986 Moskau), russ. Autor

Karolos Koun (1908 Bursa, Türkei – 1987 Athen), Regisseur, Theaterleiter, Schauspieler

(11.1.) UA von Gerhart Hauptmanns *Kaiser Karls Geisel* (Berlin, Lessing-Theater) und von Frank Wedekinds »Sittengemälde« *Musik* (Nürnberg, Intimes Theater)

(23.1.) UA von Ernst Hardts *Tantris der Narr* (Köln, Schauspielhaus)

(4.7.) UA von Oskar Kokoschkas *Mörder, Hoffnung der Frauen* in Wien im Gartentheater der »Internationalen Kunstschau«

(20.11.) UA der Komödie *Moral* von Ludwig Thoma (Berlin, Kleines Theater)

(20.1.) UA von Nino Martoglios Komödie in sizilianischem Dialekt *San Giuvanni decullatu* (*Der enthauptete heilige Johannes*) in Bologna

(10.2.) UA des Schauspiels *Tignola* (*Die Motte*) des ital. Autors Sem Benelli (Genua, Teatro Paganini)

(5.3.) UA von Eduardo Marquina y Ángulos *Las hijas del Cid* (*Die Töchter des Cid*) in Madrid (Teatro Español)

(22.2.) UA des Schauspiels *Señora Ama* (*Die Herrin*) von Jacinto Benavente y Martínez (Madrid, Teatro de la Princesa)

UA von August Strindbergs *Spöksonaten* (*Die Gespenstersonate*) am 21.1. in Stockholms Intima teatern; *Svanevit* (*Schwanenweiß*) am 8.4. in Helsinki (Svenska Teatern); *Königin Christine* in Stockholm

Österreich-Ungarn annektiert Bosnien und Herzegowina (seit 1878 unter österr. Verwaltung)

Ferdinand I. erklärt das bisher zur Türkei gehörende Bulgarien zum unabhängigen Königreich (1909 anerkannt, bis 1946 bestehend)

Eröffnung des Münchner Künstler-Theaters mit Goethes *Faust*

(–20) Albert Steinrück (1872–1929) Schauspieler, Regisseur und Intendant des Münchner Hof- bzw. Staatstheaters

Eröffnung des nach Plänen Oskar Kaufmanns erbauten Hebbel-Theaters in Berlin; Gründer und erster Direktor Eugen Robert

(5.3.) Brand des Meininger Hoftheaters

(–29) Edward Gordon Craig mit Unterbrechungen Herausgeber und Autor (unter zahlreichen Pseudonymen) der Zeitschrift *The Mask*; veröffentlicht den Essay *The Actor and the Über-Marionette* (*Der Schauspieler und die Über-Marionette*)

August Strindbergs *Memorandum till medlemmarna af Intima teatern från regissören* (*Memorandum für die Schauspieler des Intimen Theaters*)

Eduard Verkade (1878–1961) gründet das Ensemble De Hagespelers (ab 1913 im eigenen Haus in Den Haag)

Aus dem Moskauer Künstlertheater (MChT) Stanislavskijs geht als erstes russ. Kabarett »Letucaja Myš« (Fledermaus) hervor

Personen des Theaters / Bühnenereignisse	Zeitgeschichte / Theaterwesen

(1908) (30.9.) UA von Maurice Maeterlincks berühmtestem Märchendrama *L'oiseau bleu* (*Der blaue Vogel*) am Moskauer Künstlertheater

UA des – international erfolgreichen – Schauspiels *Revolutionsbryllup* (*Revolutions-Hochzeit*) des dän. Autors Sophus Michaëlis in Stockholm 1908

1909 Marianne Hoppe (1909 Rostock–2002 Siegsdorf), Schauspielerin

Albin Skoda (1909 Wien –1961 Wien), Schauspieler

André Barsacq (1909 Feodosia, Russland–1973 Paris), Regisseur, Theaterleiter, Bühnenbildner

Max Reinhardt inszeniert Goethes *Faust I* (Dt. Theater, Berlin) mit alternierender Besetzung der Hauptrollen

(5.1.) UA von Arthur Schnitzlers *Komtesse Mizzi oder Der Familientag* (Wien, Volkstheater)

(25.1.) UA von Richard Strauss' *Elektra* (Libretto: Hofmannsthal) am Königl. Opernhaus Dresden

(6.3.) UA von Gerhart Hauptmanns *Griselda* (Berlin, Dt. Theater, Burgtheater Wien)

(27.7.) UA von Frank Wedekinds *Die Zensur* (München, Schauspielhaus)

(23.12.) UA von Hermann Bahrs *Das Konzert* (Berlin, Lessing-Theater)

(23.12.) UA der »Schnurre« *Der Feldherrnhügel* von Alexander Roda Roda und Carl Rössler in der Neuen Wiener Bühne, besonders populär geworden durch das Verbot der österr. Zensur wegen »Beleidigung von Militärpersonen«

(9.3.) UA von John Galsworthys *Strife* (*Kampf*) in London (Duke of York's Theatre)

(11.11.) UA von John Millington Synges *The Tinker's Wedding* (*Kesselflickers Hochzeit*) in London (His Majesty's Theatre) – Wegen der Darstellung eines engherzig-materialistischen Pfarrers lehnte das Dubliner Abbey Theatre die UA ab

UA des bretonischen Schauspiels *Nikolazig* von Joseph Le Bayon, dem Erneuerer des bretonischen Volkstheaters, in Sainte-Anne d'Aura

(16.4.) Sam Benellis Verstragödie *La cena delle beffe* (*Das Mahl der Spötter*) in Rom (Teatro dell'Argentina)

(30.10.) Die UA von Benito Pérez Galdos' *Electra* in Madrid ruft heftige Reaktionen der Öffentlichkeit hervor

UA von Leonid N. Andreevs *Černye maski* (*Die schwarzen Masken*) in St. Petersburg (Komissarshevskaja-Theater), *Anatema* (*Anathema*) am 20.10. im Moskauer Künstlertheater (Regie Nemirovič-Dančenko)

UA von Stanisław Wyspiańskis *Klatwa* (*Der Fluch*) in Łódź

(7.12.) UA von Ferenc Molnárs wohl bekanntestem Stück *Liliom, egy csirkefogó élete és halála* (*Liliom, Leben und Tod eines Vagabunden*) in Budapest (Vigszinház)

Georg Fuchs: *Die Revolution des Theaters*

Adolphe Appia entwickelt die »Rhythmischen Räume«

Gründung des Schauspieltheaters *La Comédie* in Genf (1913 Theaterneubau eröffnet)

Gründung des Scottish Repertory Theatre

Filippo Tommaso Marinetti veröffentlicht das *Erste futuristische Manifest* am 20.2. in *Le Figaro* in Paris und das Theaterstück *Poupées éléctriques* (*Die elektrischen Puppen*)

Teatro Español in Madrid als erstes span. Theater zum Nationaltheater erklärt

Vlaamsche Vereeniging voor Toneel en Vordrachskunst von Jan Oskar de Gruyter (1885–1929) gegründet

(–24) Der niederländ. Schauspieler und Regisseur Willem Royaards gründet und leitet die Truppe Het Tooneel

(–29) Ballets Russes, geleitet von Serge Diaghilev (1872–1929), Hauptsitz Paris, seit 1922 auch Monte Carlo

Gründung eines ständigen lit. Theaters in Vilna

Personen des Theaters / Bühnenereignisse

Zeitgeschichte / Theaterwesen

(1909) (26.11.) UA des historischen Dramas *Viforul* (*Der Schnee-Sturmwind*) des rumän. Autors Barbu Delavrancea in Bukarest

UA des Dramas *Stella Violanti* des griech. Autors Grigorios Xenopulos in Athen

1910 Ulrich Becher (1910 Berlin–1990 Basel), dt. Autor

George Devine (1910 London–1966 London), Theaterleiter, Regisseur, Schauspieler

Jean Anouilh (1910 Bordeaux–1987 Lausanne), franz. Dramatiker, Regisseur

Jean-Louis Barrault (1910 Le Vésinet bei Paris–1994 Paris), franz. Schauspieler, Regisseur, Theaterleiter

Jean Genet (1910 Paris–1986 Paris), franz. Autor

Georges Schéhadé (1910 Alexandria/Ägypten–1989 Paris), franz. Autor

Bernard Kangro (1910–94), estn. Dramatiker

Max Reinhardts erste Arena-Inszenierung von H. v. Hofmannsthals Bearbeitung von Sophokles' *König Ödipus* am 25.9. in der Münchner Musikfesthalle (3200 Zuschauer), im Zirkus Schumann (Berlin, 5000 Zuschauer) u. a.

UA von Hugo von Hofmannsthals *Christinas Heimreise* (11.2., Berlin, Dt. Theater), *Die Heirat wider Willen* (nach Molière, 7.10., Berlin, Kammerspiele)

UA von Artur Schnitzlers *Der junge Medardus* (24.11., Burgtheater Wien), *Anatol* (3.12., Wien, Dt. Volkstheater und Berlin, Lessingtheater)

(17.12.) UA von Karl Schönherrs *Glaube und Heimat* (Wien, Deutsches Volkstheater)

(23.12.) UA von Hermann Bahrs *Die Kinder* (Leipzig, Schauspielhaus)

(21.2.) UA von John Galsworthys gesellschaftskritischem Schauspiel *Justice* (*Justiz*) in London (Duke of York's Theatre) und Glasgow (Repertory Theatre)

UA von John Millington Synges *Deirdre of the Sorrows* (Dublin, Abbey Theatre)

UA der Ballette *Shéhérazade* und *L'oiseau de feu* (*Feuervogel*, Musik: Igor Stravinskij) durch die Ballets Russes in Paris

(7.2.) UA von Edmond Rostands letztem Schauspiel *Chantecler* (Paris, Théâtre de la Porte St. Martin) mit Sarah Bernhardt

(19.2.) UA von August Strindbergs *Stora Landsvägen* (*Die große Landstraße*) in Stockholm (Intima teatern)

UA von Maksim Gor'kijs *Poslednije* (*Die Letzten*, 6.9., Berlin, Dt. Theater, Regie Max Reinhardt), *Čudaki* (*Komische Käuze*, UA St. Petersburg), *Deti* (*Die Kinder/Eine Begegnung*, UA St. Petersburg)

(–1936) Georg V. König von Großbritannien

Portugal wird nach Sturz König Emanuels II. Republik

(–12) Bau des Festspielhauses Hellerau nach Plänen Heinrich Tessenows (1876–1950)

Jacques Rouché übernimmt die Direktion des Théâtre des Arts in Paris und veröffentlicht *L'Art théâtral moderne*

Gründung des Malta Amateur Dramatic Club

Gründung eines Verbands lit. Schauspieler in Vilna

Personen des Theaters / Bühnenereignisse	Zeitgeschichte / Theaterwesen
1911 Max Frisch (1911 Zürich – 1991 Zürich), schweizer. Autor Fritz Hochwälder (1911 Wien – 1986 Zürich), österr. Autor Günther Rennert (1911 Essen – 1978 Salzburg), Regisseur, Theaterleiter Maria Wimmer (1911 Dresden – 1996 Bühlerhöhe), Schauspielerin Terrence Rattigan (1911 London – 1977 Hamilton/ Bermudas), engl. Autor (13.1.) UA von Gerhart Hauptmanns *Die Ratten* (Berlin, Lessing-Theater) (26.1.) UA von Hugo von Hofmannsthals »Komödie für Musik« *Der Rosenkavalier* mit Musik von Richard Strauss (Dresden, Königl. Opernhaus, Regie Max Reinhardt) UA von Carl Sternheims *Die Hose* (15.2., Berlin, Kammerspiele des Dt. Theaters – unter dem von der Zensur verlangten Titel *Der Riese*), *Die Kassette* (24.11., Dt. Theater; während des Ersten Weltkriegs war die Aufführung verboten) (16.2.) UA von Herbert Eulenbergs *Alles um Liebe* im Münchener Residenztheater (14.10.) Ring-UA von Arthur Schnitzlers Tragikomödie *Das weite Land* an neun Theatern (1.12.) Max Reinhardt inszeniert die UA von Hugo von Hofmannsthals *Jedermann* in Berlin im Zirkus Schumann (15.12.) UA von Fritz von Unruhs Drama *Offiziere* (Berlin, Dt. Theater) (20.12.) UA von Frank Wedekinds *Oaha – Die Satire der Satire* (Münchner Kammerspiele) (23.12.) Max Reinhardt inszeniert die UA von Karl Gustav Vollmoellers Pantomime *Das Mirakel* (Musik Engelbert Humperdinck) in der Londoner Olympia Hall – ein Welterfolg (2.2.) UA der jidd. Komödie *Der Ojzer* (*Der Schatz*) von David Pinski in Berlin (Dt. Theater) in der Regie Max Reinhardts (19.4.) UA von George Bernard Shaws *Fanny's First Play* (*Fannys erstes Stück*) in London (Little Theatre) (22.5.) UA von Gabriele D'Annunzios »Mysterium« *Le Martyre de Saint-Sébastien* mit Musik von Claude Debussy (Paris, Théâtre du Châtelet) Erscheinungsjahr des Schauspiels *Bjærg Ejvind og Hans Hustru* (*Berg-Eyvind und sein Weib*) des isländ. Autors Jóhann Sigurjónsson in dän. Sprache (in isländ. Übersetzung *Fjalla-Eyvindur* 1912) (8.2.) UA der Erstfassung von Maksim Gor'kijs *Vassa Železnova* in Moskau (Neslobin-Theater), der Zweitfassung am 5. 7. 1936 in Leningrad als Gastspiel des Moskauer Zentralen Theaters der Roten Armee Erscheinungsjahr des unvollendeten Dramas *I svet vo t'me svetit* (*Und das Licht leuchtet in der Finsternis*) von Lev	Erste Ausstellung der expressionistischen Künstlergruppe »Blauer Reiter« in München (Almanach 1912) Gründung der »Dt. Volksfestspiel-Gesellschaft« in Berlin Eröffnung des Privattheaters »Münchner Lustspielhaus«; seit 1912 unter dem Namen Münchner Kammerspiele Arthur Hellmer (1880–1961) gründet – und leitet bis 1935 – das für die Durchsetzung expressionistischen Theaters und Georg Kaisers wichtige Neue Theater in Frankfurt/ Main Ivo Puhonny gründet das »Baden-Badener-Künstler-Marionettentheater« Übersiedlung der »Bildungsanstalt Jaques-Dalcroze« des Schweizer Musikpädagogen Émile Jaques-Dalcroze (1865–1950) nach Hellerau bei Dresden (1914 geschlossen); Entwicklung des tanzpädagogischen Reformprojekts »System Dalcroze« Edward Gordon Craig: *On the Art of the Theatre* (*Über die Kunst des Theaters*) (–51) Gründung der Forschungs- und Spielstätte für experimentelles Theater Laboratoire de Théâtre Art et Action (zuerst Art et Liberté) in Paris durch den Architekten Edouard Autant (1872–1964) und seine Frau, die Schauspielerin Louise Lara (1876–1952) Neueröffnung des Intimen Theaters in Stockholm als Kammerspieltheater Gründung der niederländ. Schauspielervereinigung »Nederlandsche Tooneelkunstenaarsvereeniging« (–15) Gründung der als »teatro stabile« geplanten »Drammatica Compagnia di Milano« im Teatro Manzoni durch den Kritiker und Dramatiker Marco Praga (1862–1929) Filippo Tommaso Marinetti: *Manifesto di Drammaturghi futuristi* (*Manifest der futuristischen Bühnenautoren*) Stadttheater im ungar. Kaposvár eröffnet; heute als Csiky Gergely Szinház eine der führenden Bühnen Ungarns

Personen des Theaters / Bühnenereignisse

Zeitgeschichte / Theaterwesen

(1911) Nikolaevič Tolstoj, (23.9.) UA des Dramas *Živoj trup* (*Der lebende Leichnam*) im Moskauer Künstlertheater

(23.12.) Premiere von Edward Gordon Craigs *Hamlet*-Inszenierung am Moskauer Künstlertheater

UA der Tragödie *V polite na Vitoša* (*Am Fuße des Vitoša*) des bulgar. Autors Pejo Javorov im Nationaltheater in Sofia

(13.5.) UA der »zeitgenössischen Tragödie« *Psichosavvato* (*Allerseelensamstag*) des griech. Autors Grigorios Xenopulos in Athen

1912 Kurt Meisel (1912 Wien–1994 Wien), Schauspieler, Regisseur, Theaterleiter

Carl Raddatz (1912 Mannheim–2004 Berlin), Schauspieler

Jura Soyfer (1912 Charkov/Rußland–1939 KZ Buchenwald), österr. Autor

Eugène Ionesco (1912 Slatina/Rumänien–1994 Paris), franz. Autor

Jean Vilar (1912 Sète–1971 Sète), Schauspieler, Regisseur, Theaterleiter

UA von Arthur Schnitzlers *Der Reigen* (unauthorisiert, in ungar. Sprache in Budapest); *Marionetten* (10.2., Wien, Volkstheater), *Professor Bernhardi* (28.11., Berlin, Kleines Theater – durfte in Österreich erst 1920 aufgeführt werden)

Max Reinhardt inszeniert mit engl. Schauspielern Sophokles' *König Ödipus* im Londoner Covent Garden Theatre; unternimmt Tournee durch Osteuropa und nach Stockholm; mit Friedrich Freksas Pantomime *Sumurûn* erstes USA-Gastspiel

(14.6.) UA von Gerhart Hauptmanns *Gabriel Schillings Flucht* (Lauchstädt, Kleines Theater)

(28.4.) UA von Emil Rosenows sozialem Drama *Die im Schatten leben* (Frankfurt/Main, Albert-Schumann-Theater) – Aufführung in Berlin von der Polizeibehörde verboten

(25.10.) UA von Richard Strauss' *Ariadne auf Naxos* (Libretto: Hofmannsthal) im Kleinen Haus des Stuttgarter Hoftheaters

(12.12.) UA von Ludwig Thomas *Magdalena* (Berlin, Kleines Theater)

UA von Paul Claudels *L'annonce faite à Marie* (*Verkündigung*) im Pariser Théâtre de l'Œuvre durch Lugné-Poë

UA des Balletts *L'après-midi d'un faune* (*Nachmittag eines Fauns*, Musik: Claude Debussy) in der Choreographie Václav Nijinskijs (auch TR) durch die Ballets Russes in Paris – einer der größten Pariser Theaterskandale

UA des katalan. Versdramas *Nausica* (*Nausikaa*) von Joan Maragall (eig. Joan Maragall i Gorina) in Barcelona

(17.3.) UA von Roberto Braccos *Il piccolo santo* (*Der kleine Heilige*) in Neapel (Teatro Mercadante)

(10.2.) UA von Helge Rodes *Grev Bonde og hans hus* (*Graf Bonde und sein Haus*) in Kopenhagen (Det Kongelige Teater)

Der erste Balkankrieg verdrängt die Türkei weitgehend aus Europa

(25.10.) Eröffnung des »Bierkabaretts Simplicissimus« in Wien; heute ist der »Simpl« das älteste noch existierende Kabarett

(–17) Hugo Thimig (1854–1944) Direktor des Wiener Burgtheaters

(–37) Lilian Baylis (1875–1937) übernimmt das Old Vic Theatre in London, das unter verschiedenen künstlerischen Leitern Zentrum der Shakespeare-Pflege wird

Personen des Theaters / Bühnenereignisse	Zeitgeschichte / Theaterwesen

(1912) Leonid N. Andreevs *Professor Storizyn* in Moskau uraufgeführt
UA des Dramas *Lepa Vida* (*Die schöne Vida*) des sloven. Autors Ivan Cankar in Ljubljana

1913 Hans Lietzau (1913 Berlin – 1991 Berlin), Regisseur, Theaterleiter, Schauspieler
Gustav (von) Manker (1913 Wien – 1988 Wien), Bühnenbildner, Regisseur, Theaterleiter
Josef Meinrad, eig. J. Moučka (1913 Wien – 1996 Großgmain), Schauspieler
Wolfgang Znamenacek (1913 Köln – 1953 Mirandola, Italien), Bühnenbildner
Albert Camus (1913 Mondovi/Algerien – 1960 Villeblevin), franz. Philosoph, Autor
Félicien Marceau, eig. Louis Carette (*1913 Cortenberg/Belgien), franz. Autor
Viktor Sergeevič Rozov (1913 Jaroslavl' – 2004 Moskau)
Arvo Mägi (1913–2004), estn. Dramatiker

Max Reinhardt inszeniert die UA von Carl Sternheims *Bürger Schippel* (5.3., Berlin, Kammerspiele) und von Gerhart Hauptmanns *Festspiel in deutschen Reimen* (31.5., Breslau, Jahrhunderthalle) – einige Wochen später verboten
(16.9.) UA von Arno Holz' Tragödie *Sonnenfinsternis* (Thalia Theater Hamburg, Regie Jeßner)
(17.10.) UA von Carl Hauptmanns *Die armseligen Besenbinder* (Dresden, Königl. Schauspielhaus)
(8.11.) UA von Georg Büchners 1836/37 entstandenem Fragment *Woyzeck* (München, Residenztheater)
In Hellerau bei Dresden Aufführung der Oper *Orpheus und Eurydike* von Christoph Willibald Gluck durch die Bildungsanstalt Jaques-Dalcroze; der Theaterreformer Adolphe Appia kann erstmals seine Inszenierungstheorien verwirklichen
UA von George Bernard Shaws *Androcles and the Lion* (*Androklus und der Löwe*) am 1.9. im Londoner St. James' Theatre, *Pygmalion* in dt. Sprache am 16.10. im Wiener Burgtheater
(29.5.) UA des Balletts *Sacre du printemps* (*Frühlingsopfer*, Musik: Igor Stravinskij) in der Choreographie Václav Nijinskijs durch die Ballets Russes in Paris (Théâtre des Champs Elysées)
(12.7.) UA von Gabriele D'Annunzios *La pisanelle ou la mort parfumée* (*Pisanelle oder Der duftende Tod*) in Paris (Théâtre du Châtelet)
(25.12.) UA des westfriesischen Schauspiels *Dêr wier ris* (*Es war einmal*) des niederländ. Autors Rudolf Wilhelm Canne durch die Ljouwerter Toanielselskip in Leeuwarden
UA der (einzigen) Komödie *Det lykkelige valg* (*Die glückliche Wahl*) des norweg. Autors Nils Kjær
(3.2.) UA von Aleksandr A. Bloks »lyrischem Drama« *Neznakomka* (*Die Unbekannte*) in Moskau (Literaturnyj Chudozestvennyi Kruzok)

Zweiter Balkankrieg
Treffen von Jugendverbänden der »Wandervogel«-Bewegung auf dem Hohen Meißner
Bau des (ersten) »Goetheaneums« im schweizer. Dornach durch die Anthroposophische Gesellschaft nach Entwürfen Rudolf Steiners (1861–1925)

Edward Gordon Craig veröffentlicht *Towards a new Theatre* und gründet eine Theaterakademie in der Arena Goldoni in Florenz (bis 1916)
Gründung (und Leitung bis 1924) des Pariser Théâtre du Vieux Colombier durch Jacques Copeau (1879–1949)
Filippo Tommaso Marinettis Manifest: *Il teatro di varieta* (*Das Varieté*)
Gründung des aus Det Norske Spellaget entstandenen Norske Teatret i Oslo als Nationaltheater Norwegens
Vsevolod E. Mejerchol'd: *O teatrě* (*Über das Theater*)
Arnold Szyfman (1882–1967) gründet und leitet bis zum Beginn des Zweiten Weltkriegs (erneut 1946–49, 1955–57) das Teatr Polski in Warszawa – »Geburtsstunde des modernen poln. Theaters«

Personen des Theaters / Bühnenereignisse

Zeitgeschichte / Theaterwesen

(1913) Bei der ersten futuristischen Theaterveranstaltung in Rußland (2.–5.12.) Aufführung der Tragödie *Vladimir Majakovskij* (mit ihm selbst als Akteur und Regisseur) und Matjušin/Kručonychs Oper *Pobeda nad solnzem (Sieg über die Sonne)* in der Ausstattung durch Kazimir Malevič im St. Petersburger Lunapark-Theater
UA der Komödie *Paulinka* des weißruthen. Autors Janka Kupala (eig. Jan Lucevic) in Wilna

1914 Will Quadflieg (1914 Oberhausen–2003 Hamburg), Schauspieler
Ita Maximowna (1914 St. Petersburg–1988 Berlin), Bühnenbildnerin
George Tabori, eig. György Tábori (1914 Budapest–2007 Berlin), Regisseur, Theaterleiter, Schauspieler, Autor, Übersetzer, Journalist
Sir Alec Guinness (1914 London–2000 Midhurst), engl. Schauspieler, Regisseur
Joan Littlewood (1914 Stockwell/London–2002 London) brit. Regisseurin, Theaterleiterin, Schauspielerin
Dylan Marlais Thomas (1914 Swansea–1953 New York), engl.-walisischer Autor
Jan de Hartog (1914 Haarlem–2002 Houston), niederländ.-amerikan. Autor

(2.2.) UA von Carl Sternheims *Der Snob* (Berlin, Kammerspiele)
UA von Gorch Focks (eig. Johann Kinau) niederdt. Einakter *Cili Cohrs* in Hamburg (Gesellschaft für dramatische Kunst)
(17.1.) Gerhart Hauptmann inszeniert die UA seines Stücks *Der Bogen des Odysseus* (Berlin, Dt. Künstlertheater)
(1.6.) UA von Christian Dietrich Grabbes 1822 entstandenem Schauspiel *Nanette und Maria* (Kettwig/Ruhr, Bergtheater)
(22.1.) UA von Paul Claudels *L'échange (Der Tausch)* am 22.1. im Théâtre du Vieux-Colombiers und am 5.6. von *L'otage (Der Bürge)* im Théâtre de l'Œuvre (beide Paris)
Adolphe Appia und Émile Jaques-Dalcroze inszenieren am Genfer See das Festspiel *La Fête de Juin*
(5.12.) UA von August Strindbergs *Näktergalen i Wittenberg (Luther, die Nachtigall von Wittenberg)* in dt. Sprache in Berlin (Dt. Künstlertheater)
(Jan.) UA des Schauspiels *Læraren (Paulus)* des norweg. Autors Arne Garborg in Bergen (Det Norske Teatret)
UA des Trauerspiels *Hadda-Padda* des isländ. Autors Guðmundur Kamban in Kopenhagen (Det Kongelige Teater)
(2.10.) UA des finn. Nationalschauspiels *Pohjalaisia* von Artturi Järviluoma in Helsinki – eines der erfolgreichsten Stücke der finn. Dramatik

Nach der Ermordung des österr.-ungar. Thronfolgers Franz Ferdinand und seiner Frau durch serb. Nationalisten in Sarajevo (28.6.) Beginn des Ersten Weltkriegs (–18)

Zusammenschluß der Neuen Freien Volksbühne mit der Freien Volksbühne und Eröffnung eines eigenen Hauses (Volksbühne am Bülowplatz) in Berlin nach Plänen Oskar Kaufmanns
Henry van de Velde baut das Kölner Werkbundtheater
Die dem Teatre Intim angeschlossene Escola Catalana d'Art Dramàtic als erste Schauspielschule Barcelonas gegründet
Evgenij B. Vachtangov übernimmt die Leitung des »Dramatischen Studios« in Moskau
(12.12.) Aleksandr Jakovlevič Tairov (eig. Kornblit) gründet mit seiner späteren Frau, der Schauspielerin Alice Koonen (1889–1974), das Moskovskij Kamernyj teatr (Moskauer Kammertheater, 1917 verstaatlicht, 1950 geschlossen), eröffnet mit seiner Inszenierung von Kālīdāsas *Sakuntala*

Personen des Theaters / Bühnenereignisse	Zeitgeschichte / Theaterwesen
1915 Hans Quest (1915 Herford–1997 München), Schauspieler, Regisseur	(–32) Hermann Röbbeling (1875–1949) Intendant des Hamburger Thalia-Theaters, 1928–32 nach Vereinigung beider Bühnen auch des Dt. Schauspielhauses
Erich Schellow (1915 Berlin–1995 Berlin), Schauspieler	(–18) Max Reinhardt übernimmt die Direktion der Berliner Volksbühne
Ernst Schröder (1915 Wanne-Eickel–1994 Berlin), Schauspieler, Regisseur	Filippo Tommaso Martinetti, Bruno Corra und Emilio Settimelli: *Il Teatro Sintetico Futurista* (*Das synthetische futuristische Theater*)

Personen des Theaters / Bühnenereignisse

1915
Hans Quest (1915 Herford–1997 München), Schauspieler, Regisseur
Erich Schellow (1915 Berlin–1995 Berlin), Schauspieler
Ernst Schröder (1915 Wanne-Eickel–1994 Berlin), Schauspieler, Regisseur
Georgi Aleksandrovič Tovstonogov (1915 Tiflis/Tbilissi–1989 Leningrad, heute St. Petersburg), Regisseur, Theaterleiter
Tadeusz Kantor (1915 Wielopole–1990 Kraków), Theaterkünstler, Regisseur, Bühnenbildner, Maler
Marijan Matkovic (1915 Karlovac–1985 Zagreb), kroat. Autor

(16.1.) UA von Anton Wildgans' sozialem Drama *Armut* (Wien, Dt. Volkstheater)
(6.4.) UA von Karl Schönherrs *Der Weibsteufel* (Wien, Johann-Strauß-Theater)
(12.10.) UA von Arthur Schnitzlers *Komödie der Worte* (u. a. Burgtheater Wien)
(6.12.) UA von Carl Sternheims *Der Kandidat* (Wien, Volksbühne)
Ital. Futuristen veranstalten Theateraktionen für die Kriegsbeteiligung Italiens
(27.11.) UA der Komödie *L'aria del continente* (*Festlandsluft*) von Nino Martoglio in Mailand
(3.12.) UA der international erfolgreichen Komödie *Scampolo* von Dario Niccodemi (Mailand, Teatro Fossati)
(28.12.) UA von August Strindbergs »Mysterium« *Advent* (Münchner Kammerspiele); schwed. EA am 22. 1. 1926 in Stockholm (Kungliga dramatiska teatern)

1916
Wolfgang Hildesheimer (1916 Hamburg–1991 Poschiavo/Graubünden), dt. Autor
Kurt Hübner (1916 Hamburg–2007 München), Theaterleiter, Regisseur, Schauspieler
Peter Weiss (1916 Nowawes/Berlin–1982 Stockholm), dt. Autor
Antonio Buero Vallejo (1916 Guadalajara–2000), erfolgreichster span. Dramatiker der Nachkriegszeit

(22.4.) UA von Franz Werfels *Die Troerinnen* (Berlin, Lessing-Theater)
(26.4.) UA von Heinrich Manns *Madame Legros* (Berlin, Lessingtheater)
UA von Hugo von Hofmannsthals *Alkestis* (nach Euripides, 14.4., Münchner Kammerspiele, *Die Lästigen* (nach Molière, 26.4., Berlin, Dt. Theater)
(30.9.) UA von Walter Hasenclevers *Der Sohn* (Prag, Dt. Landestheater) – Prototyp expressionistischer Dramatik
(30.10.) Fritz Kortner spielt im Dt. Volkstheater Wien in Shakespeares *Der Kaufmann von Venedig* erstmals Shylock, die Rolle, die er bis 1969 (Fernsehen) immer wieder verkörpert
(4.12.) UA von Friedrich Hölderlins 1826 entstandenem *Der Tod des Empedokles* (Stuttgart, Königl. Hoftheater)
(17.12.) UA von René Schickeles *Hans im Schnakenloch* (Frankfurt/Main, Neues Theater)

Rechte Spalte – Zeitgeschichte / Theaterwesen

(–32) Hermann Röbbeling (1875–1949) Intendant des Hamburger Thalia-Theaters, 1928–32 nach Vereinigung beider Bühnen auch des Dt. Schauspielhauses
(–18) Max Reinhardt übernimmt die Direktion der Berliner Volksbühne
Filippo Tommaso Martinetti, Bruno Corra und Emilio Settimelli: *Il Teatro Sintetico Futurista* (*Das synthetische futuristische Theater*)

(–18) Karl I. letzter Kaiser Österreich-Ungarns
Schwere Kämpfe um Verdun zwischen franz. und dt. Truppen
Hungersnot in Deutschland (»Kohlrübenwinter« 1916/17)
Irischer »Osteraufstand« in Dublin gescheitert
Der am russ. Hof einflußreiche Mönch Rasputin von Adligen ermordet

(–58) »Entertainment Tax« (Vergnügungssteuer) in Großbritannien, die die privatwirtschaftlich geführten Theater existentiell bedroht
(5.2.) Hugo Ball eröffnet das »Cabaret Voltaire« in Zürich
Gregorio Martínez Sierra (1881–1947) gründet die Truppe Teatro del Arte an der Madrider Avantgardebühne Teatro Eslava
(17.10.) Eröffnung des Lorensbergtheater im schwed. Göteborg mit Strindbergs *Ett drömspel* (*Traumspiel*)
Gründung des heutigen Eesti Draamateater (Estn. Dramentheater) in Tallinn (Reval)

Personen des Theaters / Bühnenereignisse   Zeitgeschichte / Theaterwesen

(1916) (2.4.) Private UA von William Butler Yeats' *At the Hawk's Well or Waters of Immortality* (*An der Falkenquelle*) im Londoner Salon von Lady Cunard

(31.5.) UA der Groteske *La maschera ed il volto* (*Die Maske und das Antlitz*) von Luigi Chiarelli (Rom, Teatro Argentina)

(14.4.) UA von Carlos Arniches y Barreras *La Señorita de Trevélez* (*Fräulein Trevélez*) in Madrids Teatro de Lara

(18.5.) UA von Jacinto Benavente y Martínez' *La ciudad alegre y confiada* (*Die frohe Stadt des Leichtsinns*) in Madrids Teatro de Lara

(28.10.) UA von Ferenc Molnárs *Farsang* (*Fasching*) in Budapest (Vigszinház)

(3.3.) UA der Tragikomödie *Patima rosie* (*Die rote Leidenschaft*) des rumän. Autors Mihail Sorbul (Bukarest, Nationaltheater)

UA der Komödie *Na Antokali* (*In Antokal*) in Vilna des weißruthen. Autors Francišak Aljachnovic, des »Vaters der neuen weißruthen. Dramaturgie«

1917 Hanns Anselm Perten (1917 Bromberg/Bydgoszcz – 1985 Rostock), Schauspieler, Regisseur, Theaterleiter
John Whiting (1917 Salisbury/Wittshire – 1963 London), brit. Dramatiker
Jurij Petrovič Ljubimov (*1917 Jaroslavl, Rußland), Regisseur, Schauspieler, Theaterleiter
Erwin Axer (*1917 Wien), poln. Regisseur, Theaterleiter
Horia Lovinescu (1917 Falticeni – 1983 Bukarest), rumän. Autor

UA von Georg Kaisers *Die Bürger von Calais* (29.1., Frankfurt/Main, Neues Theater, Regie A. Hellmer), *Von morgens bis mitternachts* (28.4., Münchner Kammerspiele, Regie Falckenberg), *Die Koralle* (27.10., Frankfurt/Main, Neues Theater)

(3.6.) Oskar Kokoschka inszeniert im Dresdener Albert-Theater seine Stücke *Mörder, Hoffnung der Frauen*, die UA von *Hiob* und *Der brennende Dornbusch*

(9.9.) UA von Carl Sternheims *Der Stänker* (unter dem Titel *Perleberg*) in Frankfurt/Main (Schauspielhaus)

(17.10) UA von Gerhart Hauptmanns *Winterballade* (Berlin, Dt. Theater, Regie Reinhardt)

(2.11.) UA von Hanns Johsts *Der Einsame* in Düsseldorf

(14.11.) UA von Arthur Schnitzlers *Fink und Fliederbusch* (Wien, Volkstheater)

(15.11.) UA von Frank Wedekinds *Schloß Wetterstein* (Zürich, Pfauentheater)

(8.12.) UA von Paul Kornfelds *Die Verführung* (Frankfurt/Main, Schauspielhaus)

(15.12.) UA von Walter Hasenclevers *Antigone* (Leipzig, Altes Theater)

(23.12.) UA von Reinhard Johannes Sorges mit dem Kleistpreis ausgezeichnetem Drama *Der Bettler* (Berlin, Dt. Theater)

USA treten in den Ersten Weltkrieg ein

Februarrevolution in Rußland stürzt die Monarchie; Rückkehr russ. Revolutionäre aus dem Schweizer Exil mit Unterstützung der dt. Regierung; (25.10.) Erstürmung des Winterpalais, Oktoberrevolution in Rußland, Schaffung einer Sowjetrepublik und der »Roten Armee«; (–20) Bürgerkrieg

(6.12.) Nach dem Sturz des russ. Zaren erklärt Finnland seine Unabhängigkeit

(–44) Litauen selbständig (dann der Sowjetunion eingegliedert)

Herwarth Walden (1878–1941) und Lothar Schreyer (1886–1966) gründen die »Sturm-Bühne« in Berlin; August Stramms *Sancta Susanna* 1918 einzige Aufführung

Eröffnung der »Galerie Dada« in Zürich

Gründung der Salzburger Festspielhaus-Gemeinde in Wien durch Max Reinhardt, Hugo von Hofmannsthal, Hermann Bahr, Richard Strauss

(–44) Otto Falckenberg (1873–1947) Intendant der Münchner Kammerspiele, seit 1914/15 bereits Oberspielleiter

(–30) Eduard Verkade (1878–1961) Leiter der in der Amsterdamsche Stadsschouwburg auftretenden Koninklijke Vereniging Het Nederlandsch Tooneel (Ausnahme 1920–24)

(–43) Die dän. Schauspielerin Betty Nansen (1873–1943) übernimmt das Alexandra Theater in Frederiksberg, dem sie ihren Namen gibt, das sie rund 25 Jahre künstlerisch und geschäftlich leitet, in dem sie inszeniert und die Hauptrollen im ambitionierten Repertoire spielt

Personen des Theaters / Bühnenereignisse	Zeitgeschichte / Theaterwesen

(1917) Diaghilevs Ballets Russes führen mit *Parade* (Libretto: Jean Cocteau, Choreographie: Léonide Massine, Musik: Erik Satie, Ausstattung: Pablo Picasso) ein erstes »kubistisches« Bühnenwerk auf

(24.6.) UA von Guillaume Apollinaires surrealistischem Drama *Les mamelles de Tirésias* (*Die Brüste des Tiresias*) in Paris (Théâtre Maubel)

UA von Luigi Pirandellos *Così è – se vi pare* (*So ist es – wie es Ihnen scheint*, 18.6., Mailand, Teatro Olimpia), *Il berretto a sonagli* (*Die Narrenkappe*, 27.6., Rom, Teatro Nazionale), *Il piacere dell'onestà* (*Das Vergnügen, anständig zu sein*, 27.11., Turin, Teatro Carignano)

El Conde Alarcos (*Der Graf Alarcos*) von Jacinto Grau Delgado in Madrid uraufgeführt

UA des klassischen weißruthen. Dramas *Raskidanaje hnjazdo* (*Das zerstreute Nest*) von Janka Kupala (eig. Jan Lucevic)

1918 Peter Palitzsch (1918 Deutmannsdorf/Zybulotów – 2004 Havelberg), Regisseur, Theaterleiter
René de Obaldia (*1918 Hongkong), franz. Autor
Bergman, Ingmar (1918 Uppsala – 2007 Insel Fårö), schwed. (Film-)Regisseur, Intendant, Schriftsteller
Radu Beligan (*1918 Galbeni), rumän. Schauspieler, Theaterleiter, Regisseur, Autor

UA von August Stramms expressionistischem Kurzdrama *Sancta Susanna* als einzige Aufführung der Sturm-Bühne (Berlin)

(10.2.) UA von Reinhard Goerings *Seeschlacht* in Dresden (Königl. Schauspielhaus)

(5.4.) UA von Hermann Bossdorfs niederdt. Schauspiel *De Fährkrog* (Hamburg, Thalia-Theater)

(16.6.) UA von Fritz von Unruhs *Ein Geschlecht* (Frankfurt/Main, Schauspielhaus)

(4.9.) UA von Karl Leberecht Immermanns 1832 erschienener »Mythe« *Merlin* (Berlin, Volksbühne)

UA von Georg Kaisers *Der Brand im Opernhaus* (16.11., Hamburger Kammerspiele und Nürnberg, Stadttheater), *Gas I* (28.11., Frankfurt/Main, Neues Theater)

Erste Dada-Aktionen in Berlin

UA von Johann Wolfgang von Goethes *Urfaust* (Frankfurt/Main, Schauspielhaus)

(20.12.) UA von Christian Dietrich Grabbes 1834 entstandenem *Hannibal* (München, Nationaltheater)

Fortunato Déperos *Balli Plastici* (*Plastische Tänze*) im Teatro dei Piccoli in Rom

(4.3.) UA von Pier-Maria Rosso di San Secondos heftig diskutiertem Stück *Marionette, che passione!* (*Marionetten, welche Leidenschaft!*) in Mailand (Teatro Manzoni)

(6.12.) UA von Luigi Pirandellos *Il giuoco delle parti* (*Seine Rollen spielen* oder *Das Rollenspiel*) in Rom (Teatro Quirino)

(20.12.) UA der »Karikatur einer Tragödie« *La Venganza de Don Mendo* (*Don Mendos Rache*) von Pedro Muñoz Seca (Madrid, Teatro de la Comedia)

Rußland wird Sowjetrepublik, Hauptstadt Moskau; (16.7.) Ermordung Zar Nikolaus' II. und der Zarenfamilie

Novemberrevolution in Deutschland; Meuterei der Matrosen in Kiel; Reichskanzler Max von Baden verkündet eigenmächtig die Abdankung Kaiser Wilhelms II., der ins niederländ. Exil geht; Philipp Scheidemann ruft die Republik aus

(–39) 2. Republik in Polen

(–40) Lettland und Estland selbständig (nach dem Zweiten Weltkrieg Sowjetrepubliken)

Unabhängige Republik Ungarn; März-August Räterepublik unter Béla Kun

Königreich der Serben, Kroaten und Slowenen (1929 Königreich Jugoslawien)

Aufhebung der Theaterzensur in Deutschland und Österreich

(–49) Saladin Schmitt (1883–1951) Intendant des Bochumer Schauspielhauses, dessen erstes Ensemble er zusammenstellte

Erich Ziegel (1876–1950) gründet die Hamburger Kammerspiele – innovativste dt. Bühne der 1920er Jahren außerhalb Berlins

Enrico Prampolinis Manifest *Principi di emotivita scenografica novissima* (*Prinzipien neuester szenographischer Emotivität*)

Paolo Buzzis Manifest: *Teatro sintetico* (*Synthetisches Theater*)

Filippo Tommaso Marinetti: *La danza futurista* (*Der futuristische Tanz*)

Das auf Initiative des Lehrers Nahum Zemach während der Revolution in Moskau gegründete jüd. hebräischsprachige Ensemble Habima (Szene) als Studio des Moskauer Künstlertheaters mit Vachtangov als Leiter eröffnet (1926 von einer Auslandstournee nicht nach Moskau zurückgekehrt, 1958 Nationaltheater Israels)

Personen des Theaters / Bühnenereignisse

Zeitgeschichte / Theaterwesen

(1918) UA von Maksim Gor'kijs *Sykovy* (*Die Familie Sykow*, Petrograd)

(7.11.) UA der Erstfassung von Vladimir Vladimirovič Majakovskijs *Misterija-Buff. Geroiceskoe, epiceskoe i satiriceskoe izobrazenie našej epochi* (*Mysterium buffo. Heroisches, episches und satirisches Abbild unseres Weltalters*) in Petrograd zum ersten Jahrestag der Oktoberrevolution; UA der Zweitfassung am 1. 5. 1921 in Moskau

In Kiev UA des Dramas *Miz dvoch syl* (*Zwischen zwei Kräften*) des ukrain. Autors und Politikers Volodymyr Vynnycenko über aktuelle politische Ereignisse

1919   Merce Cunningham, eig. Mercier Philip C. (*1919 Centralia, USA), Tänzer, Choreograph, von großem Einfluß auf die Entwicklung des Tanzes in der 2. Hälfte des 20. Jh.s

Henryk Tomaszewski (1919 Poznań–2001 Kowary), Pantomime, Tänzer, Choreograph, Regisseur, Theaterleiter

UA von Carl Sternheims *Tabula rasa* (25.1., Berlin, Kleines Theater) und *1913* (23.1. Frankfurt/Main, Schauspielhaus – nicht öffentl.)

(8.2.) UA von Anton Wildgans' *Dies irae* (Wien, Burgtheater)

UA von Ernst Barlachs *Der arme Vetter* (20.3., Hamburg, Kammerspiele, Regie Erich Ziegel), *Der tote Tag* (22.11., Leipzig, Schauspielhaus, R. F. Märker)

(5.4.) UA von Richard Beer-Hofmanns *Jaákobs Traum* (Wien, Burgtheater)

(27.4.) UA von Else Lasker-Schülers *Die Wupper* (Berlin, Dt. Theater)

(20.9.) UA von Walter Hasenclevers *Der Retter, Die Entscheidung* (beide 20.9., Berlin, Tribüne, Regie Karl Heinz Martin)

(30.9.) UA von Ernst Tollers Theaterdebüt *Die Wandlung* (Berlin, Die Tribüne) – eines der bedeutendsten expressionistischen Dramen

(10.10.) UA von Richard Strauss' Oper *Die Frau ohne Schatten* (Libretto: Hugo von Hofmannsthal) in der Wiener Staatsoper

(5.11.) UA von Georg Kaisers *Hölle, Weg, Erde* (Frankfurt/Main, Neues Theater)

(22.11.) UA von Heinrich Manns *Brabach* (München, Residenztheater)

(12.12.) Leopold Jessner inszeniert in einer legendären Aufführung Schillers *Wilhelm Tell* am Staatl. Schauspielhaus Berlin mit Albert Bassermann (Tell) und Fritz Kortner (Geßler). Im Bühnenbild Emil Pirchans erstmalige Verwendung einer Stufenbühne, die als »Jeßner-Treppe« berühmt wird

Hans Poelzig baut in Berlin den Zirkus Schumann zum Großen Schauspielhaus um, das Max Reinhardt (29.11.) mit der *Orestie* des Aischylos eröffnet

(7.8.) UA von James Joyces *Exiles* (*Verbannte*, München, Schauspielhaus) in dt. Sprache

Friedensverträge von Versailles (mit Deutschland) und St. Germain (mit Österreich-Ungarn)

(–21) Engl.-Irischer Krieg

(–43) 3. Internationale (Komintern)

Wiederherstellung der Monarchie in Ungarn (ohne Monarchen); Reichsverweser v. Hórthy

(1.1.) Gründung der KPD; (6.–15.1.) gescheiterter Spartakus-Aufstand in Berlin; (15.1.) Ermordung Rosa Luxemburgs und Karl Liebknechts in Berlin durch rechtsradikale Offiziere; (7.4.–1./2.5.) Münchener Räterepublik (beteiligt u. a. Gustav Landauer, Ernst Toller, Erich Mühsam)

(6.–11.2.) Nationalversammlung im Nationaltheater Weimar nimmt neue Verfassung an – Aufhebung der Zensur (Art. 118)

(–33) Weimarer Republik; (–25) Reichspräsident Friedrich Ebert

Gründung der Deutschen Arbeiterpartei (später NSDAP)

Verstaatlichung der Hoftheater in Deutschland

(–28) Leopold Jeßner Intendant, 1928–30 Generalintendant des Staatstheaters Berlin – begleitet von antisemitischen und reaktionär-nationalistischen Protesten

(–32) Emil Pirchan (1884–1957) Bühnen- und Kostümbildner der Berliner Staatstheater

Weimarer Hoftheater in Deutsches Nationaltheater umbenannt

(März) Gründung des staatl. Bauhauses in Weimar (Leiter Walter Gropius)

Lothar Schreyer gründet in Hamburg die bis 1921 bestehende expressionistische »Kampfbühne«

Kurt Schwitters veröffentlicht das Manifest *An alle Bühnen der Welt*

Gründung des christlich-nationalen »Bühnenvolksbundes«

Nur wenige Jahre dauernde »Wiederbelebung« des Kabaretts »Schall und Rauch« in Max Reinhardts Großem Schauspielhaus – mehr Theater als Kabarett

(15.10.) Der vom Deutschen Bühnenverein (DBV) und der Genossenschaft Deutscher Bühnengehöriger (GDBA) ausgehandelte Tarifvertrag (»Normalvertrag Solo«) rechtskräftig

Gründung der British Drama League (später: British Theatre Association) durch Geoffrey Whitworth zur Förderung von Amateurtheatervereinen (1990 aufgelöst)

Personen des Theaters / Bühnenereignisse	Zeitgeschichte / Theaterwesen
(1919) (1.12.) UA von Alan Alexander Milnes *Mr. Pim Passes By* (*Mr. Pim kommt vorbei*) in Manchester (Gaiety Theatre) (2.5.) UA von Luigi Pirandellos *L'uomo, la bestia e la virtù* (*Der Mensch, das Tier und die Tugend*) in Mailand (Teatro Olimpia) UA von Ercole Luigi Morsellis Tragödie *Glauco* (*Glaukus*) in Rom – einer der größten ital. Theatererfolge der 1920er Jahre	Fedele Azaris Manifest: *Il teatro aereo futurista* (*Das futuristische Lufttheater*) Achille Ricciardis Manifest: *Il Teatro del colore – estetica del dopo guerra* (*Das Farbentheater. Ästhetik der Nachkriegszeit*) (15.2.) Eröffnung des von Maksim Gor'kij, Aleksandr Blok und M. F. Andreevna gegründeten Bol'šoj dramatičeskij teatr (Großes Dramatisches Theater) mit Schillers *Don Carlos* – heute Bol'šoj dramatičeskij teatr imeni Tovstonogova (Großes Tovstonogov-Schauspielhaus), benannt nach seinem künstlerischen Leiter seit 1956, Georgi A. Tovstonogov (1915–89) Moskauer Jiddisches Staatl. Künstlertheater (GOSET) unter Leitung Aleksandr Granovskijs (1890–1936) gegründet (1952 geschlossen) (–39) Mieczysław Limanowski (1876–1948) und Juliusz Osterwa (1885–1947) gründen das avantgardistische Theater »Reduta« in Warszawa (1925–31 in Vilna); 1922 Angliederung des »Instytut Reduty« als Schauspielschule und Forschungslabor Nationaltheater im sloven. Maribor gegründet Nationaltheater im rumän. Cluj-Napoca eröffnet
1920 Maria Becker (*1920 Berlin), Schauspielerin, Regisseurin Rolf Boysen (*1920 Flensburg), dt. Schauspieler Hans Günter Michelsen (1920 Hamburg–1994 Riederau/Ammersee), dt. Dramatiker Boris Vian (1920 Ville-d'Avray–1959 Paris), franz. Autor Josef Svoboda (1920 Čáslav–2002 Prag), tschech. Bühnenbildner, Theaterleiter Peter Karvaš (1920 Banská Bystrica–1999 Bratislava), slowak. Autor Ilmar Külvet (1920–2002), estn. Dramatiker Leopold Jessner inszeniert am Staatl. Schauspielhaus Berlin (12.3.) Wedekinds *Der Marquis von Keith* und (5.11.) Shakespeares *Richard III.* (Berlin, mit Fritz Kortner in den TRn, Bühnenbild: Emil Pirchan) (5.1.) UA von Heinrich Lautensacks *Die Pfarrhauskomödie* (Berlin, Kleines Theater Unter den Linden) – von über 100 Theatern nachgespieltes, skandalumwittertes Stück UA von Georg Kaisers *Der gerettete Alkibiades* (29.1., München, Residenztheater), *Gas II* (29.10., Brünn, Vereinigte Dt. Theater), *Europa* (5.11., Berlin, Schauspielhaus) (28.3.) UA von Gerhart Hauptmanns *Der weiße Heiland* (Berlin, Schauspielhaus) (21.4.) UA von Paul Kornfelds Tragödie *Himmel und Hölle* (Berlin, Dt. Theater) UA von Walter Hasenclevers *Die Menschen* (15.5., Prag, Dt. Landestheater), *Jenseits* (28.10., Dresden, Schauspielhaus, Regie Berthold Viertel) (22.8.) Eröffnung der Salzburger Festspiele mit Max Reinhardts Inszenierung von Hugo von Hofmannsthals *Jedermann* auf dem Salzburger Domplatz	Völkerbund gegründet (März) »Kapp-Putsch« gegen die dt. Reichsregierung scheitert durch Generalstreik der Gewerkschaften Lichtspielgesetz mit Filmzensur in Deutschland Gründung des »Verbandes der Dt. Volksbühnenvereine« in Berlin (–21) Erwin Piscator und Hermann Schüller gründen das »Proletarische Theater« in Berlin für ein Arbeiterpublikum (–22) Gertrud Eysoldt übernimmt als Direktorin das Kleine Schauspielhaus Berlin, führt dort – trotz Repressionen – Schnitzlers *Der Reigen* auf (–32) Intendant Richard Weichert der Städt. Bühnen Frankfurt/Main setzt aktuelle Dramatik und Ausstattung durch – »Frankfurter Expressionismus« (–24, 31–33) Intendant Gustav Hartung reformiert Spielplan und Regiearbeit am Landestheater Darmstadt – »Darmstädter Expressionismus« Erste Salzburger Festspiele Gründung der Wigman-Schule in Dresden, die bald zum Zentrum des Ausdruckstanzes wurde Gründung des »Verbandes der Bühnenkünstler« in der Schweiz Het Vlaamsche Volkstoneel (später mit dem Zusatz Katholiek) gegründet Firmin Gémier begründet das Théâtre National Populaire (TNP) im Pariser Palais du Trocadéro Gründung der avantgardistischen Ballets Suédois in Paris durch den Schweden Rolf de Maré (1888–1964) Vsevolod Emil'evič Mejerchol'd wird Leiter der Theaterabteilung (TEO) des Volkskommissariats für Bildung und proklamiert den »Theateroktober« (Teatral'nyj Oktjabr')

Personen des Theaters / Bühnenereignisse

(1920) Reinhardt gibt die Direktion seiner Berliner Theater ab und verlegt den Schwerpunkt seiner Arbeit nach Österreich (Wien, Salzburg)

(15.11.) UA in geschlossener Vorstellung von Ernst Tollers *Masse Mensch* (Nürnberg, Stadttheater) – in Bayern wegen »Aufreizung zum Klassenhaß« verboten; (international) durchsetzen konnte sich das Stück mit Jürgen Fehlings gefeierter Inszenierung an der Berliner Volksbühne (29. 9. 1921)

Offizielle UA von Arthur Schnitzlers *Reigen* (23.12., Berlin, Kleines Schauspielhaus) – Der nach der UA angestrengte Prozeß gegen die Beteiligten endete mit Freispruch; nach organisierten Krawallen bei anderen Inszenierungen sperrte Schnitzler das Stück

Erste internationale Dada-Messe (Berlin); Dada-Tourneen in Deutschland; erste große Dada-Veranstaltung in Paris (17.3. *Manifestation Dada* im Théâtre del'Œuvre, darin UA von Tzaras *La première aventure céleste de M. Antipyrine*).

(10.11.) UA von George Bernard Shaws *Heartbreak House* (*Haus Herzenstod*) im New Yorker Garrick Theatre

(22.5.) UA von Henri-René Lenormands *Les Ratés* (*Die Namenlosen*) in Paris (Théâtre des Arts)

(18.12.) UA von Fernand Crommelyncks bekanntestem Stück *Le cocu magnifique* (*Der großmütige Hahnrei*) im Pariser Théâtre de l'Œuvre (mit Lugné-Poë)

UA von Luigi Pirandellos *Tutto per bene* (*Alles in Ordnung*, 2.3., Rom, Teatro Quirino), *Come prima, meglio di prima* (*Wie damals, besser als damals*, Venedig), *La signora Morli, una e due* (*Die zweifache Frau Morli*, Rom)

UA von Federico García Lorcas Erstling *El maleficio de la mariposa* (*Die Hexerei des Schmetterlings*) durch das Teatro del Arte endet als Theaterskandal

UA des allegorischen Dramas *Der Dibbuk* (*Zwischen zwei Welten*) von S. An-Ski (eig. Shlomo Sanwel Rappaport) durch die seit 1916 spielende sog. Vilna-Truppe in jidd. Fassung

Nach Nikolai N. Evreinovs Konzept inszenieren er u. a. die Massenpantomime *Sturm auf das Winterpalais* (St. Petersburg) am Originalschauplatz mit mehr als 30 000 Akteuren

1921 Wolfgang Borchert (1921 Hamburg – 1947 Basel), dt. Autor, Schauspieler

Friedrich Dürrenmatt (1921 Konolfingen bei Bern – 1990 Neuchâtel), schweizer. Autor

Rudolf Noelte (1921 Berlin – 2002 Garmisch-Partenkirchen), Regisseur

Sir Peter Ustinov (1921 London – 2004 Genoilier bei Genf), brit. Autor, Schauspieler, Regisseur, Bühnenbildner

Jacques Lecoq (1921 Paris – 1999 Paris), franz. Schauspieler, Pantomime, Theaterleiter und -pädagoge

Giorgio Strehler (1921 Barcola/Triest – 1997 Lugano), ital. Schauspieler, Regisseur, Theaterleiter

Zeitgeschichte / Theaterwesen

Eröffnung des von Eduards Smiļģis (1886–1966) gegründeten Dailes teātris, der größten Bühne Rigas

Slowak. Nationaltheater (Slovenské Narodné Divadlo) in Bratislava gegründet

Der neue Freistaat Irland bleibt brit. Dominion (1922 Verfassung); die nordirische Provinz Ulster bleibt bei Großbritannien

(–23) Trude Hesterberg eröffnet ihr Kabarett »Wilde Bühne« in Berlin – dort erster öffentl. Auftritt Brechts

(–31) International erfolgreiches russ. Emigrantenkabarett »Der Blaue Vogel« (Sinjaja ptica) in Berlin

Lothar Schreyer übernimmt die Bühnenklasse des Bauhauses in Weimar

Charles Dullin gründet das Théâtre de l'Atelier in Paris (Leiter bis 1939)

Personen des Theaters / Bühnenereignisse	Zeitgeschichte / Theaterwesen

Personen des Theaters / Bühnenereignisse

(1921) Otomar Krejča (*1921 Skrysov), tschech. Schauspieler, Regisseur, Theaterleiter

Tadeusz Różewicz (*1921 Radomsko), poln. Autor

Mit der happeningartigen Aktion *Das Narrentheater des Herren der Welt* im Wiener Komödienhaus setzt Jakob Levy Moreno erstmals seine Idee eines Theaters ohne Trennung zwischen Dichter, Schauspieler und Zuschauer in Szene

(31.1.) UA von Georg Kaisers »biblischer Komödie« *Die jüdische Witwe* (Meiningen, Landestheater)

(2.2.) In der Regie von Heinrich George UA von Oskar Kokoschkas *Orpheus und Euridike* (Frankfurt/Main, Städt. Schauspielhaus)

(22.3.) UA von Fritz von Unruhs *Louis Ferdinand Prinz von Preußen* (Darmstadt, Hess. Landestheater)

(23.3.) UA von Ernst Barlachs *Die echten Sedemunds* (Hamburg, Kammerspiele)

(14.5.) UA von August Stramms *Erwachen* (Dresden, Staatstheater)

Erich Ziegels Inszenierung von Schillers *Die Räuber* an den Hamburger Kammerspielen (4.10.) – einer der ersten dt. Versuche, Klassiker im modernen Kostüm aufzuführen

(15.10.) Franz Werfels erfolgreichstes expressionistisches Drama *Spiegelmensch* in Leipzig (Altes Theater) und Stuttgart (Württembergisches Landestheater) uraufgeführt

(1.11.) UA von Gerhart Hauptmanns *Peter Brauer* (Berlin, Lustspielhaus)

(8.11.) UA von Hugo von Hofmannsthals *Der Schwierige* (München, Residenztheater)

(3.3.) UA von William Somerset Maughams Komödie *The Circle* (*Der Kreis*) in London (Haymarket Theatre)

UA von Cocteaus *Les Mariés de la Tour Eiffel* durch die Ballets Suédois (Paris, Comédie des Champs-Élysées)

UA von Paul Claudels *Partage du midi* (*Mittagswende*) in Paris

(10.5.) UA von Luigi Pirandellos berühmtesten Stück *Sei personaggi in cerca d'autore* (*Sechs Personen suchen einen Autor*) in Rom (Teatro Valle)

(25.1.) UA von Karel Čapeks *R. U.R – Rossum's Universal Robots* (*W.U.R.*) in Prag (Narodni Divadlo)

UA von Nikolaj N. Evreinovs *Samoe glavnoe. Dlja kogo komedija, a dlja kogo i drama* (*Die Hauptsache. Für die einen eine Komödie, für andere ein Drama*) in Petrograd

(17.9.) UA des Sittendramas *To fintanaki* (*Der Sprößling*) des griech. Autors Pantelìs Horn (1881–1941)

Zeitgeschichte / Theaterwesen

André Antoine: *Mes Souvenirs sur le Théâtre Libre*

Eröffnung des bis 1924 als 3. Studio dem Moskauer Künstlertheater angegliederten Vachtangov-Theaters (Gosudarstvennyj akademičeskij teatr im. Evgenija Vachtangova) in Moskau mit seiner Inszenierung von Maeterlincks *Wunder des heiligen Antonius*

Gründung des radikalen Experimentaltheaters »Fabrik des exzentrischen Schauspielers« (FEKS) durch Grigori Kosinzev (1905–72) und Leonid Trauberg (1902–90) – nach drei Produktionen Filmarbeit

Gründung des sowjet. Kindertheaters »Theater für junge Zuschauer« (TJUS) in Leningrad

Aleksandr Jakovlevič Tairov: *Zapiski reshissëra* (dt. 1923: *Das entfesselte Theater*)

Gründung des rumän. Nationaltheaters in Chişinău (Teatrul Naţional din Chişinău)

Personen des Theaters / Bühnenereignisse

1922 Benno Besson (1922 Yverdon/Schweiz – 2006 Berlin), schweizer. Regisseur, Theaterleiter

Angelika Hurwicz (1922 Berlin – 1999 Bergen, Niederlande), Schauspielerin, Regisseurin, Theaterleiterin, Autorin

Heinar Kipphardt (1922 Heidersdorf/Schlesien – 1982 München), dt. Autor, Dramaturg

Otto Tausig (*1922 Wien), Schauspieler, Regisseur

Oskar Werner, eig. O. Josef Bschließmayer (1922 Wien – 1984 Marburg a. d. Lahn), Schauspieler, Regisseur

Paul Scofield (1922 Birmingham – 2008 Sussex), Schauspieler, Theaterleiter

Maria Casarès, eig. M. Victoria C. Perez (1922 La Coruña, Spanien – 1996 La Vergne, Frankreich), Schauspielerin

Gérard Philipe (1922 Cannes – 1959 Paris), Schauspieler, Regisseur

Vittorio Gassman (1922 Genua – 2000 Rom), Schauspieler, Regisseur, Theaterleiter

Józef Szajna (*1922 Rzeszów), Bühnenbildner, Regisseur, Theaterleiter, Maler, Bildhauer

Jakovos Kambanellis (*1922 Naxos), griech. Autor

Juhan Smuul (1922 Koguva/Estland – 1971 Tallinn), estn. Autor

(27.1.) UA von Walter Hasenclevers *Gobseck* (Dresden, Schauspielhaus)

(14.2.) UA von Georg Kaisers *Kanzlist Krehler* (Berlin, Kammerspiele)

(22.4.) UA von Arnolt Bronnens *Vatermord* (Frankfurt/Main, Schauspielhaus)

(30.6.) UA von Ernst Tollers Drama *Die Maschinenstürmer* (Berlin, Schauspielhaus)

(12.8.) Max Reinhardt inszeniert die UA von Hugo von Hofmannsthals *Das Salzburger große Welttheater* in der Salzburger Kollegienkirche

(29.9.) UA von Bertolt Brechts *Trommeln in der Nacht* (Münchner Kammerspiele) – Brecht erhält auf Vorschlag von H. Jhering den Kleistpreis

(30.9.) UA von Oskar Schlemmers *Das Triadische Ballett* (Stuttgart, Kleines Haus des Württemberg. Landestheater); Wiederaufführungen 1923 im Weimarer Nationaltheater mit Schlemmer als Tänzer, 1926 Donaueschinger Musiktage, 1932 Gastspiel in Paris

(9.10.) UA von Carl Sternheims Lustspiel *Der Nebbich* (Darmstadt, Landestheater)

UA von George Bernard Shaws fünfteiligem Schauspiel *Back to Methuselah* (*Zurück zu Methusalem*) am 27.2., 6.3. und 13.3. im New Yorker Garrick Theatre

(9.3.) UA von Edmond Rostands *La dernière nuit de Don Juan* (*Die letzte Nacht Don Juans*) in Paris, Théâtre Porte Saint-Martin

(16.6.) Jacques Copeau inszeniert die UA von André Gides *Saül* (*Saul*) im Pariser Théâtre du Vieux-Colombier

Zeitgeschichte / Theaterwesen

Faschistischer Staatsstreich in Italien (28.10. »Marsch auf Rom«), Mussolini (1883–1945) Ministerpräsident

(30.12.) Gründung der Union der Sozialistischen Sowjetrepubliken (UdSSR)

Gründung des PEN-Clubs (Poets, Essayists, Novellists) in London durch Mrs. Dawson Scott; erster Präsident John Galsworthy

Zwölftonmusik durch Arnold Schönberg

Howard Carter entdeckt Grab des Pharaos Tut-ench-Amun

(–26) Moriz Seeler gründet zur Förderung neuer Autoren die Junge Bühne in Berlin, die für jede Aufführung Theater, Schauspieler und Regisseure suchte, die ohne Gage arbeiteten

Ferdinand Bruckner gründet (und leitet bis 1928) unter seinem eig. Namen Theodor Tagger in Berlin das Renaissance-Theater

(–44) Jürgen Fehling von Leopold Jeßner ans Staatstheater Berlin verpflichtet; bis zur Schließung der Theater 1944 Regie bei mehr als 100 Stücken

Schauspielergesetz in Österreich verabschiedet – erstes Gesetz dieser Art in Europa

Jakob Levy Moreno (1889–1974) gründet in Wien das »Stegreiftheater«

Gaston Baty (1885–1952) gründet die Truppe »La Chimère«

Gründung des Théâtre du Marais in Brüssel

Fernand Léger stattet das »Schlittschuh-Ballett« *Skating Rink* in der Choreographie Jean Börlins (Musik Arthur Honegger) für die Ballets Suédois aus

(–31) Anton Giulio Bragaglia (1890–1960) gründet das Teatro sperimentale degli Indipendenti in Rom als Experimentiertheater und Forschungsstudio

Gründung des bis 1943 Theater der Revolution genannten heutigen Majakovskij-Theaters (Moskovskij akademiceskij teatr im. Vl. Majakovskogo) in Moskau

Mejerchol'd entwickelt das System der »Biomechanik«, gründet eigenes Theaterstudio, aus dem das Teatr imeni Mejerchol'da (TIM, Mejerchol'd-Theater) hervorging; 1926 Staatstheater GosTIM (1938 geschlossen)

(1922/23) Aus der theatralischen Aufbereitung mündlicher Lesungen in sowjet. Arbeiter-, Bauern- oder Soldatenklubs entsteht die auf Aktualität bezogene, politisch eingreifende neue theatralische Form der »Lebenden Zeitung«; in den USA der späten 1930er Jahre als »Living Newspaper« im Rahmen des Federal Theatre aufgenommen

Personen des Theaters / Bühnenereignisse	Zeitgeschichte / Theaterwesen

(1922) UA von Luigi Pirandellos *Enrico IV.* (*Heinrich IV.*, 24.2., Mailand, Compagnía Ruggero Ruggeri im Teatro Manzoni), *Vestire gli ignudi* (*Die Nackten kleiden*, 14.11., Rom, Teatro Quirino)

UA des Lustspiels *Miehen kylkiluu* (*Des Mannes Rippe*) der finn. Autorin Maria Jotuni (eig. Maria Tarkiainen)

(8.4.) UA von Josef und Karel Čapeks Komödie *Ze života hmyzu* (*Aus dem Leben der Insekten*) in Prag (Narodni Divadlo), von Karel Čapeks *Vec Makropulos* (*Die Sache Makropulos*) am 21.12. in Prag – Leoš Janáčeks danach entstandene Oper am 18. 12. 1926 in Brno (Brünn) uraufgeführt

UA von *Mesíc nad rekou* (*Der Mond über dem Fluß*) des tschech. Autors Frána Šrámek in Prag

UA der »sphärischen Tragödie« *Kurka wodna* (*Das Wasserhuhn*) von Stanisław Ignacy Witkiewicz (Witkacy) im Krakówer Teatr im. J. Slowackiego

(24.12.) Leon Schillers berühmte Inszenierung des altpoln. Musikdramas *Pastorałka* (dt. *Weihnachtsspiel*) im Kammertheater Reduta in Warszawa

Am hebräischsprachigen Studio des Moskauer Künstlertheaters Habima (31.1.) Premiere von An-Skis *Der Dibbuk* in Regie Vachtangovs; begründet den Weltruhm der Habima

(–24) Das Moskauer Künstlertheater (MChAT) mit Konstantin Stanislavskij auf Gastspielreise in Europa und den USA

(28.2.) Evgenij B. Vachtangovs Inszenierung von Carlo Gozzis *Prinzessin Turandot* am 3. Studio des Moskauer Künstlertheaters wird sein künstlerischer Triumph

Aleksandr J. Tairov inszeniert (auf Tourneen auch international erfolgreich) Lecocqs Operette *Giroflé-Girofla* (Moskau)

Legendäre Inszenierung Mejerchol'd von Fernand Crommelyncks *Le cocu magnifique* (*Der großartige Hahnrei*); Bühnenbild L. Popovas Höhepunkt des Bühnenkonstruktivismus

UA von Valerij Jakovlevič Brjusovs *Zemlja* (*Erduntergang*) in Leningrad (Bol'šoj Dramatičeskij teatr)

Erfolgreiche UA des Dramas *Suflete tari* (*Starke Seelen*) des rumän. Autors Camil Petrescu

---

1923   Karl Otto Mühl (*1923 Nürnberg), dt. Dramatiker

Brendan Behan (1923 Dublin – 1964 Dublin), irischer Autor

Marcel Marceau, eig. M. Mangel (1923 Straßburg – 2007 Paris), Pantomime

Franco Zeffirelli, eig. Gianfranco Corsi (*1923 Florenz), Schauspieler, Bühnenbildner, Regisseur

Luciano Damiani (*1923), ital. Bühnen- und Kostümbildner, Regisseur, Theaterleiter

Erland Josephson (*1923), schwed. Regisseur, Schauspieler, Theaterleiter

Liviu Ciulei (*1923), rumän. Schauspieler, Bühnenbildner, Regisseur, Theaterleiter

Hitler-Ludendorff-Putsch in München scheitert (Hitler 1924 vorzeitig aus der Festungshaft entlassen)

Inflation in Deutschland; Besetzung des Ruhrgebietes durch franz. Truppen; Kommunist. Aufstand in Hamburg-Barmbek

Erste Rundfunksendung in Berlin

Staatsstreich Miguel Primo de Riveras führt in Spanien zur Diktatur (1930 vom König entlassen)

Wassily Kandinsky: *Über die abstrakte Bühnensynthese*

Adolphe Appia veröffentlicht *L'Art vivant ou nature morte?* und inszeniert *Tristan und Isolde* in Mailand

Personen des Theaters / Bühnenereignisse

(1923) Kurt Schwitters' Dada-Tournee durch Holland; beginnt mit dem »Merz-Bau« in Hannover

Mechanisches Ballett (1923) der Bauhaus-Schüler Kurt Schmidt (1901–91), Friedrich W. Bogler (1902–45) und Georg Teltscher (1904-83)

Der Zentrale Sprechchor der KPD Groß-Berlin führt Gustav von Wangenheims (1895–1975) Werk *Chor der Arbeit* unter seiner Leitung auf

(16.3.) UA von Hugo von Hofmannsthals Lustspiel *Der Unbestechliche* (Wien, Raimund-Theater)

UA von Bertolt Brechts *Im Dickicht der Städte* (9.5., München, Residenztheater), *Baal* (8.12., Leipzig, Altes Theater)

(24.8.) UA von Hans Henny Jahnns mit dem Kleistpreis ausgezeichneten Drama *Pastor Ephraim Magnus* durch Bertolt Brecht und Arnolt Bronnen (Berlin, Schwechtenhalle)

(19.9.) UA von Ernst Tollers *Der deutsche Hinkemann* (später: *Hinkemann*) in Leipzig (Altes Stadttheater)

(3.11.) UA von Georg Kaisers *Nebeneinander* (Berlin, Lustspielhaus) mit George Grosz' Bühnenbild

(6.11.) UA von Carl Sternheims *Das Fossil* (Hamburg, Kammerspiele)

(4.12.) UA von Robert Musils *Vinzenz und die Freundin bedeutender Männer* (Die Truppe im Lustspielhaus, Berlin)

(12.4.) Großer Erfolg für Theater und Autor bei der UA von Sean O'Caseys Bühnendebüt *The Shadow of a Gunman* (*Der Schatten eines Rebellen*) in Dublins Abbey Theatre

(28.12.) UA von George Bernard Shaws »dramatischer Chronik« *Saint Joan* (*Die heilige Johanna*) im New Yorker Garrick Theatre

UA von Paul Claudels *Le pain dur* (*Das harte Brot*) in dt. Sprache in Aachen; franz. EA am 12. 3. 1949 im Pariser Théâtre de l'Atelier

(15.12.) UA der Komödie *Knock ou le triomphe de la médecine* (*Dr. Knock oder Der Triumph der Medizin*) von Jules Romains (eig. Louis Farigoule) in Paris (Comédie des Champs-Élysées)

(12.10.) UA von Luigi Pirandellos *La vita che ti diedi* (*Das Leben, das ich dir gab*, Rom, Teatro Quirino)

A. J. Tairov unternimmt mit dem Kammertheater eine Tournee durch Westeuropa

(7.11.) UA von Sergej M. Tret'jakovs »Agit-Guignol« *Slyšiš', Moskva?!* (*Hörst Du, Moskau?!*) in Moskau (Pervyj rabočij teatr Proletkul'ta), inszeniert von Sergej Michajlovič Ejzenštejn

(2.4.) Leon Schillers berühmte Inszenierung des altpoln. Musikdramas *Wielkanoc* (dt. *Ostern*, UA 2. 4. 1923) im Kammertheater Reduta in Warszawa

UA des Dramas *Maškerate ispod kuplja* (*Maskentreiben im Dachgeschoß*) des kroat. Autors Ivo Graf Vojnovic in Zagreb

Zeitgeschichte / Theaterwesen

(–41) Charles Dullin (1885–1949) Leiter des Pariser Théâtre de l'Atelier mit angeschlossener Schauspielschule

Gründung der ersten Agitproptruppe »Blaue Blusen« in Moskau; Beginn der sowjetruss. Arbeitertheater-Bewegung

Das Warschauer Jidd. Künstlertheater (Varshever yidisher kunst-teater) von Ida Kamińska (1899–1980) und ihrem Mann Zygmund Turkow gegründet; 1928 mußte es aufgeben und begann 1938/39 erneut zu arbeiten

Personen des Theaters / Bühnenereignisse	Zeitgeschichte / Theaterwesen

(1923) UA der bereits 1887 beendeten Komödie *Sumnjivo lice* (*Eine verdächtige Person*) des serb. Dramatikers Branislav Nušic in Belgrad

(1.9.) UA des Schauspiels *Aspazija* (*Aspasia*) der lett. Autorin Aspazija (eig. Elza Rozenberga-Pliekšane) im Nationaltheater von Riga

1924 Doris Schade (*1924 Frankenhausen), Schauspielerin
René Allio (1924–1995 Paris), Bühnenbildner, Regisseur, Drehbuchautor
Armand Gatti (*1924 Monaco), franz. Autor
Bernardo Santareno, eig. António Martinho do Rosário (1924 Santarém–1980 Carnaxide), port. Dramatiker
Kazimierz Dejmek (1924 Kowel–2002 Warszawa), poln. Schauspieler, Regisseur, Theaterleiter

UA von Arnolt Bronnens *Katalaunische Schlacht* (Frankfurt/Main, Städt. Bühnen)

(1.1.) UA von Max Mells *Das Apostelspiel* in Graz

(23.2.) UA von Hans José Rehfischs erfolgreicher Tragikomödie *Wer weint um Juckenack?* (Leipzig, Schauspielhaus)

(18.3.) UA von Bertolt Brecht/Lion Feuchtwangers *Leben Eduards des Zweiten von England* (Münchner Kammerspiele, Bühnenbild von Caspar Neher)

(27.3.) UA von Georg Kaisers *Kolportage* (Berlin, Lessing-Theater und Frankfurt/Main, Neues Theater)

(1.4.) Bei der Eröffnungsvorstellung des Theaters in der Josefstadt unter Leitung Reinhardts spielen in Goldonis *Der Diener zweier Herren* mit Hugo, Helene und Hermann drei Mitglieder der Familie Thimig

Max Reinhardt eröffnet am 1.11. die Komödie in Berlin und inszeniert in New Yorks Century Theater Vollmoellers *Das Mirakel* in Norman Bel Geddes' Bühnenbild

(27.5.) UA von Alfons Paquets »dramatischem Roman« *Fahnen* in der Berliner Volksbühne durch Erwin Piscator in einer dramaturgisch und bühnentechnisch (u.a. Text- und Bildprojektionen) innovativen Inszenierung, in deren Zusammenhang Piscator erstmals den Begriff »Episches Theater« verwendet

(27.9.) UA von Ernst Barlachs *Die Sündflut* (Stuttgart, Landestheater)

(11.10.) UA von Arthur Schnitzlers *Komödie der Verführung* (Burgtheater Wien)

(13.10.) UA von Yvan Golls (eig. Isaac Lang) antibourgeoiser Satire *Methusalem oder der ewige Bürger* (Berlin, Dramatisches Theater in der Chausseestraße)

(16.11.) UA von Ernst Tollers Komödie *Der entfesselte Wotan* in Moskau (Bol'šoj teatr); Aufsehen erregte erst Jürgen Fehlings Berliner Inszenierung von 1926, in der die Hauptfigur Ähnlichkeiten mit Adolf Hitler aufwies

(22.11.) Erwin Piscator inszeniert in Berlin die Revue *Roter Rummel* im Auftrag der KPD

(3.3.) UA von Sean O'Caseys *Juno and the Peacock* (*Juno und der Pfau*, Dublin, Abbey Theatre)

(21.1.) Tod Lenins; die Auseinandersetzungen um die Nachfolge gewinnt Stalin (1879–1953), (–53) Generalsekretär der KPdSU; Absetzung und Verbannung Trotzkijs

(–35) Republik in Griechenland

(–27) Erwin Piscator Regisseur und Oberspielleiter an der Volksbühne

Kurt Robitschek gründet das »Kabarett der Komiker« in Berlin

Jakob Levi Moreno: *Das Stegreiftheater*

Friedrich Kiesler entwirft das »Endlose Theater«; Manifeste *Railway-Theater* und *Die Kulisse explodiert*; Ausstellung seiner »Raumbühne« auf der von ihm konzipierten Internationalen Ausstellung neuer Theatertechnik in Wien

André Breton: *Manifeste du surréalisme*

Enrico Prampolini: *Atmosfera scenica futurista* (*Die futuristische Bühnenatmosphäre*)

Konstantin Sergeevič Stanislavskij: *My Life in Art* (zuerst in engl. Sprache erschienen)

Personen des Theaters / Bühnenereignisse   **Zeitgeschichte / Theaterwesen**

(1924) UA von Paul Claudels *Tête d'or* (*Goldhaupt*) in Paris
  (1.2.) UA von Paul Raynals publikumswirksamer Tragödie
  (ca. 9000 Aufführungen) *Le Tombeau sous l'Arc de
  Triomphe* (*Das Grab des Unbekannten Soldaten*) in der
  Comédie-Française
  Als letzte Produktion der Ballets Suédois in der Choreo-
  graphie Jean Börlins am 4.12. UA von *Relâche* – Text
  und Ausstattung Francis Picabia, Musik Erik Satie; als
  Zwischenspiel René Clairs filmisches Meisterwerk
  Entr'acte
  (18.12.) Marcel Achards *Voulez-vous jouer avec moâ?*
  (*Wollen Sie mit mir spielen?*) im Pariser Théâtre de
  l'Atelier
  Fortunato Dépero (1892–1960) gestaltet mit der Truppe
  Nuovo teatro Futurística das mechanische Ballett
  Anihccam dell 3000 im Mailänder Trianon Teatro
  (22.5.) UA von Luigi Pirandellos *Ciascuno a suo modo*
  (*Jeder auf seine Weise*) in Mailand durch die Compagnia
  Niccodemi im Teatro dei Filodrammatici
  UA von Pär Lagerkvists *Den Osynlige* (Der Unsichtbare)
  in Stockholm (Kungliga Dramatiska Teatern)
  (Nov.) UA der 1861 erschienenen jidd. Komödie *Serkele
  oder Di jorzejt noch a bruder* (*Serkele oder Der jähr-
  liche Gedenktag eines Bruders*) Salomon Ettingers im
  Varshever yidisher kunst-teater (VIKT, Warschauer jidd.
  Kunst-Theater)
  UA des jidd. Schauspiels *Der Golem* von H. Leiwick (eig.
  Leiwik Halpern) in Moskau (Habima)
  UA des Versdramas *Veronika Deseniška* (*Veronika von
  Desenitz*) des sloven. Autors Oton Zupancic in Ljubl-
  jana
  UA des Bühnepos *Šarunas, senuju dienu gyvenimo
  pasaka* (*Šarunas, das Märchen vom Leben in alten Zei-
  ten*) des lit. Autors Vincas Kreve-Mickevicius in Kaunas

1925 Tankred Dorst (*1925 Oberlind bei Sonneberg/Thürin-
  gen), dt. Autor
  Sir Peter Brook (*1925 London), Regisseur, Theaterleiter
  James Saunders (1925 Islington, heute London – 2004
  Eastleach), brit. Autor
  Michel Piccoli (*1925 Paris), franz. Schauspieler
  Anatolij Vasil'evič Efros (1925 Charkov – 1987 Moskau),
  russ. Regisseur, Theaterleiter
  Jan Grossman (1925 Prag – 1993 Prag), tschech. Regisseur,
  Theaterleiter, Dramaturg,
  Georgi Georgiev Dzagarov (1925 Bjala – 1995 Sofia),
  bulgar. Autor

  (1.1.) UA von Klabunds (eig. Alfred Henschke) *Der
  Kreidekreis* im Meißener Stadttheater
  (31.2.) UA von Carl Sternheims *Oscar Wilde* (Berlin, Dt.
  Theater) in seiner Regie
  (7.6.) UA von Arnolt Bronnens *Die Exzesse* (Junge Bühne
  im Lessingtheater, Berlin)
  (12.7.) Piscator inszeniert für den Parteitag der KPD im
  Großen Schauspielhaus Berlin die Revue *Trotz alledem*

(–34) General Paul von Hindenburg dt. Reichspräsident
Neugründung der NSDAP; Bildung der SS, (1926) der
  »Hitlerjugend«; (1925/26) Adolf Hitlers *Mein Kampf*
  erschienen
Umbenennung der norweg. Hauptstadt Christiania in Oslo
Das Staatliche Bauhaus übersiedelt nach Dessau (1932
  geschlossen)

In der Reihe der Bauhausbücher erscheint als 4. Band
  Die Bühne im Bauhaus
Kurt Schwitters entwirft die »Normalbühne Merz«
(–26, 1927–29) Hermine Körner leitet das Dresdener
  Albert-Theater, 1926–27 die Komödie Dresden.
(13.8.) Erstes Salzburger Festspielhaus in der umgebauten
  Winterreithalle eröffnet
Das Abbey Theatre in Dublin als erstes Theater englisch-
  sprachiger Länder staatlich subventioniert
Ruggero Vasari: *L'angoscia delle macchine* (*Die Angst der
  Maschinen*)
Enrico Prampolini zeigt in Paris sein »Magnetisches
  Theater«

Personen des Theaters / Bühnenereignisse	Zeitgeschichte / Theaterwesen
(1925) (19.9.) UA von Gerhart Hauptmanns *Veland* (Hamburg, Dt. Schauspielhaus Hamburg) in Regie des Autors	A. J. Tairov unternimmt mit dem Moskauer Kammertheater Tournee durch Westeuropa

(1925) **(19.9.)** UA von Gerhart Hauptmanns *Veland* (Hamburg, Dt. Schauspielhaus Hamburg) in Regie des Autors

(22.12.) UA von Carl Zuckmayers mit dem Kleistpreis ausgezeichnetem Lustspiel *Der fröhliche Weinberg* (Berlin, Theater am Schiffbauerdamm)

(8.6.) UA von Noël (Pierce) Cowards Komödie *Hayfever* (*Heufieber*) in London (Ambassadors Theatre)

(25.9.) UA von Gabriel Marcels *La chapelle ardente* (*Die Trauerkapelle*) im Pariser Théâtre Vieux Colombier

Luigi Pirandello übernimmt das Teatro d'Arte di Roma; eröffnet am 4.4. mit der UA seines Dramas *Sagra del Signore della nave* (*Das Fest unseres Heilands vom Schiff*) in seinem Regiedebüt

(14.4.) UA von Sam Benellis *L'amorosa tragedia* (*Die Tragödie der Liebe*) in Rom (Teatro Valle)

Poul Reumert spielt als einziger dän. Schauspieler die TR in Molières *Tartuffe* an der Comédie Française in Paris

UA der Komödie *Swedenhielms* (*Der Nobelpreis*) des schwed. Autors Hjalmar Bergman (1883–1931) im Stockholmer Dramaten

(20.4.) UA von Nikolaj R. Erdmans *Mandat* in Moskau (Teatr im. Mejerchol'da)

(26.2.) UA des Dramas *Periférie* (*Die Peripherie*) des tschech. Autors František Langer in Prag (Mestské divadlo na Královských Vinohradech)

1926 Helmut Baierl (1926 Rumburg/CSSR–2005 Berlin), dt. Autor

Martin Benrath, eig. Helmut Krüger (1926 Berlin–2000 Herrsching), Schauspieler, Regisseur

Gerlind Reinshagen (*1926 Königsberg), dt. Autorin

Peter Zadek (*1926 Berlin), Regisseur, Theaterleiter

Dario Fo (*1926 Sangiano), ital. Schauspieler, Regisseur, Theaterleiter, Autor

Alfonso Sastre (*1926 Madrid), span. Dramatiker

Peter Shaffer (*1926 Liverpool), brit. Autor

Luís de Sttau Monteiro (1926 Lissabon–1993 Lissabon), portug. Autor

Andrzej Wajda (*1926 Suwałki), poln. Theater- und Filmregisseur

(29.1.) UA von Arnolt Bronnens Einpersonenstück *Ostpolzug* (Berlin, Staatstheater)

(20.2.) Erwin Piscator inszeniert die UA von Alfons Paquets *Sturmflut* (Volksbühne Berlin)

(4.5.) UA von Hans Henny Jahnns *Medea* (Berlin, Staatl. Schauspielhaus, Regie Fehling)

(15.4.) Ring-UA von Georg Kaisers *Zweimal Oliver* an neun Theatern

(25.6.) UA von Marieluise Fleißers *Fegefeuer in Ingolstadt* (Berlin, Junge Bühne im Dt. Theater)

(21.9.) UA von Carl Sternheims *Die Schule von Uznach* (Hamburg, Dt. Schauspielhaus)

UA von Bertolt Brechts *Mann ist Mann* (25.9., Darmstadt, Landestheater), *Die Kleinbürgerhochzeit* (11.12., Frankfurt/Main, Schauspielhaus)

Gründung der British Broadcasting Corporation (BBC)

(28.5.) Militärputsch in Portugal

Staatsstreich Josef Pilsudskis in Polen

Gesetz zur Bewahrung der Jugend vor Schmutz- und Schundschriften in Deutschland

Theaterzensur in Österreich abgeschafft

(–38) Ferdinand Rieser (1886–1947) Direktor des Zürcher Schauspielhauses, das nach der Machtübergabe in Deutschland zur bedeutendsten deutschsprachigen Bühne wurde

(–30) Antonin Artaud, Roger Vitrac und Robert Aron gründen das Théâtre Alfred Jarry

Edward Gordon Craig entwirft bahnbrechende Bühnenausstattung (erstmals mit Lichtprojektionen) für Ibsens *Die Kronprätendenten* (Kopenhagen, Det Kongelige Teater)

Gründung des Osvobozené divadlo (Befreites Theater) in Prag durch den seit 1920 bestehenden Künstlerklub Devetsil, der darin seine Programmatik des »Poetismus« propagieren wollte

Personen des Theaters / Bühnenereignisse	Zeitgeschichte / Theaterwesen

(1926) (13.10.) Ernst Barlach: *Der blaue Boll* (Landestheater
Stuttgart)

(16.10.) UA von Ferdinand Bruckners *Krankheit der
Jugend* (Hamburg, Kammerspiele)

(20.11.) Ring-UA von Gerhart Hauptmanns *Dorothea
Angermann* an 16 Theatern

(16.12.) UA von Hugo von Hofmannsthals *Der Kaiser
und die Hexe* (Wien, Urania)

(8.2.) Die UA von Sean O'Caseys *The Plough and the
Stars* (*Der Pflug und die Sterne*) in Dublins Abbey Theatre wurde einer der größten Theaterskandale Irlands, die
Premiere mußte wegen randalierender Zuschauer abge-
brochen werden

(12.8.) UA von John Galsworthys *Escape* (*Flucht*) (London, Ambassador's Theatre)

(15.6.) UA von Jean Cocteaus Tragödie *Orphée* (*Orpheus*)
im Pariser Théâtre des Arts in der Regie Georges
Pitoëffs

(5.10.) UA des Schauspiels *Le Dictateur* (*Der Diktator*)
von Jules Romains (eig. Louis Farigoule) in Paris
(Comédie des Champs-Élysées)

(20.11.) UA von Luigi Pirandellos *Diana und die Tuda*
(*Diana e la Tuda*) im Zürcher Schauspielhaus

UA von Sergej Michajlovič Tret'jakovs *Ryci, kitaj!* (*Brülle,
China!*) in Moskau in der Regie Mejerchol'ds

UA von Michail Afanas'evič Bulgakovs *Dni Turbinych*
(*Die Tage der Turbins*) im Moskauer Künstlertheater

(16.3.) UA der Komödie *Hrdinové naši doby* (*Helden
unserer Zeit*) des tschech. Autors Jan Bartoš in Prag

UA der satirischen Komödie *Tutejšyja* (*Die Hiesigen*) des
weißruthen. Autors Janka Kupala (eig. Jan Lucevic) in
Minsk – sofort nach der UA verboten

UA der Tragikomödie *Pustolov pred vratima* (*Der Abenteurer vor der Tür*) des kroat. Autors Milan Begovic in
Zagreb

1927 Ruth Berghaus (1927 Dresden–1996 Zeuthen bei Berlin),
dt. Choreographin, Regisseurin, Theaterleiterin

Günter Grass (*1927 Danzig), dt. Autor

Martin Walser (*1927 Wasserburg/Bodensee), dt. Autor

Ann (Patricia) Jellicoe (*1927 Middlesbrough/Yorkshire),
brit. Dramatikerin

Peter Nichols (*1927 Bristol), brit. Autor

Peter Wood (*1927 Colyton), brit. Regisseur

François Billetdoux (1927 Paris–1991 Paris), franz. Autor

Michel Vinaver (eig. Michel Grinberg) (*1927 Paris),
franz. Autor

Oleg Nikolaevič Efremov (1927 Moskau–2000 Moskau),
russ. Schauspieler, Regisseur, Theaterleiter

Saladin Schmitt inszeniert in Bochum erstmals alle Königsdramen Shakespeares in Deutschland

(12.1.) UA von Walter Hasenclevers Gaunerkomödie *Ein
besserer Herr* (Frankfurt/Main, Schauspielhaus)

Arbeiterunruhen in Wien; (15.7.) Brand des Wiener Justiz-
palastes

Rudolf Steiner: *Eurhythmie als sichtbare Sprache* und
Eurhythmie als sichtbarer Gesang (postum)

Gründung der kurzlebigen »NS-Volksbühne« in Berlin

Gründung der Agitpropgruppe »Das Rote Sprachrohr«
(Berlin)

Eröffnung der ersten Piscator-Bühne in Berlin

Walter Gropius' Entwurf eines »Totaltheaters« für Erwin
Piscator

Der Choreograph und Tänzer Kurt Jooss gründet mit R.
Schulz-Dornburg die Folkwangschule Essen und übernimmt deren Tanzabteilung

(–39) Charles Dullin, Louis Jouvet, Gaston Baty, Georges
Pitoëff gründen das informelle »Cartel des quatre«

Enrico Prampolini: *Futuristisches Pantomimentheater*

Anton G. Bragaglia: *Del teatro teatrale, ossia del teatro*

(–74) Einführung der Theaterzensur in Portugal

Personen des Theaters / Bühnenereignisse	Zeitgeschichte / Theaterwesen

(1927) (8.2.) UA von Curt Goetz' *Hokuspokus* (Berlin, Komödienhaus)

(23.3.) Erwin Piscators Inszenierung der UA von Ehm Welks *Gewitter über Gottland* (Volksbühne Berlin) führt endgültig zum Bruch mit dem Vorstand der Volksbühne

Eröffnung der ersten Piscator-Bühne in Berlin (3.9.) mit Ernst Tollers *Hoppla, wir leben.* Bühnentechnisch bedeutsame Inszenierungen: Tollers *Hoppla, wir leben* mit dreigeschossigem Spielgerüst für Spielszenen und Projektionen; bei Aleksej Tolstojs *Rasputin, die Romanows, der Krieg und das Volk, das gegen sie aufstand* (10.11., Bearbeitung Piscator, Brecht, Felix Gasbarra, Leo Lania) mit Nutzung der Globus-Segment-Bühne, bei Hašeks *Die Abenteuer des braven Soldaten Schwejk* (23. 1. 1928, Bearbeitung Max Brod und Hans Reimann) Nutzung von Laufbändern, bei Leo Lanias *Konjunktur* (10. 4. 1928) der Wechsel von einer leeren Bühne zum Aufbau eines komplizierten technischen Apparats zur Ölgewinnung; 1928 Ende der Bühne wegen finanzieller Schwierigkeiten

(28.4.) UA von Friedrich Wolfs *Kolonne Hund* (Hamburg, Dt. Schauspielhaus)

(1.9.) UA von Ernst Tollers *Hoppla, wir leben!* (Hamburg, Kammerspiele)

(13.10.) UA von Carl Zuckmayers *Schinderhannes* (Berlin, Lessingtheater)

Nordahl Griegs *Barrabas* im Nationaltheatret i Oslo uraufgeführt

(24.6.) UA von Federico García Lorcas *Mariana Pineda* in Barcelona

(23.10.) UA von Isaak Babel's *Zakat* (*Sonnenuntergang*) in Baku (Rabocij teatr)

(3.3.) František Langers Lustspiel *Grand Hotel Nevada* in Prag (Mestské divadlo na Královských Vinohradech) uraufgeführt

UA des Lustspiels *Omul cu mîrtoaga* (*Der Mann mit der Schindmähre*) des rumän. Autors Gheorghe Ciprian in Bukarest

1928 Peter Hacks (1928 Breslau – 2003 Groß Machnow bei Berlin), dt. Autor, Dramaturg

Fritz Marquardt (*1928 Großfriedrich/Wartebruch, heute Karkoszów, Polen), dt. Regisseur, Schauspieler

Helmut Qualtinger (1928 Wien – 1986 Wien), österr. Schauspieler, Kabarettist, Regisseur, Autor

Kurt Sowinetz (1928 Wien – 1991 Wien), österr. Schauspieler

David Mercer (1928 Wakefield/Yorkshire – 1980 Haifa/Tel Aviv), brit. Autor

Tony Richardson (1928 Shipley – 1991 Los Angeles), brit. Film- und Theaterregisseur

Gilles Aillaud (1928 Paris – 2005 Paris), franz. Bühnenbildner, Dramatiker

Pavel Kohout (*1928 Prag), tschech. Autor, Regisseur

Imre Sinkovits (1928 Budapest – 2001 Budapest), ungar. Schauspieler

---

(27.8.) In Paris Abschluß des Briand-Kellogg-Pakts, der den Krieg als Mittel zur Lösung internationaler Streifälle ächtet (bis 1939 treten 63 Staaten bei)

(–51) General Oscar Carmona Staatspräsident im autoritär regierten Portugal

Erste öffentl. Vorführungen früher Fernsehversuche in Deutschland

Gründung des faschistischen »Kampfbundes für Dt. Kultur« (Berlin) durch Alfred Rosenberg

Gründung des sozialistischen Schauspielerkollektivs »Gruppe Junger Schauspieler« (Berlin), das ausschließlich politisches Zeittheater produzierte (1933 aufgelöst)

(–31) Ernst Josef Aufricht (1898–1971) leitet das Berliner Theater am Schiffbauerdamm, in dem u.a. Stücke Brechts, Lampels, Fleißers und Tollers uraufgeführt werden

Personen des Theaters / Bühnenereignisse

(1928) UA von Hugo von Hofmannsthals *Der Turm* (Ring-UA
4.2., München, Hamburg, Würzburg), *Gestern* (25.3.,
Wien, Komödie)

UA von Georg Kaisers *Oktobertag* (13.3., Hamburger
Kammerspiele, Regie Gründgens), *Die Lederköpfe*
(24.11., Frankfurt/Main, Neues Theater)

(25.3.) UA von Marieluise Fleißers *Pioniere in Ingolstadt*
(1. Fassung, Dresden, Komödie)

(1.4.) UA von Hans Henny Jahnns *Der Arzt. Sein Weib.*
Sein Sohn (Hamburg, Kammerspiele, Regie Gustaf
Gründgens)

(21.4.) UA von Ernst Barlachs *Der Findling* (Königsberg,
Schauspielhaus)

(6.6.) UA von Richard Strauss'/Hugo von Hofmannsthals
Oper *Die Ägyptische Helena* (Dresden, Staatsoper)

(31.8.) Sensationeller Erfolg der UA von Bertolt Brechts
und Kurt Weills *Die Dreigroschenoper* im Berliner Theater am Schiffbauerdamm in der Regie Erich Engels

(12.10.) UA von Walter Hasenclevers *Ehen werden im*
Himmel geschlossen (Berlin, Kammerspiele)

(23.10.) UA von Ferdinand Bruckners *Die Verbrecher*
(Berlin, Dt. Theater, Regie Hilpert) – mit dramaturgisch
konsequent eingesetzter Simultanbühne

(2.12.) UA von Peter Martin Lampels *Revolte im Erzie-*
hungshaus (Berlin, Gruppe junger Schauspieler), das den
Autor über Nacht berühmt machte

(21.12.) UA von Carl Zuckmayers »Seiltänzerstück«
Katharina Knie (Berlin, Lessingtheater)

(9.12.) UA des engl. Anti-Kriegsstücks *Journey's End*
(*Die andere Seite*) von Robert Cedric Sherriff (London,
Incorporated Stage Society im Apollo Theatre)

(3.2.) UA von Jean Giraudoux' *Siegfried et le Limousin*
(Paris, Comédie des Champs-Élysées, Regie Louis Jouvet)

(9.10.) UA von Marcel Pagnols *Topaze* (*Das große ABC*)
in Paris (Théâtre des Varietés)

(24.12.) UA von Roger Vitracs *Victor ou les enfants au*
pouvoir (*Victor oder Die Kinder an der Macht*) in Paris
durch Antonin Artauds Théâtre Alfred Jarry

(2. und 9.6) Die franz. EA von Strindbergs *Ein Traumspiel*
durch das Théâtre Alfred Jarry (im Théâtre de l'Avenue)
ist einer der großen Theaterskandale der Zeit

(8.2.) UA von *En Idealist. Nogle Indtryk fra en Konges*
Liv (*Ein Idealist. Einige Eindrücke aus dem Leben eines*
Königs) von Kaj Munk in Kopenhagen (Det Kongelige
Teater)

(24.1.) UA von Daniil Charms *Elizaveta Bam* (*Blödsinn*
im Quadrat) in Leningrad (Haus der Künste)

UA des umstrittenen Schauspiels *Narodnyj Malachij* (*Der*
Volksmalachias) des ukrain. Autors Mykola Kuliš in
Charkov (Berezil'-Theater) – Autor und Regisseur der
UA wurden 1934 ins Polargebiet deportiert, wo sie
umkamen

UA der Komödie *Muscata din fereastra* (*Geranien am*
Fenster) des rumän. Autors Victor Ion Popa in Bukarest

(14.4.) UA Des Dramas *U Agoniji* (*In Agonie*) des kroat.
Autors Miroslav Krleža im Nationaltheater in Zagreb

Zeitgeschichte / Theaterwesen

Eröffnung des von der Anthroposophischen Gesellschaft
erbauten »Goetheaneums« im schweizer. Dornach (Vor-
gängerbau 1922 abgebrannt)

(–58) Gründung der ital. Compagnia Carlo Goldoni auf
Malta, Leiter und Regisseure Carlo und Bice Bisazza

(–35) Leitung des Teatro Español in Madrid durch die
Schauspielerin und Regisseurin Margarida Xirgu
(1888–1969)

Personen des Theaters / Bühnenereignisse	Zeitgeschichte / Theaterwesen

1929   Klaus Kammer (1929 Hannover–1964 Berlin), dt. Schauspieler
Heiner Müller (1929 Eppendorf/Sachsen–1995 Berlin), dt. Autor, Regisseur, Theaterleiter
Manfred Wekwerth (*1929 Köthen), dt. Regisseur, Theaterpädagoge, Theaterleiter
Brian Friel (*1929 Omagh/Nordirland), irischer Autor
John Osborne (1929 London–1994 Shropshire), brit. Autor
Hugo Claus (1929 Brügge–2008 Antwerpen), belg. Autor
Max von Sydow (*1929 Lund), schwed. Schauspieler, Regisseur
Milan Kundera (*1929 Brno), tschech. Autor
Jerzy Jarocki (*1929 Warszawa), poln. Regisseur
Konrad Swinarski (1929 Warszawa–1975 bei Damaskus), poln. Regisseur

UA von Ödön von Horváths *Die Bergbahn* (4.1., Berlin, Volksbühne – 1. Fassung u.d.T.: *Revolte auf Côte 3018*, UA 4. 11. 1927, Hamburger Kammerspiele), *Sladek, der schwarze Reichswehrmann* (UA 13.10., Berlin, Lessing-Theater – 1. Fassung u. d. T. *Sladek oder Die schwarze Armee*, UA 26. 3. 1972, Münchner Kammerspiele)
Im von Ernst Josef Aufricht geleiteten Berliner Theater am Schiffbauerdamm umstrittene UAen, so am 5.3. von Peter Martin Lampels nach der Premiere sofort verbotenem Stück *Giftgas über Berlin* durch die Gruppe junger Schauspieler und am 30.3. die einen der größten Skandale der Weimarer Republik auslösende UA der 2. Fassung von Marieluise Fleißers *Pioniere in Ingolstadt* (Regie: Jacob Geis/Bert Brecht)
(28.3.) Einmalige Gedächtnisaufführung für Albert Steinrück mit Wedekinds *Der Marquis von Keith* im Berliner Schauspielhaus in der Regie Leopold Jeßners mit allen führenden dt. Schauspielern
(3.4.) UA von Robert Musils *Die Schwärmer* (Berlin, Theater in der Stadt)
(1.9.) UA von Friedrich Wolfs gegen den § 218 gerichtetem Schauspiel *Cyankali* in Berlin (Lessingtheater) durch die Gruppe junger Schauspieler; danach Deutschland-Tournee
(5.9.) UA von Georg Kaisers *Zwei Krawatten* (Berliner Theater)
In der nur kurz existierenden zweiten Piscator-Bühne im Theater am Nollendorfplatz (Berlin) Piscators Inszenierung von Walter Mehrings *Der Kaufmann von Berlin* (6.9.) mit einem Bühnensystem mit drei Etagen und Laufbändern auf einer Drehbühne
Eröffnung des Max-Reinhardt-Seminars in Schönbrunn bei Wien
(6.10.) UA von Hugo von Hofmannsthals »lyrischem Drama« *Das kleine Welttheater oder Die Glücklichen* in München (Residenztheater)
(23.11.) Erwin Piscator inszeniert mit dem Piscator-Kollektiv Carl Credés (d. i. Otto Pense) § *218 (Frauen in Not)*,

(25.10.) Börsenkrach in New York (»Schwarzer Freitag«) mit internationalen Auswirkungen und Weltwirtschaftskrise
(27.7.) Genfer Konvention über die Behandlung von Kriegsgefangenen und Verwundeten

(20.5.) Gründung der internationalen Vereinigung der Puppenspieler UNIMA (Union Internationale des Marionnettes; seit 1969: Union Internationale de la Marionette) in Prag
Deutscher Arbeiter-Theater-Bund umbenannt in Arbeiter-Theater-Bund Deutschland (ATBD)
Erwin Piscator veröffentlicht mit Felix Gasbarra *Das politische Theater*
Kurzlebige zweite Piscator-Bühne im Berliner Theater am Nollendorfplatz
(16.10.) Eröffnung des Kabaretts »Die Katakombe« in Berlin durch Werner Finck u.a., bald eines der führenden politisch-literarischen Ensembles
Gründung der Schauspielergewerkschaft Equity in Großbritannien
Het Oost-Nederlands Tooneel in Arnheim von Albert van Dalsum (1889–1970), Wijnand Frans und August Dufresne gegründet

Personen des Theaters / Bühnenereignisse

Zeitgeschichte / Theaterwesen

(1929) das nach der Premiere im Mannheimer Apollo-Theater – trotz juristischen und politischen Widerstands – in mehr als 30 Städten über 300mal aufgeführt wird

(25.11.) UA von Hans José Rehfischs und Wilhelm Herzogs *Die Affäre Dreyfus* (Berlin, Volksbühne)

(14.6.) UA von George Bernard Shaws *The Apple Cart* (*Der Kaiser von Amerika*) in Warszawa (Teatr Polski); engl. EA am 19. 8. 1929 (Malvern Festival)

(11.10.) UA von Sean O'Caseys pazifistischem Stück *The Silver Tassie* (*Der Preispokal*) in London (Apollo Theatre)

(9.3.) UA von Marcel Pagnols *Marius* (Paris, Théâtre de Paris) – erster Teil einer international erfolgreichen Trilogie, zu der außerdem die Stücke *Fanny* (UA 5. 12. 1931, Paris, Théâtre de Paris) und *César* (UA 18. 12. 1936, Paris, Théâtre de Variétés) gehören

(16.1.) UA von Helge Krogs *Konkylien* (*Die Muschel*) im Nationaltheatret in Oslo

(15.3.) UA der satirischen Gesellschaftskomödie *Caj u Pána Senátora* (*Tee beim Herrn Senator*) des slovak. Autors Ivan Stodola (Bratislava, Slovenské Narodní divadlo)

(31.2.) UA von Vladimir V. Majakovskijs Satire *Klop* (*Die Wanze*) im Moskauer Mejerchol'd-Theater

UA der Komödie *Obrácení Ferdyše Pištory* (*Die Bekehrung des Ferdi Pischtora*) von František Langer (Prag, Mestské divadlo na Král:ovských Vinohradech)

(5.10.) UA von Ferenc Molnárs *Egy, Ketto, Három* (*Eins, zwei, drei*) in Budapest (Vigszinház)

UA des Schauspiels *Dyktatura* (*Diktatur*) des ukrain. Autors Ivan Mykytenko in Charkov (Berezil' Teatr)

1930 Otto Schenk (*1930 Wien), österr. Schauspieler, Regisseur, Theaterleiter

Ekkehard Schall (1930 Magdeburg–2005 Buckow), dt. Schauspieler, Regisseur

John Arden (*1930 Barnsley), brit. Autor

Sir Peter Hall (*1930 Bury Saint Edmonds), brit. Regisseur, Theaterleiter

Harold Pinter (*1930 London), brit. Schauspieler, Regisseur, Autor

Antoine Vitez (1930 Paris–1990 Paris), franz. Schauspieler, Regisseur, Theaterleiter und -pädagoge

Sławomir Mrożek (*1930 Borzecin bei Krakau), poln. Autor

Justinas Marcinkevičius (*1930 Vazatkiemis), lit. Autor

Kostas Mourselas (*1930 Piräus), griech. Autor

(8.2.) UA von Walter Hasenclevers *Napoleon greift ein* (Frankfurt/Main, Neues Theater)

UA von Ferdinand Bruckners *Die Kreatur* (27.2., Münchner Kammerspiele), *Elisabeth von England* (1.11., Berlin, Dt. Theater; Hamburg, Dt. Schauspielhaus)

UA von Bertolt Brechts *Aufstieg und Fall der Stadt Mahagonny* mit der Musik Kurt Weills (9.3., Oper Leipzig),

(–31) Dritte Piscator-Bühne (1930–31) im Berliner Wallner-Theater

Laszlo Moholy-Nagy entwirft für Piscator die Bühne zu Walter Mehrings *Der Kaufmann von Berlin*; stellt das »Lichtrequisit einer elektrischen Bühne« in Paris aus

Gründung des sozialistischen Schauspielerkollektivs »Truppe im Westen« in Düsseldorf

Jacques Copeau gründet die »Compagnie des Quinze«

(–42) Gaston Baty leitet das Pariser Théâtre Montparnasse

André Breton: *Second manifeste du surréalisme*

»Internationaler Arbeiter-Theater-Bund« in Moskau gegründet

Nikolai P. Ochlopkov (1900–67) Leiter des Moskauer Realistischen Theaters (1936 geschlossen)

Wiedereröffnung des 1901 eröffneten, 1908 aus finanziellen Gründen geschlossenen Königl. Theaters als griech. Nationaltheater in Athen

Personen des Theaters / Bühnenereignisse	Zeitgeschichte / Theaterwesen

(1930) der Erstfassung von *Der Jasager* mit der Musik Kurt
Weills (23.6., Berlin, Zentralinstitut für Erziehung und
Unterricht), *Die Maßnahme* (10.12., Berlin, Schauspiel-
haus)

(13.5.) UA von Fritz von Unruhs *Phaea* (Berlin, Dt. Theater)

(29.8.) UA von Bruno Franks Komödie *Sturm im Wasser-
glas* (Dresden, Schauspielhaus)

(8.11.) UA von Friedrich Wolfs Antikriegsstück
Die Matrosen von Cattaro (Berlin, Volksbühne)

Dritte Piscator-Bühne im Berliner Wallnertheater, u. a. mit
Piscators Insz. von Friedrich Wolfs *Tai Yang erwacht*
(UA 15. 1. 1931)

Großes Aufsehen, erregte Diskussionen und rassistische
Anfeindungen ruft in London (Savoy Theatre) die erstmalige Darstellung Othellos in Shakespeares Stück
durch einen schwarzen Schauspieler (Paul Robeson) in
einem weißen Ensemble hervor

Im Old Vic Theatre erlebt John Gielgud seinen Durchbruch als damals ungewöhnlich junger Hamlet, den er
außerdem 1934 (New Theatre), 1936 (132 Aufführungen am Broadway), 1939 (Schloß Kronborg, Helsingör),
1944 (Theatre Royal, Haymarket) über 500mal verkörpert und viermal inszeniert (1934, 1939, 1945, 1964)

(17.2.) UA von Jean Cocteaus *La voix humaine* (*Geliebte
Stimme*) in der Comédie Française

(24.12.) UA von Federico García Lorcas *La zapatera pro-
digiosa* (*Die wundersame Schusterfrau*) in Madrids Teatro Español (Endfassung: 30. 11. 1933, Buenos Aires,
Teatro Avenida)

UA von Luigi Pirandellos *Questa sera si recita a soggetto*
(*Heute abend wird aus dem Stegreif gespielt*) in dt. Sprache (25.1., Königsberg, Neues Schauspielhaus; ital. EA
14. 4. 1930, Turin, Teatro di Torino), *Come tu mi vuoi*
(*Wie du mich willst*) in Mailand (18.2., Teatro Filodrammatici)

(24.4.) UA der Burleske *Pantagleize* von Michel de Ghelderode (eig. Adémar Adolphe Louis Martens) in Brüssel
(Vlaamse Volkstoneel)

Erscheinungsjahr des für ein Jubiläum der Universität Leiden geschriebenen »Wasserfestspiels« *De vliegende Hol-
lander* (*Der fliegende Holländer*) von Martinus Nijhoff

(16.3.) UA des satir. Schauspiels *Banja* (*Das Schwitzbad*)
von Vladimir V. Majakovskij in Moskau (Mejerchol'd-
Theater) in Zusammenarbeit des Autors mit Vsevolod
Mejerchol'd

A. J. Tairov inszeniert die russ. EA der *Dreigroschenoper*

1931 Thomas Bernhard (1931 Heerlen bei Maastricht – 1989 Gmunden), österr. Autor	Wahlsieg der Linksparteien in Spanien; nach Abdankung König Alfons III. wird Spanien Republik
Rolf Hochhuth (*1931 Eschwege), dt. Autor	
Wilfried Minks (*1931 Binai, heute Doksy-Zbyny, Tsche- chien), dt. Bühnenbildner, Regisseur	Gründung der sog. »NS-Kampfbühnen«; des Dt. National- Theaters in Berlin
Ivan Nagel (*1931 Budapest), Theaterleiter, Dramaturg, Autor	Gründung des sozialistischen Schauspielerkollektivs »Truppe 31« unter Leitung Gustav von Wangenheims

Personen des Theaters / Bühnenereignisse

Zeitgeschichte / Theaterwesen

(1931) Sir Ian Holm (*1931 Goodmayes/Ilford), brit. Schauspieler
Peter Barnes (1931 London–2004 London), brit. Autor
Roger Planchon (*1931 Saint-Chamond), franz. Schauspieler, Regisseur, Theaterleiter
Klaus Thorvald Rifbjerg (*1931 Kopenhagen), dän. Autor
Ivan Klima (*1931 Prag), tschech. Autor
Ladislav Fialka (1931 Prag–1991 Prag), Mime, Choreograph, Tänzer, Schauspieler
Augusto Boal (*1931 Rio de Janeiro), brasil. Autor, Regisseur, Theaterleiter und -theoretiker

(5.3.) UA von Carl Zuckmayers (nach einem Szenarium Fritz Kortners) *Der Hauptmann von Köpenick* (Berlin, Dt. Theater) – sensationeller Bühnenerfolg, 1933 verboten
UA von Ödön von Horváths *Italienische Nacht* (20.3., Berlin, Theater am Schiffbauerdamm), *Geschichten aus dem Wiener Wald* (2.11., Berlin, Dt. Theater)
(10.10.) UA von Richard Billingers *Rauhnacht* (Münchner Kammerspiele)
(22.12.) UA des von Gustav von Wangenheim geschriebenen und inszenierten Stücks *Die Mausefalle* durch das Theaterkollektiv Truppe 1931 (Berlin, Kleines Theater); 314 Aufführungen auf Tournee
Jean-Louis Barrault arbeitet mit Étienne Decroux in Charles Dullins »École de l'Atelier« das System des »Mime pure« aus
(25.2.) UA von Paul Claudels *La ville* (*Die Stadt*) in Brüssel
(4.11.) UA von Jean Giraudoux' *Judith* (Paris, Théâtre Pigalle)
(10.12.) André Gides *Œdipe* (*Oedipus*) im Cercle artistique in Antwerpen uraufgeführt
UA von Noël Cowards *Cavalcade* (*Kavalkade*) in London (Drury Lane Theatre)
(27.4.) UA von Denis Johnstons *The Moon in the Yellow River* (*Der Mond im gelben Fluß*) in Dublins Abbey Theatre
(26.5.) UA von Jurij Karlovič Olešas *Spisok blagodejanij* (*Die Liste der Wohltaten*) in Moskau (Teatr im. Vs. Mejerchol'da)
(19.12.) Da die UA des »dramatischen Poems« *Patetycna Sonata* (*Sonate Pathétique*) des ukrain. Dramatikers Mykola Kuliš im ukrain. Charkov verboten wurde, fand sie im Moskauer Kammertheater (Moskovskij Kamernyi teatr) in der Regie A. J. Tairovs statt; nach wenigen Monaten nach Angriffen auf den Autor abgesetzt
UA des Dramas *Dogodek v mestu Gogi* (*Das Ereignis in der Stadt Goga*) des sloven. Autors Slavko Grum in Maribor

Die Schauspielerin Stella Kadmon gründet in Wien das Kabarett »Lieber Augustin«, das sie nach ihrer Rückkehr aus dem Exil bald in das innovative und risikobereite Theater der Courage umwandelte
Eduardo de Filippo gründet mit seinen Geschwistern Titina und Peppino eine eigene Theatertruppe (Il teatro umoristico di Eduardo De Filippo), mit der sie Erfolge im ganzen Land feiern

Personen des Theaters / Bühnenereignisse

1932   Christa Berndl (*1932 München), dt. Schauspielerin
Frido Solter (*1932 Rappen), dt. Schauspieler, Regisseur
Arnold Wesker (*1932 London), brit. Autor
Jean-Pierre Ponnelle (1932 Paris–1988 München),
Bühnenbildner, Regisseur
Fernando Arrabal (*1932 Melilla), span. Autor
Hans van Manen (*1932 Nieuwer Amstel), niederländ.
Tänzer, Choreograph
Ralf Långbacka (*1932 Närpes/Österbotten, Finnland),
Regisseur
Michail Šatrov, eig. Michail Filippovič Maršak (*1932
Moskau), russ. Autor

(15.1.) UA von Bertolt Brechts *Die Mutter* (Berlin,
Comödienhaus)
(16.2.) Max Reinhardt inszeniert die UA von Gerhart
Hauptmanns *Vor Sonnenuntergang* (Berlin, Dt. Theater)
(24.9.) UA von Walter Hasenclever/Kurt Tucholskys
Christoph Columbus oder Die Entdeckung Amerikas
(Leipzig, Schauspielhaus)
(25.10.) UA des historischen Schauspiels *Gott, Kaiser und
Bauer* von Julius Hay unter dem Titel *Sigismund*
(Breslau, Lobe-Theater)
(18.11.) UA von Ödön von Horváths *Kasimir und Karo-
line* (Leipzig, Schauspielhaus)
(31.12.) UA von Curt Goetz' *Dr. med Hiob Prätorius*
(Stuttgart, Landestheater) in seiner Regie
(Dez.) Mit der Rolle des Mephisto in Lothar Müthels
Inszenierung (Staatstheater Berlin) beginnt Gustaf
Gründgens' lebenslange Auseinandersetzung mit
Goethes *Faust*; 1933 Mephisto in *Faust II* (Regie Gustav
Lindemann)
Mit der in die Tanzgeschichte eingegangenen Choreogra-
phie *Der grüne Tisch* gewinnt Kurt Jooss (1901–79) den
Internationalen Choreographen-Wettbewerb in Paris
(17.5.) UA des kontrovers diskutierten Schauspiels *Dan-
gerous Corner* (*Gefährliche Kurve*) von John Boynton
Priestley im Londoner Lyric-Theatre
(1.11.) UA von William Somerset Maughams *For Services
Rendered* (*Für geleistete Dienste*) im Londoner Globe
Theatre
(1.3.) UA der Komödie *Hvem er jeg? eller Naar Fanden
gi'r et Tilbud* (*Wer bin ich? oder Wenn der Teufel ein
Angebot macht*) des dän. Autors Carl Erik Martin Soya
(Kopenhagen, Det ny Teater)
(2.9.) UA von Kaj Munks Schauspiel *Ordet* (*Das Wort*)
unter dem Titel *I Begyndelsen var Ordet* (*Im Anfang
war das Wort*) im Kopenhagener Betty Nansen-Teatret
Maksim Gor'kijs *Jegor Bulytschow i drugije* (*Jegor Bulytschow und andere*, UA Moskau und Leningrad)
(18.3.) Leon Schiller bearbeitet und inszeniert als Erfüllung
seiner Idee des Monumentaltheaters das poln. National-
drama *Dziady* (*Totenfeier*) von Adam Mickiewicz im
Stadttheater Lwow (18. 11. 1933 auch Teatr na Pohu-
lance in Vilna, 15. 12. 1934 Teatr Polski in Warszawa,
3. 3. 1937 Narodnija teatar in Sofia, Bulgarien)

Zeitgeschichte / Theaterwesen

(–74) Autoritäres Regime in Portugal, (–68) unter António
de Oliveira Salazar (1889–1970), unter dem Portugal
ein faschistisch-korporativer Staat wird
In Deutschland Rücktritt der Regierung Brüning, Rücktritt
der Nachfolgeregierung von Papen, Ex-General von
Schleicher wird Reichskanzler
(–1934) Engelbert Dollfuß österr. Bundeskanzler

(–38) Hermann Röbbeling Direktor des Wiener Burgtheaters
Neueröffnung des 1926 ausgebrannten Shakespeare
Memorial Theatre in Stratford-upon-Avon
(32/33) Antonin Artaud proklamiert das »Théâtre de la
cruauté« (Das Theater der Grausamkeit)
Enrico Prampolini: *L' atmosfera scenica futurista* (*Szenische futuristische Atmosphäre*)
(–36) Span. Studententheater »La Barraca« spielt unter
Federico García Lorcas künstlerischer Leitung auf den
Dörfern v. a. klassische span. Dramatik (21 Tourneen
mit 12 Stücken)

Personen des Theaters / Bühnenereignisse   **Zeitgeschichte / Theaterwesen**

(1932) (21.11.) UA des auch im Ausland erfolgreichen Lustspiels
Titanic Vals (*Titanic Walzer*) des rumän. Autors Tudor
Musatescu (Bukarest, Nationaltheater)

1933 Hans Hollmann (*1933 Graz), Regisseur, Theaterleiter,
Schauspieler, Theaterpädagoge
Walter Schmidinger (*1933 Linz), Schauspieler, Regisseur
Joe Orton (1933 Leicester–1967 London), brit. Drama-
tiker
David Storey (*1933 Wakefield/Yorkshire), brit. Autor
Luca Ronconi (*1933 Susa/Tunesien), ital. Schauspieler,
Regisseur, Theaterleiter
Jerzy Grotowski (1933 Rzeszów, Polen–1999 Pontedera,
Italien), Regisseur, Theaterleiter und -reformer, Schau-
spielpädagoge, Theoretiker der performativen Künste

(30.11.) UA von Ferdinand Bruckners *Die Rassen*, dem
ersten aufgeführten dt. antifaschistischen Stück des
Exils, im Zürcher Schauspielhaus
UA von Paul Claudels *Protée* (*Proteus*) im niederländ.
Groningen
(27.2.) UA von Jean Giraudoux' *Intermezzo* (Paris. Comédie des Champs-Élysées)
(26.11.) UA von Ramón María del Valle-Incláns »dörf-
licher Tragikomödie« *Divinas palabras* (*Wunderworte*)
im Madrider Teatro Español
(27.3.) UA von Vsevolod V. Višnevskijs *Optimisticeskaja
tragedia* (*Optimistische Tragödie*) in Kiev
(6.11.) UA von Maksim Gor'kijs *Dostigaev i drugije*
(*Dostigajew und andere*) in Leningrad
(13.10.) UA von Jirí Voskovec' und Jan Werichs politisch-
satirischer Komödie *Osel a stín* (*Der Esel und sein
Schatten*) in ihrem eigenen Prager Theater Osvobozené
divadlo

(30.1.) Adolf Hitler von Reichspräsident von Hindenburg
zum Reichskanzler berufen; Reichstagsbrand (27.2.) als
Vorwand für terroristische Ausschaltung politischer
Gegner; erste Konzentrationslager errichtet; nur die SPD
stimmt im Reichstag gegen das sog. »Ermächtigungsge-
setz« zur »Behebung der Not von Volk und Reich«: Die
Regierung Hitler erhält für 4 Jahre die Gesetzgebungs-
befugnis (24.3.); Zwangsauflösung der Gewerkschaften
(2.5.) und politischen Parteien; antijüd. Ausschreitungen
(1.4. Boykott jüd. Geschäfte); Gesetz zur »Wiederherstellung des Berufsbeamtentums« schließt »Nichtarier«
aus; starke Emigration, zuerst v. a. in die Nachbarländer
(insges. allein über 4000 Bühnenkünstler); (10.5.)
öffentl. Bücherverbrennungen in Deutschland; (22.9.)
Reichskulturkammergesetz; Reichsschrifttumskammer
eingerichtet; Einsetzung eines »Reichsdramaturgen«
Konrad Henlein (1896–1945) gründet nationalsozialistische sudetendeutsche Partei in der Tschechoslowakei
(–38) Staatsstreich Bundeskanzler Dollfuß' in Österreich
führt zu autoritärem klerikalen Ständestaat; Ausschaltung des Nationalrats; Dollfuß stützt sich auf austro-
faschistische Heimwehr; Verbot der Nationalsozialisten
In Spanien gründet José Antonio Primo de Rivera
(1903–36) die faschistische Falangisten-Bewegung
(Falange Española)

Gründung der nationalsozialistischen Besucherorganisa-
tion »Dt. Bühne«, des »Reichsbundes der dt. Freilicht-
und Volksschauspiele«
Erzwungene Selbstauflösung des in Berlin privat weiter-
geführten Bauhauses
(Juli) Gründung des »Kulturbundes Dt. Juden« (1941 aufgelöst)
(16.3.) In einem Brief an die nationalsozialistische dt.
Regierung übereignet Max Reinhardt gezwungenerma-
ßen sein geistiges Lebenswerk und seine Theater dem
»Nationalvermögen Deutschlands«
Erika Mann gründet (1.1.) das Kabarett »Die Pfeffermühle« in München, emigriert mit den meisten Mitgliedern in die Schweiz und eröffnet am 1.10. das Kabarett
in Zürich
Der aus politischen Gründen entlassene Teo Otto emigriert
in die Schweiz und wird (–68) verantwortlicher Bühnenbildner am Zürcher Schauspielhaus (z. T. über 30 Szene-
rien pro Spielzeit)
Leopold Jeßner gründet mit emigrierten dt. Schauspielern
ein 1933/34 in Belgien, den Niederlanden und Großbritannien auftretendes Tourneetheater-Ensemble
(3.1.) Gründung des literarischen Kabaretts Literatur am
Naschmarkt in Wien
Gründung des bis heute bestehenden Riksteatern als staatlicher Tourneetheaterbetrieb, um die schwed. Provinz
mit Theateraufführungen zu versorgen

Personen des Theaters / Bühnenereignisse	Zeitgeschichte / Theaterwesen

1934

Roberto Ciulli (*1934 Mailand), Regisseur, Theaterleiter (Theater an der Ruhr)

Ulrich Plenzdorf (1934 Berlin–2007 Berlin), dt. Autor

Gisela Stein (*1934 Swinemünde, heute Świnoujście), dt. Schauspielerin

Edward Bond (*1934 London), brit. Autor

Dame Judi Dench (*1934 York), brit. Schauspielerin, Regisseurin

Per Olov Enquist (*1934 Hjoggböle), schwed. Autor

Gustaf Gründgens wird Intendant des Preuß. Staatstheaters (Berlin)

Heinz Hilpert übernimmt die Direktion des Dt. Theaters und der Kammerspiele (Berlin)

(19.1.) UA von Friedrich Wolfs auf der Flucht geschriebenem Schauspiel *Professor Mamlock* in jidd. Sprache im Varshever yidisher kunst-teater (VIKT, Warschauer jidd. Kunst-Theater) Ida Kamińskas unter dem Titel *Der gelbe Fleck*; deutschsprachige EA unter dem Titel *Professor Mannheim* am Zürcher Schauspielhaus – in den 1930er Jahren das wohl international erfolgreichste Stück eines dt. Emigranten

(15.3.) UA von Hermann Brochs *Die Entsühnung* (Zürcher Schauspielhaus)

(10.6.) UA von Christian Dietrich Grabbes 1835/36 entstandenem Geschichtsdrama *Die Hermannsschlacht* (Nettelstedt, Freilichtbühne auf dem Hünenbrink)

(21.10.) UA von Carl Zuckmayers *Der Schelm von Bergen* (Wien, Burgtheater)

(13.12.) UA von Ödön von Horváths *Hin und her* (Zürcher Schauspielhaus)

(10.4.) UA von Jean Cocteaus *La machine infernale* (*Die Höllenmaschine*) in Paris (Théâtre Louis Jouvet)

UA von Luigi Pirandellos *La favola del figlio cambiato* (*Das Märchen vom vertauschten Sohn*, 3.1., Landestheater Braunschweig), *Non si sa come* (*Man weiß nicht wie*) in Prag

(17.3.) UA von Alejandro Casonas Komödie *La sirena varada* (*Die gestrandete Sirene*) in Madrid (Teatro Español)

(29.12.) Federico García Lorcas *Yerma* in Madrid (Teatro Español) uraufgeführt

(13.11.) UA von Nikolaj Fëdorovič Pogodins (1900–62) *Aristokraty* (*Aristokraten*) im Moskauer Teatr im. E. Vachtangova

(19.10.) UA der »satirischen Fantasie« *Kat a blázen* (*Der Henker und der Narr*) von Jiří Voskovec und Jan Werich im eigenen Theater Osvobozené divadlo (Prag) – eine ihrer erfolgreichen politisch-satirischen »Vest Pocket«-Revuen

(10.3.) UA des Dramas *Iudas* (*Judas*) des griech. Autors Spiros Melàs (Athen, Nationaltheater)

(–38) Stalinsche »Säuberungen« – Schauprozesse zur Ausschaltung früherer Weggefährten

(23.4.) Mit Beschluß des Zentralkomitees der KPdSU wird der Sozialistische Realismus offizielle kulturpolitische Richtung in der Sowjetunion

In Deutschland Entmachtung der SA und Ermordung unliebsamer Gegner nach angeblichem »Röhm-Putsch« (30.6.); Hitler macht sich nach dem Tod Hindenburgs (2.8.) zum »Führer und Reichskanzler«

In Österreich unterliegen Arbeiter im Februaraufstand dem Austrofaschismus; Verbot der SPÖ; klerikal-ständische Verfassung; (25.7.) Bundeskanzler Dollfuß von Nationalsozialisten bei gescheitertem Putsch ermordet

(15.5.) Nationalsozialistisches Reichstheatergesetz in Deutschland; Rainer Schlösser (1899–1945) »Reichsdramaturg« bis 1944

(–44) Heinz Hilpert nach Max Reinhardts erzwungenem Weggang Direktor des Dt. Theaters und der Kammerspiele in Berlin, 1938–44 auch Direktor des Theaters in der Josefstadt in Wien

Gustaf Gründgens Intendant des Preuß. Staatstheaters in Berlin

Erster Internationaler Schriftstellerkongreß zur Verteidigung der Kultur in Paris

Gründung der Truppe »Dt. Theater Kolonne links« durch Vereinigung des Agitprop-Ensembles »Kolonne links« mit dem Schauspielerkollektiv »Truppe 31« in Moskau

Gründung der Exiltheatertruppe »Studio 1934« in Prag durch Hedda Zinner und Fritz Erpenbeck

(25.3.) Eröffnung des österr. Kabaretts ABC in Wien

(1.5.) Eröffnung des schweizer. Kabaretts Cornichon in Zürich

(–39, 1946–59) Carl Ebert künstlerischer Leiter der Opernfestspiele im engl. Glyndebourne

Die Schauspielerin und Regisseurin Joan Littlewood gründet mit dem Sänger, Schauspieler und Autor Ewan MacColl (eig. Jimmie Miller, 1915–89) das experimentelle Theatre of Action in Manchester (1936 Theatre Union), das v. a. den Norden Großbritanniens bereist

Die Accademia Reale organisiert den Theaterkongreß »Convegno Volta« in Rom

Emil František Burian (1904–59) gründet die Bühne »Divadlo 1934« in Prag (1941 von den dt. Besatzern geschlossen, Burian ins KZ verschleppt); 1946 wieder eröffnet

Personen des Theaters / Bühnenereignisse

1935 Adolf Dresen (1935 Eggesin–2001 Leipzig), dt. Dramaturg, Regisseur, Intendant
Dieter Dorn (*1935 Leipzig), Regisseur, Intendant
Hansgünther Heyme (*1935 Bad Mergentheim), dt. Schauspieler, Regisseur, Theaterleiter
John McGrath (1935 Birkenhead–2002 Edinburgh), brit. Autor, Regisseur, Theaterleiter
Trevor Griffiths (*1935 Manchester), brit. Autor
Josef Topol (*1935 Poříčí an der Sázava), tschech. Autor

(10.11.) UA von Ödön von Horváths *Mit dem Kopf durch die Wand* (Wien, Scalatheater)
(19.11.) Ring-UA von Gerhart Hauptmanns *Hamlet in Wittenberg*
Aufsehen erregende Inszenierung John Gielguds von Shakespeares *Romeo and Juliet* am Londoner New Theatre, in der Gielgud und Laurence Olivier als Romeo (bzw. Mercutio) alternieren
(10.5.) Thomas Stearns Eliots *Murder in the Cathedral* (*Mord im Dom*) in der Canterbury Cathedral uraufgeführt
(7.5.) UA von Antonin Artauds *Les Cenci* (Paris, Théâtre des Folies-Wagram) in der Regie des Autors
(21.11.) UA von Jean Giraudoux' *La guerre de Troie n'aura pas lieu* (*Der Trojanische Krieg findet nicht statt*) in der Regie Louis Jouvets im Pariser Théâtre de l'Athénée
(22.11.) Armand Salacrous *L'Inconnue d'Arras* (*Die unerbittliche Sekunde*) in Paris (Comédie Champs Élysées) uraufgeführt
(13.12.) UA von Federico García Lorcas »poema granadino« *Doña Rosita la soltera o el lenguaje de las flores* (*Doña Rosita bleibt ledig oder die Sprache der Blumen*) in Barcelona (Teatro Principal Palace)
(6.9.) UA von Kjeld Abells Komödie (Liedtexte von Sven Møller Kristensen) *Melodien, der blev væk* (*Die Melodie, die verschwand*) in Kopenhagen, Riddersalen
UA der bereits 1867 erschienenen gesellschaftskritischen Komödie *Najdúch* (*Der Findling*) des slovak. Autors Jonáš Záborský in Bratislava

1936 Gerhard Bohner (1936 Karlsruhe–1992 Berlin), dt. Tänzer, Choreograph
Karl-Ernst Hermann (*1936 Neukirch, Oberlausitz), dt. Bühnen- und Kostümbildner, Regisseur
Peter Sodann (*1936 Meißen), dt. Schauspieler, Regisseur, Theaterleiter
Bernhard Klaus Tragelehn (*1936 Dresden), dt. Regisseur, Übersetzer
Albert Finney (*1936 Salford), brit. Schauspieler, Regisseur
David Rudkin (*1936 London), brit. Dramatiker
Bernard Sobel, eig. Rothstein (*1936 Paris), franz. Regisseur, Theaterleiter
Eugenio Barba (*1936 Brindisi), Regisseur, Theaterleiter und -theoretiker

Zeitgeschichte / Theaterwesen

Nürnberger Gesetze »legalisieren« Entrechtung und Diskriminierung der dt. Juden
(–73) Griechenland erneut Monarchie
Im Rahmen des »New Deal« Gründung des »Federal Theatre Project« in New York, des einzigen staatlich subventionierten Theaterunternehmens der USA

(Okt.) Michail Čechov gründet im engl. Dartington Hall das »Chekhov Theatre Studio« mit angegliederter Schauspielschule. Dezember 1938 Übersiedlung in die USA
Gründung der staatlichen Schauspielschule Scuola d'arte drammatica in Italien

(–52) Georg VI. König von Großbritannien
(–38) Volksfront in Frankreich
Militärrevolte in Spanisch-Marokko unter General Francisco Franco leitet span. Bürgerkrieg (–39) ein; Intervention der faschistischen Staaten Deutschland und Italien zugunsten der span. Faschisten
(–40) Diktatur Metaxas' in Griechenland
Olympische Spiele in Berlin

In Deutschland Verbot der Kunstkritik zugunsten positiver »Kunstberichte«
Gründung des brit. Unity Theatre als politisch linksstehendes Amateurtheater, das Theater für Arbeiter machte (nach dem Zweiten Weltkrieg professionalisiert)

(1936) Malene Schwartz (*1936 Kopenhagen), dän. Schauspie-
        lerin, Theaterleiterin
        Vacláv Havel (*1936 Prag), tschech. Autor, Dramaturg,
        Politiker

        Leopold Jeßner inszeniert Shakespeares *Der Kaufmann
        von Venedig* und (28.7.) Schillers *Wilhelm Tell* an der
        Habima in Tel Aviv
        (12.9.) UA von Christian Dietrich Grabbes (um 1827 ent-
        standenem) Drama *Marius und Sulla* (Münster, Stadt-
        theater)
        (6.10.) UA von Jura Soyfers *Der Lechner Edi schaut ins
        Paradies* im Wiener Kabarett-Theater Literatur am
        Naschmarkt
        (4.11.) UA von Bertolt Brechts *Die Rundköpfe und die
        Spitzköpfe* (Kopenhagen, Riddersalen)
        (13.11.) UA von Ödön von Horváths *Glaube Liebe Hoff-
        nung* im Wiener Theater für 49
        (Okt.) Der wegen jüd. Herkunft mit wachsenden Schwie-
        rigkeiten konfrontierte dt. Schauspieler Leo Reuss
        (1891–1946) »verwandelt« sich in einen theaterbeses-
        senen Tiroler Bergbauern und spielt unter dem Künst-
        lernamen Kaspar Brandhofer im Theater in der Josef-
        stadt in Ernst Lothars Dramatisierung von Schnitzlers
        Fräulein Else – aus ungeklärten Gründen wurde seine
        Verkleidung aufgedeckt
        (19.12.) UA von Else Lasker-Schülers *Arthur Aronymus
        und seine Väter* am Zürcher Schauspielhaus
        (6.11.) UA von Terence Rattigans Bühnendebüt, dem
        Erfolgsstück (über 1000 Aufführungen in London)
        French Without Tears (Französisch ohne Tränen) in
        London (Criterion Theatre)
        (11.1.) UA des Schauspiels *Tá Mar (Wilde See)* des portug.
        Dramatikers Alfredo Cortês in Lissabon (Teatro Nacio-
        nal Almeida Garrett)
        (3.9.) Das Schauspiel *Oppbrudd (Aufbruch)* des norweg.
        Dramatikers Helge Krog in Bergen uraufgeführt
        (31.3.) UA des unter dem männlichen Pseudonym Juhani
        Tervapää aufgeführten Schauspiels *Niskavuoren naiset
        (Die Frauen auf Niskavuori)* der finn. Autorin Hella
        Wuolijoki in Helsinki
        (5.2.) Moskauer UA des erst 1962 im Druck erschienenen
        Dramas *Kabala Svjatoš (Mol'er) (Die Kabale der Schein-
        heiligen (Molière))* von Michail A. Bulgakov
        UA des Lustspiels *A néma levente (Der stumme Ritter)* des
        ungar. Dramatikers Jeno Heltai (eig. Jeno Herzl) in
        Budapest
        UA des Schauspiels *Baisioji Naktis (Die Nacht des Grau-
        ens)* des lit. Autors Balys Sruoga (1896–1947)
        Erscheinungsjahr des sozialkritischen Bauerndramas *Il-
        Fidwa Tal-Bdiewa (Das Lösegeld der Bauern)* des mal-
        tesischen Autors Antonio Cremona

Personen des Theaters / Bühnenereignisse

Zeitgeschichte / Theaterwesen

1937 Heinrich Henkel (*1937 Koblenz), dt. Autor
Hartmut Lange (*1937 Berlin), dt. Autor
Claus Peymann (*1937 Bremen), dt. Regisseur, Theater-
leiter
Christoph Schroth (*1937 Dresden), dt. Regisseur,
Intendant
Peter Stein (*1937 Berlin), dt. Regisseur, Theaterleiter
Ernst Wendt (1937 Hannover–1986 München), dt.
Kritiker, Dramaturg, Regisseur
Ulrich Wildgruber (1937 Bielefeld–1999 Westerland/Sylt),
dt. Schauspieler
Vanessa Redgrave (*1937 London), brit. Schauspielerin
Tom Stoppard (*1937 Zlín, Tschechoslowakei), brit.
Dramatiker
Joop Admiraal (1937 Ophemert–2006 Amsterdam),
niederländ. Schauspieler, Dramatiker
Lodewijk de Boer (1937 Amsterdam–2004 Amsterdam),
niederländ. Regisseur, Autor, Musiker, Komponist
Ryszard Cieślak (1937 Kalisz, Polen–1990 Houston,
USA), Schauspieler

Max Reinhardt emigriert in die USA
(7.1.) Max Reinhardts Aufsehen erregende Inszenierung
des Bibelspiels *The Eternal Road* (*Der Weg der Verhei-
ßung*) von Franz Werfel mit der Musik von Kurt Weill
im amerikan. Exil im Manhattan Opera House im
Bühnenbild von Norman Bel Geddes
(9.3.) UA von Ferdinand Bruckners *Napoleon der Erste* im
Prager Narodni Divadlo
(10.3.) UA von Franz Theodor Csokors *Dritter November
1918* im Wiener Burgtheater
UA von Carl Orffs *Carmina Burana* im Stadttheater
Frankfurt/Main
(2.3.) Furore machende Inszenierung Jürgen Fehlings von
Shakespeares *König Richard III.* mit Werner Krauss
(TR) und Bernhard Minetti im fast bis zur Abstraktion
aufgelösten Bühnenbild Traugott Müllers (Staatstheater
Berlin)
(27.3.) UA von Jura Soyfers »Mittelstück« *Astoria* im
Wiener Kabarett ABC
UA der Schauspiele Ödön von Horváths *Figaro läßt sich
scheiden* (2.4.), *Ein Dorf ohne Männer* (24.9., beide
Prag, Neues Dt. Theater), *Himmelwärts* (5.12., Wien,
Freie Bühne), *Der jüngste Tag* (11.12., Ostrava, Dt.
Theater)
(16.10.) UA von Bertolt Brechts *Die Gewehre der Frau
Carrar* im Pariser Salle Adyar
Erfolgloses Gastspiel des Kabaretts »Die Pfeffermühle« mit
Therese Giehse und Erika Mann in New York
(8.2.) UA von Sean O'Caseys *The End of the Beginning*
(*Das Ende vom Anfang*) in Dublins Abbey Theatre
Klassik-Saison John Gielguds mit eigenem Ensemble im
Londoner Queens Theatre mit Stücken Shakespeares,
Sheridans, Cechovs; ähnliches 1944/45 am Theatre
Royal, Haymarket, 1955 am Lyric Theatre, Hammer-
smith

Verfassung für die Republik Irland
Im span. Bürgerkrieg Zerstörung der baskischen Stadt
Guernica durch Flugzeuge der dt. »Legion Condor« –
Picasso schafft sein Gemälde *Guernica*
Ausstellung »Entartete Kunst« in München und anderen
dt. Städten dient der Diffamierung moderner Kunst
Gründung des »New Bauhaus« in Chicago

(–43) Anton Giulio Bragaglia gründet das Teatro dell'arti
an der Scuola d'arte drammatica in Rom
Gründung des Trøndelag Teater im norweg. Trondheim

Personen des Theaters / Bühnenereignisse	Zeitgeschichte / Theaterwesen
(1937) (26.8.) UA von John Boynton Priestleys *Time and the Conways* (*Die Zeit und die Conways*) in Londons Duchess Theatre	

(1937) (26.8.) UA von John Boynton Priestleys *Time and the Conways* (*Die Zeit und die Conways*) in Londons Duchess Theatre

UA von Alfred Jarrys *Ubu enchaîné* (*Der gefesselte Ubu*) in Paris

(16.2.) Georges Pitoëff inszeniert die UA von Jean Anouilhs *Le voyageur sans bagages* (*Der Reisende ohne Gepäck*) mit der Musik von Darius Milhaud im Pariser Théâtre des Mathurins

UA von Jean Giraudoux' Schauspielen *Electre* (*Elektra*) am 13.5., *Impromptu de Paris* am 4.12. (beide im Pariser Théâtre de l'Athénée in der Regie von Louis Jouvet)

(5.4.) UA von Luigi Pirandellos *I giganti della montagna* (*Die Riesen vom Berge*) im Giardino Boboli (Boboli-Garten) in Florenz

UA von Nordahl Griegs *Nederlaget* (*Die Niederlage*) in Oslos Nationaltheatret

UA von Nikolaj Fëdorovič Pogodins zum 20. Jahrestag der Oktoberrevolution verfaßtem *Celovek s ruz'ëm* (*Der Mann mit der Flinte*) in Moskau (Teatr im. E. Vachtangova)

(5.11.) UA der aktuell politischen Komödie *Tezká Barbora* (*Die schwere Barbara*) von Jirí Voskovec und Jan Werich im eigenen Theater Osvobozené divadlo in Prag

(29.1.) UA von Karel Čapeks *Bílá nemoc* (*Die weiße Krankheit*) in Prag

(22.3.) UA des historischen Dramas *Papaflessas. O burlotieris ton psichòn* (*Papaflessas. Der Seelenbrandstifter*) des griech. Autors Spiros Melàs in Athen

---

1938

Herbert Achternbusch (*1938 München), dt. Autor, Regisseur, Filmemacher

Manfred Karge (*1938 Brandenburg/Havel), dt. Schauspieler, Regisseur, Dramatiker

Thomas Langhoff (*1938 Zürich), dt. Regisseur, Theaterleiter, Schauspieler

Hermann Nitsch (*1938 Wien), österr. Aktionskünstler, Bühnenbildner, Maler

Hans Michael Rehberg (*1938 Fürstenwalde), dt. Schauspieler, Regisseur

Elisabeth Schwarz (*1938 Stuttgart), dt. Schauspielerin

Michael Bogdanov (*1938 London), brit. Schauspieler, Regisseur, Theaterleiter, Autor

Caryl Churchill (*1938 London), brit. Dramatikerin

Sir Derek Jacobi (*1938 Leytonstone/East London), brit. Schauspieler, Regisseur

Dame Diana Rigg (*1938 Doncaster), brit. Schauspielerin

Ritsaert Ten Cate (*1938 Almelo), niederländ. Theaterleiter, Regisseur, Bühnenbildner, Autor, bildender Künstler

Ljudmila Stefanovna Petruševskaja (*1938), russ. Autorin

Vladimir Semjonovič Vysockij (1938 Moskau–1980 Moskau), Schauspieler, Sänger, Dichter

---

(12.3.) Einmarsch dt. Truppen in Österreich; »Anschluß« Österreichs als »Deutsche Ostmark« an das Deutsche Reich; begeisterter Empfang Hitlers auf dem Wiener Heldenplatz

Brit. Premierminister Neville Chamberlain versucht durch Verhandlungen, den Frieden zu retten (»Peace for our time«)

(29.9.) Münchner Abkommen: Großbritannien, Frankreich, Italien stimmen der Abtretung des Sudetenlands an Deutschland durch die Tschechoslowakei zu. Dt. Truppen marschieren im Sudetenland ein

(9.11.) Staatlich organisiertes Judenprogrom (sog. »Reichskristallnacht«); Zerstörung der meisten dt. Synagogen

In London Gründung des »Freien Dt. Kulturbunds« und seiner »Kleinen Bühne«

(–44) Heinrich George (1893–1946) Intendant des Schiller-Theaters Berlin

Die von der Stadt gegründete Neue Schauspiel AG übernimmt das Zürcher Schauspielhaus; Direktor bis 1961 Oskar Wälterlin

(–61) Oskar Wälterlin Intendant des Zürcher Schauspielhauses. Mit seinem Chefdramaturgen Kurt Hirschfeld

Personen des Theaters / Bühnenereignisse

Zeitgeschichte / Theaterwesen

(1938) UA von Bertolt Brechts *Furcht und Elend des Dritten Reiches* (21.5., 7 Szenen unter dem Titel *99 %*, Paris, Salle d'Iéna – EA von 17 Szenen am 7. 6. 1945 im kalifornischen Berkeley unter dem Titel *The Private Life of the Master Race*), *Die Ausnahme und die Regel* (1.5., Givat Chaim/Palästina)

(14.11.) UA von Carl Zuckmayers *Bellman* (Zürcher Schauspielhaus) – Zweitfassung unter dem Titel *Ulla Winblad oder Musik und Leben des Carl Michael Bellman* am 17. 10. 1953 (Göttingen, Dt. Theater)

(20.9.) UA von Emlyn Williams' *The Corn is Green* (*Die Saat ist grün*) in London (Duchess Theatre)

(17.9.) UA von Jean Anouilhs *Le bal de voleurs* (*Ball der Diebe*) (Paris, Théâtre des Arts, Regie André Barsacq)

(14.11.) UA von Jean Cocteaus *Les parents terribles* (*Die schrecklichen Eltern*) in Paris (Théâtre des Ambassadeurs)

(23.4.) UA von Kaj Munks *Han sidder ved smeltediglen* (*Er sitzt am Schmelztiegel*) in Oslo (Det Norske Teater); dän. EA am 27. 8. 1938 in Kopenhagen (Folketeatret)

(9.7.) UA des Stationendramas *Tanja* von Aleksej Nikolaevič Arbuzov (1908–86) in Novosibirsk (Theater Rote Fackel)

(12.2.) Karel Čapeks Schauspiel *Matka* (*Die Mutter*) am Prager Národní Divadlo uraufgeführt

UA des populären rumän. Lustspiels *Take, Ianke si Cadîr* (*Take, Ianke und Cadir*) von Victor Ion Popa in Bukarest

(28.1) UA des Schauspiels *Aksts* (*Der Schwan von Avon*) des lett. Autors Martinš Ziverts in dt. Sprache (Dt. Theater Riga)

UA von Vladimir Nabokovs Komödie *Sobytie* (*Das Ereignis*) in Paris (Russ. Theater) – entwickelt sich nach misslungener UA zu einem der erfolgreichsten Stücke der russ. Emigration, das erst 1988 in der UdSSR erscheinen darf

(1902–64), der schon unmittelbar nach seiner Emigration 1933/34 am Schauspielhaus gearbeitet hatte, machte er Zürich zum wichtigsten Stützpunkt des dt. Exiltheaters und wichtigsten deutschsprachigen Theater außerhalb des nationalsozialistischen Machtbereichs

Antonin Artaud veröffentlicht seine wichtigste theatertheoretische Arbeit *Le théâtre et son double* (*Das Theater und sein Double*)

Konstantin S. Stanislavskij: *Rabota aktera nad soboj* (*Die Arbeit des Schauspielers an sich selbst*)

1939 Volker Braun (*1939 Dresden), dt. Autor

Johann Kresnik (*1939 Sankt Margarethen, heute zu Bleiburg, Kärnten), österr. Tänzer, Choreograph, Regisseur

Hermann Lause (1939 Meppen–2005 Hamburg), dt. Schauspieler

Jerzy Grzegorzewski (1939 Łódź–2005 Warszawa), poln. Regisseur, Bühnenbildner, Theaterleiter

Alan Ayckbourn (*1939 London), brit. Autor, Schauspieler, Regisseur, Theaterleiter

Shelagh Delaney (*1939 Salford), brit. Dramatikerin

Sir Ian McKellen (*1939 Burnley), brit. Schauspieler, Regisseur

Ariane Mnouchkine (*1939 Boulogne-sur-Seine), franz. Regisseurin, Intendantin

Dušan Jovanovic (*1939 Belgrad), jugoslaw. Autor, Regisseur

Adolf Šapiro (*1939), lett. Regisseur und Theaterleiter

(15.3.) Einmarsch dt. Truppen in die Tschechoslowakei; (16.3.) Bildung des »Reichsprotektorats Böhmen-Mähren«; die Slowakei erklärt sich unabhängig (14.3.) und stellt sich (23.3.) unter den »Schutz« des Dt. Reiches

(23.8.) Dt.-sowjet. Nichtangriffspakt (»Hitler-Stalin-Pakt«) mit geheimem Zusatzprotokoll zur geplanten 4. Teilung Polens

Mit dt. und ital. Hilfe Sieg der faschistischen Falangisten im span. Bürgerkrieg; General Franco diktatorischer Staats- und Regierungschef

Kardinal Eugenio Pacelli wird Papst Pius XII.

(1.9.) Mit dem dt. Überfall auf Polen beginnt der Zweite Weltkrieg (–45)

Österr. und dt. Emigranten gründen u. a. die Theatergruppen »Four and Twenty Black Sheeps«, »Das Laterndl«, »Blue Danube Club« in London

Personen des Theaters / Bühnenereignisse	Zeitgeschichte / Theaterwesen
(1939) (26.5.) Leopold Jeßner inszeniert erfolglos mit der Exiltheatergruppe The Continental Players in engl. Sprache Schillers *Wilhelm Tell* (Los Angeles, El Capitan Theater) (30.4.) UA von Walter Hasenclevers *Konflikt in Assyrien* (London, Theatre Club) in der Inszenierung John Gielguds (Aug.) UA von Bertolt Brechts *Dansen/Was kostet das Eisen?* in Stockholm (Volkshochschule Tollare) UA von Gerhart Hauptmanns *Die Tochter der Kathedrale* (3.10., Berlin, Staatstheater), *Ulrich von Lichtenstein* (11.11., Burgtheater Wien, Regie Lothar Müthel) (27.4.) Legendäre UA von Jean Giraudoux' *Ondine* (*Undine*) im Pariser Théâtre de l'Athénée in der Regie Louis Jouvets (21.3.) UA von Thomas Stearns Eliots *The Family Reunion* (*Der Familientag*) in London (Westminster Theatre) (1.1.) Kjeld Abells Schauspiel *Anna Sophie Hedvig* in Kopenhagen (Det Kongelige Teater) uraufgeführt UA der Komödie *Obrona Ksantypy* (*Verteidigung der Xanthippe*) von Ludwik Hieronim Morstin in Warszawa (Teatr Polski)	Erwin Piscator gründet den »Dramatic Workshop« an der New Yorker New School for Social Research – bedeutendster Beitrag der deutschsprachigen Emigration zum amerik. Theater Gründung des Exilensembles »Continental Players« in Hollywood, des dt. Exiltheaters »Freie Bühne« durch Walter Wicclair in Los Angeles (–45) Lothar Müthel (1896–1965) Direktor des Wiener Burgtheaters Portugies. Studententheater Teatro dos Estudantes da Universidade de Coimbra (TEUC) gegründet
1940 Pina Bausch (*1940 Solingen), dt. Tänzerin, Choreographin, Ballettdirektorin Niels-Peter Rudolph (*1940 Wuppertal), dt. Regisseur, Intendant Sir Trevor Nunn (*1940 Ipswich), brit. Regisseur, Theaterleiter (2.11.) UA von Georg Kaisers *Der Soldat Tanaka* im Zürcher Schauspielhaus (23.2.) Erfolglose UA von Fritz Kortners mit der amerikan. Journalistin Dorothy Thompson geschriebenem Stück *Another Sun* (National Theatre, New York) UA von Sean O'Caseys *The Star Turns Red* (*Der Stern wird rot*) in London (Unity Theatre) (24.12.) In einem dt. Kriegsgefangenenlager bei Trier erste und einzige Aufführung von Jean-Paul Sartres erstem Stück, dem »Weihnachtsspiel« *Bariona ou Le fils du tonnère* (*Bariona oder Der Sohn des Donners*), mit ihm als Regisseur und Schauspieler UA von Evgenij L'vovič Švarc' *Ten'* (*Der Schatten*) in Leningrad (Teatr komedii)	Deutschland überfällt und besetzt die neutralen Staaten Dänemark und Norwegen; Waffenstillstand mit Frankreich nach siegreichem dt. Feldzug unter Mißachtung der Neutralität der Niederlande, Belgiens und Luxemburgs (–44) Marschall Pétain Staatschef des unbesetzten Frankreich in Vichy Provisorisches franz. Nationalkomitee im Exil unter Charles de Gaulle (von Großbritannien anerkannt) und der in Frankreich kämpfende Widerstand (Résistance) bekämpfen die Vichy-Regierung und die dt. Besatzung »Luftschlacht um England« (Battle of Britain) (–41) Ernst Lothar (eig. E. L. Müller) gründet das Exiltheater Austrian Theatre (Österr. Bühne) in New York Piscators »Dramatic Workshop« (New York) wird das Studio Theatre angeschlossen Jacques Copeau Direktor (»administrateur«) der Comédie-Française Enrico Prampolini: *Scenotecnica* Gründung des schwedischsprachigen Lilla Teatern (Kleines Theater) in Helsinki, das sich vom Varieté-Theater seit 1955 unter Leitung der Regisseurin Vivica Bandler (1917–2004) zur avantgardistischen Spielstätte wandelt Gründung der Schauspielervereinigung Nederlandse Organisatie van Toneelspelers

Personen des Theaters / Bühnenereignisse

Zeitgeschichte / Theaterwesen

1941 Wolfgang Bauer (1941 Graz–2005 Graz), österr. Autor
Hermann Beil (*1941 Wien), dt. Dramaturg
Jürgen Flimm (*1941 Gießen), Regisseur, Theaterleiter
Bruno Ganz (*1941 Zürich), schweizer. Schauspieler
Alexander Lang (*1941 Erfurt), dt. Schauspieler, Regisseur
Matthias Langhoff (*1941 Zürich), Regisseur, Bühnenbildner, Theaterleiter
Dieter Mann (*1941 Berlin), dt. Schauspieler, Intendant
Hans Neuenfels (*1941 Krefeld), dt. Regisseur, Intendant, Autor
Otto Sander (*1941 Peine), dt. Schauspieler
Gert Voss (*1941 Shanghai), dt. Schauspieler
Robert Wilson (*1941 Waco, Texas), Regisseur, Performancekünstler, Autor, Designer, Produzent
Heathcote Williams (*1941 Helsby/Cheshire), brit. Dramatiker

(19.4.) UA von Bertolt Brechts *Mutter Courage und ihre Kinder* am Zürcher Schauspielhaus mit Therese Giehse in der TR
Gustaf Gründgens inszeniert am Staatstheater Berlin Goethes *Faust I.*
Cäsar von Arx' *Das Bundesfestspiel zum Gedenken des 650jährigen Bestehens der schweizerischen Eidgenossenschaft* in Schwyz uraufgeführt
(28.4.) Erfolglose UA von Fritz Kortners mit Carl Zuckmayer verfasstem Stück *Somewhere in France* (Washington)
(15.11.) UA von Gerhart Hauptmanns *Iphigenie in Delphi* (Berlin, Schauspielhaus) in der Regie Jürgen Fehlings
UA von Jean Anouilhs *Le rendez-vous de Senlis* (*Das Rendez-vous von Senlis*) in Paris, (20.11.) *Leocadia* in Paris (Théâtre de la Michodière)
UA von Jean Cocteaus *La machine à écrire* (*Die Schreibmaschine*)
UA des Lustspiels *Gullna Hliðið* (*Die goldene Pforte*) des isländ. Autors Davíð Stefánsson in Reykjavik

Deutscher Angriff auf Jugoslawien, Griechenland und die Sowjetunion (»Unternehmen Barbarossa«) – »Großer vaterländischer Krieg« der Sowjetunion
Nach Überfall japan. Flugzeuge auf den Marinestützpunkt Pearl Harbour Eintritt der USA in den Weltkrieg
(–44) Kroatien unter dem faschistischen Diktator Ante Pavelić selbständig

Gründung der »Tribüne für Freie Dt. Literatur und Kunst in Amerika« in New York durch dt. Emigranten
Paul Walter Jacob (1905–77) gründet als einziges kontinuierlich spielendes unabhängiges deutschsprachiges Exiltheater die Freie Deutsche Bühne in Buenos Aires, die er bis 1950 leitet
In Mexiko Gründung des Heinrich-Heine-Clubs von exilierten Schriftstellern (u.a. Anna Seghers, Egon Erwin Kisch, Bodo Uhse) und Schauspielern (Steffi Spira u.a.)
Die Aufführung von Schillers *Wilhelm Tell* wird in Deutschland verboten
Étienne Decroux (1898–1991) gründet Pantomimenschule École de Mime in Paris
(–73) André Barsacq (1909–73) Leiter des Pariser Théâtre de l'Atelier
Zerstörung des Londoner Old Vic Theatre durch dt. Bombardements (1950 wiedereröffnet)
(–60) Ulster Group Theatre in Belfast eröffnet – wichtigste Bühne Nordirlands
Gründung des Teatr Rapsodyczny (Rhapsodisches Theater) in Kraków als Untergrundtheater durch Mieczysław Kotlarczyk (1908–78); bestand mit (politisch begründeten) Unterbrechungen bis 1967
Gründung des 1992 aus finanziellen Gründen geschlossenen lett. Jaunatnes Teatris Riga (Jugendtheater Riga)

1942 Peter Handke (*1942 Griffen/Kärnten), österr. Autor
Rosel Zech (*1942 Berlin), dt. Schauspielerin
Howard Brenton (*1942 Portsmouth), brit. Autor
Jean-Pierre Vincent (*1942 Juvisy-sur-Orge), franz. Regisseur, Theaterleiter
Jérôme Savary (*1942 Buenos Aires), franz. Regisseur, Intendant
Anatolij Aleksandrovič Vasil'ev (*1942 Danilovka bei Pensa), russ. Regisseur, Theaterleiter und -pädagoge
Paul-Eerik Rummo (*1942 Tallinn), estn. Autor

Gustaf Gründgens inszeniert am Staatstheater Berlin Goethes *Faust II.*
(20.6.) UA der 1897 erschienenen *Maikäfer-Komödie* von Joseph Viktor Widmann am Zürcher Schauspielhaus
(16.6.) UA von Jean Giraudoux' *L'Apollon de Bellac* (*Der Apollo von Bellac*) in Rio de Janeiro in Regie Louis Jouvets, der während der dt. Besetzung Frankreichs mit Teilen seiner Truppe eine Südamerika-Tournee unternahm

(20.1.) »Wannsee-Konferenz« zur Planung des Genozids an Juden im dt. Machtbereich

(–44) Tadeusz Kantor organisiert im besetzten Kraków das illegale Teatr Niezależny (Unabhängiges Theater), das in Privatwohnungen zwei Inszenierungen poln. Klassiker aufführt
Der Regisseur Karolos Koun (1908–87) gründet das Théatron Technis (Kunst-Theater) in Athen

Personen des Theaters / Bühnenereignisse	Zeitgeschichte / Theaterwesen

(1942) (8.12.) UA von Jean Anouilhs *Eurydice* (*Eurydike*) im Pariser Théâtre de l'Atelier

(8.12.) Als erster Teil seiner »trilogie catholique« UA des Dramas *La Reine morte ou Comment on tue les femmes* (*Die tote Königin*) von Henry de Montherlant in der Comédie Française

(15.11.) UA der »modernen Tragödie« *Notte in casa del ricco* (*Nacht im Haus der Reichen*) von Ugo Betti in Rom (Teatro Eliseo)

(10.11.) Knud Sønderbys *En kvinde er overflødig* (*Eine Frau ist überflüssig*) uraufgeführt in Kopenhagen (Det kongelige Teater)

(12.7.) UA von Konstantin Michajlovič Simonovs *Russkie ljudi* (*Russische Menschen*) im Moskauer Teatr dramy – eines der ersten russ. Stücke über den Zweiten Weltkrieg

UA der gesellschaftskritischen Komödie *Cistá hra* (*Ein sauberes Spiel*) des slovak. Autors Ján Ponican in Bratislava (Slovenské Národní divadlo)

1943 Klaus Maria Brandauer, eig. Klaus Georg Steng (*1943 Bad Aussee), österr. Schauspieler, Regisseur

Kirsten Dene (*1943 Hamburg), dt. Schauspielerin

Frank-Patrick Steckel (*1943 Hamburg), dt. Regisseur, Intendant, Übersetzer

Sir Richard Eyre (*1943 Barnstaple), brit. Regisseur, Theaterleiter

Krystian Lupa (*1943 Jastrzębie Zdrój), poln. Regisseur, Bühnenbildner

Franz Marijnen (*1943 Mechelen), belg. Regisseur, Theaterleiter

Andrei Șerban (*1943 Bukarest), Regisseur, Theaterleiter

UA von Bertolt Brechts *Der gute Mensch von Sezuan* (4.2.), *Leben des Galilei* (9.9.), beide im Zürcher Schauspielhaus

(24.3.) UA von Fritz Hochwälders Drama *Das heilige Experiment* im Städtebundtheater Biel (Schweiz)

(2.7.) UA der zu seinen Lebzeiten nicht aufgeführten Posse Johann Nepomuk Nestroys *Nur keck!* (Wien, Bürgertheater)

(10.5.) Lothar Müthels wegen antisemitischer Tendenzen höchst umstrittene Inszenierung von Shakespeares *Der Kaufmann von Venedig* mit Werner Krauss als Shylock im Wiener Burgtheater

(12.10.) UA von Georg Kaisers *Die Spieldose* (Stadttheater Basel)

(15.11.) UA von Gerhart Hauptmanns *Iphigenie in Aulis* (Burgtheater Wien)

(Sommer) Der im KZ Dachau gefangengehaltene Erwin Geschonneck führt Regie und spielt in Rudolf Kalmars (1900–74) im Lager geschriebenem satirischen Ritterstück *Die Blutnacht auf dem Schreckenstein*

UA von Sean O'Caseys *Red Roses for Me* (*Rote Rosen für mich*) am 15.3. (Dublin, Olympia Theatre), *Purple Dust* (*Purpurstaub*) am 16.12. (Newcastle-upon-Tyne, People's Theatre)

(18.2.) Flugblattaktion der studentischen Widerstandsgruppe »Weiße Rose« gegen das NS-Regime

Fast fünf Wochen dauernder Aufstand im Warschauer Ghetto

Nach der Landung der Alliierten in Italien Zusammenbruch des ital. Faschismus; Verhaftung Mussolinis, bildet nach der Befreiung durch dt. Truppen bedeutungslose Gegenregierung

(–46) Dt. Exiltheater Freie Bühne in Stockholm

Gründung des Citizens' Theatre in Glasgow durch den Dramatiker James Bridie (eig. Osborne Henry Mavor, 1888–1951)

(–64) Eino Salmelainen Intendant des Tampereen Työväen Teatteri (TTT), durch seine Arbeit von großem Einfluß auf das gesamte finn. Theaterleben

Gründung des Nationaltheaters in Thessaloniki (seit 1960 Nationaltheater von Nordgriechenland)

Personen des Theaters / Bühnenereignisse

Zeitgeschichte / Theaterwesen

(1943) (3.6.) UA von Jean-Paul Sartres *Les mouches* (*Die Fliegen*) in Paris (Théâtre de la Cité)

(11.10.) UA von Jean Giraudoux' *Sodom et Gomorrhe* (*Sodom und Gomorrha*) im Pariser Théâtre Hébertot

(27.11.) Paul Claudels *Le soulier de satin ou Le pire n'est pas toujours sûr* (*Der seidene Schuh oder Das Schlimmste trifft nicht immer zu*) durch Jean-Louis Barrault an der Comédie Française uraufgeführt

(14.9.) UA des als Aufruf zum Widerstand zu verstehenden Schauspiels *Niels Ebbesen* des dän. Dramatikers Kaj Munk im schwed. Göteborg (Svenska dramatiker studio); dän. EA am 1. 9. 1945 (Det Kongelige Teater)

UA der »narodnaja tragedija« *Lënuška* von Leonid Maksimovič Leonov in Tiflis (Griboedov-Theater)

(10.4.) Michail A. Bulgakovs *Poslednie dni* (*Die letzten Tage*) in Moskau uraufgeführt

Im okkupierten Kraków organisiert Tadeusz Kantor das illegale Teatr Niezależny (Unabhängiges Theater), das in Privatwohnungen J. Słowackis *Balladyna* (Mai 1943) und (Juni/Juli 1944) S. Wyspiańskis *Powrót Odysa* (*Rückkehr des Odysseus*) aufführt

1944 Christoph Hein (*1944 Heinzendorf/Schlesien), dt. Autor

Susanne Linke (*1944 Lüneburg), dt. Tänzerin, Pädagogin, Choreographin, Ballettdirektorin

Einar Schleef (1944 Sangershausen–2001 Berlin), Bühnenbildner, Schauspieler, Regisseur, Autor

Stefan Schütz (*1944 Memel), dt. Autor

Martin Sperr (1944 Steinberg/Niederbayern–2002 bei Landshut), dt. Schauspieler, Autor

Botho Strauß (*1944 Naumburg/Saale), dt. Autor, Dramaturg

Peter Turrini (*1944 St. Margarethen/Kärnten), österr. Autor

Erich Wonder (*1944 Jennersdorf), österr. Bühnenbildner

Patrice Chéreau (*1944 Lézigné), franz. Regisseur, Theaterleiter

Jean Jourdheuil (*1944 Saint-Loup/Haute Saone), franz. Regisseur, Schriftsteller, Übersetzer

Ezio Toffolutti (*1944 Venedig), ital. Bühnenbildner, Regisseur

Lev Abramovič Dodin (*1944 Novokuznetsk), russ. Regisseur, Theaterleiter

Max Mells dramatische Dichtung *Der Nibelunge Not* am Wiener Burgtheater uraufgeführt (1. Teil am 23. 1. 1944; 2. Teil am 8. 1. 1951)

(14.3.) UA von Franz Werfels »Komödie einer Tragödie« *Jacobowsky und der Oberst* in der engl. Bearbeitung S. N. Behrmans in New York (Martin Beck Theatre); deutschsprachige UA am 17. 10. 1944 im Stadttheater Basel

(29.4.) UA von Georg Kaisers: *Zweimal Amphitryon* im Zürcher Schauspielhaus

(6.6.) »D-Day« – Invasion der Alliierten in der Normandie (»Operation Overlord«)

(20.7.) Gescheitertes Attentat dt. Offiziere auf Hitler

Gescheiterter Aufstand in Warschau; systematische Zerstörung der Stadt durch dt. Truppen

Proklamierung der Republik Island (bislang unabhängiges Königreich in Personalunion mit Dänemark)

(–54) Enver Hoxha (1908–85) Ministerpräsident von Albanien

Erlaß zur Schließung der dt. Theater zum 1.9., gespielt wurde danach nur noch im Rahmen der Truppenbetreuung und für Arbeiter der Rüstungsbetriebe

(–49) Laurence Olivier leitet mit Ralph Richardson und John Burrell das Old Vic Theatre

Giorgio Strehler (1921–97) gründet in Genf die Compagnie des Masques

Gründung des Stadttheaters im schwed. Malmö

Gründung des Malyj dramatičeskij teatr (Kleines Dramatisches Theater) in St. Petersburg; seit 1975 geleitet von Lev Dodin (*1944)

Mazedonisches Nationaltheater in Skopje gegründet (1945 eröffnet)

Personen des Theaters / Bühnenereignisse	Zeitgeschichte / Theaterwesen

(1944) (30.9.) UA von Ferdinand Bruckners *Denn seine Zeit ist kurz* im von dt. Emigranten gegründeten Heine-Club in Mexico Cit

(6.9.) UA von Peter Ustinovs *The Banbury Nose* (*Die Banbury-Nase*) in London (Wyndham's Theatre)

(4.2.) UA von Jean Anouilhs *Antigone* in Paris (Théâtre de l'Atelier), Regie André Barsacq

(27.5.) UA von Jean-Paul Sartres *Huis clos* (*Geschlossene Gesellschaft*, auch: *Hinter geschlossenen Türen*) in Paris (Théâtre du Vieux-Colombier) in der Regie Charles Dullins

(24.8.) UA von Albert Camus' *Le malentendu* (*Das Missverständnis*) im Pariser Théâtre des Mathurins

UA von Evgenij L'vovič Švarc' *Drakon* (*Der Drache*) in Leningrad (Teatr komedii), Regie Nikolaj Akimov

UA des auch international erfolgreichen Lustspiels *Steaua fara nume* (*Der namenlose Stern*) des rumän. Autors Mihail Sebastian in Bukarest – unter dem Pseudonym Victor Mincu, da der Autor 1940–44 nicht veröffentlichen darf

1945 Thomas Brasch (1945 Westow/Yorkshire–2001 Berlin), dt. Autor

Frank Baumbauer (*1945 München), dt. Theaterleiter, Regisseur

Axel Manthey (1945 Güntersberge/Harz–1995 Tübingen), dt. Bühnenbildner, Regisseur

(Frühjahr) UA von Albert Camus' *Caligula* an der Genfer Comédie in der Regie Giorgio Strehlers (unter dem Pseudonym Georges Firmy)

UA von Julius Hays *Der Gerichtstag* in Berlin (Dt. Theater), *Haben* (Wien, Volkstheater)

UA von Georg Kaisers *Das Floß der Medusa* (24.2., Stadttheater Basel), *Der Gärtner von Toulouse* (22.12., Nationaltheater Mannheim)

(12.3.) UA von Curt Goetz' *Das Haus in Montevideo* in New Yorks Playhouse Theater

(29.3.) UA von Max Frischs *Nun singen sie wieder* (Zürcher Schauspielhaus)

Am 30.4. Grillparzers *Sappho* (in einer Inszenierung von 1943) als erste Theateraufführung des Burgtheaters im befreiten Wien im Varieté-Theater Ronacher

(27.5.) Erste Nachkriegsaufführung in Berlin im Renaissance-Theater von Schönthans Schwank *Der Raub der Sabinerinnen*

(1.9.) UA von Ferdinand Bruckners *Die Befreiten* (Zürcher Schauspielhaus)

(5.9.) UA von Fritz Hochwälders *Der Flüchtling* (Biel, Städtebundtheater)

UA von John Boynton Priestleys *An Inspector Calls* (*Ein Inspektor kommt*) in russ. Übersetzung in Moskau; engl. EA am 1. 10. 1946 in London (New Theatre)

(14.4.) Teil-UA von Paul Valérys *Mon Faust. Ébauches* (*Mein Faust. Fragmente*) an der Comédie Française

---

(27.1.) Die Rote Armee befreit das Vernichtungslager Auschwitz, in dem noch 7.600 Häftlinge überlebt haben

(29.4.) Provisorische Regierung Österreichs unter Führung des Sozialdemokraten Karl Renner proklamiert die 2. Republik Österreich und führt die Verfassung von 1920/29 wieder ein

(8./9.5.) Bedingungslose Kapitulation Deutschlands; (2.9.) bedingungslose Kapitulation Japans nach Atombomben-Abwürfen auf Hiroshima (6.8.) und Nagasaki (9.8.); Ende des Zweiten Weltkriegs

Gründung der Vereinten Nationen

Josip Broz-Tito (1892–1980) Regierungschef der »Föderativen Volksrepublik« Jugoslawien

(–48) Der Schauspieler und Regisseur Raoul Aslan Direktor des Wiener Burgtheaters, das wegen der Kriegszerstörungen des Theaters das Varieté Ronacher und den Redoutensaal bespielt

Ida Ehre (1900–89) gründet die Hamburger Kammerspiele als »Theater der Menschlichkeit und der Toleranz«

Gründung des bis 1949 bestehenden Kabaretts »Die Schaubude« in München (Hausautor Erich Kästner)

(17.8.) Die ehemalige Artistin Marion Spadoni eröffnet das erste Varieté Berlins nach Kriegsende, seit 1947 in kommunalem Besitz und umbenannt in Friedrichstadtpalast; seit 1984 in einem Neubau, der als modernste Varietébühne der Welt gilt

Wiederaufnahme der Salzburger Festspiele

Reform der Comédie-Française

Joan Littlewood gründet mit Gerry Raffles (1924–75) und Ewan McColl (eig. Jimmy Miller, 1915–89) das Theaterkollektiv Theatre Workshop (seit 1953 im Theatre Royal im Londoner Stadtteil Stratford)

Personen des Theaters / Bühnenereignisse

Zeitgeschichte / Theaterwesen

(1945) (19.12.) Sensationeller Erfolg der UA von Jean Giraudoux' *La folle de Chaillot* (*Die Irre von Chaillot*) im Pariser Théâtre de l'Athénée (Regie: Louis Jouvet)

(25.3.) Eduardo De Filippos Dialektkomödie *Napoli Milionaria!* (*Neapel im Millionenrausch*) in Neapel (Teatro San Carlo) uraufgeführt

(17.10.) UA von Ugo Bettis *Il vento notturno* (*Der Nachtwind*) in Mailands Teatro Olimpia

(8.3.) UA von Federico García Lorcas »drama de mujeres« *La casa de Bernarda Alba* (*Bernarda Albas Haus*) in Buenos Aires (Teatro Avenida)

Des niederländ. Dramatikers Jan de Hartogs *Schipper naast God* (*Schiff ohne Hafen*) erschienen (UA im Theatre Royal in Windsor mit ihm in der Hauptrolle)

Gründung des heutigen Teatr Współczesny (Zeitgenössisches Theater) in Łódź als Teatr Kameralny Domu Żołnierza (Kammertheater des Soldatenhauses), 1949 nach Warszawa verlegt und umbenannt; 1954–57 mit dem Teatr Narodowy vereinigt

Eröffnung eines Nationaltheaters im slowak. Prešov für die ukrain. Minderheit

1946 Rainer Werner Fassbinder (1946 Bad Wörishofen – 1982 München), dt. Schauspieler, Regisseur, Theaterleiter, Filmemacher, Autor

Elfriede Jelinek (*1946 Mürzzuschlag/Steiermark), österr. Autorin

Franz Xaver Kroetz (*1946 München), dt. Autor, Schauspieler, Regisseur

Christopher Hampton (*1946 Fayal/Azoren), brit. Autor

Andrzej Seweryn (*1946 Heilbronn), poln.-franz. Schauspieler, Regisseur

(21.3.) UA des ersten politischen Zeitstücks nach Kriegsende, Günther Weisenborns *Die Illegalen*, im Berliner Hebbel-Theater

UA von Max Frischs *Santa Cruz* (UA 7.3.), *Die chinesische Mauer* (UA 19.10., beide Zürcher Schauspielhaus)

(12.9.) UA von Ferdinand Bruckners *Heroische Komödie* (Wien, Volkstheater, Regie G. Manker)

(12.12.) UA von Carl Zuckmayers im amerikan. Exil entstandenem Drama *Des Teufels General* (Zürcher Schauspielhaus) – einer der größten westdeutschen Bühnenerfolge der Nachkriegszeit (über 5000 Aufführungen bis 1955)

(25.4.) UA der Verskomödie *A phoenix too frequent* (*Ein Phoenix zuviel*) von Christopher Fry (eig. Christopher Hammond Harris) in London (Mercury Theatre)

(23.5.) UA von Terence Rattigans Bühnenerfolg *The Winslow Boy* (*Der Fall Winslow*) in London (Lyric Theatre)

(28.1.) UA von Jacques Audibertis *Quoat-Quoat* in Paris, Théâtre de la Gaîté Montparnasse

UA von Jean-Paul Sartres *La putain respectueuse* (*Die respektvolle Dirne*), *Morts sans sépulture* (*Tote ohne Begräbnis*), beide am 8.11. im Pariser Théâtre Antoine

Alfred Jarrys *Ubu cocu* (*Ubu Hahnrei*) als Marionettenspiel in Paris (Marionettes du Théâtre de Phynances) uraufgeführt

(12.12.) UA des Résistance-Dramas *Les nuits de la colère* (*Die Nächte des Zorns*) von Armand Salacrou im Pariser Théâtre Marigny

In den verschiedenen Besatzungszonen unterschiedliche Handhabung der »Entnazifizierung« der dt. Bevölkerung

(21./22.4.) In der sowjet. Besatzungszone Zwangsvereinigung von SPD und KPD zur SED (Sozialistische Einheitspartei Deutschlands)

(1.10.) Urteilsverkündung in den Nürnberger Hauptkriegsverbrecherprozessen (Beginn 20. 11. 1945)

(–58) 4. Republik in Frankreich; (–54) Indochinakrieg Frankreichs

Nach Abdankung König Viktor Emanuels wird Italien Republik

(–90) Volksrepublik Bulgarien

Nach Volksabstimmung Wiederherstellung der Monarchie in Griechenland

Preiswerte Ausgaben u. a. bislang verbotener Literatur durch die im Zeitungsformat gedruckten Rowohlts Rotations-Romane (»rororo«)

Beginn staatl. Kulturförderung in Großbritannien durch den neu geschaffenen Arts Council of Great Britain

(–63) Wolfgang Langhoff Intendant des Dt. Theaters in Berlin

(–50) Fritz Wisten Intendant des Theaters am Schiffbauerdamm, 1954–62 der Volksbühne

Gründung der Zeitschrift *Theater der Zeit*

Bregenzer Festspiele gegründet

Jean-Louis Barrault und seine Frau Madeleine Renaud gründen die unabhängige Compagnie Madeleine Renaud – Jean-Louis Barrault in Paris

Gründung von fünf ersten »Centres Dramatiques« in Frankreich

Gründung von »Arte« als dän. Theaterzentrale der Arbeiter, um ihnen Theaterkunst zum günstigen Preis anzubieten; seit 1965 reine Abonnement-Serviceorganisation

Gründung des ältesten finn. Stadttheaters in Turku (Turun kaupunginteatteri)

Nationaltheater von Bosnien-Herzegowina gegründet

(–49) Leon Schiller (1887–1954) leitet das Teatr Wojska Polskiego (Theater der Poln. Armee) in Łódź

Personen des Theaters / Bühnenereignisse	Zeitgeschichte / Theaterwesen

(1946) UA von Eduardo De Filippos *Questi fantasmi* (*Huh, diese Gespenster!*) in Rom (12.1., Teatro Eliseo), *Filumena Marturano* in Neapel (7.11., Teatro San Ferdinando) in eigener Regie
UA von Aleksej N. Tolstojs zweiteiligem historischen Schauspiel *Ivan Groznyj* (*Iwan der Vierte*) in Moskau
UA der für die poln. Nachkriegsdramatik einflußreichen Komödie *Dwa Teatry* (*Theater im Spiegel*) von Jerzy Szaniawski in Kraków
UA des Schauspiels *Básnik a smrt'* (*Der Dichter und der Tod*) des slovak. Autors Ivan Stodola in Bratislava
(11.10.) UA der »dramatischen Chronik« *Velika Puntarija* (*Der große Bauernaufstand*) des sloven. Autors Bratko Kreft in Ljubljana

1947   David Hare (*1947 Bexhill/Sussex), brit. Autor

Nach Abdankung König Michaels wird Rumänien Volksrepublik

(19.4.) UA von Friedrich Dürrenmatts *Es steht geschrieben* (Zürcher Schauspielhaus)
Bertolt Brechts mit Charles Laughton 1944–47 übersetzte 2. Fassung von *Leben des Galilei* in Los Angeles (30.7.–17.8., Coronet Theater) und New York (7.–14.12., Maxine Elliott's Theater) mit Ch. Laughton in der TR aufgeführt
(Ende Okt.) Nach einer Vorladung vor den »Ausschuß für unamerikanische Aktivitäten« verläßt Brecht die USA und kehrt nach Europa zurück
(10.9.) UA von Gerhart Hauptmanns *Agamemnons Tod/ Elektra* (Berlin, Kammerspiele)
(16.9.) UA von Ödön von Horváths *Die Unbekannte aus der Seine* (Linz-Urfahr, Volkstheater)
(17.9.) UA von Fritz Hochwälders *Meier Helmbrecht* (Wien, Theater in der Josefstadt)
(21.11.) UA von Wolfgang Borcherts Heimkehrer-Drama *Draußen vor der Tür* (Hamburg, Kammerspiele); zuerst vom Nodwestdeutschen Rundfunk (NWDR) am 13.2. als Hörspiel gesendet
(17.4.) Gegen Widerstände und Protest UA von Jean Genets *Les bonnes* (*Die Zofen*) in der Regie Louis Jouvets (Paris, Théâtre de l'Athénée)
(25.6.) UA von Jacques Audibertis *Le mal court* (*Der Lauf des Bösen*) in Paris (Théâtre de Poche)
Marcel Marceau erfindet die Figur des »Bip«
(5.11.) UA von Jean Anouilhs *L'invitation au château* (*Einladung ins Schloß*) in Paris, Théâtre de l'Atelier
(24.7.) Giorgio Strehler inszeniert am Piccolo Teatro di Milano erstmals Goldonis *Diener zweier Herren* (mit Marcello Moretti), gezeigt in 26 Ländern und 100 Städten
(21.11.) Ugo Bettis *Marito e moglie* (*Ehemann und Ehefrau*) in Rom (Teatro delle Arti) uraufgeführt
(25.11.) UA von *Benilde ou a virgem-mãe* (*Benilde oder Die jungfräuliche Mutter*) des portug. Autors José Régio (eig. José Maria dos Reis Pereira) in Lissabons Teatro Nacional

Auflösung des Landes Preußen durch die Alliierten
(4.–8.10.) Erster (und einziger) Gesamtdt. Schriftstellerkongreß in Berlin mit Teilnehmern aus allen vier Besatzungszonen, veranstaltet vom Schutzverband Dt. Autoren
(5.–7.9.) Erste Tagung der späteren »Gruppe 47« am Bannwaldsee bei Füssen unter Leitung Hans Werner Richters
Lee Strasberg, Elia Kazan und Cheryl Crawford gründen das weltweit einflußreiche Actor's Studio in New York
Gründung der vom Dt. Gewerkschaftsbund und der Stadt getragenen Ruhrfestspiele in Recklinghausen
Gründung des Kabaretts »Kom(m)ödchen« in Düsseldorf durch Kay (1920–93) und Lore Lorentz (1920–94)
(–75) Walter Felsenstein (1901–75) Intendant der Komischen Oper Berlin
Gustaf Gründgens Generalintendant der Städt. Bühnen Düsseldorf; nach organisatorischer Trennung von Oper und Schauspiel 1951–55 Schauspielintendant
(–63) Hans Schweikart (1895–1975) Intendant der Münchner Kammerspiele
Gründung der Otto-Falckenberg-Schule in München als Berufsfachschule, seit 1982 Fachakademie für darstellende Kunst
Gründung des Festival d'Avignon unter Leitung von Jean Vilar (bis 1971 Festivaldirektor)
Jean Dasté gründet das »Centre Dramatique« in Grenoble
Als inzwischen weltweit größtes Kunstfestival wird das Edinburgh International Festival of Music and Drama durch Sir Rudolf Bing (1902–97) gegründet; seit dieser Zeit existiert auch das Edinburgh Fringe Festival
Giorgio Strehler und Paolo Grassi gründen das Piccolo teatro di Milano als erstes staatlich subventioniertes ital. Teatro stabile; Eröffnung am 14.5. mit Gor'kijs *Nachtasyl*
(–53) Amsterdams Toneelgezelschap unter der Leitung Albert van Dalsums (1889–1971) und August Defresnes (1893–1961)

Personen des Theaters / Bühnenereignisse	Zeitgeschichte / Theaterwesen

(1947) UA des Schauspiels *Kads, kura nav* (*Einer, den es nicht gibt*) des emigrierten lett. Dramatikers Martiņš Ziverts in Stockholm

Gründung des bis heute bestehenden Holland-Festivals
Gründung des Rogaland Teater im norweg. Stavanger
Lucia Sturdza Bulandra-Theater in Bukarest gegründet

1948 Josef Bierbichler (*1948 Ambach), dt. Schauspieler, Regisseur, Autor
Felix Mitterer (*1948 Achenkirch/Tirol), österr. Dramatiker
Friederike Roth (*1948 Sindelfingen), dt. Autorin
Luc Bondy, (*1948 Zürich), schweizer. Regisseur, Theaterleiter
Bernard-Marie Koltès (1948 Metz – 1989 Paris), franz. Autor
Ljudmila Razumovskaja (*1948), russ. Autorin

Erklärung der Menschenrechte durch die Vollversammlung der UNO
Marshallplan der USA zur Unterstützung europ. Staaten
Gründung des Staates Israel
(20./21.6.) Währungsreform in den drei Westzonen
(24.6.) Als Antwort auf die Währungsreform blockiert die Sowjetunion die Zufahrtswege zu den Westsektoren Berlins (»Berliner Blockade« bis 12. 05. 1949); »Luftbrücke« engl. und amerikan. Flugzeuge, um die Versorgung der Westsektoren Berlins sicher zu stellen

(10.1.) UA von Friedrich Dürrenmatts *Der Blinde* (Basel, Stadttheater)
(8.2.) UA von Walter Hasenclevers *Münchhausen* (Leipzig, Schauspielhaus)
UA von Bertolt Brechts Stücken *Der kaukasische Kreidekreis* (4.5., Northfield/Minnesota, Nourse Little Theater), *Herr Puntila und sein Knecht Matti* (5.6., Zürcher Schauspielhaus), *Antigone des Sophokles* (15.2., Chur, Stadttheater)
UA von Ferdinand Brückners *Fährten* (17.3., New York, President Theater), *Simon Bolivar* (13.9., Dresden, Stadttheater)
(25.6.) UA von Hans Henny Jahnns *Armut, Reichtum, Mensch und Tier* (Hamburg, Dt. Schauspielhaus, Städt. Bühnen Wuppertal)
(4.10.) UA von Ulrich Becher/Peter Preses' *Der Bockerer* (Wien, Neues Theater in der Scala)
(10.11.) UA von Fritz Hochwälders *Der öffentliche Ankläger* (Stuttgart, Neues Theater)
UA von Christopher Frys *The Lady's Not For Burning* (*Die Dame ist nicht fürs Feuer*) am 10.3. in London (Arts Theatre), *The Firstborn* (*Der Erstgeborene*) am 6.9. in Edinburgh (Gateway Theatre)
(21.10.) UA von George Bernard Shaws *Buoyant Billions* (*Zuviel Geld*) im Zürcher Schauspielhaus
(12.4.) UA von Jean-Paul Sartres *Les mains sales* (*Die schmutzigen Hände*) im Pariser Théâtre Antoine
UA von Jean Anouilhs *Medée* (*Medea*) in Brüssel; franz. EA am 25. 3. 1953 im Pariser Théâtre de l'Atelier
(27.10.) Albert Camus' *L'état de siège* (*Der Belagerungszustand*) durch Jean-Louis Barrault im Théâtre Marigny (Paris) uraufgeführt
(26.6.) UA der Tragikomödie *Hra o slobode* (*Spiel von der Freiheit*) des slovak. Autors Štefan Králik in Bratislava (Slovenské Národní divadlo)

In Prag Gründung des Internationalen Theater-Instituts (ITI), heute mit Sitz in Paris
Gründung des Rundfunk-Kabaretts »Die Insulaner« in Berlin
(–56) Wesentlich von zurückgekehrten Emigranten geprägtes Neues Theater in der Scala in Wien – als kommunistisch beeinflußt bewußt diffamiert
Zusammenfassung französischsprachiger belg. Theaterensembles zu einem Théâtre National in Brüssel
Gründung des jugoslaw. Staatstheaters in Belgrad (Jugoslovensko dramsko pozorište)
Gründung des Teatrul Evreiesc de Stat (TES, Staatl. jüd. Theater) im rumän. Bukarest

Personen des Theaters / Bühnenereignisse	Zeitgeschichte / Theaterwesen
1949 Gerardjan Rijnders (*1949 Delft), niederländ. Regisseur, Schauspieler, Theaterleiter, Autor	Chines. Volksrepublik unter Mao Tse-Tung
	(25.1.) Rat für gegenseitige Wirtschaftshilfe (RGW/Comecon) von der UdSSR, Bulgarien, Polen, Rumänien und der CSSR gegründet
(8.1.) UA von Max Frischs *Als der Krieg zu Ende war* (Zürcher Schauspielhaus)	(4.4.) Gründung der »North Atlantic Treaty Organization« (NATO) durch die USA, Kanada und zehn europ. Staaten
(4.3.) UA von Hugo von Hofmannsthals *Das Bergwerk zu Falun* von Heinz Hilpert am Dt. Theater Konstanz	
(25.4.) UA von Friedrich Dürrenmatts *Romulus der Große* (Basel, Stadttheater)	Gründung der Bundesrepublik Deutschland (BRD) und der Deutschen Demokratischen Republik (DDR)
(30.4.) UA von Carl Zuckmayers *Barbara Blomberg* in Konstanz (Stadttheater)	Deutscher Gewerkschaftsbund (DGB) der BRD in München gegründet
(19.9.) UA von Georg Kaisers *Klawitter* (Brandenburg, Städt. Bühnen)	
(27.4.) Harry Buckwitz inszeniert die erste Nachkriegsaufführung von Brecht/Weills *Dreigroschenoper* in den Münchner Kammerspielen, auf Betreiben Brechts mit Hans Albers als Macheath	(28.8.) Gründung der »Dt. Akademie für Sprache und Dichtung« in der Paulskirche in Frankfurt/Main
In Dublins Abbey Theatre UA von William Butler Yeats' *The Death of Cuchulain* (*Cuchulains Tod*)	Bertolt Brecht und Helene Weigel übersiedeln nach Ost-Berlin und gründen das »Berliner Ensemble« unter Weigels Leitung; zuerst als Gast im Dt. Theater, seit 1954 im Theater am Schiffbauerdamm
(22.8.) Beim Edinburgh Festival UA von Thomas Stearns Eliots *The Cocktail Party*	Brecht veröffentlicht das 1948 entstandene *Kleine Organon für das Theater*, das die Grundprinzipien der Brechtschen Theaterkonzeption zusammenfasst
(11.12.) UA von Sean O'Caseys *Cock-a-Doodle Dandy* (*Kikeriki*, auch *Gockel, der Geck*) im People's Theatre in Newcastle-on-Tyne	(–72) Hans Schalla (1904–83) Intendant des Schauspielhauses Bochum
(26.2.) UA von Jean Genets *Haute surveillance* (*Unter Aufsicht*) in Paris, Théâtre des Mathurins	(–72) Walter Erich Schäfer (1901–84) Intendant des Staatstheaters Stuttgart (seit 1969 mit Hans Peter Doll)
(11.7.) UA des Einakters *Fastes D'enfer* (*Ausgeburten der Hölle*) von Michel de Ghelderode (Paris, Théâtre de l'Atelier)	Nach seiner Rückkehr aus dem Exil leitet Kurt Jooss bis 1968 die Folkwangschule in Essen; 1962 der Schule angegliedert das Folkwang-Ballett (heute Folkwang Tanzstudio)
(4.11.) UA von Jean Anouilhs *Ardèle ou la marguerite* (*Ardèle oder Das Gänseblümchen*) in Paris (Comédie des Champs-Élysées)	Gründung der Internationalen Theaterwoche für Studententheater in Erlangen
(15.12.) UA von Albert Camus' *Les justes* (*Die Gerechten*) in Paris, Théâtre Hébertot	Gründung des Kabaretts »Die Stachelschweine« in Berlin
(7.1.) Ugo Bettis *Corruzione al palazzo di giustizia* (*Korruption im Justizpalast*) uraufgeführt (Rom, Teatro delle Arti)	Gründung des bis 1960 bestehenden schweizer. Kabaretts »Cabaret Federal«
	Jean-Louis Barrault: *Reflexions sur le theatre* (*Mein Leben mit dem Theater*)
(14.10.) UA des außergewöhnlichen Bühnenerfolgs *Historia de una escalera* (*Geschichte einer Treppe*) von Antonio Buero Vallejo (Madrid, Teatro Español)	Gründung des Teatr Nowy (Neues Theater) im poln. Łódź durch Schauspieler und Regisseure unter Leitung von Kazimierz Dejmek (Intendant 1949–61, 1975–80, 2002)
(24.3.) UA des realistischen Lustspiels über den sozialistischen Aufbau *Parta Brusice Karhana* (*Brigade Karhan*) des tschech. Autors Vašek Kána (eig. Stanislav Ráda) im Prager Theater D 49	Die nach Kriegsende nach Polen zurückgekehrte Ida Kamińska wird künstlerische Leiterin des neugegründeten Staatl. Jüd. Theaters (heute Panstwowy Teatr Zydowski im. Ester Rachel Kaminskiej), 1949–53 in Łodz, 1953–55 in Wrocław, seither im eigenen Theater in Warszawa
1950 Johannes Schütz (*1950 Frankfurt/Main), dt. Bühnenbildner, Regisseur	(–53) Koreakrieg
	Die Enzyklika »Humani generis« Papst Pius XII. wendet sich u. a. gegen den Existentialismus
Włodzimierz Staniewski (*1950 Bardo), poln. Theaterleiter, Regisseur, Schauspieler	
	(13.1.) Gründung des Dt. Schaustellerbundes (DSB) in der BRD
(7.11.) Marieluise Fleißers *Der starke Stamm* (Münchner Kammerspiele) uraufgeführt	(–66) Heinz Hilpert Direktor des Dt. Theaters Göttingen in der damals neuen Rechtsform einer GmbH
(15.4.) UA von Bertolt Brechts *Der Hofmeister* nach J. M. R. Lenz (Berliner Ensemble)	(–62) Paul Walter Jacob Intendant (1957 Generalintendant) der Städt. Bühnen Dortmund

Personen des Theaters / Bühnenereignisse

Zeitgeschichte / Theaterwesen

(1950) (3.11.) *Der Gesang im Feuerofen* von Carl Zuckmayer am Dt. Theater Göttingen uraufgeführt

(–63) Im Londoner Old Vic Theatre Aufführung des gesamten Zyklus' von Shakespeares Dramen (First Folio)

(18.1.) UA der Verskomödie *Venus Observed* (*Venus im Licht*) von Christopher Fry uraufgeführt (London, St. James's Theatre)

(11.5.) UA von Eugène Ionescos *La cantatrice chauve* (*Die kahle Sängerin*) in Paris (Théâtre des Noctambules)

(14.11.) Arthur Adamovs *L'invasion* in Paris (Studio des Champs-Elysées) uraufgeführt

(20.10.) *Delitto all'isola delle capre* (*Die Ziegeninsel*) von Ugo Betti uraufgeführt (Rom, Teatro delle Arti)

Alfonso Sastre Mitbegründer des universitären Teatro de Agitación Social (Theater der sozialen Agitation) in Spanien

In Kraków Teatr Stary UA von Leon Kruczkowskis *Niemcy* (*Die Sonnenbruchs*)

(9.9.) Eröffnung des Frankfurter Kabaretts »Die Schmiere«, des einzigen Kabaretts der BRD mit festem Repertoire

(–71) Karl Farkas – der auch vor 1938 und seinem Exil dort schon aufgetreten war – künstlerischer Leiter, Hauptautor, Regisseur, Conférencier des Wiener Kabaretts »Simpl«

(20.4.) Eröffnung des bereits 1922 vom Parlament beschlossenen Isländ. Nationaltheaters (Thódleikhúsid/ Þójóðleikhúsið)

1951 Frank Castorf (*1951 Berlin), dt. Regisseur, Theaterleiter

Khuon, Ulrich (*1951 Stuttgart), Theaterleiter

Jean-Louis Martinelli (*1951 Rodez), franz. Regisseur, Theaterleiter

Christoph Marthaler (*1951 Erlenbach), schweizer. Regisseur, Theaterleiter

Anna Viebrock (*1951 Frankfurt/Main), dt. Bühnen- und Kostümbildnerin

UA von Max Frischs *Graf Öderland* (1. Fassung, 10.2., Zürcher Schauspielhaus; 2. Fassung, Städt. Bühnen Frankfurt/Main, 4. 2. 1956; 3. Fassung 25. 9. 1961 Schillertheater Berlin)

(17.3.) Bertolt Brechts und Paul Dessaus Oper *Das Verhör des Lukullus* auf Veranlassung des Ministeriums für Volksbildung der DDR in der Berliner Staatsoper Unter den Linden aufgeführt; nach umfangreicher Kritik durch die SED nahm Brecht Textänderungen vor. UA dieser Fassung ebenda am 12. 10. 1951; Brecht nahm diese Fassung nicht in seine *Versuche* auf

(25.11.) UA von Ernst Barlachs *Der Graf von Ratzeburg* (Nürnberg, Lessing-Theater)

Erwin Piscator kehrt aus dem amerikan. Exil nach Deutschland zurück; als erste Inszenierung UA von Fritz Hochwälders *Virginia* (4.12., Hamburg, Dt. Schauspielhaus)

Wieland Wagner übernimmt mit seinem Bruder Wolfgang die Leitung der Bayreuther Festspiele

(23.4.) In der University Church Oxford UA des religiösen Festspiels *A Sleep of Prisoners* (*Ein Schlaf Gefangener*) von Christopher Fr

Beim Festival d'Avignon Triumphe für Gérard Philipe in der legendären Inszenierung von Heinrich von Kleists *Prinz Friedrich von Homburg* und mit der TR in Corneilles *Le Cid* (Regie Jean Vilar)

(18.4.) Die Benelux-Staaten, Frankreich, Italien und die BRD gründen die Europäische Gemeinschaft für Kohle und Stahl (»Montanunion«)

(16.8.) Der Ministerrat der DDR schafft ein Amt für Literatur, zuständig u. a. für die Erteilung (bzw. Nichterteilung) von Druckgenehmigungen

(–68) Harry Buckwitz Generalintendant der Städt. Bühnen Frankfurt/Main; hat wesentlichen Anteil an der Durchsetzung der Werke Brechts auf bundesdeutschen Bühnen (trotz immer erneut geforderten Boykotts)

(–56) Lothar Müthel Schauspieldirektor der Städt. Bühnen Frankfurt/Main

(–62) Gustav Rudolf Sellner Intendant des Landestheaters Darmstadt

(25.1.) Eröffnung des von Trude Kolman gegründeten Kabaretts »Die Kleine Freiheit« in München

Berliner Festwochen begründet; 2004 durch die Festivals »Musikfest Berlin« und »spielzeiteuropa« abgelöst

(Sept.) Staatl. Schauspielschule in Ost-Berlin gegründet

In Bad Hersfeld Gründung der Festspiele in der Ruine der ehemaligen Stiftskirche

Wiener Festwochen mit wesentlicher Beteiligung des Österr. Gewerkschaftsbunds gegründet

Roger Planchon (*1931) gründet in Lyon das Théâtre de la Comédie

(–63) Jean Vilar (1912–71) Leiter des Théâtre National Populaire im Pariser Palais de Chaillot

Wiederbelebung bzw. Neugründung des Teatro dell'arte in Rom durch den Schauspieler und Regisseur Vittorio Gassman und den Dramaturgen und Autor Luigi Squarzina

(–70) Josef Svoboda (1920–2002) technischer und künstl. Leiter, danach Chefbühnenbildner des Národní Divadlo (Nationaltheater) in Prag, das er erst 1992 endgültig verließ

Personen des Theaters / Bühnenereignisse

Zeitgeschichte / Theaterwesen

(1951) (20.2.) UA von Eugène Ionescos *La Leçon* (*Die Unterrichtsstunde*), Paris, Théâtre de Poche
(7.6.) UA von Jean-Paul Sartres *Le diable et le bon Dieu* (*Der Teufel und der liebe Gott*), Paris (Théâtre Antoine), Regie Louis Jouvet
(10.10.) Skandal bei der UA von Jean Cocteaus *Bacchus* (Paris, Théâtre Marigny)
(30.3.) UA von Denis Diderots 1781 geschriebener, 1834 veröffentlichter Komödie *Est-il bon? Est-il méchant? ou celui qui les sert tous n'en contente aucun* (*Ist er gut? Ist er böse? oder Wer allen dienen will, stellt keinen zufrieden*) in Paris (Salle Valhubert)

In Jugoslawien Theatergründungen in Ljubljana (Mestno gledališče ljubljansko) und Belgrad (Beogradsko dramsko pozorište)
Julian Beck und Judith Malina gründen das auch die europ. Theaterentwicklung beeinflussende »Living Theatre« in New York

1952 Andrea Breth (*1952 Rieden/Füssen), dt. Regisseurin, Theaterleiterin
Klaus Pohl (*1952 Rothenburg ob der Tauber), dt. Autor, Schauspieler
Elke Lang (1952 Wiesbaden–1998 Hamburg), dt. Schauspielerin, Regisseurin, Bühnenbildnerin
Eimuntas Nekrošius (*1952 Raisenai), lit. Regisseur

UA von Ferdinand Bruckners *Pyrrhus und Andromache* (16.2., Zürcher Schauspielhaus), *Früchte des Nichts* (19.4., Mannheim, Nationaltheater)
UA von Gerhart Hauptmanns *Herbert Engelmann* (vollendet von Carl Zuckmayer, 8.3., Wien, Akademietheater), *Die Finsternisse* (5.7., Göttingen, Studio)
(26.3.) UA von Friedrich Dürrenmatts *Die Ehe des Herrn Mississippi* (Münchner Kammerspiele)
UA von Bertolt Brechts *Don Juan von Molière* (25.5., Rostock, Volkstheater), *Der Prozeß der Jeanne d'Arc zu Rouen* (nach Anna Seghers, 23.11., Berliner Ensemble)
(12.11.) UA von Ödön von Horváths *Don Juan kommt aus dem Krieg* in Stella Kadmons Theater der Courage in Wien
(6.3.) UA von Terence Rattigans *The Deep Blue Sea* (*Lockende Tiefe*) in London (Duchess Theatre)
UA von Agatha Christies (eig. Agatha Mary Clarissa Mallowan) bis heute in London gespieltem Kriminalstück *The Mousetrap* (*Die Mausefalle*) in Nottingham
(3.6.) UA von Saunders Lewis' *Gan Bwyll* im Garthewin Theatre in Llanfair Talhaearn (Denbighshire)
(10.1.) UA von Jean Anouilhs *La valse des toréadors* (*Der Walzer der Toreros*), Paris
(23.4.) UA von Eugène Ionescos *Les chaises* (*Die Stühle*) in Paris (Théâtre Nouveau Lancry)
(6.6.) UA von Georges Bernanos' *Dialogues des Carmélites* (*Die begnadete Angst*) im Pariser Théâtre Hébertot
Beim Festival d'Avignon berühmte Inszenierungen von de Mussets *Lorenzaccio* durch Gérard Philipe mit ihm in der TR, Molières *L'Avare* durch Jean Vilar mit ihm als Harpagon

USA erproben erstmals die Wasserstoffbombe
Elisabeth II. Königin von Großbritannien
Schauprozeß in Prag gegen Slansky u. a.
(10.9.) Unterzeichnung eines Wiedergutmachungsabkommens zwischen der BRD und Israel (»Luxemburger Abkommen«)
(21.12.) Erste Fernsehsendung der DDR (offizielles Versuchsprogramm)
(25.12.) Nordwestdeutscher Rundfunk (NWDR) beginnt das Nachkriegs-Fernsehen in der BRD

(18.–20.1.) Der internationale Amateurtheaterverband AITA/IATA (Association International du Théâtre Amateur/International Amateur Theatre Association) in Brüssel gegründet
(Okt.) Eröffnung des Maxim-Gorki-Theaters in (Ost-)Berlin; hervorgegangen aus dem 1947 von Robert Trösch gegründeten »Neuen Theater« und dem »Jungen Ensemble« unter Leitung Maxim Vallentins
(–85, außer 1970–72) Hanns Anselm Perten Intendant des Volkstheaters Rostock
Gründung der Gewerkschaft Kunst innerhalb des Freien Dt. Gewerkschaftsbundes (FDGB) der DDR
(–68) Leon Epp Direktor des Wiener Volkstheaters, unter seiner Leitung eine der führenden deutschsprachigen Bühnen
Gründung des Festival Internazionale del Teatro Universitario in Parma

Personen des Theaters / Bühnenereignisse

Zeitgeschichte / Theaterwesen

1953 Cesare Lievi (*1953 Gargnano/Gardasee), ital. Regisseur, Dramatiker

Ulrich Mühe (1953 Grimma–2007 Berlin), dt. Schauspieler, Regisseur

Udo Samel (*1953 Eitelbach b. Trier), dt. Schauspieler, Regisseur

(5.5.) UA von Max Frischs *Don Juan oder Die Liebe zur Geometrie* (Zürcher Schauspielhaus und Schiller-Theater Berlin)

(23.5.) UA von Erwin Strittmatters »Bauernschauspiel« *Katzgraben* (Berlin) durch Bertolt Brecht (*Katzgraben-Notate*) und das Berliner Ensemble

(22.12.) UA von Friedrich Dürrenmatts *Ein Engel kommt nach Babylon* (Münchner Kammerspiele); zweite Fassung 6. 4. 1957. Dt. Theater Göttingen

(28.6.) UA von Heinar Kipphardts Lustspiel *Shakespeare dringend gesucht* (Dt. Theater Berlin)

(25.8.) Beim Edinburgh Festival UA von T. S. Eliots *The Confidential Clerk* (*Der Privatsekretär*)

(5.1.) UA von Samuel Becketts *En attendant Godot* (*Warten auf Godot*) durch Roger Blin im Pariser Théâtre de Babylone

(6.3.) UA von Julien Greens *Sud* (*Süden*) im Pariser Théâtre de l'Athénée

UA von Paul Claudels *Le livre de Christophe Colomb* (*Das Buch von Christoph Columbus*) in Paris durch Jean-Louis Barrault, *L'histoire de Tobie et de Sara* (*Die Geschichte von Tobias und Sara*) am 15.3. im Dt. Schauspielhaus Hamburg

UA von Arthur Adamovs *Le Professeur Taranne* (*Professor Taranne*) am 18.3. in Lyon, Théâtre de la Comédie, *Tous contre tous* (*Alle gegen alle*) am 14.4. in Paris, Théâtre de l'Œuvre

(14.10.) UA von Jean Anouilhs *L'alouette* (*Jeanne oder Die Lerche*) im Pariser Théâtre Montparnasse in der Regie von Gaston Baty

(4.11.) UA von Jean Giraudoux' *Pour Lucrèce* (*Für Lucretia*) im Pariser Théâtre Marigny durch die Compagnie Madeleine Renaud – Jean-Louis Barrault

(14.11.) UA von Jean-Paul Sartres *Kean ou Désordre et génie* (*Kean oder Unordnung und Genie*) in Paris (Théâtre Sarah-Bernhardt)

Pariser UA von Eugène Ionescos *Victimes du devoir* (*Opfer der Pflicht*), *Le maître* (*Der Herrscher*), *Le salon d'automobile* (*Der Automobilsalon*), *Les salutations* (*Die Begrüßungen*)

(30.9.) UA von Ugo Bettis *La fuggitiva* (*Die Flüchtende*) in Venedigs Teatro la Fenice durch die Compagnia Vittorio Gassman

(6.10.) UA des – nach Aufführungen (rd 5000) wohl erfolgreichsten Stücks des span. Nachkriegstheaters – *La Muralla* (*Die Mauer*) von Joaquín Calvo Sotelo in Madrid (Teatro Lara)

Tod Stalins, Nikita Sergeevič Chruščëv Generalsekretär der KPdSU

(17.6.) Arbeiterproteste gegen Normerhöhungen in Ostberlin und der DDR weiten sich zum von sowjet. Truppen niedergeschlagenen Aufstand

Gesetz über die Verbreitung jugendgefährdender Schriften in der BRD

Die Städt. Bühne Theater am Turm (TAT) in Frankfurt/Main gegründet als Landesbühne Rhein-Main (bis 1971 Landesbühne)

(–58) Oscar Fritz Schuh Intendant der im Theater am Kurfürstendamm spielenden Freien Volksbühne Berlin

(2.10.) Eröffnung des ersten professionellen Kabaretts der DDR »Die Distel« mit dem Programm *Hurra! Humor ist eingeplant!*

Der von Joan Littlewood geleitete Theatre Workshop übernimmt das Theatre Royal im Londoner Arbeiterstadtteil Stratford; (2.2.) Shakespeares *Twelfth Night, or What You Will* (*Was ihr wollt*) als erste Premiere

Teatro María Guerrero in Madrid wird span. Nationaltheater

Teatro Experimental do Porto (TEP) vom portug. Regisseur António Pedro (1909–66) in Porto gegründet

Gründung des Zagrebačko dramsko kazalište in Zagreb

Personen des Theaters / Bühnenereignisse	Zeitgeschichte / Theaterwesen

(1953) UA von Sergej Vladimirovič Michalkovs Komödie *Raki i krokodil* (*Die Krebse und das Krokodil*) in Moskau (Teatr Vachtangova)
UA des Dramas *Svätá Barbora* (*Die heilige Barbara*) des slovak. Autors Štefan Králik in Zvolen (Divadlo J. G. Tajovského)

1954 Katharina Thalbach (*1954), dt. Schauspielerin, Regisseurin
Daniele Lievi (1954 Gargnano–1990), ital. Bühnenbildner
François-Michel Pesenti (*1954 Savoyen), franz. Bühnenbildner, Regisseur, Theaterleiter

Nach der Niederlage bei Dien-Bien-Phu endet die franz. Kolonialherrschaft in Indochina
(–62) Unabhängigkeitskrieg in Algerien gegen franz. Herrschaft
(4.7.) BRD wird Fußballweltmeister

(8.2.) UA von John Whitings *Marching Song* (*Marschlied*) in Cardiff (Prince of Wales Theatre)
(30.4.) UA von *The Dark is Light Enough* (*Das Dunkel ist Licht genug*) von Christopher Fry (London, Aldwych Theatre)
(23.8.) Beim Edinburgh Festival UA von Thornton Wilders Farce *The Matchmaker* (*Die Heiratsvermittlerin*) im Royal Lyceum Theatre; eine frühere Fassung des auf Nestroys *Einen Jux will er sich machen* zurückgehenden Stücks unter dem Titel *The Merchant of Yonkers* 1938 von Max Reinhardt im amerikan. Exil uraufgeführt
(30.1.) Jean-Louis Barrault beginnt die Arbeit im Petit Théâtre Marigny mit der UA von Georges Schéhadés *La Soirée des Proverbes* (*Der Sprichwörterabend*)
Erstes Festival international de Paris (später: Théâtre des Nations); das Berliner Ensemble zeigt *Brechts Mutter Courage und ihre Kinder*
(14.4.) UA von Eugène Ionescos *Amédée ou Comment s'en débarraser* (*Amédée oder Wie wird man ihn los*) im Pariser Théâtre de Babylone
(8.12.) UA von Henry de Montherlants *Port-Royal* in der Comédie Française
(23.11.) Giorgio Strehler inszeniert am Piccolo Teatro Goldonis Stücke *Le smanie per la villeggiatura*, *Le avventure della villeggiatura*, *Il ritorno dalla villeggiatura* an einem Abend als *Trilogia della villeggiatura*
(1.10.) UA des Dramas *Citadela sfarîmata* (*Die zerstörte Zitadelle*) des rumän. Autors Horia Lovinescu in Bukarest
(21.12.) UA des zweiteiligen Dramas *Na Kraju Puta* (*Am Ende des Weges*) des kroat. Autors Marijan Matkovic in Osijek

Wiedereröffnung der kriegszerstörten Berliner Volksbühne am Rosa-Luxemburg-Platz; das durch den Umzug des Volksbühnen-Ensembles in ihr Stammhaus freigewordene Theater am Schiffbauerdamm wird Sitz des Berliner Ensembles
Gründung des Kabaretts »Die Pfeffermühle« in Leipzig
Erstmalige Durchführung des (späteren) Festivals Théâtre des Nations im Rahmen des 6. Weltkongresses des Internationalen Theater-Instituts (ITI) in Paris
Teatro Nacional de Cámara y Ensayo (TNCE) in Madrid wird span. Nationaltheater
(–63) Ingmar Bergman Intendant des Stadttheater Malmö
(–81) Erwin Axer (*1917) leitet das Teatr Współczesny (Zeitgenössisches Theater) in Warszawa
Gründung der Festspiele im antiken Theater des argolischen Asklepios-Heiligtums im griech. Epidauros

1955 (17.3.) UA von Peter Hacks' *Die Eröffnung des indischen Zeitalters* (später: *Columbus oder Die Weltidee zu Schiffe*) an den Münchner Kammerspielen
(3.9.) UA von Carl Zuckmayers *Das kalte Licht* (Hamburg, Dt. Schauspielhaus)
(19.9.) Am Berliner Ensemble UA von Bertolt Brechts Farquhar-Bearbeitung *Pauken und Trompeten*

(–90) Warschauer Pakt
Bundesrepublik in die NATO aufgenommen
(15.5.) Mit Unterzeichnung des Staatsvertrags erhält Österreich staatl. Unabhängigkeit; Besatzungstruppen verlassen das Land
(15.5.) Beginn der 1. »documenta« in Kassel

Personen des Theaters / Bühnenereignisse

(1955) Ernst Deutsch spielt die TR in Lessings *Nathan der Weise* (1955, 1962 Berlin; 1955 TV; 1962 Burgtheater) in verschiedenen Inszenierungen und bei in- und ausländischen Gastspielen in 12 Jahren in etwa 1000 Aufführungen

Triumphaler Erfolg Oskar Werners in der TR von Schillers *Don Carlos* (Burgtheater Wien, Regie Josef Gielen)

(28.2.) Sean O'Caseys »trauriges Stück im Polkatakt« *The Bishop's Bonfire* (*Ein Freudenfeuer für den Bischof*) im Gaiety Theatre in Dublin uraufgeführt

(24.8.) Beim Edinburgh Festival wird Thornton Wilders *The Alcestiad* (*Die Alkestiade*) unter dem Titel *A Life in the Sun* uraufgeführt

Paul Scofields Verkörperung der TR in Shakespeares *Hamlet* in der Inszenierung Peter Brooks (Phoenix Theatre, 124 Vorstellungen) wird ein triumphaler Erfolg; Scofield als erster brit. Schauspieler in die UdSSR eingeladen

UA von Eugène Ionescos *Jacques ou la Soumission* (*Jakob oder Der Gehorsam*, Paris, Théâtre La Huchette, mit Jean Louis Trintignant), *Le tableau* (*Das Gemälde*, Paris), *Le nouveau locataire* (*Der neue Mieter*, Helsinki)

(27.2.) UA von Arthur Adamovs *Le Ping-Pong* (Paris, Théâtre des Noctambules)

(8.6.) UA von Jean-Paul Sartres *Nekrassov* im Pariser Théâtre Antoine

(3.11.) Jean Anouilhs *Ornifle ou le courant d'air* (*Ornifle oder Der erzürnte Himmel*) in Paris (Comédie des Champs-Élysées) uraufgeführt

(15.12.) UA der Komödie *Les oiseaux de lune* (*Die Mondvögel*) von Marcel Aymé (Paris, Théâtre de l'Atelier)

1956 (9.1.) UA von Leopold Ahlsens *Philemon und Baukis* (Münchner Kammerspiele)

(29.1.) Friedrich Dürrenmatts *Der Besuch der alten Dame* mit Therese Giehse in der TR im Zürcher Schauspielhaus uraufgeführt

(4.2.) UA von Gerhart Hauptmanns *Magnus Garbe* (Schauspielhaus Düsseldorf)

(12.2.) UA von Heinar Kipphardts *Der Aufstieg des Alois Piontek* (Dt. Theater Berlin) in der Regie des Autors

(26.4.) UA von Hans Henny Jahnns *Thomas Chatterton* (Hamburg, Dt. Schauspielhaus)

(12.10.) UA von Curt Goetz' *Nichts Neues aus Hollywood* (Hamburg, Dt. Schauspielhaus) in der Regie von Gustaf Gründgens

(17.11.) UA von Bertolt Brechts *Die Tage der Commune* in Karl-Marx-Stadt (heute Chemnitz)

(23.11.) UA von Peter Hacks' *Die Schlacht bei Lobositz* (Dt. Theater Berlin)

(8.5.) Mit der legendären UA von John Osbornes *Look Back in Anger* (*Blick zurück im Zorn*) im Londoner Royal Court Theatre durch Tony Richardson beginnt die entscheidende Veränderung des brit. Nachkriegstheaters, die mit den Dramen der »angry young men« das europ. Theater vielfach beeinflußt

Zeitgeschichte / Theaterwesen

Friedrich Dürrenmatt: *Theaterprobleme*

(14.10.) Das Wiener Burgtheater eröffnet mit einem Festakt und der Neuinszenierung von Grillparzers *König Ottokars Glück und Ende* (Regie Adolf Rott) das wiederhergestellte Stammhaus

(–62) Gustaf Gründgens Intendant des Dt. Schauspielhauses in Hamburg

(–72) Karl Heinz Stroux Intendant des Düsseldorfer Schauspielhauses

(–63) Hans Lietzau Oberspielleiter der Staatl. Schauspielbühnen Berlin

Gründung des Kabaretts »Die Herkuleskeule« in Dresden

Tadeusz Kantor gründet mit einer freien Truppe von Amateurschauspielern in Kraków das Cricot 2; (12. 5. 1956) erste Premiere mit S. I. Witkiewicz' *Mątwa* (*Der Tintenfisch*) in der Krzysztofory-Galerie

Eröffnung des Neubaus des Jidd. Staatstheaters in Warszawa; heute Teatr Żydowski im. Ester Rachel Kaminskiej

Eröffnung der neuen Spielstätte des 1949 gegründeten Teatr Domu Wojska Polskiego (Theater des Hauses der Poln. Armee) im Warschauer Kulturpalast; seit 1957 unter seinem heutigen Namen Teatr Dramatyczny (Dramatisches Theater)

Kamerni teatar 55 im jugoslav. Sarajevo gegründet

XX. Parteitag der KPdSU; Geheimrede des Generalsekretärs Nikita Sergeevič Chruščëv; Beginn der Entstalinisierung

Aufstand in Polen und (23.10) in Ungarn; durch sowjet. Truppen blutig niedergeschlagen, Massenflucht nach Westeuropa (mehr als 200 000 Ungarn)

Beginn der Bundeswehr der BRD und der Nationalen Volksarmee der DDR

»Suez-Krise« nach Nationalisierung des Suezkanals durch den ägypt. Präsidenten Nasser; Israel besetzt Sinai

Verbot der KPD in der BRD durch das Bundesverfassungsgericht

(3.1.) Der Deutsche Fernsehfunk (DFF) der DDR nimmt sein Programm auf

Gründung des Kabaretts »Münchner Lach- und Schießgesellschaft«, Eröffnung am 12.12. mit dem Programm *Denn sie müssen nicht, was sie tun*

Das Royal Court Theatre in London wird Sitz der English Stage Company unter Leitung George Devines (1910–66)

Das Sadler's Wells Ballet in London erhält durch königl. Dekret den Titel Royal Ballet

Personen des Theaters / Bühnenereignisse	Zeitgeschichte / Theaterwesen

(1956) (24.5.) Brendan Behans Gefändnisdrama *The Quare Fellow* (*Der Mann von morgen früh*, auch: *Der Spaßvogel*) durch Joan Littlewood und den Theatre Workshop in London (Theatre Royal Stratford) uraufgeführt

Albert Camus' UA-Inszenierung seiner Faulkner-Bearbeitung *Requiem pour une nonne* (*Requiem für eine Nonne*) im Pariser Théâtre des Mathurins

(10.10.) UA von Jean Anouilhs »knirschendem Stück« (pièce grinçante) *Le pauvre Bitos ou le dîner des têtes* (*Der arme Bitos oder Das Diner der Köpfe* im Pariser Théâtre Montparnasse – ein Theaterskandal; 600 Aufführungen dieser Inszenierung

(13.10.) UA von Félicien Marceaus (eig. Louis Carette) *L'œuf* (*Das Ei*) in Paris (Théâtre de l'Atelier)

(Sept.) Marguerite Duras' *Le square* (*Gespräch im Park*) in Paris (Studio des Champs-Elysées) uraufgeführt

(15.10.) UA von Georges Schéhadés antimilitaristischem Stück *Histoire de Vasco* (*Die Geschichte von Vasco*) in Zürich durch die Compagnie Renaud-Barrault; die franz. EA am 1. 10. 1957 (Paris, Théâtre Sarah Bernhardt) wird zu einem Skandal

Giorgio Strehler inszeniert (10.2.) am Piccolo Teatro di Milano *Die Dreigroschenoper* von Brecht/Weill im Bühnenbild von Luciano Damiani und Teo Otto

(10.2.) Am Stockholmer Dramaten UA von Eugene O'Neills *A Long Day's Journey into Night* (*Eines langen Tages Reise in die Nacht*)

UA des populären Kriegsstücks *Večno živye* (*Die ewig Lebenden*) in Moskau (Teatr im. Ermolovoj); eines der meistgespielten sowjetischen Theaterstücke; international erfolgreich die Verfilmung als *Letjat žuravli* (*Wenn die Kraniche ziehen*)

UA des erfolgreichen »Tauwetter«-Stücks *Fabričnaja Devčonka* (*Das Mädchen aus der Fabrik*) von Aleksandr Moiseevič Volodin (eig. Lifšic) in Stavropol' (Stavropol'skij kraevoj dramaticeskij teatr)

(20.1.) UA des historischen Dramas *Dózsa György* (*György Dózsa*) des ungar. Autors Gyula Illyés (Budapest, Nemzeti Színház)

(20.10.) *Galilei* von László Németh im Budapester Katona József Színház uraufgeführt

(29.1.) UA der Komödie *Svoga tela gospodar* (*Seines Leibes Herr*) des kroat. Autors Slavko Kolar in Zagreb

Georgi Aleksandrovič Tovstonogov Leiter des Bol'šoj dramatičeskij teatr (Großes dramatisches Theater) in Leningrad (heute St. Petersburg)

Der poln. Pantomime Henryk Tomaszewski (1919–2001) gründet in Wrocław das Teatr Pantomimy (Pantomimen-Theater), seit 1959 staatl. Theater

Gründung der Theatergruppen Atelje 212 und (1957) Oder 55 in Ljubljana

---

1957 Jan Lauwers (*1957 Antwerpen), belg. Regisseur, Lichtdesigner, Bildender Künstler, Autor, Filmemacher

Luk Perceval (*1957 Lommel), belg. Regisseur, Theaterleiter, Schauspieler, Lichtdesigner, Theaterpädagoge

Peter Sellars (*1957 Pittsburgh, USA), amerik. Regisseur, Theaterleiter, Schauspieler

Erich Engel führt Brechts Inszenierung seines *Leben des Galilei* zu Ende (Berliner Ensemble)

Gustaf Gründgens inszeniert *Faust I* im Deutschen Schauspielhaus Hamburg (Bühnenbild: Teo Otto) und spielt selbst Mephisto

(1.1.) Nach einer Volksabstimmung politische Eingliederung des Saarlandes als elftes Bundesland in die Bundesrepublik

Bundestag der BRD beschließt Gesetz über Gleichberechtigung von Mann und Frau

(25.3.) Die Benelux-Staaten, Frankreich, Italien und die Bundesrepublik Deutschland schließen die sog. »Römischen Verträge« über den gemeinsamen Markt (EWG) und die Europäische Atomgemeinschaft

(12.4.) »Göttinger Appell« von 18 Atomforschern gegen Aufrüstung der Bundeswehr mit Atomwaffen

Personen des Theaters / Bühnenereignisse

(1957) (15.1.) UA in Warszawa von Bertolt Brechts *Schweyk im Zweiten Weltkrieg* im Teatr Domu Wojska Polskiego (Theater des Hauses der poln. Armee, heute Teatr Dramatyczny)

(8.3.) UA von Bertolt Brechts/Lion Feuchtwangers *Die Gesichte der Simone Machard* durch Harry Buckwitz (Frankfurt/Main, Städt. Bühnen)

UA von Ferdinand Bruckners *Der Kampf mit dem Engel* (4.9., Staatstheater Braunschweig), *Das irdene Wägelchen* (29.10., Essen, Städt. Bühnen)

(11.4.) Laurence Olivier verkörpert die TR in der UA von John Osbornes Welterfolg *The Entertainer* (London, Royal Court Theatre) in der Inszenierung Tony Richardsons; in der DEA am Dt. Schauspielhaus Hamburg (29.9.) spielt Gustaf Gründgens die TR

(29.3.) Eugene O'Neills *A Touch of the Poet* (*Fast ein Poet*) in der Regie Olof Molanders im Stockholmer Dramaten uraufgeführt

(1.4.) Samuel Becketts *Fin de partie* (*Endspiel*) im Londoner Royal Court Theatre in franz. Sprache durch franz. Schauspieler in der Regie Roger Blins uraufgeführt; EA von Becketts engl. Fassung des Stücks am 28. 10. 1958 im Royal Court Theatre

(22.4.) Jean Genets *Le balcon* (*Der Balkon*) im Londoner Arts Theatre Club durch Peter Zadek uraufgeführt

(23.6.) UA von Eugène Ionescos *L'avenir est dans les œufs* (*Die Zukunft liegt in den Eiern*) in Paris (Théâtre de la Cité universitaire)

(17.5.) UA von Arthur Adamovs *Paolo Paoli* durch Roger Planchon in Lyon (Théâtre de la Cité)

UA des Dramas *Sonet Petrarki* (*Das Sonett Petrarcas*) von Nikolaj F. Pogodin in Moskau (Teatr im. V. Majakovskogo)

(12.10.) UA des »Lehrstücks« *Szewcy* (*Die Schuster*) von Stanisław Ignacy Witkiewicz (Witkacy) in Sopot (Teatr Wybrzeze)

(4.4.) UA von Roman Brandstaetters *Milczenie* (*Das Schweigen*) in Warszawa

(12.10.) Pavel Kohouts *Taková láska* (*So eine Liebe*) in Prag (Realistické divadlo) uraufgeführt

(Mai) László Némeths Drama *Szechenyi* in Budapest (Madách Kamaraszínpad) uraufgeführt

Des slovak. Autors Ivan Bukovcans Lustspiel *Diablova nevesta* (*Die Teufelsbraut*) in Bratislava uraufgeführt

(Dez.) UA von Jakovos Kambanellis' Stück *I avli ton thavmaton* (*Der Hinterhof der Wunder*) in Karolos Kouns Théatron Technis

UA der Tragödie *Herkus Mantas* des litauischen Autors Juozas Grušas

Zeitgeschichte / Theaterwesen

(4.10.) »Sputnik« als erster künstlicher Erdsatellit von der UdSSR gestartet

Roger Planchon gründet (und eröffnet) das Théâtre de la Cité im Lyoner Arbeitervorort Villeurbanne, seit 1972 Théâtre National Populaire

Dario Fo und seine Frau Franca Rame gründen die Compagnia Dario Fo – Franca Rame

Gründung des Satirischen Theaters im bulgar. Sofia

Personen des Theaters / Bühnenereignisse	Zeitgeschichte / Theaterwesen

1958 Jan Fabre (*1958 Antwerpen), belg. Künstler, Autor, Regisseur, Choreograph

(15.3.) UA von Peter Hacks *Der Müller von Sanssouci* (Berlin, Kammerspiele)

UA von Heiner Müllers *Der Lohndrücker.* (23.3., Leipzig, Städt. Theater), *Die Korrektur* (2.9., Berlin, Maxim Gorki Theater)

UA von Max Frischs *Biedermann und die Brandstifter, Die große Wut des Philipp Hotz* (beide 29.3., Zürcher Schauspielhaus)

(9.5.) Gustaf Gründgens inszeniert *Faust II* am Dt. Schauspielhaus Hamburg (Bühnenbild: Teo Otto) mit ihm als Mephisto

(26.9.) UA von Franz Grillparzers 1808/09 entstandenem Schauspiel *Blanka von Kastilien* (Wien, Volkstheater)

(22.12.) UA von Fritz Hochwälders *Der Unschuldige* (Wien, Akademietheater)

(28.4.) Harold Pinters erstes abendfüllendes Stück *The Birthday Party* (*Die Geburtstagsfeier*) im Arts Theatre in Cambridge uraufgeführt

(27.5.) UA von Shelagh Delaneys *A Taste Of Honey* (*Bitterer Honig*) durch den Theatre Workshop unter Joan Littlewood (London, Theatre Royal Stratford)

UA von Brendan Behans *The Hostage* (*Die Geisel*) in gälischer Fassung (*An Giall*) am 16.6. in Dublin (Damer Hall), in engl. Fassung am 14.10. in London (Theatre Royal Stratford) durch den Theatre Workshop in der Regie Joan Littlewoods

(7.7.) UA von *Chicken Soup with Barley* (*Hühnersuppe mit Graupen*), dem ersten Teil von Arnold Weskers Trilogie über die Entwicklung der engl. Arbeiterklasse zwischen 1936 und 1959; UA des zweiten Teils *Roots* (*Tag für Tag*) am 25.5.1959, des dritten *I'm Talking about Jerusalem* (*Nächstes Jahr in Jerusalem*) am 28.3.1960, alle im Belgrade Theatre in Coventry

(25.8.) Beim Edinburgh Festival UA von Thomas Stearns Eliots Versdrama *The Elder Statesman* (*Ein verdienter Staatsmann*)

(28.9.) UA von Edward Albees *The Zoo-Story* (*Die Zoogeschichte*) in dt. Sprache in Berlin (Schiller-Theater, Werkstatt)

(28.10.) UA von Samuel Becketts *Krapp's Last Tape* (*Das letzte Band*) in London (Royal Court Theatre)

(14.4.) Eugène Ionescos *Tueur sans gages* (*Mörder ohne Bezahlung*) in dt. Sprache am Landestheater Darmstadt uraufgeführt (Regie G. R. Sellner)

(30.10.) Jean-Paul Sartres *Les jeux sont faits* (*Das Spiel ist aus*) nach eigenem Filmskript in dt. Sprache uraufgeführt (Münster, Neues Theater, Regie G. Fleckenstein)

(4.11.) Henry de Montherlants *Don Juan* im Pariser Théâtre de l'Athénée uraufgeführt

(19.12.) UA des Schauspiels *Homes i No* (*Menschen und No*) des katalan. Autors Manuel de Pedrolo (i Molina) in Barcelona

5. Republik in Frankreich (–69 mit General de Gaulle als Präsidenten)

(–89) Karl Kayser (1914–95) Intendant des Schauspiels Leipzig

Wolfram Mehring gründet im Rahmen seines Théâtre de la Mandragore in Paris das experimentelle Theaterzentrum Centre international de recherches scéniques (zunächst unter dem Namen Centre franco-allemand de recherche théâtrale)

Oleg Nikolaevič Efremov Mitbegründer und Leiter des aus dem Studio junger Schauspieler (Studija molodych aktërov) hervorgegangenen Sovremennik teatr in Moskau

Alfréd Radok (1914–76) gründet mit seinem Bruder Emil (1918–94) und dem Bühnenbildner Josef Svoboda (1920–2002) das Prager Theater Laterna Magika

Gründung des Prager Divadlo na zábradli (Theater am Geländer) u. a. durch Ladislav Fialka, Jiři Suchý, Ivan Vyskočil und Jan Grossman – eines der wichtigsten tschech. Theater

Joe Cino gründet das Theater Caffe Cino in New York – von Einfluß auf europ. (v. a. franz.) Café-Theater

Personen des Theaters / Bühnenereignisse

Zeitgeschichte / Theaterwesen

(1958) (26.6.) UA von Sławomir Mrożeks *Policja* (*Die Polizei*) in Warszawa (Teatr Dramatyczny)
(25.4.) UA von František Hrubíns *Srpnová nedele* (*An einem Sonntag im August*) in Prag (Tylovo divadlo)

1959 Leander Haussmann (*1959 Quedlinburg), dt. Schauspieler, Regisseur, Theaterleiter
Matthias Lilienthal (*1959 Berlin), dt. Dramaturg, Journalist, Theater- und Festivalleiter

UA von Ödön von Horváths *Pompeji* (6.1., Wien, Tribüne), *Rund um den Kongreß* (5.3., Wien, Theater im Belvedere)
UA von Friedrich Dürrenmatts *Frank der Fünfte* (19.3., Zürcher Schauspielhaus), *Abendstunde im Spätherbst* (17.11., Berlin, Kurfürstendamm-Theater)
(30.4.) Gustaf Gründgens inszeniert die UA von Bertolt Brechts *Die heilige Johanna der Schlachthöfe* am Dt. Schauspielhaus Hamburg (TR Brechts Tochter Hanne Hiob)
Aufsehen erregt Gustav Mankers Inszenierung von Schillers *Die Räuber* am Wiener Volkstheater mit geteiltem Bühnenbild, in dem Karl und Franz Moors Geschichte parallel abläuft
Festspiele in Ralswieck auf Rügen vom Rostocker Intendanten Hanns Anselm Perten gegründet, eröffnet mit der UA von Kurt Barthels *Klaus Störtebecker*
International gefeiert Ekkehard Schalls Verkörperung der TR in Brechts *Der aufhaltsame Aufstieg des Arturo Ui* (über 500 Aufführungen)
(30.1.) Albert Camus inszeniert die UA seines Stücks *Les possédés* (*Die Besessenen*) (nach Dostoevskij, Paris, Théâtre Antoine)
UA von Jean Anouilhs *L'Hurluberlu ou le réactionnaire amoureux* (*General Quixotte oder Der verliebte Reaktionär*) am 5.2. in Paris, *Becket ou L'honneur de Dieu* (*Becket oder Die Ehre Gottes*) am 1.10. in Paris (Théâtre Montparnasse) in eigener Regie (mit Roland Piétri)
(23.4.) UA von Fernando Arrabals *Pique-nique en campagne* (*Picknick im Felde*) in Paris (Théâtre de Lutèce)
(9.9.) UA von Jacques Audibertis *L'effet Glapion* (*Der Glapion-Effekt*) im Pariser Théâtre La Bruyère
(23.9.) UA von Jean-Paul Sartres *Les séquestrés d'Altona* (*Die Eingeschlossenen von Altona*) im Pariser Théâtre de la Renaissance
(25.10.) Jean Genets *Les nègres* (*Die Neger*) uraufgeführt (Paris, Théâtre de Lutèce)
(31.10.) UA von Eugène Ionescos *Les rhinocéros* (*Die Nashörner*) im Schauspielhaus Düsseldorf (Regie K. H. Stroux)
(22.12.) Boris Vians Tragigroteske *Les Bâtisseurs d'Empire ou Le Schmürz* (*Die Reichsgründer oder das Schmürz*) durch das Théâtre Nationale Populaire im Théâtre Récamier (Paris) uraufgeführt

(–69) André Malraux Kulturminister Frankreichs unter de Gaulle
(13.9.) Die russ. Sonde Lunik 2 landet als erste auf dem Mond
(15.1.) Gründung des Vereins »Forum Stadtpark« in Graz als Vereinigung von Künstlern und Wissenschaftlern
(April) In der DDR 1. Bitterfelder Konferenz, mit der die »Entfremdung von Künstlern und Volk« aufgehoben werden soll; Motto: » Greif zur Feder, Kumpel! Die sozialistische Nationalkultur braucht dich«

Gründung des Kabaretts »Das Bügelbrett« in Heidelberg, seit 1964 in Berlin; 1969 aufgelöst, 1982–91 erneut erfolgreich
(–68) Ernst Haeusserman (1916–84) Intendant des Wiener Burgtheaters
(–62) Kurt Hübner Intendant der Städt. Bühnen Ulm; Zusammenarbeit mit Peter Zadek und Wilfried Minks
(–68) Jean-Louis Barrault übernimmt die Leitung des in Théâtre de France umbenannten Pariser Théâtre de l'Odéon
Martine Franck und Ariane Mnouchkine gründen die Theaterwerkstatt »Association théâtrale des étudiants de Paris« (ATEP)
Mitglieder der Tanzcompanie Het Nederlands Ballet um den Choreographen Hans van Manen schließen sich zum Nederlands Dans Theater (NDT) zusammen
(1959/60) Gründung von Maurice Béjarts Ballet du XXe Siècle am Théâtre Royal de la Monnaie (»De Munt«) in Brüssel
Das Nye Teater in Oslo durch den Zusammenschluß des Nye Teatret und des erst 1952 eröffneten Folketeatret entstanden
Der poln. Regisseur und Theaterreformer Jerzy Grotowski wird Leiter des Teatr 13 Rzędów (Theater der 13 Reihen) in Opole. Mitbegründer der Literatur- und Theaterkritiker Ludwik Flaszen. 1965 wurde es unter dem Namen Teatr Laboratorium nach Wrocław verlegt (1984 aufgelöst)

Personen des Theaters / Bühnenereignisse	Zeitgeschichte / Theaterwesen

(1959) UA von Sean O'Caseys *The Drums of Father Ned (Pater Neds Trommeln)* im amerikan. Lafayette (Ind.). Das Stück sollte 1958 beim Dublin Festival uraufgeführt werden, doch der Erzbischof verbot die Aufführung – O'Casey sperrte draufhin Inszenierungen all seiner Stücke in Irland

(28.2.) UA von Harold Pinters *The Dumb Waiter (Der stumme Diener)* in Frankfurt/Main (Städt. Bühnen)

(Juli) James Saunders' *Alas, Poor Fred (Wirklich schade um Fred)* in Scarborough (Theatre-in-the-Round) uraufgeführt

(16.9.) Arnold Weskers sozialkritisches Drama *The Kitchen (Die Küche)* im Londoner Royal Court Theatre uraufgeführt; nach diesem u. ä. Stücken werden brit. sozialkritische Stücke der Zeit als »kitchen-sink-plays« bezeichnet

(5.10.) Jerome Kiltys *Dear Liar (Geliebter Lügner)* im Berliner Renaissance-Theater uraufgeführt

(22.10.) UA der »unhistorischen Parabel« *Serjeant Musgrave's Dance (Der Tanz des Sergeanten Musgrave)* in London (Royal Court Theatre)

(21.11.) UA von Lawrence Durrells *Sappho* in der Regie von Gustaf Gründgens (Dt. Schauspielhaus, Hamburg)

(11.9.) UA von Dario Fos *Gli arcangeli giocano a flipper (Erzengel flippern nicht)* in Mailand (Teatro Odeon)

Peter Karvaš' *Polnocná Omša (Mitternachtsmesse)* des slovak. Autors in Prag uraufgeführt

(20.12.) Slawomir Mrożeks *Meczenstwo Piotra Ohey'a (Das Martyrium des Piotr O'Hey)* uraufgeführt in Kraków (Teatr Groteska)

Karolos Koun inszeniert in Athen *Ornithes (Die Vögel)* von Aristophanes – die Inszenierung wird verboten

1960　Bert Neumann (*1960 Magdeburg), Bühnen- und Kostümbildner

Christoph Schlingensief (*1960 Oberhausen), Regisseur, Aktionskünstler

Kenneth Branagh (*1960 Belfast), brit. Regisseur, Schauspieler, Autor

Anläßlich der Internationalen Theaterwoche der Studentenbühnen in Erlangen hält Wolfgang Hildesheimer die Rede *Über das absurde Theater*

UA von Tankred Dorsts *Die Kurve* (26.3., Lübeck, Kammerspiele), *Gesellschaft im Herbst* (2.7., Mannheim, Nationaltheater), *Freiheit für Clemens* (19.11., Bielefeld, Städt. Bühnen)

(15.5.) UA von Peter Hacks' *Die Sorgen und die Macht* (Theater der Bergarbeiter, Senftenberg)

(21.4.) UA von Edward Albees *The Death of Bessie Smith (Der Tod von Bessie Smith)* in Berlin (Schloßpark-Theater)

UA von Harold Pinters *The Caretaker (Der Hausmeister)* in geschlossener Aufführung am 27.4. im Londoner Arts Theatre Club, öffentl. am 30.5. im Londoner Duchess

Zypern wird autonome Republik

(4.1.) Gründung der sich als Gegengewicht zur Europäischen Wirtschaftsgemeinschaft (EWG) verstehenden Europäischen Freihandelsvereinigung (EFTA) zwischen Norwegen, Schweden, Dänemark, Großbritannien, Portugal, Österreich und der Schweiz

Gründung der Zeitschrift *Theater heute*

Großes Festspielhaus für die Salzburger Festspiele nach Plänen Clemens Holzmeisters erbaut

Personen des Theaters / Bühnenereignisse

Zeitgeschichte / Theaterwesen

(1960)   Theatre – Eines der wichtigsten Stücke des Autors und des engl. Theaters nach dem Zweiten Weltkrieg, mit dem Pinter der internationale Durchbruch gelang

(12.5.) UA von Terence Rattigans *Ross*, des ersten theatralischen Versuchs, Leben und Charakter Th. E. Lawrences darzustellen (London, Haymarket Theatre)

Weltweiter Erfolg für Paul Scofield als Thomas More in Robert Bolts *A Man For All Seasons* (UA Globe Theatre; 1961–63 ANTA Playhouse New York, 637 Vorstellungen; 1966 Film, Oscar)

(9.12.) Antonio Buero Vallejos *Las Meninas* (*Die Mädchen*) in Madrid (Teatro Español) uraufgeführt

Jerzy Grotowski inszeniert *Kain* nach Byron (poln. EA 30.1.), *Mysterium Buffo* nach Majakowskij (31.7.), *Śakuntala* nach dem altindischen Epos von Kālidāsa (13.12.) im Teatr 13 Rzędów (Opole)

(25.3.) Tadeusz Różewicz' *Kartoteka* (*Die Kartei*) in Warszawa (Teatr Dramatyczny) uraufgeführt

(6.4.) Witold Gombrowicz' *Ślub* (*Die Trauung*) durch das Studententheater STG der Technischen Hochschule Gliwice, Regie Jerzy Jarocki, uraufgeführt

(2.9.) UA von Dario Fos *Aveva due pistole con gli occhi bianchi e neri* (*Er hatte zwei Pistolen und seine Augen waren schwarz und weiss*) in Mailands Teatro Odeon

(27.1) UA des Schauspiels *Tanchelijn. Kroniek van een ketter* (*Tanchelmus. Chronik eines Ketzers*) von Harry Mulisch (Amsterdamsche Schouwburg)

(29.2.) UA des Schauspiels *Host* (*Der Gast*) des tschech. Autors Ludvik Aškenazy in Ostrava (Ostrau)

UA der *Antigona* des sloven. Autors Dominik Smole in Ljubljana – ungewöhnliche Bearbeitung des antiken Mythos', in dem die Hauptfigur nie auftritt

1961   Martin Kušej (*1961 Ruden/Kärnten), österr. Regisseur, Bühnenbildner, Autor

Beim Théâtre des Nations in Paris zeigt das New Yorker Living Theatre im Verlauf ihrer ersten Europatournee *The Connection* im Théâtre du Vieux-Colombier

(8.5.) UA von Helmut Baierls *Frau Flinz* durch das Berliner Ensemble (Theater am Schiffbauerdamm) mit Helene Weigel in der TR

(27.9.) UA von Tankred Dorsts *Große Schmährede an der Stadtmauer* (Lübeck, Stadttheater)

(30.9.) UA von Heiner Müllers *Die Umsiedlerin oder das Leben auf dem Lande* (Berlin, Studentenbühne der Hochschule für Ökonomie, Regie B. K. Tragelehn) – Kulturpolitischer Eklat in der DDR, Verbot der Aufführung, Ausschluß des Autors aus dem Schriftstellerverband, des Regisseurs aus der SED – Die Neufassung unter dem Titel *Die Bauern* am 30. 5. 1976 in der Berliner Volksbühne aufgeführt

(2.11.) UA von Max Frischs *Andorra* (Zürcher Schauspielhaus, Regie Kurt Hirschfeld)

(11.4.) In Jerusalem Prozeßbeginn gegen den ehemaligen SS-Obersturmbannführer Adolf Eichmann (3. 5. 1962 hingerichtet)

(13.8.) Bau der Berliner Mauer und in der folgenden Zeit Verstärkung der Sicherheitsmaßnahmen der DDR an der gesamten innerdeutschen Grenze

(–72) Die (Dortmunder) Gruppe 61 umfaßt Autoren, deren Ziel »die künstlerische Auseinandersetzung mit der industriellen Arbeitswelt« ist

Beginn des heutigen Folkwang-Tanzstudios; als Meisterklassen für Tanz (dann Folkwang-Ballett) von Kurt Jooss (1901–79) ins Leben gerufen und bis 1968 geleitet

(–73) John Cranko (1927–73) Direktor des Stuttgarter Balletts

(–64) Kurt Hirschfeld Direktor des Zürcher Schauspielhauses

Gründung der in Stratford-upon-Avon und London spielenden Royal Shakespeare Company unter Leitung Peter Halls

Personen des Theaters / Bühnenereignisse	Zeitgeschichte / Theaterwesen
(1961) (26.11.) UA von Helmut Qualtingers und Carl Merz' vieldiskutiertem Einpersonenstück über den typischen Mitläufer *Der Herr Karl* (Wien, Kleines Theater im Konzerthaus) mit Qualtinger in der TR	Der engl. Dramatiker Arnold Wesker gründet (und leitet bis 1971) das Kulturzentrum Centre Fortytwo in London, das alle Formen künstlerischen Ausdrucks einer breiten Öffentlichkeit zugänglich machen sollte
UA von Günter Grass' *Die bösen Köche* (UA Werkstatt des Schiller-Theaters Berlin)	Erstes Maison de la Culture im franz. Le Havre gegründet
(–63) Gustav Rudolf Sellner inszeniert einen Sophokles-Zyklus am Wiener Burgtheater in Bühnenbildern von Fritz Wotruba	Gründung des Théâtre Gérard Philipe im Arbeitervorort Saint-Denis nördlich Paris
(18.1.) UA von Harold Pinters *A Slight Ache* (*Ein leichter Schmerz*) in Londons Arts Theatre	Gründung des niederländ. Nationalballetts, Het Nationale Ballet, mit Sitz in der Amsterdamsche Stadsschouwburg (seit 1986 im Amsterdamer Muziektheater)
(20.2.) UA im Londoner Aldwych Theatre von John Whitings *The Devils* (*Die Teufel*) nach Huxleys *The Devils of Loudun* – ein Auftragswerk der Royal Shakespeare Company	(Okt.) Eröffnung des Stockholmer Stadsteatern, dem seit 1975 mit Unga Klara das wohl bekannteste schwed. Kindertheater angegliedert ist
(26.6.) UA von John Osbornes *Luther* durch die English Stage Society (Theatre Royal Nottingham)	Jiří Srnec gründet in Prag das Cerné Divadlo (Schwarzes Theater), mit mehr als 250 Tourneen weltweit eine der bekanntesten tschech. Bühnen
(17.9.) UA von Samuel Becketts *Happy Days* (*Glückliche Tage*) in New York, Cherry Lane Theater (Regie Alan Schneider)	Ellen Stewart gründet den Café La Mama Experimental Theatre Club (New York)
(9.10.) UA von Ann Patricia Jellicoes auch als Film erfolgreicher Komödie *The Knack* (*Was ist an Tolen so sexy?*) in Cambridge (Arts Theatre)	
(19.5.) Deutschsprachige UA von Jean Genets *Les Paravents* (*Die Wände*) in Berlin (Schloßparktheater), Regie Hans Lietzau	
UA von Fernando Arrabals *Le cimetière des voitures* (*Der Autofriedhof*) im Pariser Théâtre Michel, *Guernica* im Pariser Théâtre du Vieux-Colombier	
(16.2.) Djuna Barnes' *Antiphon* in der Regie Olof Molanders im Stockholmer Dramaten uraufgeführt	
(8.9.) UA von Dario Fos *Chi ruba un piede è fortunato in amore* (*Wer einen Fuss stiehlt, hat Glück in der Liebe*) in Mailand (Teatro Odeon)	
UA von Slawomir Mrożeks Einaktern *Na pelnym morzu* (*Auf hoher See*) in Lublin (1.6., Teatr im. Osterwy), *Striptease* und *Karol* in Sopot (31.12., Teatre Wybrzeże)	
UA des Schauspiels *Kogato rozite tancuvat* (*Tanzende Rosen*) des bulgar. Autors Valeri Petrov (eig. Valeri Nisim Mevorach) in Sofia	
1962 Joachim Schlömer (*1962 Monheim), Tänzer, Choreograph, Regisseur	Sowjet. Raketenbasen auf Kuba führen im Oktober zur »Kubakrise« – die Welt am Rand des dritten Weltkriegs
(6.2.) UA der 1943 entstandenen szenischen Dichtung *Eli. Ein Mysterienspiel vom Leiden Israels* von Nelly Sachs in Frankfurt/Main durch die »neue bühne« der Universität	(26.10.) Der militärpolitische Artikel *Bedingt abwehrbereit* führt zur »Spiegel-Affäre«; wegen angeblichen Landesverrats werden die Redaktionsräume in Hamburg durchsucht, Herausgeber und leitende Redakteure verhaftet; landesweite Proteste gegen den Angriff auf die Pressefreiheit
UA von Bertolt Brechts *Flüchtlingsgespräche* (15.2., München, Kammerspiele, Regie Piscator), *Coriolan von Shakespeare* (22.9., Frankfurt/Main, Schauspielhaus)	(–66) Erwin Piscator (1893–1966) Intendant der Freien Volksbühne Berlin
(21.2.) UA von Friedrich Dürrenmatts *Die Physiker* (Zürcher Schauspielhaus, Regie Kurt Horwitz) mit Therese Giehse als Mathilde von Zahnd	(–73) Kurt Hübner Intendant des Bremer Theaters, das unter seiner Leitung bahnbrechend wirkt für den künstlerischen Aufbruch des westdeutschen Theaters in den 1960er Jahren; in Zusammenarbeit u. a. mit Peter
(2.4.) UA von Heinar Kipphardts *Der Hund des Generals* (UA Münchner Kammerspiele)	

Personen des Theaters / Bühnenereignisse

(1962) Fritz Kortner inszeniert (18.6.) an den Münchner Kammerspielen Shakespeares *Othello*

(23.9.) UA von Martin Walsers »dt. Chronik« *Eiche und Angora* (Berlin, Schiller-Theater)

UA von Peter Hacks' *Der Frieden* (nach Aristophanes, 14.10., Dt. Theater Berlin)

Gustaf Gründgens inszeniert (20.11.) in Hamburg *Don Carlos* (Schiller)

Happening der Wiener Aktionisten Hermann Nitsch, Otto Mühl und Adolf Frohner: Einmauerungsaktion mit *Selbsterhebung in den Doktorstand*

Klaus Kammers Darstellung des Affen in Kafkas *Bericht für eine Akademie* (Staatl. Schauspielbühnen Berlin, Regie Willi Schmidt) von theatergeschichtlichem Rang

(25.4.) Peter Ustinovs *Photo Finish* (*Endspurt*) im Londoner Saville Theatre uraufgeführt

(27.4.) UA von Arnold Weskers *Chips With Everything* (*Bratkartoffeln, nichts als Bartkartoffeln*, auch: *Der kurze Prozeß*) im Royal Court Theatre (London)

(18.6.) UA von Harold Pinters *The Collection* (*Die Kollektion*) in London (Aldwych Theatre), von James Saunders' *Next Time I'll Sing To You* (*Ein Eremit wird entdeckt*) in Ealing (Questors Theatre)

(Juni) David Rudkins *Afore Night Come* (*Vor der Nacht*) im Londoner Arts Theatre Club uraufgeführt

(5.10.) Mit der UA von Peter Nichols' historischem Drama *Poppy* (*Opium*) bezieht die Royal Shakespeare Company ihre neue Londoner Spielstätte, das Barbican Theatre

(9.12.) UA von Edward Bonds *The Pope's Wedding* (*Die Hochzeit des Papstes*) im Londoner Royal Court Theatre (zur Umgehung der Zensur als geschlossene Vorstellung)

(9.11.) UA von Eugene O'Neills *More Stately Mansions* (*Alle Reichtümer der Welt*) in Stockholm (Dramaten)

UA von Armand Gattis *La Vie imaginaire de l'éboueur Auguste G.* (*Das imaginäre Leben des Straßenkehrers Auguste G.*) am 16.2. in Villeurbanne (Théâtre de la Cité), *La deuxième existence du camp de Tatenberg* (*Die zweite Existenz des Lagers Tatenberg*) am 13.4. in Lyon (Théâtre des Célestins)

UA von Eugène Ionescos *Le roi se meurt* (*Der König stirbt*, 14.12., Paris, Théâtre de l'Alliance Française), *Le piéton de l'air* (*Fußgänger der Luft*, 15.12., Düsseldorf, Schauspielhaus)

Jerzy Grotowski inszeniert *Kordian* nach Słowacki (13.2.), *Akropolis* nach Wyspiański (10.10., Regie und Bühnenbild mit Józef Szajna) in Opole

(6.4.) Milan Kunderas Einakter *Majitelé Klícu* (*Die Schlüsselbesitzer*) uraufgeführt in Ostrava (Divadlo Petra Bezruce)

Zeitgeschichte / Theaterwesen

Zadek, Wilfried Minks, Peter Palitzsch, Peter Stein, Klaus Michael Grüber Herausbildung des sog. »Bremer Stils«

(–67) Peter Zadek Schauspieldirektor des Bremer Theaters

Gründung der Schaubühne am Halleschen Ufer in Berlin durch Leni Langenscheidt, Waltraud Mau, Jürgen Schitthelm, Klaus Weiffenbach – bis 1970 ohne eigenes Ensemble

Gustav Rudolf Sellner Generalintendant der Dt. Oper Berlin

Der brit. Regisseur Peter Brook wird Mitdirektor der Royal Shakespeare Company, gründet die experimentelle Gruppe Lamda Theatre

(–65) Der brit. Schauspieler und Regisseur Laurence Olivier leitet das von ihm mitbegründete Chichester-Festival

Eröffnung des Kopenhagener Fiolteatret, des ersten dän. sozialkritischen Avantgardetheaters (1994 geschlossen)

Gründung der katalan. Theatergruppe Els Joglars (Die Gaukler) durch Albert Boadella, Anton Font und Carlota Soldevila als Teil der Agrupació Dramàtica de Barcelona

(–68) Kazimierz Dejmek leitet das Teatr Narodowy in Warszawa

Personen des Theaters / Bühnenereignisse

1963 Matthias Hartmann (*1963 Osnabrück), dt. Regisseur, Theaterleiter
Sasha Waltz (*1963 Karlsruhe), dt. Tänzerin, Choreographin, Leiterin einer Kompanie
Hasko Weber (*1963 Dresden), dt. Schauspieler, Regisseur, Theaterleiter
Guy Joosten (*1963 Genk), belg. Regisseur, Theaterleiter

(4.2.) Das Studententheater Neue Bühne in Frankfurt/Main führt Jakob Michael Reinhold Lenz' 1774 erschienenes Schauspiel *Der neue Menoza oder Geschichte des cumbanischen Prinzen Tandi* erstmals auf
(20.2.) UA von Rolf Hochhuths viel diskutiertem Schauspiel *Der Stellvertreter* in der Freien Volksbühne Berlin in der Regie Erwin Piscators
(28.2.) UA von Wolfgang Hildesheimers *Nachtstück* in Düsseldorf (Kammerspiele)
(20.3.) UA von Friedrich Dürrenmatts *Herkules und der Stall des Augias* (Zürcher Schauspielhaus)
Gustaf Gründgens inszeniert als letzte Regiearbeit (14.4.) seiner Intendanz am Dt. Schauspielhaus Hamburg Shakespeares *Hamlet* mit Maximilian Schell in der TR
Fritz Kortner inszeniert (10.7.) an den Münchner Kammerspielen Shakespeares *Richard III.*
(30.11.) UA von Martin Walsers *Überlebensgroß Herr Krott* in Stuttgart
Sir Laurence Olivier wird Direktor des neu gegründeten engl. National Theatre in London, das bis zur Fertigstellung des eigenen Theaterkomplexes im Old Vic Theatre spielt; Eröffnung in seiner Insz. mit Shakespeares *Hamlet*
(–64) Großer Erfolg für die Royal Shakespeare Company mit Peter Halls, John Bartons u.a. zyklischer Bearbeitung von Shakespeares Königsdramen als *The War of the Roses*
Joan Littlewood inszeniert mit dem Theatre Workshop die satirische Antikriegsrevue *Oh, What a Lovely War (Ach was für ein reizender Krieg)*; ihr größter internationaler Erfolg läuft erfolgreich im Londoner Westend wie am New Yorker Broadway und wird mit dem Großen Preis des Pariser Théâtre des Nations ausgezeichnet
(8.7.) John Ardens *The Workhouse Donkey (Der Packesel)* beim Chichester Festival uraufgeführt
(18.9.) Harold Pinter inszeniert die UA seines Stücks *The Lover (Der Liebhaber)* im Londoner Arts Theatre Club
(18.12.) Mit *Ein irischer Faust* dritte UA eines Stückes von Lawrence Durrell am Dt. Schauspielhaus Hamburg
Legendäre Inszenierung Roger Blins von Becketts *Oh! les beaux jours (Glückliche Tage)* mit Madeleine Renaud im Pariser Théâtre de France
(6.9.) In Mailands Teatro Odeon UA von Dario Fos *Isabella, tre caravelle e un cacciaballe (Isabella, drei Karavellen und ein Scharlatan)*
(3.12.) Václav Havels *Zahradní slavnost (Das Gartenfest)* im Prager Divadlo Na zábradlí durch Otomar Krejča uraufgeführt

Zeitgeschichte / Theaterwesen

(27.5.) »Kafka-Konferenz« auf Schloß Liblice bei Prag, u.a. mit Delegationen aller sozialistischen Staaten mit Ausnahme der Sowjetunion
(26.6.) Beim Besuch John F. Kennedys hält der amerikan. Präsident eine Rede vor dem Westberliner Rathaus mit dem berühmten Schlußsatz: »Ich bin ein Berliner«
(20.12.) Beginn des bis zum 19. 8. 1965 dauernden sog. »Auschwitz-Prozeß« gegen Aufseher des Konzentrationslagers Auschwitz in Frankfurt/Main

(–68) Das New Yorker Living Theatre zeigt v. a. in Europa seine das Theaterleben vielfach beeinflussenden Inszenierungen (u.a. *Mysteries and Smaller Pieces, Frankenstein, Antigone, Paradise Now*)
(–68) Oscar Fritz Schuh Intendant des Dt. Schauspielhauses Hamburg
(–72) Boleslaw Barlog Generalintendant der Staatl. Schauspielbühnen Berlin (leitete bereits seit 1945 das Schlosspark-, seit 1951 das Schiller-Theater)
(–73) August Everding Intendant der Münchner Kammerspiele
Neubau des eigenen Theatergebäudes der Freien Volksbühne Berlin eröffnet
Gründung der Centres dramatiques nationaux in Bourges und Villeurbanne (Leitung: Roger Planchon)
Im Zuge der kulturellen Dezentralisierung Frankreichs Eröffnung der Maisons de la Culture in Caen, Bourges
Der Regisseur Bernard Sobel gründet im Pariser Arbeitervorort Gennevilliers das Ensemble Théâtral de Gennevilliers
Erstes »Festival international de théâtre universitaire« in Nancy, initiiert vom Rechtsprofessor und späteren franz. Kulturminister Jack Lang
Jim Haynes gründet im schott. Edinburgh den Travers Theatre Club als Experimentierbühne
(–66) Der schwed. Regisseur Ingmar Bergman leitet das Stockholmer Kungliga Dramatiska Teatern (Dramaten)
Gründung des Thália Szinház in Budapest
(–72) Liviu Ciulei Intendant des Theaters Lucia Sturdza Bulandra in Bukarest

Personen des Theaters / Bühnenereignisse

Zeitgeschichte / Theaterwesen

(1963) UA von Josef Topols *Konec Masopustu (Fastnachtsende)* im tschech. Olomouc

Vielbeachtete UA von Jan Grossmans Adaption von Hašeks *Osudy dobrého vojáka Švejka za světové války* (*Die Abenteuer des braven Soldaten Schwejk*) an zwei Abenden im Theater in Brno

(8.6.) UA von Tadeusz Różewicz' *Swiadkowie albo nasza mala stabilizacja* (*Die Zeugen oder Unsere kleine Stabilisierung*) am Berliner Schillertheater; poln. EA am 13. 1. 1964 in Warszawa (Teatr Ludowy)

1964 Armin Petras, als Autor Pseudonym Fritz Kater (*1964 Meschede), Regisseur, Autor, Theaterleiter

(29.4.) UA von Peter Weiss' erstem in dt. Sprache geschriebenen Drama *Die Verfolgung und Ermordung Jean-Paul Marats dargestellt durch die Schauspielgruppe des Hospizes zu Charenton unter Anleitung des Herrn de Sade* im Berliner Schiller-Theater in der Regie Konrad Swinarskis. – Besonders die spektakuläre Inszenierung Peter Brooks mit der Royal Shakespeare Company (20.8.) im Londoner Aldwych Theatre (auch am Broadway gezeigt) trägt zum internationalem Erfolg des Stücks bei und macht seinen Regisseur weltbekannt

Wolf Vostell (1932–98) veranstaltet mit *In Ulm, um Ulm und um Ulm herum* für das Ulmer Theater das erste wichtige Happening in Deutschland

(14.6.) UA einer Kurzfassung von Karl Kraus' »Monstertragödie« *Die letzten Tage der Menschheit* am Wiener Burgtheater – Der Epilog des Stücks war bereits am 4. 2. 1923 in der Neuen Wiener Bühne uraufgeführt worden

UA von Tankred Dorsts *Die Mohrin* (25.6., Frankfurt/ Main, Schauspielhaus), *Der gestiefelte Kater oder Wie man das Spiel spielt* (nach Tieck, 18.12., Dt. Schauspielhaus Hamburg, R. Lietzau)

(11.10.) UA von Heinar Kipphardts Dokumentarstück *In der Sache J. Robert Oppenheimer* in der Berliner Freien Volksbühne durch Erwin Piscator, an den Münchner Kammerspielen durch Paul Verhoeven

(16.10.) Martin Walsers *Der schwarze Schwan* am Landestheater Stuttgart uraufgeführt

(6.11.) In den Kammerspielen des Dt. Theaters Berlin UA von Peter Hacks' *Die schöne Helena* (nach Meilhac/ Halévy, Musik: Jacques Offenbach)

(23.11.) UA von Hans Günter Michelsens *Lappschiess* in Frankfurt/Main (Städt. Bühnen)

(6.5.) UA von Joe Ortons *Entertaining Mr. Sloane* (*Seid nett zu Mr. Sloane*) in London (New Arts Theatre)

(Juli) UA von Peter Shaffers *The Royal Hunt of the Sun* (*Die königliche Jagd nach der Sonne*) beim Chichester-Festival

(9.9.) UA von John Osbornes *Inadmissible Evidence* (*Richter in eigener Sache*) im Londoner Royal Court Theatre

(28.9.) Brian Friels *Philadelphia, Here I Come* (*Ich komme, Philadelphia!*) in Dublins Gaiety Theatre uraufgeführt

(28.11.) Die Dt. Reichspartei (DRP) schließt sich mit anderen rechten Gruppierungen zur Nationaldemokratischen Partei Deutschlands (NPD) zusammen

(Mai) Berliner Theatertreffen als Forum des deutschsprachigen Schauspieltheaters begründet

Gründung des Theaterkollektivs Théâtre du Soleil in Paris durch Ariane Mnouchkine

Bernard Sobel (*1936, eig. B. Rothstein) gründet (und leitet bis 2006) das Théâtre de Gennevilliers in einem Arbeiterviertel im Norden von Paris (seit 1983 Centre Dramatique National)

Eugenio Barba gründet in Oslo das nach dem germanischen Gott genannte Odin Teatret (seit 1966 im dän. Holstebro)

Tiefgreifende Reorganisation bzw. Neugründung des Moskauer Taganka Theaters (Moskovskij teatr dramy i komedii na Taganke) durch den Schauspieler und Regisseur Jurij Petrovič Ljubimov (*1917)

Gründung des experimentellen Teatr Ósmego Dnia (Theater des 8. Tages) als Studententheater, seit 1979 professionell; 1985–90 im Exil, 1992 eigene Bühne in Poznań

Personen des Theaters / Bühnenereignisse	Zeitgeschichte / Theaterwesen

(1964) (30.9.) UA von James Saunders' *A Scent of Flowers* (*Ein Duft von Blumen*) in London (Duke of York's Theatre)

The Living Theatre übersiedelt nach Europa; UA von *Mysteries* (Paris)

(30.12.) UA in dt. Sprache von Eugène Ionescos *La soif et la faim* (*Hunger und Durst*) im Düsseldorfer Schauspielhaus; franz. EA am 28. 2. 1966 in der Comédie Française

(4.9.) Dario Fos *Settimo, ruba un pò meno* (*Siebentes: Stiehl ein bißchen weniger*) in Mailand (Teatro Odeon)

UA von Isaak Babel's bereits 1935 entstandenem Schauspiel *Marija* in Florenz (Piccolo Teatro)

(21.3.) UA des vor dem Hintergrund der beginnenden Entstalinisierung spielenden erfolgreichen Stücks *Líšky, dobrú noc!* (*Füchse, gute Nacht!*) des slovak. Autors Igor Rusnák in Bratislava

(26.11.) UA des Stücks *Kihnu-jõnn ehk metskapten* (*Der wilde Kapitän*) des estn. Autors Juhan Smuul in Tallinn

1965 Petr Lébl (1965 Prag – 1999 Prag), tschech. Bühnenbildner, Schauspieler, Regisseur, Theaterleiter

Amélie Niermeyer (*1965 Bonn), Regisseurin, Intendantin

Michael Thalheimer (*1965 Münster bei Frankfurt/Main), Schauspieler, Regisseur

Rudolf Noelte inszeniert in Stuttgart Anton Pavlovič Čechovs *Drei Schwestern*

Fritz Kortner inszeniert (25.3.) an den Münchner Kammerspielen Schillers *Kabale und Liebe*

UA von Bertolt Brechts Frühwerken *Der Ingwertopf* (9.2., Heidelberg, Städt. Bühnen), *Der Bettler oder Der tote Hund* (17.12., Prenzlau, Staatl. Dorftheater)

(21.3.) Benno Besson inszeniert *Der Drache* von Evgenij L'vovič Švarc (Dt. Theater Berlin/DDR)

Am Bremer Theater inszeniert Peter Zadek (12.4.) Wedekinds *Frühlings Erwachen*, UA von Wilfried Minks' Revue *Gewidmet Friedrich dem Großen*

(9.5.) UA von Wolfgang Bauers *Party for Six* (Landestheater Innsbruck)

UA von Peter Hacks *Polly oder Die Bataille am Bluewater Creek* (nach John Gays »ballad opera«, 19.6., Landestheater Halle/Saale), *Moritz Tassow* (5.10., Volksbühne Berlin, Regie Benno Besson – nach wenigen Aufführungen verboten)

(17.9.) Hans Günter Michelsens *Helm* in Frankfurt/Main (Städt. Bühnen) uraufgeführt

(19.10.) Peter Weiss' szenische Darstellung des Frankfurter Auschwitz-Prozesses, das »Oratorium« *Die Ermittlung* als Ring-UA an 17 Theatern uraufgeführt, darunter an der Freien Volksbühne Berlin unter Erwin Piscator

(5.10.) UA von Heinar Kipphardts *Joel Brand* in den Münchner Kammerspielen

(3.6.) UA von Harold Pinters internationalem Erfolg *The Homecoming* (*Die Heimkehr*) im Londoner Aldwych Theatre (Regie Peter Hall)

(–72) Vietnamkrieg

Die internationale Vereinigung der Kinder- und Jugendtheater ASSITEJ (Association internationale du Théâtre pour l'Enfance et la Jeunesse) gegründet

(–72) Peter Palitzsch (1918–2004) Schauspieldirektor am Staatstheater Stuttgart

Gründung der Kabarettgruppen Reichskabarett in Berlin (1971 geschlossen), Münchner Rationaltheater durch Rainer Uthoff u.a. (1994 geschlossen)

Eröffnung des neugebauten Festspielhauses in Recklinghausen

(13.1.) Eröffnung des Theaters am Neumarkt in Zürich

Jérôme Savary gründet das Grand Théâtre Panique, das unter dem 1968 angenommenen Namen Grand Magic Circus (et ses animaux tristes) international bekannt wird

Der niederländ. Künstler, Autor, Regisseur Ritsaert Ten Cate gründet in Loenersloot mit dem Mickerytheater (seit 1970 in Amsterdam) eine der wichtigsten Aufführungsmöglichkeiten für freie Theatergruppen aus aller Welt (1991 geschlossen)

Jerzy Grotowskis Teatr 13 Rzędów nach Wrocław verlegt und in Teatr Laboratorium umbenannt

Der tschech. Regisseur Otomar Krejča gründet u.a. mit Karel Kraus das Divadlo za branou (Theater hinter dem Tor) in Prag für experimentelle Theaterarbeit (1972 geschlossen, nach Ende der kommunistischen Herrschaft 1990 wiedereröffnet)

Offizielle Gründung des Helsingin Kaupunginteatteri (Stadttheater Helsinki), das auf einen 1948 geschlossenenen Vertrag über Zusammenarbeit zwischen Volkstheater und Arbeiterbühne zurückgeht

Gründung des lit. Jaunimo Teatras Vilnius (Staatl. Jugendtheater Vilnius), eröffnet 1966 mit Shakespeares *Romeo und Julia* (Regie: Aurelija Ragauskaitė)

Personen des Theaters / Bühnenereignisse   Zeitgeschichte / Theaterwesen

(1965) (30.6.) Aus Zensurrücksichten in geschlossener Veranstaltung UA von John Osbornes *A Patriot for Me* (*Ein Patriot für mich*) im Londoner Royal Court Theatre; erste öffentl. Aufführung in England 1973 in London (Watford Palace Theatre)

(8.7.) Mit der UA von *Relatively Speaking* (*Halbe Wahrheiten*) in Scarborough (Library Theatre) gelingt Alan Ayckbourn der internationale Durchbruch

(13.8.) *Their Very Own and Golden City* (*Goldene Städte*) von Arnold Wesker in Brüssel (Belg. Nationaltheater) uraufgeführt; engl. EA in London am 19. 5. 1966 (Royal Court Theatre)

(27.7.) UA von Peter Shaffers *Black Comedy* (*Komödie im Dunkeln*) durch das National Theatre beim Chichester Festival

(3.11.) Edward Bonds skandalumwittertes Schauspiel *Saved* (*Gerettet*) im Londoner Royal Court Theatre uraufgeführt

In der Londoner Royal Albert Hall findet das Happening *Poetry Incarnation* vor rund 7000 Zuschauern und Teilnehmern statt

(17.2.) René de Obaldias *Du vent dans les branches de sassafras* (*Wind in den Zweigen des Sassafras*) in Brüssel (Théâtre de Poche) uraufgeführt; EA der zweiten Fassung am 29. 11. 1965 im Pariser Théâtre Grammont

(1.12.) UA von Marguerite Duras' *Des journées entières dans les arbres* (*Ganze Tage in den Bäumen*) im Pariser Théâtre de France

UA von Jean-Paul Sartres *Les Troyennes d'Euripides* (*Die Troerinnen des Euripides*) in Paris

(8.1.) UA von Eduardo De Filippos *L'arte della commedia* (*Die Kunst der Komödie*) in Neapels Teatro San Ferdinando in der Regie des Autors

Ornitofilene (1965–66) – Projekt des Odin Teatret im dän. Holstebro

UA von Tadeusz Różewicz' *Wyszedł z domu* (*Er ging aus dem Hause*), *Smieszny staruszek* (*Die komische Alte*, Wrocław)

(21.4.) Slawomir Mrożeks *Tango* in Serbokratisch am Belgrader Jugoslovensko Dramsko Pozoriste uraufgeführt; poln. EA am 5. 6. 1965 in Bydgoszcz (Teatr Polski)

(26.7.) Jan Grossman inszeniert Václav Havels *Vyrozumění* (*Die Benachrichtigung*) im Prager Divadlo Na zábradlí

(20.2.) UA des Dramas *Prokurorat* (*Der Staatsanwalt*) des bulgar. Autors Georgi Dzagarov in Sofia (Narodnija teatar »Ivan Vazov«)

1966 (15.1.) UA von Günter Grass' *Die Plebejer proben den Aufstand* (Berlin, Schiller-Theater)

(20.1.) Friedrich Dürrenmatts Komödie *Der Meteor* am Zürcher Schauspielhaus uraufgeführt (Regie Leopold Lindtberg)

(4.12.) Einweihung der wiederaufgebauten Komischen Oper Unter den Linden in Berlin mit Mozarts *Don Giovanni* (Regie Walter Felsenstein)

Gründung des Verbandes der Theaterschaffenden der DDR (1990 Selbstauflösung)

Personen des Theaters / Bühnenereignisse	Zeitgeschichte / Theaterwesen
(1966) Am Bremer Theater (5.3.) Peter Zadeks umstrittene Inszenierung von Schillers *Die Räuber*, (27.5.) UA von Martin Sperrs »neuem Volksstück« *Jagdszenen aus Niederbayern* Erste Frankfurter »Experimenta« UA von Peter Handkes ersten Stücken *Publikumsbeschimpfung* (8.6., Frankfurt/Main, Theater am Turm, Regie Claus Peymann), *Selbstbezichtigung, Weissagung* (beide 22.10., Oberhausen, Kammerspiele) (20.8.) Hartmut Langes Drama *Marski* (das in der DDR nicht aufgeführt werden darf) in Frankfurt/Main uraufgeführt (14.1.) UA von Samuel Becketts *Come and Go* (*Kommen und Gehen*) in Berlin (Schiller-Theater) und München (Kammerspiele, Werkraumtheater) Großer internationaler Erfolg (auch Verfilmung) von Tom Stoppards *Rosencrantz and Guildenstern are Dead* (*Rosenkranz und Güldenstern*); UA durch die Oxford Theatre Group beim Edinburgh Festival (2.11.) Charles Dyers Stück über zwei alternde Homosexuelle *Staircase or Charly Always Told Harry Almost Everything* (*Unter der Treppe*) im Londoner Aldwych Theatre uraufgeführt Simone Signoret und Alec Guinness spielen im Londoner Royal Court Theatre die Hauptrollen in Shakespeares *Macbeth* Die Inszenierung Roger Blins von Jean Genets *Les Paravents* im Pariser Odéon-Théâtre de France führt zum Skandal und Demonstrationen rechtsextremer Gruppen UA von Armand Gattis *Chant public devant deux chaises électriques* (*Öffentlicher Gesang vor zwei elektrischen Stühlen*) in seiner Regie im Pariser Théâtre National Populaire Viktor S. Rozovs überaus erfolgreiches Schauspiel (über 40 Inszenierungen) *Zatejnik* (*Der Kulturleiter*) im Moskauer Mossovjet-Theater uraufgeführt – während der Brežnev-Ära unterdrückt Erste Auslandstournee Jerzy Grotowskis und seines Teatr Laboratorium Josef Topols Einakter *Kocka na kolejích* (*Die Katze auf dem Gleis*) in Prag uraufgeführt Des finn. Autors Arvo Salos politisches Schauspiel *Lapualaisooppera* (*Lapua-Oper*) in Helsinki uraufgeführt (Dez.) UA des Schauspiels *Rozi zu D-R Somov* (*Rosen für Dr. Šomov*) des bulgar. Autors Dragomir Asenov in Sofia (Theater der Jugend)	Gründung des heutigen Kinder- und Jugendtheaters »Grips« (1972 umbenannt) als »Theater für Kinder im Reichskabarett« in Berlin; Gründer, Leiter und Hauptautor ist Volker Ludwig (*1937) (–86) Günther Fleckenstein Intendant des Dt. Theaters Göttingen (–69) Claus Peymann Oberspielleiter im Frankfurter Theater am Turm (TAT) Der Neubau des bei einem Brand 1951 zerstörten Abbey Theatre in Dublin eröffnet »The People Show« in London gegründet Gründung der London Contemporary Dance School durch Robin Howard (1924–89), seit 1967 London Contemporary Dance Theatre Théâtre de l'Est Parisien (TEP) wird Centre dramatique national In Kopenhagen Gründung der freien Gruppe Christianshavnsgruppen als »Theaterlaboratorium« (–75) Erland Josephson als Nachfolger Ingmar Bergmans Intendant des Dramaten in Stockholm, ohne seine Schauspielertätigkeit aufzugeben Gründung des Teatr STU in Kraków als Studententheater (seit 1975 professionell) mit dem Gründer, Regisseur und Leiter Krzysztof Jasiński (*1943)
1967 UA von Bertolt Brechts *Der Fischzug* (11.1., Heidelberg, Städt. Bühnen), *Der Brotladen* (13.4., Berliner Ensemble) (31.1.) UA von Heiner Müllers *Ödipus Tyrann* (nach Sophokles, Berlin, Dt. Theater, Regie Benno Besson) (20.2.) Peter Weiss' *Gesang vom lusitanischen Popanz* in Stockholm (Scala Teatern) uraufgeführt (16.3.) UA von Friedrich Dürrenmatts *Die Wiedertäufer* (Zürcher Schauspielhaus)	(–74) Militärdiktatur in Griechenland (29.3.) Die am 14. 6. 1966 von der vatikanischen Glaubenskongregation beschlossene Aufhebung des »Index librorum prohibitorum«, des Verzeichnisses der von der kath. Kirche verbotenen Bücher, tritt in Kraft Gründung der aus dem Sozialistischen Dt. Studentenbund (SDS) hervorgegangenen sogenannten »Kommune 1« in Berlin

Personen des Theaters / Bühnenereignisse

Zeitgeschichte / Theaterwesen

(1967) (21.5.) UA von Peter Hacks' *Das Volksbuch vom Herzog Ernst oder Der Held und sein Gefolge* (Nationaltheater Mannheim)

(16.9.) Peter Zadek inszeniert Shakespeares *Maß für Maß* am Bremer Theater

(26.9.) Samuel Beckett inszeniert sein Stück *Endspiel* (Werkstattbühne des Berliner Schiller-Theaters)

(4.10.) UA von Martin Sperrs *Landshuter Erzählungen* (Münchner Kammerspiele, Regie August Everding)

(9.10.) UA von Rolf Hochhuths *Soldaten* (Berlin, Freie Volksbühne)

(7.12.) Fritz Kortner inszeniert die UA von Martin Walsers *Die Zimmerschlacht* (Münchner Kammerspiele)

(13.5.) UA von Heinar Kipphardts *Die Nacht, in der der Chef geschlachtet wurde* (Staatstheater Stuttgart) in der Regie von Peter Palitzsch

(9.5.) Erfolgreiche UA des ersten Stücks von Peter Nichols, *A Day in the Death of Joe Egg* (*Ein Tag im Sterben von Joe Egg*) in Glasgows Citizens' Theatre

(22.1.) UA von Fernando Arrabals *L'architecte et l'empereur d'Assyrie* (*Der Architekt und der Kaiser von Assyrien*) im Pariser Théâtre Montparnasse (Regie Jorge Lavelli)

(4.4.) UA von Armand Gattis *V comme Vietnam* (Toulouse, Théâtre Daniel Sorano) und *La Passion du Général Franco* (*General Francos Leidensweg*) in dt. Sprache in Kassel (Staatstheater) – Der Versuch, das Stück am Théâtre National Populaire in Paris aufzuführen, löst einen der größten Theaterskandale in Frankreich aus; unter massivem Druck der span. Regierung wird die Aufführung verboten

Kaspariana (1967–68) – Projekt des Odin Theatret (Holstebro)

(25.11.) Kazimierz Dejmeks Inszenierung von Adam Mikkiewicz' *Dziady* (*Die Totenfeier*) im Teatr Narodowy in Warszawa wird zum politischen Skandal, für antisowjetisch erklärt und aus dem Spielplan gestrichen; Dejmek mußte 1968 die Intendanz aufgeben

(12.5.) UA von Pavel Kohouts *August, August, August* (Prag, Divadlo na Vinohradech)

UA des Dramas *Crnila* (*Depression*) des makedon. Autors Kole Cašule in Skopje

1968 Thomas Ostermeier (*1968 Soltau), dt. Regisseur, Theaterleiter

Nicolas Stemann (*1968 Hamburg), dt. Regisseur

Protestaktionen in zahlreichen bundesdeutschen Theatern gegen die Notstandsgesetze

(–94) Albert Hetterle (1918–2006) Intendant des Maxim Gorki Theater in Berlin (seit 1955 bereits als Schauspieler)

(1.2.) UA von Max Frischs *Biographie. Ein Spiel* (Zürcher Schauspielhaus)

(17.2.) Peter Hacks' *Amphitryon* am Dt. Theater Göttingen uraufgeführt

(2.6.) Bei einer Demonstration gegen den Besuch des Schahs von Persien in Berlin kommt es zu Auseinandersetzungen zwischen Demonstranten, Polizei und Mitgliedern des persischen Geheimdienstes. Der Student Benno Ohnesorg wird von einem Polizisten erschossen

Studentenunruhen in Deutschland

(5.–8.10.) Vorerst letztes Treffen der Gruppe 47 in der »Pulvermühle« bei Waischenfeld/Oberfranken

Alexander Dubček (1921–92) zum Ersten Sekretär der KP der CSSR gewählt; Beginn des »Prager Frühlings«

Gründung des »Action Theaters« in München

Gründung der eigenständigen Osterfestspiele in Salzburg durch Herbert von Karajan, seit 2003 unter Leitung von Sir Simon Rattle

Gründung der unabhängigen Theatergruppe O Grupo 4 in Portugal

Die schwed. Choreographin Birgit Ragnhild Cullberg (1908–99) gründet die Ballettcompagnie Cullbergbaletten

Die (1874 gegründete) Koninklijke Nederlandse Schouwburg in Antwerpen, die (1887 gegründete) Koninklijke Vlaamse Schouwburg in Brüssel und das (1965 gegründete) Nederlands Toneel Gent werden Nationaltheater (Nationaal Toneel)

Die freie Gruppe Ryhmäteatteri unter Arto af Hällström und Raila Leppäkoski begründet die alternative Theaterbewegung in Finnland

Gründung des inzwischen zum Forum des internationalen Avantgarde-Theaters avancierten Festivals Beogradski internacionalni teatarski festival (BITEF) in Belgrad

Divadlo Korso (Theater Korso) als erste unabhängige slowak. Theatergruppe gegründet

Jerzy Grotowski veranstaltet Workshops in New York und anderen Städten

(–75) Das Zentrum des Offenen Theaters Kalambur (gegründet 1957) veranstaltet in Polen Internationale Festivals des Offenen Theaters, die – neben dem Festival in Nancy – umfangreichste Präsentation europ. und amerikan. Theateravantgarde

Mit Ludvik Svoboda (1895–1975) als Staatspräsidenten, Alexander Dubček als Erster Sekretär der KP stehen Reformkommunisten an der Spitze des tschechoslowakischen Staats: »Prager Frühling« – durch Militärintervention des Warschauer Pakts (außer Rumänien) niedergeschlagen

Studentenbewegung in Westeuropa und den USA

Mit dem *Theatre Act* vom 26.7.1968 Aufhebung der Präventivzensur in Großbritannien

Der Schweizer Regisseur Benno Besson künstl. Leiter, 1974–78 Intendant der Volksbühne Berlin, unter seiner Leitung eines der künstlerisch innovativsten Theater der DDR

Personen des Theaters / Bühnenereignisse	Zeitgeschichte / Theaterwesen

Personen des Theaters / Bühnenereignisse

(1968) (22.2.) Claus Peymann inszeniert die UA von Gerlind
Reinshagens *Doppelkopf* in Frankfurt/Main (Theater
am Turm)

(20.3.) Harry Buckwitz inszeniert als letzte Regie seiner
Frankfurter Intendanz die UA von Peter Weiss' *Viet-
Nam-Diskurs*

(7.4.) UA von Rainer Werner Fassbinders *Katzelmacher*
(München, Action-Theater)

(11.5.) UA von Peter Handkes *Kaspar* (Frankfurt/Main,
Theater am Turm, R. Peymann; Oberhausen, Städt.
Bühnen)

(26.4.) UA von Hartmut Langes *Der Hundsprozeß* und
Herakles in Berlin (Schaubühne am Halleschen Ufer)

(13.7.) UA von Heiner Müllers Schauspiel *Philoktet*, das
in der DDR nicht aufgeführt werden kann, im Residenztheater München in der Regie Hans Lietzaus – erster
Theatererfolg Müllers in der BRD

(12.9.) UA von Wolfgang Bauers *Magic Afternoon* (Landestheater Hannover)

(18.9.) UA von Friedrich Dürrenmatts Shakespeare-Bearbeitung *König Johann* (Basel, Stadttheater)

(9.11.) Peter Palitzsch inszeniert am Staatstheater Stuttgart
Tankred Dorsts *Toller*

Erste Europa-Tournee von Peter Schumanns Bread and
Puppet Theater; Teilnahme am Festival in Nancy

(12.2.) UA von Samuel Becketts *All that Fall* (*Alle, die da
fallen*) in Heidelberg (Theater im Gewölbe)

UA von Edward Bonds *Narrow Road to the Deep North*
(*Schmaler Weg in den tiefen Norden*) in Coventry
(24.6., Belgrade Theatre) und der »beschaulichen Komödie« *Early Mourning* (*Trauer zu früh*), deren Londoner
UA zum Theaterskandal wird

(6.11.) UA von Peter Barnes' *The Ruling Class* (*Die herr-
schende Klasse*) im Nottingham Playhouse

Jean-Louis Barrault inszeniert seine *Rabelais*-Adaption mit
der Compagnie Renaud-Barrault im Pariser Elysée-
Montmartre

The Living Theatre führt *Paradise Now* beim Festival
d'Avignon auf; veröffentlicht das »Avignon-Statement«

UA von Marguerite Duras' *Yes, peut-être* (*Yes, vielleicht*),
Le Shaga (*Shaga*), *L'amante anglaise* (*Die englische
Geliebte*), alle in Paris

(8.4.) UA von Ireneusz Iredyńskis *Żegnaj Judaszu* (*Leb
wohl, Judas …*) im Landestheater Salzburg; poln. EA am
14. 3. 1971 in Kraków (Teatr Stary)

UA von Tadeusz Różewicz' *Stara kobieta wysiaduje* (*Eine
alte Frau brütet*), *Mein Töchterchen* (23.5., Kraków,
Stary Teatr, Regie Jerzy Jarocki)

(19.7.) Jerzy Grotowskis Inszenierung von *Apocalypsis
cum Figuris* nach Texten aus der Bibel, F. Dostoevskijs,
T. S. Eliots, S. Weils mit dem Teatr Laboratorium in
geschlossener UA uraufgeführt (öffentl. EA 11. 2. 1969;
bis 1973 zwei weitere Fassungen, bis 1980 öffentl.
gezeigt)

Zeitgeschichte / Theaterwesen

(30.12.) Adolf Dresens respektlose Inszenierung von
Goethes *Faust I* am Dt. Theater Berlin wird zu einem
der größten Skandale im Theater der DDR; die geplante
Inszenierung des zweiten Teils entfällt, Intendant Wolfgang Heinz tritt zurück

Rainer Werner Fassbinder, Peer Raben u. a. gründen das
»antiteater« in München

(–78, 1989–95) Am Bremer Theater entwickelt Johann
Kresnik (*1939) sein Choreographisches Theater

Gründung des Avantgarde-Festivals »steirischer herbst«
in Graz

Verband dt. Puppentheater e. V. gegründet

Als Experimentierbühnen für neue Autoren und theatrale
Ausdrucksmöglichkeiten entstehen in London u. a. das
von Charles Marowitz gegründete Open Space Theatre,
Jim Haynes Drury Lane Arts Laboratory, David Hares
Portable Theatre

Peter Brook: *The Empty Space*

(–87) Trevor Nunn Leiter der Royal Shakespeare Company (1978–87 gemeinsam mit Terry Hands, der
1987–91 allein die künstlerische Leitung übernimmt)

Jean-Louis Barrault als Intendant des Théâtre de France
abgelöst; Vorwurf: er habe die Besetzung des Theaters
durch Studenten nicht verhindert

Dario Fo und Franca Rame gründen die neue Truppe
Nuova Scena

Steve Austen gründet in Amsterdam das Shaffytheater als
Aufführungsort für freie Gruppen

In Belgien gründet Armand Delcampe das Atelier Théâtrale de Louvain-la Neuve (seit 1999 Atelier Théâtre
Jean Vilar) als innovatives Theaterzentrum

Jerzy Grotowski: *Towards a poor Theatre* (*Für ein armes
Theater*)

Personen des Theaters / Bühnenereignisse

Zeitgeschichte / Theaterwesen

(1968) (11.4.) UA von Václav Havels *Ztížena možnost soustře-deni* (*Erschwerte Möglichkeit der Konzentration*) in Prag

UA des »lyrischen Dramas« *Samorog* (*Das Einhorn*) von Gregor Strniša in Ljubljana

Die die Geschichte Litauens behandelnde Trilogie *Mindaugas. Mazvydas. Katedra* (*Mindowe. Mosvid. Die Kathedrale*) des lit. Autors Justinas Marcinkevicius 1968–77 erschienen und mit Erfolg aufgeführt

(2.5.) Die »dramatische Zeremonie« *The Serpent* (*Die Schlange*) des amerikan. Dramatikers Jean-Claude van Itallie, realisiert mit Joseph Chaikin und dessen New Yorker »Open Theatre«, während einer Europatournee in Rom (Teatro del Arte) uraufgeführt

1969 (31.1.) UA von Peter Handkes *Das Mündel will Vormund sein* (Frankfurt/Main, Theater am Turm) in der Regie Claus Peymanns

UA von Bertolt Brechts *Turandot oder Der Kongreß der Weißwäscher* (5.2., Zürcher Schauspielhaus, Regie Benno Besson), *Lux in tenebris* (12.6., Essen, Städt. Bühnen)

(7.2.) UA von Oskar Panizzas *Das Liebeskonzil* im Pariser Théâtre de Paris – Wegen des 1894 erschienenen Stücks wurde der Verfasser 1895 eines »Vergehens wider die Religion« angeklagt und zu einem Jahr Haft verurteilt

(8.2.) UA von Friedrich Dürrenmatts Bearbeitung *Play Strindberg* (Basel, Stadttheater)

(14.2.) UA von Günter Grass' *Davor* im Berliner Schiller-Theater

UA von Rainer Werner Fassbinders *Preparadise sorry now* (17.3.), *Anarchie in Bayern* (14.6.), *Der amerikanische Soldat* (19.12., alle München, antiteater, Regie Peer Raben), *Werwolf* (mit Harry Baer, 19.12., Berlin, Forum-Theater)

Peter Stein inszeniert Goethes *Torquato Tasso* in Bremen

(11.9.) UA von Hartmut Langes *Die Gräfin von Rathenow* nach Kleist (Köln, Schauspielhaus, Regie Heyme)

(18.9.) UA von Heiner Müllers *Prometheus* (nach Aischylos) im Zürcher Schauspielhaus

(23.9.) UA von Peter Hacks' *Margarete in Aix* (Theater Basel)

(26.9.) Wolfgang Bauers *Change* im Volkstheater Wien uraufgeführt

(5.10.) UA von Ödön von Horváths *Zur schönen Aussicht* (Vereinigte Bühnen Graz)

Fritz Kortner inszeniert *Clavigo* (Goethe) am Hamburger Dt. Schauspielhaus (23.11.)

(6.12.) UA von Hans Henny Jahnns 1952 erschienenen Dramas *Spur des dunklen Engels* in Münster (Städt. Bühnen)

(13.12.) Als erste Regiearbeit George Taboris in Europa Inszenierung seines (am 17. 10. 1968 im New Yorker American Place Theater uraufgeführten) Stücks *The Cannibals* (*Die Kannibalen*) an den Staatl. Schauspielbühnen Berlin

(28.10.) Willy Brandt wird Kanzler der Bundesrepublik; »Wandel durch Annäherung« soll die Beziehungen zu Osteuropa (speziell der DDR) verbessern

(8.6.) In Köln Gründung des »Verbandes Dt. Schriftsteller« (VS)

(–79) Gustav Manker Intendant des Wiener Volkstheaters

(–80) Boy Gobert (1925–86) Intendant des Hamburger Thalia Theaters

(–85) Hans Peter Doll (1925–99) – bis 1972 mit Walter Erich Schäfer – Generalintendant des Staatstheaters Stuttgart

Pina Bausch übernimmt die Leitung des Folkwang-Balletts

Matthias Schedler veröffentlicht *Sieben Thesen zum Theater für sehr junge Zuschauer*

Peter Hall Direktor des Covent Garden Theatre in London

Gründung der nach ihrem Gründer benannten »Pip Simmons Theatre Group« in London (1973 aufgelöst, 1974 neu gegründet, nach 18 Jahren erneut aufgelöst)

Festival in Nancy wird zum »Festival mondial« des Theaters erweitert

Giorgio Strehler Direktor des Teatro stabile in Rom

(Okt.) Nach einer Aufführung von Shakespeares *Der Sturm* in der Amsterdamsche Stadsschouwburg werden die Schauspieler aus Protest gegen die in den Niederlanden herrschenden Theaterverhältnisse mit Tomaten beworfen – in die Theatergeschichte eingegangene legendäre »Actie Tomaat«, von grundlegender Bedeutung für den Erneuerungsprozeß des niederländ. Theaters

1. Internationales Pantomimen-Festival in Prag

Der ungar. Regisseur Péter Halász gründet u. a. mit der Schauspielerin Anna Koós das nicht-professionelle Kassák Stúdió Theater in Budapest; Aufführungen im gleichnamigen Kulturhaus oder unter freiem Himmel; 1976 Emigration, 1977–84 in New York als Squat Theater

Gründung des Kom-Teatteri in Helsiniki, eines der ältesten Gruppentheater Finnlands

Personen des Theaters / Bühnenereignisse	Zeitgeschichte / Theaterwesen

(1969) (5.3.) Joe Ortons letztes Stück *What the Butler Saw*
(*Was der Butler sah*) im Londoner Queen's Theatre u. a.
mit Sir Ralph Richardson posthum uraufgeführt

(22.4.) UA von David Storeys *In Celebration* (*Zur Feier
des Tages*) am Londoner Royal Court Theatre

UA von Harold Pinters *Silence/Landscape* (*Schweigen/
Landschaft*) in London

(Juni) UA von Fernando Arrabals *Et ils passèrent des
menottes aux fleurs* (*Und sie legten den Blumen Hand-
schellen an*) im Pariser Théâtre de l'Épée du bois in
eigener Regie

(21.9.) UA von Marguerite Duras' *Suzanna Andler/Vera
Baxter* (Berlin, Renaissance-Theater)

(1.10.) UA von Dario Fos *Mistero buffo* (La Spezia,
Teatro Ariston)

Mit seiner Truppe Gruppo di Teatro Azione inszeniert
Giorgio Strehler in eigener Übersetzung im röm. Teatro
Quirino die ital. EA des Peter-Weiss-Stücks *Gesang vom
lusitanischen Popanz* unter dem Titel *Cantata di un
mostro lusitano*

Luca Ronconis Inszenierung der auf öffentl. Plätzen
gezeigten Bearbeitung von Ludovico Ariosts Epos
L'Orlando Furioso (*Der rasende Roland*) beim Festival
dei Due Mondi in Spoleto macht den Regisseur international bekannt und wird bei Gastspielen in Europa
und den USA gezeigt

(1.3.) UA des mit dem Großen Preis der Sociedade Portuguesa de Escritores ausgezeichneten Stücks *Felizmente
ha luar!* (*Zum Glück scheint der Mond!*) des portug.
Autors Luís de Sttau Monteiro in Paris durch das Tea-
tro-Oficina Português. Das von der portug. Zensur verbotene Stück ist erst am 29. 9. 1978 in Lissabons Teatro
Nacional in der Regie des Autors zu sehen

(15.11.) UA des das Inzest-Thema behandelnden Stücks
Vrijdag (*Freitag*) des belg. Autors Hugo Claus (Amsterdam, De Nederlandse Comedie)

Nikolaj Erdmans 1928 als Bühnenmanuskript herausgege-
bene satirische Komödie *Samoubijza* (*Der Selbstmörder*)
wird in den Westen geschmuggelt und am 28.3. im
Stadsteater Göteborg uraufgeführt

(Sept.) Am Berliner Maxim Gorki Theater UA von *Tridca-
toe Avgusta. Bol'ševiki* (*Bolschewiki*) – letzter Teil einer
um die Person Lenins zentrierten Trilogie des russ.
Autors Michail Filippovič Šatrov (eig. Maršak)

(19.4.) UA von Ivan Klímas *Porota* (Die Geschworenen)
in Prag (Komorní divadlo)

(19.2.) UA des Schauspiels *Tuhkatriinumäng* (*Das Aschen-
puttelspiel*) des an der Erneuerung des estn. Theaters
wesentlich beteiligten Paul-Eerik Rummo in Tartu

Personen des Theaters / Bühnenereignisse

Zeitgeschichte / Theaterwesen

1970 Robert Schuster (*1970 Meißen), dt. Regisseur

(20.1.) Peter Weiss' *Trotzki im Exil* im Düsseldorfer Schauspielhaus uraufgeführt

(24.1.) UA von Peter Handkes *Quodlibet* (24.1., Komödie Basel, Regie Hans Hollmann)

UA von Harald Muellers *Großer Wolf* (7.3., Münchner Kammerspiele), *Halbdeutsch* (7.10., Münchner Kammerspiele; Landestheater Castrop-Rauxel)

(Mai) Fritz Kortner inszeniert als letzte Regiearbeit Lessings *Emilia Galotti* im Wiener Theater in der Josefstadt (mit Klaus Maria Brandauer)

(15.5.) UA von Rolf Hochhuths *Guerillas* (Staatstheater Stuttgart) durch Peter Palitzsch

(8.6.) Hans Magnus Enzensbergers dokumentarisches Stück *Das Verhör von Habana* von den Bühnen der Stadt Essen bei den Ruhrfestspielen in Recklinghausen uraufgeführt

(29.6.) Claus Peymann inszeniert die UA von Thomas Bernhards *Ein Fest für Boris* (Dt. Schauspielhaus Hamburg)

(17.9.) Heinrich Henkels *Eisenwichser* am Theater Basel uraufgeführt

UA im Düsseldorfer Schauspielhaus von Friedrich Dürrenmatts *Porträt eines Planeten* (8.11., Regie Erwin Axer), *Titus Andronicus* (nach Shakespeare, 12.12., Regie Karl Heinz Stroux)

(4.12.) UA von Dieter Fortes *Martin Luther & Thomas Münzer oder die Einführung der Buchhaltung* (Theater Basel)

(8.3.) UA von Samuel Becketts etwa eine Minute dauernden Stücks *Breath* (*Atem*) in der Oxford University

Im Londoner Royal Court Theatre (14.5.) UA des experimentellen Schauspiels *AC/DC* von Heathcote Williams, (17.6.) von David Storeys *Home* (*Heim*), (3.8.) des Schauspiels *The Philanthropist* (*Der Menschenfreund*) von Christopher Hampton

Pierre Dux künstlerischer Leiter (»administrateur«) der Comédie-Française

(24.1.) Eugène Ionescos *Jeux de massacre* (*Das große Massakerspiel*) unter dem Titel *Triumph des Todes* im Düsseldorfer Schauspielhaus uraufgeführt

Ariane Mnouchkine inszeniert (1970/71) die Kollektivproduktion des Théâtre du Soleil *1789: La révolution doit s'arrêter à la perfection du bonheur,* uraufgeführt am Piccolo Teatro di Milano, dann in der Cartoucherie gezeigt

(21.10.) Jean Anouilhs *Ne réveillez pas Madame* (*Wecken Sie Madame nicht auf*) in Paris (Comédie des Champs-Élysées) uraufgeführt

Giorgio Strehler inszeniert in Florenz Brechts *Die heilige Johanna der Schlachthöfe*

(5.12.) UA von Dario Fos *Morte accidentale di un anarchico* (*Zufälliger Tod eines Anarchisten*) in Varese

(12.8.) Unterzeichnung des »Moskauer Vertrags«; (7.12.) des »Warschauer Vertrags« mit dem Ziel der Normalisierung der jeweiligen bilateralen Beziehungen mit der BRD

(7./8.11.) Aus der Dortmunder Gruppe 61 löst sich auf Initiative Günter Wallraffs und Erika Runges der »Werkkreis Literatur der Arbeitswelt«

Neubau des Düsseldorfer Schauspielhauses eröffnet

Peter Stein übernimmt die Leitung der Schaubühne am Halleschen Ufer in Berlin, die u. a. mit seinen Inszenierungen europ. Rang bekommt; inszeniert zur Eröffnung Brechts *Die Mutter* (mit Therese Giehse)

(–78) Harry Buckwitz Intendant des Zürcher Schauspielhauses

Das Théâtre du Soleil läßt sich in der »Cartoucherie«, einer ehemaligen Munitionsfabrik im Osten von Paris nieder

(–79) Pierre Dux »administrateur-général« der Comédie Française

Peter Brook gründet mit Micheline Rozan in Paris mit Schauspielern aus vier Erdteilen das Centre International de Recherches Théâtrales (CIRT)

Ruth Berghaus stellvertretende Intendantin neben Helene Weigel, 1971–77 Intendantin des Berliner Ensembles

George Froscher gründet mit Kurt Bildstein das für die Entwicklung in Deutschland exemplarisch werdende Freie Theater München

Dario Fo und Franca Rame gründen das Theaterkollektiv Collettivo Teatrale »La Comune«

Erste Aufführungen des Amsterdamer Gruppentheaters Het Werkteater, das unter kollektiver Leitung nach genauen Recherchen innovative Produktionen über gesellschaftliche Probleme und Tabus entwickelt (1988 Ende eigener Produktionen)

Personen des Theaters / Bühnenereignisse	Zeitgeschichte / Theaterwesen

1971 Sarah Kane (1971 Essex–1999 London), brit. Dramatikerin
Lukas Bärfuss (*1971 Thun/Schweiz), schweizer. Autor
Tom Kühnel (*1971 Cottbus), dt. Regisseur

Peter Brook inszeniert mit Schauspielern seines Centre International de Recherches Théâtrales beim 5. Festival of Arts im Iran in Persepolis *Orghast* in einer mit Ted Hughes entwickelten, aus diversen Sprachrudimenten zusammengesetzten Kunstsprache

Peter Stein inszeniert Henrik Ibsens *Peer Gynt* an der Berliner Schaubühne am Halleschen Ufer

(22.1) Gerlind Reinshagens *Leben und Tod der Marilyn Monroe* im Landestheater Darmstadt uraufgeführt

(23.1.) Claus Peymann inszeniert die UA von Peter Handkes *Der Ritt über den Bodensee* an der Berliner Schaubühne am Halleschen Ufer

(27.1.) Peter Turrinis *Rozznjogd* im Wiener Volkstheater uraufgeführt

UA von R. W. Fassbinders *Blut am Hals der Katze* (20.3., Nürnberg, Kammerspiele, Gastspiel des antiteater), *Die bitteren Tränen der Petra von Kant* (5.6., Frankfurt/Main, Experimenta 4; Ensemble des Landestheaters Darmstadt); *Bremer Freiheit* (10.12., Bremer Theater, in der Regie des Autors)

(3.4.) UA von Franz Xaver Kroetz' *Heimarbeit/Hartnäckig* (Münchner Kammerspiele, Werkraumtheater), *Wildwechsel* in Dortmund

Harold Pinters *Old Times* (*Alte Zeiten*) in London uraufgeführt

(29.9.) UA von Edward Bonds *Lear* (London, Royal Court Theatre)

UA von Dario Fos *Tutti uniti! tutti insieme! Ma scusa quello non è il padrone?* (*Einer für alle, alle für einen! Verzeihung, wer ist hier eigentlich der Boß?*), *Morte e resurrezione di un pupazzo* (27.3. bzw. 4.12., beide Mailand, Capannone di via Colletta)

(29.11.) Großer Erfolg für den Sänger und Schauspieler Vladimir Semjonovič Vysockij (1938–80) mit seiner Darstellung der TR in Shakespeares *Hamlet*, die er bis zu seinem Tode im Moskauer Teatr Taganka in der Regie Jurij Ljubimovs spielt

(–84) Am Stary Teatr in Kraków inszeniert Andrzej Wajda mehrere Dostoevskij-Adaptionen, so (29. 4. 1971) *Die Dämonen*, (17. 2. 1977) *Nastasja Filipowna* nach dem Roman *Der Idiot*, (7. 10. 1984) *Schuld und Sühne*, die alle auch auf internationalen Gastspielen erfolgreich gezeigt werden

Pavel Kohouts Trilogie *Život v tichém domě* (*Das Leben im stillen Haus*); UA des 1. Teils *Válka ve třetím poschodí* (*Krieg im dritten Stock*) am 12.3. im Wiener Akademietheater, des 2. und 3. Teils *Pech pod strechou* (*Pech unterm Dach*), *Požar v suterénu* (*Brand im Souterrain*) am 15. 2. 1974 im Stadttheater Ingolstadt

(3.5.) Der offiziell aus Altersgründen zurückgetretene Walter Ulbricht wird durch Erich Honecker als Erster Sekretär des ZK der SED ersetzt; nach Honeckers Äußerung, ausgehend vom Sozialismus könne es in der Kunst keine Tabus geben, Hoffnung auf kulturpolitische Lockerungen

Gründung des in wechselnden Städten stattfindenden Norddeutschen Theatertreffens

Der Schweizer Pantomime Dimitri (*1935, eig. Dimitri Jakob Müller) gründet in Verscio das Teatro Dimitri, einzige Bühne des Kantons Tessin mit ständiger Truppe und regelmäßigen Veranstaltungen aller Sparten; 1975 Anschluß der Scuola Teatro Dimitri

Gründung der Theatergruppe 7:84 Theatre Company durch den engl. Dramatiker John McGrath (1935–2002); seit 1973 zwei unabhängig voneinander arbeitende Ensembles in England (bis 1983) und Schottland; Ziel der reisenden Gruppe ist, seine politischen und gesellschaftskritischen Stücke einem theaterungewohnten Publikum auch in entlegenen Regionen nahezubringen

Alan Ayckbourn Leiter des Stephen Joseph Theatre in Scarborough

Gründung des Théâtre National de Strasbourg (TNS)

Patrice Chéreau wird mit Roger Planchon Leiter des Théâtre National Populaire (TNP) im Lyoner Vorort Villeurbanne

(–77) Rolf Långbacka Leiter des Stadttheater Turku/Åbo (Turun kaupunginteatteri)

In Parma Gründung der Theatertruppe Compagnia del Collettivo di Parma; seit 1975 im Teatro Due beheimatet; seit Mitte der 1980er Jahre Teatro stabile privato

Gründung der katalan. Theatertruppe Els Comediants

Gründung des Staatstheaters Zyperns

Gründung des Roma-Theaters Pralipe in Skopje von Rahim Burhan; aus dem ehemaligen Jugoslawien emigriert, kooperierte die Gruppe seit 1991 mit dem Mülheimer Theater an der Ruhr; seit 2000 selbständig als eingetragener Verein (ab 2002 in Düsseldorf)

Personen des Theaters / Bühnenereignisse

1972 (11.3.) UA von Heiner Müllers *Macbeth* (nach Shakespeare) im Theater Brandenburg
(24.3.) *Trotzki in Coyoacan* von Hartmut Lange am Dt. Schauspielhaus Hamburg uraufgeführt
(3.4.) UA von Volker Brauns *Die Kipper* (Leipzig, Städt. Bühnen)
(4.5.) Ring-UA von Rolf Hochhuths *Die Hebamme*
Sensationeller Erfolg in der DDR von Ulrich Plenzdorfs *Die neuen Leiden des jungen W.* (UA 18.5., Landestheater Halle)
Peter Stein inszeniert an der Berliner Schaubühne am Halleschen Ufer Višnevskijs *Optimistische Tragödie*, Kleists *Prinz Friedrich von Homburg* (TR Bruno Ganz)
UA von Franz Xaver Kroetz' *Stallerhof* (24.6., Dt. Schauspielhaus Hamburg), *Oberösterreich* (11.10., Heidelberg, Städt. Bühnen)
(29.7.) Die Inszenierung Claus Peymanns von Thomas Bernhards *Der Ignorant und der Wahnsinnige* bei den Salzburger Festspielen wird zum Eklat, nachdem die Theaterleitung die vorübergehende Löschung der Notbeleuchtung verweigert hatte
Peter Zadek wird Intendant in Bochum; inszeniert dort seine und Tankred Dorsts Adaption von Falladas Roman *Kleiner Mann, was nun?* (22.9.), Shakespeares *Kaufmann von Venedig* (30.12., mit Hans Mahnke)
(22.11.) UA von Botho Strauß' *Die Hypochonder* (Hamburg, Dt. Schauspielhaus) durch Claus Peymann
(2.2.) UA von Tom Stoppards *Jumpers* (*Akrobaten*) im National Theatre (London)
(14.3.) UA von Brendan Behans *Richard's Cork Leg* (*Richards Korkbein*) in Dublin (Peacock Theatre)
(5.12.) Die Royal Shakespeare Company zeigt im Londoner Aldwych Theatre die UA von John Ardens *The Island of the Mighty* (*Die Insel der Mächtigen*)
Peter Brook unternimmt mit seiner Truppe eine dreimonatige Theater-Reise durch Afrika
Ariane Mnouchkine inszeniert die Kollektivproduktion *1793: La cité révolutionnaire est de ce monde* (1972/73) mit dem Théâtre du Soleil (Cartoucherie, Paris)
(27.1.) Eugène Ionescos Tragikomödie *Macbett* im Pariser Théâtre Rive Gauche uraufgeführt
(25.3.) Tadeusz Różewicz' *Na czworakach* (*Auf allen Vieren*) in Warszawa (Teatr Dramatyczny) uraufgeführt
Des niederländ. Autors Lodewijk de Boer anarchistisch-komischer Vierteiler *The Family* – »ein Familienglück für jedermann« in Amsterdam uraufgeführt (17. 11. 1972, 22. 12. 1972, 2. 2. 1973, 16. 3. 1973)

Zeitgeschichte / Theaterwesen

(28.1.) Im Zuge der Fahndung nach Mitgliedern der »Rote Armee Fraktion« (RAF) beschließen die Regierungschefs des Bunds und der Länder den sog. »Radikalenerlaß«, um Mitglieder extremer Organisationen aus dem öffentlichen Dienst fernzuhalten
(Juni) Festnahme der wichtigsten Mitglieder der RAF
(5./6.9.) Während der Olympischen Spiele in München Attentat der arab. Organisation »Schwarzer September« auf die israel. Mannschaft; dabei und dem folgenden Befreiungsversuch sterben 17 Menschen. Die Spiele werden nach einem Trauertag fortgesetzt.
(21.12.) Grundlagenvertrag zwischen der BRD und der DDR unterzeichnet

Internationales Theatertreffen anläßlich der Olympischen Spiele in München
Gründung des Kinder- und Jugendtheaters Rote Grütze in Berlin, dessen kollektiv erarbeitete emanzipatorische Stücke auf Widerstand konservativer Kreise stoßen
(–77) Peter Zadek (*1926) Intendant des Schauspielhauses Bochum, 1975–77 Mitglied des neu eingerichteten Leitenden Direktoriums
(–79) Alfred Kirchner Oberspielleiter am Staatstheater Stuttgart; unter Schauspieldirektor Peymann ab 1974 Mitglied im Direktorium
(–79) Ivan Nagel Intendant des Dt. Schauspielhauses Hamburg, dem er zu neuem Ansehen verhilft
(–80) Hans Lietzau Intendant der Staatl. Schauspielbühnen Berlin
(–80) Mitbestimmungsmodell im Schauspiel Frankfurt/ Main (dreiköpfiges Direktorium mit dem von der Stadt bestimmten Direktor Peter Palitzsch)
(–82) Gerhard Wolfram Intendant des Dt. Theaters Berlin
(–83) Kurt Meisel Intendant des Bayer. Staatsschauspiels München
Der Choreograph Gerhard Bohner (1936–92) wählt erstmals die Bezeichnung »Tanztheater« zur Kennzeichnung seiner Darmstädter Kompanie
Gründung der freien Gruppe Theatermanufaktur Berlin
Ian McKellen Mitbegründer der selbstverwalteten Actors' Company
Festival »Théâtre des Nations« in Paris wird eingestellt
Umbenennung des früheren Théâtre National Populaire im Pariser Palais de Chaillot in Théâtre National de Chaillot (TNC)
Erstes »Festival Mondial des Théâtres de Marionnettes«
Mimi Perlini gründet die »Compagnia Teatro La Maschera« in Rom
Gründung der unabhängigen Gruppe Onafhankelijk Toneel in Rotterdam, zu deren Zielen die Interaktion verschiedenster Kunstformen gehört
Der neue Intendant Józef Szajna macht aus dem Teatr Klasyczny (Klassisches Theater) eine experimentelle Studienbühne, seit 1980 unter dem Namen Centrum Sztuki Studio im. S. I. Witkiewicza (Kunstzentrum S. I. Witkiewicz-Studio-Theater) in Warszawa

Personen des Theaters / Bühnenereignisse	Zeitgeschichte / Theaterwesen

1973

UA von Heiner Müllers _Der Horatier_ (3.3., Berlin, Schiller-Theater), _Zement_ (nach Gladkov, 12.10., Berliner Ensemble, Regie Ruth Berghaus)

UA von Franz Xaver Kroetz' _Wunschkonzert_ (7.3., Staatstheater Stuttgart), _Maria Magdalena_ (nach Hebbel, 6.5., Heidelberg, Städt. Bühnen)

(17.3.) UA von Tankred Dorsts _Eiszeit_ (Schauspielhaus Bochum, Regie Peter Zadek)

(4.5.) UA von Volker Brauns _Hinze und Kunze_ (Städt. Bühnen Karl-Marx-Stadt, heute Chemnitz)

(8.3.) UA von Friedrich Dürrenmatts _Der Mitmacher_ (Zürcher Schauspielhaus)

(13./14.8.) Giorgio Strehlers Inszenierung seiner zweiteiligen Shakespeare-Bearbeitung _Das Spiel der Mächtigen_ (nach _Heinrich VI._) bei den Salzburger Festspielen

(9.9.) Außergewöhnlicher Erfolg der UA von Karl Otto Mühls »Altenstück« _Rheinpromenade_ (Wuppertal, Städt. Bühnen)

(19.9.) UA von Peter Hacks' erfolgreicher Komödie _Adam und Eva_ (Staatsschauspiel Dresden)

(20.2.) Brian Friels _The Freedom of the City_ (_Die Freiheit der Stadt_) in Dublin (Abbey Theatre) uraufgeführt

(12.4.) UA des Dramas _Savages_ (_Die Wilden_) von Christopher Hampton (London, Royal Court Theatre)

(April) John McGrath und die von ihm gegründete 7:84 Theatre Company Scotland führen erstmals sein Stück _The Cheviot, the Stag and the Black Black Oil_ in Aberdeens Art Centre auf – eines der erfolgreichsten sozialkritischen Stücke des Autors und der Gruppe

UA von Edward Bonds _The Sea_ (_Die See_) am 22.5. in London (Royal Court Theatre), _Bingo_ (14.11., Exeter, Northcott Theatre)

Alan Ayckbourns Dramentrilogie _The Norman Conquests_ (_Normans Eroberungen_) in Scarborough (Library Theatre) uraufgeführt: _Table Manners_ (18.6.), _Living Together_ (25.6.), _Round and Round the Garden_ (2.7.)

(26.7.) UA von Peter Shaffers _Equus_ am Londoner National Theatre – ein großer internationaler Erfolg

(14.11.) Eugène Ionescos _Ce formidable bordel!_ (_Welch gigantischer Schwindel!_) im Pariser Théâtre Moderne uraufgeführt

Aleksandr Vampilovs _Prošlym letom w Čulimske_ (_Letzten Sommer in Tschulimsk_) in Moskau (Ermolova teatr) uraufgeführt

1974

(22.2.) UA von Rolf Hochhuths _Lysistrate und die NATO_ (Schauspielhaus Essen, Volkstheater Wien)

(17.4.) UA von Peter Handkes _Die Unvernünftigen sterben aus_ (Zürich, Theater am Neumarkt)

UA von Thomas Bernhards _Die Jagdgesellschaft_ (4.5., Burgtheater Wien), _Die Macht der Gewohnheit_ (27.7., Salzburger Festspiele, Regie Dieter Dorn)

(9.6.) UA von Heiner Müllers _Herakles 5_ (Berlin, Schiller-Theater)

(14.9.) UA von Gerlind Reinshagens _Himmel und Erde_ (Staatstheater Stuttgart, Regie Peymann)

1973

(1.1.) Beitritt Dänemarks, Großbritanniens und Irlands zur Europäischen Gemeinschaft

(24./25.3.) Gründung der sich als Avantgarde verstehenden »Grazer Autorenversammlung« (GAV); Präsident H. C. Artmann

Kurt Hübner beendet nach kulturpolitischen Unstimmigkeiten seine Intendanz in Bremen, übernimmt (–86) die Intendanz der Freien Volksbühne Berlin

Pina Bausch leitet das von ihr in Tanztheater Wuppertal umbenannte Ballett des Wuppertaler Theaters

John Neumeier (*1942) Leiter des Hamburg Balletts

(–88) Peter Hall übernimmt als Nachfolger Laurence Oliviers die Direktion des engl. Nationaltheaters

Gründung des bis Ende der 1980er Jahre bestehenden Publiekstheater in Amsterdam durch Hans Croiset

Als Teil eines feministischen Kulturzentrums in Rom Gründung von La Maddalena, des einzigen ital. Theaters, das nur von Frauen kollektiv geleitet, betrieben und verwaltet wird (besteht bis Ende der 1980er Jahre)

1974

(25.4.) Sturz des autoritär-faschistischen Systems in Portugal durch einen Staatsstreich der »Bewegung der Streitkräfte« (Movimento das Forças Armadas) – die sog. »Nelkenrevolution«; General Ribeiro de Spínola übernimmt Regierungsgeschäfte und leitet den demokratischen Umbau Portugals ein

Malta unabhängige Republik

(–75) Rainer Werner Fassbinder (1945–82) Intendant des Frankfurter Theater am Turm (TAT)

Personen des Theaters / Bühnenereignisse

(1974) UA von Christoph Heins *Schlötel oder Was soll's* am der Berliner Volksbühne (Regie Manfred Karge/Matthias Langhoff)

An der Berliner Schaubühne inszenieren Peter Stein Gor'kijs *Sommergäste*; Stein und Klaus Michael Grüber das mehrteilige *Antikenprojekt*

UA von Robert Wilsons *DiaLog/A Mad Man A Mad Giant A Mad Dog A Mad Urge A Mad Face* (3.3., Villa Borghese, Rom), *A Letter for Queen Victoria* (15.6., Teatro Caio Melisso, Spoleto)

(29.1.) UA von David Hares *Knuckle* (*Eine Stadt wird vernommen*) im Oxford Playhouse

(10.6.) In der Regie Peter Woods UA von Tom Stoppards *Travesties* durch die Royal Shakespeare Company im Londoner Aldwych Theatre

UA der von Jérôme Savary und seinem Grand Magic Circus (et ses animaux tristes) erarbeiteten Revue *De Moïse à Mao* (*Von Moses bis Mao*)

(3.10.) UA von Dario Fos international erfolgreicher Farce *Non si paga! Non si paga!* (*Bezahlt wird nicht!*) in Mailand, Palazzina Liberty

(24.10.) Slawomir Mrozeks *Emigranci* (*Emigranten*) im Pariser Théâtre d'Orsay (Regie Roger Blin) uraufgeführt; poln. EA am 14. 12. 1975 in Warszawa (Teatr Wspólczesny)

(8.2.) UA von Václav Havels *Spiklenci* (*Die Retter*) im Stadttheater Baden-Baden

Avondrood – Projekt der Amsterdamer Gruppe Het Werkteater über Altwerden und Altersheime

1975 (23.1.) UA von Tankred Dorsts (mit U. Ehler): *Auf dem Chimborazo* (Berlin, Schloßpark-Theater)

(März) Samuel Beckett inszeniert am Berliner Schiller-Theater sein Stück *Warten auf Godot*

Peter Zadek inszeniert (4.4.) in Hamburg Ibsens *Die Wildente*

UA von Heiner Müllers *Traktor* (27.4., Neustrelitz, Friedrich-Wolf-Theater), *Die Schlacht* (30.10., Berlin, Volksbühne, Regie Karge/Langhoff), *Mauser* (3.12., Austin/Texas, Austin Theater Group)

(17.5.) UA von Thomas Bernhards *Der Präsident* (Burgtheater Wien, Regie Ernst Wendt)

Klaus Michael Grüber inszeniert in Berlin mit Bruno Ganz *Empedokles. Hölderlin lesen,* in Paris die Goethe-Paraphrase *Faust-Salpêtrière* als erste Inszenierung in Frankreich

UA von Franz Xaver Kroetz' *Weitere Aussichten* (21.6., Karl-Marx-Stadt, Städt. Bühnen), *Das Nest* (25.8., München, Modernes Theater)

(29.7.) Fritz Hochwälders *Lazaretti oder Der Säbeltiger* bei den Salzburger Festspielen uraufgeführt

(2.9.) UA von Botho Strauß' *Bekannte Gesichter, gemischte Gefühle* (Staatstheater Stuttgart, Regie N.-P. Rudolph)

Zeitgeschichte / Theaterwesen

(–79) Claus Peymann Schauspieldirektor am Württemberg. Staatstheater Stuttgart

(–88) Christoph Schroth Schauspieldirektor am Staatstheater Schwerin, wo seine spektakulären Inszenierungen Aufsehen erregen

Der slovak. Pantomime, Schauspieler, Regisseur Milan Sládek (*1938) gründet in Köln das stehende Pantomimentheater Theater Kefka

Peter Brook und sein Centre International de Recherches Théâtrales (CIRT) übernehmen das vom Abriß bedrohte Théâtre des Bouffes du Nord in Paris; Umbenennung in Centre International de Créations Théâtrales (CICT)

Jean-Louis Barrault/Madeleine Renaud übernehmen mit ihrer Truppe das Théâtre d'Orsay in Paris

Jean Jourdheuil und Jean-Pierre Vincent gründen das Théâtre de l'Espérance

(–92) Zusammenschluß einer Reihe von Kopenhagener Theatern in Den Storkøbenhavnske Landsdelsscene, u. a. um durch eine Art internen Finanzausgleichs experimentelle und damit ökonomisch riskante Produktionen zu ermöglichen

Die für die Entwicklung des Theaters auf Malta wichtige Atturi Theatre Group gegründet, die nicht nur die Hauptstadt Valletta bespielte

Nach dem Tod General Francos (1892–1975) wird Spanien konstitutionelle Monarchie

Die Schlußakte der in Helsinki stattfindenden Konferenz für Sicherheit und Zusammenarbeit in Europa wird von 35 Staaten unterzeichnet

Beginn des Prozesses gegen führende Mitglieder der Roten Armee Fraktion (RAF) in Stuttgart-Stammheim

Festival »Theater der Nationen« erstmals unter der Leitung des Internationalen Theaterinstituts (ITI) in Warschau

(–78) George Tabori leitet das experimentelle Bremer Theaterlabor im Rahmen des Bremer Theaters

(–79) Hansgünther Heyme Intendant des Schauspiels Köln als primus inter pares eines Direktoriums

Jean-Pierre Vincent übernimmt die Leitung des Théâtre National de Strasbourg, das er zu einer der wichtigsten franz. Bühnen außerhalb von Paris macht

Gründung des Festival of Fools in Amsterdam, bei dem alternative Theater und die Straße bespielt werden (zuletzt 1984)

Personen des Theaters / Bühnenereignisse	Zeitgeschichte / Theaterwesen

(1975) UA von Peter Hacks' *Das Jahrmarktsfest zu Plundersweilern* (nach Goethe, 11.10., Berlin, Kammerspiele), *Rosie träumt* (nach Hrosvith von Gandersheim, 19.12., Maxim Gorki Theater Berlin)

(28.11.) George Tabori inszeniert am Theater Bremen die UA seines Stücks *Sigmunds Freude* (nach F. S. Perls) im Rahmen des von ihm geleiteten »Theaterlabors«

(6.12.) Claus Peymann inszeniert in Stuttgart *Das Käthchen von Heilbronn* (Kleist)

(23.4.) UA von Harold Pinters *No-Man's Land* (*Niemandsland*) in London durch das National Theatre mit Sir Ralph Richardson und Sir John Gielgud

Mitte der 1970er Jahre zieht sich Jerzy Grotowski von der praktischen Theaterarbeit zurück, beschäftigt sich mit Treffen und Workshops, die *Special Project* und *The Mountain Project* genannt wurden

(20.2.) UA von Trevor Griffiths' *Comedians* (*Komiker*) im Nottingham Playhouse

Ariane Mnouchkine inszeniert die Kollektivarbeit des Théâtre du Soleil *L'âge d'or* in der Pariser Cartoucherie

(1.12.) Eugène Ionescos *L'homme aux valises* (*Der Mann mit den Koffern*) uraufgeführt im Pariser Théâtre de l'Atelier

(27.9.) UA von Per Olov Enquists *Tribardernas natt* (*Die Nacht der Tribaden*) im Stockholmer Dramaten

(24.2.) UA von Tadeusz Różewicz' *Biale malzenstwo* (*Weiße Ehe*) in Warszawa (Teatr Narodowy)

(15.11.) In der Galerie Krzysztofory in Kraków UA von Tadeusz Kantors *Die tote Klasse* (*Umarła klasa*), ein Projekt nach *Tumor Mózgowicz* von Stanisław Ignacy Witkiewicz – Beginn von Kantors bedeutendster und international erfolgreicher Schaffensphase

(1.11.) UA von Václav Havels *Zebrácká opera* (*Die Gauneroper*) in Horní Počernice (Divadlo na tahu)

1976 (11.3.) UA von Bertolt Brechts Fragment *Untergang des Egoisten Fatzer* (Berlin, Schaubühne am Halleschen Ufer)

(20.3.) UA von Peter Hacks' wohl erfolgreichstem Stück (über 200 Inszenierungen weltweit) *Ein Gespräch im Hause Stein über den abwesenden Herrn von Goethe* (Staatsschauspiel Dresden)

(31.3.) UA von Wolfgang Bauers *Magnetküsse* (Wien, Akademietheater)

(7.5.) Peter Zadeks Aufsehen erregende Inszenierung von Shakespeares *Othello* im Hamburger Dt. Schauspielhaus mit Ulrich Wildgruber und Eva Mattes

(29.5.) UA von Volker Brauns *Tinka* (Städt. Bühnen Karl-Marx-Stadt, heute Chemnitz)

(29.5.) Gerlind Reinshagens *Sonntagskinder* im Staatstheater Stuttgart uraufgeführt

UA von Thomas Bernhards *Die Berühmten* (8.6., Wien, Theater an der Wien), *Minetti* (1.9., Stuttgart, Regie: Claus Peymann) mit Bernhard Minetti

(9.5.) Die Journalistin und Mitglied der Roten Armee Fraktion Ulrike Meinhof wird erhängt in ihrer Zelle in Stuttgart-Stammheim gefunden

Nach einem genehmigten Konzert in Köln wird der Liedermacher Wolf Biermann durch Entscheidung des Politbüros aus der DDR ausgebürgert. Die sog. »Biermann-Affäre« führt in der DDR zu Solidaritätsbekundungen für Biermann, in deren Folge zahlreiche Künstler die DDR verlassen

Gründung der Mülheimer Theatertage, eines jährlichen Theatertreffens in Mülheim an der Ruhr zur Förderung des neuen deutschsprachigen Dramas

(–86) Achim Benning Leiter des Wiener Burgtheaters

(–96) Die Tänzerin und Choreographin Marcia Haydée (*1937) Leiterin des Stuttgarter Balletts

Gründung der freien Gruppe theaterwerkstatt hannover

Bernhard Paul gründet den Circus Roncalli

Eugenio Barba veröffentlicht das Manifest *The Third Theatre*

Personen des Theaters / Bühnenereignisse

Zeitgeschichte / Theaterwesen

(1976) (6.10.) UA von Fitzgerald Kusz' in viele Dialekte übersetztes Lustspiel *Schweig, Bub!* (Nürnberg, Volkstheater)
(23.10.) UA von George Taboris *Talk Show* (Theater Bremen, Concordia)
(17.11.) UA von Thomas Braschs *Der Papiertiger* (Austin, The Austin Theater)
UA von Samuel Becketts *Le dépeupleur* (*Der Verwaiser*) in New York, (20.5.) *That Time/Footfalls* (*Damals/Tritte*) in London (Royal Court Theatre, Regie der Autor)
(Jan.) UA von Antonio Buero Vallejos *Lo doble historia del doctor Valmy* (Teatro Benavente, Madrid) – 1964 entstanden, von der Zensur bis 1976 verboten
(2.3.) UA von Dario Fos Farce *La marijuana della mamma è più bella* (*Mamma hat den besten Shit*) in Mailands Palazzina Liberty
Come! And the Day will be Ours – Projekt des Odin Teatret in Holstebro
(9.10.) UA von Václav Havels *Audience/Vernisáž* (*Audienz/Vernissage*) im Wiener Akademietheater

1977 UA von Franz Xaver Kroetz' *Sterntaler* (13.1., Staatstheater Braunschweig), *Agnes Bernauer* (8.5., Leipzig, Städt. Theater), *Verfassungsfeinde* (9.5., Staatstheater Dresden)
UA von George Taboris *Die 25. Stunde* (10.2., Haarlem, Centrum-Bellevue), *Verwandlungen* (nach Kafka, 23.2., Münchner Kammerspiele, Regie der Autor), *Der Hungerkünstler* (nach Kafka, 10.6., Theater Bremen, Regie der Autor)
Peter Zadek inszeniert in Bochum (17.2.) Henrik Ibsens *Hedda Gabler* und (30.9.) als grotesk-blutiges Spektakel Shakespeares *Hamlet*
Claus Peymann inszeniert in Stuttgart Goethes (26./27.2.) *Faust I* und *II* und (11.11.) *Iphigenie auf Tauris*
Jürgen Flimm inszeniert *Der Untertan* (nach Heinrich Mann) an zwei Abenden im Schauspielhaus Bochum
Klaus Michael Grüber inszeniert im Berliner Olympiastadion *Die Winterreise* (nach Hölderlin)
(18.5.) UA von Botho Strauß' *Trilogie des Wiedersehens* (Hamburg, Dt. Schauspielhaus)
(5.8.) UA von Rolf Hochhuths *Tod eines Jägers* bei den Salzburger Festspielen
UA von Thomas Braschs *Die argentinische Nacht* (19.10., Tübingen, Zimmertheater) und des »Märchens aus Deutschland« *Rotter* (21.12., Staatstheater Stuttgart)
(10.12.) UA von Volker Brauns *Guevara oder Der Sonnenstaat* (Mannheim, Nationaltheater)
(1.2.) Barrie Keeffes *Gimme Shelter* (*Gimme Shelter – Helden ohne Hoffnung*) als Trilogie im Londoner Soho Poly Theatre Club uraufgeführt
UA von Bernard-Marie Koltès' *La nuit just avant les forêts* (*Die Nacht kurz vor den Wäldern*) beim Off-Off-Festival in Avignon, *Sallinger* in Lyon (Théâtre de l'Eldorado)
(25.10.) UA von Marguerite Duras' *Eden-Cinéma* im Pariser Théâtre d'Orsay mit Madeleine Renaud

Gründung des Ro-Theaters in Rotterdam durch den belg. Regisseur Franz Marijnen
(25.10.) Eröffnung des neuen National Theatre (mit drei Bühnen) in London unter der Leitung von Peter Hall
Eröffnung des Teatre Lliure (Freies Theater) in Barcelona, das ein Zentrum experimenteller Theaterarbeit wird und sich um den Aufbau eines katalan. Repertoires bemüht
Festival »Theater der Nationen« in Belgrad
Augusto Boal: *Teatro do oprimido e outras poéticas políticas* (*Das Theater der Unterdrückten*)

(7.4.) Generalbundesanwalt Siegfried Buback und sein Fahrer von Mitgliedern der Roten Armee Fraktion (RAF) erschossen
(28.4.) Die Mitglieder der RAF Andreas Baader, Gudrun Ensslin, Jan Carl Raspe zu lebenslanger Haft verurteilt
(5.9.) Der Präsident des Arbeitgeberverbandes Hanns Martin Schleyer entführt; (13.10.) um die Forderung nach Entlassung von RAF-Häftlingen zu unterstützen, entführen Palästinenser ein dt. Flugzeug in die somalische Hauptstadt Mogadischu; (18.10.) die Maschine wird durch die dt. Spezialeinheit GSG 9 gestürmt und die Geiseln befreit; am selben Tag werden Andreas Baader, Gudrun Ensslin und Jan Carl Raspe in Stuttgart-Stammheim tot aufgefunden; (19.10.) Hanns Martin Schleyer im franz. Mulhouse tot aufgefunden – Krise des Rechtsstaats, als »Deutscher Herbst« in die Geschichte eingegangen
(17./18.9.) Formelle Auflösung der Gruppe 47 bei einem letzten Treffen in Saulgau
In Prag gründet sich die Bürgerrechtsbewegung »Charta 77« um den Schriftsteller Václav Havel; in ihrem Manifest fordern die Beteiligten Wahrung der Menschen- und Bürgerrechte in der Tschechoslowakei
Documenta 6 in Kassel gibt einen Überblick über die Performance-Entwicklung der 1970er Jahre

Festival »Theater der Nationen« in Paris
(–91) Manfred Wekwerth (*1929) Intendant des Berliner Ensembles
Jacques Lecoq gründet das Laboratoire d'Etude du Mouvement (Labor für Bewegungsstudien, LEM) an der Pariser Hochschule für Architektur
Jean-Louis Martinelli gründet die Compagnie du Théâtre du Réfectoire in Lyon

Personen des Theaters / Bühnenereignisse	Zeitgeschichte / Theaterwesen

(1977) (6.12.) UA von Franca Rames/Dario Fos *Tutta casa, letto e chiesa* (*Nur Kinder, Küche, Kirche*) in Mailand, Palazzina Liberty
Die preisgekrönte Produktion *La torna* der katalan. Gruppe Els Joglars, eine satirische Abrechnung mit dem span. Diktator Franco und den Streitkräften, uraufgeführt (führt 1978 zur Verhaftung und Verurteilung des Ensembles durch das Kriegsgericht)
UA des Schauspiels *O encoberto* (*Der Verschollene*) von Natália Correia (1923–93) in Lissabon (Teatro Maria Matos)
Als de dood und *Je moet ermee leven* – Projekte der Amsterdamer Gruppe Het Werkteater über Tod und Sterbebegleitung
UA von Josef Svobodas/Eduard Schorms erfolgreichster Arbeit für das Prager Theater Laterna Magika, *Kouzelný cirkus* (bislang fast 5000mal weltweit aufgeführt)

Der ital. Regisseur und Theaterleiter Luca Ronconi gründet (und leitet bis 1979) das Laboratorio di progettazione teatrale in Prato
(–85) Gerardjan Rijnders künstlerischer Leiter der Theatergruppe Globe in Eindhoven, die sich zu einer der aufsehenerregendsten niederländ. Theatergruppen entwickelt
Gründung des experimentellen »Zentrums für Theaterpraxis« Gardzienice im Dorf Gardzienice im südöstlichen Polen durch Włodzimierz Staniewski (*1950)

1978   Pina Bauschs richtungsweisende Choreographien *Café Müller* und *Kontakthof* im Wuppertaler Tanztheater
(27.1.) UA von Herbert Achternbuschs *Ella* (Staatstheater Stuttgart, Regie der Autor)
(5.3.) Manfred Karge und Matthias Langhoff inszenieren im Dt. Schauspielhaus Hamburg Kleists *Prinz Friedrich von Homburg* und Brechts *Fatzerfragment*
(7.3.) UA von Thomas Braschs *Lovely Rita* (Berlin, Schiller-Theater)
(15.4.) UA von Thomas Bernhards *Immanuel Kant* (Staatstheater Stuttgart, Regie Peymann)
(20.4.) UA von Heiner Müllers *Germania Tod in Berlin* (Münchner Kammerspiele)
(23.9.) UA von Franz Xaver Kroetz' *Mensch Meier* (Düsseldorf, Schauspielhaus und 2 weitere Theater)
(19.11.) George Tabori inszeniert seine Shakespeare-Paraphrase *Ich wollte, meine Tochter läge tot zu meinen Füßen und hätte die Juwelen in den Ohren* (Münchner Kammerspiele)
(8.12.) UA von Botho Strauß' *Groß und klein* in der Berliner Schaubühne am Halleschen Ufer durch Peter Stein
(11.1.) UA von Alan Ayckbourns *Joking Apart* (*Spaß beiseite*) in Scarborough (Stephen Joseph Theatre in the Round)
(15.11.) Harold Pinters *Betrayal* (*Betrogen*) im Londoner National Theatre uraufgeführt
(25.12.) Viktor S. Rozovs viel gespieltes Drama *Gnezdo glucharja* (*Das Nest des Auerhahns*) uraufgeführt in Irkutsk (Teatr im. Ochlobkova)
UA von Tadeusz Różewicz' *Odejscie Glodomora* (*Der Abgang des Hungerkünstlers*)
Dušan Jovanovics international erfolgreiches Drama *Osvoboditev Skopja* (*Die Befreiung von Skopje*) 1978 in Zagreb in kroat., 1979 in Ljubljana in sloven. Sprache erstaufgeführt

Offizielle Abschaffung der Zensur in Spanien im Zusammenhang mit der Verabschiedung der neuen Verfassung

(–86) Reinhild Hoffmann Leiterin des Bremer Tanztheaters (zeitweise mit Gerhard Bohner)
Der Schauspieler Martin Lüttge u. a. gründen das Theaterkollektiv Zelttheater (heute: Theaterhof) Priessenthal
(4.5.) Mit Jean Genets *Der Balkon* eröffnet der Regisseur und Theaterleiter Hans Gratzer das Schauspielhaus in Wien, das er (Ausnahme 1986–90) bis 2001 leitet
(–89) Peter Wood »associate director« des National Theatre in London
In Spanien Gründung des Instituto Nacional de las Artes Escénicas y de Música (INAEM) und des staatl. subventionierten Centro Dramático Nacional (CDN), dem in Madrid das Teatro Bellas Artes und das Teatro Maria Guerrero zur Verfügung stehen
Gründung des Teatro Estable Castellano (TEC) in Madrid, zu dem u. a. die experimentelle Gruppe Teatro Experimental Independiente (TEI) gehörte
Das alternative Teatr Kana im poln. Szczecin gegründet

Personen des Theaters / Bühnenereignisse

Zeitgeschichte / Theaterwesen

1979 (12.2.) UA des ersten Teils von Robert Wilsons *Death, Destruction & Detroit* in der Berliner Schaubühne am Halleschen Ufer; zweiter Teil am 27. 2. 1987 in der Berliner Schaubühne am Lehniner Platz; dritter Teil am 7. 7. 1999 im Lincoln Center New York

UA von Heiner Müllers »Greuelmärchen« *Leben Gundlings Friedrich von Preußen Lessing Schlaf Traum Schrei* (26.1., Frankfurt/Main, Schauspiel), *Hamletmaschine* (30.1., Saint-Denis, Théâtre Gérard Philipe, Regie Jean Jourdheuil)

UA von Thomas Bernhards *Der deutsche Mittagstisch* (7.2., Bochum und Stuttgart), *Vor dem Ruhestand* (29.6., Staatstheater Stuttgart, Regie: Peymann)

(24.2.) UA von Arthur Schnitzlers *Das Haus Delorme* (Burgtheater Wien)

(22.4.) UA von Volker Brauns *Großer Frieden* (Berliner Ensemble, Regie Manfred Wekwerth)

(17.5.) George Tabori inszeniert in München die UA seines Stücks *My Mother's Courage* (Münchner Kammerspiele)

(13.9.) Friedrich Dürrenmatt inszeniert die UA seines Stücks *Die Panne* in Wilhelmsbad/Hanau

(28.9.) UA von Ernst Jandls *Aus der Fremde* im Rahmen des »steirischen herbsts« in Graz

(6.10.) UA von Elfriede Jelineks *Was geschah, nachdem Nora ihren Mann verlassen hatte oder Stützen der Gesellschaft* (UA 6.10., Vereinigte Bühnen Graz)

(9.10.) UA von Max Frischs *Triptychon* (Lausanne, Centre Dramatique)

(10.11.) UA von Else Lasker-Schülers *IchundIch* im Düsseldorfer Schauspielhaus

(14.2.) Caryl Churchills *Cloud Nine* (*Siebter Himmel*) in Dartington (Joint Stock Theatre Group) uraufgeführt

(2.11.) Peter Hall inszeniert die UA von Peter Shaffers weltweit erfolgreichstem Stück *Amadeus* (London, National Theatre)

(5.5.) UA von Samuel Becketts *Fragments de Théâtre I+II* (*Bruchstücke I/II*) in Hamburg (Thalia Theater)

(15.5.) Ariane Mnouchkine inszeniert am Théâtre du Soleil in der Cartoucherie ihre Adaption *Méphisto. Le roman d'une carrière d'après Klaus Mann* (*Mephisto. Roman einer Karriere nach Klaus Mann*)

(2.10.) UA von Raymond Cousses *Stratégie pour deux jambons* (*Strategie eines Schweins*) in Paris (Le Lucernaire-Forum)

(17.11.) UA von Václav Havels *Protest* (Wien, Akademietheater)

1980 Peter Stein inszeniert alle drei Teile von Aischylos' *Orestie* (über acht Stunden Spielzeit) in eigener Übersetzung als letztes monumentales Projekt der Berliner Schaubühne am Halleschen Ufer vor dem Umzug an den Lehniner Platz

(16.10.) UA von Heinar Kipphardts *März, ein Künstlerleben* im Düsseldorfer Schauspielhaus

Pina Bausch choreographiert *Bandoneon* (Wuppertaler Tanztheater)

Erste Ausgabe der alternativen »tageszeitung« (taz) erscheint

Partei der Grünen konstituiert sich als Bundespartei

Festival »Theater der Nationen« in Hamburg

(–85) Jürgen Flimm Intendant am Schauspiel Köln, viel beachtete Eröffnungspremiere von Kleists *Käthchen von Heilbronn* (mit K. Thalbach)

(–85) Hansgünther Heyme Schauspieldirektor des Staatstheaters Stuttgart

(–86) Claus Peymann (*1937) innerhalb eines Leitungsteams (u.a. mit Hermann Beil, Alfred Kirchner) Intendant des Bochumer Schauspielhauses

(–89) Johann Kresnik Ballettdirektor in Heidelberg

Zentralverband Schweizer Volkstheater (ZSV) aus dem Zusammenschluß der Gesellschaft für das Schweizer. Volkstheater und dem Zentralverband Schweizer. Dramatischer Vereine entstanden

Gründung der Centres dramatiques nationaux pour l'enfance et la jeunesse in Caen, Lille, Lyon, Nancy, Saint-Denis und Sartrouville

Augusto Fernandes und Lew Bogdan gründen in Nancy das Institut Européen de l'Acteur, das sich der Fortbildung professioneller Schauspieler widmet

Gründung der experimentellen katalan. Gruppe La Fura dels Baus (»Kanalratten«)

Das zimmertheatergroße Teatro dell'acqua im ital. Gargnano (Gardasee) durch den Regisseur Cesare (*1953) und den Bühnenbildner Daniele Lievi (1954–90) gegründet

Das Théâtre du Point Aveugle (seit 1984 in Marseille) u.a. von François-Michel Pesenti gegründet, der als dessen Intendant, Regisseur und Bühnenbildner fungiert

(3.5.) Mehrere Tausend Atomkraftgegner errichten bei Gorleben die »Freie Republik Wendland«; am 4.6. von Polizei und Grenzschutz geräumt

(17.9.) Gründung der Gewerkschaft Solidarność in Danzig u.a. mit Lech Wałęsa

Gründung des mobilen Stadttheaters Theater an der Ruhr in Mülheim durch Roberto Ciulli (*1934) und Helmut Schäfer (*1952) als »Alternative zu herkömmlichen dt. Theaterstrukturen«

Personen des Theaters / Bühnenereignisse	Zeitgeschichte / Theaterwesen
(1980) (12.1.) UA von Thomas Braschs *Lieber Georg* (Schauspielhaus Bochum, Regie Karge/Langhoff) UA von Rolf Hochhuths *Juristen* (Ring-UA 14.2.), *Ärztinnen* (9.11., Nationaltheater Mannheim) (26.4.) UA von Volker Brauns *Simplex Deutsch* (Berliner Ensemble) (8.5.) George Tabori inszeniert die UA von Hans Magnus Enzensbergers Gesängen *Der Untergang der Titanic* (Münchner Kammerspiele) (9.5.) UA von Gerlind Reinshagens *Das Frühlingsfest* (Schauspielhaus Bochum) (22.5.) UA von Franz Xaver Kroetz' *Der stramme Max* (Festspielhaus Recklinghausen) UA von Peter Hacks' *Die Vögel* (3.6., Staatsschauspiel Dresden), *Senecas Tod* (27.9., Dt. Theater Berlin/Staatsschauspiel Dresden) UA von Heiner Müllers 1964 veröffentlichtem und heftig kritisiertem Produktionsstück *Der Bau* (3.9., Berlin, Volksbühne), *Der Auftrag* (13.11., Berlin, Volksbühne, Regie der Autor) (6.9.) Claus Peymann inszeniert im Schauspielhaus Bochum die UA von Thomas Bernhards *Der Weltverbesserer* mit Bernhard Minetti (20.9.) UA von Tankred Dorsts (mit U. Ehler) *Die Villa* (Düsseldorfer Schauspielhaus) (5.10.) UA von Ödön von Horváths *Mord in der Mohrengasse* (Wien, Akademietheater) (23.10.) UA von Herbert Achternbuschs *Kuschwarda City*, *Susn* (beide Schauspielhaus Bochum) (24.4.) UA von Harold Pinters *The Hothouse* (*Das Treibhaus*) in London (Hampstead Theatre) (23.9.) UA von Brian Friels *Translations* (*Sprachstörungen*) in Londonderry (Guildhall) (25.9.) UA von Alan Ayckbourns *Season's Greetings* (*Schöne Bescherungen*) in Scarborough (Stephen Joseph Theatre) (16.10.) Howard Brentons *The Romans in Britain* (*Die Römer in England*) im National Theatre (London) uraufgeführt (23.6.) In Florenz UA von Tadeusz Kantors im Titel auf seinen Geburtsort anspielenden Projekt *Wielopole, Wielopole* UA von Kostas Mourselas' *Enydrio* (*Aquarium*) im Nationaltheater in Athen Der lit. Regisseur Eimuntas Nekrošius inszeniert die UA seines eigenen Stücks *Kvadratas* im Staatl. Jugendtheater (Jaunimo Teatras) in Vilnius	(–85) Niels-Peter Rudolph Intendant des Dt. Schauspielhauses Hamburg Jean-Louis Barrault übernimmt mit seiner Compagnie Renaud Barrault das Pariser Théâtre du Rond-Point (–85, 1993–2002) Bernard Faivre d'Arcier Direktor des Festival d'Avignon Festival »Theater der Nationen« in Amsterdam Eugenio Barba gründet in Holstebro am Odin Teatret die International School of Theatre Anthropology (ISTA)
1981 (10.1.) Peter Zadek und Jérôme Savary inszenieren am Berliner Schiller-Theater die UA der Fallada-Revue *Jeder stirbt für sich allein* (12.1.) UA von Friederike Roths *Klavierspiele* (Dt. Schauspielhaus Hamburg) (31.5.) UA von Franz Xaver Kroetz' *Nicht Fisch nicht Fleisch* (Düsseldorfer Schauspielhaus)	Gegen den »NATO-Doppelbeschluß« Demonstrationen der Friedensbewegung in ganz Europa François Mitterand zum Präsidenten Frankreichs gewählt; Kulturminister wird der Mitinitiator des Festivals von Nancy, Jack Lang (–83) General Jaruzelski verhängt Kriegsrecht in Polen, Gewerkschaft Solidarność verboten Erste Erwähnung der Immunschwächekrankheit AIDS

Personen des Theaters / Bühnenereignisse

(1981) (27.6.) UA von Robert Wilsons *The Man in the Raincoat* (Schauspielhaus Köln) im Rahmen des Festivals Theater der Welt

Claus Peymann inszeniert in Bochum (15.9.) Lessings *Nathan der Weise* mit Gert Voss und Traugott Buhre

Jürgen Flimms gefeierte Inszenierung von Büchners *Leonce und Lena* in Köln

(18.8.) Bei den Salzburger Festspielen UA von Thomas Bernhards *Am Ziel*

(22.9.) Nikolaus Paryla inszeniert (und spielt) die UA von Patrick Süskinds international erfolgreichem Einpersonenstück *Der Kontrabaß* (München, Cuviliéstheater)

Von theatergeschichtlichem Rang Christian Grashofs Darstellung in Büchners *Dantons Tod* (Dt. Theater Berlin), bei dem er in der Regie Alexander Langs Danton und Robespierre verkörpert

(25.9.) Jérôme Savary inszeniert mit Mitgliedern des Dt. Schauspielhauses Hamburg und des Grand Magic Circus die Weltkriegs-Revue *Weihnachten an der Front* (Hamburg, Kampnagel)

(15.10.) UA von Thomas Hürlimanns *Großvater und Halbbruder* (Zürcher Schauspielhaus)

(24.10.) Jaroslav Chundela inszeniert die UA von Tankred Dorsts (mit U. Ehler) *Merlin oder Das wüste Land* (Düsseldorfer Schauspielhaus)

(14.1.) UA von Dario Fos politischer Farce *Clacson, trombette e pernacchi* (*Hohn der Angst*) in Mailand (Teatro-cinema Cristallo)

(Sept.) Englischsprachige UA von Eugène Ionescos *Voyages chez les morts* (*Reise zu den Toten*) in New York (Guggenheim Theater)

(23.11.) Peter Brook inszeniert *La Tragédie de Carmen* (Bouffes du Nord, Coproduktion mit Théâtre National de l'Opéra)

(5.9.) UA von Per Olov Enquists *Från regnormarnas liv* (*Aus dem Leben der Regenwürmer*) im Stockholmer Dramaten

(1.12.) Preisgekrönte UA von Joop Admiraals *U bent mijn moeder* (*Du bist meine Mutter*) im Amsterdamer Werkteater

(24.2.) UA der lange von der Zensur verbotenen »dramatischen Erzählung« *O Judeu* (*Der Jude*) des portug. Autors Bernardo Santareno (eig. António Martinho do Rosário) in Lissabon (Teatro Nacional de Dona Maria II.)

(23.5.) UA von Václav Havels *Horský Hotel* (*Das Berghotel*) im Wiener Akademietheater

(25.7.) Jurij Ljubimovs Inszenierung von *Vladimir Vysokkij* (gespielt zum ersten Todestag des legendären Schauspielers und Sängers) im Taganka-Theater nach der ersten Vorstellung verboten

(Nov.) UA von Ljudmila Razumovskajas *Dorogaja Elena Sergeevna* (*Liebe Jelena Sergejewna*) in Tallinn (Jugendtheater der Estn. SSR)

Zeitgeschichte / Theaterwesen

Erstes Festival »Theater der Welt« in Köln

(Sept.) Umzug der Schaubühne am Halleschen Ufer in das 1928 von Erich Mendelsohn erbaute (1975–81 durch Jürgen Sawade rekonstruierte) Gebäude am Kurfürstendamm (Umbenennung in Schaubühne am Lehniner Platz)

»neues theater« in Halle eröffnet, gegründet durch Privatinitiative des damaligen Schauspieldirektors des Landestheaters Halle, Peter Sodann (*1936) – heute Teil der »Kulturinsel«

(–88) Richard Eyre Ko-Direktor des National Theatre in London, das er 1988–97 als Nachfolger Peter Halls leitet

(–88) Antoine Vitez Direktor des Théâtre National de Chaillot in Paris, an dem er eine Schauspielschule eröffnet und damit großen Einfluß auf den Schauspielernachwuchs in der gesamten Frankophonie ausübt

Gründung des Institut International de la Marionnette im franz. Charleville-Mézières; Initiator und Leiter bis zu seinem Tod war Jacques Félix (1924–2006)

(–95) Kazimierz Dejmek Intendant des Teatr Polski in Warszawa

Personen des Theaters / Bühnenereignisse	Zeitgeschichte / Theaterwesen

1982 Unmittelbar nach Ablauf der Schutzfrist von Arthur Schnitzlers *Reigen* mehrere Inszenierungen des einstigen Skandalstücks

UA von Volker Brauns *Schmitten* (18.1., Leipzig, Städt. Kellertheater), *Dmitri* (7.12., Staatstheater Karlsruhe)

(31.1.) UA von Botho Strauß' *Kalldeway Farce* (Hamburg, Dt. Schauspielhaus)

(12.3.) *Der neue Prozeß* von Peter Weiss in Stockholm (Dramaten) uraufgeführt

(12.3.) UA von Stefan Schütz' *Stasch* (Städt. Bühnen Osnabrück)

Klaus Michael Grüber inszeniert in Berlin zu Goethes 150. Todestag *Faust* (mit Bernhard Minetti) als Dreipersonenstück (22.3., Freie Volksbühne) und Shakespeares *Hamlet* mit Bruno Ganz (11.2., Schaubühne am Lehniner Platz)

UA von Herbert Achternbuschs *Plattling* (20.3., Frankfurt/Main), *Der Frosch* (Schauspielhaus Bochum)

(7.4.) UA von Heiner Müllers *Quartett* (nach Choderlos de Laclos, Schauspielhaus Bochum)

UA von George Taboris *Der Voyeur* (15.5., Berlin, Spiegelzelt), *Medea* (nach Euripides, 16.12., Rotterdam, Schouwburg)

(29.5.) UA von Robert Wilsons *Die goldenen Fenster* (Münchner Kammerspiele; 1985 USA-, 1988 Montreal-Version)

(25.6.) UA von Thomas Bernhards *Über allen Gipfeln ist Ruh* (Schlossfestspiele Ludwigsburg)

(8.8.) UA von Peter Handkes *Über die Dörfer* in der Regie von Wim Wenders (Salzburger Festspiele, Felsenreitschule)

(18.8.) UA der »Passion« *Stigma* von Felix Mitterer bei den Tiroler Volksschauspielen in Telfs

(24.9.) UA von Elfriede Jelineks *Clara S.* (Bühnen der Stadt Bonn)

(4.10.) UA von Friederike Roths *Ritt auf die Wartburg* (Staatstheater Stuttgart)

(10.11.) Claus Peymanns Inszenierung von Kleists *Die Hermannsschlacht* (Schauspielhaus Bochum) zeigt die Spielbarkeit des umstrittenen Stücks und bringt den Durchbruch für Gert Voss, der den Cheruskerfürsten Hermann spielt

(14.11.) UA von Gerlind Reinshagens *Eisenherz* (UA 14.11., Schauspielhaus Bochum)

(19.11.) UA von Thomas Strittmatters *Viehjud Levi* (Stuttgart, Theater der Altstadt)

(15.12.) UA von Manfred Karges *Jacke wie Hose* in eigener Regie (Bochumer Schauspielhaus)

(27.1.) UA von Edward Bonds *Summer* (*Sommer*) in London (National Theatre, Cottesloe)

(15.2.) UA von Michael Frayns *Noises Off* (*Der nackte Wahnsinn*) in London (Lyric Theatre Hammersmith)

(28.8.) UA von Caryl Churchills *Top Girls* (London, Royal Court Theatre)

(6.3.) UA von Marguerite Duras' *India Song* (Moers, Schloßtheater), *Agatha* (Montpellier)

Falklandkrieg zwischen Argentinien und Großbritannien

(–90) Gerhard Wolfram (1922–91) Intendant am Staatsschauspiel Dresden, das er zur führenden Sprechbühne der DDR außerhalb Berlins machte

(–93) August Everding Generalintendant der Bayer. Staatstheater; ab 1993 Staatsintendant

Patrice Chéreau und Catherine Tasca Direktoren des aus dem 1971 gegründeten Centre Dramatique National de Nanterre hervorgegangenen Théâtre des Amandiers (Mandelbaumtheater) in Paris-Nanterre

Kulturminister Jack Lang gründet das Théâtre de l'Europe und beruft Giorgio Strehler als Leiter

Drastische Erhöhung der Theatersubventionen in Frankreich

Gründung der Centres dramatiques nationaux von Saint-Denis, Gennevilliers (Leitung B. Sobel), Châtenay-Malabr

Jean-Pierre Vincent« administrateur»der Comédie Française; Jacques Lassalle übernimmt seine Funktion beim Théâtre National de Strasbourg

(–85) Jérôme Savary Leiter des Centre Dramatique National du Languedoc-Roussillon

Luciano Damiani gründet mit Luca Ronconi u. a. in Rom das Teatro di documenti, für das er seither v. a. arbeitet

(–92) Die dän. Schauspielerin und Regisseurin Malene Schwartz (*1936) Leiterin (–84 mit Lone Hertz) des Aveny Teatret in Frederiksberg

Katona József Színház in Budapest (bislang Studiobühne des Nationaltheaters) gegründet; entwickelt sich unter Leitung Gábor Székelys und Gábor Zsámbékis zu einem der künstlerisch bedeutendsten ungar. Theater

Festival »Theater der Nationen« in Sofia

Personen des Theaters / Bühnenereignisse

Zeitgeschichte / Theaterwesen

(1982) (21.7.) Samuel Becketts *Catastrophe* (*Katastrophe*) beim Festival d'Avignon

(Dez.) Bernard-Marie Koltès' *Combat de nègre et de chiens* (*Kampf des Negers und der Hunde*) im New Yorker La Mama Experimental Theatre Club uraufgeführt; franz. EA am 22. 2. 1983 (Paris-Nanterre, Théâtre des Amandiers) in der Regie Patrice Chéreaus

(27.3.) UA von Judith Herzbergs *Leedvermaak* (*Leas Hochzeit*, UA 1982, Amsterdam) – als bestes niederländ. Stück seit 1945 gefeiert

(18.12.) Bejubelte UA des Dramas *Het chemisch huwelijk* (*Die chemische Hochzeit*) des niederländ. Autors Gerrit Jan Komrij durch die Theatergruppe Globe in Den Bosch (Regie Gerardjan Rijnders)

Brechts Aske 2 (1982–84) – Projekt des Odin Teatret in Holstebro

(23.10.) UA von Lars Noréns *Natten är dagens mor* (*Nacht, Mutter des Tages*) im Stadsteater Malmö

1983 André Heller inszeniert in Lissabon das Feuerwerktheater *Theater des Feuers*

Von Robert Wilsons für das künstlerische Beiprogramm der Olympischen Spiele 1984 in Los Angeles geplantem Mammutprojekt *the CIVIL warS: a tree is best measured when it is down* werden nur Abschnitte verwirklicht und gezeigt: die *Rotterdam Section* (1983, Schouwburg), die *Cologne Section* mit Texten Heiner Müllers (1984, Schauspielhaus), die *Rome Section* mit Philipp Glass (1984, Teatro dell' Opera) und die als verbindende Teile gedachten *Knee Plays* (1984, Walker Art Center, Minneapolis)

(21.1.) UA von Heinar Kipphardts *Bruder Eichmann* (München, Residenztheater)

(23.4.) Peter Zadek inszeniert am Bayer. Staatsschauspiel München Henrik Ibsens *Baumeister Solneß*

(22.4.) UA von Heiner Müllers *Verkommenes Ufer Medeamaterial Landschaft mit Argonauten* (Schauspielhaus Bochum, Regie Karge/Langhoff)

(24.4.) UA von Volker Brauns *Die Übergangsgesellschaft* (Bremer Theater)

(25.6.) UA der Adaption von Hermann Brochs *Die Erzählung der Magd Zerline* (Wien, Akademietheater)

(14.9.) *Laokoon* von Stefan Schütz im Dt. Theater Göttingen uraufgeführt

(24.9.) UA von Herbert Achternbuschs *Mein Herbert* (Vereinigte Bühnen Graz)

(6.10.) UA der ersten Fassung von Friedrich Dürrenmatts *Achterloo* (Zürcher Schauspielhaus)

(7.10.) UA von Bertolt Brechts *Das wirkliche Leben des Jakob Geherda* (Düsseldorfer Schauspielhaus)

(5.11.) UA von Thomas Braschs *Mercedes* (Zürcher Schauspielhaus)

(22.12.) Alexander Lang inszeniert die UA von Christoph Heins *Die wahre Geschichte des Ah Q* (Berlin, Dt. Theater)

In der BRD tritt das Künstlersozialversicherungsgesetz (KSVG) in Kraft, das freiberuflich Tätigen in allen künstlerischen Bereichen die Möglichkeit einer Pflichtversicherung eröffnet

Gründung der bremer shakespeare company als selbstverwaltetes Theaterensemble

(–2001) Dieter Dorn (*1935) Intendant der Münchner Kammerspiele

Eröffnung des Münchner Volkstheaters mit Karl Schönherrs *Glaube und Heimat* im Theater in der Briennerstraße

Eröffnung des Théâtre de l'Europe in Paris (im Théâtre de l'Odéon) unter der Leitung Giorgio Strehlers

Armand Gatti Direktor des Atelier de Création Populaire in Toulouse

Michel Crespin und Fabien Jannelle Michel gründen am Rande von Paris die Vereinigung »Lieux publics« zur Unterstützung von Künstlern des Straßentheaters, heute erstes Centre National de Création des Arts de la Rue

(–87) Rolf Långbacka Leiter des Stadttheaters Helsinki (Helsingin kaupunginteatteri)

Der Regisseur und Schauspieler Jan Joris Lammers (*1942) gründet die Gruppe »Maatschappij Discordia« in Amsterdam

Personen des Theaters / Bühnenereignisse	Zeitgeschichte / Theaterwesen
(1983) (21.9.) Des amerikan. Autors David Mamet *Glengarry Glen Ross* (*Hanglage Meerblick*) im Londoner National Theatre uraufgeführt	
(März) UA des Schauspiels *L'ordinaire* (*Flug in die Anden*) von Michel Vinaver (eig. Michel Grinberg) im Pariser Théâtre National de Chaillot	
(27.9.) Marguerite Duras inszeniert ihr Stück *Savannah Bay* im Pariser Théâtre du Rond-Point mit Madeleine Renaud	
(30.11.) UA von Dario Fos/Franca Rames *Coppia aperta, quasi spalancata* (*Offene Zweierbeziehung*) in Triest (Teatro Sloveno)	
(29.11.) UA von Václav Havels *Chyba* (*Der Fehler*) im Stadsteater Stockholm	
(15.10.) Tadeusz Różewicz' *Pulapka* (*Die Falle*) in norweg. Sprache in Bergen (Den Nationale Scene) uraufgeführt; poln. EA am 7. 1. 1984 in Wrocław (Teatr Wspólczesny)	
1984 (5.1.) Thomas Strittmatters *Der Polenweiher* im Stadttheater Konstanz uraufgeführt	Liechtenstein führt das Frauenwahlrecht ein
(21.1.) UA von Thomas Bernhards *Der Schein trügt* (Schauspielhaus Bochum, Regie Peymann)	Das für Konzerte genutzte Berliner Schauspielhaus nach 17 Jahren Restaurierung wieder eröffnet
(27.1.) UA von Franz Xaver Kroetz' *Furcht und Hoffnung der BRD* (Bochum und Düsseldorf)	Übernahme der Direktion des Ballett Frankfurt durch William Forsythe (*1949), der es zu einer der wichtigsten zeitgenössischen Ballettkompanien entwickelt; 2004 löst die Stadt das Ballett auf; Forsythe gründet daraufhin die Forsythe Company
(6.3.) UA von Herbert Achternbuschs *Gust* (Comédie Caen)	
(13.3.) Achim Benning inszeniert die UA von Klaus Pohls *Das Alte Land* im Wiener Burgtheater	(–90) Peter Hall künstlerischer Leiter des Glyndebourne-Festivals
(6.4.) George Tabori inszeniert die UA seines Stücks *Peepshow* (Schauspielhaus Bochum)	Gründung des in Sheffield ansässigen, interdisziplinären Performance-Ensembles Forced Entertainment um den Regisseur und Autor Tim Etchells
Aufsehenerregendes Doppelprojekt Alexander Langs am Dt. Theater Berlin; Grabbes *Herzog Theodor von Gothland* und Goethes *Iphigenie auf Tauris* werden an 2 aufeinander folgenden Abenden (27./28.9.) gezeigt	Gründung des »Festival de la Francophonie« in Limoges
(5.10.) Botho Strauß' *Der Park* an den Städt. Bühnen Freiburg i. Br. uraufgeführt	Die belg. Regisseure und Theaterleiter Luk Perceval und Guy Joosten gründen die Blauwe Maandag Companie aus Protest gegen die verkrusteten Strukturen des fläm. Theaters
(9.11.) UA von Rolf Hochhuths *Judith* in Glasgow (Citizen's Theatre)	Endgültige Auflösung von Jerzy Grotowskis Teatr Laboratorium in Wrocław
UA von Harold Pinters *One for the Road* (*Noch einen Letzten*) in London	Mitglieder des Tukak Teatret Fjaltring gründen das erste professionelle Theater in Grönland, das seit 1970 ein autonomes Gebiet innerhalb des dän. Staates bildet (Kalaallit Nunaat)
Luc Bondy inszeniert die franz. EA von Arthur Schnitzlers *Das weite Land* mit Michel Piccoli am Théâtre des Amandiers in Paris-Nanterre mit sensationellem Erfolg	
(14.11.) UA von Dario Fos *Quasi per caso una donna, Elisabetta* (*Elisabeth – zufällig eine Frau*) im Mailänder Teatro Ciak	
(28.4.) Lars Noréns *Demoner* (*Dämonen*) im Stadsteater Stockholm uraufgeführt	

Personen des Theaters / Bühnenereignisse

1985 UA von Georg Seidels Erfolgsstück *Jochen Schanotta* (Berliner Ensemble) – von der DDR-Presse heftig attakkiert

(3.1.) George Tabori inszeniert sein Stück *M* (nach Euripides, Münchner Kammerspiele)

(7.2.) UA von Ludwig Fels' *Der Affenmörder* (Münchner Kammerspiele)

UA von Heiner Müllers *Anatomie Titus Fall of Rome* (14.2., Schauspielhaus Bochum), *Wolokolamsker Chaussee I – Russische Eröffnung* (8.5., Berlin, Dt. Theater)

(9.6.) Franz Xaver Kroetz inszeniert die UA seines Stücks *Bauern sterben* an den Münchner Kammerspielen

(16.6.) UA von Tankred Dorsts (mit U. Ehler) *Heinrich oder Die Schmerzen der Phantasie* (Düsseldorfer Schauspielhaus)

(17.8.) UA von Thomas Bernhards *Der Theatermacher* bei den Salzburger Festspielen (Regie Peymann)

Von der an den Städt. Bühnen Frankfurt/Main geplanten UA von Rainer Werner Fassbinders *Der Müll, die Stadt und der Tod* findet wegen Protesten der Jüd. Gemeinde nur eine Presseaufführung (4.11.) statt; öffentl. UA am 16. 4. 1987 in New York durch die Thieves Theatre Company

(10.11.) UA von Elfriede Jelineks *Burgtheater* (Bühnen der Stadt Bonn)

(2.5.) UA von Howard Brenton/David Hares *Prawda* (London, National Theatre)

(13.7.) Während des Festival d'Avignon neunstündige UA von Peter Brooks mit seinem Centre International de Création Théâtrales erarbeitetem Stück *Mahābhārata* nach dem altindischen Epos (1987 engl. Version; auch auf einer Welttournee gezeigt)

(11.9.) Ariane Mnouchkine inszeniert im Théâtre du Soleil in der Cartoucherie Hélène Cixous' *L'Histoire terrible mais inachevée de Norodom Sihanouk, Roi du Cambodge (Die schreckliche, aber unvollendete Geschichte von Norodom Sihanouk König von Kambodscha)*

UA von Marguerite Duras' *La musica deuxième (La Musica Zwei)* im März im Pariser Théâtre du Rond Point in eigener Regie, *Détruire, dit-elle (Zerstören, sagt sie)* in Frankfurt/Main (1.12., Theater am Turm)

(19.10.) UA von Bernard-Marie Koltès' *Quai Ouest* (Amsterdam, Stadschouwburg)

(16.2.) UA von Lars Noréns *Nattvarden (Nachtwache)* im Stockholmer Dramaten

Oxyrhyncus Evangeliet (1985–87) – Projekt des Odin Teatret in Holstebro

(13.4.) UA von Václav Havels *Largo desolato* (Wien, Akademietheater)

(2.6.) Tadeusz Kantors Stück *Niech sczezną artyści (Die Künstler sollen krepieren)* in Nürnberg uraufgeführt

Zeitgeschichte / Theaterwesen

(–91) Michail Sergeevič Gorbačëv Generalsekretär der KPdSU der UdSSR

(Dez.) Die Industriegewerkschaft Druck und Papier und die Gewerkschaft Kunst schließen sich zur »IG Medien – Druck und Papier, Publizistik und Kunst« zusammen

(–88) Luc Bondy nach dem Rücktritt Peter Steins Kodirektor der Berliner Schaubühne am Lehniner Platz

(–88) Ivan Nagel Leiter des Württemberg. Staatsschauspiels in Stuttgart

(–89) Peter Zadek Intendant des Dt. Schauspielhauses Hamburg

(–92) Hansgünther Heyme Schauspieldirektor des Theaters in Essen

(–2000) Jürgen Flimm Intendant des Thalia Theaters in Hamburg

(13.2.) Nach acht Jahren Bauzeit Eröffnung der nach Kriegszerstörung wiederaufgebauten »Semper-Oper« in Dresden

Beginn des regelmäßigen Spielbetriebs im Hamburger Theaterzentrum Kampnagel Internationale Kulturfabrik GmbH für experimentelle, avantgardistische Richtungen des Freien Theaters (auf dem Gelände des ehemaligen Eisenwerks Nagel & Kaemp)

Gründung des Festivals »Schultheater der Länder« als bundesweites Schultheatertreffen in Deutschland

Die aus Jamaika stammende Schauspielerin, Regisseurin Yvonne Brewster gründet mit anderen die Talawa Theatre Company in London, die sie bis 2003 leitet – am längsten bestehende Gruppe des »Black Theatre«

Ein Großbrand vernichtet das Teatr Narodowy (Nationaltheater) in Warszawa; nach Wiederaufbau 1997 wieder eröffnet

Jerzy Grotowski leitet das Theaterzentrum Centro di Lavoro di Jerzy Grotowski in Pontedera bei Florenz, wo er sich mit »Rituellen Künsten« beschäftigt

Der tschech. Regisseur Petr Lébl gründet die Amateurtheatergruppe Jak se vám jelo (JELO), die er bis 1990/91 leitet

Personen des Theaters / Bühnenereignisse	Zeitgeschichte / Theaterwesen
1986 (16.1.) Manfred Karge inszeniert die UA seines Stücks *Die Eroberung des Südpols* (Schauspielhaus Bochum)	(1.1.) Portugal und Spanien treten der Europäischen Gemeinschaft bei

1986 (16.1.) Manfred Karge inszeniert die UA seines Stücks *Die Eroberung des Südpols* (Schauspielhaus Bochum)

(15.2.) Luc Bondy inszeniert die UA von Botho Strauß' *Die Fremdenführerin* (Berlin, Schaubühne am Lehniner Platz)

(23.2.) Umstrittene Inszenierung Einar Schleefs seiner Bearbeitung *Mütter* (nach Aischylos' *Sieben gegen Theben* und Euripides' *Die Bittflehenden*) am Schauspiel Frankfurt/Main

UA von Thomas Bernhards *Einfach kompliziert* (28.2., Berlin, Schiller-Theater), *Ritter, Dene, Voss* (18.8., Salzburger Festspiele, Regie Peymann)

(18.4.) UA von Heiner Müllers *Wolokolamsker Chaussee II – Wald bei Moskau* (Potsdam, Hans Otto Theater)

(30.4.) UA des bis heute im Repertoire stehenden erfolgreichsten Stücks des Grips-Theaters, des Musicals *Linie 1* von Volker Ludwig und Birger Heymann (weltweit über 120 Inszenierungen)

(16.10.) Ring-UA der durch das Reaktorunglück in Tschernobyl aktuell gewordenen Neufassung von Harald Muellers *Totenfloß* (UA der Erstfassung am 5. 10. 1984, Städt. Bühnen Oberhausen)

(18.10.) UA von Tankreds Dorst (mit U. Ehler) *Ich, Feuerbach* (München, Residenztheater)

(7.12.) UA von Gerlind Reinshagens *Die Clownin* (Düsseldorf, Schauspielhaus)

(12.12.) UA von Volker Brauns *Siegfried Frauenprotokolle Deutscher Furor* (Weimar, Dt. Nationaltheater)

UA des Soloabends *Penelope* (szenische Umsetzung des Monologs der Molly Bloom aus Joyces *Ulysses*) von und mit Barbara Nüsse; nach der erfolgreichen Premiere (Kampnagel, Hamburg) auf Tournee mehr als 200 Aufführungen

(4.1.) UA von Coline Serreaus internationalem Erfolgsstück *Lapin Lapin* (*Hase Hase*) im Pariser Théâtre de la Ville

Klaus Michael Grüber inszeniert in den Bouffes du Nord (Paris) *Le récit de la servante Zerline* nach Hermann Brochs Erzählung mit triumphalem Erfolg für Jeanne Moreau

(30.6.) Giorgio Strehler inszeniert am Piccolo Teatro *Elvira o la passione teatrale* (*Elvira oder die theatralische Leidenschaft*) nach Louis Jouvet

UA von Federico García Lorcas *Comedia sin título* (*Komödie ohne Titel*) am 28.1. (Theater Basel), *El público* (*Das Publikum*) am 5.6. (Wuppertaler Bühnen)

(13./14.11.) UA des zweiteiligen Dramas *Diktatura Sovesti. Spory i razmyšlenija vosem'desjat šestogo goda v dvuch castjach* (*Diktatur des Gewissens. Streitgespräche und Überlegungen des Jahres 1986*) von Michail Satrov in Moskau (Teatr im. Leninskogo komsomola)

UA von Aleksandr Galins *Zvezdy na utrennem nebe* (*Sterne am Morgenhimmel*) in Leningrad (Malyj dramatičeskij teatr), Regie Lev Dodin

(23.5.) Václav Havels *Pokoušeni* (*Versuchung*) im Wiener Akademietheater durch Angelika Hurwicz uraufgeführt

---

(1.1.) Portugal und Spanien treten der Europäischen Gemeinschaft bei

(26.4.) Reaktorunglück in Tschernobyl; im sowjet. Atomreaktor kommt es zu einer unkontrollierten Kernschmelze mit Auswirkungen auf große Teile Europas

(–90) Hans Neuenfels Intendant des Theaters der Freien Volksbühne Berlin

(–95) Frank-Patrick Steckel Intendant des Bochumer Schauspielhauses

(–96) Tom Stromberg Dramaturg, Chefdramaturg, Mitglied der Künstl. Leitung und Intendant des Frankfurter Theater am Turm (TAT)

(–90) George Tabori leitet das Schauspielhaus in Wien als Theater Der Kreis

(–99) Claus Peymann Intendant des Wiener Burgtheaters; zusammen mit seinem Chefdramaturgen Hermann Beil

Theaterhaus Gessnerallee in Zürich als Provisorium gegründet, 1993 in einen festen Betrieb als Produktionsstätte für die freie Szene umgewandelt

Erstes europ. Festival für Straßentheater im franz. Aurillac (Festival Eclat)

Der ital. Schauspieler und Regisseur Vittorio Gassman gründet die Schauspielschule La Bottega teatrale

Gründung des alternativen Teatr Snów im poln. Kraków

Personen des Theaters / Bühnenereignisse

Zeitgeschichte / Theaterwesen

1987 UA von Herbert Achternbuschs *Linz* (13.2., Münchner Kammerspiele), *Weißer Stier* (26.3., Bühnen der Stadt Bonn), *An der Donau* (3.6., Wien, Akademietheater)
(12.2.) UA von Elfriede Jelineks *Krankheit oder Moderne Frauen* (Bühnen der Stadt Bonn)
UA von Tankred Dorsts (mit U. Ehler) *Der verbotene Garten* (5.3., St. Gallen), *Parzival* (12.9., Thalia Theater Hamburg, Regie Robert Wilson)
(18.3.) Heiner Müllers *Wolokolamsker Chaussee III – Das Duell* uraufgeführt (Potsdam, Hans Otto Theater)
(12.4.) UA des »Volksstücks« *Kein schöner Land* von Felix Mitterer (Landestheater Innsbruck)
(6.5.) George Tabori inszeniert sein Stück *Mein Kampf* (Wien, Akademietheater)
(10.10.) UA von Rainald Goetz' *Heiliger Krieg* (unter dem Titel: *Krieg I*, Bühnen der Stadt Bonn)
(28.10.) Georg Seidels *Carmen Kittel* am Staatstheater Schwerin uraufgeführt
(27.1.) Patrice Chéreau inszeniert die UA von Bernard-Marie Koltès' *Dans la solitude des champs de coton* (*In der Einsamkeit der Baumwollfelder*) in Paris-Nanterre, Théâtre des Amandiers
(30.9.) *L'Indiade ou l'Inde de leurs rêves* von Hélène Cixous von Ariane Mnouchkine und dem Théâtre du Soleil in der Pariser Cartoucherie uraufgeführt
(23.2.) UA von *Las cicatrices de la memoria* (*Die Narben der Erinnerung*) des Chilenen Jorge Díaz in Madrid (Teatro de Bellas Artes)
(14.10.) Slawomir Mrożeks *Portret* (*Porträt*) in Warszawa (Teatr Polski) uraufgeführt

(12.11.) Brand des Städt. Opernhauses in Frankfurt/Main durch Brandstiftung
Gründung des Théâtre National de la Colline
Gründung der ersten Ecole Nationale Supérieure des Arts de la Marionnette (ESNAM) durch das Institut International de la Marionnette in Charleville-Mézières
(–96) Jorge Lavelli Leiter des Pariser Théâtre de la Colline
Maurice Béjart übersiedelt mit seiner Ballettcompagnie von Brüssel nach Lausanne; Umbenennung des Ballet du XXe siècle in Béjart Ballet Lausanne
Gründung der aus dem Zusammenschluß von Publiekstheater und der Theatergruppe Centrum entstandenen Toneelgroep Amsterdam, die in Amsterdam die Stadsschouwburg und das Transformatorhuis bespielt; Gerardjan Rijnders künstlerischer Leiter bis 2000
Aus Jan Lauwers' 1979 gegründeten Epigonen Ensemble geht die international zusammengesetzte belg. Theatertruppe Needcompany mit Sitz in Brüssel hervor
Gründung der Teatri Uniti in Neapel
(24.2.) Eröffnung des von Anatolij Aleksandrovič Vasil'ev in Moskau gegründeten Theaters Škola dramatičeskogo iskusstva (Schule für dramatische Kunst) mit Pirandellos *Sechs Personen suchen einen Autor*
Gründung der lett. freien Performance-Gruppe Kabata, die in einem Kellertheater in Riga auftritt
Gründung des auf zeitgenössische Schauspiele spezialisierten Theatro Ena in Nikosia (Zypern)

1988 (24.1.) *Frauen vor Flußlandschaft* von Heinrich Böll uraufgeführt (Münchner Kammerspiele)
UA von Heiner Müllers *Wolokolamsker Chaussee IV-Kentauren* (29.1., Berlin, Dt. Theater), *Wolokolamsker Chaussee V- Der Findling* (23.2., Paris, Théâtre de Bobigny, Regie Jean Jourdheuil)
UA von Volker Brauns *Transit Europa* (30.1., Dt. Theater Berlin, Kammerspiele), *Lenins Tod* (28.9., Berliner Ensemble)
(13.2.) UA der bearbeiteten Urfassung von Wedekinds *Lulu* am Hamburger Dt. Schauspielhaus in Peter Zadeks umjubelter Inszenierung
(8.5.) UA von Gisela von Wysockis experimentellem Stück *Schauspieler Tänzer Sängerin* (TAT, Frankfurt/Main) in Regie und Ausstattung von Axel Manthey
(10.5.) UA von Thomas Braschs *Frauen. Krieg. Lustspiel* (Wien, Theater »Der Kreis«, Regie Tabori)
(1.6.) UA von Peter Turrinis *Die Minderleister* (Wien, Akademietheater)
UA von Tankred Dorsts (mit U. Ehler) *Korbes* (4.6., Dt. Schauspielhaus Hamburg), *Grindkopf* (15.12., Frankfurt/Main, Städt. Bühnen)
(9.9.) Gefeiertes Debüt Frank Castorfs an der Berliner Volksbühne mit der Inszenierung *Das trunkene Schiff* nach Motiven Paul Zechs

Michail Gorbačëv zum Vorsitzenden des Obersten Sowjet der UdSSR gewählt und damit Staatsoberhaupt der Sowjetunion
In den Hauptstädten der Sowjetrepubliken Litauen (Vilnius) und Estland (Tallinn) kommt es zu Demonstrationen für die Unabhängigkeit der jeweiligen Länder
(14.3.) Erste »Leipziger Montagsdemo«

(25.9.) In Essen wird das nach Plänen des finn. Architekten Alvar Aalto gebaute Aalto-Theater mit Richard Wagners *Die Meistersinger von Nürnberg* eröffnet
Eröffnung des alternativen Schmidt-Theaters in Hamburg (2004 abgerissen, 2005 Neubau) für populäre Theaterformen
(–98, 1999–2002) Ruth Drexel Intendantin des Münchener Volkstheaters
Gründung des Niederösterr. Donaufestivals, das seit 1991 jährlich an wechselnden Orten entlang der Donau stattfindet
(–97) Otto Schenk Intendant des Wiener Theaters in der Josefstadt
(–93) Frank Baumbauer leitet das Theater Basel, das unter ihm überregionale Beachtung findet
(–97) Richard Eyre (*1943) Intendant des brit. Royal National Theatre in London

Personen des Theaters / Bühnenereignisse	Zeitgeschichte / Theaterwesen

(1988) (21.9.) UA von Elfriede Jelineks *Wolken.Heim* (Bühnen der Stadt Bonn)

(1.10.) Gerlind Reinshagens *Die Feuerblume* am Bremer Theater uraufgeführt

UA von Botho Strauß' *Besucher* (6.10., Münchner Kammerspiele, Regie Dieter Dorn), *Sieben Türen* (20.11., Stockholm, Stadsteater)

(25.10.) Beim steirischen herbst in Graz inszeniert George Tabori sein Stück *Masada* (nach Flavius Josephus)

(4.11.) UA von Thomas Bernhards schon vor der Premiere skandalisiertem Schauspiel *Heldenplatz* (Burgtheater Wien) in der Regie Claus Peymanns

(18.11.) Matthias Zschokkes *Brut* uraufgeführt (Schauspiel Bonn)

(14.10.) UA von Martin Crimps *Dealing with Clair* (*Handel mit Clair*) in Richmond, Orange Tree Theatre

UA von Bernard-Marie Koltès' *Le retour au désert* (*Rückkehr in die Wüste*) in Amsterdam

(18.10.) UA von Judith Herzbergs *Kras* (*Tohuwabohu*) in Haarlem (De Toneelschuur)

Der niederländ. Autor und Regisseur Gerardjan Rijnders inszeniert seine eigenen Stücke *De Hoeksteen* und *Titus, geen Shakespeare* mit der Toneelgroep Amsterdam

(9.4.) UA von Per Olov Enquists *I lodjurets timma* (*In der Stunde des Luchses*) am Stockholmer Dramaten

(23.4.) UA von Tadeusz Kantors Stück *Nigdy tu już nie powrócę* (*Ich kehre hierher nie mehr zurück*) in Mailand

---

Antoine Vitez bis zu seinem Tod 1990 »administrateur général« der Comedie Française

(–2000) Jérôme Savary übernimmt die Direktion des Théâtre National de Chaillot als Nachfolger von Antoine Vitez

Das aus der russ. Studio-Theater-Bewegung hervorgegangene (Tanz-)Theater Derevo in St. Petersburg von A. Adasinski (*1959) gegründet; arbeitet seit 1990 v. a. im Ausland

---

1989 Großer Erfolg für Jürgen Flimms Inszenierung von Čechovs *Platonow* am Hamburger Thalia Theater

(8.2.) Luc Bondy inszeniert die UA von Botho Strauß' *Die Zeit und das Zimmer* an der Berliner Schaubühne am Lehniner Platz

(24.3.) UA von Christoph Heins *Die Ritter der Tafelrunde* (Dresden, Staatsschauspiel)

(8.4.) UA von Rolf Hochhuths *Unbefleckte Empfängnis* (Berlin, Schillertheater)

(6.8.) UA von Felix Mitterers erfolgreichem Einpersonenstück *Sibirien* bei den Tiroler Volksschauspielen in Telfs

(5.10.) UA von Thomas Bernhards *Elisabeth II.* (Berlin, Schiller-Theater)

(19.10.) UA von Max Frischs *Jonas und sein Veteran* (Zürcher Schauspielhaus, Regie Besson)

(29.11.) UA von Gerlind Reinshagens *Tanz, Marie!* (Staatstheater Darmstadt)

UA von Howard Brenton/Tariq Alis *Iranian Nights* (Royal Court Theatre, London)

Nach jahrelanger Beschäftigung mit Goethes *Faust* inszeniert Giorgio Strehler am Piccolo Teatro di Milano fragmentarische Arbeitsergebnisse mit *Faust, frammenti parte prima* (18.3.) und *Faust, frammenti parte seconda* (28. 4. 1991), beide im Bühnenbild Josef Svobodas

(31.10.) UA von Dario Fos *Il papa e la strega* (*Der Papst und die Hexe*) in Novara (Teatro Faraggiana)

(7.10.) Feiern zum 40. Jahrestag der Gründung der DDR; Montagsdemonstrationen in Leipzig u. a. Städten der DDR; (18.10.) Erich Honecker von allen Aufgaben entbunden, Nachfolger wird Egon Krenz; (4.11.) 500 000 Menschen fordern auf dem Berliner Alexanderplatz demokratische Reformen; (9.11.) Öffnung der Berliner Mauer; (18.11.) das Ministerium für Staatssicherheit (MfS) wird aufgelöst; (6.12.) Egon Krenz tritt als Staatsratsvorsitzender zurück; (7.12.) Erster »Runder Tisch« mit den ehemaligen »Blockparteien« und Oppositionsgruppen

(März) Boris El'cin wird mit absoluter Mehrheit zum Führer des neugeschaffenen Kongresses der russ. Volksdeputierten (Parlament) gewählt und damit Präsident der Russ. Sowjetrepublik

(17.4.) Nach jahrelanger Untergrundarbeit wird die poln. Gewerkschaft »Solidarnosc« legalisiert; (24.8.) Tadeusz Mazowiecki wird erster nichtkommunistischer Regierungschef eines Warschauer-Pakt-Staates

(Nov.) Gründung eines Bürgerforums in Prag, das eine zentrale Rolle beim Sturz der kommunistischen Regierung spielt; (29.12.) Wahl Václav Havels zum Staatspräsidenten

(Mai) Ungarn beginnt die Grenzbefestigungen zu Österreich abzubauen; (10.9.) Ungarn öffnet seine Grenze für DDR-Bürger und läßt alle in den Westen ausreisen

Personen des Theaters / Bühnenereignisse

Zeitgeschichte / Theaterwesen

(1989) (9.12.) UA von Lars Noréns *Höst och vinter* (*Herbst und Winter*) in Stockholm (Dramaten)
UA von Inez van Dullemens *Schrijf me in het zand* (*Schreib mich in den Sand*) in Amsterdam (Teater van het Oosten)
UA von Aleksej Šipenkos absurden und zitatenreichen Stücken *Archeologia* (Kiev, Jugendtheater), *LA FÜNF in der Luft* (Lvov, Theater-Studio Gaudeamus)
(24.11.) UA von Václav Havels *Asanace* (*Sanierung*) im Zürcher Schauspielhaus

(ca. 30 000 Übersiedler); 1989/90 Neukonstitution Ungarns als demokratischer Republik; Selbstauflösung der Kommunistischen Partei; 1990/91 Abzug der sowjet. Truppen
(Dez.) Widerstand in rumän. Städten gegen das Ceaucescu-Regime; als die Armee sich auf die Seite der Demonstranten stellt, bricht das System zusammen; Ceaucescu und seine Frau werden vor Gericht gestellt und nach Verurteilung sofort hingerichtet (25.12.)
Landesweite Proteste einer Bürgerbewegung gegen das diktatorische Regime in Bulgarien enden im Rücktritt des Staatspräsidenten (10.11.), der Änderung der Verfassung und der Auflösung der kommunistischen Einheitspartei 1990
(14.2.) Der iranische Schiitenführer (Ayatollah) Khomeini ruft alle Moslems zur Ermordung des brit.-ind. Schriftstellers Salman Rushdie wegen seines Romans *Die Satanischen Verse* auf
(4.6.) Das chin. Militär richtet ein Blutbad unter den Studenten an, die seit Wochen auf dem Platz des Himmlischen Friedens in Beijing für mehr Demokratie demonstrieren (zwischen 2.500 und 7.000 Tote); im Anschluß an das Massaker kommt es zu einer Welle der Verfolgung von Oppositionellen

Gründung der aus Schauspielern und Tänzern bestehenden freien Projektgruppe »example dept.« in Berlin durch Jo Fabian
Das restaurierte Berliner Hebbel-Theater entwickelt sich in den folgenden Jahren unter Leitung von Nele Hertling zu einer international bekannten Spielstätte für zeitgenössisches Theater, modernen Tanz und neues Musiktheater
(14.7.) Am Nationalfeiertag wird die nach Plänen Carlos Otts erbaute Opéra Bastille in Paris eröffnet (erste Spielzeit 1990)
Das Théâtre du Vieux-Colombier in Paris wird der Comédie Française als weitere Spielstätte zur Verfügung gestellt und nach Renovierung 1993 eröffnet
Gründung des alternativen Teatr Biuro Podróży im poln. Poznań

1990 (16.1.) UA von Peter Handkes *Das Spiel vom Fragen oder Die Reise zum sonoren Land* (Burgtheater Wien)
(13.2.) UA von Werner Schwabs *Die Präsidentinnen* (Wien, Theater im Künstlerhaus)
UA von Kerstin Spechts *Das glühend Männla* (1.3., Bühnen der Stadt Bonn, Werkstatt), *Amiwiesen* (26.10., Münchner Kammerspiele)
(23.3.) George Tabori inszeniert die UA seines Stücks *Weisman und Rotgesicht* (Wien, Akademietheater)
(31.3.) Ein Welterfolg wird Robert Wilsons mit Tom Waits (Musik) und W. S. Burroghs (Text) erarbeitetes Stück *The Black Rider* (Thalia Theater Hamburg)
(5.4.) Herbert Achternbusch inszeniert sein Stück *Auf verlorenem Posten* (Münchner Kammerspiele)

Deutsche Einigung: (18.3.) Volkskammerwahlen in der DDR; (1.7.) Währungsunion tritt in Kraft; (23.8.) DDR-Volkskammer beschließt Beitritt zur Bundesrepublik; (12.9.) Alliierte stimmen der Einheit zu und verzichten auf ihre Vorbehalte; (3.10.) Vereinigung der beiden dt. Staaten vollzogen: Der Einigungsvertrag tritt um 0.00 Uhr in Kraft; die DDR tritt dem Geltungsbereich des Grundgesetzes bei
(19.–21.11.) Auf dem Gipfeltreffen der 34 KSZE-Staaten in Paris wird das Ende des »Kalten Krieges« erklärt
Einführung des Mehrparteiensystems in der Sowjetunion; Litauen, Lettland und Estland erklären sich unabhängig; autonome Republik Moldova
(2.8.) Irak besetzt Kuwait; Sanktionen der UNO

Personen des Theaters / Bühnenereignisse	Zeitgeschichte / Theaterwesen
(1990) (13.4.) Peter Palitzsch inszeniert die UA des 1905–07 entstandenen Stücks *Christiane Lawrenz* von Gerhart Hauptmann (Zürcher Schauspielhaus)	Gründung des Dt. Bühnenbunds als Zusammenschluß der DDR-Intendanten, nach der Vereinigung mit dem DBV (21.10.) noch im selben Jahr wieder aufgelöst
(6.5.) UA von Tankred Dorsts (mit U. Ehler) *Karlos* (Münchner Kammerspiele)	Gründung des Festivals »Impulse« für deutschsprachige Off-Theater, ausgerichtet vom Kultursekretariat Nordrhein-Westfalen
(12.5.) UA von Gundi Ellerts *Lenas Schwester* (Kassel, Städt. Bühnen)	(–2003) Unter dem Festspielleiter Hansgünther Heyme Reform der Ruhrfestspiele und künstlerische Neuausrichtung als Europäisches Festival
(26.5.) Im Schauspiel Frankfurt/Main spielt in der Regie Robert Wilsons Marianne Hoppe die TR in Shakespeares *König Lear*	Der Regisseur Martin Kušej gründet mit der Dramaturgin Sylvia Brandl und dem Bühnenbildner Martin Zehetgruber die Gruppe »my friend martin« für eigene Projekte
(8.11.) UA von Thomas Braschs *LIEBE MACHT TOD* (nach Shakespeare, Berlin, Schiller-Theater)	(–96) Der span. Regisseur Lluis Pasqual übernimmt die Leitung des Théatre de l'Europe, dem seither das Théâtre de l'Odéon ganzjährig als Spielstätte zur Verfügung steht
(10.11.) UA von Peter Turrinis »Kolportage« *Tod und Teufel* (Burgtheater Wien)	(–2001) Leitung des Théâtre des Amandiers in Paris-Nanterre durch Jean Pierre Vincent (*1942)
(30.11.) UA von Jo Fabians *Jogotono* (Berliner Volksbühne, Regie der Autor)	Gründung des »Nationaltheaters« der Samen Norwegens, des Beaivvás Sámi Teáhter in Kautokeino
(18.12.) UA von Rolf Hochhuths *Sommer 14* (Wien, Akademietheater)	Das Moskauer Künstlertheater (Moskovskij chudoźestvennyj akademiceskij teatr, MChAT) wird endgültig aufgespalten in ein MChAT »Maksim Gor'kij« (Leitung T. V. Doronina) und ein MChAT »Anton P. Cechov« unter der Leitung O. N. Efremovs (1927–2000)
(22.2.) UA von Thomas Hürlimanns *Der letzte Gast* (Zürcher Schauspielhaus)	(–93) Der aus Rumänien stammende, seit Jahrzehnten in den USA lebende, Regisseur Andrei Şerban (*1943) Direktor des Bukarester Nationaltheaters (Teatrul Naţional »Ion Luca Caragiale«)
UA von Johann Kresniks choreographischem Theater *Ulrike Meinhof* (Bremer Theater)	
(24.4.) Brian Friels *Dancing at Lughnasa* (*Lughnasa Tanz*) uraufgeführt in Dublin (Abbey Theatre)	
(12.4.) UA von Bernard-Marie Koltès' *Roberto Zucco* (Berlin, Schaubühne am Lehniner Platz, Regie Peter Stein)	
(–92) Das Théâtre du Soleil zeigt seinen von Ariane Mnouchkine inszenierten Atriden-Zyklus' in der Cartoucherie (Paris-Vincennes) und auf Welttournee: (16. 11. 1990) *Iphigenie in Aulis* von Euripides, (24. 11. 1990) *Agamemnon* von Aischylos, (23. 2. 1991) *Die Choephoren* von Aischylos, (26. 5. 1992) *Die Eumeniden* von Aischylos	
Luca Ronconi inszeniert mit dem von ihm geleiteten Turiner Teatro Stabile *Die letzten Tage der Menschheit* von Karl Kraus in einer Halle der Fiat-Automobilwerke	
(27.11.) UA von Dario Fos *Zitti! Stiamo precipitando!* (*Ruhe! Wir stürzen ab*) in Mailand (Teatro Nuovo)	
1991 UA von Werner Schwabs *ÜBERGEWICHT, unwichtig: UNFORM* (12.1., Wien, Schauspielhaus), *Volksvernichtung oder Meine Leber ist sinnlos* (25.11., Münchner Kammerspiele, Werkraumtheater)	(14.1.) Der Bundestag verabschiedet Gesetz über die Akten des ehemaligen Ministeriums für Staatssicherheit der DDR, zu deren Verwaltung eine eigene Behörde gegründet wird; Gründung der sogenannten »Treuhandanstalt«, die aus den rund 8.000 volkseigenen Betrieben der DDR marktfähige Unternehmen machen, sie privatisieren oder stilllegen soll; außerdem werden von ihr rund 30.000 Einzelhandelsgeschäfte, Hotels und Gaststätten, landwirtschaftliche Nutzflächen und Liegenschaften verwaltet
(19.1.) UA von Georg Seidels *Villa Jugend* (Berliner Ensemble, Regie Fritz Marquardt)	
UA von Botho Strauß' *Schlußchor* (1.2., Münchner Kammerspiele), *Angelas Kleider* (4.10., Vereinigte Bühnen Graz)	(April) Warschauer Pakt und Comecon/RGW werden aufgelöst
UA von George Taboris *Der Babylon-Blues* (12.4.), *Die Goldberg-Variationen* (22.6., beide Burgtheater Wien), *Nathans Tod* (nach Lessing, 14.11., Wolfenbüttel)	(19.8.) Umsturzversuch reformfeindlicher Kräfte in Moskau; Präsident Gorbačëv wird in seinem Sommerhaus
(13.4.) UA von Franz Xaver Kroetz' *Bauerntheater* (Köln, Kammerspiele)	

Personen des Theaters / Bühnenereignisse

Zeitgeschichte / Theaterwesen

(1991) UA von Klaus Pohls *Die schöne Fremde* (12.5., Ruhrfestspiele Recklinghausen), *Karate-Billi kehrt zurück* (16.5.,
Dt. Schauspielhaus Hamburg)

UA von Thomas Hürlimanns *Der Gesandte* (14.5., Schauspielhaus Zürich) und *De Franzos im Ybrig* (7.8., Roß-
stallhof des Klosters Einsiedeln)

(11.6.) UA von Thomas Bernhards *Claus Peymann kauft
sich eine Hose und geht mit mir essen* (München, TamS)

(14.6.) UA von Edward Albees *Three Tall Women* (Wien,
Vienna English Theatre)

(21.12.) Robert Wilson inszeniert die UA von Marguerite
Duras' *La maladie de la mort* (*Die Krankheit Tod*) an
der Berliner Schaubühne am Lehniner Platz

(6.3.) Martin Crimps *Getting Attention* (*Das stille Kind*)
im West Yorkshire Playhouse (Leeds) uraufgeführt

(12.4.) Lars Noréns *Och ge oss skuggorna* (*Und gib uns
die Schatten*) in Stockholm (Dramaten) uraufgeführt

(4.7.) Ariel Dorfmans *La muerte y la doncella* (*Der Tod
und das Mädchen*) am Londoner Royal Court Theatre
uraufgeführt

(5.12.) UA von Dario Fos *Johan Padan a la descoverta de
le Americhe* (*Johan vom Po entdeckt America*) im Teatro Roma di Trento

(25.10.) UA von Henning Mankells *Antiloperna* (*Antilo-
pen*) in Stockholm (Stadsteater)

(5.9.) UA von Judith Herzbergs *En goed Hoofd* (*Frühling,
ach ja*) in Haarlem (De Toneel Schuur)

(10.1.) Einen Monat nach seinem Tod UA von Tadeusz
Kantors letztem Stück *Dziś są moje urodziny* (*Heute ist
mein Geburtstag*) in Toulouse

auf der Krim festgehalten; der russ. Präsident Boris
El'cin ruft die Bevölkerung zum Widerstand auf; nach
zwei Tagen bricht der Putschversuch zusammen; (24.8.)
Gorbačëv tritt als Generalsekretär der KPdSU zurück;
(27.8.) die europ. Gemeinschaft erkennt die Unabhängigkeit Estlands, Lettlands und Litauens an (am 6.9.
auch die Sowjetunion); (24.8.) Ukraine erklärt ihre
Unabhängigkeit; bis Oktober folgen die übrigen Republiken; (Dez.) Elf ehemalige Sowjetrepubliken schließen
sich zur »Gemeinschaft Unabhängiger Staaten« (GUS)
zusammen; (25.12.) Rücktritt Gorbačëvs als sowjet.
Staatspräsident; Ende der Sowjetunion

Beginn des Bürgerkriegs in Jugoslawien; (25.6.) Unabhängigkeit von Kroatien und Slowenien

Nachdem der irak. Präsident Saddam Hussein auf ein Ulti-
matum der UNO zum Rückzug der irak. Truppen aus
Kuwait nicht reagiert hat, Einmarsch alliierter Truppen
(23.2.); einen Tag später beginnt der Irak, seine Truppen
aus Kuwait abzuziehen; (26.02.) Saddam Hussein
erklärt sich zur Anerkennung der UNO-Resolutionen
bereit; mit Einstellung der Kampfhandlungen am 28.02.
endet der Zweite Golfkrieg

(–2001) Der Regisseur Thomas Langhoff (*1938) Intendant des Dt. Theaters Berlin

Eröffnung von Schmidts Tivoli in Hamburg für populäre
Theaterformen

Manfred Beilharz (*1938) bis 1997 Schauspielintendant,
1997–2002 Generalintendant des Theaters der Bundesstadt Bonn

(–97) Peter Stein Schauspielchef der Salzburger Festspiele
(Intendant Gérard Mortier)

(–2002) Adrian Noble Leiter der Royal Shakespeare Company, die er einem grundlegenden Umstruktuierungspro-
zeß unterzieht

1992 UA von Werner Schwabs *Mein Hundemund* (15.1., Wien,
Schauspielhaus), *Offene Gruben, offene Fenster. Ein Fall
von Ersprechen* (18.6., Wien, Volkstheater), *Mesal-
liance. Aber wir ficken uns prächtig* (4.10., steirischer
herbst, Graz), *Der Himmel mein Lieb meine sterbende
Beute* (6.11., Stuttgart, Kammertheater)

(8.2.) UA von Johann Kresniks *Frida Kahlo* (Bremer Theater)

(16.2.) UA von Lothar Trolles *Hermes in der Stadt* (16.2.,
Berlin, Dt. Theater)

UA von Volker Brauns *Böhmen am Meer* (15.3., Berlin,
Schiller-Theater), *Iphigenie in Freiheit* (17.12., Frank-
furt/Main, Kammerspiele)

UA von Marlene Streeruwitz' *Waikiki-Beach* (24.4.),
Sloane Square (3.7., beide Köln, Schauspielhaus)

George Tabori inszeniert die UA seiner Stücke *Unruhige
Träume* (nach Kafka, 29.4., Burgtheater Wien), *Der
Großinquisitor* (nach Dostoevskij, 8.10., Sevilla, Centro
Andaluz)

Gründung der neuen Nationalstaaten Kroatien und Slowenien und der Föderativen Republik Jugoslawien mit den
beiden Republiken Serbien und Montenegro

Der Bonner Intendant Manfred Beilharz gründet mit Tankred Dorst die »Bonner Biennale – Neue Stücke aus
Europa«, das einzige Festival, das von Autoren
bestimmt wird; seit 2004 in Wiesbaden fortgesetzt

(–99) Andrea Breth künstlerische Leiterin der Berliner
Schaubühne am Lehniner Platz

Frank Castorf (*1951) Intendant der Volksbühne am
Rosa-Luxemburg-Platz in Berlin

(–2003) Christoph Schroth Generalintendant des Staatstheaters Cottbus

Gründung des Freyer-Ensembles um den Bühnenbildner
und Regisseur Achim Freyer (*1934), dem Schauspieler,
Tänzer, Akrobaten, Sänger und Musiker angehören, die
sich mehrmals im Jahr zu interdisziplinären Theaterar-
beiten im Grenzbereich zwischen Literatur, Bildender
Kunst, Musik und Bühne treffen

Personen des Theaters / Bühnenereignisse

Zeitgeschichte / Theaterwesen

(1992) (9.5.) UA von Peter Handkes *Die Stunde da wir nichts voneinander wußten* (Wien, Theater an der Wien)
(1.6.) UA von Friederike Roths *Erben und Sterben* (Wien, Messepalast)
UA von Dea Lohers *Olgas Raum* (7.8., Ernst-Deutsch-Theater, Hamburg), *Tätowierung* (8.10., Ensemble Theater am Südstern, Berlin)
UA von Elfriede Jelineks *Totenauberg* (18.9., Wien, Akademietheater), *Präsident Abendwind* (nach Nestroy, 20.11., Landestheater Innsbruck)
(21.12.) UA von Rainald Goetz' *Katarakt* (Frankfurt/Main, Schauspielhaus)
(9.4.) UA von Howard Brentons *Berlin Bertie* (London, Royal Court Theatre)
(21.4.) UA von Alan Ayckbourns *Time of my life* (*Glückliche Zeiten*) in Scarborough (Stephen Joseph Theatre)
Bühnenabschied Edwige Feuillères in Paris mit ihrem Soloprogramm *Edwige F. en scène*
(7.10.) UA von Bernard-Marie Koltès' *Des voix sourdes* (*Dumpfe Stimmen*) in Graz (Vereinigte Bühnen)
Lodewijk de Boer inszeniert sein Stück *Het oordeel van Paris* mit der Toneelgroep De Appel
Anatolij A. Vasil'ev inszeniert *Vis-à-vis* nach Dostoevskijs *Der Idiot* in Kooperation mit dem Künstlerhaus Bethanien in Berlin

Umwandlung des Berliner Ensembles in ein privatrechtlich geführtes Unternehmen; zum leitenden Direktorium gehören anfangs Peter Zadek, Peter Palitzsch, Fritz Marquardt, Matthias Langhoff und Heiner Müller, der seit 1995 bis zu seinem baldigen Tod als alleiniger Intendant fungierte
Der Bühnenbildner Josef Svoboda (1920–2002) übernimmt bis zu seinem Tod die Leitung des von ihm mitbegründeten Theaters Laterna Magika, dessen künstlerischer Leiter er bereits seit 1973 gewesen war

1993 (10.1.) UA von Robert Schneiders *Dreck* (Thalia Theater Hamburg)
UA von Marlene Streeruwitz' *New York, New York* (30.1., Münchner Kammerspiele), *Elysian Park* (17.6., Berlin, Dt. Theater, Kammerspiele), *Ocean Drive* (17.12., Köln, Schauspielhaus)
(6.2.) UA von Aleksej Šipenkos *Aus dem Leben des Komikaze* an der Berliner Volksbühne in eigener Regie
(10.2.) UA von Rolf Hochhuths *Wessis in Weimar* (10.2., Berliner Ensemble, Regie Einar Schleef)
(17.2.) UA von Peter Turrinis *Alpenglühen* (Wien, Burgtheater)
(17.6.) UA von George Taboris *Requiem für einen Spion* (Wien, Akademietheater, eigene Regie)
(26.7.) UA von Botho Strauß' *Das Gleichgewicht* (Salzburger Festspiele)
(3.10.) Werner Schwab inszeniert die UA seines Stücks *PornoGeographie* (Vereinigte Bühnen Graz)
(15.10.) UA von Dea Lohers *Leviathan* (Schauspiel Hannover)
(22.10.) UA von Rainald Goetz' *Kritik in Festung* am Dt. Schauspielhaus Hamburg
(29.10.) Johann Kresniks *Rosa Luxemburg – Rote Rosen für dich* nach George Taboris Libretto an der Volksbühne Berlin uraufgeführt
(31.10.) Christoph Schlingensiefs *Kühnen 94. Bring mir den Kopf von Adolf Hitler!* (Volksbühne Berlin)
(4.11.) UA von Christoph Marthalers Collage *Goethes Faust $\sqrt{1+2}$* (Dt. Schauspielhaus Hamburg)

(1.1.) Die Teilung der Tschech. und Slovak. Föderativen Republik (CSFR) in zwei souveräne Staaten vollzogen; (26.1.) Das tschech. Parlament wählt das bisherige Staatsoberhaupt der CSFR Václav Havel zum Präsidenten der Tschech. Republik

(–2000) Frank Baumbauer Intendant des Dt. Schauspielhauses Hamburg
(–2005) Friedrich Schirmer Schauspieldirektor am Staatstheater Stuttgart
(–2005) Jürgen Bosse Intendant des Schauspiels Essen
(3.10.) Schließung der Staatl. Schauspielbühnen Berlin auf Beschluß des Abgeordnetenhauses
Luca Ronconi Direktor der Theater-Biennale Venedig
Svenska Teaterbiennalen gegründet
(–2000) Franz Marijnen Intendant der Koninklijke Vlaamse Schouwburg (KVS) in Brüssel
(–99) Der tschech. Regisseur Petr Lébl künstlerischer Leiter des Divadlo Na zábradlí (Theater am Geländer) in Prag

Personen des Theaters / Bühnenereignisse	Zeitgeschichte / Theaterwesen

Personen des Theaters / Bühnenereignisse

(1993) (4.12.) UA von Ulrich Plenzdorfs *Vater – Mutter –
Mörderkind* (Frankfurt/Oder, Kleist-Theater)
(22.12.) In der UA von Herbert Achternbuschs *Der Stiefel
und sein Socken* (Münchner Kammerspiele) großer
Erfolg für Rolf Boysen und Rudolf Wessely
(13.4.) UA von Tom Stoppards *Arcadia* (*Arkadien*) in
London (National Theatre)
(15.7.) Edward Bonds *Ollie's Prison* (*Ollys Gefängnis*)
beim Festival d'Avignon uraufgeführt
Triumphaler Erfolg für Michel Piccoli in der TR von
Henrik Ibsens *John Gabriel Borkman* in der Inszenierung Luc Bondys am Pariser Théâtre de l'Odéon
(6.11.) UA von Dario Fos *Mamma! I Sanculotti!* (*Hilfe,
das Volk kommt!*) in Carrara (Teatro Animosi)
Kaosmos (1993–96) – Projekt des Odin Teatret in
Holstebro

1994 UA von Tankred Dorsts (mit U. Ehler) *Herr Paul* (16.2.),
Nach Jerusalem (18.12., beide Dt. Schauspielhaus
Hamburg)
(26.3.) UA von Volker Brauns *Die Verstellung* (Staats-
theater Braunschweig)
UA von Werner Schwabs *Endlich tot, endlich keine Luft
mehr* (23.9., Staatstheater Saarbrücken), *Faust:: Mein
Brustkorb: Mein Helm* (29.10., Potsdam, Hans-Otto-
Theater)
(10.4.) *Der Mond im Gras einmal keinmal immer* von
Robert Wilson in den Münchner Kammerspielen urauf-
geführt
(21.4.) Frank Castorf inszeniert Carl Laufs/Wilhelm
Jacobys *Pension Schöller* und Heiner Müllers *Die
Schlacht* als Doppelprojekt an der Volksbühne Berlin
UA von Franz Xaver Kroetz' *Der Drang* (21.5., Münchner
Kammerspiele, eigene Regie), *Ich bin das Volk* (24.9.,
Wuppertal, Städt. Bühnen)
(16.10.) UA von Gundi Ellerts *Josephs Töchter* (Dt.
Schauspielhaus Hamburg)
(5.11.) UA von Elfriede Jelineks *Raststätte oder Sie
machens alle* (Wien, Akademietheater) durch Claus
Peymann)
(21.12.) UA von Christoph Heins *Randow* (Dresden,
Staatsschauspiel)
(29.6.) UA von David Mamets *The Cryptogram* (*Das
Kryptogramm*) in Londons National Theatre
(9.8.) UA von Brian Friels *Molly Sweeney* (Dublin, Gate
Theatre)
(9.3.) UA von Jean Genets *Splendid's* (Berlin, Schaubühne
am Lehniner Platz, Regie Klaus Michael Grüber)
(3.11.) UA von Yasmina Rezas Welterfolg »*ART*«
(»*KUNST*«) in Paris (Comédie des Champs-Elysées)
UA von Hélène Cixous' Stück *La ville parjure ou le reveil
des Erinyes* in der Regie Ariane Mnouchkines durch das
Théâtre du Soleil
UA von Jon Fosses *Og aldri skal vi skiljast* (*Und trennen
werden wir uns nie*, Bergen, Den Nationale Scene)

Zeitgeschichte / Theaterwesen

(1.1) Die Regelungen des 18 Staaten umfassenden Europäischen Wirtschaftsraums (EWR) treten in Kraft

(–2002) Johann Kresnik leitet das Tanztheaterensemble der
Berliner Volksbühne am Rosa-Luxemburg-Platz
(–2007) Klaus Pierwoß (*1942) Generalintendant des
Bremer Theaters
(30.1.) Durch Fahrlässigkeit von Bühnenarbeitern brennt
das Gran Teatre del Liceu in Barcelona ab
Der niederländ. Regisseur und Bühnenbildner Ritsaert Ten
Cate gründet (u.a. mit Marijke Hoogenboom) die inter-
disziplinäre Theaterschule DasArts (De Amsterdamse
School Advanced Research in Theatre and Dance
Studies), die er bis 1999 leitet

Personen des Theaters / Bühnenereignisse	Zeitgeschichte / Theaterwesen

(1994) Für das Katona József Szinház inszeniert Péter Halász unter dem Obertitel *Power Money Fame Beauty Love* eine Serie von 33 Stücken, die improvisierend auf Tagesaktualitäten eingehen
UA von *Ett blätt Hus med röda Kinder* (*Blaues Haus mit roten Backen*) des schwed. Autors und Regisseurs Staffan Göthe durch das Svenska Riksteatern in Landskrona

1995 (28.1.) UA von Tankred Dorsts (mit U. Ehler) *Die Schattenlinie* (Wien, Akademietheater)
Klaus Pohl inszeniert die UA seiner Stücke *Zettel* (13.4., Hamburg, Thalia Theater), *Wartesaal Deutschland StimmenReich* (28.10., Berlin, Dt. Theater)
(28.1.) UA von Einar Schleefs *Totentrompeten* (Schwerin, Mecklenburgisches Staatstheater)
UA von Werner Schwabs *Eskalation ordinär* (17.3.), *Troiluswahn und Cressidatheater* (25.3., Vereinigte Bühnen Graz), *Antiklimax* (23.9., Wien, Schauspielhaus)
UA von Marlene Streeruwitz' *Brahmsplatz* (22.4., forum stadtpark Graz), *Bagnacavallo* (17.10., Köln, Schauspielhaus)
Zum umjubelten Auftakt seiner Intendanz inszeniert Leander Haussmann in Bochum die neunstündige Aufführung von Anton P. Čechovs *Die Vaterlosen* (Urfassung von *Platonov*)
(20.10.) Christoph Marthalers *Stunde Null oder Die Kunst des Servierens* (Dt. Schauspielhaus Hamburg) uraufgeführt
Karin Beier inszeniert *Der Sommernachtstraum – Ein europäischer Shakespeare* mit 14 Schauspielern aus 9 Nationen am Düsseldorfer Schauspielhaus
Großer Erfolg Heiner Müllers mit seiner mehrere Spielzeiten aufgeführten Inszenierung von Brechts *Der aufhaltsame Aufstieg des Arturo Ui* am Berliner Ensemble
Matthias Langhoff inszeniert für das Festival d'Avignon *Gloucester Time: Matériau Shakespeare/Richard III.*
(17.1.) UA von Sarah Kanes *Blasted* (*Zerbombt*) in Londons Royal Court Theatre
(18.5.) UA des Stücks *Taking Sides* (*Furtwängler, Kategorie 4*) von Ronald Harwood (eig. R. Horwitz) beim Chichester Festival
(2.6.) UA von David Harrowers *Knives in Hens* (*Messer in Hennen*) in Edinburgh (Traverse Theatre)
Lina Wertmüllers *Gianni, Ginetta e gli altri* (*Gianni, Ginetta und die anderen*) in Rom (Teatro Valle) uraufgeführt
(27.5.) UA von Jon Fosses *Namnet* (*Der Name*) in Bergen, Den Nationale Scene
(1.1.) UA von Aleksej Šipenkos *Moskva-Frankfurt. 9000 metrov nad poverchnostju* (*Moskau-Frankfurt. 9000 Meter über der Erdoberfläche*) im Luxemburger Théâtre des Capucines in eigener Regie
Im Stary Teatr Kraków inszeniert Krystian Lupa eine zweiteilige szenische Bearbeitung von Hermann Brochs *Die Schlafwandler* (1. Teil: 11. 2. 1995; 2. Teil: 24. 10. 1998)

(23.6.–6.7.) Das Reichstagsgebäude in Berlin wird nach Plänen der Künstler Christo (*1935) und Jeanne Claude (*1935) verhüllt

(–2000) Leander Haußmann Intendant des Schauspielhauses Bochum
(–2008) Wolfgang Engel Intendant des Schauspiels Leipzig
David Esrig gründet (und leitet seither) die Akademie für darstellende Kunst und Regie Athanor in Burghausen
In Portugal wird ein zweites Nationaltheater in dem renovierten Teatro Nacional S. João in Porto eröffnet, das jedoch kein eigenes Ensemble unterhält

Personen des Theaters / Bühnenereignisse

Zeitgeschichte / Theaterwesen

1996 UA von Herbert Achternbuschs *Der letzte Gast* (25.1.),
Meine Grabinschrift (28.11., Münchner Kammerspiele,
Regie der Autor)

(29.3.) George Tabori inszeniert die UA seines Stücks *Die
Ballade vom Wiener Schnitzel* (Wien, Akademietheater)

(31.3.) Öffentl. UA von Werner Schwabs *Der reizende
Reigen nach dem Reigen des reizenden Herrn Arthur
Schnitzler* (wegen Urheberrechtsproblemen zuerst Privat-
vorstellung am 15. 3. 1995, beide Schauspielhaus
Zürich), *Hochschwab* (9. 6. 1996, Wien, Schauspiel-
haus)

(12.4.) UA von Elfriede Jelineks *Stecken, Stab und Stangl –
Eine Handarbeit* (Dt. Schauspielhaus Hamburg)

(26.4.) Johann Kresniks *Pasolini. Testament des Körpers*
am Dt. Schauspielhaus Hamburg uraufgeführt

(27.4.) UA von Thomas Brussigs *Helden wie wir* (Berlin,
Dt. Theater)

(14.5.) Urs Widmers *Top Dogs* (Zürich, Theater am Neumarkt) uraufgeführt

(17.5.) Christoph Schlingensief führt in seiner Inszenierung
Rocky Dutschke, 68 erstmals Schauspieler, Behinderte
und Laien auf der Bühne zusammen (Volksbühne Berlin)

(26.5.) UA von Heiner Müllers *Germania 3 Gespenster
am Toten Mann* (Schauspielhaus Bochum, Regie Leander Haußmann)

(12.6.) Robert Wilsons mit D. Pinckney (Text) und Lou
Reed (Musik) erarbeitetes Stück *Time Rocker* am Thalia
Theater Hamburg uraufgeführt

(19.7.) UA von Botho Strauß' *Ithaka* (Münchner Kammerspiele, Regie Dieter Dorn, mit Bruno Ganz)

(21.9.) UA von Wolfgang Bauers *Die Menschenfabrik*
(steirischer herbst, Graz)

(20.12.) UA von Franz Xaver Kroetz' *Der Dichter als
Schwein* (Düsseldorf, Schauspielhaus)

(12.9.) UA von Harold Pinters *Ashes to Ashes* (*Asche zu
Asche*) im Londoner Ambassadors Theatre

(1.10.) UA von Mark Ravenhills *Shopping & Fucking*
(*Shoppen & Ficken*) im Londoner Royal Court Theatre

(26.9.) Enda Walshs *Disco Pigs* in Cork durch die Corca-
dorca Theatre Company uraufgeführt

(19.9.) UA von Eric-Emmanuel Schmitts *Variations enig-
matiques* (*Enigma*) im Pariser Théâtre Marigny

UA von Jon Fosses *Nokon kjem til å komme* (*Da kommt
noch wer*) in Oslo (Det Norske Teatret), *Barnet* (*Das
Kind*) am 4.9. in Oslo (Nationaltheatret)

Inside the Skeleton of the Whale (ab 1996) – Projekt des
Odin Teatret in Holstebro

UA von Vladimir Sorokins *Messjaz w Dachau* (*Ein Monat
in Dachau*) am 15.1. (Düsseldorfer Schauspielhaus),
Dismorphomanija (*Dysmorphomanie*) am 30.11. (Wien,
Schauspielhaus)

Aufführung des »theatralen Essays« *Metamorphosen* nach
Apuleius durch Włodzimierz Staniewski und Gardzience

Gründung des alle zwei Jahre stattfindenden estn. Theater-
festivals Draama in Tartu

Eröffnung der alternativen Spielstätte Sophiensæle in
Berlin

(–99) Der Regisseur Thomas Ostermeier übernimmt mit
dem Dramaturgen Jens Hillje die künstlerische Leitung
der Spielstätte »Baracke« des Dt. Theaters Berlin

(–2006) Anna Badora (*1951) als erste Frau Intendantin
des Düsseldorfer Schauspielhauses

(14.1.) Das nach historischem Vorbild rekonstruierte
Globe Theatre in London eröffnet; der Nachbau des
Theaters der Truppe Shakespeares geht auf eine Initia-
tive des amerikan. Schauspielers und Regisseurs Sam
Wanamakers (1919–93) zurück und ist ausschließlich
privat finanziert

(29.1.) Vermutlich durch Brandstiftung Zerstörung des
Gran Teatro la Fenice in Venedig

Cesare Lievi Künstlerischer Direktor des Centro Teatrale
Bresciano – Teatro Stabile di Brescia

Personen des Theaters / Bühnenereignisse	Zeitgeschichte / Theaterwesen

1997 (10.1.) George Taboris *Die letzte Nacht im September* uraufgeführt (Wien, Akademietheater, Regie der Autor)

(8.2.) UA von Peter Handkes *Zurüstungen für die Unsterblichkeit* (Burgtheater Wien)

(13.9.) UA der Bühnenadaption von Brett Eatson Ellis' *American Psycho* am Dt. Schauspielhaus Hamburg

(26.11.) UA von Dea Lohers *Blaubart – Hoffnung der Frauen* (München, Bayer. Staatsschauspiel)

(26.2.) *Faust is dead* (*Faust ist tot*) von Mark Ravenhill am Lyric Theatre (London) uraufgeführt

(12.3.) UA von Martin Crimps *Attempts on Her Life* (*Angriffe auf Anne*) in London durch die English Stage Company im Royal Court Theatre

(29.5.) Patrick Marber inszeniert die UA seines Stücks *Closer* (*Hautnah*) am Londoner National Theatre

(16.2.) Eric-Emmanuel Schmitts *Le Libertin* (*Der Freigeist*) uraufgeführt (Paris, Théâtre Montparnasse)

(7.8.) UA von Dario Fos *Il diavolo con le zinne* (*Der Teufel mit den Titten*) in Messinas Teatro Vittorio Emanuele uraufgeführt

(22.11.) Luk Perceval inszeniert mit der Blauwe Maandag Compagnie die UA von *Ten Oorlog!*, seiner und Tom Lanoyes Adaption von Shakespeares Rosenkriegs-Dramen (Gent); deutschsprachige EA unter dem Titel *Schlachten!* als Koproduktion der Salzburger Festspiele (25. 7. 1999) und des Dt. Schauspielhauses Hamburg

UA von Jon Fosses *Mor og barn* (*Mutter und Kind*) und *Sonen* (8.3., Oslo, Nationaltheatret), *Natta syng sine songar* (*Die Nacht singt ihre Lieder*, 8.9., Stavanger, Rogaland Teater)

(–2003, 2004–06) Helmuth Lohner Intendant des Wiener Theaters in der Josefstadt

(–2003) Trevor Nunn (*1940) Direktor des Royal National Theatre in London

Nach mehrjährigem Wiederaufbau Eröffnung des 1985 abgebrannten Teatr Narodowy in Warszawa unter der Leitung von Jerzy Grzegorzewski (1939–2005)

1998 (23.1.) UA von Elfriede Jelineks *Ein Sportstück* (23.1., Wien, Burgtheater) und *er nicht als er* (*zu, mit Robert Walser*) am 2.10. im Dt. Schauspielhaus Hamburg (Koproduktion Salzburger Festspiele)

(24.1.) UA von Felix Mitterers *In der Löwengrube* (Wien, Volkstheater)

(27.2.) UA von Kerstin Spechts *Die Froschkönigin* (Staatstheater Stuttgart)

(3.4.) UA von Peter Turrinis *Eine Liebe in Madagaskar* (Wien, Akademietheater)

(3.–9.8.) Hermann Nitsch realisiert erstmals vollständig sein sechstägiges »Existenzfest« auf seinem Schloß Prinzendorf als 100. Aktion seines »Orgien Mysterien Theaters«

(26.9.) UA von Theresia Walsers *King Kongs Töchter* (Zürich, Theater am Neumarkt)

(10.10.) UA von Marius von Mayenburgs *Feuergesicht* (Münchner Kammerspiele)

UA von Sarah Kanes *Cleansed* (*Gesäubert*) am 30.4. im Londoner Royal Court Theatre, *Crave* (*Gier*) am 12.8. durch das Traverse Theatre beim Edinburgh Festival

(21.5.) Michael Frayns *Kopenhagen* uraufgeführt (London, National Theatre, Cottesloe)

(20.4.) Die vor fast 28 Jahren gegründete terroristische Rote Armee Fraktion (RAF) erklärt ihre Auflösung

Luc Bondy Schauspieldirektor, seit 2002 Intendant der Wiener Festwochen

Festival Theater der Nationen in Zürich

Als Nachfolger Giorgio Strehlers wird Luca Ronconi Direktor des Piccolo Teatro di Milano; Neubau des Theaters nach 14 Jahren Bauzeit fertiggestellt

Die von den belg. Theatermachern Luk Perceval und Guy Joosten gegründete Blauwe Maandag Companie fusioniert mit der Koninklijke Nederlandse Schouwburg; das Antwerpener Stadttheater wird in Het Toneelhuis umbenannt – Perceval Leiter bis 2005

Der lit. Regisseur Oskaras Koršunovas (*1969) gründet ein eigenes Theater, das Oskaro Korsunovo Teatras (OKT)

Der lit. Regisseur Eimuntas Nekrošius gründet das Studiotheater Meno Fortas, mit dem er u. a. seine internat. preisgekrönten Shakespeare-Produktionen *Macbeth* (1998, Palermo) und *Othello* (2000, Biennale Venedig, inoffizielle P. in Vilnius) erarbeitet

Personen des Theaters / Bühnenereignisse   Zeitgeschichte / Theaterwesen

(1998) (14.9.) UA von Mark Ravenhills *Handbag* (*Das Baby, oder wie wichtig es ist, jemand zu sein*) im Lyric Theatre (London)

(28.4.) Großer Erfolg der katalan. Gruppe La Fura dels Baus mit ihrer multimedialen und interaktiven Produktion *F@usto Version 3.0* in Barcelona

(26.9.) Robert Wilsons in Zusammenarbeit mit Philipp Glass entstandenes Stück *O Corvo Branco* (*White Raven*) nach einem Text von L. Costa Gomes im Teatro Camões in Lissabon im Rahmen der Expo '98 uraufgeführt

(16.1.) UA von Lars Noréns *Personkrets 3:1* (*Personenkreis 3.1.*) in Umeå (Riksteatret)

(13.2.) UA von Per Olov Enquists *Bildmakarna* (*Die Bildermacher*) in Stockholm (Dramaten)

UA von Karst Woudstras *Stilleven* (*Die Trauerfalle*, 28.1., Amsterdamse Stadsschouwburg), *De Dood van Herakles* (*Der Tod des Herakles*, 25.9., Zürcher Schauspielhaus)

(10.4.) *Porodicne Price* (*Familiengeschichten. Belgrad*) von Biljana Srbljanovic in Belgrad (Theater Ateljer 212) uraufgeführt

1999   Johann Kresnik inszeniert die UA von *Goya. Der Schlaf der Vernunft gebiert Ungeheuer* (21.1., Volksbühne Berlin), Karl Kraus' *Die letzten Tage der Menschheit* (Bremen, in einem ehemaligen U-Boot-Bunker)

(16.2.) Christoph Marthalers *Spezialisten. Ein Überlebenstanztee* am Dt. Schauspielhaus Hamburg uraufgeführt

(18.2.) UA von Oliver Bukowskis *Gäste* (Staatstheater Braunschweig)

(12.3.) UA von Falk Richters *Gott ist ein DJ* am Staatstheater Mainz in eigener Regie

(21.5.) Großer Erfolg für Peter Zadeks Inszenierung von Shakespeares *Hamlet* mit Angela Winkler in der TR (Kopoduktion Burgtheater/Wiener Festwochen)

(9.6.) UA von Peter Handkes *Die Fahrt im Einbaum oder Das Stück zum Film vom Krieg* (Wien, Burgtheater)

(22.10.) Beim steirischen herbst in Graz UA der Auftragsarbeit *Manhattan Medea* von Dea Loher

(18.12.) UA von Rainald Goetz' *Jeff Koons* (Dt. Schauspielhaus Hamburg)

Mark Ravenhill: *Some Explicit Polaroids* (*Gestochen scharfe Polaroids*, UA New Ambassadors Theatre, London)

Hélène Cixous' *Tambours sur la digue* vom Théâtre du Soleil uraufgeführt

(3.2.) Sergi Belbels *La sang* (*Das Blut*) in Barcelona (Sala Beckett) uraufgeführt

UA von Jon Fosses *Ein sommars dag* (*Ein Sommertag*, Oslo, Det Norske Teatret), *Draum om hausten* (*Traum im Herbst*, Oslo, Nationaltheatret)

(16.9.) Peter Verhelsts *Red Rubber Balls – studie van hangend lichaam* (*Red Rubber Balls – Studie eines hängenden Körpers*) am Kaaitheater Brüssel uraufgeführt

(1.1.) Der Euro wird im bargeldlosen Verkehr in 11 Ländern der Europäischen Union eingeführt; am 1. 1. 2002 erfolgt die Euro-Bargeld-Einführung

(24.3.) NATO-Truppen bombardieren Serbien, um ein Ende des Bürgerkriegs und die Anerkennung der UN-Resolutionen zu erzwingen; die Kämpfe dauern bis Juni an; Einmarsch von NATO-Truppen im Kosovo

(31.12.) Der russ. Präsident Boris El'cin erklärt seinen Rücktritt und ernennt den bisherigen Regierungschef Vladimir Putin zum Übergangspräsidenten

Festival »Theater der Nationen« in Zürich

Claus Peymann Intendant des Berliner Ensembles

Der Regisseur Thomas Ostermeier und die Tänzerin und Choreographin Sasha Waltz bilden mit den Dramaturgen Jens Hillje (Schauspiel) und Jochen Sandig (Tanz) die künstlerische Leitung der Berliner Schaubühne am Lehniner Platz (seit 2005 nur Ostermeier und Hillje)

(–2002) Die Regisseure Tom Kühnel und Robert Schuster künstlerische Leiter des TAT im Bockenheimer Depot in Frankfurt/Main

Der Bühnenbildner Bert Neumann baut für die Inszenierung von Shakespeares *Rosenkriege 1–8* im Prater, der Nebenspielstätte der Volksbühne, das »Globe« als geschlossene Arenabühne nach

Das Theater an der Ruhr (Mülheim) nimmt als erstes dt. Ensemble seit der »Islamischen Revolution« am Internationalen Theaterfestival Fadjr in Teheran teil

Strukturreform der Bundestheater Österreichs; an die Stelle der Regierung als Eigentümerin tritt die Bundestheater-Holding, der die Burgtheater GmbH, die Staatsoper GmbH, die Volksoper GmbH und die Theaterservice GmbH angehören

Personen des Theaters / Bühnenereignisse	Zeitgeschichte / Theaterwesen

(1999)

Die Koninklijke Vlaamse Schouwburg in Brüssel ändert ihren Namen in de bottelarij/KVS (neuer künstlerischer Leiter Jan Goossens)

Publiekstheater Gent entstanden aus der Fusion von Het Nederlands Toneel Gent mit dem Genter Arca Theater

2000

(31.3.) UA von Dea Lohers *Klaras Verhältnisse* im Wiener Burgtheater

(6.5.) *Schnitzler's Brain* als Gemeinschaftsarbeit von Martin Kušej, Johann Kresnik, Christoph Schlingensief in Graz uraufgeführt

(29.5.) Einar Schleef inszeniert am Dt. Theater Berlin die UA des eigenen Stücks *Verratenes Volk* (nach Texten von Milton, Nietzsche, Dwinger, Döblin)

(Mai/Juni) Christoph Schlingensiefs Aufsehen erregendes Projekt für die Wiener Festwochen *Bitte liebt Österreich! Erste europäische Koalitionswoche*, bei dem Asylbewerber von Internet-Usern zur »Abschiebung« nominiert werden können

Zur EXPO 2000 in Hannover inszeniert Peter Stein beide Teile von Goethes *Faust* ungekürzt; die Produktion von über 20 Stunden Spieldauer wird anschließend in Wien und Berlin gezeigt

(23.9.) UA von Moritz Rinkes *Republik Vineta* (Hamburg, Thalia Theater)

(29.10.) UA von Yasmina Rezas *Trois versions de la vie* (*Drei Mal Leben*) am Burgtheater Wien in der Regie Luc Bondys

(4.11.) UA von Theresia Walsers *So wild ist es in unseren Wäldern schon lange nicht mehr* im Werkraum der Münchner Kammerspiele

UA von René Polleschs *Harakiri einer Bauchrednertagung* (25.5., Theater Bremen), *world wide web-slums* (8.11., UA der ersten von zehn Folgen am Dt. Schauspielhaus Hamburg)

(15.11.) UA von Igor Bauersimas *norway.today* (Düsseldorfer Schauspielhaus)

(2.12) Premiere von Peter Zadeks hochgelobter Inszenierung von Henrik Ibsens *Rosmersholm* im Akademietheater Wien

(11.5.) UA von Martin Crimps *The Country* (*Auf dem Land*) in London (Royal Court Theatre)

(Juni) UA von Sarah Kanes *4.48 Psychose* im Royal Court Jerwood Theatre Upstairs

(23.11.) UA von Harold Pinters *Remembrance of Things Past First* im Cottesloe Theatre des Royal National Theatre in London

(–01) Mit dem Projekt *This England* der Royal Shakespeare Company werden erstmals acht Historienstücke Shakespeares in chronologischer Folge an fünf Tagen in drei Londoner Theatern gezeigt (in diesem Zyklus spielte erstmals in der brit. Theatergeschichte ein farbiger Schauspieler einen engl. König)

UA von Jon Fosses *Besøk* (*Besuch*, Bergen, Den Nationale Scene), *Vinter* (*Winter*, Stavanger, Rogaland Teater)

(26.3.) Vladimir Putin neuer Präsident Rußlands (–2008)

(–05) Matthias Hartmann Intendant des Schauspielhauses Bochum

(–04) Christoph Marthaler Intendant des Schauspielhauses Zürich

(–05) Tom Stromberg Intendant des Dt. Schauspielhauses Hamburg

(–09) Ulrich Khuon Intendant des Thalia Theaters Hamburg

(–09) Wilfried Schulz Intendant des Schauspiels der Niedersächsischen Staatstheater Hannover

Jérôme Savary übernimmt die Leitung der Opéra comique in Paris, wo er seine Konzeption eines volksnahen Musiktheaters verwirklichen kann

Personen des Theaters / Bühnenereignisse

Zeitgeschichte / Theaterwesen

2001 UA von Roland Schimmelpfennigs *Die arabische Nacht* (3.2., Staatstheater Stuttgart), *Push Up 1–3* (10.11. Berlin, Schaubühne am Lehniner Platz)
(März) UA von Moritz Rinkes *Café Umberto* im Düsseldorfer Schauspielhaus
(7.4.) UA von Botho Strauß' *Der Narr und seine Frau heute abend in Pancomedia* (Bochum, Schauspielhaus)
(11.4.) UA von Elfriede Jelineks *Macht Nichts* (Schauspielhaus Zürich)
(16.5.) UA von Dea Lohers *Der dritte Sektor* im Thalia Theater Hamburg
(18.5.) UA von Fritz Katers (d. i. Armin Petras) *Vineta (Oderwassersucht)* am Schauspiel Leipzig/Freie Kammerspiele Magdeburg
(15.9.) UA von Theresia Walsers *Die Heldin von Potsdam* (Berlin, Maxim Gorki Theater)
(24.10.) UA von Herbert Achternbuschs *Daphne von Andechs* (Münchner Kammerspiele, eigene Regie)
(Sept.) UA von Mark Ravenhills Stück *Mother Clap's Molly House* am National Theatre in London
In Oslo UA von Jon Fosses *Vakkert* (Det Norske Teatret) und *Dødsvariasjonar* (*Todesvariationen*, Nationaltheatret)
(14.9.) Hávar Sigurjónssons *Englabörn* (*Engel*) durch die Theatergruppe Hafnarfjödur in Reykjavik uraufgeführt

2002 (26.3.) Robert Wilson inszeniert am Dt. Theater Berlin *Doctor Caligari* nach dem Stummfilm-Klassiker
UA von Albert Ostermaiers *Letzter Aufruf* (27.4., Wien, Burgtheater), *99 Grad* (1.6., Münchner Kammerspiele)
(17.5.) UA von John von Düffels *Elite I.1* (Hamburg, Thalia Theater)
UA von Fritz Katers (d. i. Armin Petras) *zeit zu lieben zeit zu sterben* (19.9., Hamburg, Thalia Theater), *Nietzsche in Amerika* (28.09., Dt. Schauspielhaus Hamburg), beide Regie Armin Petras
(12.7.) UA von Kerstin Spechts *Das goldene Kind* (Münchner Kammerspiele)
Elfriede Jelineks *Prinzessinnendramen: Der Tod und das Mädchen I–III* und *IV–V* (Teil I–III Dt. Schauspielhaus Hamburg; Teile IV und V Dt. Theater, Berlin), *In den Alpen* (5.10., Münchner Kammerspiele/Schauspielhaus Zürich) uraufgeführt
UA von George Taboris *Erdbeben-Concerto* (Berliner Ensemble)
(22.11.) UA von Roland Schimmelpfennigs *Vorher/Nachher* (Dt. Schauspielhaus Hamburg)
Peter Stein inszeniert Kleists *Penthesilea* im antiken Theater von Epidauros; anschließend Tournee durch weitere antike Stätten (Carnuntum, Syrakus, Merida)
(12.3.) UA von Martin Crimps *Face to the Wall* (*Gesicht zur Wand*) in London (Royal Court Theatre)
Yoshi Oida inszeniert Jean Genets *Die Zofen* als Tanztheateraufführung, bei der die weiblichen Hauptpersonen von den männlichen Tänzern Ismael Ivo und Koffi Kôkô

(11.9.) Flugzeugattentate auf das New Yorker World Trade Center und das Pentagon in Washington durch islamistische Fundamentalisten
Im »Anti-Terror-Krieg« bombardieren die USA Afghanistan (7.10.); Sturz der Taliban in Afghanistan
Gründung der Vereinten Dienstleistungsgewerkschaft ver.di durch Zusammenschluß von fünf Gewerkschaften, darunter die IG Medien

Dieter Dorn Intendant des Bayrischen Staatsschauspiels
Holk Freytag (*1943) Intendant des Staatsschauspiels Dresden
Jean-Louis Martinelli Leiter des Théâtre des Amandiers in Nanterre bei Paris
Die niederländ. Theatergruppe ZT Hollandia entsteht aus der Fusion der Theatergruppe Hollandia mit Het Zuidelijk Toneel aus Eindhoven; seit 2005 wieder unter dem Namen Het Zuidelijk Toneel

Festival »Theater der Welt« im Rheinland (Bonn, Düsseldorf, Duisburg, Köln)
Gründung der RuhrTriennale als jährlich in einem Zyklus von drei Jahren unter wechselnder künstlerischer Leitung stattfindendes spartenübergreifendes Festival an verschiedenen Orten des Ruhrgebiets; Gründungsdirektor 2002–04 Gérard Mortier
Das Theater an der Ruhr (Mülheim) gastiert als erste europ. Bühne im Irak
(–04) Jürgen Flimm Schauspieldirektor der Salzburger Festspiele

Personen des Theaters / Bühnenereignisse	Zeitgeschichte / Theaterwesen

(2002)   gespielt werden (Theaterhaus Stuttgart, Berlin, Rouen, Ferrara)

(5.10.) UA von Dario Fos/Franca Rames *Da Tangentopoli all'irresistibile ascesa di Ubu Bas* (Mailand, Teatro Smeraldo)

Salt – Projekt des Odin Teatret in Holstebro

(24.4.) Luk Perceval inszeniert seine Shakespeare-Adaption *L. King of Pain* in Het Toneelhuis Antwerpen

Zu ihrem 15. Geburtstag führt Jan Lauwers' Needcompany (Brügge) das auf den Balkankrieg rekurrierende Stück *Images of Affection* erstmals auf

2003   UA von Fritz Katers (d. i. Armin Petras): *WE ARE CAMERA/jasonmaterial* (12.2., Thalia Theater Hamburg), *Sterne über Mansfeld* (15.02., Schauspiel Leipzig), beide Regie Armin Petras

(13.2.) UA von Lukas Bärfuss' *Die sexuellen Neurosen unserer Eltern* (Theater Basel)

(16.3.) UA von Kerstin Spechts *Solitude* im Staatstheater Stuttgart

(29.3.) Zur Wiedereröffnung der Münchner Kammerspiele inszeniert Luk Perceval Shakespeares *Othello* in einer Textfassung von Günter Senkel und dem dt.-türk. Autor Feridun Zaimoglu mit dem Titelhelden als weißen älteren Mann

(16.5.) *Count down – Come on boy, you know life isn't like that* Projekt von George Froscher und dem Freien Theater München (FTM) über Macht und Manipulation

(15.6.) Frank Castorf inszeniert *Forever Young* (2003, nach Tennessee Williams' *Süßer Vogel Jugend*) bei den Wiener Festwochen (Koproduktion Volksbühne Berlin)

(29.8.) François-Michel Pesenti inszeniert sein Projekt *Les Paesines – auparavant nous ne savions que chanter* in der Internationalen Kulturfabrik Kampnagel in Hamburg (Koproduktion u. a. mit Théâtre du Point Aveugle)

(4.10.) UA von Falk Richters *Electronic City* (Schauspielhaus Bochum)

(11.10.) UA von Dea Lohers *Unschuld* (Thalia Theater Hamburg, Regie Andreas Kriegenburg)

(22.11.) Peter Palitzsch inszeniert die UA seines ersten eigenen Stücks *Drei kurze Texte (mit tödlichem Ausgang)* am Théâtre National du Luxembourg (Koproduktion Theater Altenburg/Gera, Staatstheater Kassel)

(2.12.) UA von Alan Ayckbourns *My Sister Sadie* (Scarborough, Stephen Joseph Theatre in the Round)

UA des kollektiven Projekts *Le Dernier Caravansérail (Odyssées)* über Emigranten- und Flüchtlingsschicksale durch das Théâtre du Soleil und Ariane Mnouchkine

(26.11.) UA von Dario Fos politischer Farce *L'anomalo bicefalo (Der anormale Doppelkopf)* in Bagnacavallo/Ravenna

(29.9.) UA von Jeroen Olyslaegers' *Mood on the go (Das blutende Herz des Fleischermeisters)* in Het Toneelhuis Antwerpen

(20.3.–1.5.) Krieg der USA, Großbritanniens und der »Koalition der Willigen« gegen den angeblich Massenvernichtungswaffen besitzenden Irak; Sturz Saddam Husseins und dessen (14.12.) Gefangennahme

Neugründung der Hebbel am Ufer GmbH (HAU) in Berlin als Zusammenschluß von Hebbel-Theater, Theater am Halleschen Ufer und Theater am Ufer

Johann Kresnik Leiter des Tanztheaters am Theater der Bundesstadt Bonn

Der Theater- und Filmregisseur Nicholas Hytner (*1956) Leiter des Royal National Theatre in London

Michael Boyd übernimmt die Leitung der Royal Shakespeare Company

Personen des Theaters / Bühnenereignisse   Zeitgeschichte / Theaterwesen

(2003) Der niederländ. Autor und Regisseur Gerardjan Rijnders inszeniert am Zuidelijk Toneel Hollandia (Eindhoven) sein Stück *Tim van Athene*

(Herbst) Biljana Srbljanović' *Amerika, Drugi deo* (*God Save America*) in Belgrad uraufgeführt

Basierend auf dem Versepos *Metai* von K. Donelaitis inszeniert der lit. Regisseur Eimuntas Nekrošius im Nationaltheater Vilnius die zweiteilige Produktion *Metai. Pavasario linksmybės, Metai. Rudens gėrybės*

2004   (7.2.) UA von Christoph Schlingensiefs *Attabambi Pornoland* (nach Jelinek) im Schauspielhaus Zürich

(13.2.) UA von Rolf Hochhuths *McKinsey kommt* (Brandenburger Theater)

Anläßlich des 200. Jahrestages der UA von Schillers *Wilhelm Tell* erste Aufführung von Schillers Schauspiel auf der Rütliwiese durch das Dt. Nationaltheater Weimar

(28.5.) UA des von Nicolas Stemann und Bernd Stegemann entwickelten Projekts *German Roots* (Ruhrfestspiele Recklinghausen/Thalia Theater Hamburg)

(2.6.) Dea Lohers *Das Leben auf der Praça Roosevelt* im Thalia Theater Hamburg uraufgeführt

(12.9.) UA von Roland Schimmelpfennigs *Die Frau von früher* (Burgtheater, Wien)

(30.9.) UA von Peter Handkes *Untertagblues* (Berliner Ensemble)

(11.12.) UA von Marius von Mayenburgs *Eldorado* (Schaubühne am Lehniner Platz, Berlin)

(29.4.) UA von Alan Ayckbourns *Drowning on Dry Land* (Scarborough, Stephen Joseph Theatre in the Round)

(Mai) UA von *Cruel and Tender* (*Sanft und grausam*) von Martin Crimp (nach Sophokles) in London (Koproduktion u. a. mit den Wiener Festwochen, Regie Luc Bondy)

(20.1.) UA von Yasmina Rezas *Une pièce espagnole* (*Ein spanisches Stück*) im Pariser Théâtre de la Madeleine (Regie Luc Bondy)

(30.1.) Für die Comédie-Française in Paris inszeniert Robert Wilson *Les Fables* (nach La Fontaine)

(6.7.) Peter Brook inszeniert im Rahmen der Ruhrtriennale in der Gebläsehalle eines ehemaligen Duisburger Stahlwerks die UA der »theatralischen Recherche« *Tierno Bokar* nach dem Roman *Leben und Lehre des Tierno Bokar* von Amadou Hampâté Bâ

(28.10.) Großer Erfolg für Michel Piccoli in Peter Brooks Inszenierung von Carol Rocamoras *Ta main dans la mienne* nach dem Briefwechsel zwischen Anton Čechov und seiner Frau Olga Knipper-Čechova (Paris, Bouffes du Nord)

(23.4.) Johan Simons inszeniert mit ZT Hollandia die UA von Peter Verhelsts *Richard III. Heb door moerassen gewaad al dan niet menselijte* (*Richard III. Bin durch Sümpfe gewatet, menschliche oder nicht*) in Eindhoven

(9.7.) UA der eigenen Produktion *Isabella's Room* durch die in Brüssel beheimatete Needcompany beim Festival d'Avignon im Cloître des Carmes

Das poln. Theaterzentrum Gardzienice produziert *Sceny z Elektry* (*Elektra*) nach Euripides

(1.5.) In Dublin treten Estland, Lettland, Litauen, Malta, Polen, die Slowakei, Slowenien, Tschechien, Ungarn und der griech. Südteil Zyperns der EU bei

Gründung des aus den Ensembles der Dt. Oper, der Staatsoper Unter den Linden und der Komischen Oper gebildeten Staatsballetts Berlin, neben den Opernhäusern die vierte künstlerisch Einrichtung unter dem Dach der Stiftung Oper in Berlin

Aus finanziellen Gründen Schließung des Theaters am Turm (TAT) in Frankfurt/Main durch die Stadt

Gründung der aus den ehemaligen Vereinigten Bühnen Graz hervorgegangenen Theaterholding Graz/Steiermark mit den Tochtergesellschaften Opernhaus Graz GmbH, Schauspielhaus GmbH, Next Liberty GmbH und Theaterservice GmbH

Der amerikan. Schauspieler Kevin Spacey übernimmt die künstlerische Leitung des Londoner Old Vic Theatre

Thomas Ostermeier 2004 künstlerischer Berater beim Festival d'Avignon mit weitgehendem Einfluß auf die Programmgestaltung

Personen des Theaters / Bühnenereignisse	Zeitgeschichte / Theaterwesen
2005 (15.1.) UA von Fritz Katers (d. i. Armin Petras) *3 von 5 Millionen* (Dt. Theater Berlin) (21.1.) UA von Albert Ostermaiers *Nach den Klippen* am Wiener Burgtheater (Regie Andrea Breth) (27.1.) Dieter Dorn inszeniert die UA von Botho Strauß' *Die eine und die andere* am Bayer. Staatsschauspiel München (29.1.) UA von Lukas Bärfuss' *Der Bus* (Thalia Theater Hamburg) (2.3.) Claus Peymanns UA von Elfriede Jelineks *Wolken. Heim. Und dann nach Hause* am Berliner Ensemble UA von Theresia Walsers *Die Kriegsberichterstatterin* (Okt., Stadttheater Konstanz), *Wandernutten* (9.10. Staatstheater Stuttgart) (16.9.) Mit *Nach der Liebe beginnt ihre Geschichte* inszeniert Matthias Hartmann am Schauspielhaus Zürich seine dritte UA eines Stückes von Botho Strauß (24.9.) Anselm Weber inszeniert am Theater Essen die UA von Roland Schimmelpfennigs *Ambrosia* (27.9.) UA von Jon Fosses *Heiss* (Berlin, Dt. Theater, Kammerspiele) (16.10.) Werner Schroeter inszeniert für Johann Kresniks Choreographisches Theater die UA der »szenischen Kreation« *Ein Walzertraum oder die Juwelen der Callas. Eros' Heimfahrt* am Theater Bonn (25.11.) UA von Rolf Hochhuths *Familienbande* (Brandenburger Theater) (8.12.) UA von Falk Richters *Verstörung* (Berlin, Schaubühne am Lehniner Platz (17.8.) Mark Ravenhills *Product* (*Das Produkt*) im Travese Theatre im Rahmen des Edinburgh Festivals uraufgeführt (10.6.) Luc Bondy inszeniert die UA von Botho Strauß' *Die Schändung* (*Viol*, Théâtre de l'Odéon, Paris) *Andersen's Dream* – neues Projekt des Odin Teatret in Holstebro (25.8.) Jan Fosses *Sveun* (*Schlaf*) am Nationaltheater Oslo uraufgeführt]	Festival »Theater der Welt« in Stuttgart Schwere Unruhen zwischen Jugendlichen und der Polizei in Pariser Vorstädten und weiteren franz. Städten (–07) Jürgen Flimm künstlerischer Leiter der RuhrTriennale Elmar Goerden Intendant des Schauspielhauses Bochum (–08) Matthias Hartmann Intendant des Schauspielhauses Zürich Frank Hoffmann, Leiter des Théâtre National du Luxembourg, Leiter der Ruhrfestspiele Recklinghausen Friedrich Schirmer Intendant des Dt. Schauspielhauses Hamburg Anselm Weber Schauspielintendant der Theater und Philharmonie Essen GmbH Hasko Weber Intendant des Stuttgarter Staatsschauspiels Tom Stromberg gründet mit dem Regisseur Peter Zadek die Firma »my way productions«, die Shakespeare-Stücke in Zadeks Regie für mehrere Festspiele produzieren soll (–06) Martin Kušej Schauspieldirektor der Salzburger Festspiele Der belg. Künstler, Regisseur, Choreograph Jan Fabre künstlerischer Berater des Festival d'Avignon Das schwedischsprachige Lilla Teatern (Kleines Theater) in Helsinki wird in Helsinkis Stadttheater (Helsingin Kaupunginteatteri) integriert (–07/08) Bol'šoj teatr in Moskau wegen Grundrenovierung des Gebäudes und Erneuerung der Technik geschlossen; Weiterführung des Spielbetriebs auf Ausweichbühnen und Tourneen
2006 (7.1.) Tom Kühnel inszeniert am Thalia Theater Hamburg das mit Jürgen Kuttner erarbeitete »Seminar für Führungskräfte« *Jasagen und Neinsagen* (17.–22.1.) Im Burgtheater Wien inszeniert Christoph Schlingensief sein Projekt *Area 7 – Sadochrist Matthäus – Eine Expedition* (27.1.) UA von Roland Schimmelpfennigs *Auf der Greifswalder Straße* (Dt. Theater, Berlin) durch Jürgen Gosch (4.11.) Rimini Protokolls *Karl Marx: DAS KAPITAL, Band Eins* als Produktion des Düsseldorfer Schauspielhauses (Koproduktion) uraufgeführt Peter Sellars Leiter des anläßlich des 250. Geburtstags Mozarts stattfindenden Festivals »New Crowned Hope« in Wien (–07) Die Royal Shakespeare Company bringt an verschiedenen Spielstätten in eigenen Produktionen und mit	Wiedereröffnung des grundlegend restaurierten Aleksandrijskij Teatr in St. Petersburg Anna Badora Intendantin des Schauspiels Graz Amélie Niermeyer Intendantin des Düsseldorfer Schauspielhauses Armin Petras Intendant des Maxim Gorki Theaters in Berlin Jonathan Mills Leiter des Edinburgh Festivals (–08/09) Schließung des St. Petersburger Mariinski teatr wegen Grundsanierung des Gebäudes, zugleich Bau einer zweiten Bühne Riku Suokas leitet das finn. Tampereen Työväen Teatteri (TTT)

Personen des Theaters / Bühnenereignisse

Zeitgeschichte / Theaterwesen

(2006)   internationalen Gastspielen im Rahmen des »Complete Works Festival« sämtliche Werke Shakespeares (auch die nicht-dramatischen) zu Aufführung
UA in London von Mark Ravenhills Stücken *The Cut* (*Der Schnitt*, 28.2., Donmar Warehouse) und *pool* (*no water*) (*Pool* (*kein Wasser*, 1.11., Lyric Theatre Hammersmith)
(27.8.) UA von Howard Brentons *In Extremis* (London, Globe Theatre)
(27.4.) Peter Brook inszeniert mit dem Centre International de Créations Théâtrales *Sizwe Banzi est mort* von Athol Fugard, John Kani und Winston Ntshona im Théâtre Vidy Lausanne
(26.9.) Mit ihr als Mitwirkender UA von Yasmina Rezas *Dans la luge d'Arthur Schopenhauer* im Pariser Théâtre Ouvert
(10.11.) Luciano Damiani inszeniert in eigener Ausstattung am Teatro di documenti in Rom Ruzantes *La Moschea*
(20.10.) Tom Lanoyes *Mefisto Forever* (frei nach Klaus Mann) im Toneelhuis Antwerpen uraufgeführt

2007   (17.2.) Claus Peymann inszeniert die UA von Peter Handkes *Spuren der Verirrten* (Berliner Ensemble)
(29.3.) Werner Düggelin inszeniert am Theater Basel Laura de Wecks Stückdebüt *Lieblingsmenschen*
(11.4.) UA von Roland Schimmelpfennigs *Körperzeit* (nach Don DeLillos *The Body Artist*) im Theater am Neumarkt (Zürich)
(19.5.) Peter Stein inszeniert mit dem Berliner Ensemble in der Kindl-Halle Berlin textgetreu Schillers *Wallenstein*-Trilogie (mit Klaus Maria Brandauer) in rund zehnstündiger Aufführung
(Juli) Das von Peter Sellars anläßlich des 250. Geburtstags Mozarts in Wien geleitete Festival »New Crowned Hope« in London fortgesetzt (Barbican Centre)
(30.9.) UA von Dea Lohers *Land ohne Worte* (Münchner Kammerspiele)
(15.11.) UA von George Taboris *Pffft oder der letzte Tango am Telefon* im Berliner Ensemble
(14.12.) UA von Constanza Macras' (Regie/Choreographie) *Brickland* mit ihrer Truppe DorkyPark in der Schaubühne am Lehniner Platz (Berlin)
(2.8.) UA von Margaret Atwoods *The Penelopiad* in Stratford-upon-Avon (Koproduktion Royal Shakespeare Company/National Arts Centre Canada)
(Juli) Gildas Milin inszeniert mit seiner Truppe Les Bourdons farouches sein Stück *Machine sans cible* beim Festival d'Avignon
(5.3.) Premiere von Luca Ronconis Inszenierung von Hermann Brochs *Inventato di sana pianta (Aus der Luft gegriffen)* im Piccolo Teatro di Milano
(Juni) Premiere von Ivo van Hoves Shakespeare-Inszenierung *romeinse tragedies (coriolanus, julius caesar, antonius & cleopatra)* durch die Toneelgroep Amsterdam

Rumänien und Bulgarien werden Mitglied der Europäischen Union
50 Jahre nach den »Römischen Verträgen« einigen sich die EU-Regierungschefs auf den »Vertrag von Lissabon«
Verbot der Todesstrafe in die franz. Verfassung aufgenommen
(7. 7.) Auf Initiative des Friedensnobelpreisträgers Al Gore finden auf allen Kontinenten sog. »Live Earth«-Konzerte statt

Jürgen Flimm Intendant der Salzburger Festspiele
Karin Beier (*1966) Schauspielintendantin in Köln
Amelie Deuflhard (*1960) Leiterin der Internationalen Kulturfabrik Kampnagel (Hamburg)
Andreas Beck (*1965) Leiter des Schauspielhauses in Wien
Pascal Rambert (*1962) Leiter des Centre dramatique national de Gennevilliers
Der Regisseur Frédéric Fisbach (*1966) künstlerischer Berater beim Festival d'Avignon
Ondřej Černý, bisher Leiter des Theater Instituts, Direktor des Prager Národní Divadlo

Personen des Theaters / Bühnenereignisse	Zeitgeschichte / Theaterwesen

2007 (26.8.) UA von Jan Fabres *Requiem für eine Metamorphose* durch seine Truppe Troubleyn (Salzburger Festspiele)

(11.10.) Premiere von Guy Cassiers' *Wolfskers*, zweiter Teil seines »Triptiek van de macht« (Toneelhuis, Antwerpen)

(11.5.) Premiere von *Fantazy* nach Juliusz Słowacki im Teatr Nowy (Łódź)

(17.5.) Włodzimierz Staniewski inszeniert Euripides' *Iphigenie in Aulis* mit der Gruppe Gardzienice im Stary Teatr Kraków

(Okt.) Russ. EA von Tom Stoppards Trilogie über das vorrevolutionäre Russland *The Coast of Utopia (Voyage, Shipwreck, Salvage)* im Moskauer Jugendtheater (UA 2002)

(9.3.) UA von Milan Uhdes *Zázrak v černém domě* im Prager Divadlo Na zábradlí

(13.12.) J. A. Pitínský inszeniert die Adaption von Božena Němcovás *Babička (Großmutter)* im Prager Národní Divadlo

Bibliographie

Theater – allgemein

Bibliographien, Enzyklopädien, Lexika, Schauspielführer

A sourcebook of feminist theatre and performance: on and beyond the stage. Hg. C. Martin. London u.a. 1996

Abels, N.: 50 Klassiker Theater: die wichtigsten Schauspiele von der Antike bis heute. Hildesheim ²2004

Allain, P., J. Harvie: The Routledge companion to theatre and performance. London 2006

Arpe, V.: Knaurs Schauspielführer. München, Zürich (Neubearbeitung) 1980

Bailey, C. J.: A Guide to Reference and Bibliography for Theatre Research. Columbus ²1983

Berger, K. H. u.a.: Schauspielführer. 2 Bde. Berlin ²1988

Bertelsmann Schauspielführer. Hg. K. Völker. Gütersloh (aktualisierte Sonderausgabe) 2000

Bharati, Sh.: Glossary of Drama, Theatre and Electronic Media. Columbia 1996

Bibliographie Darstellende Kunst und Musik. Deutschsprachige Hochschulschriften und Veröffentlichungen außerhalb des Buchhandels 1966–1980. 3 Bde. Bearb. M. Wolf. München u.a. 1991

Bibliographie des arts du spectacle. Hg. R. Hainaux. 2 Bde. Brüssel u.a. 2000

Bibliographie des Musikschrifttums. Leipzig, Mainz u.a. 1936–2001 (Forts. als Internetausgabe)

Bibliographie théâtrale: outils pour la constitution d'un fonds spécialisé. Bearb. M.-Th. Meyer-Debuysscher, M.-P. Bianchi, N. Anakesa. Paris 2002

Bibliothèques et musées des arts du spectacle dans le monde. Hg. A. Veinstein, A. S. Golding. Paris ⁴1992

Bryan, G. B.: Stage Deaths. A biographical guide to international theatrical obituaries, 1850 to 1990. 2 Bde. Westport 1991

Ders..: Stage Lives. A bibliography and index to theatrical biographies in English. Westport 1985

Cairney, J.: Solo performers: an international registry 1770–2000. Jefferson 2001

The Cambridge guide to theatre. Hg. M. Banham. Cambridge (rev.) 2000

The Cambridge guide to world theatre. Hg. M. Banham. Cambridge u.a. 1988

Catalog of the Theatre and Drama Collection. 21 Bde, 2 Suppl. – Non-Book Collection. 30 Bde. Hg. New York Public Library. Boston 1967–76

The concise Oxford companion to the theatre. Hg. Ph. Hartnoll, P. Found. Oxford u.a. ²1996

Contemporary dramatists. Hg. Th. Riggs. Detroit u.a. ⁶1999

Contemporary Women Dramatists. Hg. K. A. Berney u.a. London u.a. 1994

The Continuum companion to twentieth century theatre. Hg. C. Chambers. London u.a. 2002

Corvin, M.: Dictionnaire encyclopédique du théâtre. 2 Bde. Paris (Neuausgabe) 2001

Critical survey of drama. 7 Bde. Hg. F. N. Magill. Pasadena, Englewood Cliffs 1993

Diccionario general del teatro. Hg. R. de la Fuente Ballesteros, S. Villa. Salamanca 2003

Dictionary catalog of the music collection. Boston Public Library. 20 Bde. Boston 1972

Dictionnaire des personnages dramatiques et littéraires de tous les temps et de tous les pays. Paris 2002

Dictionnaire du Théâtre. Paris 1998

Dieterich, G.: Pequeño diccionario del teatro mundial. Madrid 1974

Directory of music research libraries. Bd. 1 ff. Iowa City (später: Kassel) 1967 ff.

Dizionario dello spettacolo del '900. Hg. F. Cappa, P. Gelli. Milano 1998

Dramatic Criticism Index. A Bibliography of Commentaries on Playwrights from Ibsen to the Avant-Garde. Hg. P. F. Breed, F. M. Suiderman. Detroit 1972

Dramenlexikon. Hg. W. Allgayer. 2 Bde. Köln, Berlin 1958–62

Dramenlexikon. Hg. Dt. Theatermuseum. Jahrband 1985–98. München 1986–2000

Drone, J. M.: Musical theater synopses: an index. Lanham u.a. 1998

Enciclopedia dello spettacolo. 9 Bde. Rom 1954–62. Aggiornamento 1955–65. Rom 1966. Appendice di aggiornamento: Cinema. Rom 1963. Indice repertorio. Rom 1969

Enciclopedia teatral. 12 Bde. Buenos Aires 1968–69

The Encyclopedia of World Theater. Hg. M. Esslin. New York 1977

Encyclopédie du théâtre contemporain. 2 Bde. Hg. G. Quéant. Paris 1957–59

Flatz, R.: Schauspieltexte im Theatermuseum der Universität Köln. 9 Bde. München u.a. 1990

Franchi, F.: Directory of performing arts resources. London ³1998

Gänzl, K.: The encyclopedia of the musical theatre. 2 Bde. Oxford 1994

Geßmann, H.-W.: Bibliographie deutschsprachiger Psychodramaliteratur. Duisburg ⁴2004

Giteau, C.: Dictionnaire des arts du spectacle. Paris 1970

Gómez García, M.: Diccionario del teatro. Madrid 1998

Guida bibliografica al Teatro. Hg. F. Cruciani, N. Savarese. Milano 1991

Hadamowsky, F.: Bücherkunde deutschsprachiger Theaterliteratur. 2 Bde in 3. Wien 1982–88

Harenberg-Kulturführer Schauspiel. Mannheim ⁴2007

Harenberg Schauspielführer. Dortmund 1997

Harrison, M.: The language of theatre. Manchester (rev.) 1998

Heidtmann, F., P. S. Ulrich: Wie finde ich film- und theaterwissenschaftliche Literatur? Berlin ²1988

Hensel, G.: Spielplan. Der Schauspielführer von der Antike bis zur Gegenwart. 2 Bde. Frankfurt/Main ⁴1995

International bibliography of theatre. New York 1985–2002 (Forts.: International bibliography of theatre & dance. Ipswich 2004 ff.)

International dictionary of theatre. 3 Bde. Hg. M. Hawkins-Dady. Detroit 1992–96

International Directory of Archives. München u. a. 1994

International Guide to Children's Theatre and educational Theatre. Hg. L. Swortzell. Westport 1990

Internationaler biographischer Index der darstellenden Kunst: Regisseure, Schauspieler und Tänzer = World biographical index of performing arts. München 1998

Itzin, C.: Directory of Playwrights, Directors and Designers. London 1983

Kathrein, K.: rororo Schauspielführer. Reinbek (34.–37. Tsd.) 1994

Kienzle, S.: Schauspielführer der Gegenwart. Stuttgart ⁶1999

Kirschner, J.: Fischer Handbuch Theater, Film, Funk und Fernsehen. Frankfurt/Main 1997

Knaurs großer Schauspielführer. Hg. R. Radler. München 1994

Kullman, C. H., W. C. Young: Theatre Companies of the World. 2 Bde. New York, London 1986

Langen Müllers Schauspieler-Lexikon der Gegenwart. Deutschland, Österreich, Schweiz. Hg. H. J. Huber. München 1986

Lexikon der Festspiele. Karlsruhe 1984 (Loseblattslg).

Lexikon Theater International. Hg. J. Trilse-Finkelstein, K. Hammer. Berlin 1995

Liebe, U.: Von Adorf bis Ziemann: die Bibliographie der Schauspieler-Biographien 1900–2000: Deutschland, Österreich, Schweiz. Schöppenstedt 2004

Lista, G.: La scène moderne: encyclopédie mondiale des arts du spectacle dans la seconde moitié du XXe siècle. Paris u. a. 1997

Marco, G. A.: Opera: a research and information guide. New York 2001

McGraw-Hill Encyclopedia of World Drama. Hg. St. Hochman. 5 vols. New York ²1984

Mehlin, U. H.: Die Fachsprache des Theaters. Düsseldorf 1969

Metzler-Lexikon Theatertheorie. Hg. E. Fischer-Lichte u. a. Stuttgart, Weimar 2005

Mobley, J. P.: NTC's Dictionary of Theatre and Drama Terms. Lincolnwood 1993

Moore, F. L., M. Varchaver: Dictionary of the performing arts. Chicago 1999

The new Grove dictionary of opera. 4 Bde. Hg. St. Sadie. London, New York 1992

The new Penguin dictionary of the theatre. Hg. J. Law u. a. London 2001

New Theatre Words. Hg. O. Söderberg. Tollarp ²1998

Opern Lexikon. 2 Bde. Hg. H. Seeger. Reinbek 1982

The Oxford companion to the theatre. Hg. Ph. Hartnoll. Oxford u. a. ⁴1995

The Oxford encyclopedia of theatre & performance. Hg. D. Kennedy. Oxford, New York 2003

Pavis, P.: Dictionnaire du théâtre: termes et concepts de l'analyse théâtrale. Paris (rev.) 2003

Performing Arts Biography Master Index. A consolidated index to over 270 000 biographical sketches of persons living and dead, as they appear in over 100 of the principal biographical dictionaries devoted to the performing arts. Hg. B. McNeil, M. C. Herbert. Detroit ²1982

Performing Arts Libraries and Museums of the World / Bibliothèques et musées des arts du spectacle dans le monde. Hg. A. Veinstein, A. Golding. Paris ⁴1992

Performing Arts Yearbook for Europe. PAYE. Bd 1 (1990) ff. London 1991 ff.

Pierron, A.: Dictionnaire de la langue du théâtre. Paris 2003

Ders.: Le Théâtre, ses métiers, son langage. Lexique théâtral. Paris 1994

Pipers Enzyklopädie des Musiktheaters. Hg. C. Dahlhaus u. a. 7 Bde. München u. a. 1986–97

The Reader's Encyclopedia of World Drama. Hg. J. Gassner, E. Quinn. London 1975

Reclams neuer Schauspielführer. Hg. M. Siems. Stuttgart 2005

Reclams Schauspielführer. Hg. S. Kienzle, O. C. A. zur Nedden. Stuttgart ²¹2001

Reid, F.: The abc of theatre jargon. Royston (2002 ?)

Rodek, H.-G., P. H. Honig: »100001«. Die Showbusiness-Enzyklopädie des 20. Jahrhunderts. Villingen-Schwenningen 1992

Rohr, U.: Der Theaterjargon. Berlin 1952

The Routledge reader in gender and performance. Hg. L. Goodman, J. de Gay. London 1998

Rozik, E.: The Language of the Theatre. Glasgow 1992

Russkij dramatičeskij teatr: ènciklopedija. Hg. M. I. Andreeva u. a. Moskva 2001

Der Schauspielführer. Begr. J. Gregor, Hg. W. Greisenegger. Bd. 1 ff. Stuttgart 1953 ff.

Sebastian, A. J., N. D. R. Chandra: Literary terms in drama, theatre, and cinema. Delhi 2002

SIBMAS International Directory of Performing Arts Collections, 1995–96. Hg. R. M. Buck, P. S. Ulrich. Haslemere 1996

Simons, L. K.: The Performing Arts. A Guide to the Reference Literature. Englewood 1994

Solomos, A.: Theatre Directory – Persons and Things of the Theatre World. Athen 1990

Steadman, S. M.: Dramatic re-visions: an annotated bibliography of feminism and theatre 1972–1988. Chicago u. a. 1991

Stompor, St.: Künstler im Exil: in Oper, Konzert, Operette, Tanztheater, Schauspiel, Kabarett, Rundfunk, Film, Musik- und Theaterwissenschaft sowie Ausbildung in 62 Ländern. Frankfurt/Main u. a. 1994

Sundberg, L.: Teaterspråk: en teaterpraktika; ord och begrepp i det praktiska arbetet. Stockholm 2006

Taylor, J. R.: The Penguin Dictionary of the Theatre. New York 1993

El teatro. Enciclopedia del arte escenico. Barcelona 1958

Theaterhistorische Porträtgraphik. Ein Katalog aus den Beständen der Theaterwissenschaftlichen Sammlung der Universität zu Köln. Bearb. R. Flatz, G. Albrod. Berlin 1995

Theater-Lexikon. Hg. H. Rischbieter. Zürich u. a. 1983

Theaterlexikon. 2 Bde. Hg. B. C. Sucher. München 1995–96 (CD-ROM u. d. T.: Lexikon Theater. Berlin 2004)

Theaterlexikon: 2500 Jahre Theatergeschichte. Hg. M. Brauneck. München 1999 (CD-ROM)

Theaterlexikon 1. Begriffe und Epochen, Bühnen und Ensembles. Hg. M. Brauneck, G. Schneilin. Reinbek ⁵2007

Theaterlexikon 2. Schauspieler und Regisseure, Bühnenleiter, Dramaturgen und Bühnenbildner. Hg. M. Brauneck, W. Beck. Reinbek 2007

Theatre Words: an international vocabulary in nine languages. Hg. E. Fielding. Prag 1993

Theatrical Movement: a bibliographical anthology. Hg. B. Fleshman. Metuchen 1986

Thomson, P., G. Salgãdo: The everyman companion to the theatre. London 1985

Twentieth-century literary movements dictionary. Hg. H. Henderson. Detroit 2000

Verhoef, M.: European Festivals. Genf 1995

White, R. K.: An annotated dictionary of technical, historical, and stylistic terms relating to theatre and drama. Lewiston u. a. 1995

Who's who in contemporary world theatre. Hg. D. Meyer-Dinkgräfe. London u. a. 2000

The World of theatre. Hg. L Herbert, N. Leclercq. London, New York 2003

Yidishe dramaturgn un kompositors. Hg. S. Perlmutter, Y. Mestel. New York 1952

Zylberzweig, Z.: Lexikon fun yidishn teater. 5 Bde. New York, Mexico City 1931–67

Überblicksdarstellungen

Abert, A. A.: Geschichte der Oper. Kassel, Stuttgart, Weimar 1994

Allen, J.: A History of the Theatre in Europe. London 1983

Altman, G., R. Freund u. a.: Theater Pictorial: a history of world theater as recorded in drawnings, paintings, engravings and photographs. Berkeley u. a. 1953

Arpe, V.: Bildgeschichte des Theaters. Köln 1962

Das Atlantisbuch des Theaters. Hg. M. Hürlimann. Zürich, Freiburg 1966

Baty, G., R. Chavance: Vie de l'art théâtral des origines à nos jours. Plan-de-la-Tour (Nachdruck) 1979

Béhar, P. u. a.: Spectacvlvm Evropævm (1580–1750) = Theatre and spectacle in Europe = Histoire du spectacle en Europe. Wiesbaden 1999

Berthold, M.: Weltgeschichte des Theaters. Stuttgart 1968

Biehn, H.: Feste und Feiern im alten Europa. München o. J.

Brockett, O. G.: History of the Theatre. Boston ⁷1995

Corrigan, R. W.: The World of the Theatre. Madison ²1991

D'Amico, S.: Storia del teatro drammatico. 8 Bde. Roma ⁵1991

David, M.: Le théâtre. Paris 1995

Di Lorenzo, C.: Il teatro del fuoco: storie, vicende e architetture della pirotecnica. Padua 1990

Doll, H. P., G. Erken: Theater: eine illustrierte Geschichte des Schauspiels. Stuttgart u. a. 1985

Dubech, L.: Histoire générale illustrée du théâtre. 5 Bde. Paris 1931–34

Dumur, G.: Histoire des Spectacles. Paris 1965

L' Europa e il teatro. Hg. V. Carofiglio. Modugno, Bari 1995

Das Fest. Hg. W. Haug, R. Warning. München 1989

Das Fest. Eine Kulturgeschichte von der Antike bis zur Gegenwart. Hg. U. Schultz. München 1988

Fiocco, A.: Teatro universale dalle origini ai giorni nostri. 3 Bde. Bologna ²1970–71

Fischer-Lichte, E.: Geschichte des Dramas. Epochen der

Identität auf dem Theater von der Antike bis zur Gegenwart. 2 Bde. Tübingen 1990

Freedley, G., J. A. Reeves: A History of the Theatre. New York ³1968

Frenzel, H. A.: Geschichte des Theaters: Daten und Dokumente 1470–1890. München ²1984

Gascoigne, B.: World Theatre. London 1968

Ghilardi, F.: Storia del teatro. Mailand 1961

Hartnoll, Ph., E. Brater: The theatre: a concise history. New York ³1998

Haueis, E.: Theater in Europa. Vom ausgehenden Mittelalter bis zur Gegenwart. Ludwigsburg 1982

Histoire des spectacles. Hg. G. Dumur. Paris 1981

Hoyo, A. del: Teatro mundial. Madrid 1955

Hubert, M.-C.: Histoire de la scène occidentale de l'Antiquité à nos jours. Paris 1992

Kindermann, H.: Theatergeschichte Europas. 10 Bde. Salzburg 1957–74

König, W.: Idee und Geschichte des Welttheaters in Europa. 2 Bde. Diss. Wien 1951

Londré, F. H.: The History of World Theater. 2 Bde. New York 1991

Meserve, W. J. und M. A.: A Chronological Outline of World Theatre. New York 1992

Moussinac, L.: Le théâtre des origines à nos jours. Paris 1957

Niccoli, A.: Lo spazio scenico: storia dell'arte teatrale. Rome 1971

Nicoll, A.: The Development of the Theatre. A Study of Theatrical Art from the Beginnings to the Present Day. London ⁵1966

Ders. u.a.: World Drama from Aeschylus to Anouilh. London ²1976

The Oxford illustrated history of theatre. Hg. J. R. Brown. Oxford u.a. (Neuausgabe) 2001

Pandolfi, V.: Histoire du théâtre. 5 Bde. Verviers 1968–69

Ders.: Storia universale del teatro drammatico. 2 Bde. Turin 1964

Ders.: Il teatro drammatico di tutto il mondo dalle origini a oggi. 2 Bde. Rom 1959

Peters, J. St.: Theatre of the book 1480–1880: print, text, and performance in Europe. Oxford u.a. ²2003

Pignarre, R.: Histoire du théâtre. Paris ¹⁴1991

Rabenalt, A. M.: Mimus eroticus. 5 Bde. Hamburg 1962–65

Sallé, B.: Histoire du théâtre. Paris 1990

Savarese, N.: Teatro e spettacolo fra oriente e occidente. Rom ⁵2001

Die schöne Kunst der Verschwendung. Fest und Feuerwerk in der europäischen Geschichte. Hg. G. Kohler. Zürich, München 1988

Simhandl, P.: Theatergeschichte in einem Band. Berlin 1996

Southern R.: Die sieben Zeitalter des Theaters. Gütersloh 1966

Teatro oriente/occidente. Hg. A. Ottai. Rom 1986

Theater der Region – Theater Europas. Hg. A. Kotte. Basel 1995

Theatre in Europe. 8 Bde. Hg. G. Wickham u.a. Cambridge 1989–2003

»Und jedermann erwartet sich ein Fest«: Fest, Theater, Festspiele. Hg. P. Csobádi. Anif 1996

Die Welt der Bühne als Bühne der Welt. 2 Bde. Hg. P. Frischauer. Hamburg 1967

Welttheater: Theatergeschichte, Autoren, Stücke, Inszenierungen. Hg. H. Rischbieter, J. Berg. Braunschweig ³1985

Wickham, G. W.: A History of the Theatre. New York u.a. ²1992

The world encyclopedia of contemporary theatre. Hg. D. Rubin. 6 Bde. London u.a. 1994–2000

Theater – Theater

Theater und das Theatralische – Wesen, Ästhetik, Funktion

Abel, L.: Metatheatre. New York 1963

Adame, D.: Elogio del oxímoron: introducción a las teorías de la teatralidad. México 2005

Alter, J.: A sociosemiotic theory of theatre. Philadelphia 1990

Analyse sémiologique du spectacle théâtral. Hg. T. Kowzan. Lyon 1976

Artaud, A.: Das Theater und sein Double. Das Théâtre Séraphin. Frankfurt/Main 1979

Aston, E., G. Savona: Theatre as sign-system: a semiotics of text and performance. London u.a. 1991

Baillon, J.: Théâtre et matière: les moteurs de la représentation. Paris 2002

Ders.: Théâtre et sciences: le double fondateur. Paris, Montréal 1998

Barba, E.: L'Archipel du théâtre. Cazilhac 1982

Ders.: Ein Kanu aus Papier. Abhandlung über Theateranthropologie. Köln 1998

Baum, G.: Humor und Satire in der bürgerlichen Ästhetik. Berlin 1959

Baumbach, G.: Seiltänzer und Betrüger? Parodie und kein Ende: ein Beitrag zu Geschichte und Theorie von Theater. Tübingen, Basel 1995

Beacham, R. C.: Adolphe Appia: artist and visionary of the modern theatre. Chur, Philadelphia 1994

Beckerman, B.: Theatrical presentation: performer, audience, and act. New York 1990

Birringer, J.: Theatre, Theory, Postmodernism. Bloomington 1991

Bobes Naves, M. del Carmen: Semiótica de la escena: análisis comparativo de los espacios dramáticos en el teatro europeo. Madrid 2001

Borie, M. u.a.: Esthétique théâtrale. Textes de Platon à Brecht. Paris 1982

Ders.: Mythe et théâtre aujourd'hui. Une quête impossible? Paris 1981

Bourassa, A. G.: Esthétique théâtrale. Recueil de textes. Montréal 1996

Bournat, I.: Cent mots pour dire le théâtre. Paris 2004

Brockett, O. G.: The Essential Theatre. Austin (Nachdruck) 1992

Brown, J. R.: What is Theatre? An Introduction and Exploration. Woburn 1997

Bryant-Bertail, S.: Space and time in epic theater: the Brechtian legacy. Columbia u.a. 2000

Bürger, P.: Theorie der Avantgarde. Frankfurt/Main 1974

Burns, E.: Theatricality. A study of convention in the theatre and in social life. London 1972

By Means of Performance. Intercultural Studies of Theatre and Ritual. Hg. R. Schechner, W. Appel. Cambridge 1990

Carlson, M.: The haunted stage: the theatre as memory machine. Ann Arbor (Nachdruck) 2003

Ders.: Theatre semiotics: signs of life. Bloomington u.a. 1990

Ders.: Theories of the theatre: a historical and critical survey from the Greeks to the present. Ithaca u.a. ²1994

Cheney, S.: The theatre: three thousand years of drama, acting and stagecraft. London ⁴1972

Cohen, R.: Theatre. Mountain View ⁴1996

Cole, D.: The theatrical event: A mythos, a vocabulary, a perspective. Middletown 1975

Constantinidis, S. E.: Theatre under deconstruction? New York u.a. 1993

Coppieters, F.: Towards a Performance Theory of Environmental Theatre. Diss. Antwerpen 1977

Couprie, A.: Le théâtre: texte, dramaturgie, histoire. Paris 2005

Craig, E. G.: Über die Kunst des Theaters (London 1911). Berlin 1969

Critical theory and performance. Hg. J. G. Reinelt. Ann Arbor (4. Druck) 1996

Crossing media: Theater – Film – Fotografie – neue Medien. Hg. Ch. Balme, M. Moninger. München 2004

Dars, É., J. Beaujean: De l'art dramatique à l'expression scénique. Paris 1975

De Marinis, M.: Semiotica del teatro: l'analisi testuale dello spettacolo. Mailand ³2002

De Toro, F.: Theatre Semiotics. Text and Staging in Modern Theatre. Buffalo 1995

Diskurse des Theatralen. Hg. E. Fischer-Lichte. Tübingen u.a. 2005

Le drame du regard: théâtralité de l'oeuvre d'art? Hg. Th. Hunkeler. Bern u.a. 2002

Duvignaud, J., A. Veinstein: Le Théâtre. Paris 1976

Ecrits sur l'art théâtral (1753–1801). 2 Bde. Hg. S. Chaouche. Paris 2005

Egginton, W.: How the world became a stage: presence, theatricality and the question of modernity. Albany 2003

Ehlers, K.: Mimesis und Theatralität: dramatische Reflexionen des modernen Theaters im ›Theater auf dem Theater‹ (1899–1941). Münster u.a. 1997

Elam, K.: The Semiotics of theatre and drama. London, New York 1980

The ends of performance. Hg. P. Phelan. New York u.a. 1998

Ertel, E.: Untersuchungen zu Problemen der Semiotik der Darstellenden Kunst. 2 Bde. Diss. Berlin 1981

Eschbach, A.: Pragmasemiotik und Theater. Tübingen 1979

Esslin, M.: Die Zeichen des Dramas: Theater, Film, Fernsehen. Reinbek 1989

Esthétique théâtrale: textes de Platon à Brecht. Hg. J. Scherer u.a. Paris 2001

Fiebach, J.: Keine Hoffnung, keine Verzweiflung: Versuche um Theaterkunst und Theatralität. Berlin 1998

Fischer-Lichte, E.: Ästhetische Erfahrung: das Semiotische und das Performative. Tübingen u.a. 2001

Dies.: Das eigene und das fremde Theater. Tübingen u.a. 1999

Dies.: Semiotik des Theaters. 3 Bde. Tübingen ³1995

Dies.: Theater im Prozeß der Zivilisation. Tübingen u.a. 2000

Fock, R.: Grundlegung der Ästhetik des Komischen. Unter Berücksichtigung der Besonderheit des Theatralischen. Diss. Wien 1986

Fortier, M.: Theatre Theory. An Introduction. New York 1997

Frezza, Ch. A.: Music as an Integral Design Element of Theatrical Production. Ann Arbor 1984

Garapon, R.: Comique théâtral. Paris 1957

Garner, St. B.: Bodied spaces: phenomenology and performance in contemporary drama. Ithaca u.a. 1994

Gassner, J., R. G. Allen: Theatre and Drama in the Making. The Greeks to the Elizabethans. New York 1992

Gehse, K.: Medien-Theater: Medieneinsatz und Wahrnehmungsstrategien in theatralen Projekten der Gegenwart. Würzburg, Boston 2001

Girard, D., D. Vallières u.a.: Le Théâtre: la découverte du texte par le jeu dramatique. Belœil 1988

Girard, G., R. Ouellet, C. Rigault: L'univers du théâtre. Paris ³1995

Goll, R. M.: Theorie theatralen Handelns. Erlangen 1981

Gravel, H., M. Azzola: Expression dramatique. Sudbury 1989

Graver, D.: The aesthetics of disturbance: anti-art in avant-garde drama. Ann Arbor 1995

Grenzgänge: das Theater und die anderen Künste. Hg. G. Brandstetter. Tübingen 1998

Grotowski, J.: Für ein Armes Theater. Berlin ²1999

Halm, B. B.: Theatre and Ideology. Selinsgrove 1995

Hayman, R.: Theater and Anti-Theater. New York 1979

Helbo, A.: Les Mots et les gestes. Essai sur le théâtre. Lille 1983

Herrschaft des Symbolischen: Bewegungsformen gesellschaftlicher Theatralität Europa-Asien-Afrika. Hg. J. Fiebach, W. Mühl-Benninghaus. Berlin 2002

Hoensch, J.: Das Schauspiel und seine Zeichen. Frankfurt/Main u.a. 1977

Hoffmann, E. A.: Theater als System: eine Evolutionsgeschichte des modernen Theaters. Trier 1997

Hofmann, J.: Theorie des Theatralischen als Wirkungskritik mimetischer Praxis. Diss. Wien 1970

Horizonte der Emanzipation: Texte zu Theater und Theatralität. Hg. Ch. B. Balme u.a. Berlin 1999

Hoßner, U.: Erschaffen und Sichtbarmachen: Das theaterästhetische Wissen der historischen Avantgarde von Jarry bis Artaud. Bern u.a. 1983

Ivanceanu, V., J. C. Hoflehner: Prozessionstheater: Spuren und Elemente von der Antike bis zur Gegenwart. Köln u.a. 1995

Jean, G.: Le Théâtre. Paris 1977

Jessup-Woodlin, P.: Creative Experience: Art – Dance – Music – Theatre Arts. Dubuque 1995

Kaul, G.: Sommergäste. Zur Ästhetik des bürgerlichen Theaters. Diss. Frankfurt 1982

Kiefer, J.: Die Puppe als Metapher den Schauspieler zu denken: zur Ästhetik der theatralen Figur bei Craig, Meyerhold, Schlemmer und Roland Barthes. Berlin 2004

Kim, H.-K.: Eine vergleichende Untersuchung zu Brechts Theatertheorien im »Messingkauf« und im »Kleinen Organon für das Theater«. Frankfurt/Main 1992

Kirby, E. Th.: Total Theatre. A critical anthology. New York 1969

Ders.: Ur-drama: the origins of theatre. New York 1975

Klock, H.-D.: Theater als Ereignis. Ein Beitrag zur Spezifik des theatralischen Vorgangs. Diss. Berlin 1977

Komik: Ästhetik, Theorien, Strategien. Hg. H. Haider-Pregler. Wien 2006

Körper-Inszenierungen: Präsenz und kultureller Wandel. Hg. E. Fischer-Lichte, A. Fleig. Tübingen 2000

Kowzan, T.: Littérature et Spectacle. Den Haag u.a. 1975

Ders.: Sémiologie du théâtre. Paris 1992

Ders.: Spectacle et signification. Candiac 1992

Ders.: Théâtre miroir: métathéâtre de l'Antiquité au XXIème siècle. Paris u.a. 2006

Lehmann, H.-Th.: Postdramatisches Theater. Frankfurt/Main 1999

Ley, G.: From mimesis to interculturalism: readings of theatrical theory before and after ›modernism‹. Exeter 1999

Loeffler, M. P.: Gordon Craigs frühe Versuche zur Überwindung des Bühnenrealismus. Bern 1969

L'Œuvre d'art totale. Études. Hg. D. Bablet, É. Konigson. Paris 1995

Macé-Barbier, N.: Lire le drame. Paris 1999

Mahal, G.: Auktoriales Theater – die Bühne als Kanzel. Tübingen 1982

Masques, théâtre et modalités de la représentation. Hg. A. Bouvier Cavoret. Paris 2003

Milling, J., G. Ley: Modern theories of performance: from Stanislavski to Boal. Basingstoke 2000

Mimesis, masochism, & mime: the politics of theatricality in contemporary French thought. Hg. T. Murray. Ann Arbor 1997

Montage in Theater und Film. Hg. H. Fritz. Tübingen u.a. 1993

Moser, G.: Das Volkstheater. Frankfurt/M. 1983

Müller, G.: Theorie der Komik. Über die komische Wirkung im Theater und im Film. Würzburg 1964

Münz, R.: Theatralität und Theater: zur Historiographie von Theatralitätsgefügen. Berlin 1998

Naud, E.: Le fragment comme théâtralité. Diss. Paris VIII 1999

Pavis, P.: L'analyse des spectacles. Théâtre, mime, danse, danse-théâtre, cinéma. Paris 1996

Ders.: Semiotik der Theaterrezeption. Tübingen 1988

Ders.: Voix et images de la scène. Essais de sémiologie théâtrale. Lille 1985

Performativität und Ereignis. Hg. E. Fischer-Lichte. Tübingen u.a. 2003

Plassard, D.: L'Acteur en effigie. Figures de l'homme artificiel dans le théâtre des avant-gardes historiques (Allemagne, France, Italie). Charleville-Mézières 1992

Pochat, G.: Geschichte der Ästhetik und Kunsttheorie von der Antike bis zum 19. Jahrhundert. Köln 1986

Poggioli, R.: Teoria dell'arte d'avanguardia. Bologna 1962

Port, U.: Pathosformeln: die Tragödie und die Geschichte exaltierter Affekte (1755–1888). München 2005

Pradier, J.-M.: La Scène et la fabrique des corps. Ethnosociologie du spectacle vivant en Occident (Ve siècle av. J.-C. – XVIIIe siècle). Pessac ²2000

The problematics of text and character (le texte et le personnage en question(s)). New York u.a. 1994

Puchner, M.: Theaterfeinde: die anti-theatralischen Dramatiker der Moderne. Freiburg i. Br. 2006

Pütz, P.: Die Zeit im Drama. Göttingen 1970

Quinn, M. L.: The semiotic stage: Prague school theater theory. New York u.a. 1995

Rapp, U.: Handeln und Zuschauen. Untersuchungen über den theatersoziologischen Aspekt in der menschlichen Interaktion. Darmstadt 1973

Ders.: Rolle Interaktion Spiel. Einführung in die Theatersoziologie. Wien 1994

Read, A.: Theatre and everyday life: an ethics of performance. London u.a. 1993

Reich, H.: Der Mimus. 2 Bde. Berlin 1903

Rémer, B.: Fragments d'un discours théâtral: entre singulier et pluriel, de l'individualité créatrice à l'œuvre collective. Paris u.a. 2002

Roberts, V. M.: The nature of theatre. New York 1971

Roubine, J.-J.: Introduction aux grandes théories du théâtre. Paris (erw.) 1996

Ruffini, F.: Semiotica del testo: l'esempio teatro. Rom 1978

Ryngaert, J.-P.: Introduction à l'analyse du théâtre. Paris 1991

Ders.: Lire le théâtre contemporain. Paris 1993

Sarkis, M.: Blick, Stimme und (k)ein Körper: der Einsatz elektronischer Medien im Theater und in interaktiven Installationen. Stuttgart 1997

Schechner, R.: Between theater and anthropology. Philadelphia ⁴1994

Ders.: The future of ritual: writings on culture and performance. London u.a. 1993

Ders.: Performance studies: an introduction. London (rev.) 2005

Ders.: Performance Theory. London 1988

Ders.: Theater-Anthropologie: Spiel und Ritual im Kulturvergleich. Reinbek 1990

Schings, D.: Über die Bedeutung der Rolle als Medium der Entpersonalisierung im Theater des 20. Jahrhunderts. Diss. FU Berlin 1967

Schmeling, M.: Métathéâtre et intertexte. Aspects du théâtre dans le théâtre. Paris 1982

Schmid, H., A. van Kesteren: Semiotics of Drama and Theatre. Amsterdam 1984

Schnell, R.: Medienästhetik. Stuttgart u.a. 2000

Schramm, H.: Karneval des Denkens. Theatralität im Spiegel philosophischer Texte des 16. und 17. Jahrhunderts. Berlin 1996

Sémiologie de la représentation. Théâtre, télévision, bande dessinée. Hg. A. Helbo. Brüssel 1975

Semiotics of Art. Hg. L. Matejka, I. Titunik. Cambridge 1976

Serpieri, A. u.a.: Come comunica il teatro: dal testo alla scena. Mailand 1978

Sharpe, R. B.: Irony in the Drama. Chapel Hill 1959

Siegmund, G.: Theater als Gedächtnis: semiotische und psychoanalytische Untersuchungen zur Funktion des Dramas. Tübingen 1996

Souriau, E.: Les grands problèmes de l'esthétique théâtrale. Paris 1968

Spektakel der Moderne. Bausteine zu einer Kulturgeschichte der Medien und des darstellenden Verhaltens. Hg. J. Fiebach, W. Müller-Benninghaus. Berlin 1996

Spencer, C.: À corps perdus: théâtre, désir, représentation. Paris u.a. 2005

Spieckermann, Th.: »The world lacks and needs a belief«: Untersuchungen zur metaphysischen Ästhetik der Theaterprojekte Edward Gordon Craigs von 1905 bis 1918. Trier 1998

Sporre, D. J.: The Art of Theatre. Englewood Cliffs 1993

Stefanek, P.: Vom Ritual zum Theater: gesammelte Aufsätze und Rezensionen. Wien 1992

Stillstand und Bewegung: intermediale Studien zur Theatralität von Text, Bild und Musik. Hg. G. Heeg. München 2004

Straub, M.: Wat is toneel? Purmerend 1968

Studien zur Ästhetik des Gegenwartstheaters. Hg. Ch. W. Thomsen. Heidelberg 1985

Symposion Theatertheorie. Hg. H.-W. Nickel. Berlin 1999

Teoría del teatro. Hg. M. C. Bobes Naves. Madrid 1997

Texte et théâtralité. Hg. R. Robert. Nancy 2000

Texte zur Theorie des Theaters. Hg. K. Lazarowicz, Ch. Balme. Stuttgart (Nachdruck) 1993

Das Theater der Anderen: Alterität und Theater zwischen Antike und Gegenwart. Hg. Ch. Balme. Tübingen, Basel 2001

TheaterAvantgarde. Wahrnehmung – Körper – Sprache. Hg. E. Fischer-Lichte. Tübingen, Basel 1995

Theatertheorie szenisch. Hg. H. Gromes. Hildesheim 2000

Theatralität als Modell in den Kulturwissenschaften. Hg. E. Fischer-Lichte. Tübingen u.a. 2004

Theatralität und die Krisen der Repräsentation. Hg. E. Fischer-Lichte. Stuttgart, Weimar 2001

Théâtralité, écriture et mise en scène. Hg. J. Féral, J. Laillou Savona, E. A. Walker. Montréal 1985

Théâtralité et genres littéraires. Hg. A. Larue. Poitiers 1996

Le Théâtre. Hg. D. Couty, A. Rey. Paris (Nachdruck) 2001

Théâtre: modes d'approche. Hg. A. Helbo. Brüssel, Paris 1987

Théâtre, multidisciplinarité et multiculturalisme. Hg. Ch. Hébert, I. Perelli-Contos. Québec 1997

Theatre and Feminist Aesthetics. Hg. K. Laughlin u.a. Cranbury 1995

Le théâtre tragique. Hg. J. Jacquot. Paris 1965

Theatricality. Hg. J. Féral. Madison 2002

Theorie der Avantgarde. Hg. M. Lüdke. Frankfurt/Main 1976

Thoret, Y.: La théâtralité: étude freudienne. Paris 1993

Tornquist, E.: Transposing Drama. Studies in Representation. New York 1991

Toro, F. de: Semiótica del teatro: del texto a la puesta en escena. Buenos Aires ³1992

Tragedy and the tragic: Greek theatre and beyond. Hg. M. S. Silk. Oxford u.a. 1996

Turner, V.: Vom Ritual zum Theater. Der Ernst des menschlichen Spiels. Frankfurt/Main 1995

Ubersfeld, A.: Lire le théâtre. 3 Bde. Paris (Neuauflage) 2000–02

Vanden Heuvel, M.: Performing drama/dramatizing performance: alternative theater and the dramatic text. Ann Arbor ²1996

Vautrin, E.: Pour une logique de la théâtralité: ... lorsque les corps beaux parlent. Diss. Paris III 2000

Veinstein, A.: Le théâtre experimental. Paris 1968

Veltruský, J.: Príspevky k teorii divadla. Prag 1994

Verkörperung. Hg. E. Fischer-Lichte. Tübingen u.a. 2001

Viègnes, M.: Le théâtre: problématiques essentielles. Paris 1995

Vigeant, L.: La lecture du spectacle théâtral. Laval 1989

Vilar, J.: De la tradition théâtrale. Paris 1963

Voskuil, L. M.: Acting naturally: Victorian theatricality and authenticity. Charlottesville 2004

Wahrnehmung und Medialität. Hg. E. Fischer-Lichte. Tübingen u.a. 2001

Weber, S.: Theatricality as medium. New York 2004

Wechselspiel: KörperTheaterErfahrung. Hg. F. Vaßen. Frankfurt/Main 1998

Weiler, Ch.: Kultureller Austausch im Theater: theatrale Praktiken Robert Wilsons und Eugenio Barbas. Marburg 1994

Weisgram, W.: Die Theatralisierung des Ästhetischen. Wien 1982

Wekwerth, M.: Theater und Wissenschaft. Überlegungen für das Theater von heute und morgen. München 1974

Wild, Ch. J.: Theater der Keuschheit, Keuschheit des Theaters: zu einer Geschichte der (Anti-)Theatralität von Gryphius bis Kleist. Freiburg i. Br. 2003

Wiles, T. J.: The theatre event: modern theories of performance. Chicago 1980

Wilson, E., A. Goldfarb: Theatre: the lively art. New York 1991

Wilson, E.: The Theatre Experience. New York ⁵1991

Zatlin, Ph.: Cross-Cultural Approaches to Theatre: The Spanish-French Connection. Lanham 1994

Zeitlichkeiten – zur Realität der Künste: Theater, Film, Photographie, Malerei, Literatur. Hg. Th. Birkenhauer, A. Storr. Berlin 1998

Zilliges, D.: Täuschung – Ent-Täuschung: Studien zum Verhältnis von Ritual und Theater. Köln 2001

Dramaturgie, Dramentheorie – Genres und Formen

Allegri, L.: La drammaturgia da Diderot a Beckett. Rom 1993

Andersen, S.: Drama. Kopenhagen 1978

Andreotti, M.: Traditionelles und modernes Drama. Eine Darstellung auf semiotisch-strukturaler Basis. Bern u.a. 1996

Asmuth, B.: Einführung in die Dramenanalyse. München ⁶2004

August, E.: Dramaturgie des Kriminalstücks. Diss. Berlin 1966

Aust, H., P. Haida, J. Hein: Volksstück. Vom Hanswurstspiel zum sozialen Drama der Gegenwart. München 1989

Bablet, D. O. Aslan: Vers une nouvelle écriture dramatique. Lausanne 1978

Balme, Ch. u.a.: Farce. Cambridge u.a. 1998

Bareiss, K.-H.: Comoedia. Frankfurt/Main, Bern 1982

Barry, J. G.: Dramatic Structure. Berkeley 1970

Bauer, D.: Zur Poetik des Dialogs. Darmstadt 1969

Beckerman, B.: Dynamics of Drama, Theory and Method of Analysis. New York 1970

Behler, E.: Klassische Ironie – Romantische Ironie – Tragische Ironie. Darmstadt 1972

Beiträge zur Poetik des Dramas. Hg. W. Keller. Darmstadt 1976

Bentley, E.: Das lebendige Drama. Eine elementare Dramaturgie. Velber 1967

Bergh, H. van den: Teksten voor toeschouwers: inleiding in de dramatheorie. Muiderberg ²1983

Blank, R.: Sprache und Dramaturgie. München 1969

Bobes Naves, M. del Carmen: Semiología de la obra dramática. Madrid ²1997

Bonnard, A.: La tragédie et l'homme. Neuchâtel 1951

Bourassa, A. G.: Le Texte dramatique, ses formes et ses fonctions. Montréal 1997

Bradby, D., L. Jame, B. Sharratt: Performance and Politics in Popular Drama. Cambridge 1981

Brandt, G. W.: Modern Theories of Drama. New York u. a. 1998

Brauneck, M., G. Schneilin: Drama und Theater. Bamberg (4. Druck) 1993

Brownstein, O. L., D. M. Daubert: Analytical Sourcebook of Concepts in Dramatic Theory. Westport 1981

Buck, E.: Die Dramaturgie des Dramatikers Gotthold Ephraim Lessing. Diss. Hannover 1970

Canova, M. C.: La Comédie. Paris 1993

Caputi, A.: Buffo. The Genius of Vulgar Comedy. Detroit 1978

Cardullo, B.: Theatrical reflections: notes on the form and practice of drama. New York 1992

Clark, B. H.: European Theories of the Drama. New York 1965

Corvin, M.: Lire la comédie. Paris 1994

Courtney, R.: Drama and feeling: an aesthetic theory. Montreal u. a. 1995

Dam, H. van: Drama. Groningen 1981

Damis, Ch.: Autorentext und Inszenierungstext. Untersuchungen zu sprachlichen Transformationen bei Bearbeitungen von Theatertexten. Tübingen 2000

Davis, J. M.: Farce. London 1978

Demmer, S.: Untersuchungen zu Form und Geschichte des Monodramas. Köln, Wien 1982

Deu lliçons sobre teatre: text i representació. Hg. J. Sala. Girona 2000

Deutsche Dramaturgie des 19. Jahrhunderts. Hg. B. v. Wiese. Tübingen 1969

Deutsche Dramentheorien. 2 Bde. Hg. R. Grimm. Wiesbaden ³1980–81

Dietrich, M.: Europäische Dramaturgie. Der Wandel ihres Menschenbildes von der Antike bis zur Goethezeit. Graz ²1967

Dies.: Europäische Dramaturgie im 19. Jahrhundert. Graz, Köln ²1961

Dodd, W.: Misura per misura: La trasparenza della commedia. Mailand 1979

Drama and the theatre. Hg. J. R. Brown. London 1971

Drama und Theater: Theorie – Methode – Geschichte. Hg. H. Schmid, H. Král. München 1991

Die dramatische Konfiguration. Hg. K.-K. Polheim. Paderborn u. a. 1997

Dramatisches Werk und Theaterwirklichkeit. Hg. H. J. Lüthi. Bern 1983

Dreßler, Th.: Dramaturgie der Menschheit – Lessing. Stuttgart 1996

Dukore, B. F.: Dramatic Theory and Criticism: Greeks to Grotowski. New York 1974

Écrire pour le théâtre. Les enjeux de l'écriture dramatique. Hg. M.-Ch. Autant-Mathieu. Paris 1995

Esslin, M.: Was ist ein Drama? Eine Einführung. München 1978

Europäische Komödie. Hg. H. Mainusch. Darmstadt 1990

Farrington, R. M.: European lyric folk-drama: a definition. New York u. a. 2001

Fritz, K. v.: Antike und moderne Tragödie. Berlin 1962

Geiger, H., H. Haarmann: Aspekte des Dramas. Opladen ⁴1996

Geschichte als Schauspiel. Hg. W. Hinck. Frankfurt/Main 1981

Geschichtsdrama. Hg. E. Neubuhr. Darmstadt 1980

Gidel, H.: Le vaudeville. Paris 1986

Ginestier, P.: Esthétique des situations dramatiques. Paris 1961

Glaser, H. A.: Das bürgerliche Rührstück. Stuttgart 1969

Goodlad, J. S. R.: A Sociology of Popular Drama. London 1971

Greiner, B.: Die Komödie: eine theatralische Sendung. Tübingen 1992

Greiner, N. u. a.: Einführung ins Drama. 2 Bde. München 1982

Grimm, R., W. Hinck: Zwischen Satire und Utopie. Zur Komiktheorie und zur Geschichte der europäischen Komödie. Frankfurt/Main 1982

Guichemerre, R.: La Tragi-Comédie. Paris 1981

Gurewitsch, M.: Comedy. Ithaca 1975

Guthke, K. S.: Das bürgerliche Trauerspiel. Stuttgart 1972

Ders.: Die moderne Tragikomödie. Göttingen 1968

Hall, P.: Exposed by the mask: form and language in drama. London 2000

Hartmann, P.: Zur Dramaturgie der Nebenfigur in Theater und Film. Marburg 2000

Heidsieck, A.: Das Groteske und Absurde im modernen Drama. Stuttgart ²1971

Heilmann, R. B.: Tragedy and Melodrama: Visions of Experience. Seattle 1968

Herman, V.: Dramatic discourse: dialogue as interaction in plays. London u. a. 1998

Herrick, M. T.: Tragicomedy: its origins and development in Italy, France and England. Urbana 1955

Hilzinger, K. H.: Die Dramaturgie des dokumentarischen Theaters. Tübingen 1976

Hinchcliffe, A. P.: Modern Verse Drama. London 1977

Hinck, W.: Die Dramaturgie des späten Brecht. Göttingen 1966

Holmström, K. G.: Monodrama, Attitudes, Tableaux vivants. Stockholm 1967

Hornby, R.: Script into performance: a structuralist approach. New York u. a. (Neuausgabe) 1995

Hübler, A.: Drama in der Vermittlung von Handlung, Sprache und Szene. Bonn 1973

Hurley, L. C.: Gender and realism in plays and performances by women. New York u. a. 2003

Iniguez Barrena, F.: La parodia dramatica. Sevilla 1995

Kahl-Pantis, B.: Bauformen des bürgerlichen Trauerspiels. Frankfurt/Main 1977

Karrer, W.: Parodie, Travestie, Pastiche. München 1977

Kennedy, A. K.: Dramatic Dialogue. Cambridge 1983

Kinderlan, N.: Shadows of Realism: Dramaturgy and the Theories and Practices of Modernism. Westport 1996

Kirchesch, W. W.: Das Verhältnis von Handlung und Dramaturgie. Diss. München 1963

Kitto, H. D. F.: Form and Meaning in Drama. London 1956

Klemme, H.-P.: Nach dem Vorhang: »Emilia Galotti« und Lessings Dramaturgie der kritischen Reflexion. Hannover 2000

Klotz, V.: Bürgerliches Lachtheater. Komödie, Posse, Schwank, Operette. München 1980

Ders.: Geschlossene und offene Form im Drama. München ¹³1992

Ders.: Radikaldramatik. Szenische Vor-Avantgarde von Holberg zu Nestroy, von Kleist zu Grabbe. Bielefeld 1996

Kraft, H.: Schicksalsdrama. Göttingen 1974

Krüger, M.: Wandlung des Tragischen. Stuttgart 1973

Kun, J. I. M. van der: Handelingsaspecten in het drama. Amsterdam 1970

Kurzformen des Dramas: gattungspoetische, epochenspezifische und funktionale Horizonte. Hg. W. Herget, B. Schultze. Tübingen, Basel 1996

Küster, U.: Das Melodrama. Frankfurt/Main u.a. 1994

Labouvie, Y. M.: Psychodrama. Trier ²1994

Lach- und Clownstheater: die Vielfalt des Komischen in Musik, Literatur, Film und Schauspiel. Hg. G. Koch, F. Vaßen. Frankfurt/Main 1991

Leisentritt, G.: Das eindimensionale Theater. Beitrag zur Soziologie des Boulevardtheaters. München 1979

Levertin, O.: Studien zur Geschichte der Farce. 1970

Levitt, P. M.: A Structural Approach to the Analysis of Drama. Den Haag 1971

Lindenberger, H.: Historical drama: the relation of literature and reality. Chicago 1975

Lucas, L.: Textsorte Drama. Bochum 1977

Mack, D.: Ansichten zum Tragischen und zur Tragödie. Diss. Wien 1967

Mack, G.: Die Farce. München 1989

Mann, O.: Poetik der Tragödie. Bern 1958

Martinec, Th.: Lessings Theorie der Tragödienwirkung: Humanistische Tradition und aufklärerische Erkenntniskritik. Tübingen 2003

Martini, F.: Geschichte im Drama, Drama in der Geschichte. Stuttgart 1979

Martini, F.: Lustspiele – und das Lustspiel. Stuttgart 1974

Martino, A.: Geschichte der dramatischen Theorien in Deutschland im 18. Jahrhundert. Bd. 1. Die Dramaturgie der Aufklärung (1730–1780). Tübingen 1972

Matthes, L.: Vaudeville. Heidelberg 1983

Matzat, W.: Dramenstruktur und Zuschauerrolle. München 1982

Melodrama. Hg. M. Hays. Basingstoke 1996

Melodrama: stage picture screen. Hg. J. Bratton. London 1994

Melrose, S.: A semiotics of the dramatic text. Basingstoke u.a. 1994

Mensching, G.: Das Groteske im modernen Drama. Diss. Bonn 1961

Mittenzwei, W.: Gestaltung und Gestalten im modernen Drama. Berlin, Weimar ²1969

Ders.: Kampf der Richtungen. Strömungen und Tendenzen der internationalen Dramatik. Leipzig 1978

Modern theories of drama: a selection of writings on drama and theatre 1850–1990. Hg. G. W. Brandt. Oxford u.a. 1998

Moderne Dramentheorie. Hg. A. van Kesteren, H. Schmid. Kronberg 1975

Monodrama. Hg. B. Erlacher-Farkas, Ch. Jorda. Wien, New York 1996

Mukarovsky, J.: Dialog und Monolog. Frankfurt/Main 1967

Müller, G.: Das Volksstück von Raimund bis Kroetz. München 1979

Müller, G.: Dramaturgie des Theaters, des Hörspiels und des Films. Würzburg ⁶1955

Natew, A.: Das Dramatische und das Drama. Velber 1971

Naudeix, L.: Dramaturgie de la tragédie en musique 1673–1764. Paris 2004

Neis, E.: Struktur und Thematik des klassischen und modernen Dramas. Paderborn u.a. 1984

Nicoll, A.: The Theatre and Dramatic Theory. Westport 1978

Omesco, I.: La métamorphose de la tragédie. Paris 1978

Performance and Politics in Popular Drama. Aspects of Popular Entertainment in Theatre, Film and Television 1800–1976. Hg. D. Bradby, L. James, B. Sharratt. Cambridge 1980

Perger, A.: Grundlagen der Dramaturgie. Graz, Köln 1952

Pfister, M.: Das Drama. Theorie und Analyse. München ⁸1994

Platz-Waury, E.: Drama und Theater. Tübingen 1978

Poschmann, G.: Der nicht mehr dramatische Theatertext. Aktuelle Bühnenstücke und ihre dramaturgische Analyse. Tübingen 1997

Positionen des Dramas. Hg. H. L. Arnold, Th. Buck. München 1977

Reichert, W.: Informationsästhetische Untersuchungen an Dramen. Diss. Stuttgart 1965

Rey-Flaud, B.: La Farce ou la machine à rire. Genf 1984

Roselt, J.: Die Ironie des Theaters. Wien 1999

Rosenberg, H. G.: Creative drama and imagination: transforming ideas into action. Montréal 1987

Rosselló, R. X.: Anàlisi de l'obra teatral (teoria i pràctica). València 1999

Rülicke-Weiler, K.: Die Dramaturgie Brechts. Berlin 1966

Sarrazac, J.-P.: L'Avenir du drame. Écritures dramatiques contemporaines. Montreux ²1981

Sastre, A.: Prolegómenos a un teatro del porvenir: (teoría del drama). Hondarribia 1992

Scelfo, M. L.: Le teorie drammatiche nel Romanticismo. Catania 1996

Schäferdichtung. Hg. W. Voskamp. Bonn 1977

Scheit, G.: Dramaturgie der Geschlechter. Über die gemeinsame Geschichte von Drama und Oper. Frankfurt/Main 1995

Schings, H.-J.: Der mitleidigste Mensch ist der beste Mensch. Poetik des Mitleids von Lessing bis Büchner. München 1980

Schmid, H.: Strukturalistische Dramentheorie. Kronberg 1973

Schmitz, Th.: Das Volksstück. Stuttgart 1990

Scholz, W.: Abbildung und Veränderung durch das Theater im 18. Jahrhundert. Hildesheim 1980

Schöpflin, K.: Theater im Theater: Formen und Funktionen eines dramatischen Phänomens im Wandel. Frankfurt/Main u. a. 1993

Schröder, J.: Geschichtsdramen. Tübingen 1994

Spang, K.: Teoría del drama: lectura y análisis de la obra teatral. Pamplona 1991

Staehle, U.: Theorie des Dramas. Stuttgart 1973

Stegemann, B.: Die Gemeinschaft als Drama: eine systemtheoretische Dramaturgie. Wiesbaden 2001

Stierle, K.-H.: Text als Handlung. München 1975

Sträßner, M.: Analytisches Drama. München 1979

Strohschneider-Kohrs, I.: Die romantische Ironie in Theorie und Gestaltung. Tübingen ²1977

Strukturelemente des Dramas. Hg. H. Popp. München 1979

Studien zur Dramaturgie: Kontexte – Implikationen – Berufspraxis. Hg. P. Reichel. Tübingen 2000

Studien zur publikumsbezogenen Dramaturgie. Hg. W. Habicht, I. Schabert. München 1978

Styan, J. L.: The Dark Comedy. Cambridge 1962

Ders.: Modern drama in theory and practice. 3 Bde. Cambridge 1981–83

Sydow, U.: Dramatisierung epischer Vorlagen. Diss. Berlin 1973

Szondi, P.: Die Theorie des bürgerlichen Trauerspiels im 18. Jahrhundert. Frankfurt/Main 1973

Szondi, P.: Theorie des modernen Dramas: 1880–1950. Frankfurt am Main ²⁴2002

Theater und Drama: theoretische Konzepte von Corneille bis Dürrenmatt. Hg. H. Turk. Tübingen 1992

Theaterwesen und dramatische Literatur. Hg. G. Holtus. Tübingen 1987

Theiss, W.: Schwank. Bamberg 1985

Theorie der Komödie – Poetik der Komödie. Hg. R. Simon. Bielefeld 2001

Thiele, M.: Negierte Katharsis: Platon – Aristoteles – Brecht. Frankfurt/Main u. a. 1991

Thiergard, U.: Schicksalstragödie als Schauerliteratur. Diss. Göttingen 1957

Thomasseau, J.-M.: Le mélodrame. Paris 1984

Totzeva, S.: Das theatrale Potential des dramatischen Textes: ein Beitrag zur Theorie von Drama und Dramenübersetzung. Tübingen 1995

Tragedy and the tragic: Greek theatre and beyond. Hg. M. S. Silk. Oxford u. a. 1996

Tragik und Tragödie. Hg. V. Sander. Darmstadt 1971

Verhagen, B.: Dramaturgie. Amsterdam 1963

Wagner, H.: Ästhetik der Tragödie von Aristoteles bis Schiller. Würzburg 1987

Weisstein, U.: Parody, Travesty, and Burlesque. Bloomington 1966

Wellwarth, G. E.: Developments in the Avant-Garde Drama. New York 1971

Wendt, E.: Moderne Dramaturgie Frankfurt/Main 1974

Werner, D.: Das Burleske. Diss. Berlin 1966

Wesen und Formen des Komischen im Drama. Hg. R. Grimm, K. Berghahn. Darmstadt 1975

What is dramaturgy? Hg. B. Cardullo. New York u. a. 1995

Wilms, B.: Der Schwank. Diss. Berlin 1969

Worthen, W. B.: Modern drama and the rhetoric of theater. Berkeley u. a. 1992

Zeitstück – Zeittheater. Red. E. Schulz. Berlin 1981

Theater und Gesellschaft, Staat und Kirche, Zensur

Alexander, N. u. a.: Drama and society. London 1979

Alonge, R.: Teatro e società nel novecento. Mailand 1974

Beyme, K. v.: Kulturpolitik und nationale Identität. Opladen 1998

Bharucha, R.: The politics of cultural practice: thinking through theatre in an age of globalization. Hanover u. a. 2000

Ders.: Theatre and the world: performance and the politics of culture. London, New York 1993

Brumlik, M.: Der Vorhang fällt: Kultur in Zeiten leerer Kassen. Berlin 1997

Ca'Zorzi, A.: Administration et financement publics de la culture dans la Communauté Européenne. Luxemburg 1987

Dace, W.: National theaters in the larger German and Austrian cities. New York 1981

Demarcy, R.: Éléments d'une sociologie du spectacle. Paris 1973

Dramaturgie et Société: XVIe et XVIIe siècles. Hg. J. Jacquot. Paris 1968

Duvignaud, J.: Spectacle et société. Du théâtre grec au happening, la fonction de l'imaginaire dans les sociétés. Paris 1970

Flaumenhaft, M. J.: The civic spectacle: essays on drama and community. Lanham u.a. 1994

Fördern, was es schwer hat: Beiträge zum Gestaltungsanspruch kommunaler Kulturpolitik. Essen 1998

Fuchs, H. J.: Theater als Dienstleistungsorganisation: Legitimationsprobleme des bundesdeutschen Sprechtheaters in der Gegenwart. Frankfurt/Main u.a. 1988

Fuchs, M.: Kulturpolitik als gesellschaftliche Aufgabe. Opladen 1998

Gooch, S.: All Together Now. An Alternative View of Theatre and the Community. London 1984

Heinrichs, W.: Kulturpolitik und Kulturfinanzierung. München 1997

Hohenemser, P.: Verteilungswirkungen staatlicher Theaterfinanzierung: ein Beitrag zur Theorie der Ausgabeninzidenz. Frankfurt/Main u.a. 1984

Imperialism and Theatre. Essays on World Theatre, Drama and Performance. Hg. J. E. Gainor. New York 1995

The intercultural performance reader. Hg. P. Pavis. London u.a. 1996

Jourdheuil, J., B. Chartreux: L'Artiste, la politique, la production. Paris 1976

Jourdheuil, J.: Le Théâtre, l'artiste et l'État. Paris 1979

Kinsky-Weinfurter, G.: Sturz der Denkmäler: Staat und Hochkultur. Wien 1998

Krieglsteiner A.: Theater als Objektivationsmechanismus sozialer Interaktion. Diss. Wien 1981

Krise des Wohlfahrtsstaates – Zukunft der Kulturpolitik. Hg. B. Wagner. Essen 1997

Kruger, L.: The national stage: theatre and cultural legitimation in England, France, and America. Chicago u.a. 1992

Kultur ohne Projekt? Kulturbegriff und Kulturpolitik in heutiger Zeit. Hg. H.-P. Burmeister. Rehburg-Loccum 1998

Kulturfinanzierung. Hg. J.-Ch. Ammann. Regensburg 1995

Kulturförderung in gemeinsamer Verantwortung. Hg. F. Willnauer. Bonn 1995

Kulturpolitik in der »Berliner Republik«. Hg. H.-P. Burmeister. Rehburg-Loccum 1999

Lang, J.: Le Théâtre et l'État. Paris 1968

Le lieu théâtral dans la société moderne. Hg. D. Bablet, J. Jacquot. Paris (Nachdruck) 1988

Mango, A.: Verso una sociologia del teatro. Trapani 1978

McGrath, J.: A Good Night Out. Popular Theatre: Audience, Class and Form. London 1981

Meneghello, S.: Théâtre privé/théâtre public de la fracture aux rapprochements? – pour une genèse de leurs relations. Diss. Paris III 2006

Morr, M.: Verplante Kultur? Die Rahmenbedingungen kultureller Planungen. Diss. Marburg 1998

O'Hagan, J. W., Ch. Duffy, T. Duffy: The Performing Arts and the Public Purse: An Economic Analysis. Dublin 1987

O'Hagan, J. W.: The state and the arts: an analysis of key economic policy issues in Europe and the United States. Cheltenham 1998

Pavis, P.: Le théâtre au croisement des cultures. Paris 1990

The performance of power: theatrical discourse and politics. Hg. S.-E. Case, J. Reinelt. Iowa City 1991

Proust, S.: Le comédien désemparé: autonomie artistique et interventions politiques dans le théâtre public. Paris 2006

La querelle du spectacle. Red. D. Bougnoux. Paris 1996

Ritter, W.: Kultur und Kulturpolitik im vereinigten Deutschland. Bonn 2000

Röbke, Th., B. Wagner: Regionale Kulturpolitik: kommentierte Auswahlbibliographie. Bonn 1997

Sastre, A.: Drama y sociedad. Hondarribia 1994

Sauermann, D.: Die sozialen Grundlagen des Theaters. Emsdetten 1935

Schneider, Ch.: Der Staat und die »Moralische Anstalt«. Diss. Wien 1982

Siede-Hiller, C.: Zwischen Kunstfreiheit und Kontrolle: Strukturprobleme öffentlicher Theater am Beispiel eines Staatstheaters. Frankfurt/Main u.a. 1981

So fördert der Bund Kunst & Kultur. Bearb. H. J. Schrötter. Bonn (1997)

Sociology of Literature and Drama. Hg. E. und T. Burns. Harmondsworth 1973

Stadt und Theater. Hg. B. Kirchgässner, H.-P. Becht. Sigmaringen, Stuttgart 1999

Teatro y poder. Hg. A. Ruiz Sola. Burgos 1998

Das Theater und sein Preis: Beiträge zur Theaterreform. Hg. S. Popp, B. Wagner. Hagen 1995

Théâtre et société de la renaissance à nos jours. Hg. M. Serwański. Poznań 1992

Theatre matters: performance and culture on the world stage. Hg. R. Boon. Cambridge u. a. 1998

Tillner, W.-D.: Die öffentliche Förderung des Musiktheaters in Deutschland. Berlin 1999

Vilar, J.: Le Théâtre, service public. Paris 1975

Warum wir das Theater brauchen. Hg. P. Iden. Frankfurt/ Main 1995

Wegner, M.: Musik und Mammon: die permanente Krise der Musikkultur. Baden-Baden 1999

Weiß, Ch.: Stadt ist Bühne: Kulturpolitik heute. Hamburg 1999

Zorzi, L.: Il Teatro e la città. Torino 1977

Theater und Kirche

Alt, H.: Theater und Kirche in ihrem gegenseitigen Verhältnis historisch dargestellt. Berlin 1846 (Nachdruck Leipzig 1970)

Diebel, M.: Grundlagen und Erscheinungsformen der Theaterfeindlichkeit deutscher protestantischer Geistlicher im 17. und 18. Jahrhundert. Diss. Wien 1969

Dubu, J.: Les églises chrétiennes et le théâtre 1550–1850. Grenoble 1997

Foulkes, R.: Church and stage in Victorian England. Cambridge u. a. 1997

Gerstinger, H.: Theater und Religion heute. Wien 1972

Jürgens, H.: Pompa Diaboli. Die lateinischen Kirchenväter und das antike Theater. Stuttgart u. a. 1972

Über das Verhältnis von Kirche und Kunst am Beispiel Literatur und Theater. Hg. K. Ermert. Rehburg-Loccum 1993

Lecina, H.: Theater und Kirche im christlichen Altertum. Diss. Wien 1982

Reyval, A.: L'Eglise, la Comédie et les Comédiens. Paris 1953

Schnusenberg, Ch. C.: Das Verhältnis von Kirche und Theater. Bern u. a. 1981

Weismann, W.: Kirche und Schauspiele. Die Schauspiele im Urteil der lateinischen Kirchenväter unter besonderer Berücksichtigung von Augustin. Würzburg 1972

Theatre and religion. Hg. G. Ahrends. Tübingen 1998

Zensur

Aldgate, A., J. C. Robertson: Censorship in theatre and cinema. Edinburgh 2005

Auchter, D.: Dictionary of literary and dramatic censorship in Tudor and Stuart England. Westport u. a. 2001

Banned in Ireland: censorship & the Irish writer. Hg. J. Carlson. London 1990

Breuer, D.: Geschichte der literarischen Zensur in Deutschland. Heidelberg 1982

»Der Freiheit eine Gasse«. Dokumentation zur Zensur im Theater. Offenbach 1978

Enemies of the people: the destruction of Soviet literary, theater and film arts in the 1930s. Hg. K. Bliss Eaton. Evanston 2002

Ferrara, P.: Censura teatrale e fascismo (1931–1944); la storia, l'archivio, l'inventario. 2 Bde. Rom 2004

Findlater, R.: Banned. A Review of Theatrical Censorship in Britain. London 1967

Gabriel-Robinet, L.: La Censure. Paris 1965

Gildersleeve, V. C.: Government Regulation of the Elizabethan drama. New York 1961

Goldstein, R. J.: Political Censorship of Arts and the Press in Nineteenth-Century Europe. Basingstoke 1989

Houben, H. H.: Der ewige Zensor. Berlin 1926 (Nachdruck Kronberg 1978)

Ders.: Polizei und Zensur. Berlin 1926

Ders.: Verbotene Literatur von der klassischen Zeit bis zur Gegenwart. 2 Bde. Berlin 1924–28 (Nachdruck Hildesheim u. a. 1992)

Ludwigs, J.: Theater- und Filmzensur unter der Weimarer Verfassung und heute. Diss. Heidelberg 1956 (masch.)

Martinez Michel, P.: La censure dans le théâtre espagnol de l'après-guerre: le cas d'Alfonso Sastre. Diss. Dijon 2000

Meyer, M.: Theaterzensur in München 1900–1918 unter besonderer Berücksichtigung Frank Wedekinds. Diss. München 1982

Neuschäfer, H.-J.: Macht und Ohnmacht der Zensur: Literatur, Theater und Film in Spanien (1933–1976). Stuttgart 1991

Nicholson, St.: The censorship of British drama 1900–1968. Bd 1 ff. Exeter 2003 ff.

Plachta, B.: Damnatur – Toleratur – Admittitur. Studien und Dokumente zur literarischen Zensur im 18. Jahrhundert. Tübingen 1994

Popescu, M.: Scenele teatrului românesc 1945–2004: de la cenzură la libertate; studii de istorie, critică și teorie teatrală. Bukarest 2004

Richmond, St. D.: Ideologically firm: Soviet theater censorship 1921–1928. 2 Bde. Diss. Chicago 1996

Ruiss, G., J. Vyoral: Der Zeit ihre Kunst – Der Kunst ihre Freiheit: Der Freiheit ihre Grenzen? Zensurversuche und -modelle der Gegenwart. Wien 1990

Shellard, D., St. Nicholson, M. Handley: The Lord Chamberlain Regrets ... A History of British Theatre Censorship. London 2004

Sova, D. B.: Banned plays: censorship histories of 125 stage dramas. New York 2004

Strunk, P.: Zensur und Zensoren. Berlin 1996

Szydłowska, M.: Cenzura teatralna w Galicji w dobie autonomicznej 1860–1918. Kraków 1995

Teatro e censura. Hg. A. Goldoni. Neapel 2004

Worrall, D.: Theatric revolution: drama, censorship and Romantic period subcultures 1773–1832. Oxford 2006

Zensur in der BRD: Fakten und Analysen. Hg. M. Kienzle, D. Mende. München, Wien 1980

Zensur und Kultur zwischen Weimarer Klassik und Weimarer Republik; mit einem Ausblick bis heute. Hg. J. A. McCarthy, W. von der Ohe. Tübingen 1995

Zensur und Selbstzensur in der Literatur. Hg. P. Brockmeier, G. R. Kaiser. Würzburg 1996

Theater – Der Betrieb

Organisation, Management, Marketing, Öffentlichkeit

Allmann, U.: Innovatives Theatermanagement: eine Fallstudie. Wiesbaden 1997

Ambrosius, Ch.: Marketing für Öffentliche Theater. Ergebnisse einer empirischen Erhebung. Hamburg 1992

Barth, P.: Sponsoring als Finanzierungsalternative für Theater und Museen in Österreich. Dipl.-Arb. Linz 2003

Baumol, W. J., W. G. Bowen: Performing Arts. The Economic Dilemma. Cambridge 1966

Bohn, R., F. Iversen: Vom Eise befreit ...? Konsequenzen und Perspektiven für das Sprechtheater in der Wirtschaftskrise. Hagen 1982

Bond, D.: Stage Management. London ²1998

Das Theater & das Geld: Beiträge zu einer mühseligen Debatte. Hg. U. Donau. Gießen 1997

Das Theater & der Markt: Beiträge zu einer lasterhaften Debatte. Hg. Ch. Nix. Gießen 1999

Eder, R.: Theaterzettel. Dortmund 1980

Fohrbeck, K., A. Wiesand: Kulturfinanzierung: internationale Auswahlbibliographie. Bonn 1990

Freydank, R.: Theater als Geschäft. Berlin 1995

Gimm, E.: Angestrebte Innovationen zur Verbesserung der aktuellen Rahmenbedingungen für den Dienstleistungsbetrieb Theater. Dipl.-Arb. Wien 1998

Grätz, M.: Öffentlichkeitsarbeit an Landesbühnen. Münster 1995

Griesebner, R.: Erweiterung des Kunstsponsoring im Theaterwesen um Product Placement. Wien 2002

Hagemann, C.: Geschichte des Theaterzettels. Diss. Heidelberg 1901

Haischer, M., K. Riesenhuber: Management-Konzepte und betriebswirtschaftliche Instrumente im öffentlichen Theater. Stuttgart 1999

Hänsel, J.-R.: Geschichte des Theaterzettels und seine Wirkung in der Öffentlichkeit. Diss. Berlin 1962

Hilger, H.: Marketing für öffentliche Theaterbetriebe. Frankfurt/Main u. a. 1985

Hummel, M.: Neuere Entwicklungen bei der Finanzierung von Kunst und Kultur durch Unternehmen. München 1992

Isbruch, H.: Privatisierung – ein Ausweg aus der finanziellen Krise des Theaters? Diss. Bremen 1990

Klemig, R.: Möglichkeiten und Grenzen der Organisation einer Theateraufführung. Diss. Berlin 1956

Kotler, P.: Marketing für Nonprofit-Organisationen. Stuttgart 1978

Krebs, S.: Öffentliche Theater in Deutschland: eine empirisch-ökonomische Analyse. Berlin 1996

Kressin, H.: Die Entwicklung des Theater-Programmhefts in Deutschland von 1894–1941. Diss. Berlin 1968

Kulturmanagement. Theorie und Praxis einer professionellen Kunst. Hg. H. Rauhe, Ch. Demmer, N. Aust. Berlin, New York 1994

Kulturmanagement in Europa. Hg. M. Fischer, H. Rauhe, A. J. Wiesand. Bonn 1996

Kulturmarketing. Den Dialog zwischen Kultur und Öffentlichkeit gestalten. Hg. W. Benkert, B. Lenders, P. Vermeulen. Stuttgart u. a. 1995

Leroy, D.: Économie des arts et du spectacle vivant. Essai sur la relation entre l'économie et l'esthétique. Paris 1980

Lucas, S.: Die Potentiale einer Kooperation von Theatern und Unternehmen: neue Impulse und Wirkung der Zusammenarbeit für Theater und Unternehmen. Berlin 2000

Meyer, W.: Die Entwicklung des Theaterabonnements in Deutschland. Emsdetten 1939

Müller, M. E.: »Reklamowicz-Klimbimsky«, historische Befunde zur Öffentlichkeitsarbeit für Theater in Deutschland, die Theaterstadt Berlin und Max Reinhardt. Mag.-Arb. Mainz 1997

Müller-Wesemann, B.: Marketing im Theater. Hamburg ³1995

Musiktheater-Marketing. Hg. I. Schmid-Reiter, Ch. Zentgraf. Thurnau 1994

Nowicki, M.: Theatermanagement: ein dienstleistungsbasierter Ansatz. Hamburg 2000

Pies, E.: Einem hocherfreuten Publikum wird heute präsentiret eine kleine Chronik des Theaterzettels. Hamburg, Düsseldorf 1973 (Nachdruck Solingen 2000)

Revermann, K.-H.: Theater zwischen Kunst und Kasse. Wuppertal 1985

Röper, H.: Handbuch Theatermanagement. Köln u. a. 2001

Roth, P.: Kultursponsoring. Landsberg 1989

Schiller, N.: Leistungsorientierte Subventionierung. Analyse eines Modells zur Theaterförderung aus betriebswirtschaftlicher Sicht. Thun 1984

Schlemm, V.: Database Marketing im Kulturbetrieb: Wege zu einer individualisierten Besucherbindung im Theater. Bielefeld 2003

Schlischefsky, A., A. Sydow: Arbeitsfeld Theater. Frankfurt/Main 1975

Schneider, R. E.: The Well-Run Theatre. Forms and Systems for Daily Options. New York 1993

Schugk, M.: Betriebswirtschaftliches Management öffentlicher Theater und Kulturorchester. Wiesbaden 1996

Stein, F.: Wirtschaftsplanung und -kontrolle öffentlicher Theater in der Bundesrepublik Deutschland. Diss. Hamburg 1982

Stern, L.: Stage Management. A Guidebook of Practical Techniques. Boston u.a. [8]2006

Wahl-Zieger, E.: Theater und Orchester zwischen Marktkräften und Marktkorrektur. Göttingen 1978

Widmayer, J.: Produktionsstrukturen und Effizienz im öffentlichen Theatersektor. Frankfurt/Main u.a. 2000

Zander, O.: Marketing im Theater: eine Untersuchung am Beispiel der Berliner Volksbühne unter Frank Castorf. Egelsbach 1997

Theaterrecht

Asmussen, H.: Die Geschichte des deutschen Theaterrechts. Diss. Köln 1980

Bammer, A.: Bundestheater und Verfassung: eine historisch-systematische Untersuchung der (verfassungs)rechtlichen Stellung der Bundestheater unter besonderer Berücksichtigung der Kunstfreiheit und der Kompetenzverteilung. Wien 1992

Beilharz, M.: Der Bühnenvertriebsvertrag als Beispiel eines urheberrechtlichen Wahrnehmungsvertrages. München 1970

Beining, A.: Der Schutz ausübender Künstler im internationalen und supranationalen Recht. Baden-Baden 2000

Bischoff, F:. Kunstrecht von A-Z. München 1990

Brauneck, A:. Die Stellung des deutschen Theaters im öffentlichen Recht 1871–1945. Frankfurt/Main u.a. 1997

Bühnen- und Musikrecht. Hg. Deutscher Bühnenverein. Darmstadt o. J. (Loseblattsammlung)

Bünte, R.: Die künstlerische Darbietung als persönliches und immaterielles Rechtsgut. Baden-Baden 2000

Caretti, P.: Diritto dell'informazione e della comunicazione: Stampa, radiotelevisione, telecomunicazioni, teatro e cinema. Bologna 2005

Corrigan, B. J.: Playhouse law in Shakespeare's world. Madison u.a. 2004

Cotterell, L. E.: Performance, Business and Law of Entertainment. London [3]1993

Erbel, G.: Inhalt und Auswirkung der verfassungsrechtlichen Kunstfreiheitsgarantie. Berlin 1966

Feil, E., F. Wennig: Bühnenrecht: künstlerische und darstellende Berufe. Wien 2001

Foerster, P. v.: Das Urheberrecht des Theater-Regisseurs. Berlin 1973

Gerth, J.: Das Vertragsverhältnis des Spitzenkünstlers bei Bühne und Rundfunk. München 1993

Giesecke, L.: Die geschichtliche Entwicklung des deutschen Urheberrechts. Göttingen 1957

Heker, H. G.: Der urheberrechtliche Schutz von Bühnenbild und Filmkulisse. Baden-Baden 1990

Hue, J.-P.: Le théâtre et son droit. Paris 1986

Hundertmark, G.: Theater und Mitbestimmung. Mag.-Arb. München 1974

Knies, W.: Schranken der Kunstfreiheit als verfassungsrechtliche Problematik. München 1967

Körner, R.: Der Text und seine bühnenmäßige Aufführung. Eine urheberrechtliche und theaterwissenschaftliche Untersuchung über die Inszenierung. Hamburg 1999

Der Künstler und sein Recht. Hg. H. Fischer, St. Reich. München 1992

Kurz, H.: Praxishandbuch Theaterrecht. München 1999

Langsted, J.: Teaterlovgivning. 3 Bde. Gråsten 1980–82

Law and literature. Hg. P. Hanafin, A. Gearey, J. Brooker. Oxford u.a. 2004

Literature, politics and law in Renaissance England. Hg. E. Sheen, L. Hutson. Houndmills 2005

Löwisch, M., D. Kaiser: Tendenzschutz in öffentlichrechtlich geführten Bühnenunternehmen. Baden-Baden 1996

Ness, A.: Gewerbeordnung und Theaterrecht von 1885–1915. Mag.-Arb. Erlangen-Nürnberg 1996

Nix, Ch.: Einführung in das Bühnenrecht für junge Schauspielerinnen und Schauspieler. Hannover 2006

Peukert, A.: Die Leistungsschutzrechte des ausübenden Künstlers nach dem Tode. Baden-Baden 1999

Ramin, R. v.: Die urheberrechtliche Stellung des Bühnenregisseurs. Diss. Wien 2002

Rascher, A. F. G.: Für ein Urheberrecht des Bühnenregisseurs: eine rechtsvergleichende Studie mit spezieller Berücksichtigung der Theatersemiotik und der Folgen für die Bühnenpraxis. Baden-Baden 1989

Rechtliche und strukturelle Rahmenbedingungen von Theatern und Orchestern in der Bundesrepublik Deutschland. Hg. Deutscher Bühnenverein. O. O. 2004

Rehbinder, M.: Bibliographie der deutschsprachigen Literatur zum Recht der Bühne. Berlin 1977

Rehbinder, M.: Das Bühnenengagement im Wandel der Jahrhunderte. Willisau 1990

Scharrer, D.: Notwendigkeit und Grenzen hauptstrafrechtlicher Sanktionen im Bereich Theater, Film und Fernsehen. Diss. Potsdam 1997

Schiphof, T.: De vrijheid van het toneel: een studie naar de juridische beperkingen van de vrijheid van het toneel in Nederland en Engeland in grondrechtelijk perspectief. Amsterdam 1994

Schöfer, G.: Urheberrecht an Tanzschöpfungen. Diss. München 1954

Schulz, T.: Bühnenschiedsgerichtsbarkeit und befristeter Bühnenanstellungsvertrag. Baden-Baden 1998

Steiger-Herms, G.: Der Leistungsschutz des Schauspielers. Basel u. a. 1981

Teaterloven: betaenkning. Kopenhagen 1988

Das Theater & das Urheberrecht: Versuche einer Aufklärung. Hg. P. Wronewitz. Gießen 1999

Treitel, R.: Bühnenprobleme der Jahrhundertwende im Spiegel des Rechts. Berlin 1990

Wandtke, A.: Die Rechte der Urheber und ausübenden Künstler im Arbeits- und Dienstverhältnis. Berlin 1993

Wandtke, A., H. J. Fischer, St. A. Reich: Theater und Recht. Hamburg 1994

Winckler-Neubrand, A.: Urheber- und Leistungsschutzrechte bei der Theater-Inszenierung. Diss. Frankfurt/Main 1987

Theaterbau
(s. auch: Antikes Theater)

Bibliographien, Nachschlagewerke, Überblicksdarstellungen

Degl'Innocenti, P.: Architetture per lo spettacolo: gli edifici per il teatro , la musica e il divertimento dall'antichita ad oggi. Florenz 2001

Dupavillon, Ch.: Architectures du Cirque: des origines á nos jours. Paris 2001

Historische Theaterbauten. Bearb. U. Stark. Stuttgart ²1993

Innenraumgestaltung in Theatern und Opernhäusern. Red. D. Hezel. Stuttgart ²1994

Leacroft, R. und H.: Theatre and Playhouse: an illustrated survey of theater building from Ancient Greece to the present day. London, New York 1985

Lemaire, V. u.a.: Theatre and architecture – stage design – costume: a bibliographic guide in five languages (1970–2000). Brüssel, Oxford 2006

Theater – Erweiterungen und Umbauten. Red. U. Stark. Stuttgart ²1989

Theater in Mehrzweckbauten. Red. Th. Schloz. Stuttgart ⁴1995

Theaterbauten im Ausland. 3 Bde. Red. T. N. Dahle. Stuttgart 1985–92

Theaterbauten in der Bundesrepublik Deutschland. 3 Bde. Red. T. N. Dahle. Stuttgart 1985–92

Theaterbauten. Red. T. N. Dahle. Stuttgart 1983

Theaterbau in verschiedenen Ländern

Bartetzko, D.: Illusionen in Stein. Stimmungsarchitektur im deutschen Faschismus. Ihre Vorgeschichte in Theater- und Film-Bauten. Reinbek 1985

Beyer, A.: Andrea Palladio. Teatro Olimpico. Triumpharchitektur für eine humanistische Gesellschaft. Frankfurt/Main 1987

Biermann, F. B.: Die Pläne für die Reform des Theaterbaus bei Karl Friedrich Schinkel und Gottfried Semper. Berlin 1928

Contemporary Slovak theatrical architecture = Slowakische Theaterarchitektur der Gegenwart. Hg. A. Matasík. Bratislava 1998

Dubouilh, S.: L'architecture théâtrale en France, de 1945 à 1968. Diss. Paris VIII 2004

Feldhammer, H.: Raum und Interaktion: Bühnen- und Theaterbau in der BRD der 50er und 60er Jahre. Diss. Bochum 1999

Fellner & Helmer – Die Architekten der Illusion: Theaterbau und Bühnenbild in Europa. Hg. G. M. Dienes. Graz 1999

Hilmera, J.: Ceská divadelní architektura = Czech theatre architecture = Theaterarchitektur der Tschechischen Republik. Prag 1999

Historische Theater in Deutschland: ein Katalog. 2 Bde. Hg. Vereinigung der Landesdenkmalpfleger in der Bundesrepublik Deutschland. Bad Homburg, Leipzig 1991–94

Hoffmann, H.-Ch.: Die Theaterbauten von Fellner und Helmer. München 1966

Höper, S.: Max Reinhardt: Theater – Bauten- und Projekte: ein Beitrag zur Architektur- und Theatergeschichte im ersten Drittel des 20. Jahrhunderts. Diss. Göttingen 1994

Lange, H.: Vom Tribunal zum Tempel: zur Architektur und Geschichte deutscher Hoftheater zwischen Vormärz und Restauration. Marburg 1985

Leacroft, R.: The Development of the English Playhouse. London 1973

Lee, B. H.: European post-Baroque neoclassical theatre architecture. Lewiston u.a. 1996

Lieux de spectacle à Paris: abris et édifices. Hg. M. Seban. Paris 1998

Making space for theatre: British architecture and theatre since 1958. Hg. R. Mulryne, M. Shewring. Stratford-upon-Avon 1995

Matthes, I.: »Der allgemeinen Vereinigung gewidmet«: öffentlicher Theaterbau in Deutschland zwischen Aufklärung und Vormärz. Tübingen 1995

Meyer, J.: Theaterbautheorien zwischen Kunst und Wissenschaft. Die Diskussion über Theaterbau im deutschsprachigen Raum in der ersten Hälfte des 19. Jahrhunderts. Berlin, Zürich 1998

Navarro de Zuvillaga, J.: Walter Gropius: teatro total de Walter Gropius, 1927 = Walter Gropius's total theatre. Madrid 2004

Paris et ses théâtres: architecture et décor. Hg. B. de Andia. Paris 1998

Pausch, R.: Theaterbau in der BRD. Zur Ideologiekritik des monofunktionalen Theaterbaus seit 1945. Diss. Berlin 1974

Schrader, S.: Architektur der barocken Hoftheater in Deutschland. München 1988

Shakespeare's Globe rebuilt. Hg. J. R. Mulryne. Cambridge u. a. 1997

Le siècle des théâtres: salles et scènes en France 1748–1807. Bearb. P. Frantz, M. Sajous D'Oria. Paris 1999

Storck, G.: Probleme des modernen Bauens und die Theaterarchitektur des 20. Jahrhunderts in Deutschland. Diss. Bonn 1971

Theaterbau in der Bundesrepublik Deutschland. Katalog: E. Nölle. München 1977

Theatre Architecture of the Late 19th Century in Central Europe. Hg. J. Purchla. Kraków 1993

Wilson, J.: The archaeology of Shakespeare: the material legacy of Shakespeare's theatre. Stroud 1995

Zielske, H.: Deutsche Theaterbauten bis zum 2. Weltkrieg. Typologisch-historische Dokumentation einer Baugattung. Berlin 1971

Einzeluntersuchungen

Aloi, R.: Architettura per lo spettacolo. Mailand 1958

Appleton, I.: Buildings for the Performing Arts: a design and developing guide. Oxford 1996

Baier, J.-A.: Raumrichtungen und räumliche Verhältnisse im Theater hinsichtlich ihrer emotionalen Bedeutung für den Zuschauer. Diss. München 1979

Baldassarre, R.: Metamorfosi delle architetture teatrali. Rom 2006

Braun, K. u. a.: Mobiler Spielraum – Theater der Zukunft. Frankfurt a. M. 1970

Buck, E.: Thalia in Flammen: Theaterbrände in Geschichte und Gegenwart. Erlensee 2000

Burris-Meyer, H., E. C. Cole: Theatres and auditoriums. New York ²1964

Butterweck, G.: Die Entwicklung des Theaterbaus und der Architekturbühnenformen von der Antike zur italienischen Renaissance. Diss. Wien 1974

Carlson, M.: Places of performance: The semiotics of theatre architecture. Ithaca 1989

Cousin, J.: L'Espace vivant. Introduction à l'espace architectural premier. Paris 1980

Eversmann, P.: De ruimte van het theater: Een studie naar de invloed van de theaterruimte op de beleving van voorstellingen door de toeschouwer. Diss. Amsterdam 1996

Giedion, S.: Raum, Zeit, Architektur. Die Entstehung einer neuen Tradition. Basel u. a. ⁵1996

Graubner, G.: Theaterbau – Aufgabe und Planung. München ²1970

Hammitzsch, M.: Der moderne Theaterbau: der höfische Theaterbau; der Anfang der modernen Theaterbaukunst, ihre Entwicklung und Betätigung zur Zeit der Renaissance, des Barock und des Rokoko. Berlin 1904 (Nachdruck Wuppenau 1995)

Hammond, M.: Performing architecture: opera houses, theatres and concert halls for the twenty-first century. London u. a. 2006

Kindermann, H.: Bühne und Zuschauerraum. Graz, Köln 1963

Koneffke, S.: Theater-Raum: Visionen und Projekte von Theaterleuten und Architekten zum anderen Aufführungsort 1900 – 1980. Berlin 1999

Mackintosh, I.: Architecture, actor and audience. London 1993

Mazzoni, St.: Atlante iconografico: spazi e forme dello spettacolo in occidente; dal mondo antico a Wagner. Corazzano 2003

Meyhöfer, D.: Mobile Bühnen = Mobile Stages. Stuttgart 1999

Morrison, C.: Theaters. New York u. a. 2006

Mullin, D. C.: The Development of the Playhouse. A survey of theatre architecture from Renaissance to the Present. Berkeley, Los Angeles 1970

Pauselli, R.: Architetture teatrali: progetti di scenografie per il teatro in musica. Bologna 2000

Pelletier, L.: Architecture in words: theatre, language and the sensuous space of architecture. New York 2006

Plandocumentatie Theaters. Red. L. van Duin u. a. Delft 2000

Pougnaud, P.: Théâtres: 4 siècles d'architectures et d'histoire. Paris 1980

Schael, H.: Idee und Form im Theaterbau des 19. und 20. Jahrhunderts. Diss. Köln 1958

Schöpel, B.: Naturtheater. Tübingen 1965

Schubert, H.: Moderner Theaterbau. Stuttgart, Bern 1971

Silvermann, M.: Contemporary Theatre Architecture (1946–1966). New York 1965

Stadler, E.: Das neuere Freilichttheater in Europa und Amerika. 2 Bde. Einsiedeln 1951–53

Steele, J.: Theatre Builders: A Collaborative Art. London 1996

Stoddard, R.: Theatre and Cinema Architecture. Detroit 1978

Theater-Räume. Hg. ASTEJ und VTS. Basel 1990

Theatre engineering and architecture. 3 Bde. Hg. R. Brett. London 2004

Tidworth, S.: Theatres: An Architectural and Cultural History. New York 1973

Werner, E.: Theatergebäude. 2 Bde. Berlin 1954

Bühnentechnik

Bibliographien, Nachschlagewerke, Überblicksdarstellungen

Bataille, A.: Lexique de la machinerie théâtrale. Paris 1989

Boulanger, N. C., W. C. Lounsbury: Theatre Lighting from A to Z. Seattle 1992

Bowman, N. A.: Handbook of Technical Practice for the Performing Arts. 2 Bde. Wilkinsburg u. a. ²1972–85

Briggs, J.: Encyclopedia of stage lighting. Jefferson u. a. 2003

Bühnentechnik: Literaturdokumentation. Stuttgart 2002

Busti, K. M.: Stage Production Handbook. Littleton 1994

Clark, I. E.: Stagecrafter's Handbook. Studio City ³1995

Gloman, Ch. B., R. Napoli: Scenic design and lighting techniques. Amsterdam u. a. 2007

Howard, J. T.: A bibliography of theatre technology. London 1982

Keller, M.: DuMont's Handbuch der Bühnenbeleuchtung. Köln ²1988

Lehmann, M.-L.: Lichtdesign: Handbuch der Bühnenbeleuchtung in Deutschland und den USA. Berlin 2002

Lounsbury, W. C.: Theatre backstage from A to Z. Seattle ⁴1999

Mueller, J.: Handbuch der Lichttechnik. Bergkirchen ³2006

Reid, F.: The ABC of stage technology. London 1995

Ders.: The stage lighting handbook. London ⁶2001

Stagecraft. The complete guide to theatrical practice. Hg. T. R. Griffiths. London (Nachdruck) 1992

Sweet, H.: Handbook of scenery, properties, and lighting. 2 Bde. Boston u. a. ²1995–2000

Unruh, W.: ABC der Theatertechnik. Halle 1959

Einzeluntersuchungen

Bachler, K.: Gemalte Theatervorhänge in Deutschland und Österreich. München 1972

Baugh, Ch.: Theatre, performance and technology : the development of scenography in the twentieth century. Basingstoke 2005

Baumann, C.-F.: Die Entwicklung und Anwendung der Bühnenbeleuchtung seit der Mitte des 18. Jahrhunderts. Diss. Köln 1956

Ders.: Licht im Theater. Von der Argand-Lampe bis zum Glühlampen-Scheinwerfer. Stuttgart 1988

Bellman, W. F.: Scenography and Stage Technology. New York 1977

Bemmann, J.: Die Bühnenbeleuchtung vom geistlichen Spiel bis zur frühen Oper als Mittel künstlerischer Illusion. Weida 1933

Bentham, F.: The art of stage lighting. London ²1976

Bonnat, Y.: L'Éclairage des spectacles. Paris 1982

Bouillot, R.: Le guide pratique de l'éclairage. Paris 2003

Bracewell, J. L.: Sound Design in the Theatre. Paramus 1992.

Braulich, H., E.-O. Hamann: Beiträge zur Geschichte der Theatertechnik. 3 Bde. Berlin 1978–82

Bräutigam, R., J. Sonnenberg, M. Zimmermann: Bühnentechnik. Berlin 1982

Calmet, H.: Escenografía: escenotecnia, iluminación. Buenos Aires ²2003

Copelli, G.: Manuale pratico di scenotecnica: le macchine teatrali. Bologna 2006

Essig, L.: Lighting and the design idea. Fort Worth 1997

Feher, E.: Licht und Bühne. Toronto 1982

Gerhards, F.: Sprache des Lichts. Ihr Wandel von der Antike bis zur Gegenwart. Diss. Wien 1960.

Gervais, J.: Mettre en scène la lumière. Étude historique de l'éclairage au théâtre de 1545 à aujourd'hui. Sainte-Foy 1986

Graves, R. B.: Lighting the Shakespearean stage, 1567–1642. Carbondale u. a. 1999

Grösel, B.: Bühnentechnik: mechanische Einrichtungen. München, Wien ³2002

Izenour, G. C.: Theater technology. New Haven u. a. ²1996

Keller, M.: Faszination Licht: Licht auf der Bühne. München u. a. ²2000

La magica arte: architettura e arte dello spazio scenico. Pantigliate 2004

La máquina escénica: drama, espacio, tecnología. Hg. R. de Diego. Bilbao 2001

Mazzanti, St.: Luce in scena: storia, teorie e tecniche dell'illuminazione a teatro. Bologna 1998

Morgan, N.: Stage Lighting for Theatre Designers. Portsmouth 1995

Palmer, R. H.: The lighting art: the aesthetics of stage lighting design. Englewood Cliffs ²1994

Pilbrow, R.: Stage lighting design: the art, the craft, the life. London 1997

Radke-Stegh, M.: Der Theatervorhang. Meisenheim 1978

Rees, T. A. L.: Theatre lighting in the age of gas. Cambridge 2004

Reid, F.: Discovering stage lighting. Oxford, Boston ²1998

Ritter, St.: Die Bühnentechnik und die Bühnensysteme als Bestandteil des Transport-, Umschlag- und Lagersystems Theaterbühne. Diss. Dresden 1988

Schivelbusch, W.: Licht, Schein und Wahn: Auftritte der elektrischen Beleuchtung im 20. Jahrhundert. Berlin 1992

Schöne, G.: Die Entwicklung der Perspektivbühne von Serlio bis Galli-Bibiena nach den Perspektivbüchern. Leipzig 1933 (Nachdruck Nendeln 1977)

Schöneberg, G.: Der Einfluß der Beleuchtung auf die Gestaltung des Zuschauerraumes. Diss. TH Dresden 1960

Sherwin, St.: Scene painting projects for theatre. Amsterdam u. a. 2006

Southern, R.: Changeable scenery: its origin and development in the British theatre: London 1952

Theatre engineering and architecture. 3. Bde. Hg. R. Brett. London 2004

Unruh, W.: Theatertechnik. Fachkunde und Vorschriften. Bielefeld u. a. 1969

Valentin, F.-E.: Lumière pour le spectacle. Paris 1982

Van Damme, Ch., E. Cloquet: Lumière actrice. Paris 1987

Vasseur, J.: L'éclairage scénique au XVIIIe siècle: ses effets sur le jeu et le décor. Diss. Paris III 2006

Walne, G.: Projection for the performing arts. Oxford 1995

West, R. B.: Spatial representations and the Jacobean stage: from Shakespeare to Webster. Basingstoke u. a. 2002

Bühnenbild

Bibliographien, Nachschlagewerke, Überblicksdarstellungen

Atkinson, P.: Theatrical design in the twentieth century: an index. London 1996

Dalai, B.: ABC della scenotecnica. Rom 2006

Daniels, B. V.: Le décor de théâtre à l'époque romantique: catalogue raisonné des décors de la Comédie-Française 1799–1848. Paris 2003

Lacy, R. Th.: A biographical dictionary of scenographers: 500 B.C. to 1900 A.D. London 1990

Oliva, C., F. Torres Monreal: Historia básica del arte escénico. Madrid ⁸2005

Perrelli, F.: Storia della scenografia: dall'antichità al Novecento. Rom 2002

Pirchan, E.: Zweitausend Jahre Bühnenbild. Wien 1949

Schuberth, O.: Das Bühnenbild. Geschichte, Gestalt, Technik. Wilhelmshaven ²2005

Stoddard, R.: Stage, Scenery, Maschinery, and Lighting. A Guide to Information Sources. Detroit 1977

Sweet, H.: Handbook of scenery, properties, and lighting. 2 Bde. Boston u. a. 1995–2000

Theatrical design in the twentieth century: an index to photographic reproductions of scenic designs. Zus. stellung W. P. Atkinson. Westport, London 1996

Theatrical designers. An international biographical dictionary. Hg. Th. J. Mikotowicz. London 1992

Winslow, C.: The handbook of set design. Ramsbury 2006

Epochen der Szenographie

Adami, G.: Scenografia e scenotecnica barocca tra Ferrara e Parma (1625–1631). Rom 2003

Arstisti Scenografi Italiani 1915–1930. Red. S. Sinisi. Rom 1981

L'art et la scène: »hommages à Euterpe, Polymnie et Terpsichore«. Arles 1998

L'avant-garde russe et la scène 1910–1930. Bearb. J. E. Bowlt. Wommelgem 1998

Bablet, D.: Esthétique générale de décor de théâtre de 1870 à 1930. Paris 1965

Ders.: Le décor de théâtre de 1870 à 1914. Paris 1965

Ders.: Les révolutions scéniques au XXe siècle. Paris 1975

Baugh, Ch.: Theatre, performance and technology: the development of scenography in the twentieth century. Basingstoke 2005

Belhaouari, L.: Peinture d'histoire et théâtre joué au XVIIIe siècle: essai sur la mutation du regard à l'âge classique. Diss. Paris 1998

Bild und Szene. Bühnenbildner der DDR 1978 bis 1986. Hg. I. Pietzsch u. a. Berlin 1988

Bjurström, P.: Giacomo Torelli and Baroque Stage Design. Stockholm 1961

Blumenthal, A. R.: Giulio Parigi's Designs: Florence and the Early Baroque Spectacle. 2 Bde. New York 1986

Boskovsky, K.: Die Entwicklung und Funktion des Bühnenbildes in Europa nach dem Zweiten Weltkrieg. Diss. Wien 1987

Bowlt, J.: Russian Stage Design. Scenic Innovation 1900–1910. Jackson 1982

Bühne und bildende Kunst im XX. Jahrhundert. Maler und Bildhauer arbeiten für das Theater. Hg. H. Rischbieter, W. Storch. Velber 1968

Das Bühnenbild des 19. Jahrhunderts. Hg. G. Schöne, H. Vriesen. München 1959

Bühnenbildner der Deutschen Demokratischen Republik. Hg. F. Dieckmann. Berlin 1978

Celler, L.: Les décors de théâtre, les costumes et la mise en scène au XVIIe siècle, 1640–1680. Paris 1926

Díszlet – jelmez 1995–2005: magyar szcenográfia = Hungarian stage design. Hg. G. Zsuzsa u.a. Budapest 2005

Eckert, N.: Das Bühnenbild im 20. Jahrhundert. Berlin 1998

Fagiolo, M.: La Scenografia, delle sacre rappresentazione al futorismo. Fiorenze 1973

Fuerst, W. R., S. J. Hume: XXth Century Stage Decoration. Neuausgabe. New York 1967

I Galli Bibiena, una dinastia di architetti e scenografi. Hg. D. Lenzi. Bibbiena 1997

Hadamowsky, F.: Die Familie Galli-Bibiena in Wien. Wien 1962

Hamon-Siréjols, Ch.: Le constructivisme au théâtre. Paris 1992

Herbert-Muthesius, A.: Bühne und bildende Kunst im Futurismus, Bühnengestaltungen von Balla, Depero und Prampolini (1914–1929). Diss. Heidelberg 1986

Kostina, E. M.: Chudozniki sceny russkogo teatra XX veka. Moskau 2002

Kovacić, Đ.: Prisutnost i odjeci ruske scenografije na zagrebackoj glazbenoj sceni: 1918–1940. Zagreb 1991

Lista, G.: La scène futuriste. Paris 1989

McAuley, G.: Space in performance: making meaning in the theatre. Ann Arbor 1999

Mejerchol'd i chudozniki = Meyerhold and set designers: a lifelong search. Bearb. A. A. Michajlova. Moskau 1995

Moureau, F.: Le théâtre des voyages: une scénographie de l'âge classique. Paris 2005

Öjmyr, H.: Kungliga teaterns scenografi under 1800–talet. Diss. Stockholm 2002

Parker, E.: Design and designer in contemporary British theatre production. Diss. Bristol 2000

Pauly, D.: Théâtre années 20. La Rénovation scénique en France. Paris 1995

Polifonia: da Malevic a Tat'jana Bruni, 1910–1930; bozzetti teatrali dell'avanguardia russa. Hg. E. Fedosova. Mailand 1998

Raumkonzepte: konstruktivistische Tendenzen in Bühnen- und Bildkunst 1910–1930. Katalog H. Kersting; B. Vogelsang. Frankfurt/Main 1986

Romstoeck, W. H.: Die antinaturalistische Bewegung in der Szenengestaltung des europäischen Theaters zwischen 1890 und 1930. Diss. München 1954

Schmidhuber, H.: Das Nahverhältnis von bildender und darstellender Kunst. Bühnenbilder der Salzburger Festspiele. 2 Bde. Diss. Salzburg 1987

Scholz, J.: Baroque and Romantic Stage Design. New York 1950

Slovenská divadelná scénografia: 1920–2000. Bearb. I. Mojžišová, D. Poláčková. Bratislava 2004

Stage Design throughout the world since 1935. Hg. R. Hainaux. London u.a. 1956

Stage Design throughout the World since 1950. Hg. R. Hainaux. New York 1964

Stage Design throughout the World since 1960. Hg. R. Hainaux. London 1973

Stage Design throughout the World 1970–75. Hg. R. Hainaux. New York 1976

Stribolt, B.: Scenery from Swedish court theatres: Drottningholm, Gripsholm. Stockholm u.a. 2002

Tollini, F. P.: Scene design at the court of Louis XIV: the work of the Vigarani family and Jean Bérain. Lewiston u.a. 2003

Za zanavesom veka: issledovanija i publikacii po iskusstvu russkoj scenografii XX veka. Red. A. V. Dechtereva. Moskau 2004

Zimmermann, V.: Das gemalte Drama. Die Vereinigung der Künste im Bühnenbild des deutschen Expressionismus. Diss. Aachen 1987

Einzeluntersuchungen

Aronson, A.: Looking into the abyss: essays on scenography. Ann Arbor 2005

Arts de la scène, scène des arts: singularités nouvelles, nouvelles identités. 3 Bde. Louvain-la-Neuve 2003

Bablet, D.: Les Peintres et le théâtre. Paris 1986

Berckenhagen, E., G. Wagner: Bretter, die die Welt bedeuten. Entwürfe zum Theaterdekor und zum Bühnenkostüm in fünf Jahrhunderten. Berlin 1978

Bravo, I.: L'escenografia catalana. Barcelona 1986

Bühnenformen – Bühnenräume – Bühnendekorationen. Beiträge zur Entwicklung des Spielorts. Hg. R. Badenhausen, H. Zielske. Berlin 1974

Cognat, R.: Les Décorateurs de théâtre. Paris 1955

Crabtree, S., P. Beudert: Scenic art for the theatre: history, tools, and techniques. Oxford ²2005

Davis, T.: Stage design. Ludwigsburg 2001

Design for performance from Diaghilev to the Pet Shop Boys. Hg. P. Docherty, T. White. London 1996

Ebrahimian, B.: Theatre design: behind the scenes with the top set, lighting, and costume designers. Mies 2006

Frette, G.: Scenografia teatrale. Mailand 1955

Gallée, H. B.: Vom Raumbild zum Bildraum. Gedanken und Skizzen aus der Praxis der Bühnengestaltung. Wien u. a. 1992

Gaulme, J.: Architectures scénographiques et décors de théâtre. Paris 1985

Gillette, J. M.: Theatrical design and production. Mountain View 1987

Gloman, Ch. B., R. Napoli: Scenic design and lighting techniques. Amsterdam u. a. 2007

Holt, M.: Stage design and properties. London (rev.) 1995

Howard, P.: Scenography. New York 1998

Izenour, G. C.: Theater Design. New Haven, London ²1996

Konstantinakou, P.: Proto-modernistic scenography: technology and aesthetics. Diss. Glasgow 2002

Kunst auf der Bühne. Hg. E. Louis, T. Stooss. Weitra 2006

Mello, B.: Trattato di scenotecnica. Novara 1999

Merino Peral, E.: El reino de la ilusión: breve historia y tipos de espectáculo, el arte efímero y los orígenes de la escenografía. Alcalá de Henares 2006

Oddey, A., Ch. White: The potentials of spaces: the theory and practice of scenography & performance. Bristol u. a. 2006

Oenslager, D.: Stage design; 4 centuries of scenic invention. London (1975)

Payne, D. R.: Scenographic imagination. Carbondale ³1993

Pecktal, L.: Designing and Painting for the Theatre. New York 1995

Polieri, J.: Scénographie: Théâtre. Cinéma. Télévision. Cahors 1990

Reid, F.: Designing for the Theatre. New York 1996

Ricci, G.: La Scenografia. Gorle, Bergamo 1977

Rinaldi, M.: Escenografía y artes plásticas. Granada 2003

Risacher, M.-A.: Scénographie: un acte théâtral. Diss. Paris 1998

Simonson, L.: The Art of Scenic Design. New York 1950

Sonrel, P.: Traité de Scénographie. Paris 1984

Warre, M.: Designing and making stage scenery. (London 1966)

Bühnenkostüm, Maske

Bibliographien, Nachschlagewerke, Überblicksdarstellungen

Baclawski, K.: The Guide to Historic Costume. New York 1995

Bignami, P.: Storia del costume teatrale: oggetti per esibirsi nello spettacolo e in società. Rom 2005

Boehn, M. v.: Das Bühnenkostüm in Altertum, Mittelalter und Neuzeit. Berlin 1921 (Nachdruck Rom 1995)

Huenefeld, I. P.: International Directory of Historical Clothing. Metuchen 1967

Jowers, Sidney, J. Cavanagh: Theatrical costume, masks, make-up and wigs: a bibliography and iconography. London u. a. 2000

Kesler, J.: Theatrical Costume. A Guide to Information Sources. Detroit 1979

Wilcox, R. T.: The Dictionary of Costume. New York 1969

Einzeluntersuchungen

Anderson, B. und C.: Costume design. Fort Worth u. a. ²1999

Barton, L.: Historic Costume for the Stage. London 1961

Bicât, T.: Handbook of stage costume. Ramsbury 2006

Blohm-Pultz, J. Ch.: Costumes in Medieval Drama: A Review of the Literature. Diss. Kirksville 1991

Bongartz, S.: Bühnenkostüm und bildende Kunst im frühen 20. Jahrhundert. Diss. München 1986

Brooke, I.: Costumes in Greek Classic Drama. Westport 1973

Chourlin, O.: Le costume de théâtre et de ballet au 17e et au 18e siècles. 3 Bde. Paris 1959

Corson, R., J. Glavan: Stage makeup. Boston ⁹2002

DeMarly, D.: Costume on the Stage 1600–1940. Totowa 1982

Fernald, M., E. Shenton: Costume Design and Making. New York u. a. ²1992

Fürstenberg, W.: Das historische Kostüm auf der deutschen Bühne. Kiel 1924

Gaulme, J.: Maquillage de théâtre. Paris 1978

Gooch, F. K.: The Costume of Fools and Clowns in the Elizabethan Age. Master's Thesis Chicago 1919

Haven, D. C.: Female Costume and Accessories of the Early Twentieth Century Stage. Diss. San Diego State College 1970

Hellmich, J.: Maskengestaltung : Theater, Film, Fernsehen. Leipzig 1991

Holt, M.: Costume and Make-Up. San Francisco 1995

Ingham, R., L. Covey: The costume technician's handbook. London u.a. ³2003

Kirsanova, R. M.: Sceničeskij Kostjum i teatral'naja publika v Rossii XIX veka. Moskau 1997

La Gorce, J. de: Féeries d'opéra: décors, machines et costumes en France 1645–1765. Paris 1997

Laver, J.: Costume in the Theatre. London 1964

Linthicum, M. Ch.: Costume in the drama of Shakespeare and his contemporaries. Oxford 1936 (Nachdruck New York 1972)

Lublin, R. I.: Costuming the Shakespearean stage: visual codes of representation in early modern theatre and culture. Diss. Columbus 2003

Mason, R. u.a.: Robes of Thespis: Costume Designs by Modern Artists. London 1928

Moody, J. L.: The business of theatrical design. New York 2003

Noisette, Ph.: Les couturiers de la danse. Paris 2003

Saunders, C.: Costume in Roman Comedy. New York 1966 (EA 1909)

Schmitt, Ch.: Artistenkostüme. Zur Entwicklung der Zirkus- und Varietégarderobe im 19. Jahrhundert. Tübingen 1993

Tan, H.: Character costume figure drawing: step-by-step drawing methods for theatre costume designers. Amsterdam u.a. 2004

Verdier, A.: Histoire et poétique de l'habit de théâtre en France au XVIIe siècle (1606–1680). Vijon 2006

Warburg, A.: I costumi teatrali per gli intermezzi del 1589. Berlin 1932

Young, D.: Theaterwerkstatt. Maskenbildnerei und Schminken. Augsburg 1988

Theater – Das Ereignis

Inszenierung, Regie, Regisseur, Dramaturg

Von den Anfängen bis zum 20. Jahrhundert

Blanchart, P.: Histoire de la mise en scène. Paris 1948

Kathrein, K.: Entwicklungsgeschichte der Regiepraxis von Ekhof bis Georg II. von Meiningen. Diss. Wien 1964

Langer, A.: Der Regisseur und die Aufzeichnungspraxis der Opernregie im 19. Jahrhundert. Frankfurt/Main u.a. 1997

Martin, H.: Le »Térence des ducs« et la mise en scène au Moyen Age. Paris 1902

Peyronnet, P.: La mise en scène au XVIIIe siècle. Paris 1964

Pignarre, R.: Histoire de la mise en scène. Paris 1975

Stern, T.: Rehearsal from Shakespeare to Sheridan. Oxford 2000

Winds, A.: Geschichte der Regie. Berlin, Leipzig 1925

20. Jahrhundert

Bablet, D., J. Jomaron-Leyvastre: La mise en scène contemporaine. 2 Bde [1887–1940]. Brüssel 1968–81

Banu, G.: Peter Brook. De Timon d'Athénes à la Tempête ou le metteur en scène et le cercle. Paris 1991

Black, G.: Contemporary stage directing. Fort Worth 1991

Blank, R.: Schauspielkunst in Theater und Film: Strasberg, Brecht, Stanislawski. Berlin 2001

Braun, E.: The Director and the Stage: From Naturalism to Grotowski. London 1982

Brauneck, M.: Klassiker der Schauspielregie. Positionen und Kommentare zum Theater im 20. Jahrhundert. Reinbek 1988

Dhomme, S.: La mise en scène contemporaine d'André Antoine à Bertolt Brecht. Paris 1959

Gortschakow, N.: Regie-Unterricht bei Stanislawski. Berlin 1959

Gough, R., N. Sales. The Meyerhold Workbook for Directors and Actors. London 1997

Gregor, J.: Die Theaterregie in der Welt unseres Jahrhunderts. Wien 1958

Jones, D. R.: Great Directors at Work: Stanislavsky, Brecht, Kazan, Brook. Berkeley 1986

Kässens, W., J. W. Gronius: Theatermacher. Frankfurt/Main 1987

Kranz, D.: Positionen. Gespräche mit Regisseuren des europäischen Theaters. Berlin 1981

Leisler, E., G. Prossnitz: Max Reinhardt in Europa. Salzburg 1973

Leiter, S. L.: From Belasco to Brook: representative directors of the English-speaking stage. Westport 1991

Ders.: From Stanislavsky to Barrault: representative directors of the European stage. Westport 1991

Löden, B.: Max Reinhardts Massenregie auf der Guckkastenbühne von 1905 bis 1910. Bern u.a. 1976

Mitter, S.: Systems of rehearsal. Stanislavsky, Brecht, Grotowski and Brook. London ³1995

Pandolfi, V.: Regia e registi nel teatro moderno. Bologna 1973

Peter Brook: a theatrical casebook. Hg. D. Williams. London (rev.) 1994

Poljakowa, E. J.: Stanislawski. Leben und Werk des großen Theaterregisseurs. Bonn 1981

Reinhardt, M.: Ausgewählte Briefe, Reden, Schriften und Szenen aus Regiebüchern. Wien 1963

Ders.: Schriften. Berlin 1974

Schultes, P.: Expressionistische Regie. Diss. Köln 1981

Schulz, K.: Das »politische Theater« Erwin Piscators. Diss. Göttingen 1956 (masch.)

Temkine, R.: Grotowski et Barba. Saintes 1993

Ders.: Mettre en scène au présent. 2 Bde. Lausanne 1977–80

Theatrical directors: a biographical dictionary. Hg. J. W. Frick, St. M. Vallillo. London 1994

Toporkov, V.: K. S. Stanislawski bei der Probe. Berlin 1952

Werkraum Meyerhold. Zur künstlerischen Anwendung seiner Biomechanik. Hg. D. Hoffmeier, K. Völker. Berlin 1995

Whitton, D.: Stage directors in modern France. Manchester 1987

Theorie und Praxis der Inszenierung

Alonge, R.: Il teatro dei registi: scopritori di enigmi e poeti della scena. Rom, Bari 2006

Bahr, A.: Imagination und Körper: ein Beitrag zur Theorie der Imagination mit Beispielen aus der zeitgenössischen Schauspielinszenierung. Bochum 1990

Bergeron, H.: La Théâtralisation. Création dramatique et mise en scène. Montréal 1977

Bergman, G. M.: Regihistoriska Studier. Stockholm 1952

Borgal, C.: Metteurs en scène. Paris 1963

Chilver, P.: Producing a Play. London 1974

Clurman, H.: On directing. London 1972

Cole, S. L.: Directors in Rehearsal. A Hidden World. London 1992

D'Amico, S.: Mettere in Scena. Florenz 1954

Dean, A., L. Carra: Fundamentals of play directing. New York ⁵1989

Dickhoff, C.: Probenarbeit. Dokumentation und Analyse eines künstlerischen Prozesses. München 1984

Dietrich, M.: Regie in Dokumentation, Forschung und Lehre. Salzburg 1975

Féral, J.: Mise en scène et jeu de l'acteur. Entretiens. 2 Bde. Montréal 1997

Giannachi, G.: On directing. London 1999

Hausmann, W.: Der Dramaturgen-Beruf. Dramaturgen-Amt und -Persönlichkeit seit 1800. Diss. Köln 1955

Hodge, F.: Play Directing. Englewood Cliffs 1971

Ihering, H.: Regie. Berlin 1943

In contact with the Gods? Directors talk theatre. Hg. M. M. Delgado, P. Heritage. Manchester u.a. 1996

Kaye, M.: From Page to Stage. Garden City 1996

Krell, A.: Funktion und Stellenwert der Inszenierungskonzeption im theatralischen Rezeptionsprozeß. Halle 1982

Mainusch, H.: Regie und Interpretation. Gespräche mit Regisseuren. München 1985

Manfull, H.: Taking stage: women directors on directing. London 1999

Marowitz, Ch.: Directing the Action. Acting and Directing in Contemporary Theatre. New York 1991

Métamorphoses de la création dramatique et lyrique à l'épreuve de la scène. Hg. I. Mamczarz. Florenz 1998

Mitchell, J. D.: The Director – Actor Relationship. Key West 1992

Mödlhammer-Zöller, J.: Inszenierung als Interpretation. Diss. Erlangen-Nürnberg 1985

Neumann, K.: Typologie der Regie. Diss. München 1955

On directing: interviews with directors. Hg. G. Giannachi. London 1999

Ortolani, O.: Theater im Gespräch. Echternach 1998

Patsch, S. M.: Vom Buch zur Bühne. Innsbruck 1980

Perdue, M. F. R.: The Influence of the Director on Cast and Audience Perception of the Message of a Play as Measured by Paired Comparison Scaling. Diss. Pennsylvania 1975

Playwright vs. Director: Authorial Intentions and Performance Interpretations. Hg. J. Luere, S. Berger. Westport 1994

Produktionsdramaturgie – Mitbestimmung. Berlin 1980

Proust, S.: La direction d'acteurs dans la mise en scène théâtrale contemporaine. Vic la Gardiole 2006

Regie in Dokumentation, Forschung und Lehre. Hg. M. Dietrich. Salzburg 1975

Rühle, G.: Anarchie in der Regie? Theater in unserer Zeit II. Frankfurt 1982

Schafer, E.: Ms-directing Shakespeare: women direct Shakespeare. New York 2000

Schwanitz, D.: Die Wirklichkeit der Inszenierung und die Inszenierung der Wirklichkeit. Kronberg 1977

Schwarz, H.: Regie. Idee und Praxis moderner Theaterarbeit. Bremen 1965

Shakespeare and modern theatre: the performance of modernity. Hg. M. Bristol, K. McLuskie, Ch. Holmes. London u. a. 2001

Sommer, H.: Fra Dramatik til Forestilling. Gråsten 1978

Statisme et mouvement au theatre. Hg. M. Autrand. Poitiers 1995

Staub, A.: Creating theatre. London 1973

Suddeth, J. A.: Fight Directing for the Theatre. Portsmouth 1996

Taylor, D.: Directing Plays. New York 1997

Tovstonogov, G.: The Profession of the Stage-director. Moskau 1972

Trauth, S. M.: An Investigation of the Effects of the Director's System of Communication on Actor Inventiveness and the Rehearsal atmosphere. Diss. Bowling Green 1975

Veinstein, A.: La mise en scène théâtrale et sa condition esthétique. Paris ³1992

Welker, D.: Theatrical Direction. Boston 1971

Whitmore, J.: Directing postmodern theater: shaping signification in performance. Ann Arbor 1994

Wills, J. R.: The Director in a Changing Time. Palo Alto 1976

Ders.: Directing in the Theatre. A Casebook. Lanham ²1993

Zabka, Th., A. Dresen: Dichter und Regisseure. Bemerkungen über das Regietheater. Göttingen 1995

Zuber-Skerritt, O.: Page to stage: theatre as translation. Amsterdam 1984

Schauspielkunst

Historische Untersuchungen

Aliverti, M. I.: La naissance de l'acteur moderne: l'acteur et son portrait au XVIIIe siècle. Paris 1998

Alth, M. v.: Frauen am Theater: freche Buhlerinnen? Freiburg i. Br. u. a. 1979

Arnold, H.: Fahrendes Volk. Landau ²1983

Aslan, O.: L'Acteur au XXe siècle. Évolution de la technique. Problème d'éthique. Paris 1974

Barnett, D.: The Art of Gestures: The Practices and Principles of the 18th Century Acting. Heidelberg 1987

Berns, U.: Das Virtuosengastspiel auf der deutschen Bühne. Diss. Köln 1960

Dietrich, M.: Der Wandel der Gebärde auf dem deutschen Theater vom 15. Jahrhundert zum 17. Jahrhundert. Diss. Wien 1944

Ebert, G.: Der Schauspieler: Geschichte eines Berufes; ein Abriss. Berlin 1991

Edgecomb, D.: Theatrical training during the age of Shakespeare. Lewiston u. a. 1995

Elmarsafy, Z.: The histrionic sensibility: theatricality and identity from Corneille to Rousseau. Seattle, Tübingen 2001

Emde, R. B.: Schauspielerinnen im Europa des 18. Jahrhunderts: ihr Leben, ihre Schriften und ihr Publikum. Amsterdam u. a. 1997

Evain, A.: L'apparition des actrices professionnelles en Europe. Paris u. a. 2001

Gilder, R.: Enter the actress. The first women in the theatre. London 1931

Herrmann, M.: Die Entstehung der berufsmäßigen Schauspielkunst im Altertum und in der Neuzeit. Berlin 1962

Košenina, A.: Anthropologie und Schauspielkunst. Studien zur »eloquentia corporis« im 18. Jahrhundert. Tübingen 1995

Kramer, M.: Vom Hanswurst zum Fools-Freak. Wetzlar 1982

McIntyre, I.: Garrick. London 2000

Müller, W.: Der schauspielerische Stil im Passionsspiel des Mittelalters. Leipzig 1927

Nash, E.: The Luminous Ones. A History of the Great Actresses. New York u. a. 1992

Puschmann, C.: Fahrende Frauenzimmer: zur Geschichte der Frauen an deutschen Wanderbühnen (1670–1760). Herbolzheim 1999

Saltarino [d. i. H.-W. Otto]: Fahrend Volk. Leipzig 1895 (Nachdruck Berlin 1978)

Die Schauspielerin: zur Kulturgeschichte der weiblichen Bühnenkunst. Hg. R. Möhrmann. Frankfurt/Main 1989 (Tb. Frankfurt/Main, Leipzig 2000)

Schauspielerinnen. Der theatralische Eintritt der Frau in die Moderne. Hg. U. Geitner. Bielefeld 1988

Schauspielkunst im 18.Jahrhundert. Grundlagen, Praxis, Autoren. Hg. W. F. Bender. Stuttgart 1992

Schöne, G.: Bühnenstars. Bilder von Schauspielern, Sängern und Tänzern aus vier Jahrhunderten. Wilhelmshaven 1997

Ders.: Porträtkatalog des Theatermuseums München. Die graphischen Serien. Wilhelmshaven 1981

Spitzbarth, A.: Die Spieltechnik in der griechischen Tragödie. Zürich 1946

Straub, K.: Sexual suspects: eighteenth-century players and sexual ideology. Princeton u. a. 1992

Schauspieler/innen und Gesellschaft

August, W.-E.: Die Stellung der Schauspieler im Dritten Reich; Versuch einer Darstellung der Kunst- und Gesellschaftspolitik in einem totalitären Staat am Beispiel des »Berufsschauspielers«. Diss. Köln 1973

Bab, J.: Die Frau als Schauspielerin. Berlin 1915

Bach, R.: Die Frau als Schauspielerin. Tübingen 1937

Brückner, G.: Die rechtliche Stellung der Bühnenkünstler in geschichtlicher Entwicklung. Diss. Göttingen 1930

Duvignaud, J.: L'Acteur, suivi de L'acteur: esquisse d'une sociologie du comédien. Paris 1993 [1965]

Ders.: Sociologie de l'acteur. Paris 1965

Fertl, E.: Von Musen, Miminnen und leichten Mädchen: die Schauspielerinnen in der römischen Antike. Wien 2005

Helleis, A.: Faszination Schauspielerin: von der Antike bis Hollywood; eine Sozialgeschichte. Wien 2006

Kamerman, J. B., R. Martorella u. a.: Performers & Performances: The Social Organisation of Artistic Work. New York 1983

Langer, G.: Die Rolle in Gesellschaft und Theater. Tübingen ²1996

Marek, H. G.: Der Schauspieler im Lichte der Soziologie. 3 Bde. Wien 1956–57

Reinecke, G.: Zur Soziologie des Schauspielers. Diss. Hamburg 1944

Sanderson, M.: From Irving to Olivier. A Social History of the Acting Profession in England 1880–1983. London ²1985

Schmitt, P.: Schauspieler und Theaterbetrieb. Studien zur Sozialgeschichte des Schauspielerstandes im deutschsprachigen Raum, 1700–1900. Tübingen 1990

Schubert-Fikentscher, G.: Zur Stellung der Komödianten im 17. und 18. Jahrhundert. Berlin 1963

Schulz, G.: Die Entwicklung des Schauspielerengagements in Deutschland vom 17. bis zum 19. Jahrhundert. Diss. Berlin 1956

Schwanbeck, G.: Sozialprobleme der Schauspielerin im Ablauf dreier Jahrhunderte. Berlin 1957

Schwedes, H.: Musikanten und Comödianten – eines ist Pack wie das andere: die Lebensformen der Theaterleute und das Problem ihrer bürgerlichen Akzeptanz. Bonn 1993

Solch ein Volk nennt sich nun Künstler...: Schauspielererinnerungen des 18. und 19. Jahrhunderts. Hg. R. Kabel. Berlin 1983

Tschirn, F.: Die Schauspielkunst der deutschen Berufsschauspieler im 17. Jahrhundert. Diss. Breslau 1921

Weidenfeld, D.: Der Schauspieler in der Gesellschaft. Köln, Berlin 1959

Untersuchungen zu Theorie und Praxis, Ausbildung

L'acteur entre personnage et performance: présences de l'acteur dans la représentation contemporaine. Hg. J.-L. Besson. Louvain-la-Neuve 2003

Acting out: feminist performances. Hg. L. Hart, P. Phelan. Ann Arbor ⁷1999

Acting. A Handbook of the Stanislawski-Method. Hg. T. Cole. London, New York 1955

Adler, S.: The art of acting. New York 2000

Al Assouad, N.: Le comédien et le jeu. Diss. Paris III 1995

Altweger, S.: Suizid, Suizidversuch und Suizidgefährdung im Schauspielberuf. Frankfurt/Main u.a. 1993

Anzieu, D.: Le Corps de l'œuvre. Essais psychanalytiques sur le travail créateur. Paris 1994

Bab, J.: Nebenrollen. Berlin 1913

Barba, E., N. Savarese: Anatomie de l'acteur. Un dictionnaire d'anthropologie théâtrale. Cazilhac 1986

Dies.: Dictionary of theatre anthropology: the secret art of the performer. London u.a. ²2006

Bäulm, B. J. und F. H.: A Dictionary of Gestures. Metuchen 1975

Benedetti, R.: The actor at work. Hemel Hempstead 1970

Bernard, M.: L'expressivité du corps. Paris 1976

Berry, C.: The Actor and the Text. New York 1992

Berthold, M.: Komödiantenfibel. München 1979

Boner, G.: Schauspielkunst. Zürich, Stuttgart 1988

Brecht & Stanislawski – und die Folgen. Hg. I. Hentschel u.a. Berlin 1997

Brook, P: Das offene Geheimnis: Gedanken über Schauspielerei und Theater. Frankfurt/Main ²2000

Bugard, P.: Le Comédien et son double. Psychologie du comédien. Paris 1970

Calendoli, G.: L'attore. Rom 1959

Čechov, M.: Die Kunst des Schauspielers. Stuttgart 1990

Chaikin, J.: The Presence of the Actor. New York 1980

Chaouche, S.: La philosophie de l'acteur: la dialectique de l'intérieur et de l'extérieur dans les écrits sur l'art théâtral français, 1738–1801. Paris 2007

Crossing the stage: controversies on cross-dressing. Hg. L. Ferris. London u.a. 1993

Cunill Cabanellas, A.: Teatro y el estilo del actor. Buenos Aires 1984

Darsteller und Darstellungskunst in Theater, Film, Fernsehen und Hörfunk. Hg. E. Schumacher. Berlin 1981

Decroux, É.: Paroles sur le mime. Paris 1994

Dieuzayde, L.: Le corps du comédien: ses traitements et ses fonctions dans l'expérience théâtrale. Diss. Aix-Marseille 1997

Downs, D.: The Actor's Eye: Seeing and Being Seen. New York 1996

Dragnea, D., A. Băleanu: Actorul în căutarea personajului. 25 de convorbiri despre arta spectacolului teatral. Bukarest 1981

Dies: Actorul între adevăr și ficțiune: 28 de convorbiri inedite despre arta scenică. Bukarest 1984

Ebert, G.: Improvisation und Schauspielkunst. Berlin 1979

Ferris, L.: Acting Women. London 1990

Fo, D.: Kleines Handbuch des Schauspielers. Frankfurt 1989

Gillibert, J.: L'acteur en création. Toulouse 1993

Global player, local hero: Positionen des Schauspielers im zeitgenössischen Theater. Hg. T. Broszat, S. Gareis. München 2000

Harrop, J.: Acting. New York u.a. 1992

Hoffmeier, D.: Stanislavskij. Auf der Suche nach dem Kreativen im Schauspieler. Stuttgart 1993

Huston, H.: The actor's instrument: body, theory, stage. Ann Arbor 1992

Izzo, G.: Acting Interactive Theatre. A Handbook. Portsmouth 1998

Joseph, B.: The Tragic Actor. London 1959

Jousse, M.: Anthropologie du geste. 3 Bde. Paris 1975–78

Jouvet, L.: Le Comédien désincarné. Paris 1954

King, N.: Theatre Movement. The Actor and his Space. New York 1971

Koner, P.: Elements of Performance. A Guide for Performers in Dance, Theatre and Opera. Newark 1992

Konstantin Stanislawski: neue Aspekte und Perspektiven. Hg. G. Ahrends. Tübingen 1992

Kuritz, P.: Fundamental Acting. A Practical Guide. New York 1997

Lackner, P.: Schauspielerausbildung an den öffentlichen Theaterschulen der Bundesrepublik Deutschland. Frankfurt/Main u. a. 1985

Lordkipanidze, N. G.: Akter na repeticii. Moskau 1978

Lorelle, Y.: L'Expression corporelle. Du mime sacré au mime de théâtre. Paris 1974

Lübbren, R.: Zur Anthropologie des Schauspielers. Diss. München 1955

Martin, R., C. M. Perry: Improvisation. Orem 1996

McTeague, J. H.: Playwright & Acting. Acting Methodologies of Brecht, Ionesco, Pinter and Shepard. Westport 1994

Meyer-Dinkgräfe, D.: Consciousness and the actor: a reassessment of Western and Indian approaches to the actor's emotional involvement from the perspective of Vedic psychology. Frankfurt/Main u. a. 1996

Moore, S.: Stanislavsky Revealed. New York 1991

Moossen, I.: Theater als Kunst: Sinn und Unsinn des Stanislawski-Systems. Frankfurt/Main 1993

Ottaviani, G.: Lo spettatore, l'antropologo, il performer. Rom 1999

Philipp, H. W.: Grammatik der Schauspielkunst. München 1964

Pidoux, J.-Y.: Acteurs et personnages. L'interprétation dans les esthétiques théâtrales du XXe siècle. Lausanne 1986

Ränsch-Trill, B.: Harlekin: zur Ästhetik der lachenden Vernunft. Hildesheim u. a. 1993

Richards, Th.: Theaterarbeit mit Grotowski an physischen Handlungen. Berlin 1996

Roose-Evans, J.: Experimental theatre from Stanislavsky to today. London (rev.) 1973

Ders.: Experimental theatre from Stanislavsky to Peter Brook. London (Nachdruck) 1990

Roubine, J.-J.: L'Art du comédien. Paris 1985

Rubin, L. S.: Movement for the Actor. New York 1980

Schauspielen und Regie bei Theater, Film und Fernsehen. Hg. S. Nuy. Siegen 1996

Schauspielen. Handbuch der Schauspieler Ausbildung. Hg. G. Ebert, R. Penka. Berlin 1991

Schreck, E.: Principles and styles of acting. London 1970

Schüngel, C. U.: Berufsverläufe freischaffender Theaterkünstler. Biographie-analytische Auswertung narrativer Interviews. Opladen 1996

Schwerin von Krosigk, B.: Der nackte Schauspieler. Die Entwicklung der Schauspieltheorie Jerzy Grotowskis. Berlin 1985

Senelick, L.: The changing room: sex, drag and theatre. London u. a. 2000

Spolin, V.: Improvisationstechniken für Pädagogik, Therapie und Theater. Paderborn 1983

Der sprechende Körper: Texte zur Theateranthropologie. Hg. W. Pfaff. Berlin 1996

Stanislavskij, K. S.: Die Arbeit des Schauspielers an der Rolle. Berlin [4]2002

Stanislavskij, K. S.: Die Arbeit des Schauspielers an sich selbst. 2 Bde. Berlin [6]2002

Stanislavski-Lesebuch. Hg. P. Simhandl. Berlin 1990

Strasberg, L.: Schauspielen und das Training des Schauspielers. Berlin 1988

Suzuki, T.: The Way of Acting. New York 1986

Tairow, A.: Das entfesselte Theater. Aufzeichnungen eines Regisseurs. Potsdam 1923 (Nachdruck Berlin 1989)

Le théâtre du geste. Mimes et acteurs. Hg. J. Lecoq. Paris 1987

Tremblay, L.: Le Crâne des théâtres: essais sur les corps de l'acteur. Outremont 1993

Trobisch, St.: Theaterwissenschaftliche Studien zu Sinn und Anwendbarkeit von Verfahren zur Schauspieler-Ausbildung: mit besonderer Berücksichtigung der Lehr-Methoden von Richard Boleslavsky, Lee Strasberg, Ute Hagen und Michael Tschechow. Frankfurt/Main u. a. 1993

Turner, J. C.: Voice and Speech in the Theatre. London [3]1979

Villiers, A.: La Psychologie du comédien. Paris 1946

Ders.: Le Personnage et l'interprète. Paris 1959

Wardetzky, D.: Über die Tätigkeit des Schauspielers. 2 Tle. Potsdam-Babelsberg 1985

Weisweiler, H.: Die Belastung des Schauspielers an seinem Arbeitsplatz. München 1986

Wirth, J. M.: Interactive Acting. Fall Creek 1994

Publikum

Allgemeine Untersuchungen

Arden, J.: To Present the Pretence. Essays on the Theatre and its Public. London 1977

Audience participation: essays on inclusion in performance. Hg. S. Kattwinkel. Westport u. a. 2003

Ben Chaim, D.: Distance in the theatre. The Aesthetics of Audience Response. Ann Arbor 1984

Bennett, S.: Theatre audiences: a theory of production and reception. London u. a. [2]1998

Blackadder, N.: Performing Opposition. Modern Theatre and the Scandalized Audience. Westport, London 2003

Blau, H.: The audience. Baltimore u. a. 1990

Broth, M.: Agents secrets: le public dans la construction interactive de la représentation théâtrale. Uppsala 2002

Cartwright, K.: Shakespearean tragedy and its double: the rhythms of audience response. University Park 1991

Descotes, M.: Le public du théâtre et son histoire. Paris 1964

Doat, J.: L'Entrée du public. La psychologie collective et le théâtre. Paris 1947

Dolan, J.: The Feminist Spectator as Critic. Ann Arbor 1988

Dort, B.: Le spectateur en dialogue: jeu du théâtre. Paris 1995

Dressler, R., D. Wiedemann: Von der Kunst des Zuschauens. Berlin 1986

Dressler, R.: Von der Schaubühne zur Sittenschule: das Theaterpublikum vor der vierten Wand. Berlin 1993

Edstrøm, P.: Why not theaters made for people? Värmdö 1990

Ehret, J. W.: Das Theater und sein Publikum. 2 Bde. Diss. Wien 1967

Eifert, E. R.:. The Fourth Wall Shattered: A Study of the Performer Audience Relationship in Selected Full-length Monodramas. Ann Arbor 1986

Das europäische Theater und sein Publikum. Wien, München 1968

Fischer-Lichte, E.: Die Entdeckung des Zuschauers: Paradigmenwechsel auf dem Theater des 20. Jahrhunderts. Tübingen u. a. 1997

Gourdon, A.-M.: Théâtre, public, perception. Paris 1982

Guy, J. M.: Les Publics de la danse. Paris 1991

Ders.: Les Publics du théâtre. Paris 1988

Hanna, J. L.: The Performer Audience Connection. Emotion to Metaphor in Dance and Society. Austin 1983

Harth, H.-A.: Publikum und Finanzen der Theater. Frankfurt/Main 1982

Jaumain, M., Ch. Fraipont: Approches méthodologiques de l'audience théâtrale. Louvain-la-neuve 1983

Kindermann, H.: Die Funktion des Publikums im Theater. Wien u. a. 1971

Ders.: Die Karikatur als Quelle der Publikumsforschung. Wien 1975

Klotz, V.: Dramaturgie des Publikums. München 1976

Lehmann, J. F.: Der Blick durch die Wand: zur Geschichte des Theaterzuschauers und des Visuellen bei Diderot und Lessing. Freiburg i. Br. 2000

Martin, U.: Typologisierung des Theaterpublikums: das Erkenntnispotential der verhaltensorientierten Marktsegmentierung für das Marketing öffentlich-rechtlicher Theater. Diss. TU Dresden 1999

Mervant-Roux, M.-M.: L'assise du théâtre. Pour une étude du spectateur. Paris 1998

Poerschke, K.: Das Theaterpublikum im Lichte der Soziologie und Psychologie. Emsdetten 1951

Proust, S.: La rationalisation de l'activité théâtrale: autonomie artistique et intervention publique. Diss. Bordeaux 1999

Les Publics des grandes salles polyvalentes. Hg. A.-M. Gourdon. Paris 1991

Ravar, R., P. Anrieu: Le Spectateur au théâtre. Brüssel 1964

Richman, D.: Laughter, pain, and wonder: Shakespeare's comedies and the audience in the theater. Newark 1990

Sichan, R.: Publikum und Kritik. Zürich 1967

Styan, J. L.: Drama, Stage and Audience. Cambridge 1975.

Theater und Öffentlichkeit. Hg. F. R.Stuke. Münster 1989

Theater und Publikum. Hg. H. Popp. München 1978

Das Theater und sein Publikum. Hg. H. Kindermann. Wien 1977

Théâtre, Public, Perception. Hg. A.-M. Gourdon. Paris 1982

Ubersfeld, A.: L'École du spectateur. Paris 1981

Vallauri, C.: Il pubblico in palcoscenico. Ricerca sugli spettatori di teatro. Roma 1980

Vliet, H. M. van: De schone schijn: een analyse van psychologische processen in de beleving van fictionaliteit en werkelijkheid bij theatrale produkten. Amsterdam 1991

Williams, C. J.: Theatres and audiences. Harlow 1970

Worüber lacht das Publikum im Theater? Spaß und Betroffenheit – einst und heute. Red. M. Dietrich. Wien u. a. 1984

Geographisch oder zeitlich begrenzte Untersuchungen

Das Burgtheater und sein Publikum. 2 Bde in 3. Hg. M. Dietrich. [Bd 2 verfaßt von E. Großegger]. Wien 1976–89

Gehre, U.: Das Theaterpublikum zwischen Mittelalter und Neuzeit. Eisenach 1956

Gurr, A.: Playgoing in Shakespeare's London. Cambridge [3]2004

Hill, J.: Stages and playgoers from guild plays to Shakespeare. Montréal u. a. 2002

Hodges, C. W.: Shakespeare's Public. The Touchstone of his Genius. London 1960

Kennedy, E.: Theatre, opera, and audiences in revolutionary Paris. Westport u.a. 1996

Kindermann, H.: Das Theaterpublikum der Antike. Salzburg 1979

Ders.: Das Theaterpublikum der Renaissance. 2 Bde. Salzburg 1983–85

Ders.: Das Theaterpublikum des Mittelalters. Salzburg 1980

Kocur, M.: We władzy teatru: aktorzy i widzowie w antycznym Rzymie. Wrocław 2005

Koller, F.: Das Theaterpublikum Wiens. Diss. Wien 1968

Lang, N.: Les Publics du Festival d'Avignon. Paris 1981

Lough, J.: Paris Theatre Audiences in the XVIIth and XVIIIth Centuries. London (Nachdruck) 1972

Mittman, B. G.: Spectators on the Paris stage in the seventeenth and eighteenth centuries. Ann Arbor u.a. 1984

Nam, S. S.: Der Faktor »Publikum« in den Theatertheorien der europäischen Avantgarde zwischen 1890 und 1930. Frankfurt/Main u.a. 1997

Paul, A.: Aggressive Tendenzen des Theaterpublikums: eine strukturell-funktionale Untersuchung über den sogenannten Theaterskandal anhand der Sozialverhältnisse der Goethezeit. München 1969

Rothe, M.: Lesen und Zuschauen im 18. Jahrhundert: die Erzeugung und Aufhebung von Abwesenheit. Würzburg 2005

Schmid, W.: Theater für ein neues Publikum. Strukturmodelle in Frankreich und England in den sechziger Jahren. Diss. Köln 1976

Sturzenegger, Y.: Theater für ein neues Publikum. Ruhrfestspiele Recklinghausen und Festival d'Avignon. 2 Typen eines Volks-Theaters im 20. Jahrhundert. Diss. Wien 1961

Theater und Publikum im europäischen Barock. Hg. A. Maler. Frankfurt/Main u.a. 2002

Les traces du spectateur: Italie, XVIIe et XVIIIe siècles. Hg. F. Decroisette. Saint-Denis 2006

Whitney, Ch.: Early responses to Renaissance drama. Cambridge 2006

Theaterkritik

Adamski, H.: Diener, Schulmeister und Visionäre: Studien zur Berliner Theaterkritik der Weimarer Republik. Frankfurt/Main 2004

Agate, J. E.: The English Dramatic Critics. An Anthology 1660–1932. London 1932

Alles Theater? Bühne, Öffentlichkeit und die Kritik. Hg. F. R. Stuke. Münster 1997

Bader, K.: Die Rolle der Theaterkritik in der Ära Peymann am Wiener Burgtheater am Beispiel ausgewählter österreichischer Printmedien. Diss. Wien 2001

Brenner, J.: Les Critiques dramatiques. Paris 1970

Butzko, E.: Arthur Schnitzler und die zeitgenössische Theaterkritik. Frankfurt/Main u.a. 1991

Cannan, P. D.: The emergence of dramatic criticism in England from Jonson to Pope. New York, Basingstoke 2006

Dabelstein, N.: Zum Verhältnis von Publizistik und Theater. Dipl.-Arb. Wien 2000

Descotes, M.: Histoire de la critique dramatique en France. Tübingen 1980

Drama criticism: developments since Ibsen; a casebook. Hg. A. P. Hinchliffe. Houndmills u.a. (Nachdruck) 1997

Erler, K.: Die Auswirkungen der Kultur- und Pressepolitik auf die Theaterkritik im Austrofaschismus. Dipl.-Arb. Wien 2001

Frye, N.: Analyse der Literaturkritik. Stuttgart 1964

Ders.: Anatomy of Criticism. New York ²1970

Hensel, G.: Anmaßungen der Theaterkritik. Darmstadt 1968

Khose, P.: Es geht ja sie alle an: der Theaterkritiker Friedrich Luft. Berliner Theatergeschichte 1945–1990 aus der Sicht eines reflektierenden Zeitgenossen. Diss. Berlin 1996

Klier, H.: Theaterkritik als Beruf? München 1975

Krechel, U.: Information und Wertung. Untersuchungen zum theater- und filmkritischen Werk von Herbert Ihering. Diss. Köln 1972

Kritik, von wem, für wen, wie. Hg. P. Hamm. München 1968

Meier, P.: »Schlagt ihn tot, den Hund! Er ist ein Rezensent.« Theater- und Literaturkritik. Gümlingen, Bonn 1987

Melchinger, S.: Keine Maßstäbe? Zürich 1959

Merschmeier, M.: Aufklärung, Theaterkritik, Öffentlichkeit: mit einem zeitgenössischen Exkurs. Diss. FU Berlin 1985

Michael, F.: Die Anfänge der Theaterkritik in Deutschland. Diss. Leipzig 1918

Palmer, H. H.: European Drama Criticism 1900–1975. Hamden ²1977

Pflüger, I.: Theaterkritik in der Weimarer Republik: Leitvorstellungen vom Drama in der Theaterkritik der zwanziger Jahre, Berlin und Wien. Frankfurt/Main u.a. 1981

Prager, I.: Überlegungen zur Theaterkritik am Beispiel der Wiener Kritiken der siebziger Jahre. Diss. Wien 1983

Rodríguez Sánchez de León, M. J.: La crítica dramática en España (1789–1833). Madrid 1999

Scheuffler, G.: Probleme der Theaterkritik. Diss. Jena 1932

Schumacher, E.: Theaterkritik und Theaterwissenschaft. Berlin 1986

Schwarzlose, W.: Methoden der deutschen Theaterkritik. Diss. Münster 1951

Shakespeare in the theatre: an anthology of criticism. Hg. St. Wells. Oxford u. a. 2000

Shrum, W. M.: Fringe and fortune: the role of critics in high and popular art. Princeton 1996

Stangl, A.: A contrastive analysis of English and Austrian theatre reviews. Dipl.-Arb. Wien 1998

Steinlein, R.: Theaterkritische Rezeption des expressionistischen Dramas. Kronberg 1974

Theaterkritik in der entwickelten sozialistischen Gesellschaft. Berlin 1980

Über Theater schreiben. Theaterkritik und Theaterzeitschriften. Red. K. Hickethier. Berlin 1988

Sonderformen des Theaters

Ballett – Tanztheater – Pantomime

Bibliographien, Nachschlagewerke, Überblicksdarstellungen

A Bibliography of the Dance Collections of Doris Niles and Serge Leslie.Hg. C. W. Beaumont. 3 Bde. London 1966–74

Balet Entziklopediya. Moskau 1981

Baril, J.: Dictionnaire de danse. Paris 1964

Beaumont, C. W.: A Bibliography of Dancing. New York 1963

Ders.: Complete book of ballets: a guide to the principal ballets of the nineteenth and twentieth centuries. London (rev.) 1956 – 2 Supplemente 1954–55

Bestandskatalog des Tanzarchivs Leipzig. Dokumentation. Bd 1 ff. Remscheid 1991 ff.

Bibliographical Guide to Dance. Hg. New York Public Library. Boston 1975 ff. [jährl.; seit 1992 = Dance on disc]

Bland, A.: L'Histoire du Ballet et de la Danse. Paris 1977

Bopp, M. S.: Research in Dance. A Guide to Resources. Boston 1994

Brinson, P., C. Crisp: The international book of ballet. New York 1971

Dies.: The Pan Book of Ballet and Dance. London 1981

Burian, K. V.: Das Ballett. Prag 1963

Christout, M. F.: Histoire du ballet. Paris 1966

The Concise Oxford Dictionary of Ballet. Hg. H. Koegler. Oxford 1987

The Dance Encyclopedia. Hg. A. Chujoy, P. W. Manchester. New York 1967

Derra de Moroda, F.: The dance library: a catalogue. Hg. S. Dahms u. a. München 1982

Dictionary Catalog of the Dance Collection. New York Public Library. 10 Bde. Boston 1974

Encyclopedia of Pantomime. Hg. D. Pickering. Andover 1993

Goléa, A.: Storia del Balletto. Turin 1969

Grant, G.: Technical manual and dictionary of classical ballet. New York ²1967

Gregor, J.: Kulturgeschichte des Balletts. Wien 1944

Ders.: Kulturgeschichte des Tanzes. Wien 1944

Guide to dance periodicals. Hg. S. Y. Belknap. 10 Bde. Gainsville 1948–59, New York 1959–62

International dictionary of ballet. 2 Bde. Hg. M. Bremser. Detroit u. a. 1993

International dictionary of modern dance. Hg. T. Benbow-Pfalzgraf. Detroit u. a. 1998

International encyclopedia of dance. Hg. S. J. Cohen. Oxford 1996

Koegler, H., H. Günther: Reclams Ballettlexikon. Stuttgart 1984

Koegler, H.: Friedrichs Ballettlexikon. Velber 1972

Lawson, J.: A Balletmaker's Handbook. New York 1991

Lust, A.: From the Greek mimes to Marcel Marceau and beyond: mimes, actors, pierrots, and clowns; a chronicle of the many visages of mime in the theatre. Lanham u. a. 2000

Mara, Th.: The language of ballet. Cleveland 1966

Petermann, K.: Sowjetische Tanzliteratur. Leipzig 1967

Ders.: Tanzbibliographie. 5 Bde. München u. a. ²1981–82

Peters, K.: Lexikon der klassischen Tanztechnik. Hamburg 1961

Rebling, E.: Ballett – gestern und heute. Berlin 1957

Ders.: Ballett von A bis Z. Berlin 1966

Schneider, O.: Tanz-Lexikon. Wien, Mainz 1985

Verwer, H.: Guide to the ballet. New York 1963

Einzeluntersuchungen

Abeel, E.: The New New Dance. New York ²1978

Alter, J. B.: Dancing and mixed media: modern dance in early twentieth century culture. New York u. a. 1993

Andersen, J.: The One and Only: the Ballet Russe de Monte Carlo. New York 1981

Au, S.: Ballet and modern dance. London 2002

Ausdruckstanz. Eine mitteleuropäische Bewegung der ersten Hälfte des 20. Jahrhunderts. Hg. G. Oberzaucher-Schüller. Wilhelmshaven 1992

Balcar, A. J.: Das Ballett. München 1957

Ballet and the arts = Das Ballett und die Künste. Köln 1981

Banes, S.: Terpsichore in sneakers: post-modern dance. Boston 1980

Bartussek, W.: Pantomime und darstellendes Spiel. Mainz 1990

Beaumont, C. W.: Five Centuries of Ballet Design. London 1939

Bentivoglio, L.: La danza contemporanea. Milano 1985

Bertrand, A.: Les Ballets Russes. Paris 1990

Boissard, C.: Danse: dix ans de développement de l'art choréographique. Paris 1993

Bollmann, H.: Untersuchungen zur Kunstgattung Pantomime. Diss. Hamburg 1968

Bourcier, P.: Histoire de la Danse en Occident. Paris 1979

Brandstetter, G.: Tanz-Lektüren. Körperbilder und Raumfiguren der Avantgarde. Frankfurt/Main 1995

Braun, R., D. Gugerli: Macht des Tanzes. Tanz der Mächtigen. Hoffeste und Herrschaftszeremoniell 1550–1914. München 1993

Brinson, P.: Background to European ballet: a notebook from its archives. Leyden 1966

Buckle, R.: Modern ballet design. London 1955

Burt, R.: Alien bodies: representations of modernity, »race«, and nation in early modern dance. London 1998

Calendoli, G.: Tanz. Kult, Rhythmus, Kunst. Braunschweig 1986

Clarke, M., C. Crisp: Ballerina. Frauen im klassischen Ballett. Köln 1988

Conyn, C.: Three centuries of ballet. Sydney 1948

Cramer, F. A.: Der unmögliche Körper: Etienne Decroux und die Suche nach dem theatralen Leib. Tübingen 2001

Dance as a Theatre Art. Source Readings in Dance History from 1581 to the Present. Hg. S. J. Cohnen. Pennington ²1991

Dance, Gender and Culture. Hg. H. Thomas. London 1993

La Danse, art du XXe siècle? Hg. J.-Y. Pidoux. Lausanne 1990

La danse en France – Dance in France. Paris 1988

Egger, E.: Soziale Normen im Tanz. Diss. Graz 1981

Ellfeldt, L.: Dance. From Magic to Art. Dubuque 1976

Falckenberg, B., G. Titt: Die Kunst der Pantomime. Köln 1987

Faure, S.: Les processus d'incorporation et d'appropriation du metier de danseur. 2 Bde. Diss Lyon 1998

Febvre, M.: Danse contemporaine et théâtralité. Paris 1995

Frank, H.: Grundlagenprobleme der Informationsästhetik und erste Anwendung auf die Mime Pure. Diss. Stuttgart 1959

Fritsch, U.: Tanz, Bewegungskultur, Gesellschaft. Frankfurt/Main 1988

Frow, G.: »Oh, Yes It Is«. A History of Pantomime. London 1985

Gackstetter, D., M. Pinzl: Ballett und Tanztheater. München 1990

Gaigg, Ch.: Bewegung und Selbstverständnis. Ein philosophischer Versuch über das Tanzen. Diss. Wien 1988

Gerber, A., C. de Wroblewsky: Anatomie der Pantomime. Hamburg u. a. 1985

Giertz, G.: Kultus ohne Götter. Emile Jaques-Dalcroze und Adolphe Appia. Der Versuch einer Theaterreform auf der Grundlage der Rhythmischen Gymnastik. München 1975

Greciet, Ch.: Evolutions et nouveaux enjeux de la théâtralité en danse contemporaine: l'exemple de François Verret et de Sasha Waltz. Diss. Rennes II 2005

Häger, B: Ballets Suédois. London 1990

Hausbrandt, A.: Das Pantomimen-Theater Tomaszewskis. Warszawa 1975

Hürtgen-Busch, S.: Die Wegbereiterinnen der rhythmisch-musikalischen Erziehung in Deutschland. Frankfurt/Main 1996

Jeschke, C.: Tanzschriften, ihre Geschichte und Methode. Bad Reichenhall 1983

Junk, V.: Grundlegung der Tanzwissenschaft. Hildesheim u. a. 1990

Karina, L., L. Sundberg: Modern Dance: Geschichte, Theorie, Praxis. Berlin 1992

Karsavina, T.: Ballet technique. London 1956

Klein, G.: FrauenKörperTanz. Eine Zivilisationsgeschichte des Tanzes. Weinheim 1992

Kochno, B.: Diaghilev and the Ballets Russes. New York, 1970

Köhne-Kirsch, V.: Die »schöne Kunst« des Tanzes. Phänomenologische Erörterung einer flüchtigen Kunstart. Frankfurt/Main u. a. 1990

Köllinger, B.: Der Tanz als Prozeß – der Prozeß im Tanz. Diss. Leipzig 1972

Köllinger, B.: Tanztheater. Berlin 1983

Kreemer, C.: Further Steps: 15 Choreographers on Modern Dance. New York 1987

Krüger, M.: J. G.: Noverre und das Ballet d'action. Emsdetten 1963

Laban, R. v.: Choreographie. Jena 1926

Ders.: Der moderne Ausdruckstanz in der Erziehung. Wilhelmshaven u. a. 1981

Liechtenhan, R.: Arbeitsfeld Bühnentanz. Wilhelmshaven 1987

Ders.: Vom Tanz zum Ballett. Stuttgart u. a. ²1993

Lifar, S.: Le Manifeste du Choréographe. Paris 1935

Macé, G.: L'art sans paroles. Paris 1999

Mannoni, G.: L'art de la danse. Paris 1990

McDonagh, D.: The Rise and Fall and Rise of Modern Dance. New York [2]1971

Meaning in motion: new cultural studies of dance. Hg. J. C. Desmond. London 1997

Meffert, B.: Welt der Pantomime. Berlin 1984

Mehl, D.: Die Pantomime im Drama der Shakespearezeit. Ein Beitrag zur Geschichte der Dumb Show. Heidelberg 1964

Mille, A. de: Tanz und Theater. Zürich 1955

Müller, W.: Pantomime. München [3]1988

Natale, F.: Trance dance: der Tanz des Lebens; Geschichte, Rituale, Erfahrungen. Berlin 1993

Ottolenghi, V.: La danza contemporanea. Roma 1990

Partsch-Bergsohn, I.: Modern dance in Germany and the United States: crosscurrents and influences. Chur 1994

Percival, J.: Experimental Dance. London 1971

Perottet, C.: Ausdruck in Bewegung und Tanz. Bern, Stuttgart 1983

Proebster-Hess, H.: Das Ballett-Libretto. Diss. München 1956

Reichelt, F.: Ausdruckstanz und Tanztherapie. Frankfurt/Main 1987

Reyna, F.: Das Buch vom Ballett. Köln 1981

Rotolo, V.: Il pantomimo. Studi e testi. Palermo 1957

Schmidt-Garre, H.: Ballett. Vom Sonnenkönig bis Balanchine. Hannover 1966

Schoenfeldt, S.: Choreographie. Choreographierter Tanz und das Modell des Handlungsballetts. Diss. Hamburg 1995

Searle, H.: Ballet Music: an introduction. London 1958

Sheets, M.: The phenomenology of dance. Madison 1966

Simon, K. G.: Pantomime. München 1960

Soll, B.: Will modern dance survive? Lewiston 2002

Sorell, W.: Aspekte des Tanzes. Wilhelmshaven 1983

Soubeyran J.: Die wortlose Sprache. Zürich 1985

Spiegelungen. Die Ballets Russes und die Künste. Hg. C. Jeschke u. a. Berlin 1997

Stadlmayr, A.: Selbstrepräsentation des Weiblichen in der Tanzperformance. Diss. Wien 1987.

Stüber, W. J.: Geschichte des Modern Dance: zur Selbsterfahrung und Körperaneignung im modernen Tanztheater. Wilhelmshaven 1984

Tanztheater heute. Red. J. Hinzmann. Seelze 1998

Taubert, K. H.: Höfische Tänze. Ihre Geschichte und Choreographie. Mainz 1968

Turner, M. J., R. Grauert, A. Zallman: New Dance. Pittsburgh 1971

Walker, K.: De Basil's Ballets russes. London 1982

Zwiefka, H. J.: Pantomime. Moers 1987

Freies Theater, Strassentheater

Alba Peinado, C.: Angel Facio y los Goliardos: teatro independiente en España (1964–1974). Alcalá de Henares 2005

Ansorge, P.: Disrupting the spectacle: 5 years of experimental and fringe theatre in Britain. London 1975

Barba, E.: Jenseits der schwimmenden Inseln. Reflexionen mit dem Odin-Theater. Theorie und Praxis des Freien Theaters. Reinbek 1985

Batz, M., H. Schroth: Theater zwischen Tür und Angel. Handbuch für Freies Theater. Reinbek (24.–26. Tsd) 1993

Bestandsaufnahme und Perspektiven freier Theaterarbeit. Hg. BUFT. Dortmund 2000

Brugheail, M.: Le Festival International de Théâtre de rue d'Aurillac: Origines et perspectives d'avenir. Maîtrise Paris III 2005

Büscher, B., C. Schlewitt u.a.: Freies Theater: deutsch-deutsche Materialien. Hagen 1991

Dies.: Wirklichkeitstheater, Straßentheater, Freies Theater. Entstehung und Entwicklung freier Gruppen in der Bundesrepublik Deutschland 1968–76. Frankfurt/Main u.a. 1987

Decke, J.: Das Selbstverständnis des freien Theaters und seine Qualitäten. Mag.-Arb. Erlangen-Nürnberg 1992

Dvořák, J., V. Hulec: Příští vlna : antologie alternativy, okraje a undergroundu v českém divadle 90. let. Prag 1996

Ehrlenbruch, G.: Die freien Gruppen in der Tanzszene der Bundesrepublik. Frankfurt/M. 1991

Freie Theater: Das lustvolle Chaos (Du. Februar 1992). Zürich 1992

Freies Theater in Deutschland: Förderstrukturen und Perspektiven. Hg. G. Jeschnnek. Essen 2007

Die Freiheit wächst auf keinem Baum... Theaterkollektive zwischen Volkstheater und Animation. Hg. M. Baumgarten, W. Schulz. Berlin 1979

Grundemann-Falkenberg, M.: Der Edinburgh Fringe Festival. Dipl.-Arb. Wien 1991

Harjes, R.: Handbuch zur Praxis des Freien Theaters. Köln 1983

Hofmann, K.: Freies Theater in Europa: freie Compagnien im zentralistischen Frankreich – akrobatischer Balanceakt oder vielleicht gar kein Kunststück? Mag.-Arb. Erlangen-Nürnberg 2001

Hüfner, A.: Straßentheater. Frankfurt a. M. 1970

Jahn, L.: Freies Musiktheater in der Bundesrepublik Deutschland. Diss. Kassel 1993

Krenn, R.: Politisches Straßentheater als publizistische Erscheinung. Diss. Salzburg 1971

Kuntz, St.: Survivalkit Freie Theater – Tips zu ökonomischen und sozialversicherungsrechtlichen Fragen der ach so Freien Theater in der immer Freieren Marktwirtschaft. Dortmund ⁶2005

Liermann, M., M. Braun: Straßenkunst: Untersuchung einer theatralen Unterhaltungskunst in ihren historischen und zeitgenössischen Dimensionen. Dipl.-Arb. Hildesheim 2002

Mason, B.: Street theatre and other outdoor performance. London u. a. 1992

Radical street performance: an international anthology. Hg. J. Cohen-Cruz. London 1998

Roberg, D.: Theater muß wie Fußball sein. Freie Theatergruppen – eine Reise über Land. Berlin 1981

Sabo, G.: Das alternative Theater in Thatchers Grossbritannien. Frankfurt/Main 1995

Schweiz – Deutschland – Österreich. Theater über Grenzen. Bern, Hannover, Wien ²2005

Straße: Alltag, Politik, Kunst, Straßentheater. Hg. W. Simon. München 1972

Straßentheater. Hg. A. Hüfner. Frankfurt/M. ²1973

Streettheatre versus Festival. Wien, Köln 1989

Trost, S.: Die Auseinandersetzung mit ethnischen Theaterformen im neueren freien Theater unter besonderer Berücksichtigung von Peter Brook und Eugenio Barba. Diss. Hamburg 1982

Uhlig, B., R. Anton: Internationales freies Theater: persönlich, politisch, poetisch. Hamburg 1989

Voyages d'artistes européens = European artists on the road. Hg. In Situ. Brüssel 2006

Weihs, A.: Freies Theater. Reinbek 1981

Wies, D.: Straßentheater. Frankfurt/Main 1981

Kabarett

Bibliographien, Nachschlagewerke, Überblicksdarstellungen

Appiganesi, L.: Das Kabarett. Stuttgart 1976

Budzinski, K.: Das Kabarett. Zeitkritik – gesprochen, gesungen, gespielt. Von der Jahrhundertwende bis heute. Düsseldorf 1985

Ders.: Pfeffer ins Getriebe: so ist und wurde das Kabarett. München 1982

Ders., R. Hippen: Metzler-Kabarett-Lexikon. Stuttgart, Weimar 1996

Dziewoński, R., M. Wasowska, G. Wasowski: Ostatni naiwni: leksykon kabaretu starszych panów. Warszawa 2005

Die freche Muse. Literarisches und politisches Kabarett von 1901 bis 1999. Hg. S. Bauschinger. Tübingen, Basel 2000

Greul, H.: Bretter, die die Zeit bedeuten. Die Kulturgeschichte des Kabaretts. 2 Bde. München (erw. Ausgabe) 1971

Hösch, R.: Kabarett von gestern und heute. 2 Bde. Berlin 1967–72

Otto, R., W. Rösler: Kabarettgeschichte. Berlin ²1981

Wagner, S. I.: Comedy-Lexikon. Berlin 1999

Weihermüller, M.: Discographie der deutschen Kleinkunst. 2 Bde. Bonn 1991

Die zehnte Muse: 111 Jahre Kabarett. Hg. V. Kühn. Köln 1993

Einzeluntersuchungen

Alpár, Á.: A fővárosi kabarék műsora 1901–1944. Budapest 1978

Alzate, G. A.: Teatro de cabaret: imaginarios disidentes. Irvine 2002

Bergmeier, H. J. P.: Chronologie der deutschen Kleinkunst in den Niederlanden 1933–1944. Hamburg 1998

Bombenstimmung: das Wiener Werkel; Kabarett im Dritten Reich. Hg. H. Veigl. Wien 1994

Budzinski, K.: Die Muse mit der scharfen Zunge. Vom Cabaret zum Kabarett. München 1961

Ders.: Die öffentlichen Spaßmacher. Das Kabarett in der Ära Adenauer. München 1966

Ders.: Wer lacht denn da? Kabarett von 1945 bis heute. Braunschweig 1989

Cabaret Cornichon: Erinnerungen an ein Cabaret. Hg. E. Attenhofer. Bern 1975

Dacrema, N.: Le arti a confronto: cabaret e letteratura nella Vienna dell'ultimo Ottocento. Genua, Mailand 2003

Dorfer, A.: Totalitarismus und Kabarett. Dipl.-Arb. Wien 2007

Ein Spaß braucht keine(n). Das Kabarett in Deutschland. Hg. P. K. Kirchhof. Düsseldorf 1995

Einsporn, P.-M.: Juvenals Irrtum. Über die Antinomie der Satire und des politischen Kabaretts. Diss. Frankfurt/Main 1985

Erika Mann und ihr politisches Kabarett »Die Pfeffermühle« 1933–1937. Hg. H. Keiser-Hayne. Reinbek (Neuausgabe) 1995

Erklügelte Nervenkultur. Kabarett der Neopathetiker und Dadaisten. Hg. R. Hippen. Zürich 1991

Es liegt in der Luft. Kabarett im Dritten Reich. Hg. R. Hippen. Zürich 1988

Fink, I.: Von Travnicek bis Hinterholz 8: Kabarett in Österreich ab 1945, von A bis Zugabe. Graz u. a. 2000

Fleischer, M.: Eine Theorie des Kabaretts. Versuch einer Gattungsbeschreibung (an deutschem und polnischem Material). Bochum 1989

Fräulein, M., Ch. Ilg: Kabarett ein Spiegel der Zeit. Münster 1991

»From Vienna«: Exilkabarett in New York 1938 bis 1950. Bearb. Ch. Klösch, R. Thumser. Wien 2002

Gehn ma halt a bisserl unter. Kabarett in Wien von den Anfängen bis heute. Hg. W. Rösler. Berlin ²1993

Graf, A.: Das Wiener Kabarett in den fünfziger Jahren. Dipl.-Arb. Wien 2004

Hanenberg, P. van den, F. Verhallen: Nederlands cabaret 1970–1995: het is weer tijd om te bepalen waar het allemaal op staat. Amsterdam 1996

Hausberger, S. J.: »Denn nahe, viel näher als ihr es begreift, steht diese Zukunft bevor...« – Die literarische Kleinkunst der dreißiger Jahre. Dipl.-Arb. Wien 1992

Heiber, H.: Die Katakombe wird geschlossen. München u.a. 1966

Heinrich-Jost, I.: Hungrige Pegasusse. Anfänge des deutschen Kabaretts in Berlin. Berlin 1984

Henningsen, J.: Theorie des Kabaretts. Ratingen 1967

Hofmann, G.: Das politische Kabarett als geschichtliche Quelle. Frankfurt/Main 1976

Hörburger, Ch.: Nihilisten, Pazifisten, Nestbeschmutzer. Gesichtete Zeit im Spiegel des Kabaretts. Tübingen 1993

Houchin, J. H.: The Berlin Cabaret, 1901–1935. Diss. New York 1971

Hundert Jahre Kabarett. Red. W. Rösler. Berlin 1982

Hundert Jahre Kabarett. Zur Inszenierung gesellschaftlicher Identität zwischen Protest und Propaganda. Hg. J. McNally, P. Sprengel. Würzburg 2003

Jacobs, D.: Untersuchungen zum DDR-Berufskabarett der Ära Honecker. Frankfurt/Main u.a. 1996

Jacobsen, A.: Möglichkeiten und Grenzen der politischen Meinungsbildung während des Dritten Reiches – dargestellt am publizistischen Medium des deutschsprachigen, politischen Kabaretts. Diss. Wien 1969

Jak w przedwojennym kobarecie: kabariet warszawski 1918–1939. Hg. R. M. Groński. Warszawa 1978

Jelavich, P.: Berlin cabaret. Cambridge 1993

Kabarett der spitzen Feder. Streitzeitschriften. Hg. R. Hippen. Zürich 1986

Kabarett heute. Erfahrungen, Standpunkte, Meinungen. Hg. H. Gebhardt. Berlin 1987

Das Kabarett-Chanson. Typen – Themen – Temperamente. Hg. R. Hippen. Zürich 1986

Keiser, C.: Herrliche Zeiten 1916–1976: 60 Jahre Cabaret in der Schweiz. Bern 1976

Khaitzine, R.: Fulcanelli et le cabaret du Chat noir: histoire artistique, politique et secrète de Montmartre. Villeselve 1997

Kiec, I.: W kabarecie. Wrocław 2004

Kirchmeier, A.: Pioniere des Montmartre: die Rolle der Musik und ihrer Interpreten im Cabaret des ausgehenden 19. Jahrhunderts am Montmartre. Dipl.-Arb. Wien 1998

Kleinkunststücke: eine Kabarett-Bibliothek in fünf Bänden. Hg. V. Kühn. Weinheim, Berlin 1987–94 – Neuausgabe: Frankfurt/Main 2000

Klötzer, S.: Satire und Macht: Film, Zeitung, Kabarett in der DDR. Köln u.a. 2006

Krpic, Th.: Politik und Kabarett in Österreich seit 1970. Dipl.-Arb. Wien 1993

Kühn, V.: Das Kabarett der frühen Jahre. Weinheim, Berlin ²1989

Lachen im Keller. Kabarett und Kleinkunst in Wien. Hg. H. Veigl. Wien 1986

Lareau, A.: The wild stage: literary cabarets of the Weimar Republic. Columbia 1995

Latour, G.: Le cabaret-théâtre 1945–1965. Paris 1996

Locuratolo, M.: Invito al cabaret: la storia, i personaggi, i generi della comicità popolare. Mailand 2003

Luftmenschen spielen Theater. Jüdisches Kabarett in Wien 1890–1938. Hg. H. Veigl. Wien 1992

Matter Siniscalchi, A.: La satira politica nel cabaret tedesco del secondo dopoguerra. Neapel 1990

Meyer, E.: Rot war die Hoffnung. Kabarett in der Bundesrepublik der 60er Jahre mit dem Schwerpunkt des Kabaretts »Bügelbrett«. Siegen 1988

Mühleder, E: Faschismus- und NS-Kritik im Wiener Kabarett der 30er Jahre. Dipl.-Arb. Wien 1986

Nachtlichter. Sezessionistisches Kabarett. Hg. H. Veigl. Wien 1993

Pelzer, J.: Criticism through mockery. Satirical Concepts and Functional Problems in West German Kabarett. Diss. Madison 1981

Poumet, J.: La satire en R.D.A. Cabarets et presse satirique. Lyon 1990

Pschibl, K.: Das Interaktionssystem des Kabaretts. Diss. Regensburg 2000

Puchalski, L.: Kabaretowy świat: estetyczne dziedzictwo kabaretu w literaturze Republiki Weimarskiej. Wrocław 1991

Rabenstein-Michel, I.: Cabaret et satire à Vienne après la deuxième guerre mondiale. Diss. Lyon 1991

Reisner, I.: Kabarett als Werkstatt des Theaters: literarische Kleinkunst in Wien vor dem Zweiten Weltkrieg. 2 Bde. Diss. Wien 1961 – Wien 2004

Richard, L.: Cabaret – Kabarett. Von Paris nach Europa. Leipzig 1993

Riemann, B.: Das Kabarett der DDR: »... eine Untergrundorganisation mit hohen staatlichen Auszeichnungen...«? Hamburg 2001

Rösler, W.: Das Chanson im deutschen Kabarett 1901–1933. Berlin 1980

Rothlauf, E.: Theorie und satirische Praxis im westdeutschen Kabarett 1945–1989. Diss. Erlangen-Nürnberg 1995

Satire gegen Hitler. Kabarett im Exil. Hg. R. Hippen. Zürich 1986

Schäffner, L.: Das Kabarett, der Spiegel des politischen Geschehens. Diss. Kiel 1969

Schönpos, N.: Die Entwicklung des österreichischen Kabaretts zwischen den Jahren 1945 und 2000. Dipl.-Arb. Salzburg 2003

Segel, H. B.: Turn-of-the-Century Cabaret. Paris, Barcelona, Berlin, Munich, Vienna, Cracow, Moscow, St. Petersburg, Zurich. New York 1987

»Sich fügen – heißt lügen«. 80 Jahre deutsches Kabarett. Red. R. Hippen, U. Luching. Mainz 1981

Silberbauer, G. E.: Politisches Kabarett der zwanziger und dreißiger Jahre in Wien. Dipl.-Arb. Wien 2000

The spirit of Montmartre: cabarets, humor, and the Avant-Garde 1875–1905. Hg. Ph. D. Cate. New Brunswick 1996

Strauss, M.: Deutsche Kabarettlyrik vor 1933. Diss. Zürich 1985

Stürickow, R.: Der Insulaner verliert die Ruhe nicht: Günter Neumann und sein Kabarett zwischen kaltem Krieg und Wirtschaftswunder. Berlin 1993

Tichvinskaja, L. I.: Povsednevnaja žizn' teatral'noj bogemy Serebrjanogo veka: Kabare i teatry miniatjur v Rossii 1908–1917. Moskau 2005

Van Sweringen, B. T.: Kabarettist an der Front des kalten Krieges. Günter Neumann und das politische Kabarett in der Programmgestaltung des Radios im amerikanischen Sektor Berlins (RIAS). Passau 1989

Vogel, B.: Fiktionskulisse: Poetik und Geschichte des Kabaretts. Paderborn u.a. 1993

Warschau, abends um halb zehn. Polnisches Kabarett. Hg. J. Wittlin. Berlin 1979

Werba, M.-Ch.: Das Wiener Kabarett im Zeichen des Jugendstils. 3 Bde. Diss. Wien 1976

Weys, R.: Cabaret und Kabarett in Wien. Wien 1970

Ders.: Literatur am Naschmarkt. Wien 1947

Ders.: Wien bleibt Wien, und das geschieht ihm ganz recht. Wien 1974

Wigl Wogl. Kabarett und Varieté in Wien. Hg. H. Hakel. Wien 1962

Wilmut, R.: From fringe to flying circus: celebrating a unique generation of comedy 1960–1980. London 1987

Wir sind so frei...: Texte aus Kabarett und Kleinkunst zwischen Wiederaufbau und Wirtschaftswunder. Hg. H. Veigl. St. Pölten u.a. 2005

Zivier, G., H. Kotschenreuther, V. Ludwig: Kabarett mit K. Fünfzig Jahre große Kleinkunst. Berlin [3]1989

Revue

Altick, R. D.: The Shows of London. Cambridge 1978

De Angelis, R.: Storia del café-chantant. Mailand 1946

Bang-Hansen, O.: Chat Noir og norsk revy. Oslo 1961

Baral, R.: Revue. New York [2]1970

Castarède, J.: Le Moulin-Rouge: reflets d'une époque. Paris 2001

Damase, J.: Les Folies du Music-Hall. Paris 1960

Donnay, M.: Autour du Chat Noir. Paris 1996

Dreyfus, R.: Petite histoire de la revue de fin d'année. Paris 1909

Falconi, D., A. Frattini: Guida alla rivista e all'operetta. Mailand 1953

Fargue, L.-P.: Music-Hall. Paris 1948

Fernández-Cid, A.: Cien años de teatro musical en España (1875–1975). Madrid 1975

Fossum, W.: Revytradisjonen i Oslo: med hovedvekt på Chat Noir-revyene fra 1963 – resepsjon -tendens – tolkning. Oslo 1996

Fournaux, F.: Les filles des folies: ethnologie d'un music-hall parisien: usages du corps dans un espace de prodigalités. Diss. Paris X 2001

Hasche, Ch.: Bürgerliche Revue und »Roter Rummel«. Diss. Berlin 1980

Jacques-Charles: Cent ans de Music-Hall. Genf, Paris 1956

Jando, D.: Histoire mondiale du music-hall. Paris 1979

Jansen, W.: Glanzrevuen der 20er Jahre. Berlin 1987

Johannessen, G.: »Vi er den unge garde«: om Arbeider-Revy og Arbeiderforfatternes forening. (Trondheim 1980)

Klooss, R., Th. Reuter: Körperbilder. Menschenornamente in Revuetheater und Revuefilm. Frankfurt/Main 1980

Kothes, F.-P.: Die theatralische Revue in Berlin und Wien 1900–1938. Wilhelmshaven 1977

Mander, R., J. Mitchenson: Revue. A Story in Pictures. London 1971

Nielson, H. B.: Revystjerner i 1920-årenes Kristiania. Oslo 1970

Pessis, J., J. Crépineau: Le Moulin rouge. Paris 2002

Plenov, L.: Dansk revy 1850–2000: et uhøjtideligt tilbageblik. Kopenhagen 2000

Revy – til tiden. Red. E. Hvidt. Kopenhagen 2003

Sallee, A., Ph. Chauveau: Music-hall et café-concert. Paris 1985

Scaglione, M.: Saluti e baci. Turin 2001

Stable, P., P. Rambert: Les coulisses du bonheur. Paris 2004

Den Store revyboka. Red. Y. Kvistad. Gimse 1993

Unterhaltungskunst A-Z. Berlin ²1977

Völmecke, J.-U.: Die Berliner Jahresrevuen 1903–1913 und ihre Weiterführung in den Revue-Operetten des Ersten Weltkrieges. Köln 1997

Varieté

Berg, R.: Varieté. Gut gelaunt durchs Wirtschaftswunder. Hannover 1988

Estrada Rossii: dvadcatyj vek; leksikon. Red. E. D. Uvarova. Moskau 2000

Freund, M.: Zauberkünstler: Berufsbild, Typologie und Karriereverläufe einer seltenen Berufsgruppe. Coesfeld 2006

Gelder, H. van: De schnabbeltoer: het Nederlands amusement in de wederopbouwjaren. Amsterdam 2005

Gobbers, E.: Artisten: Zirkus und Varieté in alter und neuer Zeit. Düsseldorf 1949

Günther, E.: Charivari: Geschichten von Zirkus, Varieté und Show. Berlin 1990

Ders.: Geschichte des Varietés. Berlin ²1981

Hancl, T.: Ejhle, cirkusy a varieté : první ceský cirkusový slovník. Brno 1995

Hof, J.: En dan nu uw aandacht voor ...: opkomst, glorie en verval van het Nederlandse variété. Rijswijk 2001

Jansen, W.: Das Varieté. Die glanzvolle Geschichte einer unterhaltenden Kunst. Berlin 1990

Ders.: Varieté – heute: das Handbuch. Berlin 1993

Mastera èstrady. Hg. B. Pojurovskij. Moskau 2003

Moulin, J.-P., E. Kindler, Y. Dalain: Eintritt frei – Varieté. Lausanne, Zürich 1963

Music hall: performance and style. Hg. J. S. Bratton. Milton Keynes 1986

Music hall: the business of pleasure. Hg. P. Bailey. Milton Keynes 1986

Novotný, A.: Karlínské divadlo Varieté. Prag 2001

Ochaim, B. M., C. Balk: Varieté-Tänzerinnen um 1900: vom Sinnenrausch zur Tanzmoderne. Frankfurt/Main u.a. 1998

Oettermann, St., S. Spiegel: Bio-bibliographisches Lexikon der Zauberkünstler. Offenbach 2004

Pemsel, K.: Karl Valentin im Umfeld der Münchner Volkssängerbühnen und Varietés. München 1981

Pretini, G.: Spettacolo leggero: dal music-hall, al varietà, alla rivista, al musical. Udine 1997

Ramo, L.: Storia del varietà. Mailand 1956

Sallée, A., Ph. Chauveau: Music-hall et café-concert. Paris 1985

Schnauber, J.: Die Arisierung der Scala und Plaza: Varieté und Dresdner Bank in der NS-Zeit. Berlin 2002

Steiner, A.: Urheberrechtliche Schutzfähigkeit der Zirkus- und Varietékunst. Basel u.a. 1998

The Variety history of show business. Hg. J. S. Beck. New York 1993

Thomsen, N. Th.: Varieté. Kopenhagen 1929

Wacks, G.: Die Budapester Orpheumgesellschaft: ein Varieté in Wien 1889–1919. Wien 2002

Wilmeth, D. B.: American and English popular entertainment. Detroit 1980

Wilmut, R.: Kindly leave the stage! The story of variety 1919–1960. London 1985

Winter, M. H.: Le Théâtre du merveilleux. Paris 1962

Zirkus und Vorläufer

Bibliographien, Nachschlagewerke, Überblicksdarstellungen

Cirk: malen'kaja enciklopedija. Hg. J. A. Dmitriev. Moskau ²1979

Cirkovoe iskusstvo Rossii: ènciklopedija. Hg. M. E. Svydkoj. Moskau 2000

Cirkus på svenska: en förteckning över svenska och ett antal danska, finska, isländska och norska cirkusböcker, tidskrifter och nothäften samt böcker från angränsande områden som varieté, tivoli, revy, cabaret [...]. Sundbyberg 1983

Damase, J.: Circus. O. O. 2002

Denis, D.: Dictionnaire du cirque. 3 Bde. Paris 1997

Futrell, A. R.: The Roman games: a sourcebook. Malden 2006

Halperson, J.: Das Buch vom Zirkus. Düsseldorf 1926 (Nachdruck Leipzig 1990)

Hotier, H.: Vocabulaire du cirque et du music-hall. Paris 1981

Jacob, P.: Le cirque: du théâtre équestre aux arts de la piste. Paris 2002

Ders.: La fabuleuse histoire du cirque. Paris 2002

Jando, D.: Histoire mondiale du cirque. Paris 1977

Kusnezow, J.: Der Zirkus der Welt (Ergänzung E. Günther, G. Krause). Berlin 1970

Mauclair, D.: Histoire du cirque: voyage extraordinaire autour de la terre. Toulouse 2003

Ders.: Planète cirque: une histoire planétaire du cirque et de l'acrobatie. Paris 2002

May, E. Ch.: The circus from Rome to Ringling. New York 1932 (Nachdruck 1963)

Pierron, A.: Dictionnaire de la langue du cirque: des mots dans la sciure. Paris 2003

Schulz, K., H. Ehlert: Das Circus Lexikon. Nördlingen 1988

Thétard, H.: La merveilleuse histoire du cirque. Paris 1978

Toole-Stott, R.: Circus and the Allied Arts. A World Bibliography. 5 Bde. Liverpool 1957–92

Turner, J. M.: Twentieth century circus people: a dictionary of British circus biography. Formby 2003

Ders.: Victorian arena: the performers : a dictionary of British circus biography. Formby 2000

Ulrich, W.: Bibliographie der deutschen Circus- und Varieté-Literatur. Wien 1966

Winkler, G. und D.: 45 Jahre Zirkusarchiv: eine Bibliographie. Berlin 2004

Zavatta, C.: Les mots du cirque. Paris 2001

Zirkus-Bibliographie: deutschsprachige Zirkusliteratur von 1968–1998. Zus.stellung C. Neubarth. Berlin 1998

Geographisch oder zeitlich begrenzte Untersuchungen

Adrian: Histoire illustrée des cirques parisiens d'hier et d'aujourd'hui. Paris 1957

Armero, J.-M., R. Pernas: Cien años de circo en España. Madrid 1986

Assael, B.: The circus and Victorian society. Charlottesville 2005

Augenti, D.: Spettacoli del Colosseo: nelle cronache degli antichi. Rom 2001

Berlan Bajard, A.: Les spectacles aquatiques romains. Rom 2006

Bernstein, F.: Ludi publici: Untersuchungen zur Entstehung und Entwicklung der öffentlichen Spiele im republikanischen Rom. Stuttgart 1998

Beroard, V.: Le cirque en France: un art contemporain. Saint-Martin-d'Hères 1991

Best, J. J.: 70 jaar circus in Nederland. Alkmaar 1971

Bratton, J., A. Featherstone: The Victorian clown. Cambridge 2006

Caesaren und Gladiatoren: die Macht der Unterhaltung im antiken Rom. Hg. E. Köhne, C. Ewigleben. Mainz 2000

Ceballos Hornero, A.: Los espectáculos en la Hispania romana. 2 Bde. Mérida 2004

El circo en Hispania Romana. Hg. T. Nogales Basarrate. Madrid 2001

Cirkus, de magie van een cirkel. Hg. Nederlands Centrum voor Volkscultuur. Utrecht 2006

Dmitriev, I. A.: Cirk v Rossii: ot istokov do 2000 goda. Moskau 2004

Ende, R. v.: Circenses: Spiele auf Leben und Tod. Berlin 1984

Fauquet, F.: Le cirque romain: essai de théorisation de sa forme et de ses fonctions. 2 Bde. Bordeaux III 2002

Gisborne, M. R.: Pompae and circumstances: triumphs, funerals and circus processions as spectacles in the Roman Republic. Oxford 2005

Günther, E., D. Winkler: Zirkusgeschichte. Ein Abriß der Geschichte des deutschen Zirkus. Berlin 1986

Gurevic, Z. B.: O zanrach sovetskogo cirka. Moskau 1977

Guy, J.-M.: Les arts du cirque en France. Paris 2001

Higuera Guimerá, J. F.: El circo en España y el circo »Price« de Madrid. Madrid 1998

Hirn, S.: Sirkus kiertää Suomea: 1800–1914. Helsinki 1982

Jallet-Huant, M.: Plaisirs, combats et jeux du cirque dans la Rome antique. Charenton-le-Pont 2003

Leyder, Ch.: Le cirque français à l'aube du XXIe siècle. Créteil 2001

Michenet, A.: Calendrier et culture: le programme des jeux romains à l'époque de la République et à celle du Haut-Empire. Mémoire maîtrise Paris IV 2002

Nemčinskij, M. I.: Cirk v poiskach sobstvennogo lica. Moskau 1995

Purovaara, T.: Nykysirkus: aarteita, avaimia ja arvoituksia. Helsinki 2005

Saxon, A. H.: Enter foot and horse: a history of hippodrama in England and France. New Haven 1968

Selby-Lowndes, J.: The first circus: the story of Philip Astley. London 1957

Weeber, K.-W.: Panem et circenses: Massenunterhaltung als Politik im antiken Rom. Mainz 1994

Wein, M.: Zirkus zwischen Kunst und Kader: privates Zirkuswesen in der SBZ/DDR. Berlin 2001

Allgemeine Untersuchungen

Die Artisten, ihre Arbeit und ihre Kunst. Hg. H. Bemmann. Berlin ²1970

Avant-garde, Cirque ! Les arts de la piste en révolution. Hg. J.-M. Guy. Paris 2001

Barbier, M.: Ćes merveilleux fous du cirque. Saint-Cyr-sur-Loire 2005

Barloewen, C. v.: Clowns. Königstein 1981

Barré-Meinzer, S.: Le cirque classique, un spectacle actuel. Paris u. a. 2004

Berthier, L.: De l'intersection entre cirque et théâtre: dans quelques exemples de créations contemporaines. Mémoire Paris III 2003

Bose, G., E. Brinkmann: Circus. Geschichte und Ästhetik einer niederen Kunst. Berlin 1978

Bouissac, P.: Circus and culture: a semiotic approach. Bloomington 1976

Le cirque contemporain: la piste et la scène. Hg. C. Mollard. Paris ²2001

Clement, H., D. Jando: The Great Circus Parade. Milwaukee 1989

Clowns et farceurs. Hg. J. Fabbri, A. Sallée. Paris 1982

Croft-Cooke, P., P. Cotes: Die Welt des Circus. Zürich 1977

David-Gibert, G.: Les arts du cirque: logiques et enjeux économiques. Paris 2006

Fagot, S.: Ethno-sociologie du cirque: arts de la piste, arts du corps, arts du risque. Diss. Nantes 2003

Fal'kovskij, A. P.: Chudoznik v cirke. Moskau 1978

Fried, A. M., J. Ph. Keller: Identität und Humor: eine Studie über den Clown. Frankfurt/Main 1991

Goudard, Ph.: Arts du cirque, arts du risque: instabilité et déséquilibre dans et hors la piste. Diss. Montpellier III 2005

Le Grand livre du cirque. Hg. M. J. Renevey. 2 Bde. Genf 1977

Groth, L.: Die starken Männer. Eine Geschichte der Kraftakrobatik. Berlin 1985

Hill, D. J.: Freaks & fire: the underground reinvention of circus. Brooklyn 2004

Hoche, K., T. Meissner, B. F. Sinhuber: Die großen Clowns. Königstein 1982

Hotier, H.: Cirque, communication, culture. Talence 1995

Ders.: L'imaginaire du cirque. Paris u. a. 2005

Ders.: Signes du cirque: approche sémiologique. Brüssel 1984

Jacob, P.: Le cirque: un art à la croisée des chemins. Paris 2001

Ders., Ch. Pourtois: Du permanent à l'éphémère ...: espaces de cirque. Brüssel 2002

Johnson, W.: Zauber der Manege? Hamburg 1992

Krause, G.: Die Schönheit in der Zirkuskunst. Berlin 1969

Lang, B.: Von der Wandermenagerie zum Großcircus. Wien 1980

Lehmann, R.: Circus – Magie der Manege. Hamburg 1979

Levy, P. R.: Les clowns et la traditions clownesque. Sorvilier 1991

Lopez Cruz, S.: La relation entre le cirque et le théâtre: Europe et Mexique. Thèse Paris III 2005

Makarov, S. M.: Klounada mirovogo cirka: istorija i repertuar. Moskau 2001

Maleval-Lachaud, M.: 1968–1998, le cirque, émergence d'un particularisme: une approche pluridisciplinaire. Diss. Paris VIII 2005

Martinez, A.: La théâtralité dans le cirque contemporain: une approche historique et esthétique des interférences entre cirque et théâtre. Maîtrise Paris III 1999

Michel-Andino, A.: Unterhaltung und Image: artistische Unterhaltungskunst in sozialwissenschaftlicher Perspektive. Frankfurt/Main 1993

Les nouvelles formations de l'interprète: théâtre, danse, cirque, marionnettes. Hg. A.-M. Gourdon. Paris 2004

Rausser, F., H. P. Platz: Cirque – Zirkus – Circo. Lausanne 1975

Rosemberg, J.: Arts du cirque: esthétiques et évalution. Paris u. a. 2004

Silva, G.: Le cirque dans tous ses éclats. Bordeaux 2002

Sluis, F. van: Circus in Europa. Bussum 1966

Stoddart, H.: Rings of desire: circus history and representation. Manchester 2000

Tait, P.: Circus bodies: cultural identity in aerial performance. London u. a. 2005

Teyssier, É.: Gladiateurs: des sources à l'expérimentation. Paris 2005

Theater – Historisch

Antikes Theater

Allgemein

Albini, U.: Testo & palcoscenico: divagazioni sul teatro antico. Bari 1998

Andrieu, J.: Le dialogue antique. Paris 1954

Anthropologie et théâtre antique. Hg. P. Ghiron-Bistagne. Montpellier 1987

Arnott, P. D.: The Ancient Greek and Roman Theatre. New York 1971

Ästhetik der Antike. Hg. J. Krieger. Weimar 1989

Bieber, M.: The history of the Greek and Roman theater. Princeton ²1961

Blume, H.-D.: Einführung in das antike Theaterwesen. Darmstadt ³1991

Csapo, E., W. J. Slater: The context of ancient drama. Ann Arbor 1995

Forman, R. J.: Classical Greek and Roman drama: an annotated bibliography. Pasadena 1989

Freund, Ph.: The birth of theatre. London u. a. 2003

Fuhrmann, M.: Einführung in die antike Dichtungstheorie. Darmstadt 1973

Garzya, A.: La parola e la scena: studi sul teatro antico da Eschilo a Plauto. Neapel 1997

Gentili, B.: Lo spettacolo nel mondo antico: teatro e teatro romano arcaico. Rom (Neuausgabe) 2006

Ders.: Theatrical performances in the ancient world: Hellenistic and early Roman theatre. Amsterdam 1979

Girshausen, Th.: Ursprungszeiten des Theaters: das Theater der Antike. Berlin 1999

Hunter, R. L.: The New Comedy of Greece and Rome. Cambridge 1985

Kallistov, D. P.: Antikes Theater. Leipzig 1974

Knox, B. W. M.: Word and Action. Essays on the Ancient Theater. Baltimore, London 1979

Krien, G.: Der Ausdruck der antiken Theatermasken. 6 Bde. Diss. Wien 1955

Langenstein, K.-D.: Theater und Polis. Zur Entstehung des hochkulturell-antiken Typus theatralischen Handelns und Zuschauens. Diss. FU Berlin 1983

Lehmann, H.-Th.: Theater und Mythos. Die Konstitution des Subjekts im Diskurs der antiken Tragödie. Stuttgart 1991

Metzler Lexikon antiker Autoren. Hg. O. Schütze. Stuttgart, Weimar 1997

Neiiendam, K.: The art of acting in antiquity: iconographical studies in Classical, Hellenistic, and Byzantine theatre. Kopenhagen 1992

Oehmichen, G.: Das Bühnenwesen der Griechen und der Römer. München 1906 (Nachdruck Wuppenau ca. 1996)

Scena e spettacolo nell'antichità. Hg. L. de Finis. (Florenz) 1989

Simon, E.: Das antike Theater. Freiburg i. Br. u. a. ²1981

Stage directions: essays in ancient drama. Hg. A. Griffiths. London 1995

Le statut de l'acteur dans l'Antiquité grecque et romaine. Hg. Ch. Hugoniot, F. Hurlet, S. Milanezi. Tours 2004

Steidle, W.: Studien zum antiken Drama. München 1968

Taylor, D.: The Greek and Roman stage. Bristol 1999

Teatro greco postclassico e teatro latino: teorie e prassi drammatica. Hg. A. Martina. Rom 2003

Theater and society in the classical world. Hg. R. Scodel. Ann Arbor 1993

Vince, R.: Ancient and Medieval Theatre: a Historigraphical Handbook. Westport 1984

Wiles, D.: The masks of Menander: sign and meaning in Greek and Roman performance. Cambridge u. a. 1991

Theaterbau und Bühnenform

Burmeister, E.: Antike griechische und römische Theater. Darmstadt 2006

Ders.: Antike Theater in Attika und auf der Peloponnes. München 1996

De Bernardi Ferrero, D.: Teatri classici in Asia Minore. 4 Bde. Rom 1966–70

Dörpfeld, W., E. Reisch: Das griechische Theater: Beiträge zur Geschichte des Dionysos-Theaters in Athen und anderer griechischer Theater. Athen 1896 (Nachdruck Aalen 1966)

Fiechter, E.: Die baugeschichtliche Entwicklung des griechischen Theaters. München 1914

Frickenhaus, A.: Die altgriechische Bühne. Berlin 1917

Fuchs, M.: Untersuchungen zur Ausstattung römischer Theater in Italien und den Westprovinzen des Imperium Romanum. Mainz 1987

Gerhäuser, M. F.: Untersuchungen über die Spielmöglichkeiten in griechischen Theatern. Darmstadt 1964

Gerkan, A. v., W. Müller-Wiener: Das Theater von Epidauros. Stuttgart 1961

Gerkan, A. v.: Von antiker Architektur und Topographie. Stuttgart 1959

Gogos, S.: Das Theater von Aigeira: ein Beitrag zum antiken Theaterbau. Wien 1992

Green, R., E. Handley: Bilder des griechischen Theaters. Stuttgart 1999

Hanson, J. A.: Roman Theatre-Temples. Princeton 1959

Hülsemann, M.: Theater, Kult und bürgerlicher Widerstand im antiken Rom: die Entstehung der architektonischen Struktur des römischen Theaters im Rahmen der gesellschaftlichen Auseinandersetzung zur Zeit der Republik. Frankfurt/Main u. a. 1987

Izenour, G. C.: Roofed theaters of classical antiquity. New Haven u. a. 1992

Mia skēnē gia ton Dionyso: theatrikos chōros & archaio drama = A stage for Dionysos: theatrical space & ancient drama. Athen 1998

Mitens, K.: Teatri greci e teatri ispirati all'architettura greca in Sicilia e nell'Italia meridionale, c. 350–50 a. C.: un catalogo. Rom 1988

Neppi Modona, A.: Gli edifici teatrali greci e romani: teatri, odei, anfiteatri, circhi. Florenz 1961

Pickard-Cambridge, A. W.: The Theatre of Dionysos in Athens. Oxford 1973

Pöhlmann, E. u. a.: Studien zur Bühnendichtung und zum Theaterbau der Antike. Frankfurt/Main u. a. 1995

Teatri greci e romani alle origini del linguaggio rappresentato; censimento analitico. 3 Bde. Hg. P. C. Rossetto u. a. Rom 1994

Wiegand, A.: Das Theater von Solunt: ein besonderer Skenentyp des Späthellenismus auf Sizilien. Mainz 1997

Griechenland und Hellenismus

Albini, U.: Nel nome di Dioniso: vita teatrale nell'Atene classica. (Mailand) 1999

Aristophanes und die Alte Komödie. Hg. H. J. Newiger. Darmstadt 1975

Arnott, P. D.: An Introduction to the Greek Theatre. Bloomington 1959

Ders.: Greek scenic conventions in the fifth century B.C. Oxford 1962

Ders.: Public and Performance in the Greek Theatre. New York u. a. 1989

Ashby, C.: Classical Greek theatre: new views of an old subject. Iowa City 1999

Bain, D.: Actors & audience: a study of asides and related conventions in Greek drama. Oxford, New York 1977

Baldry, H. C.: The Greek Tragik Theatre. London 1971

Die Bauformen der griechischen Tragödie. Hg. W. Jens. München 1971

Buschor, E.: Satyrtänze und frühes Drama. München 1943

The Cambridge companion to Greek tragedy. Hg. P. E. Easterling. Cambridge u. a. 1997

The Classical world bibliography of Greek drama and poetry. New York, London 1978

Conacher, D. J.: Euripidean drama. Myth, theme and structure. London 1967

Conrad, G.: Der Silen. Trier 1997

Cornford, F. M.: The origin of Attic comedy. Ann Arbor 1993

Das griechische Drama. Hg. G. A. Seeck. Darmstadt 1979

Dearden, Ch. W.: The stage of Aristophanes. London 1976

Deubner, L.: Attische Feste. Berlin ²1966

Dingel, J.: Das Requisit in der griechischen Tragödie. Diss. Tübingen 1967

Dobrov, G. W.: Figures of play: Greek drama and metafictional poetics. Oxford u. a. 2001

Dover, K. J.: Aristophanic comedy. London 1972

Ehrenberg, V.: Aristophanes und das Volk von Athen. Zürich, Stuttgart 1968

Else, G. F.: Aristotle's Poetics. Cambridge 1957

Ders.: The origin and early form of Greek tragedy. Cambridge ²1967

Fischer, I.: Typische Motive im Satyrspiel. Diss. Göttingen 1959

Flickinger, R. C.: The Greek Theatre and its drama. Chicago ⁴1936

Fränkel, H.: Dichtung und Philosophie des frühen Griechentums. München 1976

Frey, V.: Die Stellung der attischen Tragödie und Komödie zur Demokratie. Diss. Zürich 1946

Gewalt und Ästhetik: zur Gewalt und ihrer Darstellung in der griechischen Klassik. Hg. B. Seidensticker, M. Vöhler. Berlin 2006

Ghiron-Bistagne, P.: Recherches sur les acteurs dans la Grèce antique. Paris 1976

Glen, R. S.: The two muses: an introduction to fifth-century Athens by way of the drama. London, Melbourne 1968

Green, J. R.: Theatre in ancient Greek society. London, New York 1996

Die griechische Tragödie in ihrer gesellschaftlichen Funktion. H. Kuch. Berlin 1983

Hall, E.: The theatrical cast of Athens: interactions between ancient Greek drama and society. Oxford, New York 2006

Halleran, M. R.: Stagecraft in Euripides. London 1984

Händel, P.: Formen und Darstellungsweisen in der aristophanischen Komödie. Heidelberg 1963

Hense, O.: Die Modifizierung der Maske in der griechischen Tragödie. Freiburg i. Br. ²1905

Herter, H.: Vom dionysischen Tanz zum komischen Spiel. Die Anfänge der attischen Komödie. Iserlohn 1929

Hose, M.: Drama und Gesellschaft: Studien zur dramatischen Produktion in Athen am Ende des 5. Jahrhunderts. Stuttgart 1995

Hunningher, B.: The Origin of the Theatre. Haag 1955

Janko, R.: Aristotle on comedy. Towards an reconstuction of Poetics II. London 1984

Joerden, K.: Hinterszenischer Raum und außerszenische Zeit. Untersuchungen zur dramatischen Technik der griechischen Tragödie. Diss. Tübingen 1960

Jones, J.: On Aristotele and Greek Tragedy. London 1980

Kaimio, M.: The Chorus of Greek Drama. Helsinki 1970

Kenner, H.: Das Theater und der Realismus in der griechischen Kunst. Wien 1954

Kitto, H. D. F.: Greek tragedy. A literary study. London ³1961

Ders.: Sophokles. Dramatist and Philosopher. Oxford 1958

Knox, B. W. M.: The Heroic Temper. Studies in Sophoclean Tragedy. Berkeley 1964

Kolb, F.: Agora und Theater, Volks- und Festversammlung. Berlin 1981

Ders.: Theaterpublikum und Gesellschaft in der griechischen Welt. Habil. Kiel 1975

Kott, J.: Gott-Essen. Interpretationen griechischer Tragödien. München, Zürich 1975

Latacz, J.: Einführung in die griechische Tragödie. Göttingen 1993

Lawler, L. B.: The Dance in Ancient Greece. Middletown 1978

Le Guen, B.: Les associations de technites dionysiaques à l'époque hellénistique. 2 Bde. Nancy 2001

Leonhardt, J.: Phalloslied und Dithyrambos. Aristoteles über den Ursprung des griechischen Dramas. Heidelberg 1991

Lesky, A.: Die griechische Tragödie. Stuttgart ²1958

Ders.: Die tragische Dichtung der Hellenen. Göttingen ³1972

Ders.: Geschichte der griechischen Literatur. Bern u. a. ³1971

Lever, K.: The Art of Greek Comedy. London 1956

Ley, G.: A short introduction to the Ancient Greek theater. Chicago, London 1991

MacDowell, D. M.: Aristophanes and Athens. Oxford 1995

Massenzio, M.: Dioniso e il teatro di Atene: interpretazioni e prospettive critiche. Rom 1995

Meier, Ch.: Die politische Kunst der griechischen Tragödie. München 1988

Melchinger, S.: Das Theater der Tragödie. Aischylos, Sophokles, Euripides auf der Bühne ihrer Zeit. München ²1990

Murray, G.: Aeschylus. The Creator of Tragedy. Oxford 1940

Ders.: Euripides und seine Zeit. Darmstadt 1957

Neitzel, H.: Die dramatische Funktion des Chorliedes in den Tragödien des Euripides. Diss. Hamburg 1967

Newiger, H.-J.: Drama und Theater: ausgewählte Schriften zum griechischen Drama. Stuttgart 1996

Ders.: Metapher und Allegorie: Studien zu Aristophanes. Stuttgart, Weimar ²2000

Niteros, E.: Les traces du débat politique du cercle de Périclès chez Sophocle. Diss. Aix-en-Provence 2005

Nothing to do with Dionysos? Athenian drama in its social context. Hg. J. J. Winkler, F. I. Zeitlin. Princeton 1990

Orchestra: Drama, Mythos, Bühne. Hg. A. Bierl, P. v. Möllendorff, S. Vogt. Stuttgart 1994

Parara, P.: La dimension politique des tragédies d'Eschyle. Diss. Paris-Nanterre 2006

Patzer, H.: Die Anfänge der griechischen Tragödie. Wiesbaden 1962

Pickard-Cambridge, A. W.: Dithyramb, Tragedy, and Comedy. Oxford ²1962

Ders.: The dramatic festivals of Athens. Oxford ²1991

Plebe, A.: La nascita del comico nella vita e nell'arte degli antichi Greci. Bari 1956

Poet, public, and performance in ancient Greece. Hg. L. Edmunds, R. W. Wallace. Baltimore u. a. 1997

Rehm, R.: Greek Tragic Theatre. New York, London 1992

Reinhardt, K.: Aischylos als Regisseur und Theologe. Bern 1949

Rivier, A.: Essai sur le Tragique d'Euripides. Paris ²1975

Rodriguez Adrados, F.: Fiesta, comedia y tragedia. Sobre los orígenes griegos del teatro. Barcelona 1972

Romilly, J. de: L'evolution du pathétique d'Eschyle à Euripide. Paris 1961

Rose, H. H.: Griechische Mythologie. Ein Handbuch. München 1988

Rosenmeyer, Th. G.: The Art of Aeschylus. Berkeley 1982

Rösler, W.: Tragödie und Polis. Konstanz 1980

Russo, C. F.: Aristophanes: an author for the stage. London 1994

Satyrspiel. Hg. B. Seidensticker. Darmstadt 1989

Schadewaldt, W.: Die griechische Tragödie. Frankfurt/Main 1991

Schmidt, W.: Der Deus ex machina bei Euripides. Diss. Tübingen 1964

Scullion, S.: Three studies in Athenian dramaturgy. Stuttgart u. a. 1994

Seale, D.: Vision and Stagecraft in Sophocles. London 1982

Sifakis, G. M.: Studies in the History of Hellenistic Drama. London 1967

Spitzbarth, A.: Untersuchungen zur Spieltechnik der griechischen Tragödie. Zürich 1946

Stoessl, F.: Die Vorgeschichte des griechischen Theaters. Darmstadt 1987

Sutton, D. F.: The Greek Satyr Play. Meisenheim 1980

Taplin, O.: Comic angels: and other approaches to Greek drama through vase-paintings. Oxford 1993

Ders.: Greek tragedy in action. London 1993

Ders.: The Stagecraft of Aeschylus. Oxford 1977

Tessere: frammenti della commedia greca. Hg. A. M. Belardinelli u. a. Bari 1998

Thiercy, P.: Aristophane: fiction et dramaturgie. Paris 1986

Thomson, G.: Aischylos und Athen. Eine Untersuchung der gesellschaftlichen Ursprünge des Dramas. Berlin 1956

Trendall, A. D., T. B. L. Webster: Illustration of Greek Drama. London 1971

Untersteiner, M.: Le origine della tragedia e del tragico. Dalla preistoria a Eschilo. Rom 1955

Urkunden dramatischer Aufführungen in Griechenland. Hg. H. J. Mette. Berlin, New York 1977

Vernant, J.-P., P. Vidal-Naquet: Mythe et tragédie en grèce ancienne. Paris 1973

Walcot, P.: Greek drama in its theatrical and social context. Cardiff 1976

Walton, J. M.: Greek Theatre Practice. London 1980

Ders., P. D. Arnott: Menander and the Making of Comedy. Westport 1996

Webster, T. B. L.: Greek Theatre Production. London ²1970

Ders.: Studies in Later Greek Comedy. Manchester 1953

Ders.: The Greek Chorus. London 1970

Whitman, C. H.: Aristophane and the comic hero. Cambridge u. Toronto 1964

Wiemken, H.: Der griechische Mimus. Dokumente zur Geschichte des antiken Volkstheaters. Bremen 1972

Wilamowitz-Moellendorff, U. v.: Einleitung in die griechische Tragödie. Berlin 1907 (Nachdruck Zürich, Hildesheim 1988)

Wiles, D.: Greek theatre performance: an introduction. Cambridge u. a. 2000

Ders.: Tragedy in Athens: performance space and theatrical meaning. Cambridge u. a. 1997

Wilson, P.: The Athenian institution of the Khoregia: the chorus, the city and the stage. Cambridge u. a. 2000

Wise, J.: Dionysus writes: the invention of theatre in ancient Greece. Ithaca u. a. 1998

Zimmermann, B.: Die griechische Komödie. Frankfurt/Main 2006

Zuntz, G.: The Political Plays of Euripides. Manchester ²1963

Rom

Author and audience in Latin literature. Hg. T. Woodman, J. Powell. Cambridge u. a. 1992

Beacham, R. C.: Spectacle entertainments of early imperial Rome. New Haven u. a. 1999

Ders.: The Roman theatre and its audience. London 1995

Beare, W.: The Roman stage. A short history of Latin drama in the time of the Republic. London (1968)

Blänsdorf, J.: Theater und Gesellschaft im Imperium Romanum. Tübingen 1990

Bonaria, M.: Mimorum Romanorum Fragmenta. 2 Bde. Genua 1955–56

Brooks, R. A.: Ennius and Roman tragedy. Salem (Neudruck) 1984

Büchner, K.: Das Theater des Terenz. Heidelberg 1974

Duckworth, G. E.: The nature of Roman comedy: a study in popular entertainment. Norman ²1994

Dumont, J.-Ch., M.-H. François-Garelli: Le théâtre à Rome. Paris 1998

Dupont, F.: L'acteur-roi ou le théâtre dans la Rome antique. Paris 1985

Dies.: Le theatre latin. Paris 1988

Frassinetti, P.: Fabula Atellana. Genua 1953

Garton, Ch.: Personal aspects of the Roman theatre. Toronto 1972

Konstan, D.: Roman comedy. Ithaca u. a. 1983

Lennartz, K.: Non verba sed vim: kritisch-exegetische Untersuchungen zu den Fragmenten archaischer römischer Tragiker. Stuttgart u. a. 1994

Leppin, H.: Histrionen: Untersuchungen zur sozialen Stellung von Bühnenkünstlern im Westen des Römischen Reiches zur Zeit der Republik und des Principats. Bonn 1992

Moore, T. J.: The theater of Plautus: playing to the audience. Austin 1998

Paratore, E.: Storia del teatro Latino. Venosa (Neuausgabe) 2005

Ders.: Il teatro di Plauto e di Terenzio. Rom 1958

Roman theater and society. Hg. W. J. Slater. Ann Arbor 1996

Das römische Drama. Hg. E. Lefèvre. Darmstadt 1978

Die römische Komödie: Plautus und Terenz. Hg. E. Lefèvre. Darmstadt 1973

Slater, N. W.: Plautus in performance: the theatre of the mind. Princeton 1985

Theater, Theaterpraxis, Theaterkritik im kaiserzeitlichen Rom. Hg. J. Fugmann. München, Leipzig 2004

Theater und Gesellschaft im Imperium Romanum = Théâtre et société dans l'empire romain. Hg. J. Blänsdorf, J.-M. André, N. Fick. Tübingen 1990

Wistrand, M.: Entertainment and violence in Ancient Rome: the attitudes of Roman writers of the first century A. D. Göteborg 1992

Wright, J.: Dancing in chains: the stylistic unity of the comoedia palliate. Rom 1974

Zwierlein, O.: Die Rezitationsdramen Senecas. Meisenheim 1966

Rezeption und Nachleben

Antike Dramen – neu gelesen, neu gesehen: Beiträge zur Antikenrezeption in der Gegenwart. Hg. K. Hölz u. a. Frankfurt/Main u. a. 1998

Antike Dramentheorien und ihre Rezeption. Hg. B. Zimmermann. Stuttgart 1992

Das antike Theater: Aspekte seiner Geschichte, Rezeption und Aktualität. Hg. G. Binder, B. Effe. Trier 1998

Boetius, S.: Die Wiedergeburt der griechischen Tragödie auf der Bühne des 19. Jahrhunderts: Bühnenfassungen mit Schauspielmusik. Tübingen 2005

Daskarolis, A.: Die Wiedergeburt des Sophokles aus dem Geist des Humanismus: Studien zur Sophokles-Rezeption in Deutschland vom Beginn des 16. bis zur Mitte des 17. Jahrhunderts. Tübingen 2000

Flashar, H.: Inszenierung der Antike. Das griechische Drama auf der Bühne der Neuzeit 1585–1990. München 1991

Hamburger, K.: Von Sophokles zu Sartre. Griechische Dramenfiguren antik und modern. Stuttgart 1962

McDonald, M.: Ancient sun, modern light: Greek drama on the modern stage. New York 1992

Scaenica Saravi-Varsoviensia: Beiträge zum antiken Theater und seinem Nachleben. Hg. J. Axer, W. Görler. Warschau 1997

Schadewaldt, W.: Antikes Drama auf dem Theater heute. Pfullingen 1970

Steiner, G.: Die Antigonen. Geschichte und Gegenwart eines Mythos. München 1988

Ders.: Der Tod der Tragödie. München u. Wien 1962

Le théâtre antique et sa réception. Hg. J. Söring u.a. Frankfurt/Main u.a. 1994

Trilse, Ch.: Antike und Theater heute. Berlin 1979

VanSteen, G. A. H.: Venom in verse: Aristophanes in modern Greece. Princeton 2000

Walton, J. M.: A Greek Sense of Theatre: Tragedy Reviewed. Amsterdam ²1996

Ders.: Living Greek Theatre: A Handbook of Classical Performance and Modern Production. New York 1987

Mittelalter

Bibliographien, Nachschlagewerke, Übersichtsdarstellungen

A companion to the medieval theatre. Hg. R. W. Vince. New York u.a. 1989

Allegri, L.: Teatro e spettacolo nel Medioevo. Rom, Bari ²1990

Douhet, J. de: Dictionnaire des mystères ou collection générale des mystères, moralités, rites figurés et cérémonies singulières, ayant un caractère public et un but religieux et moral, et joués sous le patronage des personnes ecclésiastiques ou par l'entremise des confréries religieuses. Paris 1854 (Nachdruck Turnholt 1989)

Gregor, J.: Das Theater des Mittelalters. München 1929

Harris, J. W.: Medieval theatre in context: an introduction. London u.a. 1992

Stratman, C. J.: Bibliography of medieval drama. 2 Bde. New York ²1972

Einzeluntersuchungen

Accarie, M.: Le Théâtre sacré de la fin du Moyen Age. Lille 1983

Ders.: Théâtre, littérature et société au Moyen âge. Nizza 2004

Aebischer, P.: Neuf études sur le théâtre médiéval. Genf 1972

Aichele, K.: Das Antichristdrama des Mittelalters, der Reformation und der Gegenreformation. Den Haag 1974

Aubailly, J.-C.: Le Théâtre médiéval profane et comique: La Naissance d'un art. Paris 1975

Axton, R.: European Drama of the Early Middle Ages. London 1974

Beisker, H.: Wandlungen der bühnenmäßigen Wirkungsmittel, entwicklungsgeschichtlich dargestellt an der Epoche des geistlichen Theaters. Diss. Greifswald 1931

Berger, B. D.: Le Drame liturgique de Pâques du Xe au XIIIe siècle. Paris 1976

Bevington, D. u.a.: Homo, Memento Finis: The Iconography of Just Judgment in Medieval Art and Drama. Kalamazoo 1985

Bevington, D.: Medieval Drama. Boston 1975

Borcherdt, H. H.: Das europäische Theater im Mittelalter und in der Renaissance. Neuausgabe. Reinbek 1969

Castro Caridad, E.: Introducción al teatro latino medieval: textos y públicos. Santiago de Compostela 1996

Cazal, Y.: Les voix du peuple – verbum dei: le bilinguisme latin – langue vulgaire au Moyen Âge. Genf 1998

Černý, V.: Stredoveká dráma. Bratislava 1964

Collins, F.: The Production of Medieval Church Music Drama. Charlotteville 1972

Craig, B.: The Evolution of a Mystery Play. Orlando 1983

Davidson, C.: Drama and art: an introduction to the use of evidence from the visual arts for the study of early drama. Kalamazoo 1977

Drama and Community: People and Plays in Medieval Europe. Hg. A. Hindley. Turnhout 1999

The Drama in the Middle Ages. 2 Bde. Hg. C. Davidson u.a. New York 1982–91

The dramatic tradition of the Middle Ages. Hg. C. Davidson. New York 2005

Drumbl, J.: Der Begriff des Theaters und der Ursprung des liturgischen Spiels. Diss. Wien 1969

Edwards, F.. Ritual and Drama: The Mediaeval Theatre. Guildford 1976

Enders, J.: Rhetoric and the origins of medieval drama. Ithaca u.a. 1992

Ders.: The medieval theater of cruelty: rhetoric, memory, violence. Ithaca u.a. 1999

Esperienze dello spettacolo religioso nell'Europa del Quattrocento. Hg. M. Chiabò, F. Doglio. Rom 1992

European Medieval Drama. Hg. S. Higgins, F. Paina. Camerino 1999

Farai chansoneta novele: Essais sur la liberté créatrice au Moyen Âge. Hg. H. Legros. Caen 1989

Festive drama. Hg. M. Twycross. Cambridge 1996

Freund, Ph.: Dramatis personae: the rise of medieval and renaissance theatre. London u.a. 2006

Gardiner, H. C.: Mysteries' end. An investigation of the last days of medieval religious stage. New Haven 1946

Ginter, K., La Société médiévale dans le théâtre du XIVe siècle (Miracles de Nostre Dame par personnages). Diss Paris-Nanterre 1969

Goodman, H., Original Elements in the French and German Passion Plays. Diss. Bryn Mawr College 1951

Goldstein, L.: The origin of medieval drama. Madison 2004

Greisenegger, W.: Die Realität im religiösen Theater des Mittelalters: ein Beitrag zur Rezeptionsforschung. Wien 1978

Grube, E.: Untersuchungen über den Quellenwert bildkünstlerischer Darstellungen für die Erforschung des mittelalterlichen Theaters. Diss. Berlin 1955

Grünberg, A.: Das religiöse Drama des Mittelalters. 3 Bde. Wien 1965

Halevy, M.: The Evolution of Medieval Drama. London 1974

Hammerstein, R.: Tanz und Musik des Todes. Die mittelalterlichen Totentänze und ihr Nachleben. Bern u.a. 1980

Hardison, O. B.: Christian Rite and Christian Drama in the Middle Ages: Essays in the Origin and Early History of Modern Drama. Baltimore 1965

Hartl, E.: Das Drama des Mittelalters. Sein Wesen und sein Werden. 3 Bde. Leipzig 1937–42

Hartung W.: Die Spielleute. Wiesbaden 1982

Heers, J.: Fêtes, jeux et joutes dans les sociétés d'Occident à la fin du Moyen Age. Paris 1971

Johannsmeier, R.: Spielmann, Schalk und Scharlatan: die Welt als Karneval; Volkskultur im späten Mittelalter. Reinbek 1984

Kinpling, G.: Enter the King: Theatre, Liturgy, and Ritual in the Medieval Civic Triumph. Oxford 1998

Kirchner, Th.: Raumerfahrung im geistlichen Spiel des Mittelalters. Frankfurt/ Main u.a. 1985

Klein, K.: Das geistliche Drama des Mittelalters. Diss. Köln 1922

Konigson, E.: L'Espace théâtral médiéval. Paris 1975

Koopmans, J.: Le théâtre des exclus au Moyen Âge: hérétiques, sorcières et marginaux. Paris 1997

La Langue, le Texte, le Jeu: Perspectives sur le théâtre médiéval. Hg. G. Di Stefano, R. Bidler. Montréal 1986

Lateinische Osterfeiern und Osterspiele. 6 Bde. Hg. W. Lipphardt. Berlin 1975–81

La littérature d'inspiration religieuse: théâtre et vies de saints. Hg. D. Buschinger. Göppingen 1988

Lorke, A.: Apostola – Peccatrix – Amica Dei: zur Figur der heiligen Frau in englischen Moralitäten, Mirakel- und Mysterienspielen des Mittelalters. Marburg 1997

Massip, F.: El teatro medieval: voz de la divinidad cuerpo de histrión. Barcelona 1992

Material Culture and Medieval Drama. Hg. C. Davidson. Kalamazoo 1999

Meade, A. M.: The Actor in the Middle Ages. Diss. Columbia Univ. 1948

Medieval drama: critical concepts in literary and cultural studies. 4 Bde. Hg. J. C. Coldeway. London, New York 2007

Michael, W. F.: Fahrendes Volk und mittelalterliches Drama. Berlin 1960

Mittelalterliches Schauspiel. Hg. U. Mehler, A. H. Touber. Amsterdam u.a. 1994

Moving subjects: processional performance in the Middle Ages and the Renaissance. Hg. K. Ashley u.a. Amsterdam u.a. 2001

Muir, L. R.: The biblical drama of medieval Europe. Cambridge u.a. 1995

Nagler, A.: The Medieval Religious Stage: Shapes and Phantoms. New Haven, London 1976

Niedner, H.: Die deutschen und französischen Osterspiele bis zum 15. Jahrhundert. Berlin 1932

Normington, K.: Gender and medieval drama. Woodbridge, Rochester 2004

Ogden, D. H.: The staging of drama in the medieval church. Newark 2002

Osterspiele. Hg. M. Siller. Innsbruck 1994

Paterno, S.: The Liturgical Context of Early European Drama. Potomac 1989

Rey-Flaud, H.: Le cercle magique: essai sur le théâtre en rond à la fin du Moyen Age. Paris 1973

Ders.: Pour une Dramaturgie du Moyen Age. Paris 1980

Richardson, Ch., J. Johnston: Medieval Drama. Basingstoke u.a. 1991

Le Rire au Moyen Age. Hg. T. Bouché, H. Charpentier. Bordeaux 1990

Robert-Busquet, L.: Farces du moyen âge. Paris 1942

Robinson, J. W.: Studies in fifteenth-century stagecraft. Kalamazoo 1991

Roeder, A.: Die Gebärde im Drama des Mittelalters: Osterfeiern, Osterspiele. München 1974

Rosenfeld, H.: Der mittelalterliche Totentanz. München ³1974

The Saint Play in Medieval Europe. Hg. C. Davidson. Kalamazoo 1986

Salmen, W.: Der Spielmann im Mittelalter. Innsbruck 1983

Schmid, R. H.: Raum, Zeit und Publikum des geistlichen Spiels: Aussage und Absicht eines mittelalterlichen Massenmediums. München 1975

Schuler, E. A.: Die Musik der Osterfeiern. Osterspiele und Passionen des Mittelalters. Kassel 1951

Spectacle in Early Theatre: England and France. Hg. J.-P. Debax u.a. Lancaster 1994

Spinrad, Ph. S.: The Summons of Death on the Medieval and Renaissance Stage. Columbus 1987

The stage as mirror: civic theatre in late medieval Europe. Hg. A. E. Knight, R. W. Frank. Rochester 1997

The staging of religious drama in Europe in the later Middle Ages. Hg. P. Meredith, J. E. Tailby. Kalamazoo ²1990

Stemmler, Th.: Liturgische Feiern und geistliche Spiele. Tübingen 1970

Stumpfl, R.: Schauspielmasken des Mittelalters und der Renaissancezeit. Berlin 1930

Il Teatro Medievale. Hg. J. Drumbl. Bologna 1989

Teatro religioso medioevo. Raccolta di testi dal secolo VII al secolo XV. Rom 1949

Le Théâtre au Moyen Age. Hg. G. Muller. Montréal 1981

Le théâtre et la cité dans l'europe médiévale. Hg. J. C. Aubailly, E. E. DuBruck. Stuttgart 1988

Théâtre et spectacles hier et aujourd'hui. Moyen Age et Renaissance. Paris 1991

The theatre in the Middle Ages. Hg. H. Braet u. a. Leuven 1985

The theatre of medieval Europe: new research in early drama. Hg. E. Simon. Cambridge 1991

Tydeman, W.: The theatre in the Middle Ages: western European stage conditions, 800–1576. Cambridge u. a. 1978

Wasson, J. M.: Early drama, art, and music documents: a paleography handbook. Kalamazoo 1993

Wenzel, E.: »Do wurden die Judden alle geschant«. Rolle und Funktion der Juden in spätmittelalterlichen Spielen. München 1992

Wright, St. K.: The Vengeance of Our Lord: medieval dramatizations of the destruction of Jerusalem. Toronto 1989

Young, K.: The Drama of the Medieval Church. 2 Bde. Oxford 1933 (Nachdruck Oxford 1967)

Renaissance, Humanismus, Reformation

Andrews, R.: Scripts and scenarios: the performance of comedy in Renaissance Italy. Cambridge u. a. 1993

Aspects du théâtre populaire en Europe au XVIe siècle. Hg. M. Lazard. Paris 1989

Attolini, G.: Teatro e spettacolo nel Rinascimento. Rom u. a. 1988

Baratto, M.: La Commedia del Cinquecento. Vicenza 1975

Berger, A. E.: Die Schaubühne im Dienste der Reformation. 2 Bde. Leipzig 1935–36

Borsellino, N., R. Mercuri: Il Teatro del Cinquecento. Bari 1973

Bottoni, L.: La messinscena del Rinascimento. Mailand 2005

Bragina, L. M.: Teatr i teatral'nost' v kul'ture Vozroždenija. Moskau 2005

Burke, P.: Helden, Schurken und Narren: europäische Volkskultur in der frühen Neuzeit. Stuttgart 1981

Ders.: Die Renaissance. Berlin (12.-15. Tsd) 1996

Carandente, G.: I trionfi nel primo Rinascimento. Turin 1963

Chartrou, J.: Les Entrées Solennelles et Triomphales à la Renaissance. Paris 1928

Cohen, W.: Drama of a nation: public theater in Renaissance England and Spain. Ithaca u. a. 1985

Convegno Internazionale Spettacoli Studenteschi nell'Europa Umanistica. Hg. M. Chiabò. Rom 1998

Court festivals of the European Renaissance: art, politics and performance. Hg. J. R. Mulryne. Aldershot (Nachdruck) 2004

Dramas of hybridity: performance and the body. Hg. J. Masten. Evanston 2000

L'économie du dialogue dans l'ancien théâtre européen. Hg. J.-P. Bordier. Paris 1999

Engel, J. E.: Renaissance, Humanismus, Reformation. Bern, München 1969

European theatre 1470–1600: traditions and transformations. Hg. M. Gosman, R. Walthaus. Groningen 1996

Fastnachtsspiel – Commedia dell'arte. Gemeinsamkeiten – Gegensätze. Hg. M. Siller. Innsbruck 1992

Feldman, S. D. The Morality-Patterned Comedy of the Renaissance. Den Haag 1970

Ferrone, S.: Attori, mercanti, corsari: la Commedia dell'Arte in Europa tra Cinque e Seicento. Turin 1993

Les Fêtes de la Renaissance. Hg. J. Jacquot. Paris 1956

Les Fêtes de la Renaissance. 3 Bde. Hg. J. Jacquot. Paris ²1973–75

Froning, R.: Das Drama der Reformationszeit. Stuttgart 1894

Gering Rook, E.: Das Theater des 15. bis 16. Jahrhunderts. Basel 1932

González Román, C.: Spectacula: teoría, arte y escena en la Europa del Renacimiento. Málaga 2001

Gosman, M., R. Walthaus: European Theatre 1470–1600: Traditions and Transformations. Groningen 1996

Guarino, R.: Teatro e mutamenti: Rinascimento e spettacolo a Venezia. Bologna 1995

Hess, R.: Das romanische geistliche Schauspiel als profane und religiöse Komödie, 15. und 16. Jahrhundert. München 1965

Hewitt, B.: The Renaissance Stage. Miami 1958

Hirschfeld, H. A.: Joint enterprises: collaborative drama and the institutionalization of the English Renaissance theater. Amherst u. a. 2004

Jacquot, J. u. a.: Les tragédies de Sénèque et le théâtre de la Renaissance. Paris 1964

Kalisch, E.: Konfigurationen der Renaissance: zur Emanzipationsgeschichte der ars theatrica. Berlin 2002

Kernodle, G. R.: From art to theatre: form and convention in the Renaissance. London 1947

Lazard, M.: La Comédie humaniste au XVIe siècle et ses personnages. Paris 1978

Le Lieu théâtral à la Renaissance. Hg. J. Jacquout. Paris ²1986

Limon, J.: Gentlemen of a Company. English Players in Central and Eastern Europe 1590–1660. Cambridge u. a. 1985

Lorenzini, L.: Il teatro dell'anima: Rinascimento e Barocco in Sicilia. Soveria Mannelli 1999

Magne, E.: Les Fêtes en Europe au XVIIe siècle. Paris 1930

Media, technology and performance. Hg. J. Masten. Evanston 2006

La nascita del teatro moderno: Cinquecento-Seicento. Hg. R. Alone, G. Davico Bonino. Turin 2000

Newton, S. M.: Renaissance theatre costume and the sense of the historic past. London 1975

Performing affect. Hg. J. Masten. Evanston 2002

Place and displacement in the Renaissance. Hg. A. Vos. Binghamton 1995

Rachum, I.: Enzyklopädie der Renaissance. Zürich 1988

Readings in renaissance women's drama: criticism, history, and performance 1594–1998. Hg. S. P. Cerasano, M. Wynne-Davies. London u. a. 1998

The Renaissance Stage. Documents of Serlio, Sabbattini und Furttenbach. Hg. B. Hewitt. Coral Gables 1958

The Renaissance theatre. 2 Bde. Hg. Ch. Cairns. Aldershot 1999

Ruegger, E.: Le spectacle total à la Renaissance. Genèse et premier apogée du ballet de cour. Zürich 1995

Saunders, J. W.: A biographical dictionary of Renaissance poets and dramatists, 1520–1650. Brighton 1983

Spectacle & image in Renaissance Europe. Hg. A. Lascombes. Leiden u. a. 1993

Spielwelten: Performanz und Inszenierung in der Renaissance. Hg. K. W. Hempfer, H. Pfeiffer. Stuttgart 2002

Stäuble, A.: La commedia umanistica del Quattrocento. Florenz 1968

Strong, R.: Feste der Renaissance 1450–1650. Kunst als Instrument der Macht. Würzburg 1991

Ders.: Splendour at Court. Renaissance Spectacle and Illusion. London 1973

Taboada, A. F.: Fragmentos renacentistas teatro urbano: dos ednsayos gráficos. La Coruña (ca. 1997)

Teatro comico del Cinquecento: la tonaca in commedia. Hg. St. Termanini. Turin 2005

Teatro, scena, rappresentazione dal Quattrocento al Settecento. Hg. P. Andrioli. Galatina 2000

Le Théâtre Italien et l'Europe XVe-XVIIe siècles. Hg. Ch. Bec, I. Mamzcarz. Paris 1983

Tin, L.-G.: Tragédie et politique en France au XVIe siècle. Diss. Paris X 2003

Toffanin, G.: Il cinquecento. Milano 1950

Les Tragédies de Sénèque et le théâtre de la Renaissance. Hg. J. Jacquot, M. Oddon. Paris ²1972

Vianello, D.: L'arte del buffone: maschere e spettacolo tra Italia e Baviera nel XVI secolo. Rom 2005

Vince, R. W.: Renaissance theatre: a historiographical handbook. Westport 1984

West, W. N.: Theatres and encyclopedias in early modern Europe. Cambridge u. a. 2002

White, M.: Renaissance drama in action: an introduction to aspects of theatre practice and performance. London u. a. 1998

Barock

Aercke, K. P.: Gods of play: baroque festive performances as rhetorical discourse. Albany 1994

Alewyn, R.: Das große Welttheater: die Epoche der höfischen Feste. München (Nachdruck) 1989

Angyal, A.: Die slawische Barockwelt. Leipzig 1961

Barner, W.: Barockrhetorik. Untersuchungen zu ihren geschichtlichen Grundlagen. Tübingen 1970

Baur-Heinhold, M.: Theater des Barock. Festliches Bühnenspiel im 17. und 18. Jahrhundert. München 1966

Brunel, P.: Formes baroques au théâtre. Paris 1996

Bucciarelli, M.: Italian opera and European theatre 1680–1720: plots, performers, dramaturgies. Turnhout 2000

Chédozeau, B.: Le baroque. Paris 1989

Ciancarelli, R.: Chiarezza e verosimiglianza: la fine del dramma barocco. Rom 1997

Le comique corporel: mouvement et comique dans l'espace théâtral du XVIIe siècle. Hg. E. Erdmann. Tübingen 2006

Contexts of Baroque: theatre, metamorphosis, and design. Hg. R. Eriksen. Oslo 1997

Convegno di Studi I Gesuiti e i Primordi del Teatro Barocco in Europa. Hg. M. Chiabò. Rom 1995

DallaValle, D.: Aspects de la pastorale dans l'italianisme du 17e siècle. Paris 1995

Deshoulières, Ch.: L'opéra baroque et la scène moderne: essai de synthèse dramaturgique. Paris 2000

Fähler, E.: Feuerwerke des Barock. Studien zum öffentlichen Fest und seiner literarischen Bedeutung vom 16. bis 18. Jahrhundert. Stuttgart 1974

Franko, M.: Dance as Text. Ideologies of the Baroque Body. Cambridge u. a. 1993

Griffin, N.: Jesuit School Drama. A Checklist of Critical Literature. London 1976

Herrick, M. T.: Comic theory in the sixteenth century. Urbana (Nachdruck) 1964

I Bibiena: una famiglia europea. Hg. D. Lenzi, J. Bentini. Venedig 2000

Il tema dell'onore nel teatro barocco in Europa. Hg. A. Roncaccia u. a. Florenz 2004

Impe, J.-L.: Opéra baroque et marionnette. Dix lustres de

répertoire musical au siècle des lumières. Charleville-Mézières 1994

The influence of Italian entertainments on sixteenth- and seventeenth- century music theatre in France, Savoy and England. Hg. M.-C. Canova-Green, F. Chiarelli. Lewiston u. a. 2000

Inszenierung und Regie barocker Dramen. Hg. M. Bircher. Stuttgart 1976

Knapp, E., I. Kilián: The Sopron collection of Jesuit stage designs. Budapest 1999

La escenografía del teatro barroco. Hg. A. Egido. Salamanca 1989

Le théâtre italien et l'Europe: (XVIIe – XVIIIe siècles). Hg. Ch. Beck, I. Mamczarz. Florenz 1985

Liebrecht, H.: Le théâtre au XVIIe siècle. Brüssel 1958

Nässén, E.: »Ett yttre tecken på en inre känsla«: studier i barockens musikaliska och sceniska gestik. Göteborg 2000

Nelle, F.: Künstliche Paradiese: vom Barocktheater zum Filmpalast. Würzburg 2005

Pasquier, P.: La mimèsis dans l'esthétique théâtrale du XVIIe siècle: histoire d'une réflexion. Paris 1995

Pelegrín, B.: Figurations de l'infini: l'âge baroque européen. Paris 2000

Raymond, M.: Baroque et Renaissance poetiques. Paris 1953

Reichelt, K.: Barockdrama und Absolutismus. Frankfurt/Main, Bern 1981

Ronconi, L. u. a.: Lo spettacolo e la meraviglia: il Teatro Farnese di Parma e la festa barocca. Torino 1992

Rousset, J.: L'intérieur et l'extérieur: essais sur la poésie et sur le théâtre au XVIIe siècle. Paris ³1988

Schaub, O. W.: Pleasure Fires: fireworks in the court festivals in Italy, Germany and Austria during the Baroque. Diss. Kent, Ohio 1978

Schlick, J.: Wasserfeste und Teichtheater des Barock. Diss. Kiel 1963

Schöne, A.: Emblematik und Drama im Zeitalter des Barock. München 1964

Ders.: Das Zeitalter des Barock. München 1963

Schütz, H.: Barocktheater und Illusion. Frankfurt a. M. u. a. 1984

The seventeenth-century stage. Hg. G. E. Bentley. Chicago, London 1968

Sternfeld, F. W.: The birth of opera. Oxford 1995

Szarota, E. M.: Geschichte, Politik und Gesellschaft im Drama des 17. Jahrhunderts. Bern 1976

Dies.: Künstler, Grübler und Rebellen: Studien zum europäischen Märtyrerdrama des 17. Jahrhunderts. Bern, München 1967

Tapie, V.-L.: Baroque et classicisme. Paris 1967

Teatri barocchi: tragedie, commedie, pastorali nella drammaturgia europea fra '500 e '600. Hg. S. Carandini. Rom 2000

Tessari, R.: Maschere di cera: riforme, giochi, utopie; il teatro europeo del Settecento tra pensiero e scena. Mailand 1997

Ders.: Teatro e spettacolo nel Settecento. Bari ²1997

Theater und Publikum im europäischen Barock. Hg. A. Maler. Frankfurt/Main u. a. 2002

Tintelnot, H.: Barocktheater und barocke Kunst. Die Entwicklungsgeschichte der Fest- und Theaterdekoration in ihrem Verhältnis zur barocken Kunst. Berlin 1939

Verschaeve, M.: Le traité de chant et mise en scène baroques. Bourg-la-Reine 1998

Zielske, Harald: Handlungsort und Bühnenbild im 17. Jahrhundert. Untersuchungen zur Raumdarstellung im europäischen Barocktheater. Diss. Berlin 1965

Zonza, Ch.: Le baroque. Paris 2006

18. Jahrhundert

Aliverti, M. I.: La naissance de l'acteur moderne: l'acteur et son portrait au XVIIIe siècle. Paris 1998

Alt, P.-A.: Tragödie der Aufklärung. Eine Einführung. Tübingen u. a. 1994

Bajini, S.: Teatro e poetiche: il Settecento in Inghilterra e in Francia. Mailand 2002

Beiträge zur Theatergeschichte des 18. Jahrhunderts. Eisenstadt 1973

Boeschenstein, H.: Dichtungstheorien der Aufklärung. Tübingen 1971

Boncompain, J.: Auteurs et comediens au XVIIIe siècle. Paris 1976

Bret-Vitoz, R.: Le lieu de la scène: dramaturgie de l'espace dans la tragédie 1691–1759. Diss. Paris-Nanterre 2004

Bucciarelli, M., N. Dubowym, R. Strohm: Italian opera in Central Europe. Berlin 2006

Bucciarelli, M.: Italian opera and european theatre 1680–1720: plots, performers, dramaturgies. Turnhout 2000

Die Bühnen des Rokoko: Theater, Musik und Literatur im Rheinland des 18. Jahrhunderts. Hg. F. G. Zehnder. Köln 2000 (= Der Riss im Himmel. 7. Bd)

Burwick, F.: Illusion and the Drama: Critical Theory of the Enlightenment and Romantic Era. University Park 1991

Carlson, M.: Voltaire and the theatre of the eighteenth century. Westport u. a. 1998

Chéraïtia, M.: Le théâtre: enjeu de querelles et de réflexions dans la seconde moitié du XVIIIème siècle. Lyon 2003

Commedia dell'arte e spettacolo in musica tra Sei e Settecento. Hg. A. Lattanti, P. Maione. Neapel 2003

Dębowski, M.: Francuskie konteksty teatru polskiego w dobie oświecenia. Kraków 2001

Di Bella, S.: L'expérience théâtrale dans l'oeuvre théorique de Luigi Riccobini: contribution à l'histoire du théâtre au XVIIIe siècle. Diss. Paris X 2004

Dramaturgische Schriften des 18. Jahrhunderts. Hg. K. Hammer. Berlin 1968

Das Ende des Stegreifspiels – Die Geburt des Nationaltheaters: ein Wendepunkt in der Geschichte des europäischen Dramas. Hg. R. Bauer, J. Wertheimer. München 1983

Frantz, P.: L' esthétique du tableau dans le théâtre du XVIIIe siècle. Paris 1998

Fuentes Rotger, Y.: El triángulo sentimental en el drama del dieciocho: Inglaterra, Francia, España. Kassel 1999

Goldzink, J.: Les Lumières et l'idée du comique. Fontenay-aux-Roses 1992

Haider-Pregler, H.: Des sittlichen Burgers Abendschule. Bildungsanspruch und Bildungsauftrag des Berufstheaters im 18. Jahrhundert. Wien u. München 1980

Heckelmann, H.: Schultheater und Reformpädagogik: eine Quellenstudie zur reformpädagogischen Internatserziehung seit dem 18. Jahrhundert. Tübingen 2005

Heeg, G.: Das Phantasma der natürlichen Gestalt: Körper, Sprache und Bild im Theater des 18. Jahrhunderts. Frankfurt/Main u.a. 2000

Hoffmann, E. A.: Theater als System: eine Evolutionsgeschichte des modernen Theaters. Trier 1997

Höyng, P.: »... und mußte dem Geist des Zeitalters nahe bleiben«: Studie zur Darstellung des Historischen auf dem Theater am Ende des 18. Jahrhunderts. Ann Arbor 1994

Les innovations théâtrales et musicales italiennes en Europe aux XVIIIe et XIXe siècles. Hg. I. Mamczarz. Paris 1991

Jaëcklé-Plunian, C.: L'historiographie du théâtre au XVIIe siècle: la venue du théâtre à l'histoire. Diss. Paris III 2003

Kintzler, C.: Théâtre et opéra à l'âge classique: une familière étrangeté. Paris 2004

Koopmann, H.: Drama der Aufklärung. Kommentar zu einer Epoche. München 1979

Lee, M.-E.: L'insularité théâtrale au XVIIIe siècle. Diss. Paris-Sorbonne 2004

Léoni, S.: Le poison et le remède: théâtre, morale et rhétorique en France et en Italie, 1694–1758. Oxford 1998

Letzter, J., R. Adelson: Women writing opera: creativity and controversy in the age of the French Revolution. Berkeley 2001

Marchand, S.: Théâtre et pathétique au dix-huitième siècle: pour une esthétique de l'effet dramatique. Diss. Paris-Sorbonne 2004

Meier, A.: Dramaturgie der Bewunderung. Untersuchungen zur politisch-klassizistischen Tragödie des 18. Jahrhunderts. Frankfurt/Main 1993

Meier, H.: Die Schaubühne als musikalische Anstalt: Studien zur Geschichte und Theorie der Schauspielmusik im 18. und 19. Jahrhundert sowie zu ausgewählten »Faust«-Kompositionen. Bielefeld 1999

Ménil, A.: Diderot et le drame: théâtre et politique. Paris 1995

Müller-Kampel, B.: Hanswurst, Bernardon, Kasperl: Spasstheater im 18. Jahrhundert. Paderborn 2003

Neuss, R.: Tugend und Toleranz. Die Krise der Gattung Märtyrerdrama im 18.Jahrhundert. Bonn 1989

Nivelle, A.: Kunst- und Dichtungstheorien zwischen Aufklärung und Klassik. Berlin 1960

Opera and the Enlightenment. Hg. Th. Bauman, M. P. McClymonds. Cambridge u.a. 1999

Pikulik, L.: »Bürgerliches Trauerspiel« und Empfindsamkeit. Köln, Graz 1966

Plagnol, M.-E.: Le théâtre de société: un autre théâtre? Paris 2003

The prologues and epilogues of the eighteen century. Tl. 1 ff. Bd 1 ff. Hg. P. Danchin. Nancy 1990 ff.

Romantic and revolutionary theatre 1789–1860. Hg. D. Roy. Cambridge 2003

Rull, E.: La poesia y el teatro en el siglo XVIII. Madrid 1987

Ruppert, R.: Labor der Seele und der Emotionen: Funktionen des Theaters im 18. und frühen 19. Jahrhundert. Berlin 1995

La scène bâtarde: entre Lumières et romantisme. Hg. Ph. Bourdin, G. Loubinoux. Clermont-Ferrand 2004

Scherer, J.: Théâtre et anti-théâtre au XVIIIe siècle. Oxford 1975

Schönberger, A.: L'Europe au XVIIIe siècle: l'Art et la culture. Paris 1960

Schulz, G.-M.: Tugend, Gewalt und Tod. Das Trauerspiel der Aufklärung und die Dramaturgie des Pathetischen und Erhabenen. Tübingen 1988

Seul, A.: Absolutismus, Aufklärung und die Entstehung des bürgerlichen Schauspiels. Diss. FU Berlin 1983

Shahar, G.: Verkleidungen der Aufklärung: Narrenspiele und Weltanschauung in der Goethezeit. Göttingen 2006

Taylor, S. S. B.: The Theatre of the French and German Enlightenment. New York 1980

Tessari, R.: Maschere di cera: riforme, giochi, utopie; il

teatro europeo del Settecento tra pensiero e scena. Mailand 1997

Theater im Kulturwandel des 18. Jahrhunderts: Inszenierung und Wahrnehmung von Körper, Musik, Sprache. Hg. E. Fischer-Lichte, J. Schönert. Göttingen 1999

Le théâtre en musique et son double, 1600–1762. Hg. D. Gabelli, L. Norci Cagiano. Paris 2005

Les théâtres de société au XVIIIe siècle. Hg. M.-E. Plagnol-Diéval, D. Quéro. Brüssel 2005

Wierlacher, A.: Das bürgerliche Drama. Seine theoretische Begründung im 18. Jahrhundert. München 1968

19. Jahrhundert

Aus den Anfängen der sozialistischen Dramatik. Hg. U. Münchow. 3 Bde. Berlin ³1987

Brands, H. G.: Theorie und Stil des konsequenten Naturalismus. 1978

Carlson, J. A.: In the Theatre of Romanticism. New York u. a. 1994

Carnazzi, G.: Verismo. Mailand 1996

Cogny, P.: Le naturalisme. Paris 1968

Cox, J. N.: In the Shadows of Romance: Romantic Tragic Drama in Germany, England, and France. Athens 1987

Deak, F.: Symbolist theater: the formation of an avant-garde. Baltimore, London 1993

Delius, A.: Intimes Theater: Untersuchungen zu Programmatik und Dramaturgie einer bevorzugten Theaterform der Jahrhundertwende. Kronberg 1976

Descotes, M.: Le drame romantique et ses grand créateurs. Paris 1955

Diaz-Rozzotto, M. u.a.: Etudes sur le verisme. Paris 1991

Das Drama Richard Wagners als musikalisches Kunstwerk. Hg. C. Dahlhaus. Regensburg 1970

Drama und Theater der Jahrhundertwende. Hg. D. Kafitz. Tübingen 1991

Dramaturgies romantiques. Hg. G. Zaragoza. (Dijon) 1999

Dramaturgische Schriften des 19.Jahrhunderts. 2 Bde. Hg. K. Hammer. Berlin 1987

Evans, D.-O.: Le Théâtre pendant la période romantique (1827–1848). Paris 1925

Fàbregas, X.: Els orígens del drama contemporani. Barcelona 1995

Female playwrights of the nineteenth century. Hg. A. Scullion. London 1996

Fin de siècle. Zur Literatur und Kunst der Jahrhundertwende. Hg. R. Bauer u.a. Frankfurt/Main 1977

Haida, P.: Komödie um 1900. München 1973

Hartmann, W.: Der historische Festzug: seine Entstehung und Entwicklung im 19. und 20. Jahrhundert. München 1976

Hays, M.: The Public and Performance. Essays in the History of French and German Theatre, 1871–1900. Ann Arbor 1981

Henderson, J. A.: The First Avant-garde. London, Toronto 1971

Hermand, J.: Die literarische Formenwelt des Biedermeiers. Gießen 1958

Hinterhäuser, H.: Fin de siècle. Gestalten und Mythen. München 1977

Hoefert, S.: Das Drama des Naturalismus. Stuttgart ⁴1993

Inevitabilis vis fatorum. Der Triumph des Schicksalsdramas auf der europäischen Bühne um 1800. Hg. R. Bauer u.a.. Bern u.a. 1990

Klotz, V.: Operette. Porträt und Handbuch einer unerhörten Kunst. München, Zürich 1991

Kluge, G.: Spiel und Witz im romantischen Lustspiel. Diss. Köln 1963

Losco, M.: La réinvention de l'espace et du temps dans le théâtre symboliste. 2 Bde. Diss. Paris III 1998

Marie, G.: Le théâtre symboliste: ses origines, ses sources, pionniers et réalisateurs. Paris 1973

Miller, A. I.: The independent theatre in Europe, 1887 to the present. New York 1931 (Neuausgabe 1966)

Mise en crise de la forme dramatique 1880–1910. Hg. J.-P. Sarrazac. Louvain-la-Neuve 1999

Naturalism and symbolism in European theatre, 1850–1918. Hg. C. Schumacher. Cambridge u.a. 1996

The new woman and her sisters: feminism and theatre 1850–1914. Hg. V. Gardner u.a. Ann Arbor 1992

Richardson, A.: A Mental Theatre: Poetic Drama and Consciousness in the Romantic Age. University Park 1988

Robichez, J.: Le symbolisme au théâtre: Lugné-Poë et les débuts de l'Oeuvre. Paris ⁴1972

Romantic drama. Hg. G. Gillespie. Amsterdam u.a. 1994

The Romantic theatre. Hg. R. A. Cave. Gerrards Cross 1986

Schanze, H.: Drama im bürgerlichen Realismus. Frankfurt a. M. 1973;

Stokes, J.: Resistible Theatres: Enterprise and Experiment in the Late Nineteenth Century. London 1972

Symbolism. A bibliography of symbolism as an international and multi-disciplinary movement. Hg. D. L. Anderson u.a. New York 1975

Theater und Gesellschaft. Das Volksstück im 19. und 20. Jahrhundert. Hg. J. Hein. Düsseldorf 1973

Theater und Medien an der Jahrhundertwende. Hg. J. Fiebach. Berlin 1997

Der theatralische Neoklassizismus um 1800. Ein europäisches Phänomen? Hg. R. Bauer. Bern u. a. 1986

Ubersfeld, A.: Le drame romantique. Paris 1993

Ulivi, F.: La letteratura verista. Torino 1972

Das Volksstück im 19. und 20. Jahrhundert. Hg. J. Hein. Düsseldorf 1973

Werner, R.: Die Schicksalstragödie und das Theater der Romantik. München 1963

Zamfirescu. I.: Teatrul romantic european. Bukarest 1984

Zur Literatur der Restaurationsepoche 1815–1848. Hg. J. Hermand, M. Windfuhr. Stuttgart 1970

20. Jahrhundert

Abirached, R.: La crise du personnage dans le théâtre moderne. Paris 1978

Acercamientos al teatro actual (1970–1995): historia – teoría – práctica. Hg. F. und A. de Toro. Frankfurt/Main u. a. 1998

Apfelthaler, V.: Die Performance des Körpers – der Körper der Performance. Sankt Augustin 2002

Around the absurd: essays on modern and postmodern drama. Hg. E. Brater. Ann Arbor 1990

Aspekte der Modernität. Hg. H. Steffen. Göttingen 1965

Aston, E.: An introduction to feminism and theatre. London, New York 1995

Dies.: Feminist theatre practice: a handbook. London u. a. 1999

Aufbruch zu neuen Welten: Theatralität an der Jahrtausendwende. Hg. M. Hüttler. Frankfurt/Main 2000

Aux sources de la vérité du théâtre moderne. Hg. J. B. Sanders. Paris 1974

Avantgardetheater und Volkstheater.Hg. K. Schoell. Frankfurt/Main, Bern 1982

Barton, B.: Das Dokumentartheater. Stuttgart 1987

Battcock, G., R. Nickas: The Art of Performance. New York 1984

Baumgarth, Ch.: Geschichte des Futurismus. Reinbek 1966

Becker, P. v.: Das Jahrhundert des Theaters. Köln 2002

Becsi, K.: Der Kosmos auf der Bühne. Das galaktische Weltbild des künftigen Theaters. Wien 1977

Béhar, H.: Le théâtre Dada et surréaliste. Paris (erw.) 1979

Bentley, E.: Theory of Modern Stage. New York 1997

Bertolt Brecht. Epoche – Werk – Wirkung. Hg. K.-D. Müller. München 1985

Bohle, J. F. E.: Theatralische Lyrik und lyrisches Theater im Dadaismus. Diss. Saarbrücken 1981

Bourassa, A. G.: Le Théâtre surréaliste. Recueil de textes. Montréal 1997

Brandt, S.: BRAVO! & BUM BUM! Neue Produktions- und Rezeptionsformen im Theater der historischen Avantgarde: Futurismus, Dada und Surrealismus Frankfurt/Main u. a. 1995

Brater, E.: The New Women Playwrights. New York 1989

Brauneck, M.: Theater im 20. Jahrhundert. Programmschriften. Stilperioden, Reformmodelle. Reinbek [9]2001

Breton, A.: Die Manifeste des Surrealismus. Reinbek 1977

Broadhurst, S.: Liminal acts: a critical overview of contemporary performance and theory. London 1999

Brockett, O. G., R. R. Findlay: Century of innovation: a history of European and American theatre and drama since the late nineteenth century. Boston [2]1991

Brook, P.: Wanderjahre. Schriften zu Theater, Film und Oper 1946–1987. Berlin 1989

Brustein, R.: The Theatre of Revolt. Studies in Modern Drama von Ibsen to Genet. Chicago 1991

Brynhildsvoll, K.: Dokumentarteater. Oslo u. a. 1973

Bügner, T.: Annäherungen an die Wirklichkeit. Gattung und Autoren des neuen Volksstücks. Frankfurt/Main 1986

Carlson, M. A.: Performance. London u. a. 1996

Carr, C.: On Edge. Performance at the End of the Twentieth Century. Hanover u. a. 1993

Case, S.-E.: Feminism and Theatre. New York 1988

Choinska, A. u. a.: Ekspresjonizm w theatrze europejskim. Warszawa 1983

Cima, G. G.: Performing women: female characters, male playwrights, and the modern stage. Ithaca u. a. 1993

Collins, L. J.: Theatre at war, 1914–18. Basingstoke u. a. 1998

Contours of the theatrical avant-garde: performance and textuality. Hg. J. M. Harding. Ann Arbor 2000

Corvin, M.: Le Théâtre de recherche entre les deux guerres. Le laboratoire art et action. Lausanne o. J.

Counsell, C.: Signs of performance: an introduction to twentieth century theatre. London 1996

Cruciani, F.: Teatro del Novecento. Registi, pedagoghi e comunità teatrali nel XX secolo. Florenz 1989

Dada Berlin. Hg. K. Riha. Stuttgart 1977

Dada. Eine literarische Dokumentation. Hg. R. Huelsenbeck. Reinbek 1964

Damian, M.: Zur Geschichtlichkeit des Theater des Absurden. Frankfurt/Main 1977

Daus, R.: Das Theater des Absurden. Stuttgart 1977

Davico Bonino, G.: Il teatro del '900. Turin 1991

Denkler, H.: Drama des Expressionismus. München [2]1979

Deshoulières, Ch.: Le Théâtre au XX e siècle. Paris 1989

Diamond, E.: Unmaking mimesis: essays on feminism and theater. London u. a. 1997

Dietrich, M.: Das moderne Drama. Stuttgart ³1974

DiGaetani, J. L.: A search for a postmodern theater: interviews with contemporary playwrights. New York u. a. 1991

Drain, R.: Renewing Theatre. A Twentieth Century Sourcebook. New York, London 1995

Drama und Theater der europäischen Avantgarde. Hg. F. N. Mennemeier, E. Fischer-Lichte. Tübingen u. a. 1994

Drama und Theater im 20. Jahrhundert. Hg. H. D. Irmscher, W. Keller. Göttingen 1983

Dramatische und theatralische Kommunikation: Beiträge zur Geschichte und Theorie des Dramas und Theaters im 20. Jahrhundert. Hg. H. Schmid, J. Striedter. Tübingen 1992

Dramaturgische und politische Strategien im Drama und Theater des 20. Jahrhunderts. Hg. K. O. Arntzen. St. Ingbert 2000

Le drame d'avant-garde et le théâtre. Hg. J. Heistein. Warszawa u. a. 1979

Dreher, Th.: Performance Art nach 1945. München 2001

Dreyfus, Ch.: Happenings and fluxus. Paris 1989

Dusigne, J.-F.: Le Théâtre d'Art. Aventure européenne du XXe siècle. Paris 1997

Duvignaud, J., J. Lagoutte: Le Théâtre contemporain. Culture et contre-culture. Paris 1974

Eckert, N.: Von der Oper zum Musiktheater: Wegbereiter und Regisseure. Berlin 1995

Eckhardt, J.: Das epische Theater. Darmstadt 1983

Elemente des modernen Theaters. Hg. A. Happ, G. Rühle. Frankfurt/Main 1961

Eller-Rüter, U.-M.: Kandinsky: Bühnenkomposition und Dichtung als Realisation seines Synthese-Konzepts. Hildesheim u. a. 1990

Elsom, J.: Cold War theatre. London u. a. 1992

Episches Theater. Hg. R. Grimm. Köln, Berlin 1966

Ericson, J. D.: Dada. Boston 1984

Erwin Piscator. Eine Arbeitsbiographie. 2 Bde. Hg. K. Boeser, R. Vatková. Berlin 1987

Es gibt keinen Hund. Das futuristische Theater. Hg. B. Landes. München 1989

Esslin, M.: Brief chronicles: essays on modern theatre. London 1970

Ders.: Jenseits des Absurden. Aufsätze zum modernen Drama. Wien 1972

Ders.: Das Theater des Absurden: von Beckett bis Pinter. Reinbek ¹⁷1996

European theatre 1960–1990; cross-cultural perspectives. Hg. R. Yarrow. London u. a. 1992

Euro-Scene. Leipzig. 10. Festival zeitgenössischen europäischen Theaters. Hg. A. E. Wolff. Leipzig 2000

L'Expressionisme dans le théâtre européen. Hg. D. Bablet, J. Jacquot. Paris ²1989

Faschismus und Avantgarde. Hg. R. Grimm, J. Hermand. Königstein 1980

Fascism, Aesthetics and Culture. Hg. R. J. Golsan. Hanover 1992

Fascism and theatre: comparative studies on the aesthetics and politics of performance in Europe 1925–1945. Hg. G. Berghaus. Oxford, Providence u. a. 1996

Feminist theatre and theory. Hg. H. Keyssar. Basingstoke u. a. 1996

Das Festspiel: Formen, Funktionen, Perspektiven. Hg. B. Engler, G. Kreis. Willisau 1988

Fiebach, J.: Von Craig bis Brecht. Studien zu Künstlertheorien in der ersten Hälfte des 20. Jahrhunderts. Berlin ³1991

Fischer-Lichte, E. u. a.: Theater seit den 60er Jahren. Grenzgänge der Neo-Avantgarde. Tübingen u. Basel 1998

Fisher, J.: The theatre of yesterday and tomorrow: commedia dell'arte on the modern stage. Lewiston u. a. 1992

Frauen im europäischen Theater heute. Hg. K. Uecker. Hamburg 1998

Freeman, S.: Putting your daughters on the stage: lesbian theatre from the 1970s to the 1990s. London 1997

Fuchs, E.: The death of character: perspectives on theater after modernism. Bloomington u. a. 1996

Fuente Ballesteros, R. de la: Introducción al teatro del siglo XX (1900–1936). Valladolid 1988

Der Futurismus. Manifeste und Dokumente einer künstlerischen Revolution 1909–1918. Hg. U. Apollonio. Köln 1972

Geis, D. R.: Postmodern Theatric(k)s. Ann Arbor 1993

Geschichte im Gegenwartsdrama. Hg. R. Grimm, J. Hermand. Stuttgart 1976

Glover, J. G.: The cubist theatre. Ann Arbor 1983

Goldberg, R.: Performance Art. New York 1988

Goodman, L.: Contemporary feminist theatres: to each her own. London u. a. 1993

Gouhier, H.: Antonin Artaud et l'essence du théâtre. Paris 1975

Grimm, R.: Nach dem Naturalismus. Essays zur modernen Dramatik. Kronberg 1978

Gruber, W. E.: Missing Persons. Character and Characterization in Modern Drama. Athens 1994

Guerrero Zamora, J.: Historia del teatro contemporáneo. 4 Bde. Barcelona 1961–67

Happening und Fluxus. Köln 1970

Happenings, Fluxus, Pop Art, Nouveau Réalisme. Hg. J. Becker, W. Vostell. Reinbek 1965

Hausmann, R.: Am Anfang war Dada. Gießen 1980

Heilman, R. B.: The iceman, the arsonist and the troubled agent: tragedy and melodrama on the modern stage. London (1973)

Henri, A.: Total Art: Environments, Happenings and Performance. New York u. a. 1974

Herms, D., A. Paul: Politisches Volkstheater der Gegenwart. Berlin 1981

Hernadi, P.: Interpreting Events: tragicomedies of History on the Modern Stage. Ithaca 1985

Hewitt, A.: Fascist Modernism: Aesthetics, Politics, and the Avant-garde. Stanford 1993

Hildesheimer, W.: Über das absurde Theater. Frankfurt/ Main 1976

Hoppe, H.: Das Theater der Gegenstände. Rheinfelden u. a. ⁴1992

Iden, P.: Theater als Widerspruch. Plädoyer für die zeitgenössische Bühne. München 1984

Immigrantentheater. Red. T. Brouwers u. a. Utrecht 1981

Innes, Ch.: Avant garde theatre 1892–1992. London u. a. 1993

Jacquart, E.: Le théâtre de dérision. Paris 1974

Jappe, E.: Performance – Ritual – Prozess. Handbuch der Aktionskunst in Europa. München 1993

Kaiser, H.: Modernes Theater zu Beginn des 20. Jahrhunderts. Darmstadt 1955

Kaye, N.: Postmodernism and performance. Basingstoke u. a. 1994

Kershaw, B.: The radical in performance: between Brecht and Baudrillard. London 1999

Kesting, M.: Das epische Theater: zur Struktur des modernen Dramas. Stuttgart u. a. ⁸1989

Keyssar, H.: Feminist Theatre. New York 1990

Kiebuzinska, Ch.: Revolutionaries in the theater: Meyerhold, Brecht, and Witkiewicz. Ann Arbor, London 1988

Killinger, J.: World in Collapse. The Vision of Absurd Drama. New York 1971

Kirby, M.: The art of time: essays on the avant-garde. New York 1969

Ders.: Happenings. New York 1965

Knellessen, F. W.: Agitation auf der Bühne. Emsdetten 1970

Kormann, E.: »Der täppische Prankenschlag eines einzelgängerischen Urviechs ...«. Das neue kritische Volksstück. Tübingen 1990

Kostelanetz, R.: The Theatre of mixed-means: an introduction to happenings, kinetic environments and other mixed-means presentations. New York 31980

Kreativität und Dialog. Theaterversuche der 70er Jahre in Westeuropa. Hg. J. Fiebach, H. Schramm. Berlin 1983

LaBelle, M. M.: Alfred Jarry, nihilism and the theater of the absurd. New York 1980

Lebel, J.-L.: Le happening. Paris 1966

Magdalena. International Women's Experimental Theatre. Hg. S. Bassnett. Oxford u. a. 1989

Mahal, G.: Naturalismus. München 1975

Manifeste europäischen Theaters. Von Grotowski bis Schleef. Hg. J. Fiebach. Berlin 2003

Manifeste und Proklamationen der europäischen Avantgarde (1909–1938). Hg. W. Asholt, W. Fähnders. Stuttgart, Weimar 1995

Marranca, B.: Ecologies of theater: essays at the century turning. Baltimore u. a. 1996

Melchinger, S.: Geschichte des politischen Theaters. Velber 1971

Melzer, A. H.: Dada and surrealist performance. Baltimore u. a. 1994

Melzer, A.: Latest Rage The Big Drum. Dada & Surrealist, Performance. Ann Arbor ²1980

Mephisto ist müde: welche Zukunft hat das Theater? Hg. L. Schöne. Darmstadt 1996

Meyer, R. u. a.: Dada global. Zürich 1994

Möbius, H.: Montage und Collage: Literatur, bildende Künste, Film, Fotografie, Musik, Theater bis 1933. München 2000

Mühlbauer, W.: Die Bühnenwelt des expressionistischen Dramas. Diss. Wien 1962

Mullenix, E. R.: Wearing the breeches: gender on the antebellum stage. New York 2000

Münder, P.: Harold Pinter und die Problematik des absurden Theaters. Frankfurt 1976

Nadeau, M.: Geschichte des Surrealismus. Reinbek 1965

New theatre vistas: modern movements in international theatre. Hg. J. L. Oliva. New York u. a. 1996

Nöth, W.: Strukturen des Happenings. Hildesheim, New York 1972

Orenstein, G.: The theatre of the marvelous: Surrealism and the contemporary stage. New York 1975

Patraka, V. M.: Spectacular suffering: theatre, fascism, and the Holocaust. Bloomington 1999

Performance / Live Art 1909 to the Present. Hg. R. Goldberg. New York 1979

Piscator, E.: Das Politische Theater (1929). Neubearbeitet v. F. Gasbarra. Reinbek 1963

The politics of theatre and drama. Hg. G. Holderness. Houndmills u. a. 1992

Poole, R. J.: Performing bodies: Überschreitungen der Geschlechtergrenzen im Theater der Avantgarde. Frankfurt/Main u. a. 1996

Pörtner, P.: Literatur-Revolution 1910–1925. Dokumente. Manifeste, Programme. 2 Bde. Neuwied u. a. 1960–61

Quint-Wegemund, U.: Das Theater des Absurden auf der Bühne und im Spiegel der literaturwissenschaftlichen Kritik. Frankfurt/Main 1983

Räumungen: von der Unverschämtheit, Theater für ein Medium der Zukunft zu halten. Hg. R. Hammerthaler. Berlin 2000

Richter, H.: DADA – Kunst und Antikunst. Köln 1970

Rogoff, G.: Vanishing acts: theater since the sixties. New Haven 2000

Rubin, W. S.: Dada, Surrealism, and their heritage. New York ⁶1992

Rühle, G.: Theater in unserer Zeit. 3 Bde. Frankfurt a. M. 1976–92

Runge, E. Vom Wesen des Expressionismus im Drama und auf der Bühne. Diss. München 1963

Russo, A.: Bertolt Brecht und Dario Fo: Wege des epischen Theaters. Stuttgart, Weimar 1998

Sandford, M. R.: Happenings and other acts. London u.a. 1995

Sarrazac, J.-P.: Théâtres intimes. Paris 1989

Schiffermüller, I.: Die Erneuerung des Volksstücks in den 60er Jahren. Diss. Innsbruck 1980

Schilling, J.: Aktionskunst. Identität von Kunst und Leben? Luzern, Frankfurt/Main 1978

Schivelbusch, W.: Sozialistisches Drama nach Brecht. Darmstadt, Neuwied 1974

Schmidt-Bergmann, H.: Futurismus. Reinbek 1993

Simhandl, P.: Konzeptionelle Grundlagen des heutigen Theaters. Berlin 1985

Sokel, W. H.: Der literarische Expressionismus. München ²1970

Spielmann, Y.: Eine Pfütze in bezug aufs Mehr: Avantgarde. Frankfurt/Main 1991

Staging the Holocaust: the Shoah in drama and performance. Hg. C. Schumacher. Cambridge u.a. 1998

Staging the impossible: the fantastic mode in modern drama. Hg. P. D. Murphy. Westport u.a. 1992

Steffens, W.: Expressionistische Dramatik. Velber 1968

Steinweg, R.: Das Lehrstück. Brechts Theorie einer politisch-ästhetischen Erziehung. Stuttgart ²1976

Stourac, R., K. McCreery: Theatre As a Weapon: Workers' Theatre in the Soviet Union, Germany and Britain, 1917–34. New York u.a. 1986

Stowell, S.: A Stage of their Own. Feminist Playwrights of the Suffrage Era. Ann Arbor 1992

Tambling, J.: Opera and the culture of fascism. Oxford u.a. 1996

Taylor, Ch. J.: Futurism. Politics, Painting and Performance. Ann Arbor 1979

Temkine, R.: Le Théâtre au présent. Lectoure 1987

Tendenzen des Gegenwartstheaters. Hg. W. Floeck. Tübingen 1988

Theater in den Kämpfen unserer Zeit. 3 Bde. Berlin 1980

Theater seit den 60er Jahren: Grenzgänge der Neo-Avantgarde. Hg. E. Fischer-Lichte. Tübingen u.a. 1998

THEATERFRAUENTHEATER. Hg. B. Engelhardt, Th. Hörnigk, B. Masuch. Berlin 2001

TheaterKulturVision: Arbeitsbuch. Hg. Th. Hörnigk, B. Masuch, F. M. Raddatz. Berlin 1998

Le Théâtre d'Agit Prop de 1917 à 1932. 4 Bde. Hg. D. Bablet. Lausanne 1977–78

Le théâtre moderne. 2 Bde. Hg. J. Jacquot. Paris (versch. Aufl.) 1973

Transformationen – Theater der neunziger Jahre. Hg. E. Fischer-Lichte u.a. Berlin 1999

The Twentieth-century performance reader. Hg. M. Huxley. London u.a. (Nachdruck) 2000

Twentieth-century theatre. A sourcebook. Hg. R. Drain. London 1995

Van Delft, L.: Le théâtre en feu: le grand jeu du théâtre contemporain. Tübingen 1997

Verdone, M.: Teatro del tempo futurista. Rom ²1988

Voss, U.: Szenische Collagen. Theaterexperimente der europäischen Avantgarde zwischen 1913 und 1936. Bielefeld 1998

Waldberg, P.: Der Surrealismus. Köln ⁵1981

Welttheater – Nationaltheater – Lokaltheater: Europäisches Theater am Ende des 20.Jahrhunderts. Hg. E. Fischer-Lichte, H. Xander. Tübingen, Basel 1993.

»Wenn wir zu spielen – scheinen«: Studien und Dokumente zum Internationalen Revolutionären Theaterbund. Hg. P. Diezel. Bern u.a. 1993

Yordon, J. E.: Experimental Theatre. Creating and Staging Texts. Prospect Heights 1996

Zellinger, I.: Studien zur Festspielidee des zwanzigsten Jahrhunderts. Diss. Wien 1982

Zinder, D. G.: The Surrealist Connection: An Approach to a Surrealist Aesthetic of Theatre. Ann Arbor 1980

Zu Problemen des modernen Dramas. Hg. H. Kuprian. Wien 1972

Theater – Geographisch

Nordeuropäisches Theater

Aboriginal voices: Amerindian, Inuit, and Sami theater. Hg. P. Brask. Baltimore u.a. 1992

Grundzüge der neueren skandinavischen Literaturen. Hg. F. Paul. Darmstadt 1982

Ebel, U.: Konzepte einer nationalspezifischen Dramatik von Holberg bis Ibsen. Metelen 1990

Gunnell, T.: The origins of drama in Scandinavia. Woodbridge, Rochester 1995

Jørgensen, A. u.a.: Gruppeteater i Norden. København 1981

Marker, F. J.: Hans Christian Andersen and the Romantic Theatre. A study of stage practices in the prenaturalistic Scandinavian theatre. Toronto u. a. 1971

Marker, F. J. und L.-L.: A History of Scandinavian Theatre. Cambridge u. a. 1996

Dies.: The Scandinavian Theatre. Oxford 1975;

National theatre in Northern and Eastern Europe, 1746–1900. Hg. L. Senelick. Cambridge u. a. 1991

Nordic Theatre Studies. Kopenhagen 1988 ff.

Nordisk Teater. Hg. L. Janzon. Stockholm 1988

Political theatre: revisited and redefined. Hg. L. Jørgensen, K. Nielsen. Kopenhagen 2004

Popular drama in Northern Europe in the later middle ages. Hg. F. G. Andersen u. a. Odense 1988

Teatersamlinger i Norden: Katalog over teatermuseer -biblioteker od -arkiver i Danmark, Finland, Norge og Sverige. Kopenhagen 1984

Theatre in the Five Scandinavian Countries. Hg. C. Stephenson. Stockholm 1971

Théâtre scandinave. Bearb. Ph. Coutant. Nantes 2003

Wirmark, M.: Noras systrar: nordisk dramatik och teater 1879–99. Stockholm 2000

20th century drama in Scandinavia. Hg. J. Wrede. Helsinki 1979

Dänemark

Bibliographien, Nachschlagewerke, Übersichtsdarstellungen

Aumont, A., E. Collin: Det danske Nationalteater 1748–1889: en statistik Fremstilling af det kongelige Teaters Historie fra Skuepladsens Aabning paa Kongens Nytorv 18. December 1748 til Udgangen af Sæsonen 1888–89. 3 Bde. Kopenhagen 1896–1900

Dansk teaterhistorie. Hg. K. Kvam, J. Risum, J. Wiingaard. 2 Bde. Kopenhagen 1992

Den Danske Skueplads 1722–1922. Red. E. Agerholm, V. Berggreen. Kopenhagen 1922

Neiiendam, R.: Det kongelige Teaters Historie. 5 Bde. Kopenhagen 1921–30

Overskou, T.: Den danske Skueplads. 7 Bde. Kopenhagen 1854–76

Teater i Danmark. Kopenhagen 1965 ff. [Jahrbuch]

Zachariæ, F.: Den danske Skueplads' Historie fra dens Oprindelse i 1722 til 1900. Kopenhagen 1917

Einzeluntersuchungen

A.A.V.V.: Odin Teatret expériences, Odin Teatret's performances 1964–73. Holstebro 1973

Aschengreen, F.: Der går dans: den Kongelige Ballet 1948–1998. Kopenhagen 1998

Bamberger, A.: Ludvig Holberg und das erste dänische Nationaltheater. Frankfurt/Main 1983

Barba, E., I. N. Rasmussen: Bemerkungen zum Schweigen der Schrift. Odin Teatret. Schwerte 1983

Betænkning om teaterstøtte i Danmark. Kopenhagen 1999

Blum, J.: Teaterliv i København. Kopenhagen 1989

Bournonvilleana. Hg. M. Hallar, A. Scavenius. Kopenhagen 1992

Bredsdorff, Th.: Anmelderi: teater og litteratur i pressen siden 1880. Kopenhagen 1983

Daetwyler, J.-J.: L'Odin Teatret et la naissance du Thiers Théâtre. Bern 1980

Dramatiker! En rapport om teaterarbejde. Kopenhagen 1981

D'Urso, T., F. Taviani: L'étranger qui danse: Album de l'Odin Teatret 1972–77. Rennes 1977

Dybroe, M.: Pantomimeteatret og dets publikum. Kongerslev 1978

Engberg, H.: Dansk teater i halvtredserne. Kopenhagen (ca. 1958)

Ders.: Pantomimeteatret. Kopenhagen 1959

Engberg, J.: Det Kongelige Teater i 250 år: til hver mands nytte. 2 Bde. Kopenhagen ²1998

Engelbrechtsen, S.: Dansk dramatik. Kopenhagen 1966

25 Teatersæsoner. Københavnske teatre i billeder og repertoire, 1931 til 1956. Hg. S. Kragh-Jacobsen, K. Christensen. Kopenhagen 1957

Hansen, P.: Den danske Skueplads. 2 Bde. Kopenhagen 1889–93

Harsløf, O.: Frihed på gaflen! Teater i Danmark fra 1960'erne til 1980'erne. Frederiksberg ²1993

Ders.: Kunst er våben. Socialistisk teaterarbejde: analyser, reportager, erindringer, interviews, erfaringer. Kopenhagen 1976

Henriques, A. u. a.: Teatret paa Kongens Nytorv 1748–1948. Kopenhagen 1948

Hertel, H.: Tilbageblik på 30'erne: litteratur, teater, kulturdebat 1930–39. Kopenhagen ³1997

Jacobsen, S. K., T. Krogh: Den kongelige danske Ballet. Kopenhagen 1952

Jensen, A. E.: Studier over europæisk drama i Danmark 1722–70. 2 Bde. Kopenhagen 1968

Jensen, C.: For det største i de mindste: et strejftog gennem dansk børneteater 1994–2004. Frederiksberg 2004

Jensen, S., K. Kvam, U. Stroemberg: Dansk teater i 60'erne og 70'erne. Kopenhagen 1983

Jeppesen, A.: Den danske Skueplads på Holbergs tid. Fra teatret i Lille Grønnegade til Komediehuset på Kongens Nytorv. Kopenhagen 1972

Jørgensen, A. u.a.: Det alternative teater i Danmark. Kopenhagen 1983

Jørgensen, A.: Idyll and abyss: essays on Danish literature and theater. Aarhus u.a. 1992

Jørgensen, L.: Frederik Schwarz – den tænkende kunstner: Frederik Schwarz og den anden generation af aktører ved Den danske Skueplads på Kongens Nytorv. Kopenhagen 1997

Kjaergaard, H.: Die dänische Literatur der neuesten Zeit (1871–1933). Kopenhagen 1934

Klein, M.: Zeitaktuelle dänische Dramatik des 20. Jahrhunderts und ihre Inszenierung. Diss. Wien 1964

Kragh, S., T. Krogh: Den kongelige danske Ballet. Kopenhagen 1952

Krogh, T.: Studier over de sceniske Opførelser af Holbergs Komedier i de første Aar paa den genoprettede danske Skueplads. Kopenhagen 1929

Ders.: Teatret på Kgs. Nytorv 1748–1948. Kopenhagen 1948

Ders.: Ældre dansk Teater: en teaterhistorisk undersøgelse. Kopenhagen 1940

Langsted, J.: Dansk teaterdebat omkring 1968. Gråsten 1978

Ders.: Styr på teatret. Gråsten 1984

Ders.: Teaterlovgivning I-II. Gråsten 1981–82

Leicht, G., M. Hallar: Det kgl. teaters Repertoire 1889–1975. Kopenhagen 1975

Lundqvist, B.: Teatret til venstre: politisk teater i Danmark. Kopenhagen 1984

Neiiendam, K.: Danske teaterhistoriske studier. Kopenhagen 2000

Ders.: Middelalderteatret i Danmark. Kopenhagen 1986

Nørgaard, F.: Radioteater. Musik. TV-teater. De musiske udsendelser DR 1925–75. Kopenhagen 1975

Nørgaard, U. u.a.: En demokratiseret teatergang? O.O. 1975

Nørlyng, O.: Apollons mange masker. Kopenhagen 1998

Observa: Undersøgelse blandt Arteabonnenter. Kopenhagen 1978

Paludan, J. u.a.: Festspielkunst. Theater, Ballett und Musik in Dänemark. Kopenhagen 1958

Schepelern, G.: Operaens historie i Danmark 1634–1975. Kopenhagen 1995

Tamm, D.: Bournonville. Kopenhagen 2005

Taviani, F.: Il Libro dell'Odin. Mailand 1975

Teatro danese nel Novecento. Hg. K. Ascani. Rom 1983

Watson, I.: Towards a third theatre: Eugenio Barba and the Odin Teatret. London u.a. 1995

Wunderlich, V.: KörperPhilosophen. Eugenio Barba und das Odin Teatret. Theateranthropologie und die Dramaturgie des Schauspielers. Wien 2000

Norwegen

Bibliographien, Nachschlagewerke, Überblicksdarstellungen

Anker, Ø.: Det Dramatiske Selskab i Christiania: Repertoare 1799–1844. Oslo 1959

Ansteinsson, E.: Teater i Norge. Oslo 1968

Dramatikerkatalogen. Red. K. Hoff. Oslo 1993

Gatland, J. O.: Repertoaret ved Den Nationale Scene 1909–1997. Bergen 1998

Jakobsen, H., A. Wahlstrøm: Teatret i norsk kulturpolitikk 1850–1979. En bibliografi. Oslo 1980

Jensson, L.: Biografisk skuespillerleksikon. Oslo u.a. 1981

Dies.: Teater i Drammen inntil 1840. Oslo 1974

Lie, H.: Norsk teaterhistorisk bibliografi 1900–44. Oslo o. J.

Melford, A. L.: Norsk teaterlitteratur fra de eldste tider til og med 1899. Oslo 1976

På norske scener. Annual yearbook. Oslo 1987 ff.

Einzeluntersuchungen

Aarseth, A.: Den nationale Scene 1901–31. Oslo 1969

Anker, Ø.: Scenekunsten i Norge fra fortid til nutid. Oslo 1968

Berg, Th., M. Aase: Trondhjem nationale scene og Trøndelag teater: en repertoarfortegnelse 1911–27, 1937–91. Trondheim 1992

Bjørneboe, J.: Om teater. Oslo 1978

Blanc, T.: Christiania Theaters Historie 1827–77. Kristiania 1899

Broch, K.: Komedianter og kremmere: det Dramatiske selskab i Bergen 1794–1994. Bergen 1994

Brunvoll, G.: Den Norske Opera og den Norske Ballett. Bergen 1999

Buresund, I., A.-B. Gran: Frie grupper og black box teater 1970–1995: historiske, estetiske og kulturpolitiske perspektiver på frie danse- og teatergrupper i Norge 1970–1995; dokumetasjon: black box teater 1985–1995. Oslo 1996

Dalgaard, O.: Det Norske Teatret 1913–53. Oslo 1953

Egeland, B.: Moderne planleggingsmetoder i norsk teaterdrift. Bergen 1967

Eilertsen, J. H.: Polare scener: nordnorsk teaterhistorie fra 1971–2000. Stamsund 2005

Ders.: Teater utenfor folkeskikken: nordnorsk teaterhistorie fra istid til 1971. Stamsund 2004

Erbe, B.: Bjørn Bjørnsons vej mod realismens teater. Bergen u.a. 1976

Det første norske teater. Hg. H. Wiers-Jenssen u.a.. Bergen 1949

Frisvold, Ø.: Teatret i norsk kulturpolitikk. Oslo 1980

Grøndahl, C. H.: Avmaktens dramatikk: Bergensprosjektet på Den nationale scene 1986–1996. Oslo 1996

Hagnell, V.: Norsk teater 1900–1990: repertoarpolitik och samhällstematik. (Oslo) 1991

Hansen K. V.: Bedriftsøkonomiske betraktninger omkring de norske teatrenes problemer. 2 Bde. Dipl.-Arb. Oslo 1969

Haugen, E., M. Granlund: Tilstandsanalyse av Nationaltheatret t-banestasjon. Oslo 2004

Hellvin, R.: Amatørteater i Norge. Oslo 1986

Herresthal, H.: Norwegische Musik von den Anfängen bis zur Gegenwart. Oslo u. a. 1987

Hoemsnes, T.: Teatersjef Arild Brinckmann på Nationaltheatret. Oslo 1995

Kiran, H.: Scenekunst. Til Det Norske Teatret 1913–63. Oslo 1963

Lie, M.: Nationaltheatret: en studie av institusjonelle særtrekk. Oslo 1996

Lyche, L.: Norges teaterhistorie. Asker 1991

Mauritzen, A.: Toner fra Tigerstaden: Musikk, mennesker og miljø fra Oslos revyliv 1905–1978. Oslo 1979

Mellom europeisk tradisjon og nasjonal selvbevissthet: det norsk-klassiske drama 1750–1814. Hg. R. Gaasland, H. E. Aarseth. Oslo 1999

Michelsen, B.: Børneteater – dukketeater. Bergen 1968

Mürer, A. u. a.: The National Theatre of Norway: Ibsen's own stage. Oslo 1997

Dies.: Vel møtt i Nationaltheatret. Oslo 1997

Naess, T.: Mellomkrigstidens teater i den norske hovedstaden: forholdet til det ikke-realistiske utenlandske teater. Oslo 1994

Det Norske Teatret 75 år. 1963–1988. Red. L. Mæhle. Oslo 1988

Det Norske Teatret femti år, 1913–63. Hg. N. Sletbak. Oslo 1963

Nygaard, K.: Holbergs teaterarv: fra dramatiske amatørselskaper og morskapsteater til Norges første nasjonale scene. Bergen 1984

Ders., E. Eide: Den nationale Scene 1931–76. Oslo 1977

Olsen, A. Th., E. Martinsen: Studio teatret: frihet og fornyelse. Oslo 1995

Rader, J.: Nynorsk auf norwegischen Bühnen: eine historische Entwicklung bis 1988. Mag.-Arb. Erlangen-Nürnberg 1996

Ringdal, N. J.: Nationaltheatrets historie 1899–1999. Oslo 2000

Røine, E.: Vandring i Nationaltheatret. Oslo 1967

Rønneberg, A.: Nationaltheatret 1949–74. Oslo 1974

Ders.: Nationaltheatret gjennom femti år. Oslo 1949

Schuler, D. D.: East of the sun and west of the moon: cultural empowerment and the Beaivvás Sámi Teáhter. Diss. Boulder 2004

Steen, E.: Det norske nasjonalhistoriske drama 1756–1974: med beskrivende register. Oslo 1976

Trummler, E.: Kunstnerisk interessert amatørteater. Oslo 1956

Wiik, St.: I storm og stille: Riksteatret 1949–1989. Oslo 1990

Schweden

Bibliographien, Nachschlagewerke, Überblicksdarstellungen

Arpe, V.: Das schwedische Theater. Göteborg 1969

Ders.: Geschichte des schwedischen Theaters. Stockholm 1967

Englund, C., L. Janzon: Theatre in Sweden. Stockholm 1997

Liljenberg, B.: Hundra spelår: år för år; från 90–tal till 90–tal i svensk teater och film. Stockholm 1994

Nordensvan, G.: Svensk teater och svenska skådespelare: från Gustav III till våra dagar. 2 Bde. Stockholm 1917–18

Personne, N.: Svenska teatern. 8 Bde. Stockholm 1913–27

Wieselgren, O.: Svensk teater fran 1500 til 1900. Stockholm 1943

Einzeluntersuchungen

Att resa var nödvändigt: äldre landsortsteater. Red. C. Rosenqvist, D. Nordmark. Gideå 1990

Beijer, A.: Court Theatres of Drottningholm and Gripsholm. New York 1972

Ders.: Drottningholms slottsteater på Lovisa Ulrikas och Gustaf IIIs tid. Stockholm 1981

Ders.: Slottsteatrarna på Drottningholm och Gripsholm. Stockholm 1937

Ders.: Les troupes françaises à Stockholm, 1699–1792: listes de répertoire. Uppsala 1989

Bider ur svensk teaterhistoria. Red. C. Hoogland, G. Kjellin. Stockholm 1970

Brunius, N., G. O. Eriksson, R. Rembe: Swedish Theatre. Stockholm 1968

Carlborg-Mannberg, E.: Gustaf IIIs skötebarn. Stockholm 1991

Children's Theatre in Sweden. Hg. L. Fridell. Stockholm 1979

Dahlberg, G.: »Dän Swänska Theatren«: studier kring vår första teatertrupp, dess scen och repertoar. Göteborg 1976

Dies.: Komediantteatern i 1600–talets Stockholm. Stockholm 1992

Dahlberg, M.: Fri teater. Stockholm 1975

Dramaten 175 år. Hg. G. Bergmann. Stockholm 1963

Engdahl, H.: Swedish Ballet and Dance. A Contemporary View. Stockholm 1984

Engel, P. G., L. Janzon: Sju decennier: svensk teater under 1900-talet. Lund 1974

Fritz, A.: »Die deutsche Muse und der schwedische Genius«: das deutschsprachige Drama auf dem schwedischen Theater. Stockholm 1989

Gustav III and the Swedish Stage: Opera, Theatre and Other Foibles. Hg. B. H. Van Boer. Lewiston u.a. 1993

Gustavian Opera. Hg. G. Larsson, H. Astrand. Philadelphia 1991

Gustavian opera: an interdisciplinary reader in Swedish opera, dance, and theatre 1771–1809. Hg. I. Mattsson. Stockholm 1991

Hägglund, K.: Theatre for Children in Sweden. A Contemporary View. Stockholm 1986

Hallgren, K.: Borgerlighetens teater: om verksamhet, musiker och repertoar vid Mindre Teatern i Stockholm 1842–63. Diss. Uppsala 2000

Hammergren, L. u.a.: Teater i Sverige. Hedemora 2004

Helander, K.: Från sagospel till barntragedi: pedagogik, förströelse och konst i 1900-talets svenska barnteater. Stockholm 1998

Hilleström, G.: Drottningholmsföreställningar. Stockholm 1966

Ders.: Slottsteatern på Drottningholm. Stockholm 1960

Ders.: Theater und Ballett in Schweden. Stockholm 1956

Hilleström, P.: Gustaviansk teater. Malmö 1947

Hoogland, R.: Spelet om teaterpolitiken: det svenska regionteatersystemet från statligt initiativ till lokal realitet. Stockholm 2005

Jalling, H.: Att buga eller inte buga: en studie om Dramatens förhållande till Nazi-Tyskland 1938–1944. Hedemora 2004

Johansson, B.: Befrielsen är nära: feminism och teaterpraktik i Margareta Garpes och Suzanne Ostens 1970-talsteater. Stockholm, Stehag 2006

Knuttgen, B. D.: Experiments in modern Swedish drama: the radical theatre movement in Sweden in the 1960's and 1970's. Diss. Cambridge (Mass.) 1984

Kungliga Dramatiska Teatern 1788–1988. Hg. G. Dahlström u.a. Höganäs 1988

Levertin, O.: Teater och drama under Gustaf III. Stockholm 1911

Liljenberg, B.: Svenska stycken efter Strindberg. Anteckningar kring den svenska scendramatiken och dess författare 1910–1960. Stockholm 1990

Löfgren, L.: Svensk teater. Stockholm 2003

Luterkort, I.: Om igen, herr Molander! Kungl. dramatiska teaterns elevskola 1787–1964. Stockholm 1998

Näslund, E.: Teatercensuren i Sverige: trebetygsuppsats framlagd vid Institutionen för teater- och filmvetenskap hösten 1969. Stockholm 1969

Ödeen, M.: Skådespelarna tar makten: om teatern och den nya klassen under två decennier. Stockholm 1993

Pictures from Drottningholm. Hg. G. Alm. Stockholm 1990

Ringby, P.: Avantgardeteater och modernitet: pistolteatern och det svenska teaterlivet från 1950-tal till 60-tal. Gideå 1995

Rosenqvist, C.: Norrlandskustens teaterpionjärer. Umeå 2003

Sauter, W., C. Isaksson, L. Jansson: Teaterögon: publiken möter föreställningen upplevelse-utbud-vanor. Stockholm 1986

Sauter, W.: Theater als Widerstand: Wirkung und Wirkungsweise eines politischen Theaters; Faschismus und Jugenddarstellung auf der schwedischen Bühne 1936–1941. Stockholm 1979

Sjögren, H.: Bühne und Bürger in Schweden: Aspekte des schwedischen Theaters seit 1945. Stockholm 1984

Sjögren, H.: Teater i Sverige efter andra världskriget. Stockholm 1982

Skuncke, M.-Ch.: Sweden and european drama, 1772–1796: A study of translations and adaptations. Stockholm 1981

Sperling, M.: Glucks Reformopern in der Gustavianischen Epoche: eine Repertoirestudie im Kontext europäischer Hoftheater in der zweiten Hälfte des 18. Jahrhunderts. Uppsala 2004

Stribolt, B.: Scenery from Swedish court theatres: Drottningholm, Gripsholm. Stockholm 2002

Strömquist, S.: Svensk dramatik på svenska scener under tre sekler. Uppsala 2002

Svensk teater. Strukturförändringar och organisation 1900–1970. Hg. G. M. Bergman. Uppsala 1970

Svenska teaterhändelser 1946–1996. Hg. L. Hammergren, K. Helander, W. Sauter. Stockholm 1996

Teaterns kostnadsutveckling 1975–1990 med särskilda studier av operan, dramaten och riksteatern. Stockholm 1991

Tjäder, P. A.: Den allvarsamma lekplatsen: tillstånd och förändringar i svensk teater. Stockholm 1984

Ullberg, H.: Riksteater i krig och fred: några drag ur teaterns utveckling i Sverige 1940–1958. Norsborg 1994

Wirmark, M.: Nuteater: dokument från och analys av 70-talets gruppteater. Stockholm 1976

Finnland

Bibliographien, Nachschlagwerke, Übersichtsdarstellungen

Aspelin-Haapkylä, E.: Suomalaisen teatterin historia. 4 Bde. Helsinki 1906–10

Koski, P., K. Salosaari: Suomalaisen näytelmän- ja teatterintutkimuksen bibliografia vuoteen 1974. Tampere 1976

Rantamäki, L.: Teatteri- ja tanssitaiteen bibliografia: Suomessa 1975–1991 julkaistu kirjallisuus. Helsinki 1993

Savutie, M.: Finnish Theatre: A Northern Part of World Theatre. Helsinki 1980

Seppälä, R., T. Ylinen: Teatteritilastot = Finnish Theatre Statistics 2004. Helsinki 2005

Untersuchungen

Aro, M.: Kestävä kaarisilta: Sörnäisten työväennäyttämön – Helsingin työväenteatterin historiikki vv.1900–65. (Helsinki) 1982

Ders.: Suomalaisen teatterin vaiheita. Hämeenlinna 1977

Commondt, B.: Roospiggar, frontteater, landsteater. Jakobstad 1981

Dürr, Ch.: Theater und sprachlich-kulturelle Identität: Untersuchung zum Identitätsverständnis im Theaterwesen und in der dramatischen Literatur der schwedischsprachigen Minderheit in Finnland. Diss. Tübingen 2000

Eteläpää, H.: »Jees teatteria!« sanoi vääpeli Ryhmy: sotateatterit 1941–1944. Helsinki 2002

Finnish theatre today. Hg. K. Veltheim u.a. Kirjapaino 1971

Hartikainen, M., A. Kangas: Harrastajateatteritoiminta Suomessa. Helsinki 1982

Hirn, Y.: Teatrar och teaterstrider i 1800–talets Finland: spridda studier. Helsingfors 1949

Hotinen, J.-P.: Tekstuaalista häirintää: kirjoituksia teatterista, esitystaiteesta. Helsinki 2002

Kallio, H.: 40 vuotta turkulaisen teatterin hyväksi: Turun taiteilijaseuran teatterikerho vv. 1945–59 ja Turun teatterikerho r.y. vv. 1959–85. (Turku) 1985

Koho, T.: Teatteriarkkitehtuurin merkitysarvot: teatterirakentamisen suhde yhteiskunnan arvomaailmaan kaupungistuvassa Suomessa. Helsinki 1991

Krook, K.: Finlands teater: en folkteater. Helsingfors (1976)

Lampila, H.-I.: Suomalainen ooppera, Helsinki 1997

Martin, T. u.a.: Suomen teatterit ja teatterintekijät. Tammi 1974

Neuvostoliitto ja Suomi teatteriyhteistyössä = USSR-Finland theatre cooperation. Hg. R. Seppälä u.a. (Helsinki 1983)

Orsmaa, T.-B.: Teatterimme käänne: Ekspressionismi suomalaisessa teatterissa. Diss. Helsinki 1976

Paavolainen, P.: Teatteri ja suuri muutto: ohjelmistot sosiaalisen murroksen osana 1959–1971. Helsinki 1992

Pietilä, E.: Sivistävä huvi: suomalainen seuranäytelmä vuoteen 1910. Helsinki 2003

Russko-finskie teatral'nye svjazi: sbornik naučnych trudov. Red. A. J. Al'tšuller. Leningrad 1989

Räty-Hämäläinen, A.: Esiripun takaa: mitä on olla näyttelijä suomalaisessa teatterissa. Helsinki 1982

Schmeidler, M.-E.: Das deutsche Drama auf dem finnischen Nationaltheater 1890–1905. Wiesbaden 1956

Seiskytluvun teatterin moninaiset äänet. Hg. H. Suutela, M. Palander. Helsinki 2005

Sirén, O.: Teater på landet under 150 år: om societetsspektakel och folklig scenkonst, om Lurens sommarteaters anor och historia. (Lovisa) 1983

Suomen Kansallisteatteri. The Finnish National Theatre. Hg. R. Heikkilä. Porvoo 1972

Suur-Kujala, A.: Kohti elävää teatteria: Maja Savutien teatteriarvosteluja 1935–85. Helsinki 1986

Suutela, H.: Impyet: näyttelijättäret suomalaisen teatterin palveluksessa. Helsinki 2005

Teatterialan tutkintoasetustyöryhmän mietintö. Hg. Opetusministeriö. Helsinki 1979

Teatterikirja: Ralf Langbacka, Kalle Holmberg. Hg. P. v. Bagh u.a. Helsinki 1977

Teatterin vuosi: Turun kaupunginteatterin toiminta, ohjelmisto ja yleisö näytäntökaudella 1990–1991. Hg. P. Vaittinen. Helsinki 1992

Teatterit ja teatterintekijät 2005 = I Thalias tjänst. Helsinki 2005

Teerijoki, N. u.a.: Kemi teatterikaupunkina. 2 Bde. Kemi 1981–82

Thalia tentissä: puheenvuoroja tamperelaisesta teatterista. Hg. A. Heino, E. Halttunen-Salosaari, Tuire Laurinolli. Tampere 1987

Uexküll, S.: Kriitikko teatterissa: arvosteluja ja kannanottoja. (Helsinki) 1984

Valokuvan tanssi: suomalaisen tanssin kuvat 1890–1997 = Dance in Finnish photography. Hg. H.-L. Helavuori. Oulu u.a. 1997

Veltheim, K., P. Koski: Valokiilassa näyttelijä. (Helsinki) 1988

Viljo, E. M., L. Nyman, C. Zilliacus: Åbo Teaterhus, 150 år. Åbo 1989

Island

Einarsson, S.: Íslensk leiklist. 2 Bde. Reykjavík 1991–96

Ders.: Leikhusidh vidh Tjörnina: gefin út í tilefni af 75 ára afmaeli Leikfélags Reykjavíkur. Reykjavík 1972

Hjartarson, Á.: Tjaldið fellur: leikdómar og greinar, maí 1948–maí 1958. Reykjavík 1958

Jónsson, J. V.: Geniet och vägvisaren: om den isländska skådespelerskan Stefanía Guðmundsdóttir (1876–1926) och författaren och regissören Einar H. Kvaran (1859–1938). (Stockholm) 1996

Ders.: Leyndarmál frú Stefaníu: Stefanía Gudhmundsdóttir leikkona, samtídh og samferdhamenn. Reykjavík 1997

Jónsson, Ó. u. a. Leikdómar og bókmenntagreinar. Reykjavík 1986

Magnússon, S. A.: Í svidhsljósinu: leikdómar 1962–1973. Reykjavík 1982

Ders.: Icelandic Crucible. Reykjavik 1985

Modern Nordic Plays – Iceland. Hg. E. J. Friis. New York 1973

Sigurbjörnsson, L.: A Bibliography of Icelandic and Foreign Plays in Translation. Reykjavik 1949

Sigurdsson, H.: Saga leiklistar á Akureyri 1860–1992. (Akureyri) 1992

Theatre in Iceland. Hg. B. Jónsson. Reykjavík o. J.

Thorsteinsson, St. J.: Islandsk skuespildigtning og skuespilkunst. Reykjavík 1956

Valdimarsdóttir, Th., E. Th. Bernhardhsson: Leikfélag Reykjavíkur: aldarsaga. Reykjavík 1997

Westeuropäisches Theater

Frankreich

Bibliographien, Nachschlagewerke, Überblicksdarstellungen

Alranq, C.: Répertoire du théâtre d'oc contemporain: 1939–1996. Pézenas 1997

Auteurs dramatiques français d'aujourd'hui. Amiens 1983

Beach, C.: French Women Playwrights of the Twentieth Century. Westport u. a. 1996

Ders.: French women playwrights before the twentieth century: a checklist. Westport u. a. 1996

Beaumarchais, J.-P. de, D. Couty, A. Roy: Dictionnaire des littératures de langue francaise. 4 Bde. Paris (Neuauflage) 1999

Bossuat, R.: Manuel Bibliographique de la Littérature Française du Moyen Age. Paris, 1951 (Suppléments: I, 1955; II, 1961; III, 1986)

Brenner, C. D.: A Bibliographical list of plays in the French language 1700–1789. Berkeley 1947

Ders.: The Théâtre Italien: its repertory 1716–1793, with a historical introduction. Berkeley 1961

Carrère Saucède, Ch.: Bibliographie du théâtre en province au XIXe siècle. 2 Bde. O. O. 2002

Cioranscu, A., Bibliographie de la littérature française du dix-huitième siècle. Paris 1969

Confortès, C.: Répertoire du théâtre contemporain de langue française. Paris 2000

Desgraves, L.: Répertoire des programmes des pièces de théâtre jouées dans les collèges en France 1601–1700. Genf 1986

Dictionnaire de l'opéra-comique français. Hg. F. Claudon. New York 1995

Dictionnaire des hommes de théâtre français contemporains. 2 Bde. Paris 1967

Dictionnaire des Lettres Françaises. 6 Bde. Hg. G. Grente. Paris (rev.) 1994–2001

Engelhardt, K., V. Roloff: Daten der französischen Literatur. 2 Bde. München 1979

Faivre, B.: Repertoire des farces françaises. Paris 1993

Französische Literatur. Hg. K. Schoell. Tübingen 2006

Französische Literaturgeschichte. Hg. J. Grimm. Stuttgart ²1991

French dramatists 1789–1914. Hg. B. T. Cooper. Detroit u. a. 1998

Hawkins, F. W.: Annals of the French stage from its origin to the death of Racine. 2 Bde. London 1884

Horn, M., Traductions et adaptations françaises du théâtre étranger du XVe siècle à nos jours. Paris 1959

Kennedy, E., J. P. McGregor, M. V. Olsen: Theatre, opera, and audiences in revolutionary Paris: analysis and repertory. Westport u. a. 1996

Lewicka, H.: Bibliographie du théâtre profane français des XVe et XVIe siècles. 2 Bde. Wrocław ²1980–87

Lintilhac, E.: Histoire générale du théâtre en France. 5 Bde. Paris 1904–09

Mongrédien, G., J. Robert: Les comédiens français du XVIIe siècle: dictionnaire biographique; suivi d'un inventaire des troupes (1590–1710) d'après des documents inédits. Paris ³1981

Roy, A.: Dictionnaire raisonné et illustré du théâtre à l'italienne. Paris 1992

Runnalls, G. A.: Les mystères français imprimés: une étude sur les rapports entre le théâtre religieux et l'imprimerie à la fin du Moyen Age français suivi d'un Répertoire complet des mystères français imprimés (ouvrages, éditions, exemplaires) 1484–1630. Paris 1999

Simon, A.: Dictionnaire du théâtre français contemporain. Paris 1973

Le Théâtre en France. Du Moyen age à nos jours. Hg. J. de Jomaron. 2 Bde. Paris ²1992

Le théâtre en France des origines à nos jours. Hg. A. Viala u. a. Paris 1997

Weingarten, J. A.: Modern French Dramatists. A Bibliography. New York 1941 – Supplement 1945

Wicks, Ch. B.: The Parisian Stage. Alphabetical Indexes of Plays and Authors. 5 Bde [1800–1900]. University of Alabama 1950–79

Wild, N.: Dictionnaire des théâtres parisiens au XIXe siècle: les théâtres et la musique. Paris 1989

Mittelalter

Accarie, M.: Le Théâtre sacré de la fin du Moyen Age. Genève 1979

L'Ancien théâtre en France et en Pologne. (Paris) 1992

Bernstein, Ch. D.: Action Models and Role Structure in Thirteenth-Century French Comedy. Diss. Stanford 1974

Bordier, J-P.: Le Jeu de la Passion: le message chrétien et le théâtre français (XIIIe – XVIe). Paris 1998

Burger, G. M.: Le thème de l'obscénité dans la littérature française des douzième et treizième siècles. Diss. Stanford 1973

Cohen, G.: Le drame en France au moyen âge. Paris 1928

Ders.: Etudes d'histoire du théâtre en France au moyen-âge et à la Renaissance. Paris 1956

Ders.: Geschichte der Inszenierung im geistlichen Schauspiel des Mittelalters in Frankreich. Leipzig 1907

Ders.: Le Théâtre en France au moyen âge. 2 Bde. Paris 1928–31

Dane, J. A.: Res/verba: A Study in Medieval French Drama. Leiden 1985

Foxton, C., The Devil and the Diableries in the French Passion Play. Diss. Edinburgh 1985

Frank, G.: Medieval French Drama. Oxford ²1960

Fournier, E.: La tragédie française avant la Renaissance 1450–1550. 2 Bde. Paris 1872

Frappier, J.: Le théâtre profane en France au moyen-âge. Paris 1961

Henrard, N.: Le théâtre religieux médiéval en langue d'oc. Genève 1998

Jeanroy, A.: Le théâtre religieux en langue française jusqu'à la fin du XIVe siècle. Paris 1959

Knight, A.E.: Aspects of Genre in Late Medieval French Drama. Manchester 1983

Lebègue, R.: La tragédie religieuse en France: les débuts (1514–1573). Paris 1929

Lewicka, H.: Etudes sur l'ancienne farce française. Paris u. a. 1974

Mazouer, Ch.: Le théâtre français du Moyen Age. (Paris) 1998

McKean, M.: The Interplay of realistic and flamboyant elements in the French mystères. Washington 1959

Petit de Julleville, L.: Les Comédiens en France au Moyen-Age. Paris 1885

Revol, Th.: Représentations du sacré dans les textes dramatiques des XIe – XIIIe siècles en France. Paris 1999

Rolland, J.: Le théâtre comique en France: avant le XVe siècle; essai bibliographique; suivi de: Les origines latines du théâtre comique en France. Paris 1926–27 (Nachdruck Genf 1972)

Runnalls, G. A.: Études sur les mystères: un recueil de 22 études sur les mystères français, suivi d'un répertoire du théâtre religieux français du Moyen Age et d'une bibliographie. Paris 1998

Schoell, K.: Das komische Theater des französischen Mittelalters. München 1975

Schoell, K.: La farce du quinzième siècle. Tübingen 1992

Sletsjøe, L.: Franske profane middelalderspill: med en innledning om fransk profanteater i middelalderen. Oslo 1964

Symes, C. L.: The Makings of a Medieval Stage: Theatre and the Culture of Performance in Thirteenth-Century Arras. Diss. Univ. Harvard 1999

Renaissance, Humanismus, Reformation

L'Art du ballet de cour en France (1581–1643). Hg. A.-M. Gourdon. Paris 1986

Aubailly, J.-C.: Le monologue, le dialogue et la Sotie. Paris 1976

Bowen, B.: Les Caractéristiques essentielles de la farce française et leur survivance dans les années 1550–1620. Urbana 1964

Collingwood, S.: Market Pledges and Gender Bargains: Commercial relations in French Farce 1450–1550. New York u. a. 1996

Le concil de Basle (1434): les origines du théâtre réformiste et partisan en France. Hg. J. Beck. Leiden 1979

Goth, B.: Untersuchungen zur Gattungsgeschichte der Sotie. München 1967

Harvey, H.: The theatre of the Basoches. Cambridge 1941

Helmich, W.: Die Allegorie im französischen Theater des 15 und 16 Jahrhunderts. Tübingen 1976

Konigson, E.: La Représentation d'un mystère de la Passion à Valenciennes en 1547. Paris 1969

Lebègue, R.: Tableau de la comédie française de la Renaissance. Paris 1946

Ders.: Le théâtre comique en France de Pathelin à Mélite. Paris 1972

Ders.: La tragédie française de la Renaissance. Brüssel ²1954

Meerhoff, C. G.: Rhétorique et poétique au XVIe siècle en France, Du Bellay, Ramus et les autres. Leiden 1986

Stone, D.: French Humanist Tragedy. Manchester 1974

Tissier, A.: La farce en France de 1450 à 1550. 4 Bde. Paris 1976–81

Wiley, W. L.: The Early Public Theatre in France. Westport ²1972

Barock

Adam, A.: Histoire de la littérature française au XVIIe siècle. 5 Bde. Paris 1948–56

Apostolidès, J.-M.: Le Roi machine. Spectacle et politique au temps de Louis XIV. Paris 1981

Ders.: Le Prince sacrifié. Théâtre et politique au temps de Louis XIV. Paris 1985

Bar, F.: Le genre burlesque en France au 17e siècle. Paris 1960

Barnwell, H. T.: The tragic drama of Corneille and Racine. Oxford 1982

Beaussant, Ph.: Les plaisirs de Versailles: théâtre & musique. (Paris) 1996

Bray, R.: La formation de la doctrine classique en France. Paris 1927 (Nachdruck 1966)

Bürger, P.: Die frühen Komödien Pierre Corneilles und das französische Theater um 1630. Frankfurt/Main 1971

Chevalley, S.: Album Théâtre classique. La vie théâtrale sous Louis XIII et Louis XIV. Paris 1970

Christout, M.-F.: Le ballet de cour de Louis XIV 1643–1672. Paris 1967

Clarke, D.: Pierre Corneille: poetics and political drama under Louis XIII. Cambridge u.a. 1992

Dance & music in French baroque theatre: sources & interpretations. Hg. S. McCleave. London 1998

Deierkauf-Holsboer, S. W.: L'histoire de la mise-en-scène dans le théâtre français de 1600 à 1657. Paris 1933

The dramatic criticism of Elizabeth Charlotte, Duchesse d'Orleans: with an annotated chronology of performances of the popular and court theatres in France (1671–1722), reconstructed from her letters. Hg. W. S. Brooks, P. J. Yarrow. Lewiston 1996

Floeck, W.: Die Literarästhetik des französischen Barock. Berlin 1979

Forestier, G.: Le théâtre dans le théâtre sur la scène française du XVIIe siècle. Genf ²1996

Gambelli, D.: Arlecchino a Parigi. Dall'inferno alla corte del Re Sole. 3 Bde. Rom 1993

Guichemerre, R.: La Comédie classique en France. Paris 1981

Ders.: La Comédie en France de 1640 à 1660. Paris 1972

Harris-Warrick, R., C. G. Marsh: Musical theatre at the court of Louis XIV: Le mariage de la Grosse Cathos. Cambridge 1994

Hösle, J.: Molière. Sein Leben, sein Werk, seine Zeit. München, Zürich 1987

Lancaster H. C.: A history of French dramatic literature in the seventeenth century. 9 Bde. Baltimore 1929–42 (Nachdruck New York 1966)

Lawrenson, T. E. The French stage and playhouse in the XVIIth century: a study in the advent of the Italian order. New York ²1986

Lebègue, R.: De la renaissance au classicisme. Le théâtre baroque en France. Paris 1942

MacGowan, M.: L'Art du ballet de cour en France, 1581–1643. Paris 1963

Mauri, D.: Voyage en Arcadie. Sur les origines italiennes du théâtre pastoral français à l'âge baroque. Paris 1996

McCarthy, G.: The theatres of Moliere. London u.a. 2002

McGowan, M. M.: L'Art du ballet de cour en France 1581–1643. Paris 1963

Mikeš, V.: Divadlo francouzského baroka. Prag 2001

Mongrédien, G.: La Vie quotidienne des comédiens au temps de Molière. Paris 1966

Morel, J.: Agréables mensonges: essais sur le théâtre français du XVIIe siècle. Paris 1991

Moureau, F.: De Gherardi à Watteau. Présence d'Arlequin sous Louis XIV. Paris 1992

Phillips, H.: The theatre and its critics in seventeenth-century France. Oxford, New York 1980

Piéjus, A.: Le théâtre des demoiselles: tragédie et musique à Saint-Cyr à la fin du grand siècle. Paris 2000

Powell, J. S.: Music and theatre in France 1600–1680. Oxford u.a. 2000

Scherer, C.: Comédie et société sous Louis XIII. Paris 1983

Scherer, J.: Racine et/ou la cérémonie. Paris 1982

Ders.: La dramaturgie classique en France. Saint-Genouph (Neuausgabe) 2001

Scott, V. P.: The Commedia dell'Arte in Paris 1644–1697. Charlottesville 1990

Stefanovic, A.: La musique comme métaphore: la relation de la musique et du texte dans l'opéra baroque français de Lully à Rameau. Paris u.a. 2006

Truchet, J.: La tragédie classique en France. Paris 1975

Vittu, J.-P.: La Comédie-Française (1680–1716). Paris 1974

Vuillemin, J.-C.: Baroquisme et théâtralité: le théâtre de Jean Rotrou. Paris u.a. 1994

Wood, C., G. Sadler: French baroque opera: a reader. Aldershot 2000

18. Jahrhundert

Alasseur, C.: La Comédie-Française au XVIIIe siècle. Paris 1967

Almeras, H. d', P. d'Estrée: Les théâtres libertins aux XVIIIe siècle. Paris 1905

Blanc, A.: Le théâtre français du XVIIIe siècle. Paris 1998

Boës, A.: La lanterne magique de l'histoire: essai sur le théâtre historique en France de 1750 à 1789. Oxford 1982

Borgerhoff, E. B. O.: Evolution of liberal thought and practice in French theatre 1680–1757. Princeton 1936

Bouquret, G.: La comédie italienne en France au début du règne de Louis XV. Diss. Paris X 1973

Brown, F.: Theatre and Revolution: The Culture of the French Stage. New York 1980

Capon, G., R. Yve-Plessis: Les Théâtres clandestins. Paris 1905

Carlson, M.: The Theatre of the French Revolution. Ithaca 1966

Ders.: Voltaire and the theatre of the eighteenth century. Westport 1998

Carral, J.: Les techniques de déguisement dans le théâtre italien de Gherardi. Diss. Paris 1971

Courville, X. de: Lélio. Premier historien de la Comédie Italienne et premier animateur du théâtre de Marivaux. Paris 1958

Eighteenth-Century French Theatre. Hg. M. G. Badir, D. J. Laogdon. Edmonton 1986

Forsans, O.-A.: Le théâtre de Lélio: étude du répertoire du Nouveau Théâtre italien de 1716 à 1729. Oxford 2006

Frantz, P., M. Sajous d'Oria: Le Siècle des théâtres: salles et scènes en France 1748–1807. Paris 1999

Franzini, E.: Il teatro, la festa e la rivoluzione: su Rousseau e gli enciclopedisti. Palermo 2002

Das französische Theater des 18. Jahrhunderts. Hg. D. Rieger. Darmstadt 1984

Friedland, P.: Political actors: representative bodies and theatricality in the age of the French Revolution. Ithaca 2003

Fuchs, M.: La vie théâtrale en province au XVIIIe siècle: Lexique des troupes de comédiens au XVIIIv siècle. 2 Tle in 1 Bd. Paris 1933–44 (Nachdruck Genf 1976)

Gandon, O.: Les spectacles de foire (1697–1724). Fondements sociologiques d'une pratique et d'une esthétique théâtrales Paris 1977

Gierich, A.: Theater am Hof von Versailles zur Zeit der Marie Antoinette (1770–1789). Diss. Wien 1968

Goodden, A.: Actio and persuasion: dramatic performance in eighteenth-century France. Oxford 1986

Grewe, A.: Monde renversé – Théâtre renversé. Lesage und das Théâtre de la Foire. Bonn 1989

Gruber, A.-Ch.: Les grandes Fêtes et leurs décors à l'époque de Louis XVI, 1763–1790. Genf 1972

Guardenti, R.: Le fiere del teatro: percorsi del teatro forain del primo Settecento. Rom 1995

Isherwood, R. M.: Farce and Fantasy: Popular Entertainment in Eighteenth-Century Paris. Oxford 1986

Lafosse, M.-Ch.: Théâtre clandestin de l'aristocratie. Trois parades de société dans la première moitié du XVIIIe siècle à Paris. Diss. Paris 1972

Lancaster H. C.: The Comédie Française 1701–1774. Plays, Actors, Spectators, Finances. Philadelphia 1951

Ders.: French Tragedy in the Reign of Louis XVI and the Early Years of the French Revolution. Baltimore 1953

Ders.: French Tragedy in the time of Louis XV and Voltaire, 1715–1774. Baltimore 1950

Ders.: Sunset. A History of Parisian drama in the last years of Louis XIV, 1701–1715. Baltimore 1945

Larthomas, P.: Le théâtre en France au XVIIIe siècle. Paris 1980

Léonie, S.: Le poison et le remède: théâtre, morale et rhétorique en France et en Italie 1694–1758. Oxford 1998

Lever, M.: Grande et petite histoire de la Comédie-Française: le siècle des Lumières 1680–1799. Paris 2006

Ders.: Théâtre et Lumières: les spectacles de Paris au XVIIIe siècle. Paris 2001

Mamczarz, I.: Les Intermèdes comiques italiens au XVIIe siècle en France et en Italie. Paris 1972

Martin, I.: Le Théâtre de la Foire: des tréteaux aux boulevards. Oxford 2002

Moraud, Y.: Masques et jeux dans le théâtre comique en France entre 1695 et 1730. Lille 1977

Paul, A.: Les Théâtres de la foire dans la première moitié du XVIIIe siècle. Paris 1983

Poirson, M.: Comédie et économie: argent, moral et intérêt dans les formes comiques du théâtre français (1673–1789). 2 Bde. Diss. Paris-Nanterre 2004

La »Querelle des Bouffons« dans la vie culturelle française du XVIIIe siècle. Hg. A. Fabiano. Paris 2005

Rodmell, G. E.: French drama of the revolutionary years. London u. a. 1990

Root-Bernstein, M. M.: Boulevard theater and revolution in eighteenth-century Paris. Ann Arbor 1984

Rougemont, M. de: La vie théâtrale en France au XVIIIe siècle. Paris 2001

Spaziani, M.: Gli Italiani alla »foire«. Quattro studi con due appendici. Rom 1982

Stackelberg, J. v.: Das Theater der Aufklärung in Frankreich. München 1992

Tarin, R.: Le théâtre de la Constituante ou l'école du peuple. Paris 1998

Teyssèdre, V.: Le théâtre de la Foire: un théâtre mythique? (Aix-en-Provence) 1999

Theater und Aufklärung. Dokumentation zur Ästhetik des französischen Theaters im 18.Jahrhundert. Hg. R. Petermann, P.-V. Springbron, M. Fontius. Berlin 1979

Théâtre de cour: les spectacles à Fontainebleau au XVIIIe siècle. Hg. V. Droguet, M.-H. Jordan. Paris 2005

Trott, D.: Théâtre du XVIIIe siècle, jeux, écritures, regards. Montpellier 2000

Truchet, J.: Théâtre du XVIIIe siècle. Paris 1972

Vorhang auf für die Revolution: das französische Theater 1789–1794. Hg. A. Graczyk. Weinheim u.a. 1989

19. Jahrhundert

Albert, M.: Les Théâtres des Boulevards (1789–1848). Paris 1902

Bara, O.: Le théâtre de l'opéra-comique sous la restauration. Hildesheim u.a. 2001

Barrot, O., R. Chirat: »Ciel, mon mari!« Le théâtre de boulevard. (Paris) 1998

Bohrn, P.: André Antoine und sein Théâtre libre: eine spezifische Ausformung des naturalistischen Theaters. Frankfurt/Main u.a. 2000

Carlson, M.: The French stage in the nineteenth century. Metuchen 1972

Daniels, B. V.: Revolution in the theatre: French romantic theories of drama. Westport u.a. 1983

Decaux, A.: Offenbach. König des Zweiten Kaiserreichs. München 1960

Gascar, P.: Le Boulevard du Crime. Paris 1980

Gengembre, G.: Le théâtre français au 19e siècle (1789–1900). Paris 1999

Gerhard, A.: Die Verstädterung der Oper. Paris und das Musiktheater des 19. Jahrhunderts. Stuttgart, Weimar 1992

Hemmings, F. W. J.: The theatre industry in nineteenth-century France. Cambridge u.a. 1993

McCormick, J.: Popular theatres of nineteenth-century France. London u.a. 1993

Naugrette-Christophe, C.: Paris sous le Second Empire, le théâtre et la ville: essai de topographie théâtrale. Paris 1998

Die Opéra comique und ihr Einfluß auf das europäische Musiktheater im 19. Jahrhundert. Hg. H. Schneider, N. Wild. Hildesheim u.a. 1997

Wehinger, B.: Paris-Crinoline. München 1988

20. Jahrhundert

Added, S.: Le théâtre dans les années-Vichy, 1940–1944. Paris 1992

Anders, F.: Jacques Copeau et le cartel des quatre. Paris 1959

Ariane Mnouchkine & Das Théâtre du Soleil. Hg. J. Féral. Berlin 2003

Das avantgardistische Theater Frankreichs 1895–1930. Hg. J. Grimm. München 1982

Avignon, 50 festivals. Paris 1996

Bablet, D. u. M. L.: Le Théâtre du Soleil ou la quête du bonheur. Paris 1979

Bensky, R.-D.: Le masque foudroyé: lecture traversière du théâtre français actuel. Saint-Genouph 1997

Blüher, K. A.: Antonin Artaud und das »Nouveau Théâtre« in Frankreich. Tübingen 1991

Bradby, D., A. Sparks: Mise en scène: French theatre now. London u.a. 1997

Bradby, D.: Modern French Drama 1940–1990. Cambridge ²1991

Ders.: Le théâtre français contemporain 1940–1980. Villeneuve-d'Ascq 1990

Bürger, P.: Der französische Surrealismus. Wiesbaden 1971

Collaborative Theatre. The Théâtre du Soleil Sourcebook. Hg. D. Williams. London, New York 1999

Corvin, M.: Le théâtre de boulevard. Paris 1989

Ders.: Le Théâtre nouveau en France. Paris 1987

Daus, R.: Das Theater des Absurden in Frankreich. Stuttgart 1977

Dejean, J.-L.: Le théâtre français depuis 1945. Paris 1991

Evrard, F.: Le théâtre français du XXe siècle. Paris 1995

Féral, J.: Trajectoires du Soleil: autour d'Ariane Mnouchkine. Paris 1998

Green, A. M.: Un festival de théâtre et ses compagnies: le Off d'Avignon. Paris 1992

Grimm, J.: Das avantgardistische Theater Frankreichs 1895–1930. München 1982

Grosse, B.: Das Café-théâtre als kulturelles Zeitdokument: Geschichte – Gattung – Rezeption. Tübingen 1990

Kiernander, A.: Ariane Mnouchkine and the Théâtre du Soleil. Cambridge, New York 1993

Knabel, K.: Illusion und Kollision: Film und Montage im französischen Drama der zwanziger Jahre. Tübingen 2000

Knowles, D.: French Drama of the Inter-War Years 1918–39. London 1967

Larrouy, M.: Artaud et le théâtre: 1920–1935; quinze ans de bonheur. Toulouse 1997

Latour, G.: Théâtre, reflet de la IVe République: événements, politique, société, idées. Paris 1995

Léonard, A., G. Vantaggioli: Festival off Avignon. Paris 1989

Literatur und Theater im gegenwärtigen Frankreich. Hg. K. Schoell. Tübingen 1991

Merle, P.: Le Café-théâtre. Paris 1985

Modernes französisches Theater. Hg. K. A. Blüher. Darmstadt 1982

Neuschäfer, A.: Das »Théâtre du Soleil«: Commedia dell'arte und création collective. Rheinfelden 1983

Oberthur, M.: Cafés and Cabarets of Montmartre. Salt Lake City 1984

Proust, S.: Théâtre et modernité: Avignon 1947–1987. Bordeaux 1993

Rynker, A.: Théâtres du nouveau roman. Sarraute, Pinget, Duras. Paris 1988

Schoell, K.: Das französische Drama seit dem Zweiten Weltkrieg. 2 Bde. Göttingen 1970

Seym, S.: Das Théâtre du Soleil: Ariane Mnouchkines Ästhetik des Theaters. Stuttgart 1992

Thibaudat, J.-P.: Théâtre français contemporain. Paris 2000

Veinstein, A.: Du Théâtre Libre au Théâtre Louis Jouvet. Paris 1955

Whitton, David: Stage directors in modern France. Manchester 1987

Yaari, N.: Contemporary French theatre 1960–1992. (Paris) 1995

Theater und Gesellschaft, Staat, Zensur und Publikum

Abirached, R.: Le théâtre et le prince. 2 Bde (1. L'embellie, 1981–1992; 2. Un système fatigué, 1993–2004). Arles 2005

Avignon ou le public réinventé. Hg. E. Ethis. Paris 2002

Blondel, A.: Sociologie de la décentralisation théâtrale. Diss. Paris 2001

Busson, A.: Le Théâtre en France: contexte socio-économique et choix esthétiques. Paris 1986

Censure des répertoires des grands théâtres parisiens (1835–1906). Red. O. Krakovitch. Paris 2003

La décentralisation théâtrale. 4 Bde. Hg. R. Abirached u. a. Arles 2005

Delisle, H., M. Gauchée: Culture rurale, cultures urbaines ? Paris 2007

Hemmings, F. W. J.: Theatre and state in France 1760–1905. Cambridge u. a. 1995

Krakovitch, O.: Hugo censuré: la liberté au théâtre au XIXe siècle. (Paris) 1985

Lagrave, H.: Le Théâtre et le public à Paris de 1715 à 1750. Paris 1972

Leroy, D.: Histoire des arts du spectacle en France. Aspects, économiques, politiques et esthétiques de la Renaissance à la Première Guerre mondiale. Paris 1990

Lough, J.: Paris Theatre Audiences in the XVIIth and XVIIIth Centuries. London 1957

Macpherson, H. D.: Censorship under Louis XIV. New York 1929

Mannucci, E. J.: Il patriota e il vaudeville: teatro, pubblico e potere nella Parigi della rivoluzione. Neapel 1998

Mélèse, P.: Le Théâtre et le public à Paris sous Louis XIV. Paris 1934

Poirrier, P.: Histoire des politiques culturelles de la France contemporaine. Dijon ²1998

Ravel, J. S.: The contested parterre: public theater and French political culture 1680–1791. Ithaca u. a. 1999

Rigaud, J.: L'exception culturelle: culture et pouvoirs sous la Ve République. Paris 1996

Temkine, R.: Le théâtre en l'état. Paris 1992

Einzeluntersuchungen

Albersmeier, F.-J.: Theater, Film und Literatur in Frankreich: Medienwechsel und Intermedialität. Darmstadt 1992

Becq, A.: Genèse de l'esthétique française moderne. De la raison classique à l'imagination créatrice. Diss. Paris 1979

Berlanstein, L. R.: Daughters of Eve: a cultural history of French theater women from the Old Regime to the Fin de siècle. Cambridge u. a. 2001

Brown, G. S.: A field of honor: writers, court culture and public theater in French literary life from Racine to the Revolution. New York 2005

Caracalla, J.-P.: Lever de rideau: histoire des théâtres privés de Paris. Paris 1994

Charlton, D.: French opera 1730–1830: meaning and media. Aldershot, Brookfield 2000

Chauveau, Ph.: Les théâtres parisiens disparus: 1402–1986. Paris 1999

Christout, M.-F.: Le Merveilleux et le Théâtre du silence en France à partir du XVIIe siècle. Paris 1965

Crosten, W. L.: French Grand Opera. An art and a business. New York 1948

Culpin, D. J. u. a.: The French theatre: revolution and renewal; Corneille, Diderot, Lesage, Marivaux, naturalism, Racine, Sarraute. Aberystwyth 1984

Decugis, N., S. Reymond: Le décor de théâtre en France du moyen âge à 1925. Paris 1953

Deierkauf-Holsboer, S. W.: Le théâtre de l'Hôtel de Bourgogne. 2 Bde. Paris 1968–1970

Dies.: Le Théâtre du Marais. 2 Bde. Paris 1954–58

Delmas, Ch.: La Tragédie de l'âge classique (1553–1770). Paris 1994

Demuth, N.: French opera: its development to the revolution. Sussex 1963 (Nachdruck New York 1978)

Dux, P.: La Comédie Française. Trois Siècles de Gloire. Paris 1980

En marge du classicisme: essays on the French theatre from the Renaissance to the Enlightenment. Hg. A. Howe, R. Waller. Liverpool u. a. 1987

Essays on French comic drama from the 1640s to the 1780s. Hg. D. Connon, G. Evans. Oxford, New York 2000

Fabiano, A.: Histoire de l'opéra italien en France 1752–1815. Paris 2006

Filipowska, I.: Le théâtre historique en France. 1. Bd. Poznan 1988

Das französische Theater vom Barock bis zur Gegenwart. 2 Bde. Hg. J. v. Stackelberg. Düsseldorf 1968

French theatre in the neo-classical era, 1550–1789. Hg. W. D. Howart. Cambridge u. a. 1997

Giraud, Y.: La vie théâtrale dans les provinces du Midi. Tübingen, Paris 1980

Gordon, M.: The Grand Guignol. New York ²1997

Guyon-Lecoq, C.: La vertu des passions: l'esthétique et la morale au miroir de la tragédie lyrique (1673–1733). Paris 2002

Heitmann, K.: Das französische Theater des 17. und 18. Jahrhunderts. Wiesbaden 1977

Jolibert, B.: La commedia dell'arte et son influence en France du XVIe au XVIIIe siècle. Paris 1999

Kinder- und Jugendtheater in Frankreich. Hg. W. Schneider. Frankfurt a. M. 1997

Lebègue, R.: Etudes sur le théâtre français. 2 Bde. Paris 1977

Paris et ses théâtres: architecture et décor. Zus.stellung: B. de Andia. Paris 1998

Perchelet, J.-P.: L'héritage classique: la tragédie entre 1680 et 1814. 3 Bde. Diss. Paris III 1998

Schoell, K.: Die französische Komödie. Wiesbaden 1983

Spielmann, G.: Le jeu de l'ordre et du chaos: comédie et pouvoirs à la fin de règne, 1673–1715. Paris 2002

Thomas, D. A.: Aesthetics of opera in the Ancien Régime, 1647–1785. Cambridge u. a. 2002

Grossbritannien

Bibliographien, Nachschlagewerke, Überblicksdarstellungen

A history of Scottish theatre. Hg. B. Findlay. Edinburgh 1998

A register of English theatrical documents, 1660–1737. 2 Bde. Hg. J. Milhous, R. D. Hume. Carbondale u. a. 1991

Arnott, J. F., J. W. Robinson: English Theatrical Literature 1559–1900. London 1970

Barneys, Ph.: A companion to post-war British theatre. Totowa 1986

Berger, S. E.: Medieval English Drama: An Annotated Bibliography of Recent Criticism. New York 1990

Bolton, H. Ph.: Women writers dramatized: a calender of performances of narrative works published in English to 1900. London u. a. 2000

British and Irish dramatists since World War II. Bd 1 ff. Hg. J. Bull. Detroit u. a. 1982 ff.

British and Irish women dramatists since 1958: a critical handbook. Hg. T. R. Griffiths, M. Llewellyn-Jones. Buckingham u. a. 1993

British playwrights. Hg. W. W. Demastes, K. E. Kelly. 2 Bde. Westport, London 1996

Burling, W. J.: A checklist of new plays and entertainments on the London stage 1700–1737. Rutherford u. a. 1993

The Cambridge Companion to British Romanticism. Hg. St. Curran. Cambridge u. a. 1993

The Cambridge companion to English Renaissance drama. Hg. A. R. Braunmuller. Cambridge ²2003

The Cambridge companion to English Restoration theatre. Hg. D. Payne Fisk. Cambridge u. a. 2000

The Cambridge Companion to Medieval English Theatre. Hg. R. Beadle. Cambridge u. a. 1994

Cavanagh, J. P.: British theatre: a bibliography 1901 to 1985. Mottisfont 1989

Corbin, P., D. Sedge: An Annotated critical bibliography of Jacobean and Caroline comedy, excluding Shakespeare. New York u. a. 1988

Dessen, A. C., L. Thomson: A dictionary of stage directions in English drama 1580–1642. Cambridge u. a. 1999

Elizabethan dramatists. Hg. F. Bowers. Detroit 1987

Forrester, F. S.: Ballet in England. A bibliography and survey. London 1968

Grantley, D.: English dramatic interludes, 1300–1580: a reference guide. Cambridge 2004

Harbage, A.: Annals of English Drama 975–1700. London ³1989

Highfill, Ph. H., K. A. Burnim, E. A. Langhans: A biographical dictionary of actors, actresses, musicians, dancers, managers & other stage personnel in London 1660–1800. 16 Bde. Carbondale 1973–93

Houle, P. J.: The English Morality and Related Drama: A Bibliographical Survey. Hamden 1972

Innes, Ch., K. Carlstrom, S. Fraser: Twentieth-century

British and American theatre: a critical guide to archives. Aldershot u. a. 1999

Lancashire, I.: Dramatic texts and records of Britain: a chronological topography to 1558. Cambridge 1984

The London stage 1660–1800; a calendar of plays, entertainments & afterpieces, together with casts, box-receipts and contemporary comment; compiled from playbills, newspapers and theatrical diaries of the period. 5 in 11 Bden. Hg. W. Van Lennep. Carbondale 1960–68

Mander, R., J. Mitchenson: A Picture History of the British Theatre. London 1957

Mikhail, E. H.: Contemporary British Drama 1950–1976. An Annotated Critical Bibliography. Totowa 1977

Mullin, D. C.: Victorian plays: a record of significant productions on the London stage 1837–1901. Westport 1987

Newlyn, E. S.: Cornish drama of the Middle Ages: a bibliography. Redruth 1987

Restoration and eighteenth-century dramatists. 3 Bde. Hg. P. R. Backscheider. Detroit 1989

The Revels history of drama in English. 8 Bde. Hg. L. Potter u. a. London (rev.) 1999

Richmond, H. M.: Shakespeare's theatre: a dictionary of his stage context. London 2002

Schwanitz, D.: Englische Kulturgeschichte von 1500 bis 1914. Frankfurt/Main 1996

Shakespeare and the Renaissance stage to 1616 and Shakespearean stage history 1616 to 1998: an annotated bibliography of Shakespeare studies 1576–1998. Hg. H. M. Richmond. Asheville 1999

Stratman, C. J.: Bibliography of English Printed Tragedy 1565–1900. Carbondale 1966

Ders.: Britain's Theatrical Periodicals 1720–1967. A Bibliography. New York ²1972

Ders. u. a.: Restoration and Eighteenth Century Theatre Research. Carbondale 1971

Taylor, Th. J.: Restoration drama: an annotated bibliography. Pasadena 1989

Theatre at Stratford-upon-Avon. A Catalogue-Index to Productions of the Shakespeare Memorial-Royal Shakespeare Theatre 1879–1978. 2 Bde. Zus.stellung M. Mullin. Westport 1980 – Supplement: A catalogue-index to productions of the Royal Shakespeare Company 1979–1993. Zus.stellung M. Mullin. Westport 1994

Trussler, S.: The Cambridge illustrated history of British theatre. Cambridge u. a. 1994

Wearing, J. P.: The London stage: a calendar of plays and players [1890–1959]. 16 Bde. Metuchen 1976–93

Wells, St., J. Shaw: A dictionary of Shakespeare. Oxford u. a. 1998

White, D. J.: Early English Drama, Everyman to 1580: A Reference Guide. Boston 1986

Wiggins, K.: Modern Verse Drama in English. An Annotated Bibliography. Westport 1993

Mittelalter

A New History of Early English Drama. Hg. J. D. Cox, D. S. Kastan. New York u. a. 1997

Aspects of early English drama. Hg. P. Neuss. Cambridge 1983

Bomke, W.: Die Teufelsfiguren der mittelenglischen Dramen. Frankfurt/Main u. a. 1990

Brody, A.: The English Mummers and their Plays. London 1970

Chambers, E. K.: The Mediaeval Stage. 2 Bde in 1. London 1903 (Nachdruck Mineola 1996)

Clopper, L. M.: Drama, play, and game: English festive culture in the medieval and early modern period. Chicago 2001

Contexts for early English drama. Hg. M. G. Briscoe, J. C. Coldewey. Bloomington 1989

Craig, H.: English religious drama of the middle ages. Oxford (Nachdruck) 1967

Davenport, W. A. Fifteenth-century English drama: the early moral plays and their literary relations. Cambridge 1984

Davidson, Ch.: Studies in the English mystery plays. New York 1965

Dillon, J.: Language and stage in medieval and renaissance England. Cambridge 1998

English moral interludes. Hg. G. Wickham. London 1976

English morality plays and moral interludes. Hg. E. T. Schell, J. D. Shuchter. New York 1969

Everyman and medieval miracle plays. Hg. A. C. Cawley. London (rev.) 1974

Gauvin, C.: Un cycle du théâtre religieux anglais du Moyen Age: le jeu de la ville de »N«. Paris 1973

Hacker, H.-J.: Zur Poetologie des mittelalterlichen Dramas in England. Heidelberg 1985

Higgins, S.: Medieval theatre in the round: the multiple staging of religious drama in England. Camerino 1994

Lumiansky, R. M., D. Mills: The Chester mystery cycle: Essays and documents. Chapel Hill u. a. (1983)

Medieval and Tudor drama. Hg. J. Gassner. New York 1963

Medieval drama. Hg. N. Denny. London 1973

Medieval English drama: a casebook. Hg. P. Happé. London 1984

Medieval English drama. Hg. J. Taylor, A. H. Nelson. Chicago 1972

Mill, A. J.: Mediaeval plays in Scotland. Edinburgh 1927 (Nachdruck New York 1969)

Mills, D.: Recycling the cycle: the city of Chester and its Whitsun plays. Toronto u. a. 1998

Moore, E. H.: English Miracle Plays and Moralities. New York 1969

Nelson, A. H.: The medieval English stage: Corpus Christi pageants and plays. Chicago 1974

Potter, R. A.. The English Morality Play: Origins, History and Influence of a Dramatic Tradition. London 1975

Rastall, R.: The heaven singing: music in early English religious drama. Cambridge u. a. 1996

Religion in the poetry and drama of the late middle ages in England. Hg. P. Boitani. Rochester 1990

Richardson, Ch., J. Johnston: Medieval Drama. New York 1991

Scherb, V. I.: Staging faith: East Anglian drama in the later Middle Ages. Madison u. a. 2001

Southern, R.: The Medieval Theatre in the Round. London ²1975

Sponsler, C.: Drama and resistance: bodies, goods, and theatricality in late medieval England. Minneapolis u. a. 1997

Tydeman, W.: English medieval theatre 1400–1500. London u. a. 1986

Wickham, G., Early English Stages: 1300–1660. 2 Bde. London, 1959–72 (rev. 1980)

Ders.: The medieval Theatre. Cambridge ³1987

Woolf, R.: The English Mystery Plays. Berkeley 1972

Renaissance, Humanismus, Reformation, Elisabethanisches Theater

Abiteboul, M.: Le théâtre au temps de Shakespeare: l'esthétique de la tragédie jacobéenne. Avignon 1993

Adams. H. H.: English domestic or homiletic tragedy 1575 to 1642. New York 1943

Anglo, S.: Spectacle, pageantry and early Tudor policy. Oxford 1969

Armstrong, W.: The Elizabethan private theatres. London 1958

The arts of performance in Elizabethan and early Stuart drama. Hg. Biggs, M., Ph. Edward. Edinburgh 1991

Austern, L. P.: Music in English children's drama of the later renaissance. New York u. a. 1993

Backscheider, P. R.: Spectacular politics: theatrical power and mass culture in early modern England. Baltimore 1993

Beckerman, B.: Shakespeare at the Globe 1599–1609. New York 1962

Bentley, G. E.: The profession of dramatist in Shakespeare's time, 1590–1642. Princeton 1971

Ders.: The profession of player in Shakespeare's time, 1590–1642. Princeton u. a. 1984

Bergeron, D. M.: Practicing Renaissance scholarship: plays and pageants, patrons and politics. Pittsburgh 2000

Bethell, S. L. Shakespeare and the popular dramatic tradition. London 1948

Bevington, D. M.: From Mankind to Marlowe: growth of structure in the popular drama of Tudor England. Cambridge (2. Druck) 1968

Boas, F. S.: University drama in the Tudor age. Oxford 1966

Boecker, B.: Shakespeares elisabethanisches Publikum: Formen und Funktionen einer Fiktion der Shakespearekritik und -forschung. Tübingen 2006

Bowers, F. T.: Elizabethan revenge tragedy 1587–1642. Princeton ³1971

Bradbrook, M. C.: The Growth and structure of Elizabethan comedy. London (Neuaufl.) 1973

Dies.: The living monument: Shakespeare and the theatre of his time. Cambridge u. a. 1976

Bradley, D.: From text to performance in the Elizabethan theatre: preparing the play for the stage. Cambridge u. a. 1992

Bristol, M. D.: Carnival and theater: plebeian culture and the structure of authority in Renaissance England. New York u. a. 1985

Broken boundaries: women & feminism in Restoration drama. Hg. K. M. Quinsey. Lexington 1996

Brooks, D. A.: From playhouse to printing house: drama and authorship in early modern England. Cambridge u. a. 2000

Brown, D. H.: Christian humanism in the late English morality plays. Gainesville u. a. 1999

Brown, J. R.: William Shakespeare: writing for performance. Basingstoke u. a. 1996

Bruster, D.: Drama and the market in the age of Shakespeare. Cambridge u. a. 1992

Callaghan, D.: Shakespeare without women: representing gender and race on the Renaissance stage. London u. a. 2000

Carson, N.: A companion to Henslowe's »Diary«. Cambridge u. a. 1988

Cartelli, Th.: Marlowe, Shakespeare, and the economy of theatrical experience. Philadelphia 1991

Cartwright, K.: Theatre and humanism: English drama in the sixteenth century. Cambridge u. a. 1999

Chambers, E.: The Elizabethan Stage. 4 Bde. Oxford 1974 (Nachdruck)

Clemen, W.: Die englische Tragödie vor Shakespeare. Heidelberg 1955

Cole, D.: Christopher Marlowe and the renaissance of tragedy. Westport u. a. 1995

Cook, A.: Shakespeare's enactment. The dynamics of renaissance theatre. Chicago 1976

Cook, J.: The golden age of the English theatre. London u. a. 1995

Crockett, B.: The play of paradox: stage and sermon in Renaissance England. Philadelphia 1995

Dessen, A. C.: Shakespeare and the Late Moral Plays. Lincoln 1986

Dillon, J.: Theatre, court and city 1595–1610: drama and social space in London. Cambridge 2000

Elizabethan theater. Hg. R. B. Parker. Newark 1996

The Elizabethan Theatre. 7 Bde. Hg. D. Galloway. London 1969–80

English professional theatre 1530–1660. Hg. G. Wickham. Cambridge 2000

Farley-Hills, D.: Shakespeare and the rival playwrights, 1600–1606. London u. a. 1990

Farnham, W.: The medieval heritage of Elizabethan tragedy. Berkeley (rev.) 1950

Foakes, R. A.: Illustrations of the English stage 1580–1642. London 1985

Forse, J. H.: Art imitates business: commercial and political influences in Elizabethan theatre. Bowling Green 1993

Gair, W. R.: The Children of Paul's. Cambridge u. a. 1982

Gibson, J. L.: Squeaking Cleopatras: the Elizabethan boy player. Stroud 2000

Gras, H. K.: Studies in Elizabethan audience response to the theatre. 2 Bde. Frankfurt/Main u. a. 1993

Greenblatt, St.: Verhandlungen mit Shakespeare. Innenansichten der englischen Renaissance. Berlin 1988

Griswold, W.: Renaissance revivals: city comedy and revenge tragedy in the London theatre 1576–1980. Chicago u. a. 1986

Grote, D.: The best actors in the world: Shakespeare and his acting company. Westport 2002

Gurr, A., M. Ichikawa: Staging in Shakespeare's theatres. Oxford u. a. 2000

Gurr, A.: Playgoing in Shakespeare's London. Cambridge ²1996

Ders.: The Shakespeare Company 1594–1642. Cambridge u. a. 2004

Ders.: The Shakespearean stage 1574–1642. Cambridge u. a. ³1992

Ders.: The Shakespearian playing companies. Oxford u. a. 1996

Habicht, W.: Studien zur Dramenform vor Shakespeare. Moralität, Interlude, romaneskes Drama. Heidelberg 1968

Harbage, A.: Shakespeare's audience. New York u. a. ⁴1961

Hattaway, M.: Elizabethan popular theatre: plays in performance. London u. a. 1982

Henslowe's Diary. Hg. W. W. Greg. 2 Bde. London 1904–1908

Hilton, D.: Christopher Marlowe and the new London theatre. Edinburgh u. a. 1993

Hodges, C. W.: Enter the whole army: a pictorial study of Shakespearean staging 1576–1616. Cambridge u. a. 1999

Holmes, M.: Shakespeare and His Players. London 1971

Hopkins, D. J.: City/stage/globe: a genealogy of space in Shakespeare's London. London 2007

Howard, J. E.: The stage and social struggle in early modern England. London u. a. 1994

Iconography of power: ideas and images of rulership on the English renaissance stage. Hg. G. E. Szönyi. Szeged 2000

Ingram, W.: The business of playing: the beginnings of the adult professional theater in Elizabethan London. Ithaca u. a. 1992

Kermode, F.: The age of Shakespeare. New York 2004

Kerrigan, J.: Revenge Tragedy. Oxford 1996

Klein, D.: Milestones to Shakespeare: a study of the dramatic forms and pageantry that were the prelude to Shakespeare. New York 1970

Knutson, R. L.: Playing companies and commerce in Shakespeare's time. Cambridge u. a. 2001

Dies.: The repertory of Shakespeare's company, 1594–1613. Fayetteville 1991

Laroque, F.: Shakespeare et la fête: essai d'archéologie du spectacle dans l'Angleterre élisabéthaine. Paris 1988

Lawrence, W. J.: The Elizabethan Playhouse. New York 1963

Ders.: Those nut-cracking Elizabethans: studies of the early theatre and drama. New York 1935 (Nachdruck 1969)

Leggatt, A.: Citizen Comedy in the Age of Shakespeare. Toronto 1973

Leinwand, Th. B.: Theatre, finance, and society in early modern England. Cambridge u. a. 1999

Lombardo, A.: Il dramma pre-Shakespeariano. Venedig 1957

The London theatre guide 1576–1642. Hg. Ch. Edwards. London 1979

MacIntyre, J.: Costumes and Scripts in the Elizabethan Theatres. Edmonton 1992

Mann, D.: The Elizabethan player: contemporary stage representation. London u. a. 1991

Maus, K. E.: Inwardness and theater in the English Renaissance. Chicago u. a. 1995

McJannet, J.: The voice of Elizabethan stage directions: the evolution of a theatrical code. Newark 1999

McMillin, S., S.-B. MacLean: The Queen's Men and their plays. Cambridge u.a. 1999

Mehl, D.: Die Pantomime im Drama der Shakespearezeit. Heidelberg 1964

Montrose, L. A.: The purpose of playing: Shakespeare and the cultural politics of the Elizabethan theatre. Chicago 1996

Mullaney, St.: The place of the stage: license, play, and power in Renaissance England. Chicago u.a. 1988

Neill, M.: Putting history to the question: power, politics, and society in English Renaissance drama. New York 2000

Orgel, St.: The Illusion of Power. Political Theatre in the English Renaissance. London 1975

Renaissance drama by women. Hg. S. P. Cerasano, M. Wynne-Davies. London u.a. 1997

Shakespeare and the Globe. Hg. St. Wells. Cambridge u.a. 1999

Shakespeare: an illustrated stage history. Hg. J. Bate. Oxford u.a. 1996

Shakespeare's Contemporaries. Hg. M. Bluestone, N. Rabkin. Englewood Cliffs 1961

Shapiro, M.: Children of the revels: the boy companies of Shakespeare's time and their plays. New York u.a. 1977

Ders.: Gender in play on the Shakespearean stage: boy heroines and female pages. Ann Arbor 1995

Shepherd, S.: Marlowe and the Politics of Elizabethan Theatre. New York 1986

Southworth, J.: Shakespeare, the player. Stroud 2000

Streitberger, W. R.: Court revels 1485–1559. Toronto u.a. 1994

Suerbaum, U.: Das elisabethanische Zeitalter. Stuttgart 1989

The theatrical city: culture, theatre, and politics in London 1576–1649. Hg. D. L. Smith, R. Strier, D. Bevington. Cambridge u.a. 1996

Theatre of the English and Italian Renaissance. Hg. J. R. Mulryne, M. Shewring. New York 1991

Thomson, P.: Shakespeare's theatre. London u.a. [2]1992

Walker, G.: The politics of performance in early Renaissance drama. Cambridge u.a. 1998

Weimann, R.: Author's pen and actor's voice: playing and writing in Shakespeare's theatre. Cambridge 2000

Ders.: Shakespeare und die Macht der Mimesis: Autorität und Repräsentation im elisabethanischen Theater. Berlin u.a. 1988

Ders.: Shakespeare und die Tradition des Volkstheaters. Berlin 1967

Weiß, W.: Das Drama der Shakespeare-Zeit: Versuch einer Beschreibung. Stuttgart u.a. 1979

Westfall, S. R.: Patrons and performance: early Tudor household revels. Oxford 1990

White, P. W.: Theatre and reformation: Protestantism, patronage, and playing in Tudor England. Cambridge u.a. 1993

Wiggins, M.: Shakespeare and the drama of his time. Oxford u.a. 2000

Wiles, D.: Shakespeare's clown: actor and text in the Elizabethan playhouse. Cambridge u.a. 1987

Barock, Restaurationstheater

Anderson, Ch.: Inigo Jones and the classical tradition. Cambridge u.a. 2007

Astington, J. H.: English court theatre 1558–1642. Cambridge u.a. 1999

Avery, E. L., A. H. Scouten: The London Stage 1660–1700. Carbondale 1968

Barroll, L.: Politics, plague, and Shakespeare's theater: the Stuart years. Ithaca u.a. 1991

Bentley, G. E.: The Jacobean and Caroline Stage. 7 Bde. Oxford 1941–68

Bevis, R. W.: English drama: Restoration and Eighteenth Century, 1660–1789. London u.a. [4]1996

Bly, M.: Queer virgins and virgin queans on the early modern stage. Oxford u.a. 2000

Boswell, E.: The Restoration of Court Stage 1660–1702. Cambridge 1932

Braun, B.: Restoration actresses during the reign of Charles II with special regard to the diary of Samuel Pepys. Trier 1995

Brotanek, R. Die englischen Maskenspiele. Wien 1902 (Nachdruck New York 1964)

Burns, E.: Restoration comedy: crises of desire and identity. Basingstoke 1987

Butler, M.: Theatre and Crisis 1632–1642. Cambridge u.a. 1984

Callow, S.: Acting in Restoration Comedy. New York 1992

Canfield, J. D.: Heroes & states: on the ideology of restoration tragedy. Lexington 2000

Ders.: Tricksters & estates. on the ideology of restoration comedy. Lexington 1997

The Court Masque. Hg. D. Lindley. Manchester 1984

Crawford, J. W.: Early Shakespearean actresses. New York u.a. 1984

Cultural readings of Restoration and eighteenth-century English theater. Hg. J. D. Canfield. Athens u.a. 1995

Dobrée, B.: Restoration Comedy. Oxford 1924 (Nachdruck Westport 1981)

Ders.: Restoration Tragedy. Oxford 1929

Ellis-Fermor, U. M.: The Jacobean Drama. London [2]1947

Haynes, J.: The social relations of Jonson's theater. Cambridge u.a. 1992

Heinemann, M.: Puritanism and theatre: Thomas Middleton and opposition drama under the early Stuarts. Cambridge u.a. 1980

Hirst, D. L.: Comedy of Manners. London 1979

The history of British theatre: the Restoration stage controversy. 6 Bde. Erläuterungen: Yuji Kaneko. London 1996

Jacobean Theatre. Hg. J. R. Brown, B. Harris. London 1960

Johnson, O.: Rehearsing the revolution: radical performance, radical politics in the English Restoration. Newark 2000

Kamps, I.: Historiography and Ideology in Stuart Drama. Cambridge u.a. 1996

Kernan, A. B.: Shakespeare, the King's playwright: theater in the Stuart court 1603–1613. New Haven u.a. 1995

Kewes, P.: Authorship and appropriation: writing for the stage in England 1660–1710. Oxford u.a. 1998

King, Th. J.: Casting Shakespeare's plays: London actors and their roles 1590–1642. Cambridge u.a. 1992

Knights, L. C.: Society and Drama in the Age of Jonson. London 1937

Leggatt, A.: Jacobean public theatre. London u.a. 1992

Leinwand, Th. B.: The city staged: Jacobean comedy 1603–1613. Madison 1986

Levine, J. M.: Between the ancients and the moderns: Baroque culture in restoration England. New Haven, London 1999

Levine, L.: Men in women's clothing: anti-theatricality and effeminization 1579–1642. Cambridge u.a. 1994

Limon, J.: The masque of Stuart culture. Newark 1990

Marshall, T.: Theatre and empire: Great Britain on the London stages under James VI and I. Manchester u.a. 2000

Masters, A.: The play of personality in the Restoration theatre. Woodbridge 1992

McManus, C.: Women on the Renaissance stage: Anna of Denmark and female masquing in the Stuart court (1590–1619). Manchester u.a. 2002

Meißner, U.: Drama und Politik in England 1656–1669. Frankfurt/Main u.a. 1993

Morgan, F.: The female wits: women playwrights on the London stage 1660–1720. London 1981

Muir, K.: The Comedy of Manners. London 1970

Nicoll, A.: Stuart Masques and the Renaissance stage. London u.a. 1937 (Nachdruck New York 1963)

Orgel, St., R. Strong: Inigo Jones: the theatre of the Stuart court. 2 Bde. London u.a. 1973

Orgel, St.: The Jonsonian Masque. Cambridge 1965

Orr, B.: Empire on the English stage 1660–1714. Cambridge, New York 2001

Owen, S. J.: Restoration theatre and crisis. Oxford 2000

Peacock, J.: The stage designs of Inigo Jones: the European context. Cambridge u.a. 1995

The politics of the Stuart court masque. Hg. D. Bevington. Cambridge u.a. 1998

Powell, J: Restoration theatre production. London u.a. 1984

Randall, D. B. J.: Winter fruit: English drama 1642–1660. Lexington 1995

Rosenthal, L. J.: Playwrights and plagiarists in early modern England: gender, authorship, literary property. Ithaca u.a. 1996

Sturgess, K.: Jacobean private theatre. London u.a. 1987

Styan, J. L.: Restoration comedy in performance. Cambridge u.a. 1994

Theatre and Government under the Early Stuarts. Hg. J. R. Mulryne, M. Shewring. Cambridge u.a. 1993

Wallis, L. B.: Fletcher, Beaumont & company: entertainers to the Jacobean gentry. New York ²1968

Wiseman, S.: Drama and politics in the English Civil War. Cambridge u.a. 1998

18. Jahrhundert

Baer, M.: Theatre and disorder in late Georgian London. Oxford 1992

Bailey, K. L.: 'She is capable of anything': the working lives of actresses on the eighteenth-century licensed London stage. Diss. College Park 2001

Barkhausen, J.: Die Vernunft des Sentimentalismus. Untersuchungen zur Entstehung der Empfindsamkeit und empfindsamen Komödie in England. Tübingen 1983

Bateson, F. W.: English Comic Drama, 1700–1750. Oxford 1929

Benedetti, J.: David Garrick and the birth of modern theatre. London 2001

Boas, F. S.: An Introduction to Eighteenth Century Drama 1700–80. Oxford 1953

Bolton, B.: Women, nationalism and the romantic stage: theatre and politics in Britain 1780–1800. Cambridge u.a. 2001

Burnim, K. A.: David Garrick. Director. Pittsburgh 1961

Essays on the Eighteenth-Century English Stage. Hg. K. Richards, P. Thomson. London 1972

Freeman, L. A.: Character's theater: genre and identity on the Eighteenth-Century English stage. Philadelphia 2002

Gagey, E.: Ballad Opera. New York 1937

Hughes, L.: A Century of English Farce. Westport (Nachdruck) 1979

Nelson, B. A.: Serious drama and the London stage, 1729–1739. Salzburg 1981

Nicoll, A.: The Garrick stage: theatres and audience in the eighteenth century. Manchester 1980

Ranger, P.: ›Terror and Piety Reigned in Every Breast‹: Gothic Drama in the London Patent Theatres 1750–1820. London 1991

Rosenfeld, S.: Theatre of the London Fairs in the 18th century. London 1960

Sherbo, A.: English Sentimental Drama. East Lansing 1957

Taylor, G.: The French Revolution and the London stage 1789–1805. Cambridge u.a. 2000

Winton, C.: John Gay and the London theatre. Lexington 1993

Woodfield, I.: Opera and drama in eighteenth-century London: the King's Theatre, Garrick and the business of performance. New York 2001

19. Jahrhundert

Bishop, C. J.: Melodramatic Acting: Concept and Technique in the Performance of Early Nineteenth Century English Melodrama. Diss. Stanford Univ. 1967

Booth, M. R.: Theatre in the Victorian age. Cambridge 1995

Ders.: Victorian Spectacular Theatre 1850–1910. Boston u.a. 1981

Brinckmann, Ch.: Drama und Öffentlichkeit in der englischen Romantik. Frankfurt/Main u.a. 1977

British romantic drama. Hg. T. A. Hoagwood, D. P. Watkins. Madison, London 1998

British theatre in the 1890s: essays on drama and the stage. Hg. R. Foulkes. Cambridge u.a 1992

Cross, G. B.: Next week – East Lynne: domestic drama in performance 1820–1874. Lewisburg 1977

Darlington, W. A.: The World of Gilbert and Sullivan. New York 1950

Davis, T. C.: Actresses as working women: their social identity in Victorian culture. London u.a. (1991)

Davis, T. C.: The economics of the British stage 1800–1914. Cambridge u.a. 2000

Donohue, J. W.: Dramatic Character in the English Romantic Age. Princeton 1970

Ders.: Theatre in the Age of Kean. Totowa 1975

The Edwardian theatre: essays on performance and the stage. Hg. M. R. Booth, J. H. Kaplan. Cambridge u.a. 1996

Finkel, A.: Romantic Stages: Set and Costume Design in Victorian England. London 1996

Hanson, F. B.: London Theatre Audiences of the Nineteenth Century. Diss. Yale Univ. 1953

Jenkins, A.: The Making of Victorian Drama. Cambridge 1991

Kift, D.: Arbeiterkultur im gesellschaftlichen Konflikt: die englische Music Hall im 19. Jahrhundert. Essen 1991

Klemm, W.: Die englische Farce im 19. Jahrhundert. Bern 1940

Markmann, G. A.: Die Londoner Theater im 19. Jahrhundert. Essen 1995

Marshall, G.: Actresses on the Victorian stage. Cambridge u.a. 1998

Nineteenth Century British Theatre. Hg. K. Richards, P. Thomson. London 1971

Powell, K.: Oscar Wilde and the theatre of the 1890s. Cambridge u.a. 1990

Ders.: Women and Victorian theatre. Cambridge u.a. 1997

Rowell, G.: The Victorian Theatre 1792–1914. Cambridge ²1978

Schmidt, J. N.: Ästhetik des Melodramas. Studien zu einem Genre des populären Theaters im England des 19. Jahrhunderts. Heidelberg 1986

Schneider, U.: Die Londoner Music Halls und ihre Songs 1850–1920. Tübingen 1984

Sheridan, P.: Penny Theatres of Victorian London. London 1981

Southern, R.: The Victorian Theatre. Newton Abbott 1970

Stephens, J. R.: The profession of the playwright: British theatre 1800–1900. Cambridge u.a. 1992

Taylor, G.: Players and performances in the Victorian theatre. Manchester u.a. 1993

Trewin, J. C.: The Edwardian theatre. Oxford 1976

Victorian actors and actresses in review: a dictionary of contemporary views of representative British and American actors and actresses 1837–1901. Hg. D. Mullin. Westport u.a. 1983

Victorian theatricals: from menageries to melodrama. Red. S. Hudston. London 2000

Watkins, D. P.: A Materialist Critique of English Romantic Drama. Gainesville 1993

Wedel, Ch.: Die Theatertopographie des Londoner East End im 19. Jahrhundert. Frankfurt/Main u.a. 1987

Women and Playwriting in Nineteenth-Century Britain. Hg. T. C. Davis, E. Donkin. Cambridge 1999

Women in British romantic theatre: drama, performance, and society 1790–1840. Hg. C. Burroughs. Cambridge u.a. 2000

20. Jahrhundert

Anderson, M.: Anger and Detachment. London 1976

At the Royal Court. Twenty Five Years of the English Stage Company. Hg. R. Findlater. London 1981

Beauman, S.: The Royal Shakespeare Company. London 1982

Bell, S. H.: The theatre in Ulster: A survey of the dramatic movement in Ulster from 1902 until the present day. Dublin 1972

Beyer, M.: Das englische Drama des 20. Jahrhunderts. Tübingen, Basel 1996

Beyond Taboos: Images of Outrageousness in Recent English-Speaking Drama. Newark 1996

Beyond the Mainstream. Hg. P. P. Schnierer. Trier 1997

Billington, M.: One night stands: a critic's view of modern British theatre. London 1992

British Drama of the 1990s. Hg. B. Reitz, M. Berninger. Heidelberg 2002

British dramatists since World War II. 2 Bde. Hg. St. Weintraub. Detroit 1982

British theatre in the 1950s. Hg. D. Shellard. London 2000

Bull, J.: New British Political Dramatists. London 1984

Bull, J.: Stage Right: Crisis and Recovery in British Contemporary Mainstream Theatre. New York 1994

Callow, S.: The National. London 1997

Cave, R. A.: New British drama in performance on the London stage 1970 to 1985. Gerrards Cross 1987

Chambers, C.: Other Spaces. New Theatre and the RSC. London 1980

Chambers, C.: The Story of Unity Theatre. New York 1990

Contemporary British dramatists. Hg. K. A. Berney. London u. a. 1994

Contemporary British theatre. Hg. Th. Shank. Basingstoke (rev.) 1996

Contemporary English Theatre. Hg. C. W. E. Bigsby. London 1981

Davies, A.: Other theatres: the development of alternative and experimental theatre in Britain. Basingstoke u. a. 1987

DiCenzo, M.: The Politics of Alternative Theatre in Britain 1968–90. The Case of 7:84 (Scotland). New York u. a. 1996

Drama on drama: dimensions of theatricality on the contemporary British stage. Hg. N. Boireau. Basingstoke u. a. 1997

Dreams and Deconstructions: Alternative Theatre in Britain. Hg. S. Craig. London 1980

Edwards, O. D.: City of a thousand worlds. Edinburgh in festival. Edinburgh 1991

Elsom, J., N. Tomalin: The History of the National Theatre. London 1978

Das englische Drama nach 1945. Hg. K. P. Steiger. Darmstadt 1983

Englisches Theater der Gegenwart: Geschichte(n) und Strukturen. Hg. K. P. Müller. Tübingen 1993

Eyre, R., N. Wright: Changing stages: a view of British theatre in the twentieth century. London 2000

Gale, M. B.: West End women: women and the London stage, 1918–1962. London u. a. 1996

Goodwin, T.: Britain's Royal National Theatre. New York 1988

Goorney, H.: The Theatre Workshop Story. London 1981

Grundemann-Falkenberg, M.: Der Edinburgh Fringe Festival. Dipl.-Arb. Wien 1991

Hutchison, D.: The modern Scottish theatre. Glasgow 1977

Inside the Royal Court Theatre 1956–81. Hg. G. A. Doty, B. J. Harbin. Baton Rouge 1990

Itzin, C.: Stages in the Revolution. Political Theatre in Britain since 1968. London 1986

Jäger, A.: John McGrath und die 7:84 Company Scotland: Politik, Popularität und Regionalismus im Theater der siebziger Jahre in Schottland. Amsterdam 1986

Kaye, N.: British Live Art. Newark 1994

Klotz, G.: Alternativen im britischen Drama der Gegenwart. Berlin 1978

Ders.: Britische Dramatiker der Gegenwart. Berlin 1982

Kosok, H. u. a. Drama und Theater in England des 20. Jahrhunderts. Düsseldorf 1980

Lacey, St.: British realist theatre: the new wave in its context 1956–1965. London u. a. 1995

Lehberger, R.: Das sozialistische Theater in England 1934 bis zum Ausbruch des Zweiten Weltkrieges. Frankfurt/ Main u. a. 1977

Lewis, P.: The National: a dream made concrete. London 1990

Maguire, T.: Making theatre in Northern Ireland: through and beyond the troubles. Exeter 2006

Morley, S.: Our theatres in the eighties. London 1990

Peacock, D. K.: Thatcher's theatre: British theatre and drama in the eighties. Westport u. a. 1999

Quaschnowitz, D.: Die englische Farce im frühen 20. Jahrhundert. Münster 1991

Raab, M.: Erfahrungsräume: das englische Drama der neunziger Jahre. Trier 1999

Reinelt, J.: After Brecht: British epic theater. Ann Arbor 1994

Robert, Ph.: The Royal Court Theatre and the Modern Stage. Cambridge 1999

Rowell, G., A. Jackson: The repertory movement: a history of regional theatre in Britain. Cambridge u. a. 1984

Schnierer, P. P.: Modernes englisches Drama und Theater seit 1945. Tübingen 1997

The Scottish Theatre since the Seventies. Hg. R. Stevenson, G. Wallace. New York 1996

Shaughnessy, R.: Representing Shakespeare: England, history and the RSC. New York u. a. 1994

Shellard, D.: British theatre since the war. New Haven u.a. 1999

Staging Wales: Welsh theatre 1979–1997. Hg. A.-M. Taylor. Cardiff 1997

Taylor, J. R.: Anger & After. A Guide to the New British Drama. London 1962

Ders.: The Second Wave: British Drama of the Sixties. London 1978

Thomsen, Ch. W: Das englische Theater der Gegenwart. Düsseldorf 1980

Twentieth-century theatre and drama in English. Hg. J. Kamm. Trier 1999

Wilson, A. E.: East End Entertainment. London 1954

Wiszniowska, M.: ...by action dignified... British theatre 1968–1995: text and context. Toruń 1997

Zettner, M.: Paperback theatre: das Young Vic und seine Bedeutung für das englische Theater. Frankfurt/Main u.a. 1994

Staat, Kirche, Zensur

Aldgate, A.: Censorship and the Permissive Society. British Cinema and Theatre 1955–1965. New York u.a. 1995

Becker, L.: Kulturfinanzierung in Grossbritannien und Deutschland. München 1996

Bratton, J. S.: Acts of supremacy: the British Empire and the stage 1790–1930. Manchester u.a. 1991

British Theatrical Patents 1801–1900. Hg. T. Rees, D. Wilmore. London 1996

Burt, R.: Licensed by authority: Ben Jonson and the discourses of censorship. Ithaca u.a. 1993

Clare, J.: Art made tongue-tied by authority: Elizabethan and Jacobean dramatic censorship. Manchester u.a. ²1999

Conolly, L. W.: The censorship of English drama 1737–1824. San Marino 1976

The control and censorship of Caroline drama: the records of Sir Henry Herbert, Master of the Revels 1623–73. Hg. N. W. Bawcutt. Oxford u.a. 1996

De Jongh, N.: Politics, prudery & perversions: the censoring of the English stage 1901–1968. London 2000

Diehl, H.: Staging reform, reforming the stage: Protestantism and popular theater in Early Modern England. Ithaca u.a. 1997

Dutton, R.: Licensing, censorship and authorship in early modern England: buggeswords. Basingstoke u.a. 2000

Ders.: Mastering the revels: the regulation and censorship of English Renaissance drama. Basingstoke u.a. 1991

Foulkes, R.: Church and stage in Victorian England. Cambridge u.a. 1997

Isaacs, S. C.: The Law Relating to Theatres, Music Halls and other Entertainments. London 1927

Johnston, J.: The Lord Chamberlain's blue pencil. London u.a. 1990

Kinservik, M. J.: Disciplining satire: the censorship of satiric comedy on the eighteenth-century London stage. Lewisburg 2002

Liebenstein-Kurtz, R. v.: Das subventionierte englische Theater: Produktionsbedingungen und Auswirkungen auf das moderne englische Drama (1956–1976). Tübingen 1981

Liesenfeld, V. J.: The Licensing Act of 1737. Madison u.a. 1984

O'Connell, M.: The idolatrous eye: iconoclasm and theater in early-modern England. New York u.a. 2000

Politics and performance in contemporary Northern Ireland. Hg. J. P. Harrington, E. J. Mitchell. Amherst 1999

The stage and the Licensing Act, 1729–1739. Hg. V. J. Liesenfeld. New York u.a. 1981

Stephens, J. R.: The Censorship of English Drama 1824–1901. Cambridge 1981

Thompson, E. N. S.: The controversy between the Puritans and the stage. New Haven 1903

Einzeluntersuchungen

Aspects du théâtre anglais (1594–1730). Hg. N. J. Rigaud. Aix-en-Provence 1987

Avery, E. L. u.a. The London stage: a critical introduction. 5 Bde. Carbondale 1968

Bentham, F.: New Theatres in Britain. London 1970

Bergan, R.: The great theatres of London: an illustrated companion. London 1990

Black Theatre in Britain. Hg. R. Tompsett. Newark 1997

Booth, M. R.: English Melodrama. London 1965

Bradbrook, M. C.: English Dramatic Form. London 1965

British theatre and the other arts, 1660–1800. Hg. S. S. Kenny. Washington 1984

British theatre design: the modern age. Hg. J. Goodwin. London 1989 (Tb. London 1998)

Burton, E. J.: The British Theatre 1100–1900. London 1966

Butterworth, P.: Theatre of Fire: Special Effects in Early English and Scottish Theatre. London 1998

Campbell, D.: Playing for Scotland: a history of the Scottish stage 1715–1965. Edinburgh 1996

Cheshire, D. F.: Music Hall in Britain. Newton Abbot 1974

Clarke, M.: The Sadler's Wells Ballet. A history and an appreciation. London, 1955 – New York 1977

Clinton-Baddeley, V. C.: The Burlesque Tradition in the English Theatre after 1660. London (Nachdruck) 1973

Curtain calls: British and American women and the theater, 1660–1820. Hg. M. A. Schofield. Athens 1991

Das englische Drama im 18. und 19. Jahrhundert. Hg. H. Kosok. Berlin 1976

Davidson, C.: Illustrations of the stage and acting in England to 1580. Kalamazoo 1991

De Jongh, N.: Not in front of the audience: homosexuality on stage. London u.a. 1992

Donkin, E.: Getting into the Act. Women Playwrights in London, 1776–1829. London u.a. 1995

Englische Literaturgeschichte. Hg. U. Seeber. Stuttgart, Weimar ²1993

Ferguson, M.: First Feminists. British Women Writers 1578–1799. Bloomington 1985

Franceschina, J.: Homosexualities in the English theatre from Lyly to Wilde. Westport u.a. 1997

Fricker, R.: Das ältere englische Schauspiel. 3 Bde. Bern, München 1975–87

Ders.: Das moderne englische Drama. Göttingen ²1974

The Genius of the Early English Theatre. Hg. S. Barnet. New York 1996

Gilmore, M. T.: Differences in the dark: American movies and English theater. New York u.a. 1998

Howard, D.: London Theatres and Music Halls 1850–1950. London 1970

Howe, E.: The first English actresses: women and drama 1660–1700. Cambridge u.a. 1992

Hudson, L.: The English Stage 1850–1950. London 1951 (Repr. 1972, 1976)

Hume, R. D. The Rakish Stage: Studies in English Drama 1660–1800. Carbondale 1983

Jones, D.: Black book on the Welsh theatre. Lausanne (rev.) 1985

Kavenik, F. M.: British drama, 1660–1779: a critical history. New York u.a. 1995

Leacroft, R.: The Development of the English Playhouse. London 1973

Leggatt, A.: English stage comedy 1490–1990: five centuries of a genre. London u.a. 1998

Lemmer, K. J.: Englisches Theater. Berlin 1962

Leslies, P.: A Hard Act to Follow. A Music-Hall Review. New York, London 1978

The London Theatre World 1660–1800. Hg. R. D. Hume. Carbondale 1980

McGrath, J.: The bone won't break: on theatre and hope in hard times. London 1990

Moody, J.: Illegitimate theatre in London 1787–1843. Cambridge, New York 2000

Morely, S.: Spread A Little Happiness: The First Hundred Years of the British Musical. New York 1987

Nicoll, A.: A History of English Drama 1600–1900. 6 Bde. London 1952–59 (versch. Aufl.).

Ders.: Masks, mimes and miracles: studies in the popular theatre. London 1931 (Nachdruck New York 1963)

Price, C.: The professional theatre in Wales. Swansea 1984

Richards, S.: The rise of the English actress. New York 1993

Rosenfeld, S.: A Short History of Scene Design in Great Britain. London 1973

Samuel, R., E. MacColl, St. Cosgrove: Theatres of the Left 1880–1935; workers' theatre movements in Britain and America. London 1985

Senelick, L. u.a. British Music Hall 1840–1923. Hamden 1981

Southern, R.: The staging of plays before Shakespeare. London 1973

Speaight, G.: The History of the English Puppet Theatre. London ²1992

Steiger, K. P.: Vom Misterienspiel zum Stuart-Drama. Berlin 1984

Styan, J. L.: The English Stage. A History of Drama and Performance. Cambridge u.a. 1996

The Theatres Trust guide to theatres, 1750–1950. Hg. J. Earl, M. Sell. London 2000

Weightman, G.: Bright Lights, Big City: London Entertained 1830–1950. London 1992

Wickham, G.: Shakespeares Dramatic Heritage. Collected Studies in Medieval, Tudor and Shakespearian Drama. London 1969

Wikander, M. H.: Princes to act: royal audience and royal performance 1578–1792. Baltimore u.a. 1993

Willson, R. F.: »Their form confounded«. Studies in the Burlesque Play from Udall to Sheridan. Den Haag 1975

Wilson, A. E.: Christmas Pantomime. London 1934

Irland

Bibliographien, Nachschlagewerke, Überblicksdarstellungen

Fletcher, A. H.: Drama and the performing arts in pre-Cromwellian Ireland: a repertory of sources and documents from the earliest times until c. 1642. Woodbridge u.a. 2001

Greene, J. C., G. L. H. Clark: The Dublin stage 1720–1745: a calendar of plays, entertainments, and afterpieces. Bethlehem 1993

Igoe, V.: A Literary Guide to Dublin. London 1994

Irish playwrights 1880–1995: a research and production sourcebook. Hg. B. Schrank u.a. Westport u.a. 1997

Irish theatre handbook: a comprehensive guide to professional drama, dance and opera in Ireland, north and south. Hg. P. Shields. Dublin ³2004

Mikhail, E. H: An annotated bibliography of modern Anglo-Irish drama. Troy 1981

Morash, Ch.: A history of Irish theatre 1601–2000. Cambridge u.a. 2002

Productions of the Irish theatre movement 1899–1916: a checklist. Bearb. N. O'Ceallaigh Ritschel. Westport u.a. 2001

Stagecast: Irish Stage and Screen Directory. Monkstown 1992

Untersuchungen

A century of Irish drama: widening the stage. Hg. St. Watt. Bloomington 2000

A whirlwind in Dublin: the plough and the stars riots. Hg. R. G. Lowery. Westport 1984

The Abbey Theatre. Hg. E. H. Mikhail. O.O. 1986

Bickley, F. L.: J. M. Synge and the Irish dramatic movement. Folcroft (1969)

Brinson, P., A. Ormston: The Dancer and the Dance: Developing Theatre Dance in Ireland. Dublin 1985

Burke, H. M.: Riotous performances: the struggle for hegemony in the Irish theater 1712–1784. Notre Dame 2003

Clark, D. R. u.a.: W. B. Yeats and the Theatre of Desolate Reality. Washington 1993

Clark, W. S.: The Early Irish Stage. Oxford 1955

Ders.: The Irish Stage in the Country Towns. Oxford 1965

Clarke, B. K.: The emergence of the Irish peasant play at the Abbey Theatre. Ann Arbor 1982

Connolly, Th.: British aisles: studies in English and Irish drama and theatre from medieval through modern times. Ostrava 1998

Dean, J. F.: Riot and great anger: stage censorship in twentieth-century Ireland. Madison 2004

Druids, dudes, and beauty queens: the changing face of Irish theatre. Hg. D. Bolger. Dublin 2001

Ellis-Fermor, U. M.: The Irish Dramatic Movement. London 1977

Etherton, M.: Contemporary Irish Dramatists. Basingstoke 1989

Fallis, R.: The Irish Renaissance. Dublin 1978

Fitz-Simon, Ch.: The Irish Theatre. London 1982

Flannery J. W.: W. B. Yeats and the idea of a theatre: the early Abbey Theatre in theory and practice. New Haven u.a. 1976

Frazier, A.: Behind the Scenes: Yeats, Horniman, and the Struggle for the Abbey Theater. Berkeley 1990

Garrigan Mattar, S.: Primitivism and the writers of the Irish dramatic movement to 1910. Diss. Oxford 1997

Göler, H. v.: Streets apart from Abbey street: the search for an alternative national theatre in Ireland since 1980. Trier 2000

Grene, N.: The politics of Irish drama: plays in context from Boucicault to Friel. Cambridge u.a. 1999

Grote, G.: Anglo-Irish theatre and the formation of a nationalist political culture between 1890 and 1930. Lewiston u.a. 2003

Hunt, H.: The Abbey: Ireland's national theatre, 1904–1978. New York 1979

Irish theatre on tour. Hg. N. Grene, Ch. Morash. Dublin 2005

Kavanagh, P.: The Story of the Abbey Theatre. O.O. 1984

Kilroy, J.: The »Playboy« riots. Dublin (1971)

Mathews, P. J.: Revival: the Abbey Theatre, Sinn Féin, the Gaelic League and the co-operative movement. Cork 2004

Maxwell, D. E. S.: A Critical History of Modern Irish Drama, 1891–1980. Cambridge 1984

Ó Siadhail, P.: Stair dhrámaíocht na Gaeilge: 1900–1970. Indreabhán 1993

Perspectives on Irish drama and theatre. Hg. J. Genet, R. A. Cave. Gerrards Cross 1991

Pilkington, L.: Theatre and the state in twentieth-century Ireland: cultivating the people. London u.a. 2001

Players and painted stage: aspects of the Twentieth Century theatre in Ireland: Hg. Ch. Fitz-Simon. Dublin 2004

The power of laughter: comedy and contemporary Irish theatre. Hg. E. Weitz. Dublin 2004

Rabey, D. I.: British and Irish political drama in the twentieth century: implicating the audience. Basingstoke u.a. 1994

Randaccio, M.: Il teatro irlandese contemporaneo. Triest 2001

Richtarik, M. J.: Acting between the lines: the Field Day Theatre Company and Irish cultural politics 1980–1984. Oxford 1994

Ryan, Ph. B.: The Lost Theatres of Dublin. Westbury 1998

Schmitz-Mayr-Harting, E.: The Irish National Theatre from E. Martyn to Sean O'Casey. Diss. Wien 1956

Simpson, A.: Beckett and Behan and a Theatre in Dublin. London 1962

The state of play: Irish theatre in the 'nineties. Hg. E. Bort. Trier 1996

Theatre and nationalism in twentieth-century Ireland. Hg. R. O'Driscoll. Toronto, London 1971

Théâtres irlandais. Hg. I. Famchon. Montpellier u.a. 1996

Theatre talk: voices of Irish theatre practitioners. Hg. L. Chambers u. a. Dublin 2001

Trotter, M.: Ireland's national theaters: political performance and the origins of the Irish dramatic movement. Syracuse 2001

Vandevelde, K.: The alternative dramatic revival in Ireland 1897–1913. Dublin 2005

Völker, K.: Irisches Theater. 2 Bde. Velber 1967

Watt, St.: Joyce, O'Casey, and the Irish popular theater. Syracuse 1991

Welch, R.: The Abbey Theatre. Oxford 1999

Wheatley, Dh. J.: Beneath Iërne's banners: Irish protestant drama of the Restoration and eighteenth century. Notre Dame 2000

Worth, K.: The Irish drama of Europe from Yeats to Beckett. London 1986

Niederlande

Bibliographien, Nachschlagewerke, Übersichtsdarstellungen

Aken, L. J. N. K. van: Catalogus Nederlands toneel. 3 Bde. Amsterdam 1954–56

Albach, B.: Duizend jaar tooneel in Nederland. Bussum 1965

Coffeng, J. M.: Lexicon van Nederlandse tonelisten. Amsterdam 1965

Een theatergeschiedenis der Nederlanden: tien eeuwen drama en theater in Nederland en Vlaanderen. Hg. R. L. Erenstein. Amsterdam 1996

Honig, P. H.: Acteurs – en Kleinkunstenaarslexicon. Diepenveen 1984

Kalff, G.: Geschiedenis der Nederlandsche Letterkunde. 7 Bde. Groningen 1906–12

Kort tijt-verdrijf. Opstellen over Nederlands toneel (vanaf ca. 1550). Hg. W. Abrahamse. Amsterdam 1996

Theatre and dance from the Netherlands = Théâtre et danse des Pays-Bas. Hg. J. Ladiges, K. van Herwijnen, M. Duintjer. Amsterdam 1997

Worp, J. A.: Geschiedenis van het drama en van het toneel in Nederland. 2 Bde. Groningen 1904–07 (Nachdruck: Rotterdam 1970)

Untersuchungen

De abele spelen naar hat Hulthemse handschrift. Hg. L. van Kammen. Amsterdam 1968

Abbing, H.: Een economie van de kunsten: Beschouwingen over kunst en kunstbeleid. Groningen 1989

Albach, B.: Het huis op het Plein. Amsterdam 1957

Ders.: Langs kermissen en hoven. Ontstaan en kroniek van een Nederlands toneelgezelschap in de 17e eeuw. Zutphen 1977.

Ders. u. a.: Nederlands toneel in de 17de en 18de eeuw. Zutphen 1984

Alkema, H., Ch. Boer: Poppen-, object-, en beeldend theater in Nederland. Amsterdam 1991

Autenboer, E. van: Het Brabants landjuweel van de rederijkers (1515–1561). Middelburg 1981

Barnow, A. J.: Vondel. New York 1925

Berends, L.: Rozen en tomaten: de Amsterdamse Schouwburg 1894–1994. Amsterdam 1994

Boogerd, L. van den: Het Jezuïtendrama in de Nederlanden. Groningen 1961

Bosboom, F., W. Hildebrand: Bakuba speelt Oe'ma. Voorstellingsanalyse en Publieksonderzoek. Utrecht 1979

Bottenheim, S. A. M.: De opera in Nederland. Amsterdam 1946

Cultural policy in the Netherlands. Den Haag 1998

Dabrówka, A.: Untersuchungen über die mittelniederländischen Abele Spelen (Herkunft, Stil, Motive). Warschau 1987

Dehollander, J., G. Joosten, L. Perceval, St. de Ruyck: Van Blauwe Maandag Compagnie tot Het Toneelhuis. Brüssel 1998

Dieho, B., G. Hagoort, H. Olink: De andere kant van de theaterpraktijk. Amsterdam 1985

Duyse, P. van: De Rederijkkamers in Nederland. 2 Bde. Gent 1900–1902

Endepols, H. H.: Vijf geestelijke toneelspelen der Middeleeuwen. Leiden 1941

Facetten van vijftig jaar Nederlands tooneel 1920–70. Hg. G. J. de Voogd. Amsterdam 1970

Fransen, J.: Les comédiens français en Holland au 17e et 18e siècles. Paris 1925

Frey, M.: Creatieve Marge: die Entwicklung des niederländischen Off-Theaters. Wien, Köln 1991

Gaal, R. van: Een bolwerk voor de muzen: 50 jaar Stadsschouwburg Utrecht 1941–1991. Utrecht 1991

Gelder, H. E. van: Het Haagse toneelleven en de Koninklijke Schouwburg 1804–1954. Den Haag 1954

Gemert, E. M. P. van: Tussen de bedrijven door? De functie van de rei in Nederlandstalig toneel 1556–1625. Diss. Deventer 1990

Gieling, L.: Toneelbeeld. Vanal 1945 in Nederland. Amsterdam, Den Haag 1990

Haarlems Helicon: literatuur en toneel te Haarlem vóór 1800. Red. E. K. Grootes. Hilversum 1993

Haas, A. de: De wetten van het treurspel: over ernstig toneel in Nederland 1700–1772. Hilversum 1998

Hees, A van: Nieuw toneel voor nieuw publiek. Leiden 1940

Hellwald, F. v.: Geschichte des holländischen Theaters. Rotterdam 1874

Het Nederlands theaterboek. s'Gravenhage 1950 ff. [Jahrbuch]

Het politieke theater hefft je hart nodig: het theater tussen emotionele werking en politieke werkelijkheid. Antwerpen 1982

Hollenberg, I., R. Klinkenberg: Mickery in Amsterdam. 2 Bde. Amsterdam 1980

175 jaar Koninklijke Schouwburg 1804–1979. 's-Gravenhage 1979

Hummelen, W. M. H.: Amsterdams Toneel in het begin van de Gouden Eeuw. 's-Gravenhage 1982

Ders.: Inrichting en gebruik van het toneel in de Amsterdamse Schouwburg van 1637. Amsterdam 1967

Hunningher, B.: Een eeuw Nederlands Toneel. Amsterdam 1949

Ders.: Het toneel in de Amsterdamse Schouwburg van 1637. Amsterdam 1957

Kamp, J. E. van de: Mens, durfte leven! Grote Figuren uit het cabaret in en om Amsterdam tot 1940. Amsterdam 1978

Kossmann, E. F.: Nieuwe bijdragen tot de geschiedenis van het Nederlandsche tooneel in de 17e en 18e eeuw. 's-Gravenhage 1915

Kwetterende dwergen en andere toneelmakers: reacties op de nieuwste theatertrends. Zus.stellung R. Erenstein, J. van Schoor, E. Cossee. Westbroek 1986

Leeuwe, H. de: Meiningen en Nederland. Groningen 1959

Looijen, T.K.: Een geschiedenis van Amsterdamse theaters. Nieuwkoop 1981

Mak, J. J.: De rederijkers. Amsterdam 1944

Moerkerken, P. H. van: Het Nederlandsch kluchtspel in de 17de eeuw. 2 Bde. Sneek 1899

Mostart, P., A. van Vliet: Vijftien jaar Shaffytheater. Mag.-Arb Amsterdam 1985

Noak, B.: Politische Auffassungen im niederländischen Drama des 17. Jahrhunderts. Münster u. a. 2002

Oey-de Vita, E., M. Geesink: Academie en Schouwburg: Amsterdams toneelrepertoire 1617–1665. Amsterdam 1983

Ogden, D. H.: Das »Werkteater« von Amsterdam. Würzburg 1993

Onafhankelijk Toneel: 1979–1995. Red. M. Koen. Rotterdam 1995

Poos, W. Ph.: Theatre in Holland. Amsterdam 1957

Rijswoudt, C. van: Van Theorie naar Praktijk. Het subsidiebeleid ten aanzien van Kindertheater 1969–83. Mag.-Arb. Amsterdam 1984

Royaards, K.: Werkteater Teaterwerk sinds 1970. Amsterdam 1980

Schayk, M. van: Hallo Medemens! De geschiedenis van Het Werkteater. Amsterdam 2001

Schoor, J. van: Herman Teirlinck en het Toneel. Amsterdam 1974

Schoot, C.S. van der: Nederlands Expressionistisch theater in het Interbellum. Amsterdam 1982

Schotel, G. D. J.: Geschiedenis der rederijkers in Nederland. Rotterdam ²1871

Smits-Veldt, M. B.: Het Nederlandse Renaissancetoneel. Utrecht 1991

Stellinga, G.: De abele spelen. Zinsvormen en zinsfuncties. Groningen 1955

Tomaat documentatie: een documentair verslag van een actie 9 oktober 1969 – 28 februari 1970. Bearb. I. Deddes. Amsterdam 1979

Tomaat in perspectief: theatervernieuwing in de jaren '60 en '70. Red. D. Meyer. Amsterdam 1994

Urban theatre in the Low Countries 1400–1625. Hg. E. Strietman, P. Happé. Turnhout u. a. 2006

Worp, J. A.: Geschiedenis van den Amsterdamschen Schouwburg 1496–1772. Hg. J. F. M. Sterck. Amsterdam 1920

Woude, J. van der: Eduard Verkade en het toneel. 's-Gravenhage 1962

Wybrands, C. N.: Het Amsterdamsche tooneel van 1617–1772. Utrecht 1873

Belgien

Bibliographien, Nachschlagewerke, Überblicksdarstellungen

Les bibliothèques et musées des arts du spectacle en communauté française de Belgique. Hg. Centre SIBMAS. Brüssel ⁴1994

Lettres françaises de Belgique. 3. Bd: Le théâtre, l'essai. Hg. M. De Grève u. a. Paris-Gembloux 1989

Le répertoire des auteurs dramatiques contemporains: théâtre belge de langue française. Red. N. Delhalle. Brüssel 1997

Einzeluntersuchungen

Aron, P.: La mémoire en jeu: une histoire du théâtre de langue française en belgique (XIXe – XXe siècle). Brüssel 1995

Cohen, G., Le Théâtre Français en Belgique au Moyen Age. Brüssel 1952

Convegno Internazionale Teatro Spirituale in Europa: Il Belgio Francofono. Hg. R. Gasparro. Rom 1995

Coppieters, F.: Het hedendaags toneel in België. Brüssel 1969

De Brabander, G. L., L. Steel: Hermes op de planken: de economische impacten van de podiumkunsten in Vlaanderen.. Brüssel 1998

Dramaturgie in Vlaanderen – L'Art dramatique en Flandre – Playwriting in Flanders. Hg. M. Hermans, J. van Schoor. Antwerpen 1974

En scène pour demain: Ou soixante ans de théâtre belge. Brüssel 1988

Faber, F.: Histoire du théâtre français en Belgique depuis son origine jusqu'à nos jours. 5 Bde. Brüssel 1887–1891

Godeline, C.: Het Vlaamsche Volkstooneel. O.O.1939

Gross, J.: Speaking in other voices: an ethnography of Walloon puppet theatres. Amsterdam u.a. 2001

Hellemans, D. u.a.: Op de voet gevolgd. 20 jaar Vlaams Theater in internationaal perspectief. Brüssel 1990

Hislaire, J.: Théâtre à Bruxelles: chronique 1943–2004. Brüssel 2005

Impe, A. van: Over toneel. Vlaamse kroniek van het komediantendom. Amsterdam u.a. 1978

Langvik-Johannessen, K.: De Brusselse hoofdtonelen: een bijdrage tot de geschiedenis van het Brusselse theater in Oostenrijkse tijd. Brüssel 1993

Liebrecht, H.: Les chambres de rhéthorique. Brüssel 1948

Lilar, S.: Soixante ans de théâtre belge. Brüssel 1952

Louvet, J.: Le fil de l'histoire: pour un théâtre d'aujourd'hui. Louvain-la-Neuve 1991

Michel de Ghelderode en het Vlaamsche volkstooneel (1926–1932). Red. G. Garré. Brüssel 1998

Morckhoven, P. van: The Contemporary Theatre in Belgium. Brüssel 1970

Peeters, F.: Jan Oscar de Gruyter en het Vlaamse Volkstoneel 1920–1924. Leuven 1989

Regards sur le théâtre belge de langue française au XXe siècle. Bearb. N. Leclercq, Y. De Bruyn. Brüssel 1996

Renieu, L.: Histoire des théâtres de Bruxelles, depuis leur origine jusqu'à ce jour. Brüssel 1974

Ronde, Th. de: Het toneelleven in Vlaanderen door de eeuwen heen. Brügge 1930

Ruscart, P.: Le théâtre belge. Brüssel 1917

Sabbe, M., L. Monteyne, H. Coopman: Het Vlaamsch Tooneel. Brüssel 1927

Schrickx, W.: Foreign envoys and travelling players in the age of Shakespeare and Jonson. Wetteren 1986

Solvay, L.: Le théâtre belge d'expression française. Brüssel 1936

Theater in Holland und Flandern. Hg. B. Engelhardt. Berlin 2001 (Theater der Zeit, H. 9)

Le Théâtre belge en langue française. Hg. R. Deldime. Brüssel 1983

Le théâtre dans l'espace social. Hg. N. Delhalle, B. Debroux. Brüssel 2004

Theatrical gestures of Belgian modernism: Dada, surrealism, futurism, and pure plastic in the twentieth century Belgian theatre. Hg. D. Willinger. New York u.a. 2002

Un siècle en cinq actes: les grandes tendances du théâtre belge francophone au XXe siècle. Hg. N. Leclercq, F. Pint. Brüssel 2003

Das Zeitgenössische Theater Belgiens. Red. F. Coppieters. Brüssel 1970

Luxemburg

150 Jahre Theater in Luxemburg. Hg. S. Baldauff-Beck. Echternach 1989 (Amphitheater 7/8)

Hurt, J.: Ein Theaterrundgang durch Luxemburg. Esch 1932

Ders.: Theater in Luxemburg. Tl. 1. Von den Anfängen bis zum heimatlichen Theater 1855. Luxemburg 1938

Kolbet, Ch.: Kulturpolitische Aspekte der gegenwärtigen Luxemburger Theaterentwicklung. Mag.-Arb. Univ. Erlangen-Nürnberg 1987

Schlechter, P.: Triviales Theater: Untersuchungen zum volkstümlichen Theater am Beispiel des luxemburgischen Dialektdramas von 1894–1940. Luxemburg 1974

Spielmann, A.: Liberté d'expression ou censure? Luxemburg 1982

Mitteleuropäisches Theater

Deutschland

Bibliographien, Nachschlagewerke, Überblicksdarstellungen

Archive, Bibliotheken, Museen, Sammlungen und Gedenkstätten mit Beständen zum Bereich »Darstellende Künste« in der Bundesrepublik Deutschland. Hg. P. Schmitt, P. S. Ulrich. Erlangen 1992

Batts, M.: Hohes Mittelalter. Bern, München 1969 [Bibliographie]

Bender, W. F., S. Bushuven, M. Huesmann: Theaterperiodika des 18. Jahrhunderts. Bibliographie und inhaltliche Erschließung deutschsprachiger Theaterzeitschriften, Theaterkalender und Theatertaschenbücher. 3 Tle in 8 Bden. München u.a. 1994–2005

Bergmann, R.: Katalog der deutschsprachigen geistlichen Spiele und Marienklagen des Mittelalters. München 1986

Bibliographia dramatica et dramaticorum. Kommentierte

Bibliographie der im ehemaligen deutschen Reichsgebiet gedruckten und gespielten Dramen des 18. Jahrhunderts nebst deren Bearbeitungen und Übersetzungen und ihre Rezeption bis in die Gegenwart. Hg. und Bearb. R. Meyer. 1. Abt. Werkausgaben, Sammlungen, Reihen. Bd 1 ff. Tübingen 1986 ff. – 2. Abt. Einzeltitel. Bd 1 ff. Tübingen 1993 ff.

Bibliographie zur deutschen Literaturgeschichte des Barockzeitalters. Begr. H. Pyritz, Hg. I. Pyritz. 3 Tle. München u.a. 1985–94 [Tl 1 und 3 Bearb. R. Bölhoff]

Cowen, R. C.: Neunzehntes Jahrhundert (1830–1880). Bern, München 1970 [Bibliographie]

Deutsches Biographisches Archiv. DBA. Hg. B. Fabian, W. Gorzny. München u.a. 1982–85 [Mikrofiches] – Register: Deutscher biographischer Index. Bearb. H.-A. Koch u.a. 4 Bde. München 1986 – 2. Folge. Hg. W. Gorzny. München u.a. 1989–93 [Mikrofiches] – 3. Folge: 1960–1999. Hg. V. Herrero Mediavilla. München 1999–2002 [Mikrofiches]

Deutsches Bühnenjahrbuch. Bd 1 ff. Berlin, Hamburg 1889 ff. [1890–1914 u. d. T.: Neuer Theater-Almanach]

Deutsches Theater-Lexikon. Bd 1 ff. Begr. W. Kosch. Hg. I. Bigler-Marschall u.a. Klagenfurt, München u.a. 1951 ff.

Devrient, E.: Geschichte der deutschen Schauspielkunst. Neuausg. R. Kabel, Ch. Trilse. 2 Bde. München u. Wien 1967

Dramenlexikon des 18. Jahrhunderts. Hg. H. Hollmer, A. Meier. München 2001

Dünnhaupt, G.: Bibliographisches Handbuch der Barockliteratur. Hundert Personalbibliographien deutscher Autoren des 17. Jahrhunderts. 3 Bde. Stuttgart 1981

Ders.: Personalbibliographien zu den Drucken des Barock. 6 Bde. Stuttgart ²1990–93

Engel, J. E.: Renaissance, Humanismus, Reformation. Bern, München 1969 [Bibliographie]

Ensembles der Deutschen Demokratischen Republik. Berlin 1973/74–1989/90

Fischer-Lichte, E.: Kurze Geschichte des deutschen Theaters. Tübingen, Basel ²1999

Gabel, G. U.: Drama und Theater des deutschen Barock. Eine Handbibliographie der Sekundärliteratur. Hamburg 1974

German Baroque writers. 2 Bde [1580–1730]. Hg. J. Hardin. Detroit, London 1996

Die Geschichte des deutschsprachigen Theaters im Ausland von Afrika bis Wisconsin – Anfänge und Entwicklungen. Hg. L. Kitching. Frankfurt/Main u.a. 2000

Glenn, J.: Deutsches Schrifttum der Gegenwart (ab 1945). Bern, München 1971 [Bibliographie]

Goff, P.: Wilhelminisches Zeitalter. Bern, München 1970 [Bibliographie]

Grotegut, E. K., G. F. Leneaux: Das Zeitalter der Aufklärung. Bern, München 1974 [Bibliographie]

Habel, F.-B.: Das grosse Lexikon der DDR-Stars. Berlin 2003

Hadamczik, D. u.a.: Was spielten die Theater? Bilanz der Spielpläne in der Bundesrepublik Deutschland 1945–1975. Köln 1978

Hoerstel, K., I. Schlenker: Verzeichnis der Hochschulschriften, Diplom- und Staatsarbeiten der DDR zum Drama und Theater. 3 Tle. Berlin 1973–84

Jones, G. F.: Spätes Mittelalter (1300–1450). Bern, München 1971 [Bibliographie]

Knudsen, H.: Deutsche Theatergeschichte. Stuttgart ²1970

Libretti in deutschen Bibliotheken. München 1992 [107 Mikrofiches]

Merkel, I.: Barock. Bern, München 1971 [Bibliographie]

Meyer, R.: Das deutsche Trauerspiel des 18. Jahrhunderts. Eine Bibliographie. München 1977

Michael, F., H. Daiber: Geschichte des deutschen Theaters. Frankfurt/Main 1989

Nagel, H.-G.: Die Zeittafel zur Geschichte des organisierten deutschen Amateurtheaters. Heidenheim ²1998

Osborne, J.: Romantik. Bern, München 1971 [Bibliographie]

Patterson, M.: German Theatre: a bibliography from the beginning to 1995. New York u.a. 1996

Pickar, G. B.: Deutsches Schrifttum zwischen den beiden Weltkriegen (1918–1945). Bern, München 1974 [Bibliographie]

Richel, V. C.: The German stage 1767–1890: a directory of playwrights and plays. New York u.a. 1988

Riedel, K. V.: Plattdeutsche Theaterstücke: ein Führer durch die niederdeutsche Bühnenliteratur. 3 Bde. Oldenburg 1991–94

Rojek, H. J.: Bibliographie der deutschsprachigen Hochschulschriften zur Theaterwissenschaft von 1953 bis 1960. Berlin 1962

Schaal, R.: Verzeichnis deutschsprachiger musikwissenschaftlicher Dissertationen. 2 Bde. Kassel 1963–74

Schauspieler: Theater, Film, Fernsehen. Hg. R. Seydel. Berlin ³1976

Schmidt, L.: Das deutsche Volksschauspiel. Ein Handbuch. Berlin 1962

Schöne, G.: Tausend Jahre deutsches Theater 914–1914. München 1962

Schuster, R. S.: Gedruckte Spielplanverzeichnisse stehender deutscher Bühnen im Ausgang des 18. Jahrhunderts bis 1896. Eine kritische Bibliographie. Frankfurt/Main 1985

Schwanbeck, G.: Bibliographie der deutschsprachigen Hochschulschriften zur Theaterwissenschaft von 1885 bis 1952. Berlin 1956

Steets, B.: Theateralmanach. Topographie der deutschsprachigen Theater. Pullach 1993 ff. [jährl.]

Theatersammlungen in der Bundesrepublik Deutschland und Berlin (West). Red. M. Giesing. Berlin 1985

Theaterstatistik. Hg. Deutscher Bühnenverein. Folge 1 ff. Köln 1967 ff.

Ulrich, P. S.: A preliminary bibliography of german-language theatre almanacs, yearbooks, calendars and journals of the 18th and the 19th centuries. Wien u. a. 1994

Ders.: Biographisches Verzeichnis für Theater, Tanz und Musik. Fundstellennachweis aus deutschsprachigen Nachschlagewerken und Jahrbüchern. 2 Bde. Berlin 1997

Valentin, J.-M.: Le théâtre des Jésuites dans les pays de langue allemande: répertoire chronologique des pièces représentées et des documents conservés (1555–1773). 2 Bde. Stuttgart 1983–84

Vergleichende Theaterstatistik 1949/50–1984/85. Theater und Kulturorchester in der Bundesrepublik Deutschland, der Deutschen Demokratischen Republik, Österreich und der Schweiz. Hg. Deutscher Bühnenverein. Köln 1987

Was spielten die Theater? Werkstatistik. Hg. Deutscher Bühnenverein. Köln 1983–90 [jährl.]

Wer spielte was? Bühnenrepertoire der DDR. Hg. Direktion für Theater und Orchester beim Ministerium für Kultur der DDR. Berlin 1978–88 [jährl.] – Spieljahre 1988, 1989, 1. Halbjahr 1990. Hg. Deutscher Bühnenverein. Darmstadt o. J.

Wer spielte was? Werkstatistik des Deutschen Bühnenvereins. 1990/91 ff. Darmstadt 1991 ff.

Winkler, W., A. Wianke: 20 Jahre Theaterliteratur in der DDR. Berlin 1969

Mittelalter

Bergmann, R.: Studien zu Entstehung und Geschichte der deutschen Passionsspiele des 13. und 14. Jahrhunderts. München 1972

Biermann, H.: Die deutschsprachigen Legendenspiele des späten Mittelalters und der frühen Neuzeit. Diss. Köln 1977

Bremer, N.: Das Bild der Juden in den Passionsspielen und in der bildenden Kunst des deutschen Mittelalters. Frankfurt/Main u. a. 1986

Catholy, E.: Das Fastnachtspiel des Spätmittelalters. Gestalt und Funktion. Tübingen 1961

Cescutti, E.: Hrotsvit und die Männer: Konstruktionen von »Männlichkeit« und »Weiblichkeit« in der lateinischen Literatur im Umfeld der Ottonen. München 1998

DuBruck, E. E.: Aspects of fifteenth-century society in the German carnival comedies: speculum hominis. Lewiston 1993

Et respondeat: Studien zum deutschen Theater des Mittelalters. Hg. K. Scheel. Löwen 2002

Kotte, A.: Theatralität des Mittelalters. Das Halberstädter Adamsspiel. Tübingen, Basel 1994

Krieger, D.: Die mittelalterlichen deutschsprachigen Spiele und Spielszenen des Weihnachtsstoffkreises. Frankfurt/Main u. a. 1990

Kuné, J. H.: Die Auferstehung Christi im deutschen religiösen Drama des Mittelalters. Amsterdam 1979

Lenk, W.: Das Nürnberger Fastnachtspiel des 15. Jahrhunderts. Berlin 1966

Mehler, U.: Dicere und cantare: zur musikalischen Terminologie und Aufführungspraxis des mittelalterlichen geistlichen Dramas in Deutschland. Regensburg 1981

Michael, W. F.: Das deutsche Drama des Mittelalters. Berlin 1971

Ders.: Die geistlichen Prozessionsspiele in Deutschland. Baltimore 1947

Neumann, B.: Geistliches Schauspiel im Zeugnis der Zeit. Zur Aufführung mittelalterlicher religiöser Dramen im deutschen Sprachgebiet. 2 Bde., München, Zürich 1987

Petersen, Ch.: Ritual und Theater: Messallegorese, Osterfeier und Osterspiel im Mittelalter. Tübingen 2004

Ritual und Inszenierung: Geistliches und weltliches Drama des Mittelalters und der Frühen Neuzeit. Hg H.-J. Ziegeler. Tübingen 2004

Rohde, A.: Passionsbild und Passionsbühne. Wechselbeziehung zwischen Malerei und Dichtung im ausgehenden deutschen Mittelalter. Berlin 1926

Rudwin, M. J.: A Historical and Bibliographical Survey of the German Religious Drama. Pittsburgh 1924

Schulte, B.: Die deutschsprachigen spätmittelalterlichen Totentänze. Köln u. a. 1990

Schulz, M.: Die Eigenbezeichnungen des mittelalterlichen deutschsprachigen geistlichen Spiels. Heidelberg 1998

Simon, G.: Die erste deutsche Fastnachtsspieltradition. Lübeck 1970

Stammler, W.: Das religiöse Drama im deutschen Mittelalter. Leipzig 1925

Steinbach, R.: Die deutschen Oster- und Passionsspiele des Mittelalters. Versuch einer Darstellung nebst einer Bibliographie zum deutschen geistlichen Spiel des Mittelalters. Köln, Wien 1970

TenVenne, I.: Das geistliche Spiel in Deutschland von der Mitte des 13. bis zum 16. Jahrhundert. Diss. Greifswald 1983

Thoran, B.: Studien zu den österlichen Spielen des deutschen Mittelalters. (Ein Beitrag zur Klärung ihrer Ab-
hängigkeit voneinander). Göppingen ²1976
Ukena, E.: Die deutschen Mirakelspiele des Spätmittelalters. Studien und Texte. 2 Bde. Bern u. a. 1975

Renaissance, Reformation, Humanismus

Baesecke, A.: Das Schauspiel der englischen Komödian-
ten in Deutschland: seine dramatische Form und seine
Entwicklung. Halle 1935 (Nachdruck Walluf 1974)
Catholy, E.: Fastnachtsspiel. Stuttgart 1966
Dietl, C.: Die Dramen Jacob Lochers und die frühe Hu-
manistenbühne im süddeutschen Raum. Berlin, New
York 2005
Eckardt, E. J.: Studien zur deutschen Bühnengeschichte
der Renaissance. Leipzig 1931
Ellinger, G.: Geschichte der neulateinischen Literatur
Deutschlands im 16. Jahrhundert. 2 Bde. Leipzig
1928
Haekel, R.: Die Englischen Komödianten in Deutschland:
eine Einführung in die Ursprünge des deutschen Be-
rufsschauspiels. Heidelberg 2004
Hans Sachs and Folk Theatre in the Late Middle Ages.
Studies in the History of Popular Culture. Hg. R. Ay-
lett, P. Skrine. Lewiston 1995
Herrmann, M.: Die Bühne des Hans Sachs. Berlin 1923
Ders.: Forschungen zur deutschen Theatergeschichte des
Mittelalters und der Renaissance. Berlin 1914
Kindermann, H.: Hans Sachs und die Fastnachtspielwelt.
Wien 1952
Lucius, M.: Das Kaufbeurer Passionsspiel. Das Kaufbeu-
rer Osterspiel. Zwei Werke des reformatorischen Ge-
meindegeistlichen und Augsburger Bürgers Michael
Lucius aus dem Jahr 1562; Textausgabe und Spieler-
biographien. Hg. A. Metzler. Diss. Augsburg 1996
Maaßen, J.: Drama und Theater der Humanistenschulen
in Deutschland. Augsburg 1929
Michael, W. F.: Das deutsche Drama der Reformations-
zeit. Bern, Frankfurt/Main 1984
Ders.: Das deutsche Drama der Reformationszeit. Ein
Forschungsbericht. Bern u. a. 1989
Ders.: Frühformen der deutschen Bühne. Berlin 1963
Parente, J. A.: Martyr Drama of the German Renaissance.
Diss. New Haven 1979
Ders.: Religious drama and the humanist tradition: chris-
tian theater in Germany and the Netherlands 1500–
1680. Leiden u. a. 1987
Riesel, E.: Das neulateinische Drama der Protestanten in
Deutschland vom Augsburger Religionsfrieden bis
zum Dreißigjährigen Krieg. Diss. Wien 1929
Schmidt, E.: Die Bühnenverhältnisse des deutschen Schul-
dramas und seiner volkstümlichen Ableger im 16.
Jahrhundert. Berlin 1903
Schnitzer, C.: Höfische Maskeraden : Funktion und Aus-
stattung von Verkleidungsdivertissements an deutschen
Höfen der Frühen Neuzeit. Tübingen 1999
Stachel, P.: Seneca und das deutsche Renaissance-Drama.
Straßburg 1907
Wailes, St. L.: The rich man and Lazarus on the Reforma-
tion stage: a contribution to the social history of Ger-
man drama. Selinsgrove, Cranbury u. a. 1997
Die Welt des Hans Sachs. Nürnberg 1976 [Katalog]

Barock

Alexander, R.: Das deutsche Barockdrama. Stuttgart
1984
Barockes Musiktheater im mitteldeutschen Raum im 17.
und 18. Jahrhunder. Hg. F. Brusniak. Köln 1994
Benjamin, W.: Ursprung des deutschen Trauerspiels. Berlin 1928 – Frankfurt a. M. ⁶1993
Colvin, S.: The rhetorical feminine: gender and orient on
the German stage 1647–1742. Oxford u. a. 1999
Die Dramen des Andreas Gryphius. Hg. G. Kaiser. Stuttgart 1968
Flemming, W.: Andreas Gryphius und die Bühne. Halle
1921
Ders.: Geschichte des Jesuitentheaters in den Landen
deutscher Zunge. Berlin 1923
Ders.: Das Schauspiel der Wanderbühne. Leipzig 1931
Fülleborn, U.: Die barocke Grundspannung Zeit – Ewig-
keit in den Trauerspielen Lohensteins. Stuttgart 1969
Gauthier, L: Opéra baroque et identité culturelle nord-
allemande: la Gänsemarktoper de Hambourg, genèse
et apogée (1648–1728). Diss. Paris IV 2003
Heckmann, H.: Elemente des barocken Trauerspiels. Am
Beispiel des »Papinian« von Andreas Gryphius. Darm-
stadt 1959
Heine, C.: Das Schauspiel der deutschen Wanderbühne
vor Gottsched. Halle 1889
Hinck, W.: Das deutsche Lustspiel des 17. und 18. Jahr-
hunderts und die italienische Komödie. Commedia
dell'arte und Théâtre italien. Stuttgart 1965
Jakob Bidermann und sein »Cenodoxus«: der bedeutendste Dramatiker aus dem Jesuitenorden und sein erfolg-
reichstes Stück. Hg. H. Gier. Regensburg 2005
Jaron, N., B. Rudin: Das Oberammergauer Passionsspiel.
Dortmund 1984
Junkers, H.: Niederländische Schauspieler und niederlän-
disches Schauspiel im 17. und 18. Jahrhundert in
Deutschland. Haag 1936
Kaiser, M: Mitternacht – Zeidler – Weise. Das protestan-
tische Schultheater nach 1648 im Kampf gegen höfi-

sche Kultur und absolutistisches Regiment. Göttingen 1972

Kaulfus-Diesch, C.: Die Inszenierung des deutschen Dramas an der Wende des 16. und 17. Jahrhunderts. Leipzig 1905

Meyer, R.: Hecken- und Gartentheater in Deutschland im 17. und 18. Jh. Emsdetten 1934

Müller, J.: Das Jesuitendrama in den Ländern deutscher Zunge vom Anfang bis zum Hochbarock. 2 Bde. Augsburg 1930

Paul, M.: Reichsstadt und Schauspiel: theatrale Kunst im Nürnberg des 17. Jahrhunderts. Tübingen 2002

Pietsch-Ebert, L.: Die Gestalt des Schauspielers auf der deutschen Bühne des 17. und 18. Jahrhunderts. Berlin 1942 (Nachdruck Nendeln 1977)

Schenk, I.: Komik im deutschen Barocktheater. Diss. Wien 1946 (masch.)

Schröder, D.: Zeitgeschichte auf der Opernbühne: Barockes Musiktheater in Hamburg im Dienst von Politik und Diplomatie (1690–1745). Göttingen 1998

Szarota, E. M.: Das Jesuitendrama im deutschen Sprachgebiet. Eine Periochen-Edition. 4 in 7 Bdn. München 1979–89

Treppmann, E.: Besuche aus dem Jenseits: Geistererscheinungen auf dem deutschen Theater im Barock. Konstanz 1999

Valentin, J.-M.: Les Jésuites et le théâtre (1554–1680): contribution à l'histoire culturelle du monde catholique dans le Saint-Empire romain germanique. Paris 2001

Wade, M. R.: The German baroque pastoral »Singspiel«. Bern u.a. 1990

Wallbrecht, R. E.: Das Theater des Barockzeitalters an den welfischen Höfen Hannover und Celle. Hildesheim 1974

Wanderbühne: Theaterkunst als fahrendes Gewerbe. Red. B. Rudin. Berlin 1988

Ziegler, J. G.: Das Oberammergauer Passionsspiel: Erbe und Auftrag. St. Ottilien 1990

18. Jahrhundert

Arntzen, H.: Die ernste Komödie. Das deutsche Lustspiel von Lessing bis Kleist. München 1968

Borchmeyer, D.: Weimarer Klassik. Portrait einer Epoche. Weinheim 1994

Bürger, Ch.: Der Ursprung der bürgerlichen Institution Kunst im höfischen Weimar. Frankfurt/Main 1977

Bürgerlichkeit im Umbruch: Studien zum deutschsprachigen Drama 1750–1800: mit einer Bibliographie der Dramen der Oettingen-Wallersteinschen Bibliothek zwischen 1750 und 1800. Hg. H. Koopmann. Tübingen 1993

Cambra-Djoudi, Ch.: L'oeuvre dramatique de Johann Elias Schlegel (1719–1748): une contribution à l'étude de la dramaturgie de la Frühaufklärung. Diss. Lille 2003

Carlson, M.: Goethe and the Weimar theatre. Ithaca u.a. 1978

Corsten, V.: Von heißen Tränen und großen Gefühlen: Funktionen des Melodramas im gereinigten Theater des 18. Jahrhunderts. Frankfurt/Main u.a. 1999

Daniel, U.: Hoftheater: zur Geschichte des Theaters und der Höfe in 18. und 19. Jahrhundert. Stuttgart 1995

Das deutsche Singspiel im 18. Jahrhundert. Heidelberg 1981

Das deutsche Singspiel im 18. Jahrhundert: Quellen und Zeugnisse zu Ästhetik und Rezeption. Hg. R. Schusky. Bonn 1980

Daunicht, R.: Die Entstehung des bürgerlichen Trauerspiels in Deutschland. Berlin ²1965

Diebold, B.: Das Rollenfach im deutschen Theater des 18. Jahrhunderts. Hamburg 1913

Eigenmann, S.: Zwischen ästhetischer Raserei und aufgeklärter Disziplin. Hamburger Theater im späten 18. Jahrhundert. Stuttgart 1994

Ein »Tyrann der Schaubühne«? Stationen und Positionen einer literatur- und kulturkritischen Debatte über Oper und Operntext im 18. Jahrhundert. Hg. B. Plachta. Berlin 2003

Feler, A.: Le drame militaire en Allemagne au XVIIIe siècle: esthétique et cité. Bern u.a. 2005

Fiederer, M.: Geld und Besitz im bürgerlichen Trauerspiel. Würzburg 2002

Fischer-Dieskau, D.: Goethe als Intendant: Theaterleidenschaften im klassischen Weimar. München 2006

Fleig, A.: Handlungs-Spiel-Räume: Dramen von Autorinnen im Theater des ausgehenden 18. Jahrhunderts. Würzburg 1999

Frauen und Drama im achtzehnten Jahrhundert. Hg. K. A. Wurst. Köln u.a. 1991

Graf, R.: Das Theater im Literaturstaat: literarisches Theater auf dem Weg zur Bildungsmacht. Tübingen 1992

Grimberg, M.: La réception de la comédie française dans les pays de langue allemande (1694–1799). Bern u.a. 1995

Guthke, K. S.: Das deutsche bürgerliche Trauerspiel. Stuttgart ⁶2006

Heitner, R. R.: German Tragedy in the Age of Enlightenment. Berkeley 1963

Heßelmann, P.: Gereinigtes Theater? Dramaturgie und Schaubühne im Spiegel deutschsprachiger Theaterperiodika des 18. Jahrhunderts (1750–1800). Frankfurt/Main 2002

Hinck, W.: Goethe, Mann des Theaters. Göttingen 1982

Ders.: Sturm und Drang. Frankfurt a. M. 1989

Höyng, P.: Die Sterne, die Zensur und das Vaterland: Geschichte und Theater im späten 18. Jahrhundert. Köln 2003

Huyssen, A.: Drama des Sturm und Drang. München 1980

Jaubert-Michel, E.: De la scène au salon: la réception du modèle français dans la comédie allemande des Lumières (1741–1766). 2 Bde. Diss. Paris IV 2005

Julliard, C.: Gottsched et l'esthétique théâtrale française: la réception allemande des théories françaises. Bern u. a. 1998

Kindermann, H.: Conrad Ekhofs Schauspieler-Akademie. Wien 1956

Ders.: Theatergeschichte der Goethezeit. Wien 1948

Koopmann, H.: Drama der Aufklärung. München 1979

Kord, S.: Ein Blick hinter die Kulissen: deutschsprachige Dramatikerinnen im 18. und 19. Jahrhundert. Stuttgart 1992

Krämer, J.: Deutschsprachiges Musiktheater im späten 18. Jahrhundert: Typologie, Dramaturgie und Anthropologie einer populären Gattung. 2 Bde. Tübingen 1998

Krause, M.: Das Trivialdrama der Goethezeit 1780–1805. Produktion und Rezeption. Bonn 1982

Krebs, R.: L'Idée de »Théâtre National« dans L'Allemagne des Lumières: théorie et réalisations. Wiesbaden 1985

Lamport, F. J.: German Classical Drama. New York 1992

Le Berre, A.: Prémices et avènement du théâtre classique en Allemagne 1750–1805: influence et évolution de Lessing, Goethe, Schiller. Avignon 1996

Linder, J.: Ästhetische Erziehung. Goethe und das Weimarer Hoftheater. Bonn 1990

Lukas, W.: Anthropologie und Theodizee: Studien zum Moraldiskurs im deutschsprachigen Drama der Aufklärung (ca. 1730 bis 1770). Göttingen 2005

Maurer-Schmoock, S.: Deutsches Theater im 18. Jahrhundert. Tübingen 1982

McInnes, E.: »Ein ungeheures Theater«: the drama of the Sturm und Drang. Frankfurt/Main u. a. 1987

Meyer, R.: Das deutsche Trauerspiel im 18. Jahrhundert. München 1977

Mönch, C.: Abschrecken oder Mitleiden. Das deutsche bürgerliche Trauerspiel im 18. Jahrhundert. Versuch einer Typologie. Tübingen 1993

Müller-Harang, U.: Das Weimarer Theater zur Zeit Goethes. Weimar 1991

Olivier, J.-J.: Les comédiens français dans les cours d'Allemagne au XVIIIe siècle. 4 Bde. Paris 1901–05

Pütz, P.: Die deutsche Aufklärung. Darmstadt 1978

Rochow, Ch. E.: Das bürgerliche Trauerspiel. Stuttgart 1999

Schimpf, W.: Lyrisches Theater: das Melodrama des 18. Jahrhunderts. Göttingen 1988

Schößler, F.: Einführung in das bürgerliche Trauerspiel und das soziale Drama. Darmstadt 2003

Shahar, G.: Verkleidungen der Aufklärung: Narrenspiele und Weltanschauung in der Goethezeit. Göttingen 2006

Sichardt, G.: Das Weimarer Liebhabertheater unter Goethes Leitung. Weimar 1957

Steiner, G.: Jakobinerschauspiel und Jakobinertheater. Stuttgart 1973

Ders.: Das Theater der deutschen Jakobiner: Dramatik und Bühne im Zeichen der Französischen Revolution. Berlin 1989

Steinhardt-Unseld, M.: Merciers Theater in Deutschland. Diss. Hamburg 1981

Steinmetz, H.: Das deutsche Drama von Gottsched bis Lessing. Stuttgart 1987

Steinmetz, H.: Die Komödie der Aufklärung. Stuttgart ²1971

Théâtre et »Publizistik« dans l'espace germanophone au XVIIIe siècle= Theater und Publizistik im deutschen Sprachraum im 18. Jahrhundert. Hg. R. Heitz, R. Krebs. Bern 2001

Théâtre, Nation & Société en Allemagne au XVIIIe Siècle. Hg. R. Krebs, J.-M. Valentin. Nancy 1990

Vernunft und Sinnlichkeit: Beiträge zur Theaterepoche der Neuberin. Hg. B. Rudin, M. Schulz. Reichenbach 1999

Warner, F.: Goethe's Weimar. Chester Springs 1998

Wierlacher, A.: Das bürgerliche Trauerspiel. München 1968

19. Jahrhundert

Bobermin, H. J.: Die beruflichen Interessenverbände im Theaterleben des 19. Jahrhunderts. Diss. Wien 1960

Bonnell, A. G.: The people's stage in Imperial Germany: social democracy and culture 1890–1914. London 2005

Borchmeyer, D.: Das Theater Richard Wagners. Idee – Dichtung – Wirkung. Stuttgart 1982

Borysiak, M.: Das deutsche Trivialdrama in der Zeit der Romantik. Wroclaw 1988

Brauneck, M.: Literatur und Öffentlichkeit im ausgehenden 19. Jahrhundert. Studien zur Rezeption des naturalistischen Theaters in Deutschland. Stuttgart 1974

Bürgerlicher Realismus und Gründerzeit 1848–1890. Hg. E. McInnes, G. Plumpe. München 1996

Carlson, M. A.: The German stage in the nineteenth century. Metuchen 1972

Chung, H.-B.: Die Kunst dem Volke oder dem Proletariat? Die Geschichte der Freien Volksbühnenbewegung in Berlin 1890–1914. Frankfurt/Main u. a. 1989

Das Unterhaltungsstück um 1800: literaturhistorische Konfigurationen – Signaturen der Moderne; zur Geschichte des Theaters als Reflexionsmedium von Gesellschaft, Politik und Ästhetik. Hg. J. Birgfeld, C. D. Conter. Laatzen 2006

Denkler, H.: Restauration und Revolution. Politische Tendenzen im deutschen Drama zwischen Wiener Kongreß und Märzrevolution. München 1973

Die Meininger: Texte zur Rezeption. Hg. J. Osborne. Tübingen 1980

Doerry, H.: Das Rollenfach im deutschen Theaterbetrieb des 19. Jahrhunderts. Berlin 1926

Gaedertz, K. Th.: Die plattdeutsche Komödie im neunzehnten Jahrhundert. Hamburg 1894 (Nachdruck Hamburg 1988)

Gregor-Dellin, M.: Richard Wagner. Sein Leben. Sein Werk. Sein Jahrhundert. München u. Zürich 1980

Hacks, P.: Das Theaterstück des Biedermeier (1815–1840). Diss. München

Hahm, Th.: Die Gastspiele des Meininger Hoftheaters im Urteil der Zeitgenossen unter besonderer Berücksichtigung der Gastspiele in Berlin und Wien. Diss. Köln 1970

Heinrich-Jost, I.: Sehn Sie, das ist ein Geschäft. Auf ins Metropol, Spezialitäten- und Unterhaltungstheater im ausgehenden 19. Jahrhundert. Berlin (1983)

Hennrich, L.: Theater der Jahrhundertwende in der Provinz am Beispiel des Stadttheaters Düsseldorf. Frankfurt/Main u. a. 1992

Hoff, D. v.: Dramen des Weiblichen: deutsche Dramatikerinnen um 1800. Opladen 1989

Hoffmeier, D.: Die Meininger. Diss. Berlin 1988

Jansen, M.: Meiningertum und Meiningerei. Diss. Berlin 1948

Jaron, N., R. Möhrmann, H. Müller: Berlin – Theater der Jahrhundertwende: Bühnengeschichte der Reichshauptstadt im Spiegel der Kritik (1889–1914). Tübingen 1986

Jelavich, P.: Munich and theatrical modernism: politics, playwriting, and performance 1890–1914. Cambridge u. a. 1985

Kiefer, S.: Dramatik der Gründerzeit: deutsches Drama und Theater 1870–1890. St. Ingbert 1997

Knilli, F., U. Münchow: Frühes deutsches Arbeitertheater. München 1970

Literatur und Theater im Wilhelminischen Zeitalter. Hg. H.-P. Bayerdörffer u. a. Tübingen 1978

Martersteig, M.: Das deutsche Theater im 19. Jahrhundert. Leipzig ²1924

McInnes, E.: Das deutsche Drama des 19. Jahrhunderts. Berlin 1983

Naturalismus. Manifeste und Dokumente zur deutschen Literatur 1880–1900. Hg. M. Brauneck, Ch. Müller. Stuttgart 1987

Neubauer, H.-J.: Judenfiguren: Drama und Theater im frühen 19. Jahrhundert. Frankfurt/Main u. a. 1994

Osborne, J.: The Meiningen Court Theatre 1866–1890. Cambridge u. a. 1988

Ders.: The Naturalist Drama in Germany. Manchester 1971

Pross, C.: Kunstfeste: Drama, Politik und Öffentlichkeit in der Romantik. Freiburg i. Br. 2001

Realismus und Gründerzeit. Manifeste und Dokumente zur deutschen Literatur 1848–1880. 2 Bde. Hg. M. Bucher u. a. Stuttgart 1976

Reuter, F.: Le débat sur les pratiques scéniques en Allemagne au début du XIXe siècle. Diss. Lyon II 2005

Rüden, P. v.: Sozialdemokratisches Arbeitertheater (1848–1914). Frankfurt/Main 1973

Schmid, H.: »Gefallene Engel«: deutschsprachige Dramatikerinnen im ausgehenden 19. Jahrhundert. St. Ingbert 2000

Schölling, T.: Das gesellige Vergnügen Theater. Studien zur veränderten Theaterauffassung des deutschen Bürgertums zu Beginn des 19.Jahrhunderts. Diss. Berlin 1987

Sengle, F.: Biedermeierzeit. 3 Bde. Stuttgart 1971–80

Sprengel, P.: Die inszenierte Nation: deutsche Festspiele 1813–1913. Tübingen 1991

Ders.: Populäres jüdisches Theater in Berlin von 1877 bis 1933. Berlin 1997

Stettner, A.: 'Wer ist ein Virtuose in der Schauspielkunst?' Das Phänomen des Virtuosentums im deutschen Sprechtheater des 19. Jahrhunderts. Diss. München 1998

Struck, W.: Konfigurationen der Vergangenheit: deutsche Geschichtsdramen im Zeitalter der Restauration. Tübingen 1997

Theater als Geschäft: Berlin und seine Privattheater um die Jahrhundertwende. Hg. R. Freydank, I. Hahn. Berlin 1995

Zünder, R.: Die Entwicklung der deutschen Bühnengenossenschaft von der Standesvertretung zur Gewerkschaft (1871–1924). Mag.-Arbeit Berlin 1986

20. Jahrhundert – bis 1945, Exil

Actualité du théâtre expressionniste. Hg. J.-P. Sarrazac. Louvain-la-Neuve 1995

Aspekte des modernen Musiktheaters in der Weimarer Republik. Hg. N. Grosch. Münster u. a. 2004

Benson, R.: Deutsches expressionistisches Theater. Frankfurt/Main u.a. 1987

Bodek, R.: Proletarian Performance in Weimar Berlin: Agitprop, Chorus, and Brecht. Columbia 1997

Bohlmeier, G.: Puppenspiel 1933–1945 in Deutschland. Bochum 1985

Bossmann, A.: »Theater und Technik«. Theaterkonzeptionen des Bauhauses. Diss. Berlin 1988

Brandt, C. A.: Theater in der Weimarer Republik. Eine quantitative Analyse. Karlsruhe 1990

Braulich, H.: Die Volksbühne. Berlin 1976

Brugger, I. M. de: Teatro alemán expresionista. Buenos Aires 1959

Chiarini, P.: II teatro tedesco espressionista. Bologna 1959

Cossart, A. v.: Kino – Theater des Expressionismus: das literarische Resümee einer Besonderheit. Essen 1985

Daiber, H.: Schaufenster der Diktatur: Theater im Machtbereich Hitlers. Stuttgart 1995

Deutsches Exildrama und Exiltheater. Hg. W. Elfe u.a. Bern u.a. 1977

Drewniak, B.: Das Theater im NS-Staat. Düsseldorf 1983

Dussel, K.: Ein neues, ein heroisches Theater? Nationalsozialistische Theaterpolitik und ihre Auswirkungen in der deutschen Provinz. Bonn 1988

Eichberg, H. u.a.: Massenspiele: NS-Thingspiel, Arbeiterweihespiel und olympisches Zeremoniell. Stuttgart-Bad Cannstatt 1977

Eicher, Th.: Theater im Dritten Reich: eine Spielplananalyse der Deutschen Schauspieltheater 1929–1944. Diss. FU Berlin 1992

Ders. u.a.: Theater im »Dritten Reich«. Theaterpolitik – Spielplanstruktur – NS-Dramatik. Seelze-Velber 2000

Eikenbusch, G.: Sozialdemokratisches und kommunistisches Kinder- und Jugendtheater in der Weimarer Republik. Frankfurt/Main u.a. 1997

Entwurf zur Moderne. Hellerau: Stand-Ort-Bestimmung. Hg. W. Durth. Stuttgart 1996

Exiltheater und Exildramatik 1933–45. Hg. E. Koch. Maintal 1991

L'expressionisme allemand. Red. L. Richard. Noyons (Neuausgabe) 1981

Flucht durch Europa: Schauspielerinnen im Exil 1933–1945. Hg. J. Felix u.a. Marburg 2002

François, J.-C.: Le théâtre allemand contre le nazisme de l'exil à l'après-guerre. Nantes 1992

Freeden, H.: Jüdisches Theater in Nazideutschland. Frankfurt/Main u.a. (Neuausg.) 1985

Freie Volksbühne Berlin 1890–1990. Beiträge zur Geschichte der Volksbühnenbewegung in Berlin. Hg. D. Pfortge. Berlin 1990

Frey, I.: Proletarisches, agitprop- und antifaschistisches Theater. Diss. Bern 1983

Fuhrich-Leisler, E., G. Prossnitz: Max Reinhardt. »Ein Theater, das den Menschen wieder Freude gibt ...«. Eine Dokumentation. München, Wien 1987

Fulfs, I.: Musiktheater im Nationalsozialismus. Marburg 1995

Funke, Ch.: Max Reinhardt. Berlin 1996

Gajek, K. u.a.: Das deutsche Drama des 20. Jahrhunderts. Warszawa u.a. 1982

Gleber, K.: Theater und Öffentlichkeit: Produktions- und Rezeptionsbedingungen politischen Theaters am Beispiel Piscator 1920–66. Frankfurt/Main u.a. 1979

Goldfarb, A.: Theatre and Drama and the Nazi Concentration Camps. Diss. City Univ. New York, 1978

Grange, W.: Comedy in the Weimar Republic: a chronicle of incongruous laughter. Westport 1996

Hagen, R.: Das politische Theater in Deutschland zwischen 1918 und 1933. Diss. München 1958

Handbuch des deutschsprachigen Exiltheaters 1933–1945. Hg. F. Trapp. 3 Bde. München 1999

Hans, J.: Deutsche Theaterleute im Amerikanischen Exil. Hamburg 1976 [Katalog]

Hoffmann, L., D. Hoffmann-Ostwald: Deutsches Arbeitertheater 1918–33. 2 Bde. Berlin [3]1977

Hornauer, U.: Laienspiel und Massenchor: das Arbeitertheater der Kultursozialisten in der Weimarer Republik. Köln 1985

Huesmann, H.: Welttheater Reinhardt: Bauten, Spielstätten, Inszenierungen. München 1983

Kaufmann, E.: Medienmanipulation im Dritten Reich. Ziele und Wirkungsabsichten mit dem Einsatz von Theater und Fronttheater. Diss. Wien 1987

Keine Experimentierkunst: Musikleben an Städtischen Theatern in der Weimarer Republik. Hg. D. Schmidt. Stuttgart u.a. 1995

Kiehn, U.: Theater im »Dritten Reich«: Volksbühne Berlin. Berlin 2001

Kim, H.-I.: Die Auseinandersetzung um das Verständnis von Volk und Kunst (Theater) am Beispiel der Volksbühne in Berlin 1918–1933. Hamburg 1999

Kirfel-Lenk, Th.: Erwin Piscator im Exil in den USA: 1939–1951. Berlin 1984

Klatt, G.: Arbeiterklasse und Theater. Berlin 1975

Klenke, D. u.a.: Arbeitersänger und Volksbühnen in der Weimarer Republik. Bonn 1992

Kloss, W.: Die nationalsozialistischen Thingspiele. Diss. Wien 1981

Kuhns, D. F.: German expressionist theatre: the actor and the stage. Cambridge u.a. 2000

Kunst und Literatur im antifaschistischen Exil 1933–45. 7 Bde. Leipzig [2]1983–89

Kurtze, R.: Das jiddische Theater in Berlin um die Jahrhundertwende. Köln 2001

Lethen, H.: Neue Sachlichkeit 1924–32. Stuttgart [2]1975

Ley-Piscator, M.: The Piscator Experiment. Carbondale 1967

Liebe, U.: Verehrt, verfolgt, vergessen: Schauspieler als Naziopfer. Weinheim, Berlin (Neuausgabe) 1995

Max Reinhardt in Berlin. Hg. K. Boeser, R. Vatková. Berlin 1984

McAlpine, S.: Visual Aids in the productions of the first Piscator-Bühne 1927–28. Frankfurt/Main u. a. 1990

Mennemeier, F. N., F. Trapp: Deutsche Exildramatik 1933–1945. München 1980

Metzger, A. E.: Wahrheit aus Tränen und Blut: Theater in nationalsozialistischen Konzentrationslagern von 1933–1945; eine Dokumentation. Hagen 1996

Michalzik, P.: Gustaf Gründgens. Der Schauspieler und die Macht. Berlin 1999

Michaud, É.: Le Théâtre au Bauhaus (1919–1929). Lausanne 1978

Müller, H., P. Stöckemann: »...jeder Mensch ist ein Tänzer!«: Ausdruckstanz in Deutschland zwischen 1900 und 1945. Gießen 1993

Müller-Wesemann, B.: Theater als geistiger Widerstand. Der Jüdische Kulturbund in Hamburg 1934–1941. Stuttgart 1996

Murmann, G.: Komödianten für den Krieg: deutsches und alliiertes Fronttheater. Düsseldorf 1992

Oskar Schlemmer. Tanz, Theater, Bühne. Red. M. Müller. Ostfildern-Ruit 1994 [Katalog]

Partsch-Bergsohn, I., H. Bergsohn: The makers of modern dance in Germany: Rudolph Laban, Mary Wigman, Kurt Jooss. Princeton 2003

Petersen, K.: Zensur in der Weimarer Republik. Stuttgart, Weimar 1995

Piscator, E.: Das politische Theater (1929). Neubearb. Felix Gasbarra. Reinbek 1963

Pörzgen, H.: Das Theater als Waffengattung. Das deutsche Fronttheater im Weltkrieg 1914–1920. Frankfurt/Main 1935

Prütting, L.: Die Revolution des Theaters. Studien über Georg Fuchs. München 1971

Pye, G.: Approaches to comedy in German drama. Lewiston 2002

Rathkolb, O.: Führertreu und gottbegnadet: Künstlereliten im Dritten Reich. Wien 1991

Reichl, J.: Das Thingspiel. Frankfurt a. M. 1988

Riss, H.: Ansätze zu einer Geschichte des jüdischen Theaters in Berlin 1889–1936. Frankfurt/Main u. a. 2000

Scheper, D.: Oskar Schlemmer – Das Triadische Ballett und die Bauhausbühne. Berlin 1988

Schlemmer, O., L. Moholy-Nagy, F. Molnar: Die Bühne im Bauhaus (Fulda 1925). Berlin [4]2003

Schmiester, B.: Revolution im Theater: die sozialistischen Schauspieler-Kollektive in der Spätzeit der Weimarer Republik (1928–1933). Frankfurt/Main 1982

Schneider, H.-J.: Die Leistungen der antifaschistischen deutschen Theater-Emigranten in der Tschechoslowakei von 1933 bis 1938. 2 Bde. Diss. Berlin 1977

Schöne, L.: Neuigkeiten vom Mittelpunkt der Welt: der Kampf ums Theater in der Weimarer Republik. Darmstadt 1994

Schwaiger, M.: Bertolt Brecht und Erwin Piscator: experimentelles Theater im Berlin der Zwanzigerjahre. Wien 2004

Schwerd, A.: Zwischen Sozialdemokratie und Kommunismus. Zur Geschichte der Volksbühne 1918–33. Wiesbaden 1975

Seelbach, S.: Proletarisch-revolutionäres Theater in Düsseldorf 1930–33. Frankfurt/Main u. a. 1994

Spies, B.: Die Komödie in der deutschsprachigen Literatur des Exils. Würzburg 1997

Sporkhorst, K.: Arbeitertheater als Instrument politischer Propaganda und als proletarischer Kulturausdruck der KPD während der Weimarer Republik. Diss. Bochum 1976

Sprengel, P., G. Streim: Berliner und Wiener Moderne: Vermittlungen und Abgrenzungen in Literatur, Theater, Publizistik. Wien, Köln, Weimar 1998

Sprengel, P.: Scheunenvierteltheater: jüdische Schauspieltruppen und jiddische Dramatik in Berlin (1900–1918). Berlin 1995

Steinweg, R.: Das Lehrstück. Stuttgart [2]1976

Stöckemann, P.: Etwas ganz Neues muß nun entstehen. Kurt Jooss und das Tanztheater. München 2001

Stommer, R.: Die inszenierte Volksgemeinschaft. Marburg 1985

Stompor, St.: Künstler im Exil. 2 Tle. Frankfurt a. M. u. a. 1994

Stürzer, A.: Dramatikerinnen und Zeitstücke: ein vergessenes Kapitel der Theatergeschichte von der Weimarer Republik bis zur Nachkriegszeit. Stuttgart u. a. 1993

Theater der Kollektive. Proletarisch-revolutionäres Berufstheater in Deutschland 1928–33. Hg. L. Hoffmann, K. Pfützner. 2 Bde. Berlin 1980

Theater für die Republik 1917–1933: im Spiegel der Kritiker. Hg. G. Rühle. Frankfurt/Main 1967

Theater im »Dritten Reich«. Theaterpolitik, Spielplanstruktur, NS-Dramatik. Hg. H. Rischbieter. Seelze-Velber 2000

Theater im Exil 1933–45. Hg. W. Huder. Berlin 1973 [Katalog]

Theater im Exil, 1933–1945. Hg. L. Schirmer. Berlin 1979

Theater in der Weimarer Republik. Red. D. Ruckhaberle u. a. Berlin 1977

Theatre and Film in Exile: German Artists in Great Britain 1933–45. Hg. G. Berghaus. London u.a. 1990

Theatre in the Third Reich, the prewar years: essays on theatre in Nazi Germany. Hg. G. W. Gadberry. Westport u.a. 1995

Theatrical performance during the Holocaust: texts, documents, memoirs. Hg. R. Rovit, A. Goldfarb. Baltimore u.a. 1999

Thivat, P.-L.: Culture & émigration: le théâtre allemand en exil aux USA 1933–1950. Bordeaux 2003

»Und jedermann erwartet sich ein Fest«: die Zukunft des deutschen Theaters. Hg. H.-P. Burmeister. Rehburg-Loccum 2005

Wächter, H. Ch.: Theater im Exil. Sozialgeschichte des deutschen Exiltheaters 1933–1945. München 1973

Walter, M.: Hitler in der Oper. Deutsches Musikleben 1919–1945. Weimar 1995

Wardetzky, J.: Theaterpolitik im faschistischen Deutschland. Berlin 1983

Wasserka, I.: Die Sturm- und Kampfbühne. Kunsttheorie und szenische Wirklichkeit im expressionistischen Theater Lothar Schreyers. Diss. Wien 1965

Weber, R.: Proletarisches Theater und revolutionäre Arbeiterbewegung 1918–25. Köln 1976

Waidelich, J.-D.: Durch Volksbühne und Theater zur kulturellen Demokratie. Berlin 1981

Walach, D.: Gustaf Gründgens. Eine deutsche Karriere. Berlin 1999

Wem gehört die Welt – Kunst und Gesellschaft in der Weimarer Republik. Berlin 1977

Willett, J.: Erwin Piscator. Die Eröffnung des politischen Zeitalters auf dem Theater. Frankfurt/Main 1982

Ders.: The New Sobriety 1917–1933: Art and Politics in the Weimar Period. London 1978

Wolff, H.: Volksabstimmung auf der Bühne? Das Massentheater als Mittel politischer Agitation. Frankfurt/Main u.a. 1985

Woll, St.: Das Totaltheater: ein Projekt von Walter Gropius und Erwin Piscator. Berlin 1984

Wulf, J.: Theater und Film im Dritten Reich: eine Dokumentation. Gütersloh 1964 – Frankfurt/Main 1989

20. Jahrhundert – seit 1945

Baillet, F. M.: Les discours sur l'utopie dans le théâtre Allemand contemporain (revues, pièces et mises en scène) de l'après 1976 en RDA et de l'après 1968 en RFA au lendemain de la réunification. Diss. Paris III 1999

Béhague, E.: Le théâtre dans le réel: formes d'un théâtre politique allemand après la réunification (1990–2000). Straßburg 2006

Buddecke, W., H. Fuhrmann: Das deutschsprachige Drama seit 1945. Schweiz, Bundesrepublik, Österreich, DDR. München 1981

Daiber, H.: Deutsches Theater seit 1945. Bundesrepublik Deutschland, Deutsche Demokratische Republik, Österreich, Schweiz. Stuttgart 1976

»Damit die Zeit nicht stehenbleibt«: Theater in Berlin nach 1945 – nach der Wende. Hg. Stiftung Stadtmuseum Berlin. Berlin 2003

Deutschsprachige Dramatik der 90er Jahre. Hg. F. Hörnigk. Berlin u.a. 1997

Doderer, K., K. Uhlig: Geschichte des Kinder- und Jugendtheaters zwischen 1945 und 1970. Frankfurt/Main u.a. 1995

Durch den eisernen Vorhang: Theater im geteilten Deutschland 1945 bis 1990. Hg. H. Rischbieter. Berlin 1999

Essays on twentieth-century German drama and theater: an American reception, 1977–1999. Hg. H. Hal Rennert. New York u.a. 2004

François, J.-C.: Le théâtre des occupants: le répertoire étranger sur les scènes allemandes des quatre zones d'occupation, 1945–1949. Nantes 1994

Frei, N.: Die Rückkehr der Helden: deutsches Drama der Jahrhundertwende (1994–2001). Tübingen 2006

German culture, politics, and literature into the twenty-first century: beyond normalization. Hg. St. Taberner, P. Cooke. Rochester 2006

Gilles, M.: Theater als akustischer Raum. Zeitgenössische Klanginszenierung in Deutschland und den USA. Berlin 2000

Haas, B.: Theater der Wende – Wendetheater. Würzburg 2004

Kemser, D.: Zeitstücke zur deutschen Wiedervereinigung: Form – Inhalt – Wirkung. Tübingen 2006

Lange, W.: Theater in Deutschland nach 1945. Zur Theaterpolitik der amerikanischen Besatzungsbehörden. Frankfurt/Main u. a 1980

Mein Drama findet nicht mehr statt: deutschsprachige Theater-Texte im 20. Jahrhundert. Hg. B. Descourvières. Frankfurt/Main u.a. 2006

Mertz, P.: Das gerettete Theater. Die deutsche Bühne im Wiederaufbau. Weinheim, Berlin 1990

Nilsson, I.: Niederdeutsches Theater der Gegenwart. Stockholm 1975

»Nun ist es Zeit, das Antlitz neu zu schaffen«: Theater in Berlin nach 1945 – Schauspiel. Hg. Stiftung Stadtmuseum Berlin. Berlin 2002

Patterson, M.: German theatre today. London 1976

Preuss, J. W.: Theater im ost-westpolitischen Umfeld: Nahtstelle Berlin, 1945–1961. München 2004

Schlicher, S.: TanzTheater. Reinbek 1987

Schmidt, Jochen: Tanztheater in Deutschland. Frankfurt/Main 1992

Schneider, R.: Theater in einem besiegten Land. Dramaturgie der deutschen Nachkriegszeit 1945–1949. Frankfurt/Main u.a. 1989

Schulze-Reimpell, W.: Zwischen Rotstift und Spasszwang: ist das Theater noch zu retten? Hamburg 2005

Sieg, K.: Exiles, eccentrics, activists: women in contemporary German theater. Ann Arbor 1994

Splitter: Sondierungen zum Theater. Hg. A. Schalk, Ch.E. Rochow. Frankfurt/Main 2003

»Suche Nägel, biete gutes Theater!« Theater in Berlin nach 1945 – Nachkriegszeit. Hg. Stiftung Stadtmuseum. Berlin 2001

Sucher, C. B.: Das Theater der achtziger und neunziger Jahre. Frankfurt/Main 1995

Ders.: Theaterzauberer. 10 Regisseure des deutschen Gegenwartstheaters. München, Zürich 1990

Tanz in Deutschland. Ballett seit 1945. Eine Situationsbeschreibung. Hg. H. Regitz. Berlin 1984

TheaterKulturVision. Hg. Th. Hörnigk, B. Masuch, F. M. Raddatz. Berlin 1998

Transformationen: Theater der neunziger Jahre. Hg. E. Fischer-Lichte, D. Kolesch, Ch. Weiler. Berlin 1999

Vom Wort zum Bild. Das neue Theater in Deutschland und den USA. Hg. S. Bauschinger, S. L. Cocalis. Bern 1992

Wilke, Ch.: Das Theater der großen Erwartungen: Wiederaufbau des Theaters 1945–1948 am Beispiel des Bayerischen Staatstheaters. Frankfurt/Main u.a. 1992

Zeitgenössisches Theater in Deutschland und Frankreich = Théâtre contemporain en Allemagne et en France. Hg. W. Floeck. Tübingen 1989

BRD 1945–90

A radical stage: theatre in Germany in the 1970s and 1980s. Hg. W. G. Sebald. Oxford u.a. 1988

Bahn, V.: Das subventionierte Theater der Bundesrepublik Deutschland. Diss. FU Berlin 1972

Blumer, A.: Das dokumentarische Theater der 60er Jahre in der Bundesrepublik. Meisenheim am Glan 1977

Brauneck, M. u.a.: Ausländertheater in der Bundesrepublik Deutschland und West-Berlin. Hamburg 1983

Brüster, B.: Das Finale der Agonie: Funktionen des »Metadramas« im deutschsprachigen Drama der 80er Jahre. Frankfurt/Main u.a. 1993

Buschmann, S.: Literarische Zensur in der BRD nach 1945. Frankfurt a. M. u.a. 1997

Franck, M.: Kultur im Revier: die Geschichte der Ruhrfestspiele Recklinghausen 1946–56. Würzburg 1986

Haarmann, H.: Erwin Piscator und die Schicksale der Berliner Dramaturgie. München 1991

Hensel, G.: Spiel's noch einmal. Das Theater der achtziger Jahre. Frankfurt/Main ²1991

Ders.: Das Theater der 70er Jahre. Kommentar, Kritik, Polemik. Stuttgart 1980

Ders.: Theater der Zeitgenossen. Frankfurt/Main 1972

Hofmann, J.: Kritisches Handbuch des westdeutschen Theaters. Berlin 1981

Ihr für uns und wir für euch. 40 Jahre Ruhrfestspiele Recklinghausen. Berlin 1986

Ismayr, W.: Das politische Theater in Westdeutschland. Königstein/Ts. ²1985

Kienzle, M., D. Mende: Zensur in der Bundesrepublik München 1980

Moninger, M.: Shakespeare inszeniert. Das westdeutsche Regietheater und die Theatertradition des »dritten deutschen Klassikers«. Tübingen 1996

Müller, E.-M.: Zum Verhältnis von Literatur und Gesellschaft in den westlichen Besatzungszonen während der Jahre 1945–49 unter besonderer Berücksichtigung des Dramas und Theaters. Diss. Rostock 1979

Müller, H.: Theater der Restauration: Westberliner Bühnen, Kultur u. Politik im Kalten Krieg. Berlin 1981

Ders.: Theater im Zeichen des Kalten Krieges. Untersuchungen zur Theaterpolitik und Kulturpolitik in den Westsektoren Berlins 1945–53. Diss. FU Berlin 1976

Paris, H.: Unter freiem Himmel. 50 Jahre Bad Hersfelder Festspiele. Bad Hersfeld 2000

Rouse, J.: Brecht and the West German theatre: the practice and politics of interpretation. Ann Arbor u.a. 1989

Sandmeyer, P.: Voraussetzungen und Möglichkeiten kollektiven Berufstheaters in Deutschland. Diss. Berlin 1973

Schneider, W.: Kindertheater nach 1968. Köln 1984

Schulze-Reimpell, W.: Entwicklung und Struktur des Theaters in der Bundesrepublik Deutschland. Köln 1975

Sonderstück. 30 Jahre mülheimer Theatertage. Berlin 2005

Studien zur Dramatik in der Bundesrepublik Deutschland. Hg. G. Kluge. Amsterdam 1983

Veeh, M.: Untersuchungen zum Begriff und zur Funktion des Dokumentartheaters in den sechziger Jahren. Mag.-Arb. Kiel 1993

Wannemacher, K.: Erwin Piscators Theater gegen das Schweigen. Politisches Theater zwischen den Fronten des Kalten Krieges (1951–1966). Tübingen 2004

DDR – 1945–90

Ackermann, J.: Die Kunst- und Kulturpolitik der SED 1961–89. Diss. FU Berlin 2000

Adling, W.: Sozialistische Dramatik der DDR. Leipzig 1965

Auskünfte. Beiträge zur neuen DDR-Dramatik. Hg. P. Reichel. Berlin 1989

Berger, M.: Die Entwicklung des Dramas und des Schauspieltheaters in der sowjetischen Besatzungszone Deutschlands (1945–49). Diss. Berlin 1970

Bertolt Brechts Theaterarbeit am Berliner Ensemble. Hg. L. Schirmer u. a. Augsburg 1995

Beyer, P.: Dramatik der DDR. Warszawa 1976

Burkhardt, J.: Studien zu ökonomischen Problemen der Theater der Deutschen Demokratischen Republik. Habil.-Arb. Berlin 1967 (masch.)

Die Schauspieltheater der DDR und das Erbe (1970–1974). Hg. M. Noessig. Berlin 1976

Dramaturgie in der DDR (1945–1990). 2 Bde. Hg. H. Kreuzer, K.-W. Schmidt. Heidelberg 1998

Hasche, Ch., T. Schölling, J. Fiebach: Theater in der DDR. Chronik und Positionen. Berlin 1994

Hörnigk, F.: Geschichte im Drama: Studien zum Problem von Geschichte und Geschichtsverständnis in der neueren DDR-Dramatik, zu Aspekten der Erberezeption sowie der Aneignung von Stücken der sozialistischen Weltliteratur durch das zeitgenössische Theater. 2 Bde. Diss. Berlin 1981

Hussel, Ch., M. Meinicke: Junges Theater in der DDR 1968–1990. Bochum 1996

Irmer, Th., M. Schmidt: Die Bühnenrepublik: Theater in der DDR. Berlin 2003

Kähler, H.: Gegenwart auf der Bühne. Die sozialistische Wirklichkeit in den Bühnenstücken der DDR von 1956–63/64. Berlin 1966

Kersten, H.: Mehr als Theater: Kritikerblicke auf Ostberliner Bühnen 1973–1990. Berlin 2006

Kinder- und Jugendtheater in der DDR. Hg. W. Schneider. Frankfurt/Main 1990

Klatt, G.: Berliner Ensemble. Berlin 1989

Kranz, D.: Berliner Theater: 100 Aufführungen aus 3 Jahrzehnten. Berlin 1990

Kurz bevor der Vorhang fiel: zum Theater der DDR. Hg. J. L. Flood. Amsterdam u. a. 1990

Kurzweg, V.: Beiträge über die Entwicklung des Dramas und des Schauspieltheaters in der DDR (1945–68). Diss. Berlin 1970

Lederer, H.: Handbook of East German Drama 1945–1985. New York u. a. 1987

Lennartz, K.: Vom Aufbruch zur Wende. Theater in der DDR. Velber 1992

Literaturentwicklungsprozesse. Die Zensur der Literatur in der DDR. Hg. E. Wichner, H. Wiesner. Frankfurt/Main 1993

Mehnert, M.: Entwicklungstendenzen des Puppenthea-

ters der DDR seit den siebziger Jahren. Diss. Berlin 1990

...mir ist in den 80er Jahren kein DDR-Theater bekannt ...: Dokumentationsgespräche, Materialien, Anmerkungen. Hg. H. Arlt, U. Bischof. Frankfurt/Main u. a. 1993

No Man's Land: East German Drama after the Wall. Hg. D. W. Robinson. Newark 1996

Oels, B.: Zur kulturpolitischen Funktion des Theaters in der DDR. Diss. Erlangen 1974

Plassmann, J.: Vom Ende der »prinzipiellen Lösbarkeit«: zum Konfliktausgang in der Darstellung der sozialistischen Gesellschaft durch die DDR-Dramatik der 70er Jahre. Frankfurt/Main u. a. 1994

Puppentheater der DDR: eine Bestandsaufnahme. Red. S. Brendenal-Lienert. Leipzig 1984

Rätz, R.: Mecklenburgische Theater während der antifaschistisch-demokratischen Umwälzung (1945–49). Diss. Berlin 1990

Reichel, P.: Kontinuität und Diskontinuität in der DDR-Dramatik der achtziger Jahre. Diss. Leipzig 1988

Richardt, G.: Zu Entwicklungstendenzen der niederdeutschen Bühnenliteratur in der DDR bis 1952/53. Mit einem Überblick bis Mitte der sechziger Jahre. Diss. Rostock 1988

Runge, M.: Zur gesellschaftlichen Funktion des Theaters in der DDR. Diss. Berlin 1981

Schiller, A.: Die Theaterentwicklung in der sowjetischen Besatzungszone (SBZ) 1945 bis 1949. Frankfurt/Main u. a. 1998

Schrader, B.: Entwicklungsprobleme des Arbeitertheaters in der DDR. Diss. Berlin 1977

Stolper, A.: Wir haben in der DDR ein ganz schönes Theater gemacht. Berlin 1999

Stuber, P.: Spielräume und Grenzen: Studien zum DDR-Theater. Berlin ²2000

Theater in der Zeitenwende. Zur Geschichte des Dramas und des Schauspieltheaters in der DDR 1945–68. 2 Bde. Hg. W. Mittenzwei. Berlin 1972

Theaterarbeit in der DDR. 19 Bde. Berlin 1966–90

Theaterarbeit. 6 Aufführungen des Berliner Ensembles. Hg. H. Weigel u. a. Berlin ²1990

Theater-Bilanz 1945 bis 1969. Eine Bild-Dokumentation über die Bühnen der Deutschen Demokratischen Republik. Hg. Ch. Funke, D. Hoffmann-Ostwald, H.-G. Otto. Berlin 1971

Verdalle, L. de: Le théâtre en transition: de la RDA aux nouveaux Länder. Paris 2006

Allgemein, Einzeluntersuchungen

Absurda comica. Studien zur deutschen Komödie des 16. und 17. Jahrhunderts. Hg. H. Wagner. Amsterdam 1988

Arntzen, H.: Die ernste Komödie. Das deutsche Lustspiel von Lessing bis Kleist. München 1968

Catholy, E.: Das deutsche Lustspiel vom Mittelalter bis zum Ende der Barockzeit. Stuttgart u. a. 1969

Ders.: Das deutsche Lustspiel von der Aufklärung bis zur Romantik. Stuttgart u. a. 1982

Chiusano, I. A.:Il teatro tedesco da Brecht a oggi. Bologna 1964

Ders.: Il teatro tedesco dal naturalismo all'espressionismo. Bologna 1964

Chronik 100 Jahre Bund Deutscher Amateurtheater. Heidenheim 1992

Creizenach, W.: Geschichte des neueren Dramas. 3 Bde. Halle ²1911–23 (Nachdruck New York 1965)

Das andere Publikum. Deutsches Kinder- und Jugendtheater. Hg. A. Israel, S. Riemann. Berlin 1996

Das deutsche Drama vom Expressionismus bis zur Gegenwart. Hg. M. Brauneck. Bamberg ³1977

Das deutsche Lustspiel. 2 Bde. Hg. H. Steffen. Göttingen 1968–69

Das Theater von Morgen: Texte zur deutschen Theaterreform (1870–1920). Hg. Ch. Balme. Würzburg 1988

Das zeitgenössische deutschsprachige Volksstück. Hg. U. Hassel, H. Herzmann. Tübingen 1992

Davies, C.: The Volksbühne movement: a history. Amsterdam u. a. ²2000

Deutsche Dramatiker des 20. Jahrhunderts. Hg. A. Allkemper. Berlin 2000

Deutsche Komödien vom Barock bis zur Gegenwart. Hg. W. Freund. München ²1995

Elm, Th.: Das soziale Drama von Lenz bis Kroetz. Stuttgart 2004

Enzinger, M.: Das deutsche Schicksalsdrama. Innsbruck 1922

Fazio, M.: Lo specchio il gioco e l'estasi: la regia teatrale in Germania dai Meininger a Jessner (1874–1933). Rom 2003

Feustel, W.: Nationaltheater und Musterbühne von Lessing bis Laube. Diss. Greifswald 1954

Frenzel, H. A.: Brandenburg-Preußische Schloßtheater. Spielorte und Spielformen vom 17. bis zum 19. Jahrhundert. Berlin 1959

Freydank, R.: Theater in Berlin. Von den Anfängen bis 1945. Berlin 1988

Gaedertz, K. Th.: Das niederdeutsche Drama von den Anfängen bis zur Franzosenzeit. Hamburg 1894 (Nachdruck Hamburg 1988)

German and Dutch theatre 1600–1848. Hg. G. W. Brandt. Cambridge 1992

German theatre before 1750. Hg. G. Gillespie. New York 1992

Guthke, K. S.: Geschichte und Poetik der deutschen Tragikomödie. Göttingen 1961

Herzmann, H.: Tradition und Subversion: das Volksstück und das epische Theater. Tübingen 1997

Hinck, W.: Das moderne Drama in Deutschland. Göttingen 1973

Hinck, W.: Die deutsche Komödie. Düsseldorf 1977

Holl, K.: Geschichte des deutschen Lustspiels. Leipzig 1923 (Nachdruck Darmstadt 1964)

Huber, J.: Das deutsche Boulevardtheater. Diss. München 1986

125 Jahre Genossenschaft deutscher Bühnenangehöriger. Hamburg 1997

Innes, C. D.: Erwin Piscator's Political Theatre. Cambridge 1972

Istel, E.: Die Entstehung des deutschen Melodramas. Berlin, Leipzig 1906

Jahnke, M.: Von der Komödie für Kinder zum Weihnachtsmärchen. Meisenheim 1977

Jones, C. N.: Negation and Utopia. The German Volksstück from Raimund to Kroetz. New York u. a. 1993

Kathrein, K.: Entwicklungsgeschichte der Regiepraxis von Ekhof bis Georg II. von Meiningen. Diss. Wien 1964

Koch, H. A.: Das deutsche Singspiel. Stuttgart 1974

Komödiensprache. Beiträge zum deutschen Lustspiel zwischen dem 17. und 20. Jahrhundert. Hg. H. Arntzen. Münster 1988

Kraft, H.: Ein Haus aus Sprache: Dramatikerinnen und das andere Theater. Stuttgart, Weimar 1996

Kurth, D.: Maskerade, Konfusion, Komödie: Kleiden und Verkleiden in der deutschen Komödie von der Aufklärung bis zur Postmoderne. Diss. Köln 1999

Lennartz, K.: Theater, Künstler und die Politik. 150 Jahre Deutscher Bühnenverein. Berlin 1996

Lesle, U.-Th.: Von 'völkischer Not' zum Literaturtrost. Ein Beitrag zur Geschichte des niederdeutschen Theaters. Hamburg 1986

Menhennet, A.: The historical experience in German drama from Gryphius to Brecht. Rochester 2003

Mennemeier, F. N.: Modernes deutsches Drama. München 1973

Niefanger, D.: Geschichtsdrama der Frühen Neuzeit 1495–1773. Tübingen 2005

Patterns of change: German drama and the European tradition. Hg. D. James, S. Ranawake. New York 1990

Pies, E.: Prinzipale. Zur Genealogie des deutschsprachigen Berufstheaters vom 17. bis 19. Jahrhunderts. Ratingen u. a. 1973

Purschke, H. R.: Die Puppenspieltraditionen Europas. Deutschsprachige Gebiete. Bochum 1986

Röhrig, M.: Regie im deutschen Sprechtheater. Diss. München 1979

Rübel, J.: Geschichte der Genossenschaft Deutscher Bühnen-Angehörigen. Hamburg 1992

Schöndienst, E.: Geschichte des Deutschen Bühnenvereins. 2 Bde. Frankfurt/Main 1979–81

Schultze, H.: Deutsches Jugendtheater. Vom Schultheater des 16. Jahrhunderts bis zur Gegenwart. Emsdetten 1960

Sengle, F.: Das historische Drama in Deutschland. Stuttgart 1974

Stadelmaier, G.: Letzte Vorstellung. Eine Führung durchs deutsche Theater. Frankfurt/Main 1993

Thalia's daughters: German women dramatists from the eighteenth century to the present. Hg. S. L. Cocalis, F. Rose. Tübingen, Basel 1996

Unterhaltungstheater in Deutschland: Geschichte – Ästhetik – Ökonomie. Hg. W. Jansen. Berlin 1995

Volk, Volksstück, Volkstheater im deutschen Sprachraum des 18.-20. Jahrhunderts. Hg. J.-M. Valentin. Bern u. a. 1986

Von der Freien Bühne zum Politischen Theater. 2 Bde. Hg. H. Fetting. Leipzig 1987

Vorhang auf und Bühne frei! Kinder- und Jugendtheater in Deutschland. Hg P. Maar, M. Schmidt. Baltmannsweiler 1998

Warrack, J.: German opera: from the beginnings to Wagner. Cambridge, New York 2001

»welt macht theater«: deutsches Theater im Ausland vom 17.-20. Jahrhundert; Funktionsweisen und Zielsetzungen. 2 Bde. Hg. H. Fassel. Münster 2006

Williams, S.: German actors of the eighteenth and nineteenth centuries: idealism, romanticism, and realism. Westport u. a. 1985

Österreich

Bibliographien, Nachschlagewerke, Übersichtsdarstellungen

Alth, M. v.: Burgtheater 1776–1976. Aufführungen und Besetzungen von 200 Jahren. 2 Bde. Wien 1979

Bortenschlager, W.: Österreichische Dramatiker der Gegenwart. Kreativ-Lexikon. Wien 1976

Dalinger, B.: Quellenedition zur Geschichte des jüdischen Theaters in Wien. Tübingen 2003

Fleißner, K. u. a.: Salzburger Festspiele: Oper, Theater, Konzert, Film, Text, Musik; multimediales Lexikon 1920-97. Wien 1997 [2 CD-ROM]

50 Jahre Theater in Österreich: Verzeichnis der Inszenierungen 1945–1995. Steinbach 2003 [CD-ROM]

Gregor, J.: Geschichte des österreichischen Theaters von seinen Ursprüngen bis zum Ende der Ersten Republik. Wien 1948

Handbuch Theater & Tanz. Hg. R. Schweitzer. Wien 1997

Infodoc. Bibliotheken, Informations- und Dokumentationseinrichtungen in Österreich. Hg. Bundesministerium für Wissenschaft und Forschung. Graz 1994

Kataloge der Theatersammlung der Nationalbibliothek in Wien. 4 Bde in 2. Wien 1928–42

Theatergeschichte Österreichs. Bd 1 ff., H. 1 ff. Hg. Österreichische Akademie der Wissenschaften, Kommission für Theatergeschichte Österreichs. Wien u. a. 1964 ff.

Mittelalter bis Barock

Adel, K.: Das Jesuitendrama in Österreich. Wien 1957

Artioli, U.: I Gonzaga e l'Impero: itinerari dello spettacolo; con una selezione dei materiali dell'Archivio Informatico Herla (1560–1630). Florenz 2005

Biba, O.: Die kulturelle Bedeutung des Piaristenordens in Österreich bis zum Ende des 18. Jahrhunderts. Diss. Wien 1974

Drozd, K. W.: Schul- und Ordenstheater am Collegium S. J. Klagenfurt. Klagenfurt 1965

Gregor, J.: Das Wiener Barocktheater. Wien 1922

Hadamowsky, F.: Mittelalterliches geistliches Spiel in Wien 1499–1718: eine Dokumentation aus den wichtigsten Quellen. Wien 1981

Kretzenbacher, L.: Leben und Geschichte des Volksschauspiels in der Steiermark. Graz 1992

Ders.: Mürztaler Passion. Wien 1988

Ders.: Passionsbrauch und Christi-Leiden-Spiel in den Südost-Alpenländern. Salzburg 1952

Kutschera, V.: Salzburger mittelalterliches Theater. Diss. Wien 1968

Mertz, P.: Wo die Väter herrschten: Volkstheater – nicht nur in Tirol. Wien u. a. 1985

Pailler, W.: Weihnachtslieder und Krippenspiele aus Oberösterreich und Tirol. Niederwalluf 1971

Payer von Thurn, R.: Wiener Haupt- und Staatsaktionen. 2 Bde. Wien 1908–10

Schmidt, L.: Das alte Volksschauspiel des Burgenlandes. Wien 1980

Valentin, J. M.: L'école, la ville, la cour: Pratiques sociales, enjeux poétologiques et répertoires du théâtre dans l'empire au XVIIe siècle. Paris 2004

18. Jahrhundert

Beiträge zur Theatergeschichte des 18. Jahrhunderts. Red. G. Mraz. Eisenstadt 1973

Birbaumer, U.: Das Werk des Joseph Felix von Kurz-Bernardon und seine szenische Realisierung. Versuch einer Genealogie und Dramaturgie der Bernardoniade. 2 Bde, Wien 1971

Carreau, I.: Ni simple ni sot: la »lustige Person« dans la comédie viennoise (1724–1818). Diss. Paris IV 1999

Grossegger, E.: Freimaurerei und Theater, 1770–1800: Freimaurerdramen an den k. k. privilegierten Theatern in Wien. Wien u. a. 1981

Dies.: Gluck und d'Afflisio: ein Beitrag zur Geschichte der Verpachtung des Burgtheaters (1765/67–1770). Wien 1995

Dies.: Theater, Feste und Feiern zur Zeit Maria Theresias 1742–1776; nach den Tagebucheintragungen des Fürsten Johann Joseph Khevenhüller-Metsch. Wien 1957

Hadamowsky, F.: Die Josefinische Theaterreform und das Spieljahr 1776/77 des Burgtheaters; eine Dokumentation. Wien 1978

Link, D.: The National Court Theatre in Mozart's Vienna: sources and documents 1783–1792. Oxford u. a. 1998

Michtner, O.: Das alte Burgtheater als Opernbuhne. Von der Einführung des deutschen Singspiels (1778) bis zum Tod Kaiser Leopolds II. (1792). Wien u. a. 1970

Performing arts in the Austrian 18th century: new directions in historical and methodological research. Hg. J. van Schoor. Gent 1999

Rademaker, J. W.: Johann Joseph Felix von Kurz, gen. Bernardon: Reisender der Hölle. Diss. Mainz 1999

Rehm, H.: Die Entstehung des Wiener Volkstheaters im Anfang des 18. Jahrhunderts. Diss. München 1936

Sashegyi, O.: Zensur und Geistesfreiheit unter Joseph II. Budapest 1958

Simek, U.: Das Berufstheater in Innsbruck im 18. Jahrhundert: Theater im Zeichen der Aufklärung in Tirol. Wien 1992

Tanzer, G.: Spectacle müssen seyn. Die Freizeit der Wiener im 18. Jahrhundert. Wien 1992

19. Jahrhundert

Bauer, R.: Die Welt als Reich Gottes. Wien 1974

Behrens, E.: Mimische Grundformen im Wiener Volkstheater. Diss. (masch.) Wien 1961

Beney, J.: Friedrich Kaiser (1814–74) et le théâtre populaire en Autriche au XIXe siècle. 2 Bde. New York u. a. 1993

Borchardt, P.: Die Wiener Theaterzensur des Vormärz. Diss. Wien 1961

Das österreichische Volkstheater im europäischen Zusammenhang 1830–80. Hg. J.-M. Valentin. Bern u. a. 1988

Die Wiener Moderne. Literatur, Kunst und Musik zwischen 1890 und 1910. Hg. G. Wunberg. Stuttgart 1981

Dietrich, M.: Die Wiener Polizeiakten von 1854–1867 als Quelle für die Theatergeschichte des Österreichischen Kaiserstaates. Wien 1967

Enzinger, M.: Grillparzer und das Wiener Volkstheater. Wien 1920

Es ist ewig schad' um mich. Ferdinand Raimund und Wien. Bearb. W. Deutschmann, R. Wagner. Wien 1996 [Katalog]

Fürster, E.: Ferdinand Raimund und das Theater. Diss. München 1920

Gromes, H.: Vom Alt-Wiener Volksstück zur Wiener Operette. Diss. München 1967

Hein, J.: Ferdinand Raimund. Stuttgart 1970

Ders.: Johann Nestroy. Stuttgart 1990

Ders.: Das Wiener Volkstheater. Raimund und Nestroy. Darmstadt ³1997

Hofmann-Wellenhof, A.: »... das Stück scheint für die Darstellung auf dieser Bühne nicht geeignet«: Schriftsteller und ihre am Burgtheater eingereichten Theaterstücke 1850–1870. Wien 1996

Holzer, R.: Die Wiener Vorstadtbühnen. Alexander Girardi und das Theater an der Wien. Wien 1951

Horch, F.: Das Burgtheater unter Heinrich Laube und Adolf Wilbrandt. Wien 1925

Kreissler, F.: Le français dans le théâtre viennois du XIXe siècle. Paris 1973

Mautner, F. H.: Nestroy. Heidelberg 1974

May, E. J.: Wiener Volkskomödie und Vormärz. Berlin 1975

L'opérette viennoise. Hg. J. Benay. Rouen 1998

Prohaska, D.: Raimund and Vienna. Cambridge 1970

Raimund. Bilder aus einem Theaterleben. Hg. G. Riedl. Wien 1990

Rubey, N., P. Schoenwald: Venedig in Wien: Theater- und Vergnügungsstadt der Jahrhundertwende. Wien 1996

Schenker, H.: Theaterdirektor Carl und die Staberl-Figur: eine Studie zum Wiener Volkstheater vor und neben Nestroy. Diss. Zürich 1986

Schorske, C. E.: Wien. Geist und Gesellschaft im Fin de Siècle. Frankfurt a. M. 1982

Stöttinger, A.: Theater und Theaterzensur im österreichischen Vormärz. Hausarb. Salzburg 1978

Viennese popular Theatre = Das Wiener Volkstheater. Hg. W. E. Yates, J. R. P. McKenzie. Exeter 1985

Yates, W. E.: The development of popular Viennese comedy from 1823 to 1923. Diss. Cambridge 1965

Ziltener, A.: Hanswursts lachende Erben: zum Weiterleben der lustigen Person im Wiener Vorstadt-Theater von La Roche bis Raimund. Bern u.a. 1989

20. Jahrhundert

Aspetsberger, F.: Literarisches Leben im Austrofaschismus. Graz 1980

Beniston, J.: Welttheater: Hofmannsthal, Richard von Kralik, and the revival of Catholic drama in Austria 1890–1934. London 1998

Beyer, W.: Lachhaft. Neues Kabarett in Österreich. St. Andrä-Wördern 1996

Borower, D. C.: Theater und Politik. Die Wiener Theaterzensur im politischen und sozialen Kontext der Jahre 1893 bis 1914. Diss. Wien 1988

Bregenzer Festspiele. Bühnenwelten. Intendanz Alfred Wopmann 1983–2003. Hg. W. Willaschek. Wien 2003

Dalinger, B.: »Verloschene Sterne«. Geschichte des jüdischen Theaters in Wien. Wien 1998

Darin, R., G. Seidl: Theater von unten: von Artmann bis Unger und von der Drachengasse bis zum Tschauner; Wiener Klein- und Mittelbühnen und ihre Autoren. Wien 1988

Dermutz, K.: Das Burgtheater 1955–2005. Wien 2005

Deutsch-Schreiner, E.: Theater im »Wiederaufbau«: zur Kulturpolitik im österreichischen Parteien- und Verbändestaat. Wien 2001

Doll, J.: Theater im roten Wien: vom sozialdemokratischen Agitprop zum dialektischen Theater Jura Soyfers. Wien u.a. 1997

Dramaturgie der Demokratie. Theaterkonzeptionen des österreichischen Exils. Hg. P. Roessler, K. Kaiser. Wien 1989

Eiselt-Weltmann, S.: Das »Politische Kabarett« und die »Roten Spieler«. Agitation und Propaganda der österreichischen Sozialdemokratie 1926–1934. Diss. Wien 1987

Experiment Weltuntergang. Wien um 1900. Hg. W. Hofmann. München 1981

Fuhrich, E., G. Prossnitz: Die Salzburger Festspiele. Ihre Geschichte in Daten, Zeitzeugnissen und Bildern. Bd. 1: 1920–1945. Salzburg 1990

Gallup, S.: Die Geschichte der Salzburger Festspiele. Wien 1989

Gößwein, J.: Tonfilm – Theater – Tanz. Kulturpolitik im Ständestaat und Dritten Reich aus dem Blickwinkel einer Wiener Musik- und Theaterzeitung. Dipl.-Arb. Wien 2005

Greisenegger, W.: Österreich. Bühnenbildner der Gegenwart. Innsbruck 1968 [Katalog]

Herrmann, W.: 75 Jahre Salzburger Festspiele. Bad Aussee 1995

Hochradl, K.: Ausprägungen, Möglichkeiten und Tendenzen des österreichischen, zeitgenössischen Musiktheaters unter spezieller Berücksichtigung von Olga Neuwirth, Gerd Kühr und Herbert Willi. Dipl.-Arb. Mozarteum Salzburg 2001

100 Jahre Volkstheater: Theater, Zeit, Geschichte. Hg. E. Schreiner. Wien, München 1989

Jandl, H.: Österreichische Studenten- und Studiobühnen im kultur- und gesellschaftspolitischen Konnex der ersten Nachkriegsjahre, 1945–1950. Diss. Wien 1982

Jánosi, A.-M.: Theaterkritiker als Theaterschriftsteller. Journalismus und Theater in Wien von der Jahrhundertwende bis 1933. Diss. Wien 1987

Kanzler, Ch.: Proletarisches Theater in der Ersten Republik: szenische Formen der Agitproparbeit der Kommunistischen Partei Österreichs im Kontext kulturrevolutionärer Strömungen in Sowjetrußland (1925–1933). Diss. Wien 1997

Kaut, J.: Die Salzburger Festspiele 1920–1981. Salzburg 1982

Kleine Salzburger Festspielgeschichte. Hg. A. Müry. Salzburg 2002

Köper, C.-R.: Ein unheiliges Experiment: das Neue Theater in der Scala (1948–1956). Wien 1995

Landa, J.: Bürgerliches Schocktheater: Entwicklungen im österreichischen Drama der sechziger und siebziger Jahre. Frankfurt/Main 1988

Literatur der Nachkriegszeit und der 50er Jahre in Österreich. Hg. F. Aspetsberger. Wien 1984

Magschok, H.: Rote Spieler, Blaue Blusen. Böhlau, Wien u.a. 1983

Max Reinhardts Theater in der Josefstadt. Hg. F. Klingenbeck. Salzburg 1972

Mayer, A.: Theater in Wien um 1900: der Dichterkreis Jung Wien. Wien, Köln, Weimar 1997

Mühlher, R. u.a.: Beiträge zur Dramatik Österreichs im 20. Jahrhundert. Wien 1968

Müry, A.: »Jedermann« darf nicht sterben. Geschichte eines Salzburger Kults 1920–2001 ff. Salzburg, München 2001

Österreichische Satire 1933–2000: Exil – Remigration – Assimilation. Hg. J. Benay. Bern 2003

Österreichisches Theater des 20. Jahrhunderts. Hg. J. Schondorff. München 1961

Postwar Austrian theater: text and performance. Hg. L. C. DeMeritt, M. Lamb-Faffelberger. Riverside 2002

Pott, G.: Die Spiegelung des Sezessionismus im österreichischen Theater. Wien 1975

Resch, Ch.: Kunst als Skandal. Der Steirische Herbst und die öffentliche Erregung. Wien 1994

Roessler, P.: Studien zur Auseinandersetzung mit Faschismus und Krieg im österreichischen Drama der Nachkriegszeit und der 50er Jahre. Köln 1987

Schatz, V. M.: Neue Kommunikationsformen des Theaters in Österreich: Aktionismus, Happening, Straßentheater (1946–1973). Diss. Salzburg 1974

Scheu, F.: Humor als Waffe. Politisches Kabarett in der Ersten Republik. Wien 1977

Sieber, C.: Die Förderung und Akzeptanz von Jungdramatikern in Österreich und Großbritannien. Dipl.-Arb. Wien 2002

Sinhuber, W. F.: Drama und Zeitgeist in Österreich von 1980–1990. Wien 1995

Stachel wider den Zeitgeist: politisches Kabarett, Flüsterwitz und subversive Textsorten. Hg. O. Panagl, R. Kriechbaumer. Wien u. a. 2004

Steinberg, M. P.: Ursprung und Ideologie der Salzburger Festspiele 1890–1938. Salzburg 2003

Teichgräber, A.: Das »Deutsche« Volkstheater und sein Publikum, Wien 1889–1964. Diss. Wien 1965

Le théâtre Autrichienne des années 1990. Hg. J. Benay, A. Pfabigan. Rouen 2001 (Austriaca 53)

Die Thimigs: ihr Leben für das Theater. Bearb. E. Fuhrich-Leisler, G. Prossnitz. Wien 1978

Verspielte Zeit: österreichisches Theater der dreissiger Jahre. Hg. H. Haider-Pregler, B. Reiterer. Wien 1997

Vogel, M.: … und neues Leben blüht aus den Kulissen: Theaterstreifzüge durch Österreich. Wien u. a. 1963

Weigel, H.: Gerichtstag vor 49 Leuten. Graz 1981

Weltkomödie Österreich: 13 Jahre Burgtheater 1986–1999. 2 Bde. Hg. H. Beil u. a. Wien 1999

Withalm, N.: Nonprofit Organisationen im österreichischen Theaterwesen: eine Analyse der ökonomischen Orientierung. Dipl.-Arb. Wien 2000

Worbs, M.: Nervenkunst. Literatur und Psychoanalyse im Wien der Jahrhundertwende. Frankfurt/Main 1983

Yates, W. E.: Schnitzler, Hofmannsthal, and the Austrian theatre. New Haven u. a. 1992

Zeisl, E.: Kommunistisches Parteitheater in Österreich 1918–1933. Dipl.-Arb. Wien 2001

Zeit der Befreiung: Wiener Theater nach 1945. Hg. H. Haider-Pregler, P. Roessler. Wien 1998

20 Jahre steirischer herbst. Hg. P. Kaufmann. Wien, Darmstadt 1988

Einzeluntersuchungen

Abele, H., H. Bauer: Die Bundestheater in der österreichischen Wirtschaft. Wien 1984

Aspects du comique dans le theatre (populaire) autrichien – XVIIIe-XXe siècle = Aspekte des Komischen im österreichischen (Volks)Theater – 18.-20. Jahrhundert. Hg. J.-M. Valentin, J. Benay. Mont-Saint-Aignan 1982

Behrendt, K.: Puppentheater in Österreich. Wien 1987

Burgtheater Wien 1776–1986. Ebenbild und Widerspruch, Zweihundert und zehn Jahre. Hg. R. Urbach, A. Benning. Wien 1986

Eder, A.: Das Theater in der Josefstadt 1788–1996. Vom k. k. privilegierten Schauspiel-Unternehmen zur Betriebsgesellschaft m.b.H. Wien 1996

Enzinger, M.: Die Entwicklung des Wiener Theaters vom 16. zum 19. Jahrhundert. 2 Bde. Berlin 1918–19

Fröhlich, S.: Strichfassungen und Regiebücher: Kulturpolitik 1888–1938 und Klassikerinszenierungen am Wiener Burg- und Volkstheater. Frankfurt/Main u. a. 1996

From Perinet to Jelinek: Viennese theatre in its political and intellectual context. Hg. W. E. Yates. Oxford u. a. 2001

Hadamovsky, F.: Wien: Theatergeschichte von den Anfängen bis zum Ende des ersten Weltkriegs. Wien u. a. 1988

Haeussermann, E.: Das Wiener Burgtheater. Wien, München, Zürich 1975

Haider-Pregler, H.: Theater und Schauspielkunst in Österreich. Wien 1972

Hakel, H.: Wiennärrische Welt. Wien 1961

Hennings, F.: Heimat Burgtheater. 3 Bde. Wien 1972–74

Keil-Budischowsky, V.: Die Theater Wiens. Wien, Hamburg 1983

Kinder- und Jugendtheater in Österreich. Hg. W. Schneider. Frankfurt a. M. 2000

Klinger, K.: Theater und Tabus. Essays, Berichte, Reden. Eisenstadt 1984

Krzeszowiak, T.: Theater an der Wien: seine Technik und Geschichte 1801–2001. Wien 2002

Láng, A. E.: 200 Jahre Theater an der Wien: »Spectacles müssen seyn«. Wien 2001

Meyer, W.: Werden und Wesen des Wiener Hanswursts. Diss. Leipzig 1931

Pirchan, E., A. Witeschnik, O. Fritz: 300 Jahre Wiener Operntheater. Wien 1953

Prawy, M.: Die Wiener Oper. Wien, München, Zürich 1969

Puppentheater in Österreich. Red. K. Behrendt. Wien 1987

Reimann, V.: Die Adelsrepublik der Künstler: Schauspieler an der »Burg«. Düsseldorf, Wien (1963)

Rommel, O.: Die Alt-Wiener Volkskomödie. Ihre Geschichte vom barocken Welttheater bis zum Tode Nestroys. Wien 1952

Scheit, G.: Verborgener Staat, lebendiges Geld: zur Dramaturgie des Antisemitismus. Freiburg i. Br. ²2006

Smekal, R.: Das alte Burgtheater. Eine Charakteristik durch zeitgenossische Darstellungen. Wien 1916

Symposium Zensur in Österreich 1780–1989. Hg. E. Weinzierl, R. G. Ardelt. Wien, Salzburg 1991

The great tradition and its legacy: the evolution of dramatic and musical theater in Austria and Central Europe. Hg. M. Cherlin u. a. New York u. a. 2003

Theatre and Performance in Austria: from Mozart to Jelinek. Hg. R. Robertson, E. Timms. Edinburgh 1993

Tolar, G.: So ein Theater! Die Geschichte des Theaters an der Wien. Wien 1991

Urbach, R.: Die Wiener Komödie und ihr Publikum: Stranitzky und die Folgen. Wien u. a. 1973

Weilen, A. v.: Geschichte des Wiener Theaterwesens von den ältesten Zeiten bis zu den Anfangen der Hof-Theater. Wien 1899

Wiener Festwochen 1951–2001. Ein Festival zwischen Repräsentation und Irritation. Salzburg u. a. 2001

Die Wiener Oper. 350 Jahre Glanz und Tradition. Hg. A. Seebohm. Wien 1986

Das Wiener Volksstück. Hg. Institut für Österreichkunde. Wien 1971

Yates, W. E.: Theatre in Vienna: A Critical History, 1776–1995. Cambridge u. a. 1996

Schweiz

Bibliographien, Nachschlagewerke, Überblicksdarstellungen

Bänninger, H.: Chronik des Schweizer Volksspiels. Folge 1–10. Elgg 1950–59

Cabaret, Mime, Theater, Marionetten. Schweizer Handbuch. Künstler. Frauenfeld 1981

Gojan, S.: Spielstätten der Schweiz. Scènes de Suisse. Luoghi teatrali in Svizzera. Historisches Handbuch. Manuel historique. Manuale storico. Zürich 1998

Handbuch Spielszene Schweiz. Hg. D. Meier u. a. Zürich 1996

Joho, R.: Schweizerische Bühnenwerke in deutscher Sprache. Berufstheater. Elgg 1955

Ders.: Verzeichnis der schweizerischen Bühnenwerke für das Volkstheater von 1900 bis 1952. Elgg 1953

Müller, E.: Schweizer Theatergeschichte. Zürich 1944

Schweizer Theaterbuch. Hg. Schweizerischer Bühnenverband. Zürich 1964

Szene Schweiz. Hg. Schweizerische Gesellschaft für Theaterkultur. Jg. 1 (1973/74) ff. [1991/92 nicht ersch.] Basel u. a. 1974 ff.

Theater in der Schweiz / Théâtre en Suisse / Teatro in Svizzera. Red. K. G. Kachler, L. Benz-Burger. Zürich 1977

Theaterlexikon der Schweiz. Hg. A. Kotte. 3 Bde. Zürich 2005

Theaterstückverzeichnis. Hg. Schweizer Autorinnen und Autoren Gruppe Olten. Weinfelden ³1990

Von den Anfängen bis zum 20. Jahrhundert

Aeschlimann, W.: Histoire du Théâtre de Genève, des origines à 1844. Genf 1934

Bächtold, J.: Geschichte der deutschen Literatur in der Schweiz. Frauenfeld 1892

Barock in der Schweiz. Hg. O. Eberle. Einsiedeln 1930

Beetschen, A.: Das Theaterwesen in der Schweiz. Berlin 1897

Brunnschweiler, Th.: Johann Jakob Breitingers »Bedenken von Comoedien oder Spilen«: die Theaterfeindlichkeit im alten Zürich; Edition – Kommentar – Monographie. Bern u. a. 1989

Christ-Kutter, F.: Frühe Schweizerspiele. Bern 1963

Eberle, O.: Theatergeschichte der inneren Schweiz. Königsberg 1929

Fehr, M.: Die wandernden Theatertruppen in der Schweiz. Einsiedeln 1949

Fridebüüte in Winterthur. Von der Belagerung 1460 zum Freilichtspiel 2002. Hg. P. Niederhäuser. Zürich 2002

Fryberg, S.: Bretter, die die Schweiz bedeuten. Von den Anfängen der Tellspiele Altdorf. Altdorf 1991

Greco-Kaufmann, H.: Vor rechten lütten ist guot schimpfen. Der Luzerner Marcolfus und das Schweizer Fastnachtspiel des 16. Jahrhunderts. Bern 1994

Koslowski, St.: Stadttheater contra Schaubuden. Zur Basler Theatergeschichte des 19. Jahrhunderts. Zürich 1998

Ranke, F.: Das Osterspiel von Muri. Aarau 1944

Sidler, V.: Wechselwirkungen zwischen Theater und Geschichte. Untersucht anhand des schweizerischen Theaters vor Beginn der Reformation. Aarau 1973

Stadler, E.: Die Entstehung des nationalen Landschaftstheaters in der Schweiz. Einsiedeln 1953

Stark, W.: Spielplan und Publikum der deutschsprachigen Schweiz im 19. Jahrhundert. Düsseldorf 1961

20. Jahrhundert

Aller Tage Abend. Eine Rückschau. Schauspielhaus Zürich 1982–1989. Red. H. Geiser u. a. Zürich 1989

Amstutz, H., U. Käser-Leisibach, M. Stern: Schweizertheater: Drama und Bühne der Deutschschweiz bis Frisch und Dürrenmatt 1930–1950. Zürich 2000

Apothéloz, Ch.: Cris et écrits: textes sur le théâtre (1944–1982). Lausanne u. a. 1990

Ashoss, B.: Das Basler Theater unter W. Düggelin. Diss. Wien 1977

Ausgangspunkt Schweiz – Nachwirkungen des Exiltheaters. Hg. Ch. Jauslin, L. Naef. Willisau 1989

Blubacher, Th.: Befreiung von der Wirklichkeit? Das Schauspiel am Stadttheater Basel 1933 bis 1945. Basel 1995

Carrard, P.: Cabaret Voltaire, Dada-Zürich. Ein Eingriff von Rossetti+Wyss. Zürich 2004

Cecchetto, S.: Dada a Zurigo. Cabaret Volatire 1916–1920. Mailand 2003

Das Cornichon-Buch. Hg. O. Weissert. Zürich 1950

Dumont, H.: Das Zürcher Schauspielhaus von 1921–38. Lausanne 1973

Eberle, O.: Das schweizerische Volkstheater der Gegenwart. Elgg 1945

Eine grosse Zeit. Das Schauspielhaus Zürich in der Ära Wälterlin 1938/39–1960/61. Hg. F. Lendenmann. Zürich 1995

Epierre, G.: Le feu aux planches: souvenirs de soixante ans de théâtre à Genève. Genf 1994

Fink, B.: Maßstäbe der Kritik in einer maßlosen Zeit: zur Rezeption deutschsprachiger Dramatik am Zürcher Schauspielhaus in ausgewählten Schweizer Tageszeitungen zwischen 1933 und 1945. Diss. Innsbruck 1991

Fluchtpunkt Zürich. Zu einer Stadt und ihrem Theater. Zus.stellung U. Cofalka, B. Schläpfer. Nürnberg 1987

75 Jahre Zentralverband Schweizer Volkstheater, 1906–81. Zug 1981

50 Jahre Schweizerischer Bühnenverband, 1920–70. Zürich 1970

Fueter, W.: Das Berufstheater in der Schweiz. Diss. Bern 1935

Giacopuzzi, M.: Symptome eines Rückzugs: Theater der deutschen Schweiz während des Nationalsozialismus im Spiegel schweizerischer Identität. Köln 2001

Hoffmann-Allenspach, T.: Theaterkritik in der deutschsprachigen Schweiz seit 1945. Zürich 1998

Kröger, U., P. Exinger: »In welchen Zeiten leben wir!« Das Schauspielhaus Zürich 1938–1998. Zürich 1998

Lang, P.: Bühne und Drama in der deutschen Schweiz. Zürich 1924

Ders.: Das Schweizer Drama 1914–44. Elgg 1944

Maurer, R.: Die Schweizer Theaterszene. Zürich 1983

Mittenzwei, W.: Das Zürcher Schauspielhaus 1933–45 oder Die letzte Chance. Berlin 1979

Modernes Schweizer Theater. Hg. H. R. Hilty, M. Schmidt. Egenach 1964

Nef, A.: Fünfzig Jahre Berner Theater. Bern 1956

Palmer, P.: Schweizer Bühnenwerke des 20. Jahrhunderts. Zürich 1972

Prosenc, M.: Die Dadaisten in Zürich. Bonn 1967

Schläpfer, B.: Sprechtheater in der Schweiz. Zürich 1992

Ders.: Schauspiel in der Schweiz. Zürich ²1999

Schmassmann, M.: Das Basler Stadttheater. Diss. Wien 1970

Stern, M.: Expressionismus in der Schweiz. 2 Bde. Bern, Stuttgart 1981

Stumm, R.: Komödie Basel. Fünfzig Jahre Ach und Krach. Basel 2001

Sutermeister A.-C.: L'émergence du théâtre indépendant à la fin des années 60. Contribution à l'histoire du théâtre en Suisse romande. Diss. Bern 1997

Das Theater – unsere Welt: das Schweizer Theater 1970–1980 = Le théâtre – notre monde. Red. O. Fries. Luzern 1980

Das verschonte Haus. Das Zürcher Schauspielhaus im 2. Weltkrieg. Hg. D. Bachmann, R. Schneider. Zürich 1987

Weissert, O.: Hinter dem eigenen Vorhang – Das Buch vom Caberet Federal. Zürich 1954

Einzeluntersuchungen

Aeschlimann, W.: Le Grand Théâtre. Genf 1951

Bissegger, U.: Puppentheater in der Schweiz. Zürich 1978

Candolle, R. de: Histoire du Théâtre de Genève. Genf 1978

Damendramen, Dramendamen, Dramatikerinnen der Schweiz. Red. S. Augustin. Zürich 1994

Dramatiker-Förderung. Aide aux auteurs dramatiques. Dokumente zum Schweizer-Förderungsmodell. Red. V. Hoehne u. a. Bonstetten 1986

Duvanel, B.: Théâtre pour les jeunes en Suisse. Zürich 1979

Gut, K.: Das vaterländische Schauspiel der Schweiz: Geschichte und Erscheinungsformen. Fribourg 1996

150 Jahre Theater in Zürich. Red. P. Hammer, D. Reich. Zürich 1984

Jauslin, Ch.: Dramatiker der deutschen Schweiz. Zürich 1973

Kinder- und Jugendtheater in der Schweiz. Hg. W. Schneider. Frankfurt/Main 1994

Kohler, P.: Le théâtre et la Suisse romande. Bern 1946

Mercier-Campiche, M.: Le théâtre de Lausanne 1871 à 1914. Lausanne 1944

Merian, W.: Festschrift zum 100jährigen Bestehen des Basler Stadttheaters. Basel 1934

Mundart auf dem Berufstheater der deutschen Schweiz. Hg. Ch. Jauslin. Willisau 1987

Pastori, J.-P.: Tanz und Ballett in der Schweiz. Zürich 1985

Sondierungen zum Theater: zehn Beiträge zur Theatergeschichte der Schweiz. Hg. A. Kotte. Basel 1995

Stadttheater Basel 1834 – 1934 – 1959. Hg. R. Schwabe. Basel 1959

Stadttheater Basel einst und jetzt 1807–1975. Bern 1975

Theater der Nähe: Welttheater, Freie Bühne, Cornichon, Showmaster Gottes; Beiträge zur Theatergeschichte der Schweiz. Hg. A. Kotte. Zürich 2002

Theater der Rätoromanen. Hg. Ch. Jauslin. Willisau 1987

Théâtre Vidy-Lausanne. Espace Théâtrale Européen. Red. R. Zahnd. Bern 2000

Vautravers-Busenhart, I.: Kultur- oder Sparpolitik? Chur 1998

Visions = Entwürfe = Prospettive = Ideas. Hg. L. Naef. Basel 1992

Volkstheater in der Schweiz und im Fürstentum Liechtenstein. Hg. E. Halter. Zürich 2000

Wieviel Kultur braucht der Mensch? Eine kritische Auseinandersetzung mit der Kulturnation Schweiz. Hg. H. Zollinger. Zürich 1996

Zahlen, bitte! Kulturbericht 1999. Reden über eine schweizerische Kulturpolitik. Hg. A. Schindler, Ch. Reichenau. Bern 1999

Osteuropäisches Theater

Das deutschsprachige Theater im baltischen Raum: 1630–1918 = The German language theatre in the Baltic. Hg. L. P. A. Kitching. Frankfurt/Main 1997

Eastern European theater after the iron curtain. Hg. K. Stefanova. Amsterdam u. a. 2000

Lindenberg, V. B.: Problemy dramaturgii v opernom tvorčestve kompozitorov Pribaltiki v rusle osnovnych tendencij muzykal'nogo teatra XX veka: na materiale oper 70 – 80–ch godov. Kiev 1988

Rotte, J.: Scene Change: A Theatre Diary Prague, Moscow, Leningrad Spring 1991. New York 1994

Sowjetisches Modell und nationale Prägung. Kontinuität und Wandel in Osteuropa nach dem Zweiten Weltkrieg. Hg. H. Lemberg. Marburg 1991

Storia delle letterature baltiche. Hg. G. Devoto. Mailand 1957

Stríbrný, Z.: Shakespeare and Eastern Europe. Oxford u. a. 2000

Teātra režija Baltijā. Red. S. Radzobe. Riga 2006

Russland, Sowjetunion

Bibliographien, Nachschlagewerke, Überblicksdarstellungen

A history of Russian theatre. Hg. R. Leach. Cambridge u. a. 1999

Cambridge History of Russian Theatre. Hg. R. Leach, Y. Borovsky. Cambridge 1997

Evreinoff, N.: Histoire du Théâtre Russe. Paris 1947

Gregor, J., R. Fülöp-Miller: Das russische Theater. Zürich u. a. 1927

Istorija russkogo dramatičeskogo teatra. 7 Bde. Red. E. G. Cholodov u. a. Moskau 1977–87

Karlinsky, S.: Russian Drama from its Beginnings to the Age of Pushkin. Berkeley u. a. 1985

Lo Gatto, E.: Storia del teatro russo. 2 Bde. Florenz 1952

Marshall, H.: The Pictorial History of the Russian Theatre. New York 1977

Materialy k istorii teatral'noj kul'tury Rossii XVIII – XX vv: annotirovannyj katalog. 2 Bde. Red. V. F. Petrova. Sankt-Peterburg 1992

Mordison, G. Z.: Istorija teatral'nogo dela v Rossii: osnovanie i razvitie gosudarstvennogo teatra v Rossii (XVI – XVIII veka). 2 Bde. Sankt-Peterburg 1994

Očerki istorii russkogo sovetskogo dramatičeskogo teatra. 3 Bde. Moskau 1954–1961

Pacini Savoy, L., D. Staffa: Teatro russo. 2 Bde. Mailand 1961

Roberti, J.-C.: Histoire du théâtre russe jusqu'en 1917. Paris 1981

Russkij dramatičeskij teatr: ėnciklopedija. Hg. M. I. Andreeva u. a. Moskau 2001

Sovetskij teatr. Bd. 1 ff. Leningrad 1968 ff.

Teatral'naja enciklopedija. 5 Bde. Moskau 1961–67

Varneke, B. V.: History of the Russian Theatre Seventeenth through Nineteenth Century. New York 1951

Von den Anfängen bis zur Oktoberrevolution

Amiard-Chevrel, C.: Le théâtre artistique de Moscou de 1898 à 1917. Paris 1979

Ders.: Les symbolistes russes et le théâtre. Lausanne 1994

Belkin, A. A.: Russkie skomorochi. Moskva 1975

Beskine, E.: Das Leibeigenentheater. Moskau 1927

Cechnovicer, O., I. Eremin: Teatr Petruški. Moskau, Leningrad 1927

Danilov, S.S.: Russkij dramatičeskij teatr 19 veka. Leningrad 1957

Dürr, C.: Das russische Vaudeville am Beispiel der Stücke von D. T. Lenskij (1828–1855) und ihrer französischen Vorlagen. Wiesbaden 2000

Dynnik, T.: Krepostnoj teatr. Moskva, Leningrad 1933

Ders.: Krepostnye aktery. Moskau 1927

Ferrazzi, M.: Commedie e comici dell'arte italiani alla corte russa (1731–1738). Rom 2000

Gavrilovich, D.: Profumo di Rus': l'arte del teatro in Russia; scritti di artisti, pittori e critici 1860–1920. Rom 1993

Gray, C.: Das große Experiment. Die russische Kunst 1863–1922. Köln 1974

Green, M.: The Russian Symbolist Theatre. Ann Arbor 1986

Jahn, H. F.: Patriotic culture in Russia during World War I. Ithaca u.a. 1995

Kelly, C.: Petrushka: the Russian carnival puppet theatre. Cambridge u.a. 1990

Kirsanova, R. M.: Sceniceskij kostjum i teatral'naja publika v Rossii XIX veka. Kaliningrad 1997

Kriger, V. A.: Akterskaja gromada: Russkaja teatral'naja provincija 1890–1902. Moskau 1976

Lejfert, A. V.: Balagany. Petrograd 1922

Moskovskij chudožestvennyj teatr v russkoj teatral'noj kritike 1898–1905. Hg. J. M. Vinogradov u.a. Moskau 2005

Nunen, P. van: Mejerchol'ds Anläufe zum überhöhten Theater (1898–1907). Diss. Leipzig 1982

Odesskij, M. P.: Očerki istoričeskoj poėtiki russkoj dramy: ėpocha Petra I. Moskau 1999

Ders.: Poėtika russkoj dramy: poslednjaja tret' XVII – pervaja tret' XVIII v. Moskau 2004

Pankratova, E. A.: Russkaja zivopis' i teatr: očerki. Sankt-Peterburg 1997

Petizon-Petit, F.: De l'Opéra-Comique russe: Naissance et développement en Russie au cours du XVIIIème siècle. Diss. Paris 1999

Petrovskaja, I., V. Somina: Teatral'nyj Peterburg: načalo XVIII veka – oktjabr' 1917 goda; obozrenie-putevoditel'. Sankt-Peterburg 1994

Poznanskij, V. V.: Talanty v nevole: očerki o krepostnych architektorach, chudoznikach, artistach i muzykantach. Moskau 1962

Russian dramatic theory from Pushkin to the Symbolists. Hg. L. Senelick. Austin 1981

Russian literature in the age of Pushkin and Gogol: poetry and drama. Hg. Ch. A. Rydel. Detroit 1999

Šamurina, Z.: Krepostnye teatry. Moskva 1923

Schuler, C.: Women in Russian Theatre. The Actress in the Silver Age. New York 1996

Slonim, M.: Russian Theatre from the Empire to the Soviets. London 1963

Smolina, K. A.: Russkaja tragedija: XVIII vek; ėvoljucija žanra. Moskau 2001

Starikova, L. M.: Teatr v Rossii XVIII veka: opyt dokumental'nogo issledovanija. Moskau 1997

Dies.: Teatral'naja žizn' starinnoj Moskvy: epocha, byt, nravy. Moskau 1988

Teatral'naja žizn' Rossii v ėpochu Elizavety Petrovny. 2 Bde. Hg. L. M. Starikova. Moskau 2003–05

Time, G. A.: U istokov novoj dramaturgii v Rossii (1880–1890-e gody). Leningrad 1991

Warner, E. A.: Folk Theatre and Dramatic Entertainments in Russia. Cambridge 1987

Dies.: The Russian folk theatre. The Hague u.a. 1977

Welsh, D. J.: Russian comedy 1765–1823. The Hague, Paris 1966

Wirtschafter, E. K.: The play of ideas in Russian Enlightenment theater. DeKalb 2003

Zograf, N. G.: Malyj teatr vtoroj poloviny XIX v. Moskau 1960

20. Jahrhundert

Alekseev-Jakovlev, A.: Russkie narodnye guljanija. Leningrad, Moskau 1948

Alpers, B.: Teatr Revoljucii. Moskva 1928

Amey, C. u.a.: Le théâtre d'agit-prop de 1917 à 1932. Montreux 1977

Autant-Mathieu, M.-Ch.: Le théâtre soviétique durant le dégel 1953–1964: spectacles, histoire, société. Paris 1993

Benedetti, J.. Stanislavski: his life and art. London (rev.) 1999

Beumers, B.: Yury Lyubimov at the Taganka Theatre 1964–1994. Amsterdam u.a. 1997

Bogdanov-Berezovskij, V.: Leningradskij gosudarstvennyj akademiceskij ordena Lenina teatr opery i baleta im. S. Kirova. Leningrad 1959

Bowers, F.: Broadway U.S.S.R. Ballet, Theatre and Entertainment in Russia Today. New York 1959

Brauckhoff, M.: Das Theater Anatolij Vasil'evs (1973–1995) zwischen Tradition und Erneuerung. Bochum 1999

Braun, E.: Meyerhold: a revolution in theatre. Iowa City 1995

Brodskaja, G.: Alekseev-Stanislavskij, Čechov i drugie: Visnevosadskaja·epopeja. 2 Bde. Moskau 2000

Brown, B. W., Theatre at the Left. Providence 1938

Carnicke, S. M.: The theatrical instinct: Nikolai Evreinov and the Russian theatre of the early twentieth century. New York u.a. 1989

Carter, H.: The New Spirit in the Russian Theatre 1917–1928. New York u.a. 1929

Clayton, J. D.: Pierrot in Petrograd: the Commedia dell'arte/Balagan in twentieth-century Russian theatre and drama. Montréal u.a. 1993

Dana, H. W. L, Handbook of Soviet Drama. New York, 1938

Davydova, N.: Children's and Youth Theatres of the Soviet Union. Moskau 1968

Dialog Kul'tur: Problema vzaimodejstvija russkogo i mirovogo teatra XX veka. Sbornik statej. Red. A. B. Bartosevic u.a. Moskau 1997

Die russische Avantgarde und die Bühne 1890–1930. Hg. H. Spielmann. Schleswig 1991

Ditschek, E.: Politisches Engagement und Medienexperiment: Theater und Film der russischen und deutschen Avantgarde der zwanziger Jahre. Tübingen 1989

Eggeling, W.: Die sowjetische Literaturpolitik zwischen 1953 und 1970. Bochum 1994

Entfesselt: die russische Bühne 1900–1930. Hg. O. G. Bauer. München 1994

Frame, M.: The St. Petersburg imperial theaters: stage and state in revolutionary Russia 1900–1920. Jefferson u. a. 2000

Freedman, J.: Moscow performances: the new Russian theatre 1991–1996. Amsterdam u. a. 1997

Geldern, J. v.: Bolshevik festivals 1917–1920. Berkeley u. a. 1993

Gershkovich, A.: The Theater of Yuri Lyubimov: Art and Politics at the Taganka Theater in Moscow. New York 1989

Gladkov, A.: Meyerhold speaks/Meyerhold rehearses. Amsterdam 1997

Golub, S.: The recurrence of fate: theatre & memory in twentieth-century Russia. Iowa City 1994

Gorchakov, N.: The Theater in Soviet Russia. New York 1957

Grigorowitsch, J., V. Vanslov: Bolschoi-Ballett. Weingarten 1987

Hoffmann, L.: Das Theater des sowjetischen und des deutschen Proletkult 1917–22. Diss. Berlin 1988

Hoover, M. L.: Meyerhold: the Art of Conscious Theater. Amherst 1974

Dies.: Meyerhold and his set designers. New York u. a. 1988

Houghton; N.: Moscow Rehearsals: An Account of Methods of Productions in the Soviet Theatre. New York 1975

Istorija russkogo dramatičeskogo teatra: ot ego istokov do konca XX veka. Red. N. S. Pivovarova. Moskau 2005

Istorija sovetskogo teatrovendenija: očerki 1917–1941. Red. G. A. Chajčenko. Moskau 1981

Kleberg, L.: Theatre As Action. Soviet Russian Avant-Garde Aesthetics. New York 1993

Komissarzhevsky, V.: Moscow Theatres. Moskau 1959

Leach, R.: Revolutionary Theatre. London u. a. 1994

Ders.: Vsevolod Meyerhold. Cambridge 1989

Lesák, B.: Russische Theaterkunst 1910–1936. Wien 1993

Makarewitsch, I.: Sowjetisches Theater: Traditionen und neue Wege. Moskau 1981

Malceva, O.: Poetičeskij teatr Jurija Ljubimova: spektakli Moskovskogo teatra dramy i komedii na Taganke 1964–1998. Sankt Petersburg 1999

Mally, L.: Revolutionary acts: amateur theater and the Soviet state 1917–1938. Ithaca 2000

Markova, E.: Off Nevsky Prospekt: St Petersburg's theatre studios in the 1980s and 1990s. Amsterdam 1998

Markow, P. A., N. Cuškin: Moskovskij Chudožestvennyj teatr 1898–1948. Moskau 1950

Meyerhold, W. E., A. I. Tairow, J. B. Wachtangow: Theateroktober. Beiträge zur Entwicklung des sowjetischen Theaters. Hg. L. Hoffmann, D. Wardetzky. Frankfurt/ Main 1972

Meyerhold, W.: Schriften. Aufsätze, Briefe, Reden, Gespräche. 2 Bde. Berlin 1979

Michalec, S.: Zur Konzeption und Entwicklung des Uslovnyj-Theaters Meyerholds. Diss. Köln 1982

Mnemozina: dokumenty i fakty iz istorii russkogo teatra XX veka. Red. V. V. Ivanov. Moskau 1996

Moskovskij chudožestvennyj Teatr v sovetskuju epochu; Materialy i dokumenty. Moskau ²1974

Moskovskij chudožestvennyj: Teatr sto let = Moscow Art Theatre: one hundred years. 2 Bde. Red. A. M. Smeljanskij. Moskau 1998

Oreschnikow, S. N., D. J. Arbein: Das große Theater der UdSSR. Berlin 1954

Osińska, K.: Studio w rosyjskiej kulturze teatralnej XX wieku: wybrane zagadnienia. Warschau 1997

Paech, J.: Das Theater der russischen Revolution. Theorie und Praxis des proletarisch-kulturrevolutionären Theaters in Rußland 1917–1924. Kronberg i. Ts. 1974

Paradoks o drame: perečityvaja p'esy 1920–1930–ch godov. Red. E. I. Strel'cova. Moskau 1993

Picon-Vallin, B.: Lioubimov: la Taganka. Paris 1997

Ders.: Meyerhold. Paris 1990

Ders.: Le théâtre juif soviétique pendant les années vingt. Lausanne 1973

Proletarische Kulturrevolution in Sowjetrußland (1917–1921). Hg. R. Lorenz. München 1969

Puchegger, B.: Das russische-sowjetische Drama mit zeitgenössischer Thematik seit 1953. Diss. Wien 1966

Reeve, F. D.: Contemporary Russian Drama. New York 1968

Rostockij, B.: O rezisserskom tvorcestve V. E. Mejerchol'da. Moskva 1960

Rudnickij, K.: Mejerchol'd. Moskau 1981

Rudnitsky, K.: Meyerhold the Director. Ann Arbor 1981

Ders.: Russian and Soviet theatre: tradition and the avant-garde. London 2000

Russell, R.: Russian Drama of the Revolutionary Period. Basingstoke 1988

Russian theatre in the age of modernism. Hg. R. Russell, A. Barratt. New York 1990

Russkaia sovetskaia estrada, 3 Bde. Hg. E. Uvarova. Moskau 1976–81

Schrade, R.: Sowjetisches Ballett. Berlin 1977

Schumann, G.: Das russische sowjetische Drama der 30er Jahre. Diss Jena 1971

Schwarz, W. F., N. Guetter: Sowjetrussisches und tschechisches Drama von 1964 bis in die siebziger Jahre: Materialien zur Produktion und Rezeption. Neuried 1984

Segel, H. B.: Twentieth-Century Russian Drama from Gorky to the Present. New York ²1994

Sestakova, N. A.: Pervyj teatr Stanislavskogo. Moskau 1998

Shevstova, M.: The Theatre Practice of Anatoly Efros, Devon 1978

Sieg über die Sonne. Aspekte russischer Kunst zu Beginn des 20. Jahrhunderts. Red. Ch. Bauermeister, N. Hertling. Berlin 1983

Simonov, R.: Stanislavsky's Protegé: Eugene Vakhtangov. New York 1969

Smeliansky, A.: The Russian theatre after Stalin. Cambridge u.a. 1999

Soviet Theaters 1917–1941. Hg. M. Bradshaw, New York 1954

Stanislawski, K. S.: Moskauer Künstlertheater. Ausgewählte Schriften. Hg. D. Hoffmeier. 2 Bde. Berlin 1988

Stenberg, D. G.: From Stanislavsky to Gorbachev: the theater studios of Leningrad. New York u.a. 1995

Stroeva, M. N.: Rezisserskie iskanija Stanislavskogo 1898–1938. 2 Bde. Moskau 1973–77

Teatr GULAGa: vospominanija, očerki. Hg. M. M. Korallov. Moskau 1995

Teatr imeni Evg. Vachtangova. Red. B. M. Pojurovskij. Moskau 2001

Theater in der UdSSR. Moskau 1965

Das Theater Meyerholds und die Biomechanik. Hg. Mime Centrum Berlin. Berlin 1997

Theatre and Literature in Russia 1900–1930. Hg. L. Kleberg, N. A. Nilsson. Stockholm 1984

Theatre in Revolution: Russian Avant-garde Stage Design 1913–1935. Hg. N. Van Norman Baer. New York, 1991 [Katalog]

Turcin, V. M.: GITIS: zizn' i sud'by teatral'noj pedagogiki 1878–2003. Moskau 2003

Vachtangov, Evgenij B.: Schriften. Berlin 1982

Vsevolod Meyerhold. Theaterarbeit 1917–1930. Hg. R. Tietze. München 1974

Worrall, N.: Modernism to realism on the Soviet stage: Tairov, Vakhtangov, Okhlopkov. Cambridge u.a. 1989

Worrall, N.: The Moscow Art Theatre. New York 1996

Yershov, P.: Comedy in the Soviet Theater. New York 1956

Zalesskij, V.: Iskusstvo aktera. Moskau 1959

Zlotnikova, T. S.: Problema ličnosti v sovremennom sovetskom teatre: akter i režisser. Taschkent 1986

Dies.: Publičnoe odinočestvo (tvorčeskaja ličnost' v russkom teatre vtoroj poloviny XX veka; akter i režisser). Jaroslavl' 1998

Zolotnickij, D.: Budni i prazdniki teatral'nogo oktjabrja. Leningrad 1978

Ders.: Mejerchol'd: roman s sovetskoj vlast'ju. Moskau 1999

Ders.: Zori teatral'nogo oktjabrja. Leningrad 1976

Zolotov, A. u.a.: The Bolshoi Theatre of the USSR: history, opera, ballet. Moskau 1988

Einzeluntersuchungen

Cooper, M.: The Russian Opera. London 1951

Das russische Drama. Hg. B. Zelinsky. Düsseldorf 1986

Demidov, A.: The Russian ballet. Garden City, New York 1977

Frangopulo, M.: Leningrader Ballett. Berlin 1969

Juzovskij, J.: Sovetskie aktery v Gor'kovskich roljach. Moskau 1964

Macleod, J.: Actors Cross the Volga: a Study of the Nineteenth Century Russian Theatre and of Soviet Theatres in War. London 1946

Malyj teatr 1824–1974. 2 Bde. Red. N. A. Abalkin. Moskau 1978–83

Müller-Scholle, Ch.: Das russische Drama der Moderne. Frankfurt/Main u.a. 1992

Rizzi, D.: La rifrazione del simbolo: teorie del teatro nel simbolismo russo. Padua (1989)

Russen in Berlin. 1928–33. Hg. F. Mierau. Leipzig 1987

Russian Theater & Costume Designs. Hg. N. Lobanov u.a. San Francisco 1980

Shayn, Y.: Arum Moskver Yidishn Teater. Paris 1964

Sto let. Aleksandrinskij teatr-teatr Gosdramy (1832–1932). Leningrad 1932

Veidlinger, J.: The Moscow State Yiddish Theater: Jewish Culture on the Soviet Stage. Bloomington 2000

Wandering stars: Russian emigré theatre, 1905–1940. Hg. L. Senelick. Iowa City 1992

Zograf, N. G.: Malyj teatr v konce XIX – nacale XX veka. Moskau 1966

Estland

Bibliographien

Eesti teatribibliograafia. Tallinn [erscheint unregelmäßig]

Haan, K., H. Aassalu, V. Paalma: Eesti teatri biograafiline leksikon. Tallinn 2000

Untersuchungen

Adson, A.: Das estnische Theater. Tartu 1933

Estnisches Theater. Hg. R. Viiding, R. Hansalu. Tallinn 1989

Heinapuu, A.: Eesti kirjandus ja teater XX sajandil. Tallinn 1990

Järv, A.: Väliseestlaste teater ja draama. Tartu 1991

Kask, K.: Eesti nõukogude teater 1940–1965; sõnalavastus. Tallinn 1987

Dies.: Esimene hooaeg, 1940/41. Tallinn 1970

Dies., L. Tormis, V. Paalma: Ėstonskij teatr. Moskau 1978

Dies.: Shakespeare eesti teatris. Tallinn 1964

Dies.: Teatriaeg liigub kiirelt: valik teatriartikleid. Tallinn 1989

Dies.: Teatritegijad, alustajad. Eesti teatrilugu – 1917. Tallinn 1981

Dies., L. Vellerand: Unser Theaterpublikum. Tallinn 1981

Dies.: Vanemuine 1870–1970. Tallinn 1970

Kitching, L. P. A.: Europe's itinerant players and the advent of German language theatre in Reval, Estonia: unpublished petitions of the Swedish era, 1630–1692, in the Reval city archives. Frankfurt/Main u.a. 1996

Künnapu, L. u.a.: Estonia Teater = Estonia-teatteri = Estonia Theatre. Helsinki 1997

Loit, E.: Eesti teatri- ja muusikamuuseum = Das Estnische Theater- und Musikmuseum. Tallinn 2000

Ooperi – ja Balleti teater 'Estonia' 1906–1966. Tallinn 1969

Panso, V.: Töö ja talent näitleja loomingus. Tallinn ²1995

Pappel, K.: Ooper Tallinnas 19.sajandil: vaïtekiri muusikaajaloos. Tallinn 2003

Rähesoo, J.: Estonian Theatre. Tallinn 1999

Semper, J.: Teater iseseisva kunstialana: artikleid ja esseid. Tallinn 1992

Teine teater: XX. sajandi alguse režiieksperiment kommentaaride ja järelsõnaga. Tallinn 1999

Tormis, L.: Eesti teater 1920–1940. Tallinn 1978

Unt, M.: Kuradid ja kuningad: teatri- ja filmikirjutisi aastaist 1965–1980. Tallinn 1989

Vellerand, L.: Tundelised teatriportreed. Tallinn 1984

Lettland

Nachschlagewerke

Bērziņa, L., G. Zeltiņa: Latviešu teātra hronika: 1909–1912. Riga 1988

Bērziņa, L., J. Brance: Latviešu teātra hronika: 1913–1917. Riga 1991

Kundzinš, K.: Latviešu teātra hronika: 1901–1908. Rīga 1977

Rigaer Theater- und Tonkünstler-Lexikon. Hg. M. Rudolph. Riga 1890 (Nachdruck Hannover-Döhren 1975)

Sniedze, E.: Latviešu teātra hronika 1919–1944. Rīga 2006

Teātris un kino: biogrāfijās. Bd 1 ff. Red. M. Niedra. Riga 1999 ff.

Untersuchungen

Alskne, B. u.a.: Latvijas Nacionālā opera = Latvian National Opera. Riga 2000

Blūma, D.: Skatuves ietērps latviešu teātrī. Riga 1988

Dailes Teatra desmit gadi: 1920–1930. Riga 1930

Dzene, L.: Mūsu paaudzes aktieri; Portreti. Riga 1963

Kundzinš, K.: Latviešu teatra vesture. 2 Bde. Riga 1968–72

Latvian theatre today. Hg. G. Zeltiņa. O.O. 1999

Latvijas Nacionālais teātris. Bearb. E. Sniedze. Riga 2004

Postmodernisms teātrī un drāmā. Red. S. Radzobe. Riga 2004

Radzobe, S., E. Tišheizere, G. Zeltiņa: Latvijas teātris 80. gadi. Riga 1995

Ravdin, B.: Na podmostkach vojny: russkaja kul'turnaja žizn'. Latvii vremen nacistskoj okkupacii (1941–1944). Stanford 2005

Sniedze, E.: Latvijas Nacionālais teātris. Riga 2004

Teatry Sovetskoj Latvii. Red. A. Solomonov. Riga 1955

Zeltiņa, G.: Nacionālā rakstura un stilistikas iezīmes latviešu teātrī. Riga 2000

Litauen

Bibliographien, Nachschlagewerke, Überblicksdarstellungen

Dramos teatrų premjerinių spektaklių programos. Vilnius o. J.

Lietuvių tarybinis dramos teatras 1957–1970. Vilnius 1987

Lietuvių tarybinis teatras 1940–1956. Red. J. Gaudrimas u.a. Vilnius 1979

Lietuvių teatro istorija. Bd 1 ff. Hg. A. Girdzijauskaitė u.a. Vilnius 2000 ff

Tapinas, L.: Lexikon litauischer Filmkünstler. Vilnius 1988

Untersuchungen

Bagdanskis, J.: Litauische Künstler im Rampenlicht. Vilnius 1975

Blekaitis, J.: Algirdas Jakševičius – teatro poetas: iš Lietuvos teatro praeities. Vilnius 1999

Dailė, muzika ir teatras valstybės gyvenime 1918–1998. Hg. I. Pleikienė. Vilnius 1998

Kauno Valstybinis Akademinis Dramos Teatras 1920–2000 = The Kaunas State Academic Drama Theatre. Hg. V. Savičiūnaitė. Kaunas 2000

Lietuvos scenografija = Teatral'no-dekoracionnoe iskusstvo Litvy = Die litauische Bühnenkunst. Bearb. J. Mackonio. Vilnius 1968

Lietuvos teatrai = Lithuanian theatres. Hg. A. Girdzijauskaitė. Vilnius 1993

Lietuvos teatrai: Vilniuje, Kaune, Klaipėdoje, Šiauliuose, Panevėžuje = Lithuanian theatres = Litauische Bühnen. Hg. J. Polis. Vilnius 1998

Lietuvos TSR kultūros istorijos šaltiniai: dokumentai ir medžiaga. Vilnius o. J.

Marcinkevičiūtė, R.: Eimuntas Nekrošius: erdvė už žodžių. Vilnius 2002

Oginskaitė, R. : Teatras be pasakų. Vilnius 2000

Popenhagen, L. A.: Nekrošius and Lithuanian theatre. New York u. a. 1999

Sirijos Gira, V.: Iš gyvenimo į knygą (straipsniai, recenzijos). Vilnius 1982

Treinys, P.: Atsisveikinimas su teatru: aktoriaus uzrasai. Vilnius 1998

Polen

Bibliographien, Nachschlagewerke, Übersichtsdarstellungen

Adrjański, Z.: Kalejdoskop estradowy: leksykon polskiej rozrywki 1944–1989; artyści, twórcy, osobistości. Warszawa 2002

Czachowska, J., M. K. Maciejewska, T. Tyszkiewicz: Literatura polska i teatr w latach II Wojny światowej: Bibliografia. 3 Bde. Wrocław u. a. 1983–86

Dramat obcy w Polsce: premiery, druki, egzemplarze [1765–1965]. 2 Bde. Hg. J. Michalik, St. Hałabuda. Kraków 2001–04

Hagenau, G.: Polnisches Theater und Drama. Ein integraler Bestandteil europäischer Theaterkultur 966–1795. Wien u. a. 1994

Krejčí, K.: Geschichte der polnischen Literatur. Halle 1958

Miłosz, C.: Geschichte der polnischen Literatur. Köln 1981

Misiołek, E.: Bibliographie théâtrale polonaise, 1944–1964. Warszawa 1965

Ders.: Bibliographie théâtrale polonaise, 1964–1972. Warszawa 1974

Simon, L.: Bibliografia dramatu polskiego 1765–1964. 3 Bde. Warszawa 1972

Słownik biograficzny teatru polskiego 1765–1965. Warszawa 1973

Słownik polskich krytyków teatralnych. 1. Bd. Red. E. Udalska. Warszawa 1994

Straus, S.: Bibliografia źródeł di historii teatru w Polsce. Wrocław 1957

Trezzini, L.: Teatro in Polonia. Bologna 1962

Einzeluntersuchungen

Allain, P.: Gardzienice. Polish theatre in Transition. London 1997

Banu, G.: Kantor, l'artiste à la fin du XXe siècle. Paris 1990

Bereś, St., K. Braun: Rozdarta kurtyna: rozwazania nie tylko o teatrze. Londyn 1993

Braun, K.: Teatr polski (1939–1989): obszary wolności – obszary zniewolenia. Warszawa 1994

Ders.: A History of Polish Theatre 1939–1989. Westport 1996

Budzyński, J.: Dramat i teatr szkolny na Śląsku (XVI-XVIII wiek). Katowice 1996

Burzyński, T., Z. Osiński: Das Theater-Laboratorium Grotowskis. Warszawa 1979

Buscarino, M.: Kantor. Zirkus des Todes. Bozen 1997

Cioffi, K.: Alternative Theatre in Poland 1954–1989. Newark 1997

Csató, E.: Polnisches Theater unserer Zeit. Lampertheim 1974

Czerwinski, E. J.: Contemporary Polish Theater and Drama 1956–1984. New York 1988

Die literarische Avantgarde in Polen. Hg. A. Lam. Tübingen 1990

Dramat biblijny Mlodej Polski. Hg. St. Kruk. Wrocław 1992

Dramat i teatr dwudziestolecia międzywojennego. Red. A. Szubert. Wrocław 1992

Dramat i teatr po roku 1945. Hg. J. Popiel. Wrocław 1994

Dramat i teatr religijny w Polsce. Hg. I. Slawińska u. a. Lublin 1991

Dramat i teatr romantyczny. Hg. D. Ratajczak. Wrocław 1992

Dramat i teatr sakralny. Red. I. Slawińska u. a. Lublin 1988

Dramat obcy w Polsce w XIX i XX wieku. Red. W. Kaczmarek, J. Michalczuk. Lublin 2004

Drawicz, A.: Teatry studenckie w Polsce. Warszawa 1968

»Dziady« od Wyspiańskiego do Grzegorzewskiego. Red. T. und A. Kornaś. Kraków 1999

Dzieje teatru polskiego. Bd 1 ff. Hg. Polska Akad. Nauk, Inst. Sztuki. Warszawa 1977 ff.

Fik, M.: Trzydzieści pięć sezonów. Teatry dramatyczny w Polsce w latach 1944–1979. Warszawa 1981

Filler, W., L. Piotrowski: Poczet aktorów polskich: od Solskiego do Lindy. Warszawa 1998

Filler, W.: Zeitgenössisches polnisches Theater. Warszawa 1977

Gajda, K.: Metakrytyka teatralna 1918–1939. Kraków 1999

The Gardzienice Book. Hg. J. Christie, R. Gough. O.O. 1989

Gatunki dramatyczne a typy teatru. Red. S. Świontek. Lódz 1996

Gerould, D. C.: Twentieth Century Polish Avant-Garde Drama. Ithaca 1977

Gerould, D.: Witkacy. Stanisław Ignacy Witkiewicz as an Imaginative Writer. London 1981

Goldfarb, J. C.: The persistence of freedom: the sociological implications of Polish student theater. Boulder 1980

Got, J.: Das österreichische Theater in Krakau im 18. und 19. Jahrhundert. Wien u.a. 1984

Grodzicki, A.: Regisseure des polnischen Theaters. Warszawa 1979

The Grotowski sourcebook. Hg. L. Wolford, R. Schechner. London u.a. 1997

Hagenau, G.: Adam Mickiewicz als Dramatiker. Frankfurt/Main u.a. 1999

Hartmann, K.: Das polnische Theater nach dem zweiten Weltkrieg. Marburg 1964

Horzyca, W.: Polski teatr monumentalny. Wroclaw 1994

Hübner, Z.: Polityka i teatr. Kraków 1991

Igraszki trafu, teatru i tematów: drobne scherza i scherzanda naukowe. Red. D. Ratajczak, B. Judkowiak. Poznań 1997

Kandziora, J., Z. Szymańska: Bez cenzury: 1976–1989; literatura, ruch wydawniczy, teatr; bibliografia. Warszawa 1999

Kiec, I.: Teatr slu·zebny polskiej emigracji po 1939 roku: z dziejów idei. Poznań 1999

Klossowicz, J.: Tadeusz Kantors Theater. Tübingen u.a. 1995

Kornaś, T.: Włodzimierz Staniewski i Ośrodek Praktyk Teatralnych Gardzienice. Kraków 2004

Korzeniewski, B.: Drama i inne szkice. Wroclaw 1993

Köstler, N.: Strukturen des modernen epischen Theaters: Stanisław Wyspiańskis ›Teatr ogromny' erläutert am Beispiel des Dramas »Achilleis«. München 1981

Krajewska, A.: Dramat i teatr absurdu w Polsce. Poznań 1996

Krasiński, E.: Teatr Polski Arnolda Szyfmana 1918–1939. Warszawa 1991

Kröplin, W.: Stanisław Wyspiańskis »monumentales« Theater. Diss. Berlin 1984

Kudliński. T.: Rodowód polskiego teatru. Warszawa 1972

Kuligowska-Korzeniewska, A.: Scena obiecana: teatr polski w Lodzi 1844–1918. Łódź 1995

Kumiega, J.: The theatre of Grotowski. London u.a. 1985

Kunstmann, H.: Moderne polnische Dramatik. Köln u. Graz 1965

Lewański, J.: Dramat i teatr średniowiecza i renesansu w Polsce. Warszawa 1981

Lewkowski, K. A.: Między dramatem a teatrem. Łódź 1992

Limbeck, A.: Die Studententheaterbewegung in Polen 1954–59. Diss. Wien 1987

Marczak-Oborski, S.: Teatr w Polsce 1918–1939. Warszawa 1984

Maslowski, M.: Gest, symbol i rytualy polskiego teatru romantycznego. Warszawa 1998

Modernes polnisches Theater. 2 Bde. Hg. A. Wirth. Neuwied, Köln 1967

Nyczek, T.: Pełnym głosem. Teatry studenckie w Polsce 1970–75. Kraków 1980

O teatrze i dramacie: studia, przyczynki, materialy. Hg. E. Krasiński. Wroclaw 1989

Orzechowski, E.: Stary Teatr w Krakowie. Wrocław 1987

Osiński, Z.: Grotowski and His Laboratory. New York 1986

Pleśniarowicz, K.: The Dead Memory Machine. Tadeusz Kantor's Theatre of Death. Kraków 1994

Polska krytyka teatralna w XIX wieku. Red. E. Udalska. Warszawa 1994

Popiel, J.: Dramat a teatr polski dwudziestolecia międzywojennego. Kraków 1995

Popularny dramat i teatr religijny w Polsce. Red. I. Sławińska, M. B. Stykowa. Lublin 1990

Ratajczakowa, D.: Obrazy narodowe w dramacie i teatrze. Wroclaw 1994

Rudnicki, A.: Théâtre, théâtre! Arles 1989

Scholze, D.: Zwischen Vergnügen und Schock. Polnische Dramatik im 20. Jahrhundert. Berlin 1989

Sofronova, L. A.: Pol'skaja teatral'naja kul'tura ėpochi Prosveščenija. Moskau 1985

Stary Teatr. Hg. M. Dziewulska. Kraków 1991

Steinlauf, M. C.: Polish-Jewish theater: the case of Mark Arnshteyn. Ann Arbor 1987

Stender-Petersen, A.: Tragoediae Sacrae. Materialien und

Beitrage zur Geschichte der polnisch-lateinischen Jesuitendramatik der Frühzeit. Tartu 1957

Strzelecki, Z.: Wspólczesna scenografía polska. 2 Bde. Warszawa 1983–84

Sztuka otwarta. 4 Bde. Hg. AOT Kalambur. Wrocław 1975–82

Szydlowska, W.: Egzystencja-lizm w kontekstach polskich: szkic o doświadczeniu, myśleniu i pisaniu powojennym. Warszawa 1997

Szydlowski, R.: Das Theater in Polen. Warschau 1972

Tadeusz Kantor. 2 Bde. Hg. D. Bablet u.a. Paris 1990–94

Taranienko, Z.: Gardzienice. Praktyki teatralne Włodzimierza Staniewskiego. Lublin 1997

Targosz, K.: Korzenie i ksztalty teatru do 1500 roku w perspektywie Krakowa. Kraków 1995

Teatr i dramat polskiej emigracji 1939–1989: praca zbiorowa. Red. I. Kiec u.a. Poznań 1994

Teatr jezuicki XVIII i XIX wieku w Polsce: z antologią dramatu. Hg. I. Kadulska. Gdańsk 1997

Teatr polski we Lwowie. Red. L. Kuchtówny. Warszawa 1997

Teatr w Polsce Ludowej. Red. A. Skolimowski. Warszawa 1982

Teatr – widowisko. Red. M. Fik. Warszawa 2000

Teatr zydowski w Polsce. Hg. A. Kuligowska-Korzeniewska, M. Leyko. Łodź 1998

Turkow-Grudberg, Y.: Yidish teater in Poylen. Warschau 1951

Twentieth Century Polish Theatre. Hg. B. Drozdowski, J. Calder. London 1979

Vogel, Ch.: Macht und Freiheit im modernen polnischen Drama. Berlin 1974

W kręgu Oświecenia i teatru. Red. A. Cieński. Wrocław u.a. 1989

W kręgu teatru monumentalnego. Hg. J. Ciechowicz, L. Kuchtówna. Warszawa 2000

Wierzbicka, K.: Historia sceny polskiej. Warszawa 1953–55

Dies.: Życie teatralne w Warszawie za Stanisława Augusta. Warszawa 1949

Wierzbicka-Michalska, K: Aktorzy cudzoziemscy w Warszawie w XVIII wieku. Wroclaw 1975

Wilski, Z.: Aktor w spoleczeństwie: szkice o kondycji aktora w Polsce. Wroclaw 1990

Windakiewicz, St.: Le théâtre populaire dans l'ancienne Pologne. Kraków 1961

Wokól wspólczesnego dramatu i teatru religijnego w Polsce, 1979–1989. Red. I. Slawińska u.a. Wroclaw 1993

Ziolowicz, A.: Dramat i romantyczne »ja«: studium podmiotowości w dramaturgii polskiej doby romantyzmu. Kraków 2002

Dies: »Misteria polskie«: z problemow misteryjnosci w dramacie romantycznym i mlodopolskim. Kraków 1996

Tschechoslowakei, Tschechische Republik

Bibliographien, Nachschlagewerke, Überblicksdarstellungen

Černý, F.: Kalendárium dejin českého divadla. Prag 1989

Ders.: Das tschechische Theater. 2 Bde. Prag 1995

Ceská divadelní kultura 1945–1989 v datech a souvislostech. 2 Bde. Hg. V. Just. Prag 1995

Martinek, K.: Bibliografie základních materiálů k dějinám ruského předrevolučního činoherního divadla a dramatu: Od počátků do roku 1917. Prag 1968

Ders.: Bibliografie základních materiálů k dějinám ruského sovětského činoherního divadla a dramatu 1917–67. 2 Bde. Prag 1970

Nadvornikova, M.: Postavy ceskeho divadla: vyberova blibliografie kniznich publikaci a clanku z divadelniho tisku 1945–1980. Olomouc 1983

Přikrylová, M., F. Knopp: Bibliografie časopisu divadlo 1949–1970. Prag 1998

Einzeluntersuchungen

Bezdek, Z.: Českolovenská loutková divadla 1949–1969. Prag 1973

Buchner, A.: Cedule kocovných divadelních spolecností v Cechách a na Morave. Prag 1968

Burian, J. M.: Modern Czech theatre: reflector and conscience of a nation. Iowa City 2000

Černý, F.: Za divadlem starým i novým. Prag 2005

Císar, J. u.a.: Cesty českého amatérského divadla. Bd 1. Prag 1998

Czech Plays. Modern Czech Drama. Hg. B. Day. New York 1994

Dějiny českého divadla. 4 Bde. Red. F. Černý. Prag 1968

Divadlo v ceské kulture 19. století. Red. M. Freimanová. Prag 1985

Divis, K.: Kommunikative Strukturen im tschechischen Drama der 60er Jahre. Frankfurt/Main, Bern 1983

Endlicher, O.: Entstehung und Entwicklung des tschechischen Dramas, einschließlich der Schulspiele, bis zum Jahre 1620. Diss. Wien 1928

Fencl, O.: Das Theater in der Tschechoslowakei. Prag 1963

Goetz-Stankiewicz, M.: The Silenced Theatre: Czech Playwrights Without a Stage. Toronto 1979

Hájek, J., Janáčková, O., Just, V.: Divadlo nové doby 1945–1948. Prag 1990

Hilmera, J.: Ceská divadelní architektura = Czech theatre architecture = Theaterarchitektur der Tschechischen Republik. Prag 1999

Ders.: Stavovské národu! O tom, je se Stavovské Divadlo stalo soucastí Divadla Národního. Praha 1991

Hrabák, J.: Staročeské drama. Prag 1950

Janeček, V., Št. Kubišta: Laterna magika aneb »Divadlo zázraků«. Prag 2006

Jindra, V.: Gegenwärtige Theaterszene. Prag 1982

Kimball, St. B.: Czech Nationalism: A Study of the National Theatre Movement. Urbana 1964

Lanterna magika : new technologies in Czech art of the 20th century. Prag, Paris 2002

Lazorcáková, T., J. Roubal: K netradicnímu divadlu: na Morave a ve Slezsku 60.-80. let dvacátého století. Prag 2003

Malík, J., E. Kolár: Das Puppentheater in der Tschechoslowakei. Prag 1970

Rosenheim, R.: Die Geschichte der deutschen Bühnen in Prag 1883–1918; mit einem Rückblick 1783–1883. Prag 1938

Scherl, A.: Berufstheater in Prag 1680–1739. Wien u.a. 1999

Tancsik, P.: Die Prager Oper heißt Zemlinsky. Theatergeschichte des Neuen Deutschen Theaters Prag in der Ära Zemlinsky von 1911 bis 1927. Wien u.a. 2000

Teuber, O.: Geschichte des Prager Theaters. 3 Bde. Prag 1883–88

Trensky, P. I.: Czech Drama Since World War II. White Plains 1978

Tschechisches Barock: Sprache, Literatur, Kultur = České baroko: jazyk, literatura, kultura. Hg. G. Zand, J. Holý. Frankfurt/Main 1999

Vondráček, J.: Dějiny českého divadla. Doba obrozenská 1771–1824. Prag 1956

Vondrášek, K.: Sowjetisches Kulturmodell und das tschechische Theater 1945–1968: zum Spannungsverhältnis zwischen tschechoslowakischer Kulturpolitik und tschechischem Theater; Analyse und Dokumentation. Bochum 1999

Vznik ceského profesionálního divadla. Red. F. Černý. Prag 1988

Slowakei

Bibliographien, Nachschlagewerke, Übersichtsdarstellungen

Encyklopédia dramatických umení slovenska. 2 Bde. Red. R. Mrlian. Bratislava 1989–90

Untersuchungen

Cahojová, B.: Slovenská dráma a divadlo v zrkadlách moderny a postmoderny: eseje, stúdie a kritiky. Bratislava 2002

Čavojsky, L.: Prvi a prvoradi herci SND [Slovenské národné divadlo]. Bratislava 1993

Ders., V. Štefko: Slovenské chotnícke divadlo 1830–1980. Bratislava 1983

Cesnaková-Michalcová, M.: Geschichte des deutschsprachigen Theaters in der Slowakei. Köln u.a. 1997

Dies.: Premeny divadla: inonárodné divadlá na Slovensku do roku 1918. Bratislava 1981

Dies.: Z divadelnej minulosti na Slovensku. Bratislava 2004

Chmelko, A.: V zajatí Tálie. Bratislava 1989

Contemporary Slovak theatrical architecture= Slowakische Theaterarchitektur der Gegenwart. Hg. A. Matasík. Bratislava 1998

Galandová, L.: Dramaticko-inscenačné umenie, divadlo, film, rozhlas na Slovensku 1929–1938. V Martine 1989

Kret, Anton u.a.: Slovenské národné divadlo. Bratislava 1990

Kulík, O.: Slovenské ochotnícke divadlo v Tótkomlóši (1907–1947). V Martine 1982

Lajcha, L.: Súčasná slovenská scénografia. Bratislava 1977

Matásík, A.: Cinoherné divadlo na Slovensku. Bratislava 1997

Ders.: Slovenské divadlo v premenách casu: pohyb slovenskej divadelnej rézie. Bratislava 2003

Mistrik, M.: Slovenské divadlo v 20. storocý. Bratislava 1999

Ders.: Slovenska absurdna drama. Bratislava 2002

Mojzisová, I., D. Polácková: Slovenská divadelná scénografia 1920–2000 = Slovak stage design. Bratislava 2004

Mrlian, R.: Zápas o socialistické divadlo 1969–1974. Bratislava 1976

Palkovic, P: Zivot drámy a duchovný rozmer divadla. Bratislava 1999

Podmaková, D.: Súpis inscenácií slovenských hier v činoherných profesionálnych divadlách (vrátane hier autorov národnostných menšín) a v rôznych typoch netradičných divadiel 1920–1998. Bratislava 1998

Predmerský V.: Čaro oživenej fantázie: slovenské profesionálne babkárstvo vo fotografiách. Bratislava 1979

Prednášky o divadle I. Hg. V. Štefko. Bratislava 2004

Rampák, Z.: Problémy a osobnosti. Bratislava 1989

Slivka, M.: Slovenské lúdové divadlo. Bratislava 2002

Slovenske divadlo v 20. storoci. Bratislava 1999

Turzo, I.: Od ochotníctva k profesionalizmu. Bratislava 1981

Ungarn

Bibliographien, Nachschlagewerke, Überblicksdarstellungen

A magyar irodalom története. Hg. T. Klaniczay. Budapest 1982

Deutsche Theater in Pest und Ofen 1730–1851. Normativer Titelkatalog und Dokumentation. Hg. H. Belitska Scholtz, O. Somorjai. 2 Bde. Budapest 1995

Enyedi, S.: Rivalda nélkül: a határon túli magyar színjátszás kislexikona. Budapest 1999

Fertsek, I.: A kortárs magyar dráma színművészetünkben 1957–1982: bibliográfia. 2 Bde. Budapest 1990–91

Katona, L., F. Szinnyei: Geschichte der ungarischen Literatur. Berlin (Neuausgabe) 1927

Klaniczay, T. u.a.: Geschichte der ungarischen Literatur. Budapest 1963

Magyar szinházmüvészeti lexikon. Hg. G. Székely. Budapest 1994

Magyar színháztörténet. 3 Bde. Hg. G. Székely u. a. Budapest 1990–2005

Pintér, J.: A magyar irodalomtörténete. 8 Bde. Budapest 1930–41

Staud, G.: Bibliographia theatralis Hungarica. Budapest 1938

Ders.: A magyarországi jezsuita iskolai szinjàtékok forràsai 1561–1773. 3 Bde. Budapest 1984–88

Színháztörténeti képeskönyv. Hg. H. Belitska-Scholtz, E. Rajnai, O. Somorjai. Budapest 2005

Tezla, A.: Hungarian Authors. A Bibliographical Handbook. Cambridge 1970

Új kortárs magyar színészlexikon. Hg. M. B. Fábri. Budapest 1999

Varga, I.: A magyarországi protestàns iskolai szinjàtszàs forràsai és irodalma. Budapest 1988

Einzeluntersuchungen

Belitska-Scholtz, H., O. Somorjai: Das Kreuzer-Theater in Pest (1794–1804): eine Dokumentation zur Bühnengeschichte der Kasperlfigur in Budapest. Wien u.a. 1988

Belitska-Scholtz, H.: Vásári és művészi bábjátszás Magyarországon 1945–ig Tihany 1974

Berczeli, A. K.: A Vigszinház müsora 1896/1949. Budapest 1960

Binal, W.: Deutschsprachiges Theater in Budapest von den Anfängen bis zum Brand des Theaters in der Wollgasse (1889). Wien 1972

Darvay Nagy, A.: A mesebeli szentmadár: képek a kolozsvári hivatásos magyar színjátszás 200 éves történeteből. Budapest 1992

Dies.: Állandóban változékonyan. Marosvásárhely 2003

Dies.: Bohócruhában: kolozsvári és szatmárnémeti magyar színjátszás 1965–1989. Marosvásárhely 1998

Dies.: Libertate înlăcrimată: impresii despre interferenţele scenice româno-ungare 1989–1999. Bukarest 2003

Dies.: Megkönnyezett szabadság: impressziók román-magyar színpadi kölcsönhatásokról 1989–1999. Budapest 2000

Dénes, T.: Le Décor de théâtre en Hongrie: passé-present. München 1973

Féja, G.: Régi Magyarság: a magyar irodalom története a legrégibb időktől 1772–ig. Budapest 2001

Gábor, M.: Kos a mérlegen. Budapest 1990

Hartmann, R.: Das deutsche Volksschauspiel in der Schwäbischen Türkei (Ungarn). Marburg 1974

Hont, F. u.a.: Magyar Szinháztörténet. Budapest 1962

Horak, K.: Das deutsche Volksschauspiel in Mittelungarn. Marburg 1977

Horańyi, M.: Das Esterhazische Feenreich: Beiträge zur ungarländischen Theatergeschichte des 18. Jahrhunderts. Budapest 1959

Hungarian Plays. Hg. L. Upor. New York 1996

Hungarian State Ballet Institute. Hg. K. Manherz. Budapest 1981

Katona, F.: A Globusztól a Rondelláig: a magyar színészet kezdetei. Budapest 1990

Koltai, T.: Árnyék és képzelet: színházi írások. Budapest 1999

Kun, É.: Die Theaterarbeit von Sándor Hevesi: Ungarns Beitrag zur Reform des europäischen Theaters im 20. Jahrhundert. München 1978

Magyar, B.: A Vigszinház története. Budapest 1979

Pukánszky-Kádár, J.: Geschichte des deutschen Theaters in Ungarn. 1. Bd.: Von den Anfangen bis 1812. München 1933

Radnóti, Z. u.a.: A Száz éves Vígszínház (1896–1996). Budapest 1996

Riedl, F.: Die Geschichte des ungarischen Dramas. Budapest 1940

Scenographia Hungarica. Hg. J. Bögel, L. Jánosa. Budapest 1973

Scenographia Hungarica 1970–80. Hg. J. Bögel, L. Jánosa. Budapest 1983

Staud, G.: Adelstheater in Ungarn (18. und 19. Jahrhundert). Wien u.a. 1977

Székely, G.: A Nemzeti Szinház. Budapest 1965

Ders.: Magyar Szinházak. Budapest 1973

Szekér, L.: A Nemzeti Szinház 150 éve. Budapest 1987

Théâtre hongrois: d'une fin de siècle à l'autre: 1901–2001. Hg. A. Lakos. Castelnau-le-Lez 2001

Das ungarische Puppentheater heute. Hg. D. Szilágyi. Budapest 1978

Varga I., M. Z. Pintér: Történelem a színpadon: magyar történelmi tárgyú iskoladrámák a 17–18. században. Budapest 2000

Vogl, F.: Theater in Ungarn 1945–1965. Köln 1966

Wechselwirkungen. Ungarische Avantgarde in der Weimarer Republik. Hg. H. Gaßner. Marburg 1986

Bulgarien

Bibliographien, Nachschlagewerke, Übersichtsdarstellungen

Biks, R., A. Janeva, R. Karakostova: Bălgarski muzikalen teatăr: opera, balet, opereta, mjuzikăl; rečnik repertoar 1890–1997g. Sofia 1999

Biks, R.: Bălgarski muzikalen teatăr 1890–2001: opera, balet, opereta, mjuzikăl, teatri, trupi, postanovki. Sofia 2005

Enciklopedija na Bălgarski teatăr: aktory, režis'ori, dramaturzi [...]. Red. K. Toševa u.a. Sofia 2005

Istorija na bălgarskija teatăr. Bd 1: Stefanov, V.: Ot zaraždaneto do 1878 g., Bd 2: Saev, G.: Ot osvoboždenieto do 1904 g. Sofia 1997

Untersuchungen

100 godini Naroden Teatăr Ivan Vazov. Bearb. V. Stefanov u.a. Sofia 2004

Atanasov, B. S.: Ikonomika i organizacija na teatralnoto, muzikalnoto i cirkovoto izkustvo v Bălgarija. Sofia 1967

Athanassowa, P.: Die Entwicklung des bulgarischen Theaters bis zum Weltkrieg, mit Berücksichtigung der größten Schauspielerinnen dieser Zeit. Diss. Wien 1947

Bojadžieva, V.: Letopis na bălgarskata drama. Sofia 1980

Bradistilova, M.: Teatralno izkustvo i folklorna kultura prez epochata na balgarskoto vazrazdane. Sofia 1995

Bradistilova-Dobreva, M.: Văzroždenskata teatralna kultura v Bălgarija. Sofia 1984

Bulgarian Puppet Theatre. Hg. D. Gradev. Sofia 1979

Bulgarian Theatre in Perspective. Hg. N. Vigouroux-Frey u.a. Boston 2000

Contemporary Bulgarian theatre. 2 Tle. Hg. Kalina Stefanova. Reading u.a. 1998

Deneva, I.: Iskri ot chrama na Melpomena: statii, teatralni recenzii, ščrichi ot tvorčeski portereti, atelieta i »laboratorii«, razgovori s tvorci na bălgarskija i balkanskija teatăr. Sofia 2001

Dinova-Ruseva, V.: Bulgarian Set Design. Sofia 1975

Dies.: Die szenische Gestaltung der Theatervorstellungen in den Schulen und Lesestuben zur Zeit der bulgarischen Wiedergeburt. Sofia 1965

Dobrev, Ch. A.: Aktualen teatăr. Sofia 1977

Dunčev, A.: Ruskata dramaturgija v bălgarskija teatăr. Sofia 2000

Gyorova, S. T.: The Bulgarian dramatic theatre. Sofia 1979

Ivanova, A.: Nezabravimite: portreti i skici na teatralni torci. Sofia 2002

Jordanov, N.: Teatrite v Bălgarija meždu dvete svetovni vojni. Sofia 2004

Junges Theater aus Bulgarien. Hg. B. Petranov, A. Sitzmann. Klagenfurt 2006

Karakashev, V.: Drama, stsena, vreme: izbrani proizvedenija. Sofia 1982

Karakostov, St. L.: Bălgarskijat teatăr: osnovi na socialističeskija realizăm 1881–1891–1945. Sofia 1982

Karakostova, R.: Bălgarski opereten teatăr v godinite meždu dvete svetovni vojni. Sofia 2004

Kortenska, M.: Die Vertikale der Kultur: die Transformationen und führenden Persönlichkeiten im bulgarischen Kultur- und Theatergeschehen während eines bewegten Jahrzehnts gegen Ende des 20. Jahrhunderts (1989 bis 1998). Plowdiw 1999

Manning, A.: The History of Modern Bulgarian Literature. New York 1960

Natev, A.: The Bulgarian Music, Theatre, Art. Sofia 1979

Nikolova, K: Drugoto ime na modernija teatăr: proizchod i estetičeski osnovanija na dramatičnata režisura. Sofia 1995

Dies.: Ekspresionističnijat teatăr i ezikăt na tjaloto. Sofia 2000

Pantschewa, E.: Die Entwicklung der Oper in Bulgarien von ihren Anfängen bis 1915. Wien 1962.

Penev, P.: Vorlesungen über die Geschichte des bulgarischen Theaters. 4 Bde. Sofia 1956

Popov, I.: Die Vergangenheit des bulgarischen Theaters. 5 Bde. Sofia 1939–60

Russko-bolgarskie teatral'nye svâzi: sbornik statej i materialov. Red. A. Â. Al'tšuller. Leningrad 1979

Sapundžieva, K.: Teatărăt v bălgarskata kulturno-văzpitatelna tradicija. Sofia 2002

Schaulov, J.: Das Theater in Bulgarien. Sofia 1964

Stančeva, L.: Tărsenija i izkustvo: bălgarskata dramaturgija na scenata na narodnija teatăr (1904–1944). Sofia 2000

Dies.: Teatăr i totalitarizăm: Bălgarskata socialističeska dramaturgija na scenata na narodnija teatăr (1944–1989). Sofia 2000

Stefanova, A.: Zanrovi poleta v Bălgarskata dramaturgija na 90-te. Sofia 2004

Stefanova, K.: Contemporary Bulgarian Theatre. Newark 1997

The Bulgarian Dramatic Art. Sofia 1979

Vandov, N.: Naroden Teatăr Ivan Vazov: letopis januari 1904–juli 2004. Sofia 2004

Ders., V. Dečeva: Režis'orite na 90–te. Sofia 2003

Vasev, V.: Svetlik na Dunava: Rusenskijat teatăr 1878–1922. Sofia 2001

Rumänien

Bibliographien, Nachschlagewerke, Überblicksdarstellungen

An Abridged History of Romanian Theatre. Hg. S. Alterescu. Bukarest 1983

Dicționar de personaje literare din proza și dramaturgia românească. Hg. F. Șindrilaru. Bd 1ff. Bukarest 1995 ff.

Sasu, A., M. Vartic: Dramaturgia românească în interviuri: o istorie autobiografică; antologie, text îngrijit, sinteze bibliografice. Bd 1 ff. Bukarest 1995 ff

Einzeluntersuchungen

Akhtsik yor jidish teater in Rumenia 1876–1956. Bukarest 1956

Aspects du théâtre roumain contemporain. 2 Bde. Bukarest 1967–71

Az erdélyi országgyűlések színházpolitikai vitái és iratai (1791–1847). Hg. M. Bényei. Budapest 1990

Berkovitsh, Y.: Hundert yor Yidish teater in Rumenye 1876–1976. Bukarest 1976

Bradajianu, V.: Drama istorica nationala. Bukarest 1966

Brădățeanu, V.: Comedia in dramaturgia românească. Bukarest 1970

Cvasnîi Cătănescu, M.: Structura dialogului din textul dramatic: cu aplicare la dramaturgia românească. Bukarest 1982

Massoff, I.: Istoria Teatruliu National din Bucaresti 1877–1937. Bukarest 1937

Mîndra, V.: Clasicism și romantism în dramaturgia românească (1816–1918): privire istorică asupra unui secol de literatură teatrală. Bukarest 1973

Modola, D.: Dramaturgia românească între 1900–1918. Cluj-Napoca 1983

Munteanu, E.: Motive mitice în dramaturgia româneasca. Bukarest 1982

Ukraine

Got, J.: Das österreichische Theater in Lemberg im 18. und 19. Jahrhundert: aus dem Theaterleben der Vielvölkermonarchie. Wien u.a. 1997

Krasyl'nykova, O. V.: Istorija ukraïns'koho teatru XX storiccja. Kiev 1999

Kysil, O.: Ukrainsky teatr. Kiev 1968

Proskurjakov, V., J. Jamas: L'vivs'ki teatry: cas i architektura. L'viv 1997

Sofronova, L. A.: Starinnyj ukrainskij teatr. Moskau 1996

Weissrussland

Belaruskaâ dramaturgìâ 1966–1986. Hg. N. B. Vatacy. Mìnsk 1993

Hlušakoŭ, I. V., H. R. Kuljašova: Muzyčny teatr Belarusi [1917–90]. 3 Bde. Minsk 1993–97

Lisnevskij, I. E.: V teatr idu, kak v chram: stranicy teatral'noj Belarusi. Minsk 1997

Seduro, V.: Belorussian Theatre and Drama. New York 1955

Südeuropäisches Theater

Puchner, W.: Griechisches Schuldrama und religiöses Barocktheater im ägäischen Raum zur Zeit der Türkenherrschaft (1580–1750). Wien 1999

Ders.: Historisches Drama und gesellschaftliche Komödie in den Ländern Südosteuropas im 19. Jahrhundert. Frankfurt a. M. u.a. 1994

Teatru și politică: teatre minoritare de limba germană din sud-estul Europei în secolul al 20–lea = Theater und Politik: deutschsprachige Minderheitentheater in Südosteuropa im 20. Jahrhundert. Hg. H. Fassel. Cluj-Napoca 2001

Italien

Bibliographien, Nachschlagewerke, Überblicksdarstellungen

Apollonio, M.: Storia del teatro italiano. 2 Bde. Rom (Neuausgabe) 2003

Autori e drammaturgie: enciclopedia del teatro italiano; il dopoguerra (1950–1990). Hg. E. Bernard. Rom ²1991

Bianconi, L., G. Pestelli: Geschichte der italienischen Oper. 5 Bde. Laaber 1991

Cioni, A.: Bibliografia delle sacre rappresentazioni. Florenz 1961

Clubb, L. G.: Italian Plays (1500–1700) in the Folger Library. Florenz 1968

Corrigan, B.: Catalogue of Italian Plays 1500–1700, in the Library of the University of Toronto. Toronto 1961

Geschichte der italienischen Oper. Systematischer Teil. 3 Bde. Hg. L. Bianconi, G. Pestelli. Laaber 1990–92

Heck, Th. F: Commedia dell'arte. A guide to the primary and secondary literature. New York 1988

Herrick, M. Th.: Italian Plays, 1500–1700, in the University of Illinois Library. Urbana 1966

Italienische Literaturgeschichte. Hg. V. Kapp. Stuttgart, Weimar 1992

Mango, A.: La commedia in lingua nel Cinquecento. Bibliografia critica. Florenz 1966

Nogara, G.: Cronache degli spettacoli nel Teatro Olimpico di Vicenza dal 1585 al 1970. Vicenza 1972

Petronio, G.: Geschichte der italienischen Literatur. 3 Bde. Tübingen, Basel 1992–93

Rasi, L.:I Comici Italiani: biografia, bibliografia, iconografia. 3 Bde. Florenz 1897–1905

Sacre rappresentazioni manoscritte e a stampa conservate nella Biblioteca nazionale centrale di Firenze: inventario. Hg. A. M. Testaverde, A. M. Evangelista. Florenz 1988

Storia del teatro moderno e contemporaneo. 4 Bde. Hg. R. Alone, G. Davico Bonino. Turin 2000–03

Storia generale della letteratura italiana. 16 Bde. Hg. N. Borsellino, W. Pedullà. Mailand 1999–2004

Mittelalter

Banfi, L.: Sacre rappresentazioni del Quattrocento. Turin 1963

Bartholomaeis, V. de: Laude drammatiche e rappresentazioni sacre. 3 Bde. Florenz 1943

Bonfantini, M.: Le sacre rappresentazione italiane. Mailand 1942

Il Contributo dei giullari alla drammaturgia italiana delle origini. Rom 1978

Nuovo corpus di sacre rappresentazioni fiorentine del Quattrocento: edite e inedite tratte da manoscritti coevi o ricontrollate su di essi. Hg. N. Newbigin. Bologna 1983

Pochat, G.: Theater und bildende Kunst im Mittelalter und in der Renaissance in Italien. Graz 1990

Sacre rappresentazioni aversane del sec. XVI. Hg. D. Coppola. Florenz 1959

Toschi, P.: Dal dramma liturgico alle rappresentazione sacra. Florenz 1940

Ders.: Le origini del teatro italiano. Turin 1955

Villoresi, M.: Da Guarino a Boiardo: la cultura teatrale a Ferrara nel Quattrocento. Rom 1994

Renaissance, Humanismus

Andrews, R.: Scripts and scenarios: the performance of comedy in Renaissance Italy. Cambridge u.a. 1993

Attolini, G.: Teatro e spettacolo nel Rinascimento. Rom u.a. ³1997

Barbieri, F. u.a.: Teatri italiani del cinquecento. Venedig 1954

Blumenthal, A. R.: Theater Art of the Medici. Hanover ²1982

Bregoli-Russo, M.: Renaissance Italian Theatre. Florenz 1984

Burattelli, C.: Spettacoli di corte a Mantova tra Cinque e Seicento. Florenz 1999

Burk, P: Die Renaissance in Italien. Berlin 1992

Castagno, P. C.: The Early Commedia Dell'Arte (1550–1621). New York u.a. 1994

La Commedia dell'arte. Storia e testo. 6 Bde. Hg. V. Pandolfi. Florenz (Neudruck) 1988

Commedia dell'arte. Hg. G. Denzler. Bamberg 1981

Cruciani, F.: Il Teatro nel Rinascimento, Roma 1450–1550. Rom 1983

Dalla tragedia rinascimentale alla tragicommedia barocca: esperienze teatrali a confronto in Italia e in Francia. E. Rosele. Fasano 1993

Davico Bonino, G.: La commedia italiana del Cinquecento e altre note su letteratura e teatro. Turin 1989

Deborre, I.: Palladios teatro olimpico in Vicenza. Marburg 1996

Di Maria, S.: The Italian tragedy in the Renaissance. Lewisburg u.a. 2002

Ducharte, P.-L.: La commedia dell'arte et ses enfants. Paris 1977

Fitzpatrick, T.: The relationship of oral and literate performance processes in the commedia dell'arte: beyond the improvisation/memorisation divide. Lewiston 1995

Hösle, J.: Das italienische Theater von der Renaissance bis zur Gegenreformation. Darmstadt 1984

Italian renaissance festivals and their European influence. Hg. J. R. Mulryne, M. Shewring. Lewiston u.a. 1992

Krömer, W.: Die italienische Commedia dell'arte. Darmstadt 1976

Magagnato, L.: Teatri italiani del Cinquecento. Venedig 1954

Mazzoni, St.: L'Olimpico di Vicenza: un teatro e la sua »perpetua memoria«. Florenz 1998

Molinari, C.: La commedia dell'arte. Mailand 1985

Nagler, A. M. Theatre Festivals of the Medici 1539–1637. New Haven 1964

Neri, F.: La Tragedia italiana del Cinquecento. Florenz 1904 (Nachdruck Turin 1971)

Nicolini, F.: Vita di Arlecchino. Mailand 1958 (Nachdruck Neapel 1993)

Osthoff, W.: Theatergesang und darstellende Musik in der italienischen Renaissance: 15. und 16. Jahrhundert. Tutzing 1969

Petrini, A.: La »Signoria di madonna Finzione«: teatro, attori e poetiche nel Rinascimento italiano. Genua 1996

Richards, K. und L.: The Commedia dell'arte: a documentary history. Oxford 1990

Riha, K.: Commedia dell'arte. Frankfurt am Main ⁸1993

Saslow, J. M. The Medici Wedding of 1589: Florentine Festival as Teatrum Mundi. New Haven 1996

Scenery, set and staging in the Italian Renaissance. Hg. Ch. Cairns. Lewiston u. a. 1996

Studies in the Commedia dell'arte. Hg. D. J. George. Cardiff 1993

Taviani, F., M. Schino: Il segreto della Commedia dell'arte. Florenz ²1992

Il teatro italiano nel Rinascimento. Hg. F. Cruciali, D. Seragnoli. Bologna 1987

Tessari, R.: Commedia dell'arte – La maschera e l'ombra. Mailand 1981

Weinberg, B.: A History of Literary Criticism in the Italian Renaissance. 2 Bde. Chicago 1961

Barock

Angelini, F.: Il teatro barocco. Rom u. a. ²1993

Capelli, G.: Il Teatro Farnese di Parma: architettura, scene, spettacoli. Parma ²2003

Carandini, S.: Teatro e spettacolo nel Seicento. Rom ²1993

Fagiolo, M., B. Adorni: Barocco romano e barocco italiano: il teatro, l'effimero, l'allegoria. Rom 1985

Gandolfi, V.: Il Teatro Farnese di Parma. Parma 1980

Lorenzini, L.: Il teatro dell'anima: Rinascimento e Barocco in Sicilia. Soveria Mannelli 1999

Il teatro musicale italiano nel Sacro Romano Impero nei secoli XVII e XVIII. Hg. A. Colzani. Como 1999

Wolff, H. Ch.: Die venezianische Oper in der zweiten Hälfte des 17. Jahrhunderts. Diss. Berlin 1937

18. Jahrhundert

Alberti, C.: La scena veneziana nell'età di Goldoni. Rom 1990

Alonge Trivero, P.: Tragiche donne: tipologie femminili nel teatro italiano del Settecento. Alessandria 2000

Binni, W.: Settecento maggiore: Goldoni, Parini, Alfieri. Mailand 1978

Cotticelli, F., P. Maione: Onesto divertimento, ed allegria de' popoli: materiali per una storia dello spettacolo a Napoli nel primo Settecento. Mailand 1996

Hösle, J.: Carlo Goldoni. Sein Leben, sein Werk, seine Zeit. München, Zürich 1993

Kennard, J. Sp.: Goldoni and the Venice of His Time. New York 1920

Pokorny, J.: Goldoni und das venezianische Theater. Berlin 1968

Strohm, R.: Dramma per musica: Italian opera seria of the eighteenth century. New Haven 1997

Ders.: Die italienische Oper im 18. Jahrhundert. Wilhelmshaven 1979

Tatti, M.: L'antico mascherato: Roma antica e moderna nel Settecento: letteratura, melodramma, teatro. Rom 2003

Il teatro a Roma nel Settecento. 3 Bde. Hg. Istituto della Enciclopedia Italiana. Rom: 1989

Teatro e musica nel'700 estense: momenti di storia culturale e artistica, polemica di idee, vita teatrale, economia e impresariato. Hg. G. Vecchi. Florenz 1994

Il teatro italiano nel Settecento. Hg. G. Guccini. Bologna 1988

19. Jahrhundert

Alonge, R.: Teatro e spettacolo nel secondo ottocento. Rom, Bari ⁴1997

Greco, F. C.: La scena illustrata: teatro, pittura e città a Napoli nell'Ottocento. Neapel 1995

Meldolesi, C., F. Taviani: Teatro e spettacolo nel primo Ottocento. Rom u. a. ³1998

Ricci, G.: Teatri d'Italia dalla Magna Grecia all'Ottocento. Mailand 1971

20. Jahrhundert

Alberti, A. C.: Il teatro nel fascismo: Pirandello e Bragaglia. Rom 1974

Angelini, F.: Il teatro del Novecento da Pirandello a Fo. Bari 1976

Ders.: Teatro e spettacolo nel primo Novecento. Rom ²1991

Barsotti, A.: Futurismo e avanguardia. Nel teatro italiano tra la 2 guerre. Roma 1990

Berghaus, G.: Italian futurist theatre, 1909–1944. Oxford 1998

Camilleri, A.: I teatri stabili in Italia (1898–1918). Bologna 1959

Dvořák, C.: Passione Teatrale. Giorgio Strehler und das Theater. Berlin 1994

Economia dell'arte: istituzioni e mercati dell'arte e della cultura. Hg W. Santagata. Turin 1998

Falkenhausen, S. v.: Der Zweite Futurismus und die Kunstpolitik des Faschismus in Italien von 1922–1943. Frankfurt 1979

Galli, Q.: La drammaturgia popolare nell'Italia contemporanea. Rom 1997

Gallina, M., A. Ch. Altieri: Il teatro possibile: linee organizzative e tendenze del teatro italiano. Mailand 2005

Guazzotti, G.: Teoria e realtá del Piccolo Teatro di Milano. Turin 1965

Gysi, B.: Dario Fo. Berlin 2000

Hirsch, D. L.: Giorgio Strehler. Cambridge 1993

Holm, B.: Den omvendte verden – om Dario Fo og den folkelige fantasi. Gråsten o. J.

Iaccio, P.: La scena negata: il teatro vietato durante la guerra fascista (1940–1943). Rom 1994

Ladurner, R.: Das Theater von Dario Fo. Diss. Wien 1980

Lista, G.: Théâtre futuriste italien. Anthologie critique. 2 Bde. Lausanne 1976

Maier Schoen, P.-R.: Giorgio Strehlers Theater. Diss. München 1980

Mazzocchi, F.: Giorgio Strehler e il suo teatro. Roma 1997

Ortolani, O.: Dario Fo – Theater und Politik. Berlin 1985

Pedullà, G.: Il teatro italiano nel tempo del fascismo. Bologna 1994

Pozzi, E.: I maghi dello spettacolo: gli impresari italiani dal 1930 ad oggi. Mailand 1990

Presenze femminili nel Novecento italiano: letteratura, teatro, cinema. Hg. G. Pagliano. Neapel 2003

Puppa, P.: Teatro e spettacolo nel secondo Novecento. Rom 1990

Quadri, F.: L'avanguardia teatrale in Italia (Materiali 1960–1976). 2 Bde. Torino 1977

Ridenti, L.: Teatro italiano fra due guerre (1915–1940). Genua 1968

Scarpellini, E.: Organizzazione teatrale e politica del teatro nell'Italia fascista. Florenz ²2004

Schnapp, J. T.: Staging fascism: 18 BL and the theater of masses for masses. Stanford 1996

Taffon, G.: Maestri drammaturghi nel teatro italiano del '900: tecniche, forme, invenzioni. Rom u. a. 2005

Tessari, R.: Teatro italiano del Novecento: fenomenologie e strutture, 1906–1976. Florenz 1996

Trezzini, L., P. Bignami: Politica & practica dello spettacolo: rapporto sul teatro italiano. Bologna 2004

Valentin, Ch.: La storia di Dario Fo. Mailand 1997

Einzeluntersuchungen

Albrecht, S. u. a.: Teatro: eine Reise zu den oberitalienischen Theatern des 16.-19. Jahrhunderts. Marburg (Neuaufl.) 2001

L'attore solista nel teatro italiano. Hg. N. Pasqualicchio. Rom 2006

Buck, A.: Italienische Dichtungslehren vom Mittelalter bis zum Ausgang der Renaissance. Tübingen 1952

Bullegas, S.: Storia del teatro in Sardegna. Cagliari 1998

Croce, B.: I teatri di Napoli dal Rinascimento alla fine del secolo decimottavo. Mailand 1992

La giustizia nella letteratura e nello spettacolo siciliani tra '800 e '900: da Verga a Sciascia. Hg. A. Zappulla. Acireale 1997

Lévy, F.: De la tragédie au dramma per musica: l'influence du modèle tragique français sur la réforme de l'opéra italien (1690–1731). Lille 2006

Livio, G.: La scene italiana. Mailand 1989

Mangini, N.: Il teatro veneto moderno 1870–1970. Rom 1992

Mariani, V.: Storia della scenografia italiana. Florenz 1930

Momenti di gloria: il Teatro regio di Torino 1740–1936. Turin 1990

Pagliai, M.: Didascalie teatrali tra Otto e Novecento. 2 Bde. Florenz 1994–95

D'Amico, A.: La passione teatrale: tradizioni, prospettive e spreco nel teatro italiano: Otto e Novecento. Rom 1997

Il Piccolo Teatro di Milano: cinquant'anni di cultura e spettacolo. Hg. M. G. Gregari. Mailand 1997

Pirrotta, N., E. Povoledo: Music and theatre from Poliziano to Monteverdi. Cambridge 1975

Puppa, P.: Parola di scena: teatro italiano tra '800 e '900. Rom 1999

Romei, G.: Teoria testo e scena: studi sullo spettacolo in Italia dal Rinascimento a Pirandello. Rom 2001

Scenografia in Italia oggi. Mailand 1974

Schino, M.: Profilo del teatro italiano dal XV al XX secolo. Roma ²1999

Sfroza, F.: Grandi teatri italiani. Rom 1993

Stefano, C. di: La censura theatrale in Italia (1600–1962). Bologna 1964

I teatri storici della Toscana: censimento documentario e architettonico. 8 Bde. HE. Garbero Zorzi, L. Zangheri. Florenz 1990–2000

Il Teatro Dei Ragazzi. Hg. G. Bartolucci. Florenz 1972

Teatro italiano. 1. Bd. Hg. P. Carriglio, G. Strehler. Rom 1993

Trifone, P.: L'italiano a teatro: dalla commedia rinascimentale a Dario Fo. Pisa u. a. 2000

Spanien

Bibliographien, Nachschlagewerke, Überblicksdarstellungen

Andioc, R., M. Coulon: Cartelera teatral madrileña del siglo XVIII (1708–1808). 2 Bde. Toulouse 1997

Autoras en la historia del teatro español (1500–1994). 4 Bde. Hg. J. A. Hormigón. Madrid 1996–2000

Barrera y Leirado, C. A. de la: Catálogo bibliográfico y biográfico del teatro antiguo español, desde sus orígenes hasta mediados del siglo XVIII. Madrid 1969

Castano Garcia, J.: Repertori bibliografic de la Festa d'Elx. Valencia 1994

Catálogo del teatro lírico español en la Biblioteca nacional. 3 Bde. Hg. N. Iglesias Martínez. Madrid 1986–91

Catálogo de obras de Teatro Español del siglo XX. Madrid 1985

Cilveti, A. L., I. Arellano: Bibliografía critica para el estudio del auto sacramental con especial atención a Calderon. Kassel u. a. 1994

Cotarelo y Mori, E.: Bibliografía de las controversias sobre la licitud del teatro en España. Madrid 1904 (Nachdruck Granada 1997)

Dematté, C.: Repertorio bibliografico e studio interpretativo del teatro cavalleresco spagnolo del sec. XVII. Trient 2005

Fernández Gómez, J. F.: Catálogo de entremeses y sainetes del siglo XVIII. Oviedo 1993

Franzbach, M.: Abriß der spanischen und portugiesischen Literaturgeschichte in Tabellen. Frankfurt/Main, Bonn 1968

Ders.: Geschichte der spanischen Literatur im Überblick. Stuttgart (Neuaufl.) 2002

Geschichte der spanischen Literatur. Hg. Ch. Strosetzky. Tübingen 1991

González Subías, J. L.: Catálogo de estudios sobre el teatro romántico español y sus autores. Madrid 2005

Granja, A. de la, M. L. Lobato: Bibliografía descriptiva del teatro breve español (siglos XV-XX). Frankfurt/Main 1999

Gumbrecht, H. U.: Eine Geschichte der spanischen Literatur. 2 Bde. Frankfurt/Main 1990

Herrera Navarro, J.: Catálogo de autores teatrales del siglo XVIII. Madrid 1993

Herrero Salgado, F. u. a.: Cartelera teatral madrileña [1830–49]. 2 Tle in 1 Bd. Madrid 1961–63

Historia del teatro en Espana. 3 Bde. Hg. J. M. Diez Borque u. a. Madrid 1983–96

Iglesias de Souza, L.: El teatro lírico español. 4 Bde. La Coruña 1992–96

Lourenzo, M., F. Pillado Mayor: Dicionário do teatro galego (1671–1985). Barcelona 1987

Menarini, P. u. a.: El teatro romántico español (1830–1850): autores, obras, bibliografía. Bologna 1982

Modern spanish dramatists: a bio-bibliographical sourcebook. Hg. M. Parker. Westport 2002

Molinari, A.: Pequeño diccionario de teatro andaluz. Sevilla 1994

Muñoz, M. u. a.: Historia del teatro en España. 3 Bde. Madrid 1965

Nadal, A.: Estudis sobre el teatre català del segle XX. Barcelona 2005

Panorámica del teatro en España. Hg. E. De la Hoz. Madrid 1973

Quién es quién en el teatro y el cine español e hispanoamericano. 2 Bde. Hg. F. Vega. Barcelona 1991

Reichenberger, K. und R.: Das spanische Drama im goldenen Zeitalter. Ein bibliographisches Handbuch. Kassel 1989

Rodríguez Sánchez, T.: Catálogo de dramaturgos españoles del siglo XIX. Madrid 1994

Roloff, V., H. Wentzlaff-Eggebert: Das spanische Theater. Düsseldorf 1988

Spanische Literaturgeschichte. Hg. H.-J. Neuschäfer. Stuttgart, Weimar 1997

Das spanische Theater. Vom Mittelalter bis zur Gegenwart. Hg. V. Roloff, H. Wentzlaff-Eggebert. Düsseldorf 1988

Spanish dramatists of the Golden Age: a bio-bibliographical sourcebook. Hg. M. Parker. Westport u. a. 1998

Sumner, G. H.: Una bibliografía anotada de las comedias de santos del siglo diez y siete. Ann Arbor 2003

Urzáiz Tortajada, H.: Catálogo de autores teatrales del siglo XVII. 2 Bde. Madrid 2002

Valbuena Prat, A.: Historia del Teatro Español. Barcelona 1956

Valdivieso, L. T.: España: bibliografía de un teatro »silenciado«. Boulder 1979

Wynne, Ch. E.: An annoted bibliography of the biblical theater of the Siglo de Oro. Ann Arbor 2006

Mittelalter

Cultura y representación en la Edad Media. Hg. E. Rodríguez Cuadros. (Alicante) 1994

Donovan, R. B.: The liturgical drama in medieval Spain. Toronto 1958

Duque, P. J.: Spanish and English religious drama. Kassel 1993

Gómez Moreno, Á.: El teatro medieval castellano en su marco románico. Madrid 1991

Massip, J. F.: Teatre religiós medieval als països catalan. Barcelona 1984

Ders.: La festa d'Elx i els misteris medievals europeus. Alacant, Elx 1991

Teatro castellano de la Edad Media. Hg. R. E. Surtz. Madrid 1992

Renaissance, Humanismus

Fernández Martín, L.: Comediantes, esclavos y moriscos en Valladolid: siglos XVI y XVII. Valladolid 1988

La Fête et l'écriture: théâtre de cour, cour-théâtre en Espagne et en Italie 1450–1530. Aix-en-Provence 1987

Garcia-Soriano, J.: El teatro universitario y humanistico en España. Toledo 1945

Gewecke, F.: Thematische Untersuchungen zu dem vorcalderonianischen 'Auto Sacramental'. Genève, Köln 1974

Maestro, J. G.: La escena imaginaria: poética del teatro de Miguel de Cervantes. Frankfurt/Main 2000

O'Connor, Th. A.: Love in the »Corral«: conjugal spirituality and anti theatrical polemic in early modern Spain. New-York u.a. 2000

Quirante Santacruz, L.: Teatro asuncionista valenciano de los siglos XV y XVI. (Valencia) 1987

El teatro en tiempos de Felipe II. Hg. F. B. Pedraza Jiménez u.a. Almagro 1999

Barock, Siglo de Oro

Aparicio Maydeu, J.: El teatro barroco: guía del espectador. O. O. 1999

Arellano, I.: Historia del teatro español del siglo XVII. Madrid 1995

Arroniz, O.: Teatros y escenarios del siglo de oro. Madrid 1977

Canavaggio, J: Un mundo abreviado: aproximaciones al teatro áureo. Madrid 2000

Cañadas, I.: Public theater in golden Age Madrid and Tudor-Stuart London: class, gender, and festive community. Aldershot 2005

Cantero, S.: Dramaturgia y práctica escénica del verso clásico español. Madrid 2006

Comedias y comediantes: estudios sobre el teatro clásico español. Hg. M. V. Diago u.a. València 1991

Davis, Ch., J. E. Varey: Los corrales de comedias y los hospitales de Madrid. 2 Bde. Madrid 1997

Díez Borque, J. M.: Sociedad y teatro en la España de Lope de Vega. Barcelona 1978

Ders: Sociología de la comedia española del siglo XVII. Madrid 1976

Ders.: Teoria, forma y funcion del teatro español de los Siglos de Oro. Palma de Mallorca 1996

Entremesistas y entremeses barrocos. Hg. C. C. García Valdés. Madrid 2005

Espacios teatrales del barrocco español: calle – iglesia –

palacio – universidad. Hg. J. M. Díez Borque. Kassel 1991

Gerstinger, H.: Spanische Komödie. Lope de Vega und seine Zeitgenossen. München 1976

The Golden Age comedia. Hg. Ch. Ganelin, H. Mancing. West Lafayette 1994

Greer, M. R., J. E. Varey: El Teatro Palaciego en Madrid 1586–1707. Madrid 1997

Gregor, J.: Das spanische Welttheater. München 1943

Kaufmann, B.: Die comedia Calderóns. Studien zur Interdependenz von Autor, Publikum und Bühne. Bern, Frankfurt, München 1976

Kinter, B.: Die Figur des Gracioso im spanischen Theater des 17. Jahrhunderts. München 1978

Kirschner, T. J.: Técnicas de representación en Lope de Vega. Woodbridge u.a. 1998

Levin, L.: Metaphors of conversion in seventeenth-century Spanish drama. London 1999

Maravall, J. A.: Teatro y literatura en la sociedad Barroca. Barcelona 1990

Müller, H.-J.: Das spanische Theater im 17. Jahrhundert oder zwischen göttlicher Gnade und menschlicher List. Berlin 1977

El mundo del teatro español en su siglo de oro. Hg. J. M. Ruano de la Haza. Ottawa 1989

Oehrlein, J.: Der Schauspieler im spanischen Theater des siglo de oro (1600–1681): Untersuchung zu Berufsbild und Rolle in der Gesellschaft. Frankfurt/Main 1986

Rennert, H. A.: The Spanish Stage in the Time of Lope de Vega. Madrid 1909 (Nachdruck New York 1963)

Romera Castillo, J.: Frutos del mejor árbol: estudios sobre teatro español del Siglo de Oro. Madrid 1993

Ruano de la Haza, J. M., J. J. Allen: Los teatros comerciales del siglo XVII y la escenificación de la comedia. Madrid 1994

Salvi, M.: Escenas en conflicto: el teatro español e italiano desde los márgenes del Barroco. New York u.a. 2005

Stein, L. K.: Songs of mortals, dialogues of the gods: music and theatre in seventeenth-century Spain. Oxford 1993

El teatro español a fines del siglo XVII: historia, cultura y teatro en la España de Carlos II. 3 Bde. Hg. J. Huerta Calvo u.a. Amsterdam u.a. 1989

Teatros y vida teatral en el Siglo de Oro a través de las fuentes documentales. Hg. L. García Lorenzo y J. E. Varey. London 1991

Valbuena Prat, A.: El teatro español en su Siglo de Oro. Barcelona 1969

Varey, J. E.: Cosmovisión y escenografía: el teatro español en el siglo de oro. Madrid 1987

Wardropper, B. W.: Introducción al teatro religioso de siglo de oro. Evolución del auto sacramental 1500–1658. Madrid ²1967

Wilson, M.: Spanish Drama of the Golden Age. Oxford 1969

18. Jahrhundert

Aguilar Piñal, F.: Sevilla y el teatro en el siglo XVIII. Oviedo 1974

Andioc, R.:Teatro y Sociedad en el Madrid del siglo XVIII. Madrid ²1987

Berbel Rodríguez, J. J.: Orígenes de la tragedia neoclásica española, 1737–1754: la Academia del buen gusto. Sevilla 2003

Cañas Murillo, J.: Tipología de los personajes en la comedia española de buenas costumbres. Cáceres 2000

Carnero, G.: Estudios sobre teatro español del siglo XVIII.. Saragossa 1997

España festejante: el siglo XVIII. Hg. M. Torrione. Malaga 2000

Krauss, W.: Die Aufklärung in Spanien, Portugal und Lateinamerika. München 1973

López Alemany, I., J. E. Varey: El teatro palaciego en Madrid 1707–1724. Woodbridge 2006

McClelland, I. L.: Spanish drama of pathos, 1750–1808. 2 Bde. Toronto 1970

Merimee, P.: L'art dramatique espagnol dans la première moitie du dix-huitième siècle. Toulouse 1983

Palacios Fernández, E.: El teatro popular español del siglo XVIII. Lleida 1998

Pérez Magallón, J.: El teatro neoclásico. Madrid 2001

Sánchez de León, M. J. R.: La crítica dramática en España (1789–1833). Madrid 1999

19. Jahrhundert

Deleito Piñuela, J.: Origen y apogeo del 'género chico'. Madrid 1949

Espín Templado, M. P.: El teatro por horas en Madrid (1870–1910): subgéneros que comprende, autores principales y análisis de algunas obras representativas. 2 Bde. Madrid 1988

Ganelin, Ch.: Rewriting theatre: the »comedia« and the nineteenth-century »refundición«. Lewisburg 1994

Gies, D. Th.: The theatre in nineteenth-century Spain. Cambridge u. a. 1994

Íñiguez Barrena, F.: La parodia teatral en España (1868–1914). Sevilla 1999

Krömer, W.: Zur Weltanschauung, Ästhetik und Poetik des Neoklassizismus und der Romantik in Spanien. München 1968

Litvak, L.: España 1900. Modernismo, Anarquismo y Fin de siglo. Barcelona 1990

Montánez, J.: El teatro romántico español. Barcelona 1928

Teatro politico spagnolo del primo Ottocento. Hg. E. Caldera. Rom 1991

Zahareas, A. N., R. Cardona: Visión del 'esperpento'. Madrid 1970

Zurita, M.: Historia del género chico. Madrid 1920

20. Jahrhundert

Berenguer, Á., M. Pérez: Tendencias del teatro español durante la transición política (1975–1982). Madrid 1998

Berger, V.: Theater und Sprache: das katalanische Theater zwischen Diktatur und Demokratie. Wien 1999

Bernal, F., C. Oliva: El teatro público en España 1939–1978. Madrid (1996)

Buero Vallejo, A.: Teatro español actual. Madrid 1977

Byrd, S.: La Baraca and the Spanish National Theater. New York 1975

Cantalapiedra Erostarbe, F.: El teatro Español de 1960 a 1975: estudio socio-económico. Kassel 1991

Centeno, E.: La escena española actual (crónica de una década: 1984–1994). Madrid 1996

Collado, F.: El teatro bajo las bombas. Madrid (1989)

Contemporary Catalan theatre: an introduction. Hg. D. George, J. London. (Sheffield) 1996

Cornago Bernal, Ó.: La vanguardia teatral en España (1965–1975): del ritual al juego. Madrid 1999

Cramsie, H. F.: Teatro y censura en la España franquista: Sastre, Muñiz y Ruibal. New York u.a. 1984

Delgado, M. M.: »Other« Spanish theatres: erasure and inscription on the twentieth century Spanish stage. Manchester 2003

Edwards, G.: Dramatists in Perspective: Spanish Theatre in the 20th Century. Cardiff 1985

Fernández Cambria, E.: Teatro español del siglo XX para la infancia y la juventud. Madrid 1987

Floeck, W.: Spanisches Gegenwartstheater I. Eine Einführung. Tübingen, Basel 1997

Franzbach, M.: Die Hinwendung Spaniens zu Europa. Die generación del 98. Darmstadt 1988

Garcia, C.: Estrenos teatrales en el Madrid de las últimas décadas. Madrid 1993

Hüttmann, A.: Die Ästhetik der Geschichte: das zeitgenössische historische Drama Spaniens im Spannungsfeld zwischen Sinn und Spiel. Tübingen, Basel 2001

Kreis, K.-W.: Zur Ästhetik des Obszönen. Arrabals Theater und die repressive Sexualpolitik des Franco-Regimes. Hamburg 1990

Kulenkampff, B.-S.: Theater in der Diktatur. Spanisches Experimentiertheater unter Franco. München 1979

Lentzen, M.: Der spanische Bürgerkrieg und die Dichter. Heidelberg 1985

London, J.: Reception and renewal in modern Spanish theatre 1939–1963. Leeds 1997

McCarthy, J.: Political theatre during the Spanish Civil War. Cardiff 1999

Monleón, J.: Treinta años de teatro de la derecha (1939–69). Barcelona 1971

Mundi Pedret, F.: El teatro de la guerra civil. Barcelona 1987

Nieva de la Paz, P.: Autoras dramáticas españolas entre 1918 y 1936. Madrid 1993

Oliva, C.: El teatro desde 1936. Madrid 1989

Pérez, M.: El teatro de la transición política (1975–1982). Kassel 1998

Plaza Chillón, J. L.: Escenografía y artes plásticas: el teatro de Federico García Lorca y su puesta en escena (1920–1935). Granada 1998

Ragué i Arias, M.-J.: ¿Nuevas dramaturgias? Los autores de fin de siglo en Cataluña, Valencia y Baleares. Madrid 2000

Ders.: El teatro de fin de milenio en España (de 1975 hasta hoy). Barcelona 1996

Reflexiones sobre el Nuevo teatro español. Hg. K. Pörtl. Tübingen 1986

Saalbach M.: Spanisches Gegenwartstheater. Unterdrükkung und Widerstand im Endstadium der Franco-Diktatur. Bonn 1984

Sáenz de la Calzada, L.: La Barraca. Madrid 1976

Spanisches Theater im 20. Jahrhundert. Gestalten und Tendenzen. Hg. W. Floeck. Tübingen 1990

Spanish Theatre 1920–1995: Strategies in Protest and Imagination. Hg. M. Delgado. Newark 1997

Le spectacle au XXème siècle: culture hispanique. Dijon 1998

El teatro en España: entre la tradición y la vanguardia, 1918–1939. Hg. D. Dougherty.u.a. Madrid 1992

Veinte años de teatro y democracia en España (1975–1995). Hg. M. Aznar Soler. Sant Cugat del Vallès (Barcelona) 1996

Wellwarth, G. E.: Spanish Underground Drama. University Park 1972

Einzeluntersuchungen

Albersmeier, F.-J.: Theater, Film, Literatur in Spanien: Literaturgeschichte als integrierte Mediengeschichte. Berlin 2001

Arias de Cassío, A. M.: Dos siglos de escenografía en Madrid. Madrid 1991

Arellano Ayuso, I., J. Enrique Duarte: El auto sacramental. Madrid 2003

Autoras y actrices en la historia del teatro español. Hg. L. García Lorenzo. Murcia 2000

Campos, J.: Teatro y sociedad en España. Madrid 1969

Els Balls parlats a la Catalunya nova: teatre popular català. Hg. M. Palau i Martí. Tarragona 1992

Gómez, M. A.: Del esenario a la pantalla: la adaptación cinematográfica del teatro español. Chapel Hill 2000

Jardiel, E. G.: Studies on Spanish Theatre. Columbia 1993

El Libro de la Zarzuela. Madrid u.a. 1982

Lourenzo, M., F. Pillado Mayor: O teatro galego. Sada 1979

MacKendrick, M.: Theatre in Spain 1490–1700. Cambridge u.a. 1989

Martín, Josep A.: El teatre de titelles a Catalunya. Barcelona 1998

Mindlin, R.: Die Zarzuela. Zürich 1965

Mojigangas dramáticas (siglos XVII y XVIII). Hg. C. Buezo. Madrid 2005

Pérez de Olaguer, G.: Teatre Independent a Catalunya. Barcelona 1970

Profeti, M. G.: Introduzione allo studio del teatro spagnolo. Florenz 1994

Risas y sonrisas en el teatro de los siglos XVIII y XIX. Hg. J. M. Sala Valldaura. Lleida 1999

Rivas Cherif, C. de: Cómo hacer teatro: apuntes de orientación profesional en las artes y oficios del teatro español. Valencia 1991

Romeu i Figueras, J.: Teatre català antic. 2 Bde. Barcelona 1994–95

Ruiz Ramón, F.: Historia del teatro español (desde sus orígenes hasta 1900). Madrid [6]1986

Ders.: Historia del teatro español. Siglo XX. Madrid [13]2005

La scena e la storia: studi sul teatro spagnolo. Hg. M. T. Cattaneo. Bologna 1997

Shergold, N. D.: A History of the Spanish Stage from Medieval Times until the End of the Seventeenth Century. Oxford 1967

Das spanische Theater von den Anfängen bis zum Ausgang des 19. Jahrhunderts. Hg. K. Pörtl. Darmstadt 1985

Staging in the Spanish theatre. Hg. M. A. Rees. Leeds 1984

El teatre català dels orígens al segle XVIII. Hg. A. Rossich. Kassel 2001

Teatre medieval i modern. Hg. R. Miró. Lleida 1996

Le théâtre en Espagne: perméabilité du genre et traduction. Hg. M. Coulon. Pau 1998

Varey, J. E.:Cartelera des los titeres y otras diversiones populares de Madrid, 1758–1840. Woodbridge 1996

Ders.: Historia de los titeres en España. Madrid 1957

Zangler, S.: Das auto sacramental. Diss. Wien 1982

Portugal

Bibliographien, Nachschlagewerke, Übersichtsdarstellungen

Bastos, A. S.: Dicionário do teatro português. Lissabon 1908

Mateus, O.: Teatro em Portugal até 1500: bibliografia. Lissabon 1991

Picchio, L.: Storia del Teatro Portoghese. Rom 1964

Rebello, L. F.: Breve história do teatro português. Lissabon ⁵2000

Ders.: História do teatro português. Lissabon ⁴1989

Rossi, G. C.: Geschichte der portugiesischen Literatur. Tübingen 1964

Ders.: Teatro portoghese e brasiliano. Mailand 1956

Stegagno Picchio, L.: História do Teatro Português. Lissabon 1969

Einzeluntersuchungen

A evolução e o espirito do teatro em Portugal. 2 Bde. Lissabon 1948–49

Barata, J. O.: História do teatro em Portugal, século XVIII: António José da Silva (O judeu) no palco joanino. Lissabon 1998

Bastos, G., A. I. P. Teixeira de Vasconcelos: O teatro em Lisboa no tempo da Primeira República. Lissabon 2004

Berjeaut, S.: Le théâtre de Revista: un phénomène culturel portugais 1851–2005. Paris u.a. 2005

Bulletin d'histoire du théâtre portugais. 5 Bde. Lissabon 1950–54

Câmara, M. A. T. Gago da: Lisboa: espaços teatrais setecentistas. Lissabon 1996

Dies., V. Anastácio: O teatro em Lisboa no tempo do Marquês de Pombal. Lissabon 2004

Carreira, L.: O teatro e a censura em Portugal na segunda metade do século XVIII. Lissabon 1988

Carvalho, M. L. da Silva Oliveira: A II guerra mundial no teatro de revista português (1939–1945). Diss. Lissabon 1995

Cruz, D. I.: História do teatro português. Lissabon 2001

Ders.: Introdução ao Teatro Portuguesa do Século XX. Lissabon 1969

Dos Santos, G.: Le spectacle dénaturé: le théâtre portugais sous le règne de Salazar 1933–1968. Paris 2002

Ders.: Le théâtre portugais et la censure au XXe siècle (1926–1974). Diss. Paris 1991

Fadda, S.: O teatro do absurdo em Portugal. Lissabon 1998

Karimi, K.-H.: Das portugiesische Gegenwartsdrama unter der politischen Zensur (1960–1974): auf der Suche nach dem verlorenen Theater. Frankfurt/Main u.a. 1991

Kulturelle Identität im Zeitalter der Mobilität. Zum portugiesischen Theater der Gegenwart und zur Präsenz zeitgenössischer brasilianischer und portugiesischer Kunst in Deutschland. Hg. E. de Simone, H. Thorau. Frankfurt/Main 2000

Marques, F. C.: Le théâtre au Portugal 1800–1822. Diss. Paris 1996

Porto, C.: O TEP e o teatro em Portugal: histórias e imagens. Porto 1997

Das portugiesische Theater der Nachkriegszeit. Lissabon 1973

Rebelo, L. F.: O primitivo teatro português. Lissabon ²1984

Ders.: 100 Años de Teatro Português. Oporto 1984

Representações de teatro clássico no Portugal contemporâneo. Hg. M. de Fátima Sousa e Silva. Lissabon 1998

Sasportes, J.: História de Dança em Portugal. Lissabon 1970

Vasconcelos, A. I.: O drama histórico português do século XIX ou ficções da representação histórica no tempo de Almeida Garrett, 1836–56. Diss. Lissabon 1999

Dies.: O teatro em Lisboa no tempo de Almeida Garrett. Lissabon 2003

Vasques, E: Mulheres que escreveram teatro no século XX em Portugal. Lissabon 2001

Jugoslawien und Nachfolgestaaten

Albreht, F.: Gledališke kritike 1951–1969. Ljubljana 1973

Aleksiev, A.: Founders of Macedonian Drama. Skopje 1972

Batusić, N.: Hrvatsko narodno kazaliste u Zagrebu 1840–1860–1992. Zagreb 1992

Ders.: Trajnost tradicije u hrvatskoj drami i kazalistu. Zagreb 1995

Batusić, S: Hrvatska pozornica. Zagreb 1978

Bogner-Saban, A.: Kazalisni Osijek. Zagreb 1997

Breyer, B.: Das deutsche Theater in Zagreb. Zagreb 1938

Cavallini, I.: I due volti di Nettuno: studi su teatro e musica a Venezia e in Dalmazia dal Cinquecento al Settecento. Lucca 1994

Cindric, P.: Hrvatski i srpski teatar. Zagreb 1960

Cronia, A.: Teatro serbo-croato. Mailand 1955

Dorovský, I.: Dramatické umění jižních slovanů. Brno 1995

Giesemann, G.: Zur Entwicklung des slovenischen Nationaltheaters: Versuch einer Darstellung typologischer Erscheinungen am Beispiel der Rezeption Kotzebues. München 1975

Gojković, G.: Njemacki muzicki teatar u Osijeku 1825–1907. Osijek 1997

Hećimović, B.: Suvremena drama i kazalište u Hrvatskoj. Rijeka 1987

Kalan, F.: Essais sur le théâtre. Ljubljana 1961

Ders.: Européanisation de la culture théâtrale slovène. Ljubljana 1961

Koblar, F.: Novejša slovenska drama. Ljubljana 1957

Ders.: Storejša slovenska drama. Ljubljana 1951

Leben, A.: Med tradicijo in inovacijo: sodobno slovensko gledališče na Koroškem. Klagenfurt 2004

Marjanović, P.: Crnjanski i pozorište. Novi Sad 1995

Ders.: Jugoslovenski dramski pisci XX veka. Novi Sad 1985

Ders.: Komedije i narodni komadi XIX veka. Beograd 1987

Ders.: Mala istorija srpskog pozorišta: XIII-XXI vek. Novi Sad 2005

Ders.: Srpski dramski pisci XX stoleća. Novi Sad 1997

Ders.: Novosadska pozorišna režija: 1945–1974; prilog istoriji; drame srpskog narodnog pozorišta. Novi Sad 1991

Ders.: Umetnički razvoj Srpskog narodnog Pozorišta: 1861–1868. Novi Sad 1974

Ders.: Zapisi teatrologa: izbrani i novi tekstovi. Novi Sad 2006

Milanović, O.: Neimari srpskog pozorista: prilozi za istoriju srpskog pozorista 19. i 20. veka. Belgrad 1997

Plevnes, J.: Besovskiot Dionis: pristap kon prasanjeto za makedonskata narodna drama i folkloren teatar. Skopje 1989

Pozoriste u Jugoslaviji – Le Théâtre en Yougoslavie – The Theatre in Yugoslavia. Belgrad 1955

Predan, V. u.a.: Savremena drama i pozoriste u Sloveniji. Novi Sad 1986

Repertoar slovenskih gledališě 1867. 6 Bde. Ljubljana 1967–93

Siljan, R.: Macedonian Drama: The Nineteenth and Twentieth Century. Skopje 1990

Ders.: 100 Years of macedonian Drama. Skopje 1992

Sponar, K.: Selbstfindung und Öffnung einer Gesellschaft: Untersuchungen zum kroatischen Nachkriegstheater. Heidelberg 1995

Stefanovski, R.: The Theatre in Macedonia. Skopje 1990

Suvremena Hrvatska drama i kazaliste (1955–1975). Hg. N. Batusić. Split 1984

Svagelj, D.: Scena i vrijeme: kazalisni tokovi stare Slavonije. Vinkovci ²1995

Le théâtre Yougoslave d'aujourd'hui = The Yugoslav theatre of today. Hg. M. Matković. (Zagreb 1955)

Vidmar, J.: Gledaliske kritike. Ljubljana 1968

Albanien

Dokle, Z.: »Unë, recituesi i Pashallarëve të kuq«. Përmbledhje me artikuj për probleme të artit skenik. Tirana 2004

Historia e teatrit shqiptar. Red. K. Velça. Tirana o. J.

Hoxha, I.: Nga jeta në teatër nga teatri në jetë: artikuj e studime kritike. Tirana 1983

Skanjeti, A.: 100 vjet teatër në Shkodër, 1879–1979. Tirana 2002

Zotos, A.: De Scanderbeg à Ismaïl Kadaré: propos d'histoire et de littérature albanaises. Saint-Etienne 1997

Griechenland

Bacopoulou-Halls, A.: Modern Greek Theater: Roots and Blossoms. Athens 1982

Chatzipantazis, Th.: I isvoli tu Karagiozi stin Athina tu 1890. Athen 1984

Ders.: To Komeidyllio, 2 Bde. Athen 1981

Chillemi, G.: Il dramma antico nella Grecia moderna. Bologna 1963

Frangi, M.: La décentralisation théâtrale en Grèce après la Seconde Guerre mondiale, 1943–1993. Diss. Paris X 1996

Giagiannos, A. u.a.: Ho kosmos tu Karankiozē = The World of Karaghiozis. 2 Bde. Athen 1976–77

Grammatas, Th.: Modern Greek Theatre and Society. Athen 1990

Gressler, Th.: Greek Theater in the 1980s. Jefferson 1989.

Gross, E.: Neugriechisches Theater. 2 Bde. Diss. Wien 1967

Gudas, R.: The Bitter-Sweet Art: Karaghiozis, the Greek Shadow Theater. Athens 1986

Kaimi, J.: Karagiozis or the Ancient Comedy in the Soul of the Shadow Theatre. Athen 1990

Kampanellēs, I.: Apo skēnēs kai apo plateias. Athen 1990

Kanakēs, V.: Ethniko Theatro: hexēnta chronia skēnē kai paraskēnio. Athen 1999

Kiurtsakis, J.: Prophoriki paradosi ke omadiki dimiurgia, to paradigma tu Karagiozi. Athen 1983

Literature and Society in Renaissance Crete. Hg. D. Holton. Cambridge 1991

Lygisos, M.: Das neugriechische Theater neben dem Welttheater. Athen 1958

Lygizos, M.: To neoellēniko plaï sto pankosmio theatro: dramatologikē analysē aisthētikē kai historikē topothetēsē. 2 Bde. Athen 1980

Mousmoutēs, D.: To theatro stēn polētēs Zakynthou, 1860–1953. 2. Teil: 1901–1915. Athen 1999

Mouzenides, T. u.a.: Zeitgenössisches Theater in Griechenland. Wien 1966 (Maske und Kothurn, Themenheft 1)

Myrsiades, L. u. K.: Cultural representation in historical resistance: complexity and construction in Greek guerrilla theater. Lewisburg 1999

Dies.: Karagiozis: Culture and Comedy in Greek Puppet Theatre. Lexington 1992

Myrsiades, L. S.: The Karagiozis Heroic Performance in Greek Shadow Theatre. Hanover 1988

Ntantinakis, K.: Femmes et pouvoir dans le théâtre tragique crétois (1590–1647). Diss. Paris III 2004

Panagiōtakēs, N. M. u. a.: Krētiko theatro: meletes. Athen 1998

Patsalidēs, S.: Metatheatrika, 1985–95. Thessaloniki 1995

Polymerou-Kamelake, A.: Theatrologika meletēmata gia to laïko theatro: apo to Kretiko theatro sta neoellenika dromena tes Apokrias. Athen 1998

Puchner, W.: Das neugriechische Schattentheater Karagiozis. München 1975

Ders.: Phainomena kai noumena: deka theatrologika meletēmata. Athen 1999

Ders.: Brauchtumserscheinungen im griechischen Jahresverlauf und ihre Beziehungen zum Volkstheater. Wien 1977

Ders.: Meletēmata theatru: to krētiko theatro. Athen 1991

Rōtas, V.: Theatro kai glōssa, 1925–1977. Athen 1986

Siderēs, G.: Historia tou neou hellēnikou theatrou, 1794–1944. 2 Bde. Athen ²1999–2000

Sideris, G.: The Modern Greek Theater: A Concise History. Athen 1957

Sideris, Y.: History of Modern Greek Theatre. Athen 1990

Siphakis, G. M.: I paradosiaki dramaturgia tu Karagiozi. Athen 1984

Solomos, A.: To krētiko theatro: apo tē philologia stē skēnē. Athen ²1998

Spathēs, D.: Ho diaphōtismos kai to neoellēniko theatro: 7 meletes. Thessaloniki 1986

Tabaki, A.: Le théâtre néohellénique: genèse et formation; ses composantes sociales, idéologiques et esthétiques. Lille 2002

Valsa, M.: Le théâtre grec moderne de 1453 à 1900. Berlin 1960

Vaphopoulos, G. Th.: Theatrikes selides, 1924–1974. Thessaloniki 1988

Varverēs, G.: Hē krisē tou theatrou: keimena theatrikēs kritikēs, 1984–1989. Athen 1991

Malta

Azzopardi, M.: It-teatru f'Malta. Il-Pjetà 2003

Blouet, B.: The Story of Malta. London 1967

Didierjean, M.: Le Théâtre à Malte: héritage et modernité. Diss. Paris III 1995

Ebejer, F.: Vacances d'été. Avignon 1985 (Darin: Xuereb, P.: Le théâtre à Malte)

Friggieri, O.: In Search of a National Identity: A Survey of Maltese Literature. Durham 1985

Le lingue del popolo: contatto linguistico nella letteratura popolare del Mediterraneo occidentale. Hg. J. Armangiu i Herrero. Dolianova 2003

The theatre in Malta. Hg. C. Xuereb. Valletta 1997

Zypern

Carnahan, P.: A gathering of actors: the People's Light & Theatre Company in Cyprus and Hungary. (Philadelphia?) 2001

Dēmētriou-Prōtopapa, M.. Ho Karankiozēs: to theatro skiōn stēn Kypro = Karaghiozis: shadow theatre in Cyprus. Nikosia 2004

Five Short Essays on Cypriot Literature. Hg. A. Sophocleous. Nicosia 1981

Theatro stēn Kypro = Theatre in Cyprus. Nikosia 1981 ff. [erscheint unregelmäßig]

Wood Conroy, D.: The fabric of the ancient theatre: excavation journals from Cyprus and the eastern Mediterranean. Nikosia 2004

Printed in the United States
By Bookmasters